朱子學과 陸王學

朱子學과 陸王學

변원종

KSI 한국학술정보㈜

송대의 정호는 어린 시절 주돈이의 가르침에 힘입어서 '공자와 안연이 즐거워한 것을 찾는 데' 전심전력으로 학문을 정진하였다. 정호를 가르친 주돈이의 생활 자체는 사사로운 욕심인 부귀와 권력을 초탈하여 지극히 소박하면서도 중용적인 기품을 지니고 있었다. 주돈이의 이러한 학문경지는 세속을 떠나 수행할 필요도 없고, 산림 속에서 은둔할 필요도 없었다. 오히려 이러한 경지는 인간관계 속에서 심오한 학문적 의무를 성실히 이행할 때 실현되는 경지였기 때문에, 도가와 불교 사상처럼 세속을 떠나 은일이나 좌선을 추구하는 것이 아니었다.

『논어』의 첫머리에 "배우고 때때로 그것을 익히면 또한 기쁘지 않겠는가?"라는 말이 있다. 공자가 말한 '배우고 때때로 그것을 익힌다.'는 것은 사람이 되기 위한 방법을 의미하고 구체적으로는 학문하는 사람의 태도다. 학자는 평생 동안 학문과 수양을 통해 사람다운 삶을 영위하기 위해 노력하면서 항상 자연과 더불어 기뻐할 수 있는 능력을 배양하는 사람이다.

그러므로 학자는 내성외왕을 통해 비록 가난해도 정도를 갈 수 있고, 자연과 함께 즐거워할 수 있는 삶이 가능해진다. 궁극적으로는 천지자연이 만물을 생성하는 작용을 성실히 수행하는 것처럼 사람도 학문의 정도를 통해 도덕적 성찰이 가능하다. 학자가 학문을 버리면 자신의 직분에 충실하지 못하게 된다. 학자는 자신의 책무를 다하면서 자신에게 주어진 이름을 위해서는 잠시라도 한눈을 팔아서는 안된다고 생각한다. 또 학자는 자기를 알아주지 않아도 절대로 성내지 않고 근심하지 않으며 오히려 자기의 능력이 없음을 항상 근심하는 사람이다. 남에게 미쳐서 즐거운 것은 따라하기는 쉽지만, 남이 알아주지 않아도 성내지 않거나 근심하지 않는 것은 자기에게 거슬리기 때문에 학문과 덕을 이룬 사람이 아니면 그렇게 할 수 없는 것이다. 덕이 이루어지는 것은 배우고 익힌 것이 올바르고 기쁨이 그치지 않아야 가능하다. 이런 연후에, 비로소 자신의 능력이 없음을 근심할 수 있게 된다.

공자는 뜻 있는 선비와 사람다운 사람은 구차스럽게 살기 위해 사람다움을 포기하지 않으며, 자신의 몸을 희생하면서까지 사람다움을 이룬다고 하였으니 곧 살신성인(殺身成仁)을 말한다. 선비는 모름지기 삶이 의로움보다 중요하다고 생각하지 않고, 삶이 죽음보다 편안하지 못했을 때 자기를 희생하여서 사람다움을 이루는 사람이다. 이것은 삶에서 옳은 것이 얼마나 중요한 것인지 몸을 통해서 보여주는 예이다. 공자의 제자 증자는 "선비는 도량이 넓고 뜻이 굳세지 않으면 안 된다. 왜냐하면 그 담당한 책임은 중대하고 또 그가 가야 할 길은 멀기 때문이다. 仁의 道로 널리 떨쳐야 하는 것이 자기의 임무이므로 그 책임이 어찌 무겁지 않겠는가? 죽고 난 뒤에야 책임이 비로소 끝나는 것이니, 그 길이 어찌 먼 것이 아니겠는가?"라고 하였다. 사람다움(仁)은 사람이 평생 안고 갈 임무이고, 그 임무는 너무 중대하기 때문에 무거울 수밖에 없고, 사람의 생명이 끝나야만 그 임무를 비로소 벗어 놓을 수 있으니 참으로 먼 길이 아닐 수 없다.

이처럼 사람다움을 실천하는 일에는 심지어 스승에게도 양보하지 말아야 한다고 공자는 주장한다. 사람들은 각자 나름대로의 삶을 살아가면서 남에게 빼앗길 수 없는 불굴의 기개나 의로운 지조를 가지고 있는데, 이러한 절개가 꺾일 때 그 사람의 지성과 인격은 땅에 떨어지고 사람다움을 포기하는 것이다. 공자는 사람다움을 실천하는 것이 자신의 임무이며, 증자는 죽은 뒤에나 그 임무를 그만둘 수 있다고 했다.

일찍이 필자는『주자학의 형성과 논변의 사유구조』를 통해서 주자의 학문을 발표한 적이 있다. 그런데 주자의 리학이 상산학을 거쳐 명대 왕수인의 심학에 이르기까지 동인과 그 전개과정이 항상 숙제처럼 남아 있었다. 학문의 탐구가 학문하는 사람의 책무라면 학문은 평생 안고 갈 임무이고, 그 임무는 너무 중대하기 때문에 항상 지니고 살아갈 수밖에 없다. 이런 중대한 임무를 단지 지식뿐만 아니라 삶의 지혜를 통해 조금이나마 후학들로 하여금 항상 변하지 않는 향기로 담아 두고 싶었기 때문에 다시 한번 용기를 내게 되었다. 이제 이 책을 통해서 자만하지 않고 늘 성찰하고 발전할 수 있는 계기를 마련하고자 한다.

본서를 출판할 수 있었던 것은 전적으로 지금까지 학자의 길을 인도하신 류칠노 교수님과 항상 내일의 꿈을 간직하게 한 유일한 변원배 작은 형님, 열심히 학문에 정진하는 이기호 군, 출판사 한국학술정보(주) 채종준 사장님과 송지연 선생님 등 출판사 여러 관계자의 노고에 의해서이다. 이분들에게 진심으로 감사를 드린다. 그리고 삶의 반려자로 항상 곁에서 불평 없이 충실한 내조를 해 준 집사람 성인옥 여사에게 감사의 선물로 대신한다. 열심히 노력을 했는데도 불구하고 여러 가지 미숙한 점에 대해서는 동학 여러분과 후학 여러분의 훌륭한 질책을 기대한다.

2008년 6월

차 례

송
명
리
학

1. 송명리학에 대한 이해

송명철학을 '신유학'이라고 부르고 또는 '도학'으로 부르기도 한다. 특히 송대는 철학의 중심개념이 리와 성이였기 때문에 '리학', '성리학'이라고도 하고, 명대철학을 '심학'이라고도 한다.

'신유학'은 유교의 경전을 훈고 주석하던 한나라 때의 학풍이나 당대의 사장학적 학풍을 쇄신하여 혁신적인 학풍으로 송나라 때에 성리학이 새로 일어났다고 하여 '신유학'이라고 부른다. 즉 송대 이전의 유학은 육경六經을 전수해 주는 것을 주로 삼았으나 송나라 유학자들은 공자와 맹자사상을 중심으로 하여 고전을 다시 정리하여 새로운 계통의 철학체계를 세운 것을 의미한다. 이것은 왕 곧 정치를 중심으로 공자가 주공의 전통을 계승한 것으로 설명했으나 송대에는 성性 곧 철학을 중심으로 삼아 '사서'를 표장하여 공맹사상을 직접 접할 수 있는 계기를 만들어 『역경』과 함께 유가경전의 중심서로 정해지게 된 것이다.

그리고 한·당시대에는 유학이 정치·문화적 방면으로 발달했으나, 송대 성리학은 천명과 인성의 이치를 해명하는 문제를 핵심으로 삼고 있다. 특히 불교의 전래와 노장사상의 영향으로 새로운 유학의 주요 문제들과 관념들이 철학적으로 논의 정립되고 체계화한 것을 의미한다. 이때의 '성'은 불교의 '불성'이나 노장의 '자연성'을 지칭하는 것이 아니라 '인간성'을 말하고, 이 인간성은 '하늘의 명이 인간성에 내재해 있다(天命之謂性)'고 하는 중용사상의 천성을 말한 것이다. 이 인간본성에 관한 이치를 '성리'라 하며 이 성리를 연구하는 학문을 성리학이라고 한다.[1]

'도학'의 의미는 주자가 공자가 개창한 유가 전통을 뜻한다. 주자는 "자사는 도학이 전해지지 않을까 걱정스러워 『중용』을 지었다."[2]고 했는데, 이때의 도학은 곧 공맹의 정신 전통을 가리킨 말이다. 그리고 주자가 말하는 '도학'이란 공맹의 도통을 계승한 낙학洛學의 사상 체계를 가리키고, '낙학'은 바로 정호와 정이의 학문이다. 즉 주돈이·장재·정호·정이의 학문 체계를 말한다. 정이는 "세상 사람들이 내 형(정호)의 학술과 덕행을 중시한다. …… 하지만 그 훌륭한 업적이 지금 베풀지 못한다면, 도학은 전승되지 않을 것이다."[3]라고 했다.

주자는 도학으로 인해 일생 동안 세 차례나 위기에 직면한 적이 있었다. 순희 10년(1183)에 정병鄭丙은 도학을 공격하는 상소를 올려 "요즈음 사대부 중에 도학자라는 무리가 있는데, 이들은 세상사 람들을 속이고 이름을 도둑질한다."[4]라고 했고, 진가陳賈도 "요즘 사대부 중에는 도학자란 무리가 있는데, 그들의 학설은 홀로 있을 때도 삼가는 태도를 훌륭한 것으로 여기고, 실천하는 것을 높이 사며, 마음을 바로잡고 뜻을 정성스럽게 하며 극기복례하는 일에 힘쓴다."[5]고 하였다. 그리고 순희 15년(1188)에 임률林栗은 상소를 올려

15

---

1) 柳正東 外 3人 공저, 『儒學原論』. 성균관대학교 출판부, 1986, 101面.

2) 『四書章句集注』, 「中庸章句序」, "子思憂道學之失其傳而作也."

3) 『二程集』, 『上孫叔曼侍郎書』, "家兄學術才行爲世所重…… 其功業不得施於時 道學不及傳之書."

4) 『宋史紀事本末』 권81, 「道學崇黜」, "近世士大夫有所謂道學者 欺世盜名."

5) 『宋史紀事本末』 권81, 「道學崇黜」, "近世士大夫有所謂道學者 其說以謹獨爲能 以踐履爲高 以正心誠意 克己復禮爲事."

"본래 아무런 학술도 없으면서 한갓 장재와 정이가 남긴 학설을 도둑질하여 도학이라 부르며, 제멋대로 숭상한다."6)라고 하여 주자의 학문을 위학僞學이라고 비판하였다.

주자의 '도학'은 장재와 정이의 학설을 위주로 하였고, '정심正心'과 '성의誠意' 등의 수양을 중시하였음을 알 수 있다. 따라서 『송사』에서 「도학전」을 만들어 주돈이·장재·정호·정이·주자를 위주로 기술한 것을 보면, 바로 낙학에서 도학의 본원을 찾을 수 있다. 그러므로 송대의 '도학'이란 개념은 낙학의 전통을 가리키는 말이요, 명대의 '심학'이나 다른 학파에서 사용한 개념이 아님을 알 수 있다.7)

'리학'이라는 명칭은 남송 때에 처음 사용되었다. 주자는 일찍이 "리학이 가장 어렵다."8)고 말했고, 육구연陸九淵도 "오직 우리나라의 리학은 한나라와 당나라의 학문을 크게 넘어선다."9)고 했으며, 황진黃震은 "우리나라에 이르러서야 리학을 분명히 설명했으며, 비로소 훈고에서 벗어났다."10)고 말했다. 이러한 언급에서 '리학'은 사장·고증·훈고에 대립하는 '의리지학義理之學'을 가리키는 개념으로 사용되었다. 명나라 때 이르러 '리학'은 송대 이래로 형성된 학술 체계를 가리키는 사상이 되었고, 주돈이·장재·정호·정이·주자의 '도학'과 육구연 등의 '심학'을 포괄하게 되었다.

'리학'은 바로 유가의 윤리 원칙을 『주역』과 『중용』을 통해 우주 본체와 보편 규율로까지 승화시켰고, 도덕 실천의 방면에서는 『논어』, 『대학』, 『맹자』를 통해서 실천의 방법적인 문제를 확립하였다. 따라서 윤리 원칙의 대부분을 외재적 권위에 의존하게 됨으로써 도덕 실

---

6) 『朱子年譜』 권3 下, "本無學術 徒竊張載程頤之緒餘 謂之道學 私自推尊."
7) 陳來 지음, 안재호 옮김, 『송명성리학』, (예문서원 1997) 34~35면 참조.
8) 『朱子語類』 권62, "理學最難."
9) 『陸九淵集』, 「與李省幹」, "惟本朝理學 遠過漢唐."
10) 『黃氏日鈔』, 「讀論語」, "自本朝講明理學 脫出訓詁."

천의 주체인 사람의 능동성을 소홀히 하였다는 비판을 받았다. 이런 까닭으로 '심학'은 리학의 실천론에 반대하였다. 심학자들은 도덕 주체가 되는 사람의 본심 자체가 바로 도덕 법칙을 결정한다고 생각하였다. 그래서 도덕 실천의 방면에서 주체성을 극명하게 드러냈다.

예를 들면 일반적으로 '리'는 법칙을, '기'는 물질 재료를, '심'은 의식을, '성'은 본질을 가리킨다고 말할 수 있다. 그러나 세밀하게 분석하면 '리학'이 말하는 '성'은, 어느 때 어느 곳에서는 '본연의 성'을 가리키기도 하지만, 다른 곳에서는 '기질지성'을 가리키기도 한다. '심'은 의식 주체를 가리키기도 하고, 의식 활동을 가리키기도 한다. 게다가 심학에서는 '심'을 선험적 도덕 이성으로 간주한다. '기'는 대체로 연속성을 지닌 물질 재료를 의미하지만, '호연지기'처럼 어떤 생리 상태나 심리 상태를 의미하는 데 쓰이기도 한다.

'리'의 의미는 더욱 복잡하여 대략 다섯 종류로 분석할 수 있다. 먼저 우주의 보편 법칙으로서, '천리'라고 부를 수 있다. 둘째는 인간의 본성이 되는 '리'로서, '성리'라고 부를 수 있다. 셋째는 윤리와 도덕규범이 되는 '리'로서, '윤리'라고 부를 수 있다. 넷째는 사물의 본질과 규율이 되는 '리'로서, '물리'라고 부를 수 있다. 마지막으로 이성이 되는 '리'로서, 리학에서는 '리'와 '기'의 상승相勝 문제로 표현될 때의 '리'는 '이성'이라고 부를 수 있다.[11]

송명리학을 대표하는 인물로는 북송시대에 주돈이·장재·정호·정이·소옹이 있으며, 전통적으로 이들을 '북송오자北宋五子'로 부른다. 남송 때의 주요 인물로는 주자·육구연이 있고, 명대에 가장 영향력이 있던 인물은 왕수인이다. 송명리학이 송명시대의 주도적인 사조였기 때문에, 학자들은 관습적으로 리학의 대표 인물을 '정주육왕程朱陸王'으로 개괄한다.

---

11) 陳來 지음, 안재호 옮김, 『송명성리학』, (예문서원 1997) 42~43면 참조.

2. 송명리학의 특징

당대의 유학은 관학官學과 주소학注疏學으로 관리를 양성하는 "이록利綠"의 역할을 담당하는 출세의 입문학에 불과했지만, 송대에 들어오면서 관학과 주소학에서 과감히 벗어나 유학본연의 도통을 이어 천리와 인도의 도인 유도儒道, 즉 도학의 문을 열게 된다. 송학은 의리를 구명하는 데 있고, 도학은 바로 공·맹의 도통을 전하는 것을 유가정통설로 보았다. 그러므로 공맹孔孟의 진의는 곧 『논어』와 『맹자』에 있고, 『예기』 속에 들어 있는 『대학』 『중용』과 함께 '사서'로 표장하여 '성심인의性心仁義'와 같은 철학적 의미를 연구하고, 정이와 주자는 '사서'를 도통이 전하는 교재로 삼아 체계적인 학문방법을 제시해 준 것이다.

또 한대 유학은 『오경장구』가 중심이었고, 당대 유학은 『구경九經』의 주소에 역점을 두었다면 송대 유학은 '사서'를 주축으로 의리를 논하였다. 송유들은 공맹사상의 철학적 정신과 생명은 그대로 계승했지만, '성심인의' 같은 형이상학적 개념이 추구하는 철학적 방법의 문제를 제기하여 새로운 철학적 전기를 마련한 것이다. 송유들이 체계화한 철학적 방법론은 아래와 같다.

첫째는 선진先秦 시기에 발원한 유가 사상을 위하여 서로 다른 방식으로 우주론적·본체론적 논증을 제공했다.

둘째는 유가의 성인을 이상적 인간상으로 생각하고, 성인의 정신 경지 실현을 인생의 궁극적 목표로 삼았다.

셋째는 유가의 '인의예지신'을 도덕의 근본 원리로 여기고, 서로 다른 방식으로 유가의 도덕 원리가 내재적 기초를 지니고 있음을 논증하였다. 그리고 '천리'를 보존하고 '인욕'을 제거하는 일을 도덕 실천의 기본 원칙으로 삼았다.

넷째는 인간 정신의 전면적인 발전을 실현하기 위해서 각종의 '공부 방법(爲學工夫)', 즉 구체적인 수양방법을 제시하고 실천하였다. 이러한 공부법의 조목들은 주로 '사서'와 초기 도학의 토론 가운데서 제시되었으며, 특히 심성공부에 집중되었다.[12]

이와 같이 인간의 도덕성을 존재론적으로 증명하려는 시도가 송·명 유학자들에 의해 시도되었으며 유학의 형이상학의 체계는 전통유학과 분명히 구별되는 점으로 '신유학', 즉 '리학'이라고 부를 수 있는 근거가 되었다. 송명 유학을 '신유학', '리학'이라고 하는 것은 의리상의 발전을 의미하는 것으로 선진 유학에서 본질적인 차이나 변화를 말하는 것은 아니다. 즉 '리학'은 경전의 이론적인 연구를 통해 선진유학의 실천도덕론을 넘어선 철학적인 이론을 가지고 도교와 불교사상에 대한 이론적인 약점을 만회하였다.

이러한 관점에서 송대 성리학이 내포하고 있는 철학적 방법론을 몇 가지로 추론할 수 있다. 우선 근본적인 철학적 과제는 도교와 불교에 의해서 제기된 현실세계에 대한 부정과 출세간적인 문제를 선진유학이 강조하고 있는 인륜 중심의 실천 도덕으로 전환하고, 현실세계와 인간 주체를 긍정하는 철학적 방법론을 제기한 점이다. 현실세계 속에서 생활을 영위하는 인륜 자체를 부정하는 것은 그 목표 자체가 더 이상 새로운 가치 설정이나 방향 제시가 부적합하다는 것이 송대 성리학의 공통적인 입장이다. 이처럼 인륜 중심의 생활 속에서 인간은 목적과 이상을 확립할 수 있게 된다. 그 목적이 바로 송대 성리학이 추구하는 '천인합일' 사상이고, 그 이상적 인물은 성인을 의미한다. 그러므로 북송의 유학자들이 추구한 철학적 방법론의 방향을 다음과 같이 살펴볼 수 있다.

첫째, 도교와 불교의 도덕적 가치를 초월한 형이상학적인 이론 체

---

12) 陳來 지음, 안재호 옮김, 『송명성리학』, (예문서원 1997) 41면.

계에 대응할 수 있는 새로운 사상의 수립이 필요하였다. 즉 우주와
인성을 관통하는 형이상학을 체계화하는 작업이고, 이를 위해 체계
화된 철학적 방법론이 수립된다.

둘째, 체계화된 철학적 방법을 위해 송대 성리학이 지향하고 있는
선진유학의 재건은 정통성 문제인 도통의 전수에 있다. 장재가 "천지
에 생생하는 것을 위해서 마음을 세우고, 사람을 위해서 천명의 도를
세우고, 면면히 이어오다 끊어진 성인의 학문전통을 이어서 만세토록
태평성대를 이루어야 한다."[13]라 하였다. 이것은 천리와 리를 현실에
실현해야 할 천명과 인성론을 말하는 것으로, 그 수양방법을 성인의
학문에 두어 단절된 선진유가의 전통과 정신을 회복하려는 것이 도통
이다. 그러므로 유가의 이상정치인 대동사회를 제시하고자 한 것이다.

셋째, 도교와 불교의 이론에 구체적으로 대응할 수 있는 '생생불
식生生不息'하는 우주본체론의 설립이다. 신유학은 인간의 현실세계
만을 문제 삼는 것이 아니라, 인간과 우주 자연까지 학문의 대상으
로 삼아 도덕실천의 근거가 되는 절대 원리로 제시한 것이다.

넷째, 우주와 인간관계를 규명하여 천인합일의 사상을 천명한다.
주돈이의 『태극도설太極圖說』은 천도와 인성론을 논한 이론으로 유
학이 우주론의 이론체계를 갖게 됨으로 도교와 불교에 대응할 수 있
는 철학적 방법론을 구성할 수 있게 되었다.

3. 당대의 도교와 불교에 의한 폐해

당 황실을 건국한 고조는 3교를 노자, 공자, 석가의 순으로 배열
하였다. 태종도 "노자는 이씨 성으로 짐의 시조이다. 그러므로 명칭

---

13) 張伯行集解, 『近思錄集解』 권2, "爲天地立心 爲生民立命 爲往聖繼絶
學 爲萬世開太平."

이나 지위가 당연히 부처보다 앞서야 한다."[14]라고 명하여 도선후불
道先後佛 정책은 당나라 황실의 기본방침이 되었다. 그래서 당 황실
은 노자를 높이기 위해 시호를 추존하는 일까지 여러 번 있었다.

이와 같이 당 왕조가 노자를 추존한 것은 태종이 언급한 것처럼
당 왕조의 성씨와 노자의 성이 같았기 때문이다. 따라서 노자는 당
왕조의 선조가 되었고, 도교 및 그 종사자들은 당 왕실에서 호의적
인 예우를 받았다.

또 남북조시대부터 건립하기 시작한 도관道觀도 당나라 때에 와
서는 전국에 1687개소가 되었고, 도사는 776명, 여관女冠은 988명이
나 되었다.[15] 매관每觀에는 관주觀主 1人, 상좌上座 1人, 감재監齋
1人 등이 있어 이들이 도관의 모든 일을 통괄하였다. 특히 예종睿宗
은 노자를 칭송하여 그의 여덟 째 딸과 아홉 째 딸까지 도교에 입
문케 하고 이들을 천황천후天皇天后로 받들었을 뿐 아니라, 또 이들
을 위해서 도관을 설립하고 도세道勢 확장에 진력을 다하였다.[16] 특
히 현종玄宗은 관설官設 도관道觀에 노자의 진용眞容을, 매주每州
와 제부諸府에는 금동金銅으로 띤 상像이 안치하였다.[17]

도가와 도교사상은 그 사상의 본질적인 면에서부터 다르다. 도교
는 도가사상에서 이론을 빌려오지만 도가사상, 즉 노장사상과는 다

---

14) 『佛祖統紀』 권39, 「太宗 貞觀 5年條」.
15) 『舊唐書』 권48, 「百官志」, "天下觀一千六百八十七 道士七百七十六 女
    冠九百八十八."
16) 『冊府元龜』, 권53, "十二月癸制日 玄元皇帝朕之始祖 無爲所庇不亦遠
    乎 第八女西域公主 第九女昌隆公主 性安虛白神融皎昧 並令入道 奉爲
    天皇天后 宜於京城右造觀 仍以來年正月 令二公主入道."
17) 『唐會要』, 권50, "開元二十九年九月七日勅 諸道眞容 近令每州於開元
    觀安置 其當州及京兆河南太元等諸府有觀處 亦各令本州府寫貌 分送安
    置 天寶三載三月 雨京及天下諸郡 於開元觀開元寺 以金銅鑄元宗等身
    天尊及佛各一軀."

른 기반에서 출발하였고, 추구하는 목적도 다르다. 도교는 장생불사를 추구하고 현세적 행복을 목표로 하지만, 도가사상은 결코 장생불사를 추구한 사상체계가 아니며, 개인적 행복을 중심 주제로 삼지도 않는다.

도교는 도가사상을 이론 근거로 삼으면서 주역의 원리를 비롯한 음양오행, 참위, 의술, 점성, 병법에 이르기까지 잡다한 이론을 수용한다. 윤리적인 부분은 유교의 이론도 받아들였고, 조직의 체계형성에는 불교를 모방했으며, 종교 심리 면에서는 무속신앙의 요소를 강하게 내포하고 있다.

도교 성립의 역사적 과정을 살펴보면, 전국시대의 도가사상이 진한대의 황노학黃老學을 거쳐 신선사상과 불교의 전래, 한대의 참위설과 결합하면서 후한 때에 이르러 '태평도'라는 최초의 교단이 이루어진다.

'태평도'를 세운 장각은 부적과 주술로 병을 치료하면서 인간의 잘못을 감시하는 사과신司過神이 있다는 당시 유행하던 믿음을 이용하여 사람들의 신심이 두터우냐 부족하냐에 따라 병이 치유되기도 하고 낫지 않기도 한다는 교리를 만들어 민심을 현혹하였다.

'태평도'를 세운 장각은 주술신앙, 즉 죄의 반성에 의한 병의 치료, 황제를 중심으로 하는 초월자의 힘에 의한 길흉화복설 같은 황노의 도와 『태평청령서』의 설을 중심으로 당시 사회의 혼란과 불안 심리를 잘 이용하여 "푸른 하늘은 이미 죽었고 장차 누런 하늘이 출현할 것이다. 때는 갑자년이고 천하는 대길하리라"[18]는 유언비어를 만들고 이른바 황건적을 난을 일으켰다.

장각의 뒤를 이은 장릉은 '오두미도五斗米道'를 만들었는데, 그는 또한 금단을 만드는 데 성공하였다 하여 이것을 복용하면 여러 가지

---

18) 『後漢書』, 「皇甫嵩傳」, "蒼天已死 黃天當立 歲在甲子 天下大吉."

선술을 부리거나 예언을 할 수 있다고 혹세무민하였다. 후에 두 명의 수제자와 함께 한낮에 하늘로 올라갔다고 '오두미두'를 믿는 신도들에게 신격화되었다.

태평도에 대한 후한서의 기록을 보면 "화북사람들이 재산을 팔아치우고 태평도 교단이 있는 곳으로 갈 때, 길을 가득 메우면서 몰려갔는데 도중에 병들어 죽은 자가 몇 만에 달했다."[19]고 하여 천하의 사람들이 장각의 교설에 미혹되어 어린아이를 등에 업고 오는 부인도 수십만이 되었다. 이러한 기록은 당시 혼란한 정치 상황 아래서 심한 기근과 질병으로 괴로워하는 가난한 농민들이 태평사회를 실현하고 장생복락을 실현함으로써 가난한 백성들을 구제한다는 새로운 종교를 따르는 당시의 시대상을 그대로 보여주는 실례이다. 도교는 이후에 상층의 호족 및 지식층에 의해 유지된 신선 방술 및 도인과 결합하여 도교의 내용을 이룬다.

당대에는 도교와 불교가 성행하여 그에 대한 예우가 대단하였으며 그 폐해 또한 극심하였다. 먼저 도가와 도교에 대해서 언급하면 위에서 설명한 바와 같이 도가는 노장의 철학을 중심으로 하는 도교를 주로 지칭한 것이고, 도교는 삼장三張 이갈二葛을 중심으로 하는 종교를 말한다. 도교가 종교로서 기반을 확립한 것은 불교가 수입된 이후인 후한말경으로 삼장三張에 의해서 교단조직의 기초를 확립하고, 이갈二葛에 의해서 교리의 기초를 수립했다. '오두미도' '태평도'는 교단조직의 형태이고 갈홍葛洪의 『포박자抱朴子』, 위백양魏伯陽의 『참동계參同契』는 도술 도교의 기본 경전이라고 할 수 있다.[20]

---

19) 『自治通鑑』, 권58, "賣財産 流民奔赴 塡塞道路 未至病死者 亦以萬數."

20) 道教成立에 기여한 인물로서 三張, 二葛을 말하는데, 三張은 張陵, 張衡, 張魯를 말하고, 二葛은 葛玄, 葛洪을 말한다. 道教가 그 기초를 확립한 것은 三張에 의해서이고, 이들의 제자가 되어 道를 배우려는 자나 病의 치료를 받으려는 자는 五斗米를 내는 것으로 規例를 삼았으므로 [五斗米道]라 부르고, 道教의 도리들은 于吉의 太平經에서 찾아볼 수 있다.

　도가와 도교는 이처럼 분명히 구별되었지만 당왕조唐王朝에서는 도가와 도교의 구별 없이 도교의 창시자를 노자로 보았다. 그 예로 고종高宗 건봉乾封 원년元年(666)에는 노자에게 '태상원원황제太上元元皇帝'라는 칭호를, 중종中宗 신용神龍 원년元年(705)에는 '태상원원황제'의 칭호를 그대로 사용하고, 현종玄宗 천보天寶 원년(742)에는 '태상원원황제'의 칭호에다 2년(743)에 이르러 '대성조大聖祖'라는 칭호를 내리게 하였다. 또 8년에는 '대성조대도원원황제大聖祖大道元元皇帝', 13년에는 다시 '대성고상대도금궐원원황제大聖高上大道金闕元元皇帝'21) 등을 말한다. 후한後漢 환제桓帝 때 고현苦顯에 노자의 사묘祠廟를 모시기 시작한 이래 당대唐代에 이르러서 그 전례를 찾아볼 수 없는 예우를 시행한다. 그리고 도교에 종사하는 도사 및 여관女冠들의 신분에 대해서도 각별한 대우를 하였다.

　천보원년天寶元年에는 장자莊子를 '남화진인南華眞人', 문자文子를 '통원진인通元眞人', 열자列子를 '충허진인沖虛眞人', 경상자庚桑子를 '통영진인洞靈眞人' 등으로 봉하고, 이들이 지은 저서에 '경經'자를 붙여 '남화진경南華眞經', '통원진경通元眞經', '충허진경沖虛眞經', '통영진경洞靈眞經'22) 등으로 부르게 하였다.

　고종高宗이 시행했던 도교 위주의 종교정책이나 도관의 설립 등도 도교숭상의 역할을 감당하고 있었다. 당대에 불교의 외호자外護

---

21) 『唐會要』, 권50, "乾封元年 三月二十日 追尊老君爲太上元元皇帝 至永昌元年 卻稱老君至神龍 元年二月四日 依舊號太上元元皇帝 至天寶二年正月十五日 加太上元元皇帝 號爲大聖祖元元皇帝 八載六月十五日 加號爲大聖祖大道元元皇帝 十三載二月七日 加號大聖高上大道金闕元元皇帝."

22) 『唐會要』, 권50, "天寶元年二月二十日勅文 追贈莊子南華眞人 所著書爲南華眞經 文子列子庚桑子 宣令中書門下更討論奏聞 至其年三月十九日 宰臣李林甫等奏曰 莊子旣號南華眞人 文子稱號通元眞人 列子號沖虛眞人 庚桑子號洞靈眞人 其莊子文子列子庚桑子 並望隨號稱 從之."

者로 유명했던 측천무후則天武后까지도 노군老君을 당 황실의 원조라 하고 관리채용 시험에 노자『도덕경』을 첨가하고자 청원했다.[23]

다음으로 불교는 후한 때 유입되어 사상적 발전을 갖게 된 주 이유는 다음과 같다. 진晉나라 이래로 소란한 세파에 시달린 사람들은 당시 성행했던 황노 신선술에 의하여 심신의 안정과 불노장생의 길을 모색하였다. 그러나 삶의 안식처인 이상은 찾을 수 없고, 불노장생의 문제는 인간의 힘으로는 불가능한 일이라는 것을 자각하게 되었다. 사람들이 이와 같은 현실문제에 봉착하여 안심입명의 길을 구하는 것에 회의할 즈음 불교가 전래하여 심원한 교지로 이러한 문제를 다소 해소해 주었다. 즉 사회가 혼란하고 민생이 도탄에 빠졌을 때 인간존재의 불완전성을 자각하여 어떤 초월적인 능력을 믿음으로서 이 믿음을 통해 내세 희원이라는 구원을 희구하는 것이 바로 종교의 귀의였다.

후한後漢 명종明帝 때 중국에 수입된 불교는 북위北魏 때는 낙양洛陽에서 들어온 서역승西域僧이 삼천이 넘었고, 불사수佛寺數도 삼만이 넘었다. 이것으로 보아 당시 불교의 세력 증대와 불교에 대한 환영을 짐작할 수 있다. 이와 같이 증대되는 불교세력에 밀려 유교의 예론은 점차 몰락하여 중국의 사상계를 지배해 온 주체적 위치에서 점차 밀려나게 되었다.[24] 당조의 불교는 점점 성행하여 그 세가 줄어들지 않고 각지에 사원이 증가하면서 중[和尙]을 존숭하여 국사國師로 예우하기도 하였다.

그러나 무종武宗에 의한 도교 편신偏信은 결국 불교 탄압에 크게 작용하게 되었다. 당시 장안長安에서 폐불의 실상을 직접 목도했을 뿐 아니라 피해자이기도 한 일본 승려 원인圓仁이 저술한 『입당구

---

23)『舊唐書』, 권5, 高宗本紀 上元元年 十二月 壬寅條. "天后上意見十二條 諸王公百寮 皆習老子 每歲明年一準孝經論例試於有司."

24) 韓廷一撰,『韓昌黎 思想 硏究』臺灣商務印書館, 民國71. p.125.

법순례행기入唐求法巡禮行記』 권4에 실린 도교 편애에 대한 칙문의
내용을 살펴보면 그 대강을 알 수 있다.

> 무종은 도교를 편애하여 불법을 증오하고 시샘하였다. 따라서 스
> 님과 삼보三寶를 좋아하거나 듣고자 하지 않고 장생전長生殿 내도
> 장內道場에 옛날부터 안치했던 불상과 경전을 ……무종이 명을 내려
> 경전을 태우게 하고 불상을 파괴하였다. 스님들을 불전에서 나오게
> 하여 각기 본사로 돌아가게 했다. 그리고 도장으로 천존天尊인 노
> 군老君의 상을 안치하고 도사에게 영을 내려 도경道經으로 바꾸어
> 도술을 수련케 했다.25)

이토록 무종의 도교 편신은 불교 탄압에 크게 작용하게 된다. 무
종의 불교탄압 사태를 부추긴 것은 도사 조귀진趙歸眞을 중심으로
한 일단과 재상 이덕유李德裕 등 도교 신봉자들이었다. 즉위 당시부
터 도교를 숭신崇信했던 무종은 해를 거듭할수록 더욱 도교의 도술
과 신선술에 깊이 빠져들어, 불노장생과 신선을 희구하여 도사들의
배불론排佛論과 참위설讖緯說에 현혹되어 있었고 마침내 높이 150
척에 이르는 선대仙臺를 쌓았다. 그로부터 회창會昌 5년에 접어들면
서 무종의 배불정책은 종전과 달리 비이성적인 방법으로 전개되었다.
　당나라 때 불교의 폐해는 상상 이외였기 때문에, 무종은 회창 5년
(845 A. D.)에 대대적인 불교 정화 운동의 일환으로 불교의 사찰을 허
물고 승려를 민간인으로 환속시켰다. 크고 작은 절이 4600여 곳, 작
은 암자 4만여 곳이 폐사되고, 환속승려가 무려 26만여 명이었으며,
사찰의 노비 15만여 명이 해방되었다. 불교를 금하는 관리가 임무를

---

25) 圓仁,『入唐求法巡禮行記』권4, "今上偏信道敎 憎嫉佛法 不喜見僧 不
　　欲聞三寶 長生殿內道場 自古已來 安置佛像經敎 ……今上便令焚燒經
　　敎 毁折佛像 起出僧衆 各歸本寺 于道場內 安置天尊 老君之像 令道士
　　轉道經 修鍊道術."

띠고 아직 성문을 나서기 전에 사방에서 백성들이 일어나 먼저 절에
가서 기물을 부수고 사찰의 기와까지 뜯어냈다. 이것으로 짐작하면
불교가 성행한 이후에 정권의 비호를 빌미로 백성들에게 얼마나 많
은 해악을 범하여 백성의 분노가 극에 달해 있었음을 알 수 있다.[26)
그리고 훼사 당시의 환속 승(260.500)을 당시 호구 수(4.955.551)와 그
비율을 산출해 보면[27) 얼마나 많은 사람들이 승려계층에 종사했는지
그 해법이 나온다. 한 가구에 가족 수는 명시되어 있지 않지만, 호
당 육인이 거주한다고 가정하면 약 삼천만 명이 되고, 승려 수는 전
인구의 11.5%에 해당한다.

또 무종 회창 원년 10월 전국에 모든 승니僧尼 중에서 팔을 자르
거나 군역을 피하기 위하여 승려가 된 자, 몸에 형벌을 받은 흔적이
있는 전과자나 무뢰한, 일찍이 불음不淫의 계율을 범하였거나 처를
거느리고 있는 자, 그리고 계율을 닦지 않는 자는 모두 강제로 환속
시키도록 했다. 뿐만 아니라 승려로서 돈이나 곡식, 토지, 장원을 가
지고 있으면 그것을 모두 관에서 몰수하였다.[28) 만약 재물이 아까워
환속시키기를 청하면 환속하도록 하되 조租·용庸·조調의 조세를
부담하는 일반 양민으로 삼도록 하였다. 이때 장안의 환속한 양로승
니兩街僧尼는 좌로左街는 1.212인이고, 우로右街는 2.259인이었다고
한다.[29) 이들은 본적지로 돌아가 양세호兩稅戶에 충당되어 다시 입
사入寺, 입경入京하여 거주하지 못하게 하였다. 같은 해 9월에는 무

---

26) 강좌 중국철학. 周桂鈿 著 문재곤 외 옮김. 예문서원 1993, 191면.

27) 『通鑑綱目』 권50, 「武宗會昌 5年條」, "是歲天下戶數 四百九十五萬五千
一百五十一."

28) 圓仁, 『入唐求法巡禮行記』, 권3. "天下所有僧尼 解燒 練呪術 禁氣 逃
軍 身上杖痕 鳥文 雜工功曾犯淫 養妻 不修戒行者 並勅還俗 若僧尼有
錢物及穀斗田地庄園 收納官."

29) 圓仁, 『入唐求法巡禮行記』, 권3. "十八日早朝還俗訖 左街還俗僧尼 共
一千二百十二人 右街還俗僧尼 共二千二百五十九人."

명승의 환속을 경사京師 이외의 모든 도道·부府·현縣에서도 단행하게 되었다.

또 승니가 소유할 수 있는 노비의 수를 제한하였는데, 비구는 남자 종 1명, 비구니는 여자 종 2명만을 부릴 수 있고, 그 나머지는 모두 본가에 돌아가게 하였다. 만약 본가가 없으면 관에서 매매하고, 노비 중에서 무예나 의약 기타 기술을 가진 자는 승니가 데리고 있지 못하게 하였다. 아울러 이때부터 사사로이 머리를 깎고 출가하는 것을 엄격히 규제·금지시켰다.

그리고 회창 4년에 접어들면서부터 불골공양佛骨供養을 금지시키고 대주代州 오대산五臺山, 사주泗州 보광사普光寺, 종남終南 오대五臺, 봉상鳳翔 법문사法門寺 등의 순례를 금지시키고 또한, 이 네 영역에 일전一錢이라도 포시布施하는 자와 포시를 받는 자에게 각각 장이십杖二十으로 치죄했다.[30]

그러나 헌종憲宗은 친히 불골을 궁중 안으로 들여오는 것을 환영하면서 삼일 동안이나 제를 올리고 다른 절(佛祠)로 하여금 번갈아 맞이하여 공양하게 했다. 한 나라의 임금이 모범을 보이고 아랫사람들이 이것을 본받으니, 왕공과 대인이 분주하게 부처 앞에 절을 하고 거리의 상인이나 심부름꾼도 이에 뒤질세라 따라하기에 이르렀다. 머리를 삭발하고 고행을 한다고 향불을 올리는 데 만족하지 아니하고 서로 경쟁적으로 봉불奉佛을 했다. 결국 이것은 자신의 몸을 망치는 일이고, 또 생업을 버리고 시불施佛하니 가산을 탕진케 하는 일이었다. 또 산업에 종사하지 않고 봉불만 하니 이것은 나라를 망치는 이유가 되었다. 이것을 삼파三破라고 하는데 일파는 나라를 파괴한다는 것이고, 이파는 가정을 파괴한다는 것이고, 삼파는 몸을 파괴한다는 것이다.[31]

---

30) 圓仁, 『入唐求法巡禮行記』, 권3. "並不許置供及巡禮等 如有人送一錢者 脊杖貳拾 如有僧尼等 在前件處受一錢者 脊杖貳拾."

　이와 같이 불교는 몸과 가정과 나라를 파괴하는 일을 하기 때문에 그 폐해는 용납할 수 없는 것이라고 한유韓愈는 강력하게 배불론排佛論을 주장하게 된다. 그는 당시 제왕이 몸소 봉불의 모범을 보였기 때문에 왕공에서부터 일반 서민 또 행상하는 사람이나 심부름꾼에 이르기까지 모두 생업을 버리고 서로 다투어 봉불하는 것이 일상사로 보았다.

　이처럼 당대에는 안사의 난과 황소의 난을 거치면서 지배계층의 부패로 인한 민생고의 문제와 도교와 불교의 폐해 등으로 당시 사람들에게는 이러한 문제를 해결할 수 있는 새로운 사상의 영입이 절실히 요청되었다. 그러나 유교는 실제로 훈고·주소학에 치중함으로 그 사상 면에서 도교와 불교의 이론에 대적할 철학적 체계가 턱없이 부족한 상태였다. 선진시대 이후 유학은 한나라 유학자들에 의해서 정치술이나 일체의 존재 및 관계를 우주론 중심의 사상으로 일관하였으므로 덕성이나 가치의 문제는 존재의 영역에 의탁할 수 없었다. 이와 같은 시대적 배경 속에서 당대의 한유와 이고 등이 나와 불교사상을 배척하고 한대 유학에서 벗어나 새로운 유학사상의 부흥을 시도하였다.

29

---

31) 周桂鈿 著 문재곤 외 옮김, 『강좌 중국철학』, 예문서원 1993, pp.126~127.

당
대
의
유
학
부
흥
운
동

제1절 유학 부흥운동의 선구자 한유

한유韓愈는 가난하고 비천한 집안 출신이었으며, 세 살 때 부모를 잃고 큰형의 집에서 형수 정씨의 관심과 배려로 자랐다. 얼마 후 형마저 죽었고, 과부인 형수가 그가 성인이 될 때까지 보살펴 주었다. 이처럼 불우한 가정환경 속에서도 그는 포기하지 않고 유학경전에 대한 학문을 계속 추구하였다. 한유 스스로가 "성품은 본래 문학을 좋아했으나 곤궁하고 처량한 처지를 하소연할 길이 없어, 경전과 역사서, 백가百家의 학설을 궁구하였다. 그 의미를 살피는 데 침잠하였고, 구절구절마다 반복해 읽으면서 학문을 연마하였으며, 문장을 짓는 일에 힘썼다."[1]고 술회한 적이 있다. 그는 고문 운동의 영수였으며, 그의 시와 문장은 후세에 지대한 영향을 끼쳤다.

한유(768~824, 자 퇴지退之, 명은 창려 선생昌黎 先生, 곽주郭州 남양인南陽人)는 유학 부흥운동을 전개하여 공맹의 정신을 계승하여 이론적으로 체계화하고, 또 그것을 실천하려고 노력한 사람이다. 특히 그는 문학상으로 보아 당·송 팔대가八大家에서 맨처음으로 등장하는 시인이며, 고문·문체운동을 시도한 문장가이기도 하다. 따라서 철학자보다 문장가로서 명성을 더 빛낸 사람이다. 그럼에도 불구

---

1) 『昌黎先生集』 권15, 「上兵部李侍郎書」, "性本好文學 因困厄悲愁 無所告語 遂得窮究於經傳史記百家之說 沈潛乎訓義 反復乎句讀 礱磨乎事業 而奮發乎文章."

하고 철학사에서 그를 심도 있게 다루는 이유는 바로 당대에 성행했던 불교와 도교를 비판하고 유학의 부흥을 제창하고 나왔기 때문이다. 전목錢穆은 "송학을 연구하려면 반드시 당대에서 시작해야 하고, 창려 한씨를 우두머리로 삼아야 한다."[2]고 하였다. 또 이택후李澤厚는 한유의 영향을 받아 신유학을 전개한 인성론을 평가하여 위로는 천도와 연결하고, 아래로는 인간의 도덕적 질서에 연결함으로 불가의 적멸추구나, 도교의 장생을 추구하는 것이 모두 '인성' '천도'를 위반하고 있음을 비판하고 있다.[3]

학자에 따라서는 한유가 중국철학사에서 차지하는 비중을 서로 다르게 평가하지만,[4] 정자程子는 특히 한유야말로 근세의 호걸지사로서 자질이 매우 뛰어나고 학문이 높은 인물로 평가한다. 즉 『원도原道』의 경우 언어가 병통이 없다고 할 수는 없으나 맹자 이래로 이를 아는 이는 한유뿐이고, 만약 한유가 그와 같은 사실을 얻지 못했다면 천년 이후에 태어나 득실에 대한 평가를 이처럼 분명하게 얻지 못하였으리라고 칭송한다.[5]

---

2) 錢穆, 『中國近三百年學術史』(中華書局, 1987), 1쪽, 治宋學必始於唐 而以昌黎韓氏爲之率.

3) 李澤厚, 『中國古代思想史論』, 臺北 漢京文化, 1987. pp.214~215.

4) 勞思光은 한유가 이론 분야에서도 특출하지 못하였고, 經籍의 考訓에도 정밀하지 못했으므로 사상계에 영향을 미칠 만한 이론을 세우지 못했다고 혹평하고 있다.(勞思光, 『中國哲學史』Ⅲ·上 三民書局, 1982. p.25.) 馮友蘭도 한유가 걸출한 문인이지 철학적 흥취를 가지고 있지는 않다고 평가하고 있다.(馮友蘭, 『中國哲學史』 下卷, 臺北 商務印書館, 民國 24. p.800. 그러나 동시대의 歐陽修의 경우는 歐陽修는 『新唐書』의 「韓愈傳」에서 "愈深探本元卓然 樹立成一家 言其原道原性師說等數十篇 皆奧衍閎深 與孟軻楊雄 相表裏而佐佑六經."라고 한유를 긍정적으로 평가한다.

5) 『性理大全』 권58, "韓愈亦近世豪傑之士 如原道中言語雖有病 然自孟子而後 能將許大見識 尋求 者 纔見此人至如 斷曰孟氏醇乎醇 又曰荀與楊擇焉而不精 語焉而不詳 若不是他見得 豈千餘年後 便能 斷得如此分明也."

1. 유가의 적통

한유는 유학의 도통道統이 요순에서 시작하여 공자·맹자로 이어지는데 맹자에 이르러 그 도통의 전함이 단절되었다고 보았다. 순자 荀子와 양웅楊雄이 있었으나 그 논설이 정확하지 못하고 또 상세하지 못하다고 평하였다.[6] 그는 맹자를 존숭하여 당시 흥성했던 도교와 불교의 사상을 이단으로 배척하고 '성도설聖道說'[7]을 계승하여 침체된 유가 사상을 부흥시키는 것이 자신의 임무라고 생각하였다.

한유가 유가의 도와 도통연원을 말한 것이 송학에서 유학의 주체성을 확립하는 데 자극을 주었다는 점에서 그는 유학사상 내지 중국 유불도 삼교 교섭사에 중요한 위치를 차지하고 있다고 할 수 있다.[8] 한유의 업적은 맹자를 존숭하여 도교와 불교를 이단으로 배척하고

---

6) 韓愈, 『原道』, "堯以是傳之舜 舜以是傳之禹 禹以是傳之湯 湯以是傳之文武周公 文武周公傳之孔子 孔子傳之孟軻 軻之死 不得其傳焉 荀與楊也 擇焉而不精 語焉而不詳." 한유의 이 글은 朱子의 『孟子集註』 序說에도 "韓子曰"이라고 인용하였으며, 程子도 한유의 이 말이 단순이 前人의 말을 답습하거나 공론을 말한 것이 아니다(程子曰 韓子此言 非是踏襲前人 又非鑿空)라고 한 것을 보면 한유의 道統說에 독창성과 의미를 부여하고 있음을 나타낸다.

7) 韓愈, 『原道』, "明先王之道以道之 鰥寡孤獨廢疾者有養也 其亦庶乎其可也 夫所謂先王之敎 何也博愛之謂仁 行而宜之之謂義 由是而之焉之謂道 足乎己無待於外之謂德." 『與孟簡尙書書』 "何有去 聖人之道 舍先王之法而從夷狄之敎以求福利也." 『送王秀才序』 "吾常以爲孔子之道大而能博 門弟子不能徧觀而盡識也." 『答張籍書』 "僕自得聖人之道而誦之 排前二家有年矣." 이러한 글을 참고해 보면 한유는 先王之道, 先王之敎, 先王之法, 孔子之道, 聖人之道 등이 이단에 속하지 않는 것으로 보았기 때문에 필자는 특별히 聖道라 부른 것이다. 聖道를 사용한 문헌으로는 『新唐書』 권176, 「韓愈條」에 "自晉訖隋 老佛顯行 聖道不斷如帶", 청나라 沈德潛의 『唐宋八大家文』에서 "明聖道根源欲明聖道根源" 등이 있다. 특히 송대에 와서 도통이라고 일컬어진 이유도 이와 같은 맥락에서 비롯되었다고 본다.

8) 柳承國, 『東洋哲學研究』, 槿域書齋, 1990. p.168.

유학사상을 다시 일으키고자 한 점과 선진유학을 송대 신유학에로 연결시키는 매개 역할을 담당한 점이다. 공맹에서 이어지는 유학의 도통을 송대에 이르러 부흥할 수 있는 계기를 마련한 점에서 그 의의를 찾아볼 수 있다.

한유는 『원도』에서 노자와 대립적인 논점을 가지고 인의 도덕을 분석하여 노자의 도덕관에 대한 비판의 초석을 마련한다. 그는 『원도』에서 '성도'의 근원이 무엇인가 밝히려 하였고, '성도'의 근원을 밝히려면 먼저 도불과 싸우지 않을 수 없다[9]는 사실을 자각했다. 그는 자신의 도란 공자 맹자가 전한 도라고 역설했다.[10]

그러면 과연 무엇 때문에 한유가 '성도'의 실현에 도교와 불교가 장애물이 된다고 생각하여 이단으로 삼았는지 고찰할 필요가 있다. 그는 맹자가 양주楊朱·묵적墨翟을 배척한 것과 같은 신념에서 도교와 불교를 배척하고, 이런 의미에서 '성도설'을 계승한 맹자를 존숭한다. 왜냐하면 맹자가 양주와 묵적을 이단으로 물리친 것을 본받아 도교와 불교를 물리치고자 한 것은 바로 맹자가 공자의 종지를 얻었기 때문이라고 본 것이다.[11] 또 양주나 묵적, 노자와 장자 및 불교 사상을 통하여 성인의 도를 실행한다고 하는 것은 거의 불가능하기 때문에, 성인의 도를 구하는 것은 맹자에서부터 시작해야 한다고 주장한 것이다.[12] 그 근거로 맹자가 인용한 말을 살펴보면 그 연유를 알 수 있다.

성왕이 나오지 않아 제후들이 제 마음대로 행동한다. 학자들이 불

9) 沈德潛編, 金喆洙 譯, 『唐宋八大家文』, (박영문고 39. 1982). "明聖道根源 欲明聖道根源 不得不先鬪老佛."
10) 『重答張籍書』, "己之道 乃夫子孟軻揚雄所傳之道也."
11) 『送王塤秀才序』, "孟軻師子思 子思之學蓋出曾子 子孔子沒群弟子莫不有書 獨孟軻氏之傳得其宗 故吾少而樂觀焉."
12) 『原道』, "道於楊墨老莊佛之學 而欲之聖人之道 猶航斷港絶潢 以望至於海也 故求觀聖人之道 必自孟子始."

온한 의논을 하게 되니 양주와 묵적의 이론이 천하에 가득 차서 천하의 언론이 양주의 이론을 찬성하지 않으면 곧 묵적의 이론을 찬성하는 데로 돌아갔다. 양씨는 위아爲我를 말했으니 그것은 임금을 무시하는 것이 되고, 묵씨는 겸애兼愛를 내세웠으니 이것은 아비를 무시하는 것이 된다. 자기 아비를 무시하고 그 임금을 무시하는 것은 새나 짐승이 하는 짓들이다. 이 세상에서 금수와 같은 양주 묵적의 도가 없어지지 않으면 공자의 도가 드러나지 못한다. 양주 묵적의 주장을 배척하는 자들은 성인의 무리라 할 수 있다.[13]

한유는 이단이 나오게 된 궁극적인 원인을 성왕이 나오지 않았기 때문이라고 진단했다. 따라서 묵자와 양주의 설이 득세하여 결국 가정과 국가를 무시하고 금수 같은 생활을 영위하기 때문에 공자의 도가 드러나지 못한다고 주장한다.

그러면 한유의 「원도」에서 그의 사상의 핵심이라고 할 수 있는 '성도설'의 근원은 과연 무엇인가?

널리 사랑하는 것을 인이라 하고, 인을 행하여 이치에 마땅한 것을 의라 한다. 인과 의로 말미암아 실천해가는 것을 도라 한다. 자기에게 만족되어 밖에서 기대함이 없는 것을 덕이라 한다. 인과 의는 고정된 이름이고, 도와 덕은 공허한 자리이다.[14]

'인'과 '의'의 개념은 그 발단의 소이가 공자 맹자이고, 이러한 인의의 도가 바로 도불의 도와 다르며 성도의 근원이 된다. 즉 '박애

---

13) 『孟子』, 「滕文公下」 9장, "聖王不作 諸侯放恣 處士橫議 楊朱墨翟之言
盈天下 天下之言不歸 楊則歸墨 楊氏爲我 是無君也 墨氏兼愛 是無父
也 無父無君 是禽獸也 楊墨之道不息 孔子之道不著 能言距楊墨者 聖
人之徒也."

14) 『原道』, "博愛之謂仁 行而宜之之爲義 由是而之焉之謂道 足乎己無待
於外之爲德 仁與義爲定名 道與德爲虛位."

지위인博愛之謂仁'은 이상적인 사회적 사랑을 의미한다. 인仁은 인人과 이二의 회의문자會義文字이며, 양주의 위아와 묵적의 겸애와 구별되는 사람을 말한다. 바로 본능적이고 충동적 그리고 순간적인 동물적 사랑이 아니라 인간만이 가질 수 있는 이성적이고 차별적 사람이다. 이런 점에서 불교와 도교에서 말하는 무차별 평등과는 분명한 경계선이 있다. 한유가 표명한 도와 덕, 이 두 범주는 유불도 삼교가 공동으로 사용한 범주이다. 단지 삼교가 부여한 이 두 범주의 함의는 각각 서로 같지 않고, 불교는 자기의 도가 있고 노자도 또한 자기의 도덕이 있다.[15]

그러나 '인'과 '의'는 유교의 고유 개념으로 도교와 불교에서는 취하지 않거나 혹은 박대한 용어이다. 따라서 이러한 인의도덕이 도교와 불교의 도덕을 정의하는 데 구별되는 점을 강조한 것이다. 한유는 인의는 정명定名이고, 도덕은 허위虛位로 확정하여 노자의 도덕과 차이가 있다고 보았다. 이런 견해를 바탕으로 하여 노자의 도덕을 비판한다.

> 이른바 선왕의 가르침이란 무엇인가? 널리 사랑하는 것을 인이라 하고, 인을 행하되 이치에 맞는 것을 의라 한다. 인과 의로부터 출발하여 앞을 향해 실천해 가는 것을 도라 한다. 자신에게 충족되어 밖에 기대함이 없는 것을 덕이라 한다. 그 글의 시원은 『시』, 『서』, 『역』, 『춘추』이다. 그 법도는 예악형정이다. …… 그 위계는 임금, 신하, 아버지, 아들, 선생님, 친구, 손님, 주인, 형, 동생, 남편, 아내이다. ……그들의 도리는 명백하여 알기가 쉽고 그들의 가르침은 실행하기가 쉽다. 이런 까닭에 그것으로 나라를 다스리면 순조롭게 잘되며, 이것으로 남을 다스리면 사랑하고 공평하게 된다. 이것으로 마음을 다스리면 평화롭고 공정하게 되며, 이것으로 천하와 국가를 다스리면 어떤 경우에도 합당치 않은 일이 없게 된다.[16]

---

15) 候外廬 主編, 『中國思想通史』 四 上.(人民出版社, 1980) pp.331~332.

유교에서는 가장 이상적인 인물을 설정하여 성인이라 칭한다. 이들은 지극히 인간적인 행위를 하면서도 모든 사람들의 존경과 신망의 대상이 된다. 그 이유로 관개灌漑를 하고 제방을 쌓아 황하의 범람을 수리水理한 우임금, 여민동락與民同樂하여 태평성대를 이룬 요순임금을 말한다. 인류의 문화와 역사는 이들의 적극적인 노력에 의해서 이룩되었다. 만약 인간이 자연 상태에서 태어나 본능과 충동에 의해서 삶을 영위한 동물과 차이가 있다면 바로 이성을 통해 역사와 문화를 발전하고 창조하여 사람다운 삶을 살아간다는 것이다. 한유는 이러한 사람의 윤리적인 성질을 도라 칭하고, 성인은 윤리의 절대원칙이 되는 '성도설'을 정립한 인물로 평가하였다.

그런데 도가는 이를 거부하고 "학문이나 지혜를 끊고 버리면 백성의 이익은 백배가 되고, 인의도덕을 끊어 버리면 백성들이 본성의 효자孝慈로 되돌아갈 것이며, 기교나 명리를 버리면 도적이 자연히 소실된다."[17]고 주장하여 유교 선왕의 가르침에 의한 문화 제도를 부정한다. 윤리의 절대 원칙은 사회의 안정과 인간다운 삶을 제공해야 한다. 인간이 사회 속에서 공생 공존하면서 상부상조하는 생양生養의 도는 윤리의 강상이 된다. 바로 사회 윤리인 군신을 버리고, 부자를 버리며 상생상양相生相養의 도를 금하게 하는 이른바 청정적멸을 주장하는[18] 도교와 불교를 비판한 것이다.

그러면 유교에 대립되는 이단에 대해서 어떻게 한유는 대처하였는

---

16) 『原道』, "夫所謂先王之教者 何也 博愛之謂仁 行而宜之之謂義 由是而之焉之謂道 足乎己無待於外之謂德 其文詩書易春秋 其法禮樂刑政 其民士農工賈 其位君臣父子師友賓主昆弟夫婦. ……其爲道易明 而其爲教易行也 是故以之爲己則順而祥 以之爲人則愛而公 以之爲心則和而平 以之爲天下國家 無所處而不當."

17) 『道德經』 19장. "絶聖棄智 民利百倍 絶仁棄義 民復孝慈 絶巧棄利 盜賊無有."

18) 『原道』, "必棄而君臣 去而父子 禁而相生養之道 以求其所謂 淸淨寂滅者."

가? 도교와 불교의 도를 막지 않으면 유교의 도는 유전되지 못하고, 도교와 불교의 도를 정지시키지 않으면 유교의 도는 실행되지 못한다고 보았다. 그러므로 도사와 승려를 일반 백성으로 환속시키고, 도교와 불교의 서적을 불태워 없애버린 다음 그들의 거처인 도관과 사원을 민가로 만들고, 선왕의 도를 밝혀 이 사람들을 인도하여 홀아비·과부·고아·늙어서 자식이 없는 자·불구가 되어 고칠 수 없는 사람들을 양육함이 있어야 한다. 그래야만 옳음에 가깝게 된 것이라고 한유는 생각했다.[19]

한유의 이와 같은 논리는 '성도설'을 기초로 하고 있다. 다시 말해서 '성도'를 실현한 요·순·우임금에서 시작하여 공자와 맹자로 이어지는 왕도정치를 부흥시키고자 노력한 것이다. 왜냐하면 당시 사회를 혼미하게 하는 도교와 불교를 배척할 수 있는 사상과 논리가 바로 '성도'를 실현시키는 데 있다고 보았기 때문이다. 그래서 한유는 이른바 자신의 도와 도불의 도가 다르다는 것을 규명한 것이다.[20]

그러면 이러한 '성도'의 내원과 한유가 전수한 '성도'의 관계는 어떠한가? 한유가 언급한 도는 도교와 불교의 도가 아님이 확연하고, 바로 요·순에서 공자 맹자로 이어지는 도통을 말한다. 도통이 선왕의 가르침이고 그 글이 유가의 경전이다. 한유는 이런 도통의 전수야말로 도불의 폐해를 극복할 수 있는 처방으로 제시한 것이다.

2. 성도론의 형성과 철학적 의의

한유의 『원도』는 '성도'에 대한 내용을 기술했다. '성도설'이 무엇

19) 『原道』, "然則如之何而可也 曰不寒不流 不止不行 人其人 火其書 廬其居 明先王之道以道之 鰥寡孤獨疾者有養也 其亦庶乎其可也."
20) 『原道』, "曰斯道也 何道也 曰斯吾所謂道也 非向所謂老與佛之道也."

을 구체적으로 언급하는가에 대해서는 여러 가지 설이 있지만, 한유는 인의도덕에 주안점을 두고 철학적 의의를 전개해 나가고 있다. 그가 '성도'를 주장한 이유는 바로 양주와 묵적, 도교와 불교를 우상처럼 맹목적으로 숭신崇信하여 인의도덕의 진면목이 드러나지 못했기 때문이라고 간파한 데서 비롯된다.

> 주나라의 도가 쇠미해지고 공자가 죽자 진나라 때에는 책이 불태워졌고, 한나라 때에는 황노학이 성행하였으며, 진·송·제·양·위·수나라 사이에는 불교가 성행하였다. 도덕과 인의를 말하는 자는 양주학파에 속하지 않으면 묵적학파에 속하였고, 노자학파에 속하지 않으면 불교에 속하였다. 저 양주, 묵적, 노자, 불가의 설에 들어가면 반드시 유가의 설에서 빠져나오게 된다. 거기에 들어간 자는 그것을 주인으로 우러러보고, 빠져나온 자는 그것을 노예처럼 멸시하였다. 들어간 자는 부화하고 나온 자는 이를 더럽게 여겼다.21)

마치 인의도덕이 양주나 묵적, 도교와 불교의 이단설에 현혹되어 이들에게 들어가면 빠져나오지 못하여 노예가 되고, 빠져나오면 주인처럼 모시게 되어 진정한 '성도'는 찾아볼 수 없다고 개탄한다.

국가 그리고 사회의 안정은 모두 자기의 분수와 명분을 지킬 때 민심의 동요 없이 평천하가 가능하다. 왜냐하면 사회관계를 나타내는 명칭들은 서로 그에 상부한 책임과 의무를 지니기 때문이다. 군신, 부자, 부부, 형제, 사제 등은 모두 사회관계를 나타내는 명칭이다. 따라서 이런 고유의 명칭이 부여되면 반드시 그에 상응하는 책무를 져야 한다. 그런데도 승려, 도사들은 자기의 분수와 명분을 지키지 않는 부류들이다. 한유는 이런 사회관계에 대해서 다음과 같이 비난한다.

---

21) 『原道』, "周道衰 孔子沒 火於秦 黃老於漢 佛於晉魏梁隋之間 其言道德仁義者 不入於楊 則入於墨 不入於老 則入於佛 入於彼 必出於此 入者主之 出者奴之 入者附之 出者汚之."

이런 까닭에 임금은 법령을 내는 자이고, 신하는 임금의 법령을 시행하여 백성들에게 미치도록 하는 자이다. 백성들은 곡식과 옷감을 내고 기물을 만들며 재화를 유통시켜 윗사람을 섬기는 자들이다. 임금이 법령을 내지 않으면 임금 된 도리를 잃게 되고, 신하가 임금의 법령을 시행하여 백성들에게 이르게 하지 않는다면 신하된 도리를 잃게 된다. 백성이 곡식과 옷감을 내고 그릇을 만들며 재화를 유통시켜 윗사람을 섬기지 않으면 벌을 받게 된다. 지금 그들의 법은 반드시 그대들의 임금과 신하를 버리고 아버지와 아들을 떠나고 서로 도우며 사는 도리를 금하며 이른바 청정적멸의 경지를 추구하는 자들이다.[22]

한유가 주장하는 '성도설'은 인의예지와 형정을 가리키고, 이것이 천하에 베풀어졌을 때 만물이 그 마땅함을 얻을 수 있다고 보았다.[23] 그러나 도교와 불교는 '성도'인 인의예지와 형정을 부정하고 무위와 청정적멸만 추구한다. 따라서 한유가 도교와 불교 배척의 이론적 근거로 맹자를 존숭하여 유가의 '성도'를 이룩하고자 한 것이다.

3. 성도론과 그 전개양상

도학의 명칭에 관해서는 그 설이 분분하다. 대개 유학을 성명의리性命義理의 면으로 발휘하고자 하는 내용상에서 붙여진 것이고, 도

22) 『原道』, "是故 君者出令者也 臣者行君之令 而致之民者也 民者出粟米麻絲 作器皿通貨財 以事其上者也 君不出令 則失其所以爲君 臣不行君之令而致之民 則失其所以爲臣 民不出粟米麻絲作器皿通貨財 以事其上 則誅 今其法曰 必棄而君臣 去而父子 禁而相生養之道 以求其所謂清淨寂滅者."
23) 『送浮屠文暢師序』. "是故道莫大乎仁義 而教莫正乎禮樂刑政 施之于天下 萬物得其宜."

통道統은 도학의 시발과 그 전승발전의 일관된 계통내지는 전통을 총칭하는 것으로 사료된다. 그러므로 도통관념은 학자들이 이해하고 실천하는 바에 따라 약간씩 달라질 수 있다고 생각된다.[24]

청의 전대흔에 의하면 도통이란 개념이 처음 등장한 것은 이원강 李元綱의 『성문사업도聖門事業圖』 제 일도에서 쓰였다고 한다. 주자와 동시대 인물인 그는 도를 전하고 통서를 바르게 한다(傳道正統)는 의미로 도통을 정의하고, 정호와 정이는 맹자의 도통을 전수했다고 기록했다. 도통이란 명칭은 전고前古에는 없었으나, 옛 성인이 갈마들며 이 도를 전한 차서는 한유가 이미 그 단서를 열어 놓았고, 이를 송대 유학자가 근본으로 삼은 것으로 보았다.[25] 그리고 「송사宋史」에서는 성현의 뜻과 도통의 전함이 여러 책에 산재하여 밖으로 드러나지 못했기 때문에 희미해졌다고 설명한다.[26] 이것으로 미루어 보면 도통의 연원은 요·순·우의 성왕에서 시작되었다고 볼 수 있다.

그런데도 유학의 도통이 선종의 조통설祖統說에서 유래되었다는 설이 있다. 즉 한유가 불교의 영향을 받아 유교의 도통설을 수립한 것이라고 한다.[27] 그러나 유학의 도통은 한유에 의해서 처음으로 수립된 설이 아니라 이미 한유가 존숭했던 맹자에 의해서 제기된 문제이다. 다만 한유는 맹자 이후 단절된 도학을 재확립시킨 것에 불과하다.

---

24) 宋河璟, 『李栗谷의 道統論에 관한 考察』(大同文化研究 제24집). p.165
25) 錢大昕, 『十駕齋養新錄』, 권28. "道統二字 始見於李元綱聖門事業圖 其第一圖 曰傳道正統 以明道伊川承孟子 其書成於建道壬辰 與朱文公同時 案道統之名 雖前古所無 至其古聖人所遞傳 斯道次序 韓退之旣開其端 是宋儒所本也."
26) 『宋史』,「朱熹傳」"嘗謂聖賢道統之傳 散在方冊 聖賢之旨 不明 而道統之傳 始晦."
27) 道原, 『景德傳燈錄』(臺北眞善美出版社 1970).「祖師傳」참조.

이 도는 무슨 도인가? 내가 말하는 도는 노불이 말한 도가 아니
다. 요임금이 이것을 순임금에게 전하고, 순임금은 이것을 우임금에
게 전하고, 우임금은 이것을 탕임금에게 전하고, 탕임금은 문왕·무
왕·주공에게 전하고, 문왕·무왕·주공은 이것을 공자에게 전하고,
공자는 이것을 맹자에게 전했다. 맹자가 세상을 떠난 후 그 도가 전
해지지 못하였으며, 순자와 양웅이 택하였지만 정밀하지 못하고 도
를 말했으나 상세하지 못하였다.[28]

이러한 맹자의 도통을 계승한 사람이 바로 천여 년 후의 한유이
다. 그리고 그의 제자 이고李翱는 성인의 도가 안자顔子·증자曾子·
자사子思에게 전해졌고, 맹자에게도 전해졌으나, 진한秦漢 이후 성
인의 도가 폐기되어 결핍되었다고 했다. 그는 도통의 근거로 안자의
가난을 즐기는 태도, 자로의 끝까지 예의를 지키는 태도, 『중용』의
서둘지 않으나 빠름, 그리고 맹자의 '부동심不動心'에 이르기까지의
내용이 도통을 전수받았다고 주장하였다.[29] 또 이런 도통의 계통을
체계적으로 확립한 것은 송대의 주자에 의해서였다. 그의 도통에 관
한 논지는 『중용』 서문에서 자세히 설명하고 있다.

대개 먼 옛날부터 성신聖神은 천명을 이어받아 인극人極을 세움
으로부터 도통의 전함이 유래가 있게 되었다. 그것이 『서경』에 나타
났는데 '진실로 그 중을 잡으라'는 것은 요임금이 이것으로 순임금

---

28) 『原道』, "斯道也 何道也 曰斯吾所謂道也 非向所謂老與佛之道也 堯以
是傳之舜 舜以是傳之禹 禹以是傳之湯 湯以是傳之文武周公 文武周公
傳之孔子 孔子傳之孟軻 軻之死 不得其傳焉 荀與楊也 擇焉而不精 語
焉而不詳."

29) 李翱, 『復性書』, "昔者聖人以之傳于顔子. ……回也其庶乎 屢空. ……子
路曰 君子死 冠不免 結纓而死. ……曾子之死也 曰吾何求哉 吾得正而
斃焉斯已矣 此正性命之言也 子思 仲尼之孫 得其祖之道述中庸四十七
篇 以傳于孟軻 軻曰 我四十不動心."

에게 전해 준 것이다. '인심은 오직 위태롭고 도심은 오직 은미하다. 오직 정성스럽고 오직 한결같이 하여야 진실로 그 중中을 잡을 수 있다'는 것은 순임금이 우임금에게 전한 것이다. 요·순·우는 천하의 큰 성인이시고, 천하로써 서로 전함은 천하의 큰일이니, 천하의 큰 성인으로 천하의 큰일을 행하시되, 그 주고받을 때에 정녕히 말씀해 주신 것이 이와 같음에 지나지 않으셨으니, 천하의 이치가 어찌 이보다 더한 것이 있겠는가? 이때부터 성인과 성인이 서로 이어받으셨으니, 탕·문왕·무왕 같은 임금들과 고요皐陶·이윤伊尹·부열傳說·주공周公·소공召公 같은 신하들이 이미 모두 이것으로써 도통의 전함을 이으셨고, 우리 부자夫子로 말하면 비록 그 지위를 얻지 못하였으나, 가신 성인을 잇고 오는 후학들을 열어 주신 것은 그 공이 도리어 요순보다 더함이 있으셨다. 그러나 이때를 당하여 오직 안연·증삼의 전함만이 그 종지를 얻었는데, 증삼의 재전再傳으로 다시 선생님의 손자인 자사를 얻음에 미쳐서는, 성인과 거리가 멀어 이단이 일어났던 것이다. ……이로부터 또다시 전하여 맹가를 얻어서는 능히 이 책을 미루어 밝혀서 앞선 성인의 도통을 계승할 수 있게 되었다. 그가 세상을 떠나 버리자 마침내 그 전함을 잃어 버렸다. 우리 도가 붙어 있는 것은 언어와 문자의 사이에 지나지 않고, 이단의 말은 날로 새로워지고 달로 성하여 노불의 무리가 나옴에 이르러서는 더욱 이치에 가까워 크게 참됨을 어지럽혔다.[30]

---

30) 『中庸章句序』, "蓋自上古聖神繼天立極 而道統之傳 有自來矣 其見於經則允執厥中者 堯之所以授舜也 人心惟危 道心惟微 惟精惟一 允執厥中者 舜之所以授禹也, ……夫堯舜禹 天下之大聖也 以天下相傳 天下之大事也 以天下之大聖 行天下之大事 而其授受之際 丁寧告戒 不過如此 則天下之理 豈有以加於此哉 自是以來 聖聖相承 若成湯文武之爲君 皐陶伊傳周召之爲臣 旣皆以此而接夫道統之傳 若吾夫子 則雖不得其位 而所以繼往聖 開來學 其功 反有賢於堯舜也 然當是時 見而知之者 有顏氏曾氏之傳 得其宗 及曾氏之再傳而復得夫子之孫子思 則去聖遠而異端起矣 子思懼夫愈久而愈失其眞也, ……自是而又再傳 以得孟氏 爲能推明是書 以承先聖之統 及其沒而遂失其傳焉 則吾道之所寄 不越乎言語文字之間 而異端之說 日新月盛 以至於老佛之徒出 則彌近理而大亂眞矣."

주자는 '계천입극繼天立極'하는 도통의 전수내용을 『서경』의 '십육자심전十六字心傳'에서, 도통연원을 요·순·우에서 확정지었다. 바로 '계천입극'은 우주의 원리인 태극을 본받아 리와 기론을 전개한 것으로 주돈이의 『태극도설』의 사상을 계승한 것이다. 주자는 태극을 리로 설명하고 우주만물의 모든 근원으로 보았으며, 기는 구체적으로 활동하는 현상으로 보았다. 또 '이기론'은 본체론적 측면만이 아니라 인간의 본성, 수양, 윤리적인 면까지 적용되어, 주자의 도통설은 성인이 서로 전한 도를 계승한 적임자를 자임한 것이다.

주자의 도통설은 한유나 맹자의 도학을 계승한 면이 있다.[31] 한유와 그의 제자인 이고는 공맹의 철학정신을 재건하여 인륜중심의 실천도덕 철학으로 유학을 재구성하였다. 『예기』의 일부에 불과했던 『중용』과 『대학』을 중시하고, 또 『주역』을 참고하여 천인합일사상을 형이상학 체계로 전환시킨 점은 송대 성리학의 성격규정에 크게 기여하였다. 따라서 주자는 『예기』 편의 『대학』과 『중용』을 별책別冊하여 '사서'로 표장하고 『학용장구學庸章句』『논맹집주論孟集註』를 결집하여, '오경'과 '사서'의 중요한 차이점을 제시하였다. 즉 '오경'을 중심으로 했던 고전적인 학문방향을 '사서'와 『주역』의 논리인 철학적 입장으로 전환하고, 요순에서 주공까지의 정치적 치적으로부터 공맹중심의 철학적 관심의 문제에로 영역을 바꾸게 한 것이다. 이처럼 주자에 의해 송대 성리학은 큰 변혁을 시도한다.

주자는 이런 '성도설'을 바탕으로 삼아 도통론을 정립했고, 그것은 그의 후학들에 의해 계승되었다. 그의 도통론은 두 가지 특징을 지

45

---

31) 『原道』, "堯以是傳之舜 舜以是傳之禹 禹以是傳之湯 湯以是傳之文武周公 文武周公傳之孔子 孔子轉之孟軻 軻之死 不得其傳焉 荀與楊也 擇焉而不精 語焉而不詳." 한유의 이 글은 朱子의 『孟子集註』 序說에도 "韓子曰"이라고 인용하였으며, 도통의 연원도 요순에 둔 것을 보면 한유의 설을 계승한 것임을 알 수 있다.

니게 되고 이로 말미암아 후세에 위력을 발휘하게 된다. 첫째, 도의 핵심은 '인'에 두었으며 이는 곧 성리학으로 전개된다. 둘째, 도의 연원을 상고의 성왕에게 두고서 공자를 '옛 성인을 잇고 오는 후학들을 열어 주신' 위치에 앉혀 '위에서 받아 아래로 물려주는' 중간 역할을 부각시켰다.[32)

주자는 북송 오자五子의 학문을 집대성한 학자이다. 그의 학문연원과 형성을 보면 주돈이를 뿌리로, 이정二程(특히 정이程頤)을 줄기로, 소옹과 장재를 가지로 하고 있으므로 이른바 송대 도학의 정맥을 이어받았다고 할 수 있다.[33)] 이것은 집대성의 대상이 북송 도학자들의 도학임을 구체적으로 언급한 것이다. 또한 전목은 주자를 북송오자를 대표로 하는 북송의 성리학을 집대성했을 뿐만 아니라 당말·송초에 걸쳐 일어난 새로운 학술 분위기 속의 제 경향을 모두 집대성했다는 의미에서 '송학'의 집대성자라 한다. 그리고 더 나아가 주자가 한·당의 주소학을 중시한 것을 들어 공자 이래의 유학을 집대성했다고 해도 결코 과장되거나 지나친 것이 아니라고 말하였다.[34)]

지금까지 살펴본 바와 같이 한유에 대한 철학사적 입장은 그가 당대에서 숭상했던 도·불을 이단으로 배척하여 유가의 '성도'를 재건하려 했던 대표적인 인물이라는 것이다. 이런 한유에 대한 철학사적인 평가를 보면 정이와 주자가 맹자 이후 '성도'를 이처럼 이해한 사람이 없었다고 긍정적인 평가를 내리고 있다. 한유는 유학의 '성도설'만이 당시 부패한 사회제도를 구제할 수 있고, 또 윤리 강상을 공고히 해야 사회 안정을 도모할 수 있는데 그 해결책이 바로 '성도

---

32) 崔根德, 「韓國性理學의 道統과 鄭圃隱」 『圃隱思想研究論叢』 第1輯(圃隱思想研究院, 1991) p.111.

33) 김충열, 『중국철학산고』 Ⅱ. (예문서원, 1995) p.284.

34) 錢穆, 『李完裁, 白道根 역. 『朱子學의 世界』, 以文出版社. pp.36~47면 참조.

설'이라고 주장한다.

한유가 생존하던 당 중기에는 제왕 및 백성들이 불교의 교설에 미혹되어 생업을 버리고 가산을 탕진하고 분정소지焚頂燒指로서 봉불하거나 입산수도한다고 유수부식遊手浮食하였다. 그리고 도교는 "성인이 죽지 않으면 큰 도둑이 그치지 않으며, 도량(斗)을 쪼개고 저울을 분질러야 백성이 다투지 않게 된다."[35]고 하여 무위자연을, 불교는 청정적멸을 사상의 기반으로 하고 있다. 이런 도·불사상은 현실을 도피하거나 은둔생활을 이상으로 여기는 성향이 있다. 현실 도피나 은둔적인 사상으로는 현실의 어려운 문제를 극복할 수 없다. 현실의 어려운 문제를 해결하고 이상사회를 건설하기 위해서는 적극적인 윤리 강상이 필요하다. 즉 사람이 사는 도리를 분수와 명분에 맞는 유위有爲를 통해서 해결해야 한다. 당시 도사나 승려들은 무위無爲로 국가 사회 그리고 경제에 많은 폐해를 끼친 것이 사실이다. 즉 유가의 도덕은 사회를 위하면서 백성들에게 실질적으로 도움이 되는 실용적이고 경제적인 준칙이지만, 도교와 불교는 실용적이고 경제적인 생활에 위배되기 때문에 비판의 대상이 되는 것이다.

한유는 이러한 도불의 폐해를 막기 위해서는 도·불을 배척해야 하고 그 방법으로 유교의 '성도설'을 제시한 것이다. 즉 인의도덕을 건설하여 인간의 사회생활, 문화생활을 영위하도록 하는 것이 유교이다. 그러므로 옛 성인은 사람들에게 행복한 삶의 길을 가르쳐 주었다. 따라서 유교는 '성도설'을 근본으로 한다. 그런데도 도교는 무위자연을 이상으로 삼아 성인을 비방하고 인간의 문화 제도를 부정한다. 다시 말하면 도교는 인간의 불행한 원인을 인간의 노력에 의해서 제도화된 인의예악과 형정 때문이라고 생각하여 성인 무용론을 주장한 것이다. 또 불교는 인간관계의 기본 원리인 군신, 부자, 부부

47

---

35) 『原道』, "聖人不死 大盜不止 剖斗折衡 而民不爭."

관계를 부정하여 청정적멸을 주장한다. 그리하여 한유는 반인륜적이고 반사회적인 사상을 전개하는 도·불을 배척하기 위해 이단인 양묵을 배척하고 공자의 도를 진작시키려고 한 맹자를 존숭하여 도통을 전수하려고 한 것이다.

공맹사상은 인의에 입각한 도덕이며, 도·불의 도덕은 인의를 떠난 도덕이기 때문에 유가의 도와 상반된다. 유학은 인의로 몸을 닦고 나아가 치국·평천하의 방향으로 사회 국가에 이바지하는 유위의 학이요, 도·불의 도덕은 내용이 없는 공허한 것으로 허무에 빠지는 동시에 사회 국가에 유익함이 없는 무위의 학이라고 배척한다. 그리하여 대학의 수신·제가·치국·평천하의 원리를 수용하여 인의를 근간으로 하는 것이 요순에 의한 당우唐虞시대가 바로 이런 이상세계의 전형이다. 이것이 요·순·우·탕·문무·주공으로부터 공자, 맹자에 이르러 그 도통연원이 끊어졌다고 개탄하였던 것이다. 맹자의 왕도정치 이론은 당우시대를 이상으로 한 것으로 천하를 주유하면서 제후국들에게 인의의 왕도정치를 실현할 것을 권고한 것이다. 맹자의 이러한 확신은 그를 존숭하는 후세 유학자들에 의해 그대로 전승되었다. 이러한 '성도'를 계승한 대표적인 인물이 한유이고 주자이다.

맹자의 '성도설'을 전승했다고 자처한 한유는 인의도덕을 재건하여 당시 사회적 모순과 경제적 실정이 도·불에 있다고 판단하여 인의도덕으로 이들을 배척한다. 그리고 그는 공맹사상을 계승하므로 송대 성리학의 선구자적 역할을 한다. 송대 성리학이 『주역』과 『사서』를 중심으로 학문을 구명하게 된 연유도 한유에서 발단한다고 하겠다. 이처럼 한유가 유가의 성도와 도통연원을 설명한 것이 송대 신유학의 주체성을 확립하는 데 자극을 주었다는 점에서 한유는 유학사상 내지 중국 유·불·도 삼교 교섭사에 중요한 위치를 차지하고 있다.

  '성도론'은 비록 학문의 편파성·고루성과 더불어 공자 이전의 인물에 대해서 역사적 근거가 희박하고 합리성이 결여되어 있다는 비판적 측면도 있지만, 또 한편으로는 다음과 같이 '성도설'에 대한 의의를 밝히고 있다.

  첫째, 도의 연원을 상고의 성왕에게 둠으로써 그 유래가 심원하고 그 근거가 심오함을 나타내며 특히 성왕에게 연결시킴으로써 덕과 지위가 겸비되는 것을 이상으로 삼는 유교 본래의 이념을 충족시키고 있다.

  둘째, 전수되는 이론체계가 역사적 맥락에 따라 일관성을 띠게 됨으로써 시대를 초월해 계승 발전시킬 수 있는 가치와 권위를 인정받고 있다.

  셋째, '진실로 그 중을 잡는다'는 것은 요임금이 순임금에게 전수해 주신 것이요. '인심은 위태롭고 도심은 정미하니, 오직 정일하여야 진실로 그 중을 잡을 수 있다'는 순임금이 우임금에게 전수해 주신 것이다[36]에서 보듯이 대경대법大經大法은 고수하면서 시대에 따른 구체적 변화를 추구하고 있어 때에 따라 중에 처하고 때에 따라 변함에 통하는 논리를 보여주고 있다.

  넷째, 성인들이 서로 전하여 이은 것이 계통화되어 역사적 권위와 도학적 일관성을 보여줘 후학들에게 '옛 성인을 잇고 오는 후학들을 열어 주는' 자부심을 북돋아 준다.

  다섯째, 주자에 의해 정립되었기 때문에 성리학이 학문의 중심과 제가 되었다.[37]

  이와 같이 한유에서 발단된 도불배척은 이고, 구양수, 사마광 등

----

36) 『中庸章句序』 "允執厥中者 堯之所以授舜也 人心惟危 道心惟微 惟精惟一 允執厥中」者, 舜之所以授禹也."

37) 崔根德, 「韓國性理學의 道統과 鄭圃隱」『圃隱思想研究論叢』 第1輯(圃隱思想研究院, 1991) pp.113∼114.

을 통해서 북송오자를 집대성한 주자에 이르러 신유학의 체계가 형성된다. 공맹의 도통계승은 유교를 본원으로 회귀시키는 운동이다. 주자에 의한 이런 운동은 곧 공맹사상의 재해석에 의한 경전 주석으로 실현되어 '사서'가 표장되고 『공맹집주』 『학용장구』로 집대성의 면모를 자처한 것이다. 결국 한유의 학문적 구명이 송대 성리학의 성격 규정에 큰 기여를 한 셈이다. 이런 점에서 한유가 고문·문체 운동을 시도한 걸출한 문장가이면서도 유학사에서 소홀히 다룰 수 없는 인물임을 인식해야 할 것이다.

그러므로 송대 유학에서는 불교의 이론이 윤리에 배타되어 궁심극미窮深極微한 요순의 도에 들어갈 수 없을 뿐만 아니라38) 사생을 설하여 사람을 공동恐動하고 생사와 번뇌를 면하려고 하는 것은 모두 이심利心에서 나온 것이라 보고 비판하였다.39) 또한 불교와 도교의 학문의 폐해는 '삼강과 오상'을 폐하여 지극히 큰 죄를 범하고,40) 임금과 부모처자를 버리고 공무空無 적멸한 도를 구하여 산림에 은둔하는 출가삭발에 있는 것이다.41) 유교는 천지의 도에 순응하여 사람의 도리를 다하는 치국경세에 목적이 있으므로 의공義公이고, 불교는 '생사·윤회·번뇌'를 고통이라 해서 주로 자기의 일신상의 고통을 면하려 하므로 이사利私인 것이다.

송대 성리학의 단초가 도·불학의 영향에 의한 것도 있지만 이는 전면적인 해답을 제공하지 못한다. 유학의 부흥운동은 단순히 도·불의 영향이라는 사실에 국한되는 것이 아니고 시대적 상황의 반성

---

38) 『河南程氏遺書』, 권2, "言爲無不周遍 窮深極微而不可以入堯舜之道也."

39) 『河南程氏遺書』, 권1, "佛敎只是以死生恐動人…… 佛之學爲怕死生故只管說不休…… 要之只是 此箇竟見 皆利心也."

40) 『朱子語類』, 권126, 釋氏. "佛老之學 不待深辨而明 只是廢三綱五常 這一事已是極大罪名 其他更不消說."

41) 『續大紀』, "畔君親 棄妻子 入山林 捐軀命 求其所謂空無寂滅 之理而逃焉 其量亦已隘 而其勢亦已逆矣."

과 자각에 기인한다. 그것은 상술한 바와 같이 도·불의 문제점이
야기됨으로써 새로운 가치체계 혹은 문화정신의 수립을 요구하는 시
대적 조류에 따른 것이다. 이러한 역사적 반성과 자각을 통해서 도·
불의 사상을 극복할 수 있다는 믿음이 신유학의 철학정신이다. 이러
한 역사적 사상적 배경을 토대로 하여 송학은 발흥되어 전개되었던
것이라 하겠다.

제2절 복성의 이론가 이고

한유와 같은 시대의 이고李翶(772~841)는 한유의 제자라고도 한
다. 『신당서』의 그의 전기에 따르면, 이고는 자가 습지(習之)이고,
"처음 창려의 한유의 밑에서 문장을 배웠고, 문투가 소박하고 중후
하여 당시 사람들로부터 존경을 받았으므로 문文이라는 시호가 내려
졌다."[42]고 한다. 그는 한유의 문하생이었고, 한유가 제창하고 주도
한 유학 부흥과 고문 운동에 적극 참여하기도 하였다. 산문散文 방
면에서 이룬 업적은 한유에게 크게 미치지 못했지만 유학사상, 특히
심성心性의 학설에서는 한유의 사상을 보충해 주고 발전시켰다. 그
의 대표작으로는 『복성서復性書』가 있다. 이 저작은 당대에서 유가

---

42) 新唐書』 始從昌黎韓愈爲文章 辭致渾厚 見推當時 故有司亦諡曰文. 韓
愈는 李翶보다 6살 위이다. 그런데도 이고를 한유의 제자라고 하는 것
은 宋 陳振孫이 한 다음의 말에 근거하는 듯하다. "習之의 문장은 退
之에게 그 근원을 두고 있으며 그의 전승자라 하겠다. 다만 才氣가 그
에 미치지 못할 따름이다.(習之爲文 源委於退之 可謂得其傳矣 但才氣
不能及耳 『直齋書錄解題』 卷16.)

사상이 발전하여 이룬 대표작 중의 하나이자 당 중기에서 북송에 이르는 신유학 운동의 중요한 가교 역할을 하기도 한다.

이고는 모든 사람이 성인이 될 수 있는 근거를 제시하였다. 즉 누구나 복성復性하여 성인이 될 수 있음에도 불구하고 성인이 되지 못하는 이유는, 스스로 성을 버렸기 때문이라고 보았다. 따라서 사람의 성에는 차이가 있지 않다고 하는 『복성서』를 저술하였다. 『복성서』는 세 편으로 나뉘어, 상편은 성·정론·성인에 대한 총론이고, 중편은 성인이 되는 수양방법론을 논했고, 하편은 인간이 수양에 전력할 필요성을 논했다.

1. 성과 정론

이고는 『복성서』 전체를 통해서 성은 고요하고(靜), 밝고(明), 선한 것이며, 정은 사악하고(邪), 어둡고(昏), 불선하고 동정이 쉬지 않는 것이라고 표현하였다.

> "정이 이미 어두워지면 성은 숨어버린다."[43]
> "동動과 靜이 쉬지 않는 것, 이것이 바로 정이다."[44]
> "정은 성의 사특함이다."[45]
> "정에는 선도 있고 불선도 있지만 성은 불선이 없다."[46]
> "정은 망령된 것이며 사특한 것이다."[47]

---

43) 『復性書 上』, "情旣昏 性斯匿矣."
44) 『復性書 中』, "動靜不息 是乃情也."
45) 『復性書 中』, "情者 性之邪也."
46) 『復性書 中』, "情有善有不善 而性無不善焉."
47) 『復性書 中』, "情者妄也邪也."

"성誠은 성인의 성性이니, 적연부동寂然不動하고 넓고 크고 맑고 밝다."48)

"청명한 본성이 천지를 비춘다."49)

이와 같이 성과 정은 확실히 구분되지만, 그럼에도 불구하고 이 둘은 서로 무관하지 않다. 즉 정은 성으로 말미암아 생겨나며 정은 스스로 정일 수 없으며, 성은 스스로 성이 되는 것이 아니라 정으로 말미암아 밝아진다.50) 성과 정이 서로 무관하지 않다는 것은 사람이 외물에 접할 때, 그 속에 내재한 성이 발동하여 칠정七情이 나타나는 것이므로 서로 별개가 아니라는 뜻이다. 다시 말하여, 성이 없으면 정이 생겨날 곳이 없으며, 정은 성으로 말미암아 생겨나는 것이지 정 스스로 정이 되는 것이 아니다. 성 또한 스스로 성이 되는 것이 아니라 정으로 말미암아 밝아지는 것이다.

이고는 선과 악의 문제도 성과 정의 관계로 설명한다. 성은 선의 근원이며 정은 악의 근원이라고 생각했다. 그는 다음과 같이 말하였다.

사람이 성인이 되는 근거는 성性이다. 사람이 자기의 본성을 미혹하게 원인은 정情 때문이다. 희喜, 노怒, 애哀, 구懼, 애愛, 오惡, 욕欲의 일곱 가지는 모두 정이 하게 한 바이다. 정이 이미 혼란해지면 성은 이에 숨어버리니, 이것은 성의 잘못이 아니다. 일곱 가지 정이 순환하여 번갈아 왕래하므로 성이 충실해 수가 없다. 마치 물이 흐려지면 그 흐름이 맑지 않으며, 불이 연기를 내면 그 빛이 밝지 않게 된다. 이것은 물과 불이 맑지 않거나 밝지 않아서 생긴 허물이 아닌 것이다. 즉 모래가 흐려놓지 않으면 물의 흐름은 이에 맑아질 것이며, 연기가 꽉 차지 않으면 빛은 이에 밝아질 것이다. 정

48) 『復性書 上』, "誠者 聖人之性也 寂然不動 廣大淸明."
49) 『復性書 中』, "淸明之性 鑒於天地."
50) 『復性書 上』, "性與情 ……是情由性而生…… 性不自性 由情以明."

이 일어나지 않을 것 같으면 성은 이에 충실해질 것이다. ……정의
움직임이 쉬지 않으므로 그 성을 회복시킬 수 없고 천지를 밝혀 끝
나지 않은 밝음이 될 수가 없는 것이다.[51]

이고는 성을 불교에서 말하는 본심에, 정은 무명번뇌에 서로 대입
하여 설명하였다는 설도 있다. 중생과 부처 모두 청명원각淸明圓覺
의 본심이 있으나 다만 중생의 본심은 무명번뇌에 덮여 있기 때문에
드러나지 못할 뿐이다. 마치 물이 모래 때문에 흐려지지만 흐르는
물의 속성은 본래 맑은 것이다. 그러나 무명번뇌가 청명원각의 본심
과 대립적인 위치에 있는 것은 아니다. 무명번뇌 역시 청명원각의
본심에 의지하여 일어난다. 그래서 이고는 다음과 같이 말하였다.

　　성과 정은 서로 없을 수가 없다. 비록 그러나 성이 없으면 정이
　　생길 바가 없어진다. 이는 정이 성으로 말미암아 생겨나는 것이지
　　정이 스스로 정이 되지 못하고, 성으로 인하여 정이 된다. 또 성은
　　스스로 성이 되지 못하며 정으로 말미암아 밝아지는 것이다.[52]

‘성은 스스로 성이 되지 못하며 정으로 말미암아 밝아지는 것’에
대해서 다음과 같이 설명한다.

　　성인이란 사람들 가운데서 먼저 깨달은 사람이다. 깨달은 즉은 밝
　　고, 그렇지 않으면 미혹되며, 미혹되면 어둡다. 밝음과 어둠은 같지

---

51) 『復性書 上』, "人之所以爲聖人者, 性也. 人之所以惑其性者, 情也. 喜怒
　　哀懼愛惡欲七者, 皆情之所爲也. 情旣昏, 性斯匿矣. 非性之過也, 七者循
　　環而交來, 故性不能充也. 水之渾也, 其流不清, 火之煙也, 其光不明, 非
　　水火清明之過. 沙不渾流斯清矣, 煙不鬱光斯明矣. 情不作性斯充矣. 情
　　之動弗息, 則不能復其性而燭天地爲不極之明."

52) 『復性書 上』, "性與情不相無也. 雖然無性則情無所生矣. 是情由性而生,
　　情不自情, 因性而情. 性不自性, 由情而明."

않다고 일컫는다. 밝음과 어두움은 성이 본래 가지고 있지 않은 즉 은 같음과 같지 않음의 두 가지가 분리되어 있다. 무릇 밝음이란 어 두움에 대립되는 것이기 때문에 어두움이 이미 없어진즉 밝음 역시 세워지지 않는다.[53]

'밝음이란 어둠에 대립한 것이기' 때문에 '성은 스스로 성이지 못 하고 정으로 말미암아 밝아지는 것'이다. 앞에서 '정이 일어나지 않 으면 성은 충실해진다'고 했는데, 성인이 이 방향에 따라 수양하는 것이 이른바 복성이다. 그러나 '정이 일어나지 않는다'고 함은 또 목 석처럼 정이 없는 경우가 아니다.

> 성인이라 해서 어찌 정이 없겠는가? 성인은 고요하여 움직임이 없어도 가지 않아도 도달하고, 말하지 않아도 신령스럽고, 번쩍이지 않으나 빛나며, 천지의 제작에 참여하고, 음양의 변화에 합당하니 비록 정이 있으나 일찍이 정의 지배를 받은 것은 아니다.[54]

『육조단경』에 "무상無相은 형상을 대하며 형상을 벗어나는 것이요, 무념은 생각을 대하며 생각이 없는 것이다."[55]고 했는데, 이고가 여 기서 말한 무정無情 역시 정을 대하며 정이 없는(於情而無情) 것을 말한다. 성인은 비록 제도를 창작하고 변화하지만 그 본심은 항상 적 연부동이다. 즉 "고요하지만 항상 통찰하고 통찰하지만 항상 고요하 다."[56]는 말이다. 성인의 이와 같은 심리 상태를 '성誠'이라고 한다.

---

53) 『復性書 上』, "聖人者, 人之先覺者也. 覺則明, 否則惑, 惑則昏, 明與昏 謂之不同. 明與昏性本無有 則同與不同, 二者離矣. 夫明者所以對昏, 昏 旣滅則明亦不立矣."
54) 『復性書 上』, "聖人者, 豈其無情邪. 聖人者, 寂然不動, 不往而到, 不言 而神不耀而光, 制作參乎天地, 變化合乎陰陽, 雖有情也, 未嘗有情也."
55) 『六祖壇經』, 第9장, "無相者 於相而離相 無念者 於念而無念."
56) 『六祖壇經』, 第7장, "寂而相照 寂而相寂", "寂而恒照 照而恒寂" 참조.

2. 성성론成聖論

후한시대에 유입된 불교는 제자백가 사상에 익숙해진 중국인에게 많은 영향을 끼쳤다. 다시 말하여, 삶에 대한 무상감, 죽음에 대한 공포 등을 해결할 수 있는 방법적인 모색이 시도되었다. 수 당대에 이르러서는 중국을 대표하는 사상으로 발전하기도 하였다. 그러나 당나라 말에 이르러 중국 전통사상에 의한 반발이 점차 나타나게 된다. 바로 한유와 이고에 의해서 전개된 이론이 성성론이다. 이고는 죽음에 대해서 다음과 같이 말하였다.

> 내가 살아온 햇수가 29년이다. 열아홉 살 때를 생각해 보면 아침에 있었던 일 같고 아홉 살 때를 생각해 보아도 또한 아침에 있었던 일 같다. 사람의 수명은 아무리 길어도 70, 80, 90년에 지나지 않는다. 100년을 사는 자는 드물다. 100살이 되었을 때에 아홉 살 때를 보드라도 내가 오늘 지난 일을 생각하는 것과 차이가 크게 있을 것인가? 그 또한 아침에 있었던 일과 차이가 있겠는가? 그렇다면 사람이 살아서 100년을 누린다 하더라도 우뢰와 번개가 서로 치는 것과 같고 바람이 회오리쳐서 도는 것과 같을 것임을 알 수 있다. 하물며 천사람 백사람 가운데 한사람도 100살을 살 수 없는데 있어서랴! 그러므로 나는 종일 도덕에 뜻을 두었어도 오히려 미치지 못할까 두려웠다. 저들이 그 마음이 하는 바를 마음대로 하는 자는 유독 어떤 사람인가?[57]

---

57) 『復性書下』, "吾之生二十有九年矣 思十九年時 如朝日也 思九年時 亦如朝日也 人之受命 其長者 不過七十 八十 九十年 百年者則稀矣 當百年之時 而視乎九年時也 與吾此日之思於前也 遠近其能大相縣耶 其又能遠於朝日之時耶 然則人之生也 雖享百年 若雷電之驚相激也 若風之飄而旋也 可知耳矣 況千百人而無一及百年者哉 故吾之終日 志於道德 猶懼未及也 彼肆其心之所爲者 獨何人也."

이고가 지난날의 삶을 회고해 보았을 때, 그것은 마치 오늘 아침에 있었던 일처럼 생생하게 느껴진다고 보았다. 또 100살을 사는 사람은 천수를 누린다 하여 드물지만, 비록 100살까지 산다고 해도 우뢰와 번개가 서로 치는 것과 같고 바람이 회오리쳐서 도는 것과 같은 삶의 무상함을 알 수 있다고 했다. 이와 같이 생각해 보면 인생의 덧없음을 한탄하고 고뇌하지 않을 수 없다. 그래서 그 해결 방법으로 바로 도덕에 뜻을 두었으나 오히려 미치지 못할까 두려웠다고 술회하였다. 그런데 이 세상에는 그 마음이 하는 바를 마음대로 하는 사람이 있으니 유독 어떤 사람인가? 이고는 그런 사람을 다음과 같이 설명하였다.

> 자로가 임종하려 할 때 석결과 호암이 창을 가지고 공격하여 갓끈을 자르니, 자로가 말하기를 '군자는 죽음의 목전에 있다 하더라도 갓을 벗지 않는다'라고 말하면서 갓끈을 매고 죽었다. 자로는 용맹을 좋아하여 두려움이 없었던 것은 아니다. 그 마음이 고요하여 움직이지 않았기 때문이다. 증자는 죽을 무렵에 '내가 무엇을 구하리오. 내가 올바름을 얻어서 죽을 뿐이다'라고 말하였으니 이것이 바로 성명을 말한 것이다. 자사는 공자의 손자이다. 그 할아버지의 도를 얻어서 『중용』47편을 저술하여 맹자에게 전하였다. 맹자가 말하기를 '나는 나이 사십이 되어서 마음을 움직이지 않게 되었다'고 하였다. 맹자의 문인 중에서 경지에 도달한 자는 공순추와 만장의 무리이고 더욱 이것을 전하였다.[58]

자로는 전쟁에서 적에게 공격을 받아 갓끈이 끊어졌을 때 죽음을

---

58) 『復性書上』, "子路之死也 石乞壺黶以戈擊之斷纓 子路曰君子死冠不免 結纓而死 由也非好勇而無懼也 其心寂然不動故也 曾子之死也 曰吾何 求哉 吾得正而斃焉斯已矣 此正性命之言也 子思仲尼之孫 得其祖之道 述中庸四十七篇以傳于孟軻 軻曰我四十不動心 軻之門人達者 公孫丑萬 章之徒 益傳之矣."

두려워하지 않고 태연히 갓끈을 매고 죽었다. 그가 죽음을 두려워하지 않은 것은 용맹을 좋아했기 때문이 아니라 바로 고요하여 움직이지 않는 마음을 가졌기 때문이다. 증자의 마음은 죽음에 임하여 살기를 추구하지 않고 단지 '올바름을 얻어 죽을 뿐이다'하였으니 바로 성명性命을 말한 것이다. 또 맹자의 '부동심不動心'도 생사를 초월한 마음으로 이고는 보았다. 즉 이들의 마음이 인생의 무상함과 죽음에 대한 공포를 극복할 수 있는 도덕 세계라고 보았다.

이고는 '사람은 죽으면 어디로 가는가?'에 대해서, 『역』을 근거로 하여 죽음과 삶, 그리고 귀신의 정상도 알 수 있다고 보았다. 또 공자의 '아직 삶을 알지 못하는데 어떻게 죽음을 알 수 있겠는가?'라는 사실에 근거하여 죽음에서 삶의 이치로 전환하여 '처음에 근원하여 마지막을 돌이켜 보면 삶의 이치를 알 수 있고, 삶의 이치를 다 알게 되면 죽음의 이치는 배우지 않고도 저절로 통한다'고 주장하였다.59)

이와 같이 이고는 불교에서 다루어졌던 인생에 대한 무상감이나 죽음에 대한 공포심 등의 문제를 유학의 이상적 도덕세계를 완성한 성인의 사상으로 그 해법을 찾았다.

오호라! 성性과 명命을 다룬 저서들은 남아 있지만 학자들은 그것을 능히 밝히지 못하고 있다. 이런 까닭에 그들은 모두 장자, 열자, 노자, 석가 등에게로 간다. 알지 못하는 자들은 공자의 제자들을 통해서는 성명의 도를 궁구할 수 없다고 말한다. 그리고 이것을 믿는 자들은 모두 옳다고 생각한다. 어떤 사람이 나에게 성명의 도를 묻는다면 나는 내가 알고 있는 바로써 전할 것이다. 마침내 책에 글로 써서 성명誠明의 근원을 열어가려고 한다. 끊어지고 폐기되어

---

59) 『復性書中』, "曰 敢問 死何所之耶 曰 聖人之所不明書於策者也 易曰 原始反終 故知死生之說. 精氣爲物 游魂爲變 是故 知鬼神之情狀 斯盡 之矣 子曰 未知生 焉知死 然則原其始而反其終 則可以盡其生之道 生 之道旣盡 則死之說 不學而自通矣."

드러내지 못하였던 도가 이로써 거의 전해질 수 있으리라! 명명하여 말하기를 『복성서』로 하고 그 마음을 다스리려 다른 사람에게 전하고자 한다. 오호라! 공자가 다시 태어난다 하더라도 나의 말을 폐하지는 못할 것이다.[60]

이고는 성인의 도인 '성'과 '명'을 다룬 저서들이 있었지만 학자들이 밝히지 못했기 때문에 장자, 열자, 노자, 석가 등에게로 간다고 보았다. 이 말은 송명 성리학의 강학의 동기와 수양 방법론을 대표할 수 있다. 송명 성리학자들은 모두 당시 현실적인 문제들을 유가의 경전 속에서 어떻게 그 해답을 추구했는가를 찾았다. 이고와 송명 성리학자들이 말한 성인은 종교적이고 신비적이 아닌 윤리적 성인이다. 그들이 말한 성인은 그저 예컨대 맹자가 말한 "인륜의 극치"[61]인 인물을 말한다. 성인은 인륜을 극진히 발휘하고 예악을 행하여 지극한 경지, 즉 우주와 합일하는 경지에 도달한 사람이었다. 당시 사람들의 관심은 어떻게 해야 부처가 될 수 있느냐는 것이 시대적 관제였는데, 이고나 송명 성리학자들의 학문은 모두 이 문제에 대해 유가적인 답안을 제시하여 사람들이 유가의 방법을 통해서 유가의 성인이 되게 하려고 하였다.

이런 까닭에 성誠이란 것은 성인이 본성으로 삼는 경지이다. 고요히 움직이지 않고 넓고 크며 맑고 밝게 천지를 비추어 느끼어 마침내 천하의 까닭에 통하게 된다. 행하고 머물고 말하고 침묵할 때마다 항상 법도에 맞게 처신한다. 그 본성을 회복하는 일(復性)은

59

---

60) 『復性書上』, "嗚呼 性命之書雖存 學者莫能明 是故皆入於莊列老釋 不知者謂夫子之徒 不足以窮性命之道 信之者皆是也 有問於我 我以吾之所知而傳焉 遂書于書以 開誠明之源 而缺絶廢棄 不揚之道 幾可以傳于時 命曰復性書以理其心 以傳乎其人 烏戲 夫子復生 不廢吾言矣."

61) 『孟子』, 「離婁上」, 2장, "人倫之至也."

현인이 그것을 따라서 그만두지 않는 것인데, 그만두지 않으면 그 근원에 다시 돌아갈 수 있다. 『역』에서 말하기를 "무릇 성인이란 천지와 더불어 그 덕을 함께하고, 해와 달이 그 밝음을 함께하고, 사계절이 그 질서를 함께하고, 귀신이 그 길흉을 함께한다. 하늘(자연)을 앞서도 하늘을 거역하지 않고, 하늘을 뒤로하여도 천시를 받든다. 하늘 또한 거역하지 않는데 하물며 귀신에게 있어서랴."고 했는데, 이런 경지가 외부에서 얻은 것이 아니며 그 성誠을 온전히 다한 것뿐이다.[62]

'성誠'이란 성인이 본성으로 삼는 경지이고, 이러한 경지는 고요히 움직이지 않고 넓고 크며 맑고 밝게 천지를 비추어 느끼어 마침내 천하의 까닭에 통하게 한다. 또 행하고 머물고 말하고 침묵할 때마다 항상 법도에 맞게 처신한다. 그래서 성인은 '그 덕이 천지에 합하고' '천지의 조화 작용을 찬조할' 수 있는 사람으로 이미 우주와 더불어 합일한 사람이다. 이런 성인이 되는 방법은 외부에서 얻은 것이 아니라 단지 그 성을 온전히 다한 것뿐이라고 이고는 말한다.

이고의 성인이 되는 방법(成聖)은 다음과 몇 가지로 설명할 수 있다.

첫째, 성명性命의 책이 있었다 해도 학자들이 유학의 도를 밝히지 못했기 때문에 장자나 열자, 노자나 석가에게로 귀의한다. 따라서 성명의 도를 다시 밝힐 것을 주장하여 『복성서』를 저술하였다. 『복성서』에서 성명誠明의 근원을 열고 끊어지고 폐기되고 선양되지 못한 도를 전승했다. 명命은 천명으로 천의 작용이고, 성性은 사람 속에 내재해 있는 천의 작용으로 성명性命의 도를 밝히면 불교에서 말하

---

62) 『復性書 上』, "是故誠者 聖人性之也 寂然不動 廣大淸明 照乎天地 感而遂通天下之故. 行止語默 無不處於極也 復其性者 賢人循之而不已者也 不已則能歸其源矣 易曰 夫聖人者 與天地合其德 日月合其明 四時合其序 鬼神合其吉凶 先天而天弗違 後天而奉天時 天且弗違而況於人乎 況於鬼神乎 此非自外得者也 能盡其性而已矣."

는 생로병사의 번뇌가 저절로 소멸된다는 것이다.

두 번째, 성명性命의 도를 밝혀 실현한 사람이 성인, 즉 자기본래
성을 다한 윤리적 존재로 천지와 합일하는 인륜의 지극한 존재이다.

세 번째, 성인이 되는 수양방법으로 성을 흐리게 만드는 원인인
정을 없애는 데서부터 출발하였다. 즉 불과 물이 본래는 맑고 밝지
만 외적인 조건이 가해져서 흐려지고 밝지 못한 것처럼 성과 정의
관계를 상반되게 보았다.

네 번째, 성인이 되기 위해서는 성性을 극진히 해야 하고, 성을
극진히 하기 위해서는 성誠을 실천해야 한다. 그 방법으로 예악은
성誠을 실천하기 위한 수단으로 보았다.[63]

이처럼 불교에 의해 단절되는 삶의 무상감은 유가의 성인에 의해
서 극복되고, 성인이 되는 방법은 자신이 내재하고 있는 자기 본래성
을 실현함으로써 가능하다. 자기 본래성을 실현하는 방법은 성性의
한 속성인 성誠을 실천하는 것에 의해 성性이 밝혀진다는 것이다.

3. 복성론

이고는 성인이 될 수 있는 방법론으로 제기된 고요한 상태로 움
직이지 않는 부동심의 경지와 복성復性의 공부에 대해서 논하였다.
어떤 사람이 사람들이 혼미해진 지 오래되어 복성하는 방법을 묻자
이고는 다음과 대답하였다.

> 헤아리지 않고 생각하지 않는다면 정이 생겨나지 않을 것이다. 정
> 이 생기지 않으면 바르게 생각할 수 있다. 바르게 생각한다는 것은

---

[63] 『復性書上』, "聖人知人之性皆善 可以循之不息而至於聖也 故制禮以節
之 作樂以和之, 安於和樂 樂之本也 動而中禮 禮之本也."

헤아림이 없고 생각함이 없는 상태이다. ……또 고요해졌을 때, 마음
에 본래 생각이 없음을 아는 것이 재계齋戒이다. 본래 생각함이 없
음을 안다면, 동정을 모두 떠나게 된다. 고요한 상태로 움직이지 않
는다는 것은 곧 지극히 정성스런 상태이다.[64]

　이고는 고요한 상태에서 생각하지 않고 헤아리지 않는 것을 마음
을 재계하는 것으로 말하고, 움직일 때 생각하지 않고 염려하지 않
는 것을 지극히 정성스러운 것으로 보았다. 마치 천도가 고요하여
움직이지 않는(寂然不動) 지성체至誠體였듯이 그렇게 마음에 사고
작용도 일어나지 않게 하는 것이 복성의 첩경이라는 것이다.
　그러나 사람이 고요한 상태에서 생각하지 않고 헤아리지 않고 마
음을 재계한다 해도 외부사물과 접촉하지 않을 수 없다. 외부사물과
접촉을 하면 반드시 반응한다. 따라서 마음에 사고 작용도 일어나지
않는다는 것은 결코 모든 감관과 지각을 없애 버리는 상태를 말하는
것이 아니다. 그는 "보지 않고 듣지 않는다면 사람도 아니다. 보고
들음이 분명하지만, 보고 듣는 것에 말미암지 않으면 괜찮은 것이다.
모를 것이 없고 하지 못할 것이 없다. 그 마음이 고요하여 천지를
밝게 비추는 것은 성誠의 밝음이다. 『대학』에서 말하기를 '지식을
이루는 것은 격물에 있다'고 하였고, 『주역』에서 말하기를 '역은 생
각하고 하는 것이 없다. 고요하여 움직이지 않고 감응하여 천하의
이치에 통달한다'고[65] 하였다." 즉 사람은 비록 외부 사물에 대하여
보고 듣는 것이 있지만 심령이 외부 사물에 이끌리지 않는다면 외부

---

64) 『復性書中』, "或問曰 人之昏也久矣 將復其性者 必有漸也 敢問其方 曰
　　弗慮弗思 情則不生 情旣不生 乃爲正思 正思者 無慮無思者也……方靜之
　　時 知心無思者 是齋戒也 知本無有思 動靜皆離 寂然不動者 是至誠也."

65) 『復性書中』, "不覩不聞 是非人也 視聽昭昭而不起於見聞者 斯可矣 無
　　不知也 無不爲也 其心寂然 光照天地 是誠之明也 大學曰 致知在格物
　　易曰 易無思也 無爲也 寂然不動 感而遂通天下之故."

사물의 영향을 받지 않는다는 것이다. 그 마음이 고요하여 천지를 밝게 비추는 것은 성誠의 밝음이고, '지식을 이루는 것은 격물에 있다'고 하였고, '역은 생각하고 하는 것이 없다. 고요하여 움직이지 않고 감응하여 천하의 이치에 통달한다'고 보았다.

또 그는 한유가 소홀이 한 『대학』의 '격물치지' 부분에 대해서도 문제를 제기했다. 치지가 격물에 있다고 하는 것에 대해 묻자

> 물이란 만물이다. 격이란 오는 것, 이르는 것이다. 사물이 이를 때, 그 마음이 명확히 분별해 내고 사물에 응하지 않는다면, 이것이 바로 치지이고 앎의 지극함이다. 앎이 이르므로 뜻이 정성스러워지고 뜻이 정성스러워지므로 마음이 바르게 되고, 마음이 바르게 되므로 몸이 닦여지고 몸이 닦여지므로 집이 가지런해지고, 집이 가지런해져서 나라가 다스려지며, 나라가 다스려져서 천하가 화평해진다. 이것이 능히 천지에 참여하는 까닭이다."[66]

이고는 '격물'과 '치지'를 외부 사물이 다가올 때 마음이 그 사물에 응하지 않는 상태로 해석하였다. 인식이란 마음이 바로 사물에 접할 때 생기는 것이다. 이는 바로 생각함도 없고 헤아림도 없기 때문에 움직임과 고요함을 모두 떠날 수 있다고 보았다. 즉 마음이 사물에 응하지 않는다는 말은 인식 대상이 없어 지각 반응이 없음을 가리키는 것이 아니라 인식이 활동하고 의식은 철저한 분석과 변별을 행한다면 마음 그 자체가 외부 사물에 이끌려서 앎의 지극함에 이르지 못함을 걱정한 것이다. 이러한 과정을 수행하면 결국 나라가 다스려져서 천하가 화평해지고, 이것이 바로 능히 천지에 참여하는

---

66) 『復性書中』, "敢問 致知在格物 何謂也 曰 物者 萬物也 格者 來也 至 也 物至之時 其心昭昭然明辨焉 而不應於物者 是致知也 是知之至也 知至故意誠 意誠故心正 心正故身修 身修而家齊 家齊而國理 國理而天 下平 此所以能參天地者也."

까닭이 된다.

이고의 '성성론'과 '복성론'은 결국 삶에 대한 무상감, 죽음에 대한 공포 등을 해결할 수 있는 방법적으로 모색되었다. 그것은 성인이 될 수 있는 방법을 내재하고 있는 자기 본래성을 실현함으로써 가능한 것이고, 또한 자기 본래성을 실현하는 방법으로 성誠은 성인의 성性이니, 성誠을 실천하는 것에 의해 성性 그 자체를 직접 밝힐 수 있다. 또 자기 본래성인 성性을 미혹시키는 정情을 멸하는 것에 의해서 성性이 저절로 밝혀지는 방법이다.

송대의 유학사상

제1절 북송 사상의 단초 주돈이

주돈이周敦頤는 자가 무숙茂叔이고 북송 진종眞宗 천희天禧 원년(1017년)에 태어났으며, 북송 신종神宗 희녕熙寧 원년(1073년)에 죽었다. 주돈이는 오랫동안 주현의 말단 관리를 지냈지만 그것을 조금도 부끄럽게 여기지 않았고, 처세하는 데 초연했으며 삶에 항상 여유가 있었다. 그는 명리를 하찮게 여겼고, 산림 속에서 생활을 즐겼으며, 대단히 높은 정신 경지를 지니고 있었다. 이런 생활 태도 때문에 그의 인격이나 사상을 도가와 비교적 깊은 관계를 맺고 있었다고 하는 학자도 있다. 그러나 그가 도가의 은일이나 세속의 부귀 등은 그의 이상이 아니었다. 그가 평생 칭송했던 연꽃의 중정中正하며 맑고 곧은 '군자'적 기품(蓮 花之君子者也)이란, 그의 유가적 인격 이상이 담겨 있는 표현이다.

그의 고향 영도현에는 염계濂溪라는 개천이 있었다. 만년에 그는 여산廬山에서 살았는데, 산자락에 연화봉蓮花峰에서 시작하는 작은 개천이 있었다. 그는 이 개천을 염계로 이름 지었고, 개천가에 서재를 지어 염계 서당으로 불렀다. 그래서 학자들은 그를 '염계 선생'이라 불렀다. 그의 주요 저작으로는 『태극도설太極圖說』과 『통서通書』가 있다. '리학'의 창시자인 정호와 정이의 아버지 정상程珦은 주돈이의 재주와 학문을 추앙하여 정호와 정이 나이 열넷, 열다섯이 되었을 때, 주돈이에게 배우게 하였다. 특히 그는 맹자 이후 단절된 성명性命의 학을 주창하고, 그것을 정호와 정이뿐만 아니라 장재 등에 전하여 주자학 형성의 직접적 계기를 이루게 하였다. 이에 따라 주돈이의 지위도 높아지게 되었다. 그래서 주돈이는 후대 학자들에게 도학의 시조로 알려 졌으며, 『송사』「도학전」에는 도학의 창시자로 자리매김 되어 있다.

1. 학문의 목적

주돈이가 후대 학자들에게 리학의 종사宗師로 받들어졌던 까닭은, 단지 그가 이정의 선생이기 때문만은 아니었다. 리학의 발전 측면에서 보자면 중대한 영향을 끼친 사상을 제기하였다. 『논어』에 공자의 제자인 안연은 생활이 극도로 빈곤하였지만, 그 가난조차도 '도를 배운다'[1]는 마음의 즐거움에 어떤 외재적 영향이 미치지 못했다. 그래서 공자는 안연의 이러한 태도를 극찬하였다. 정호는 어릴 적 배웠던 그의 가르침을 회고하여, "옛날 주돈이 선생에게 수업을 들을 때, 매번 안연과 공자의 즐거움을 찾아보고 무엇을 즐겼는지 알아보라고 말씀하셨다."[2]라고 하였다.

그 뒤 '공자와 안연이 즐거워한 것을 찾는 일'은 송명리학의 중대한 과제가 되었다. 이는 주돈이가 제기한 탐구, 즉 '안연은 어떻게 빈곤한데도 즐거울 수 있었는가?'라는 문제를 이해하는 일이 정호와 정이 등 모든 송명리학자들에게 엄청난 영향을 끼쳤다는 사실을 말해 주는 것이다.

---

1) 『論語』「先進」18장, "子曰 回也 其庶乎 屢空."
2) 『二程集』, 『程氏遺書』 권2 上, "昔受學於周茂叔 每令尋顔子仲尼樂處 所樂何事."

'공자와 안연이 즐거워한 것'은 유학에서 이상적인 삶의 문제이다. 왜냐하면 유가 학설에서는 공자를 성인으로 여기며 이상적인 인격모델로 삼는다. 그리하여 한유 이후로 성인이 되고 현자가 되는 일은 점차 유가에서 선비의 이상으로 자리잡게 되었다. 주돈이는 다음과 같이 말하였다.

> 시초를 살펴보고 끝마침을 돌이켜본다. 그럼으로써 삶과 죽음의 설을 알게 된다.[3]

> 성인은 하늘을 희구하고, 현자는 성인을 희구하며, 선비는 현자를 희구한다.[4]

주돈이는 삶과 죽음의 문제를 설명하는 것으로부터 학문의 시작으로 삼고, 선비는 현인을, 현인은 성인을, 성인은 다시 하늘을 희구하는 것으로 학문의 목적으로 삼았다. 이러한 학문적 과제는 죽음의 문제 때문에 언제나 유한성을 지닐 수밖에 없는 삶의 무상감을 극복하기 위한 방법일 수 있다. 선비의 이상은 평생 현자가 되고 성인이 되는 것을 이상으로 삼아 학문과 수양을 병행한다. 구체적으로 말하면

> 이윤伊尹, 안연顔淵은 뛰어난 현인이다. 이윤은 그의 군주가 요임금, 순임금과 같이 되지 못함을 부끄럽게 여겼고, 어느 한 사람이라도 마땅한 자리를 얻지 못하면 자기가 시장에서 매를 맞는 것같이 여겼다. 안연은 노여움을 다른 사람에게 옮기지 않았으며, (똑같은) 잘못을 두 번 저지르지 않았고, 석 달 동안이나 인에 어긋나지 않았다. 이윤이 뜻하였던 바에 뜻을 두고, 안연이 배웠던 것을 배워서 이들보다 더 훌륭하게 되면 성인이 될 것이고, 이들에게 미친다면

---

3) 『太極圖說』, "原始反終 故知死生之說."
4) 『通書』, 「志學」 제10, "聖希天 賢希聖 士希賢."

현인이 될 것이고, 비록 그들에게 미치지 못한다 하더라도 훌륭한
명성을 잃지는 않을 것이다.[5]

이윤은 '임금에게 충성하고, 백성에게 은혜를 베푼다'는 모범을 보
여 국가의 안녕과 백성의 행복을 위해 최선을 다해야 한다고 주장한
사람이다. 또한 안연은 유가에서 자신의 수양을 통해서 주체성을 살
린 전형적인 사람으로 안연처럼 한다면 성인의 정신 경지를 추구할
수 있다고 주돈이는 보았다. 이윤의 방법적인 문제는 '외왕外王'이
고, 안연의 수양론은 '내성內聖'이다. 이것은 바로 '본체를 밝혀 작
용에 도달한다'는 말이다. 또 '안연이 배운 바를 배운다'는 것은

> 안자顏子는 대나무 그릇에 담은 밥 한 그릇과 한 표주박의 물을
> 마심으로 누추한 곳에서 사는 것을 보통 사람들이라면 그러한 괴로
> 움을 감당하지 못하거늘, 안자는 그러한 것들을 즐겁게 받아들여 고
> 치지 않았다. 무릇 부귀는 사람들이 좋아하는 바이나, 안자는 좋아
> 하지도 구하지도 않은 채 가난을 즐겼으니, 도대체 어떤 마음을 지
> 녔기 때문인가? 하늘과 땅 사이에 지극히 존귀하고 지극히 부유하
> 며, 좋아할 만하고 추구할 만한 것으로서 저것과 다른 것이 있으니,
> 그것이 바로 그 큰 것은 보고 그 작은 것은 잊는 것이다. 그 큰 것
> 을 보면 곧 마음이 태평해지고, 마음이 태평해지면 부족함이 없게
> 되며, 부족함이 없게 되면 곧 부귀와 빈천에 대처함이 한결같아진
> 다. 대처함이 한결같으면 곧 교화될 수 있고 가지런해지기 때문에
> 고로 안자를 아성亞聖이라 부른다.[6]

---

5) 『通書』, 「志學」 제10, "伊尹顏淵 大賢也 伊尹 恥其君不爲堯舜 一夫不
得其所 若撻於市 顏淵不遷怒 不貳過 三月不違仁 志伊尹之所志 學顏子
之所學 過則聖 及則賢 不及則亦不失於令名."

6) 『通書』, 「顏子」 제23, "顏子一簞食一瓢飮在陋巷 人不堪其憂而不改其樂
天地間 有至貴至愛可求 而異乎彼者 見其大而忘其小焉爾 見其大 則心
泰 心泰 則無不足 無不足 則富貴貧賤 處之一也 處之一 則能化而齊 故
顏子亞聖."

군자는 반드시 부귀와 명예에 대한 사사로운 욕구로부터 초탈하여
야 한다. 군자에게는 사사로운 욕구인 부귀와 명예보다 더욱 존귀하
고 더욱 좋아하는 것이 있기 때문이다. 이처럼 지극히 존귀하고 마
음이 부유하며, 좋아할 만하고 추구할 만한 대상은 유학이 추구하는
내성외왕의 경지이다. 즉

> 군자는 도가 충족되는 것을 귀하게 여기고, 자신이 편안한 상태를
> 부유한 것으로 생각한다. 그러므로 언제나 평안하고 부족함이 없기
> 에, 높은 지위도 하찮게 여기고 값비싼 금과 옥을 보기를 먼지 보듯
> 하니, 그 중요함이 더 이상 보탤 만한 것이 없다.[7]

정호가 어린 시절 '공자와 안연이 즐거워한 것을 찾는' 주돈이의
가르침에 힘입어서 평생 학문 방향을 성인의 도를 추구하는 데 주안
점에 두었다는 것을 말해 주며, 또 '도학'의 주제를 포함하고 있는
말이기도 하다. 주돈이의 생활방식은 사사로운 욕구인 부귀와 권력
을 초탈했으며 더군다나 은일과도 달랐다. 또 지극히 소박하면서도
중용적인 기품을 지니고 있었기 때문에 그의 학풍은 당시 새로운 학
문의 방향성을 제시했다. 이러한 경지에 도달하기 위해서는 속세를
떠나 수행할 필요도 없고, 산림 속에서 은둔할 필요도 없다고 주돈
이는 생각했다. 오히려 이러한 경지는 인간관계 속에서 사회적 의무
를 성실히 이행할 때 실현되는 경지였기 때문에, 도가와 불교 사상
에 대한 비판과 개조 역할을 한다.

주돈이는 불교에서 말하는 인간이 원대하고도 지고한 참된 실재이
자 자연적 선성으로서 불성을 갖고 있으며 누구나 다 자기의 힘으로
그 불성을 깨달아 부처가 될 수 있다(成佛)는 사상에 주목하여 유가

---

7) 『通書』, 「富貴」 제33, "君子以道充爲貴 身安爲富 故常泰無不足 而鉄視
軒冕 塵視金玉 其重無加焉爾."

에서도 학습과 수양을 통하여 성인이 될 수 있는(成聖) 가능성을 열어 놓았다.

> 성誠은 순수하여 지극히 선한 것이다. 그러므로 (역경에) '한 번 음하고 한 번 양하는 것을 일컬어 도라 하고, 이를 잘 이어받은 것을 선이라 하며, 그리고 이를 잘 이루어내는 것을 본성이라 한다. 원元과 형亨은 성誠과 통하는 것이요, 리利와 정貞은 성誠을 회복하는 것이다. 위대하도다. 역易이여, 성性과 명命의 근원이다.[8]

> 성誠이란 억지로 하는 것이 아니고 선악의 기미이다. ……타고난 본성대로 마음을 편안히 하는 사람을 일컬어 성인이라 하고, 본성을 회복시켜 지키는 사람을 일컬어 현인이라 한다.[9]

주돈이는 성인이 되는 방법으로서, 성誠의 실천이라는 적극적인 방법을 제시하고 있다. 성은 인의예지신의 다섯 가지 떳떳한 윤리의 근본이고, 효제와 충신과 같은 모든 행동의 근원이다. 이러한 성을 주자는 "성이란 지극히 진실하여 거짓됨이 없는 것을 말한다. 이것은 하늘이 부여하고 만물이 받는 바른 이치이다. 사람은 모두 이 성을 소유하고 있으며, 성인이 되는 이유는 다름이 아니라 성인만이 이것(誠)을 온전히 보존할 수 있기 때문이다."[10]라고 설명하였다. 또 자신에게 내재하고 있는 순수한 본래성을 그대로 드러내는 것이 성인이 되는 방법이고, 이 본래성을 회복시켜 지키는 사람이 바로 현인

71

---

8) 『通書』, 「誠上」 제1, "誠者 聖人之本……純粹至善者也 故曰 一陰一陽 之謂道, 繼之者善也, 成之者性也 元亨 誠之通 利貞 誠之復 大哉 易也 性命之源乎."

9) 『通書』, 「誠幾德」 제3, "誠無爲 幾善惡 ……性焉安焉之謂聖 復焉執焉 之謂賢."

10) 『通書』, 「誠上」 제1의 주, "誠者 至實而無妄之謂 天所賦 物所受之正 理也 人皆有之 而聖人之所以聖者 無他焉 以其獨能全此而已."

이다. 그러면 성인됨을 배울 수 있는 것인가? 이에 대하여 주돈이는

"성인됨을 배울 수 있습니까?" 답하되, "배울 수 있다." 또 묻되,
"요점이 있습니까?" 답하되, "있다." 청컨대 그것을 듣고 싶습니다.
답하되, "전일한 상태가 요점인데, 그 전일한 상태란 욕심을 없애는
것이다. 욕심을 없애면 곧 마음이 고요해지고 텅 비게 되어 움직여
도 바르게 된다. 마음이 고요하고 텅 비면 밝아지고, 밝아지면 통하
게 된다. 움직임이 바르면 공정하고 공정하면 두루 미치게 된다. 밝
게 통하고 공정하게 두루 미치면 거의 성인의 경지에 가깝다."라고
하였다.[11]

주돈이는 성인됨을 배울 수 있는 요점의 하나로 우선 '전일한 상
태'를 예로 들었다. 맹자는 "마음을 기르는 데 적은 욕심을 갖는 것
보다 좋은 것이 없다."[12]라고 말한다. '전일한 상태'로 '욕심을 없애
는 것'을 적절히 설명한 것이다. 또한 주돈이는 "줄여 나가 없는 상
태에 이른다. 없으면 성誠이 확립되고, 밝음이 통하게 된다. 성이 확
립되면 현인이고, 밝음이 통하면 성인이다. 성인과 현인은 그 본성을
타고난 것이 아니라 반드시 마음을 길러서 그렇게 되는 것이다."[13]
라고 하여 욕심을 적게 갖는 것이 성인과 현자가 되는데, 그 방법은
마음을 기르는 데 있다고 보았다. 사람이 욕심을 없애게 되면 마음
이 고요해지고 텅 비면 밝아지고 밝아지면 통해져서 행동을 하여도
바르게 된다는 것이다.

---

11) 『通書』, 「聖學」 제20, "聖可學乎 曰 可 曰. 有要乎 曰 有 請聞焉 曰
一爲要 一者, 無欲也. 無欲則靜虛動直 靜虛則明 明則通 動直則公 公
則溥 明通公溥 庶矣乎."

12) 『孟子』, 「盡心下」, 35장, "養心莫善於寡慾."

13) 『周敦頤集』, 「養心亭說」, "蓋寡焉以至於無 無則誠立明通 誠立 賢也 明
通 聖也 是聖賢非性生 必養心而至之."

성誠은 사람의 본성일 뿐만 아니라 최고의 도덕 원천이기도 하다. 주돈이는 '성'개념을 중시하여 "성은 성인의 근본이다."[14]라고 하였으며, "성인이란 성일 뿐이다. 성은 인의예지신 다섯 가지 떳떳한 윤리(五常)의 근본이며, 모든 행위(百行)의 근원이다.…… 오상과 모든 행위가 성실하지 못하면 그릇되어 사특하고 어둡고 막히게 된다. 그러므로 성실하면 무사하게 된다. ……고로 말하기를 '하루라도 자기를 이겨서 예를 회복하면 천하가 인仁으로 귀의한다'고 말한다."[15]라고 하였다.

'성'은 최고의 도덕 원천이고 성인이 되는 경지이며, 성인이 되는 주요한 방법이다. 주돈이는 성인이 되는 방법으로서 '극기복례'할 것을 권한다. "군자는 성실함으로 부지런히 노력하여 쉬지 않는다. 그렇지만 반드시 분노를 참고, 욕망을 억누르며, 잘못을 고치고 착함에로 옮긴 이후에 성에 이르게 된다."[16]고 하였고, "성심誠心은 그 선하지 않은 움직임을 돌이키려는 것일 따름이다."[17]라고 하였다. '성'을 성인의 경지로 삼는 수양은 지극히 순수하고 선한 상태를 유지하는 것이고, '성'을 공부로 삼는 것은 결국 잘못을 고치고 착함에로 옮긴 이후에 가능한 것이다.

그런데 당시의 시대 상황을 감안할 때, 학자들은 사실상 사장詞章의 학문과 도가와 불가의 학문에 치중하고 있었기 때문에 지식인의 정신 발전을 위해 새로운 학문 방향을 제기할 필요성이 있었다. 이 새로운 학문의 방향이란 성인이 되는 길이었으며, 또한 도학의 길이

73

---

14) 『通書』, 「誠上」 제1, "誠者 聖人之本."

15) 『通書』, 「誠下」 제2, "聖 誠而已矣 誠 五常之本 百行之源也 ……五常 百行 非誠 非也 邪暗塞也 故誠則無事矣 ……故曰 一日克己復禮 天下 歸仁焉."

16) 『通書』, 「乾損益動」 제31, "君子乾乾不息于誠 然必懲忿窒慾 遷善改過 而後至."

17) 『通書』, 「聖學」 제20, "誠心 復其不善之動而已矣."

기도 하였다. 그래서 주돈이는 "성인의 도는 귀로 들어와 마음에 보존되는 것으로서, 그것을 품으면 덕행이 되고 그것을 실천하면 유익한 일이 된다. 저 문사만을 일삼는 것은 비루할 뿐이다."[18]라고 하여 당시 사장에 치우친 학자들을 비판하였다. 당시의 지식 계층이 빠져 있던 문장 위주의 학문에도 대립하는 정신 방향이었다.

> 문장이란 도를 싣는 도구이다. 수레바퀴와 멍에를 장식해도 사람이 사용하지 않으면 그것은 한갓 쓸데없는 장식일 뿐이다. 하물며 공허한 수레라면 문사는 기예이고, 도덕은 실질적인 것이다…… 도덕에 힘쓸 줄 알지 못하고, 오직 문사에만 능한 것은 기예일 따름이다. 아 그 폐단이 이미 오래되었구나![19]

주돈이는 북송 전기의 펼쳐졌던 학문 방향의 성격을 '문'과 '도'로 설명하여 그 관계를 분명하게 해결하였다. 지금까지 고문 운동의 쟁점은 '도'를 주요 내용으로 하는 학문인 도학을 필연적으로 요구하였다. 수나라와 당나라 이래로 유학자들이 침잠했던 '문사의 학문'은 결코 유학이 추구하는 성인의 학문이 아니며, 문사文辭란 '도'를 표현하기 위한 도구일 뿐이다. 따라서 '문'이란 '도'에 봉사하기 위한 보조수단이다. 그러므로 도는 체이고 문은 용이다. 체를 떠난 용이란 있을 수가 없다.

'문장으로 도를 싣는다'고 말할 때, '도'는 좁은 의미에서 성인의 도이고, 성인의 도는 인의와 중정일 따름이다.[20] 주돈이는 유가의

---

18) 『通書』, 「陋」 제34, "聖人之道 入乎耳存乎心 蘊之爲德行 行之爲事業 彼以文辭而已者 陋矣."

19) 『通書』, 「文辭」 제28, "文 所以載道也 輪轅飾而人弗庸 徒飾也 況虛車乎 文辭 藝也 道德 實也…… 不知務道德而第以文辭爲能者 藝焉而已 噫 弊也久矣."

20) 『通書』, 「道」 제6, "聖人之道 仁義中正而已矣."

도를 극대화시켰고 신유가(도학)의 기본 입장 일목요연하게 표현하였다. 내성외왕의 가치를 우선시하는 수양방법은 유가의 일관된 전통이다. '문장으로 도를 싣는다'는 주돈이의 주장은 유가의 문과 도에 관한 이론을 전형적으로 표현하였으며, 궁극적으로는 내성외왕을 추구하는 학문 방법이었다.

주돈이의 이론은 도가와 불가에서 추구하는 신선과 성불의 의미와는 다르고, 후세 주자학의 시조로 평가되는 것은 말할 것도 없이 우주론을 전개한 데 있다.

2. 태극설에 관한 불교와 도교의 유래설

주돈이는 북송 유학에서 우주론 전개라는 신유가의 학풍을 열었다. 따라서 전통 유학과 달리 그의 신유가의 학풍은, 유가의 경전인 『주역』에 근거하여 우주론 체계를 확립했다는 데 있다. 「태극도」와 이를 해석한 『태극도설』은 우주론 체계의 철학적 내용을 합리적인 방법으로 설명하였다.

남송 초기에 어떤 학자는 주돈이의 『태극도설』이 원래 북송 초기의 도사 진단陳摶에게서 근원하였다고 보았다. 『태극도설』이 나오기 이전에 이와 비슷한 이론이 『상방대동진원묘경품도上方大洞眞元妙經品圖』 중에 「태극선천지도太極先天之圖」가 『도장경道藏經』 중에 있었고,21) 또 「주진전朱震傳」에 의하면 이와 유사한 이론이 실려 있다.

> 진단이 선천도를 충방种放에게 전하고, 충방은 묵수穆修에게 전하고, 목수는 이를 이지재李之才에게 전하고, 이지재는 소옹邵雍에게 전하였다. 충방이 하도와 낙서를 이개李漑에게 전하고, 이개는

---

21) 馮友蘭, 『中國哲學史』, 香港文蘭圖書公社, 1967, 822面.

허견許堅에게 전하고, 허견은 이를 범악창范諤昌에게 전하였고, 범악창은 유목劉牧에게 전하였다. 그리고 유목은 태극도를 주렴계에게 전하였다.[22]

또한 모기령毛奇齡(1623~1716 A. D.)은 『태극도』는 진단에 의해서 유래되었으며 진단의 『무극도』, 즉 화산華山의 석벽에 새겨진 그림은 위백양魏伯陽이 『참동계參同契』에 붙인 「수화광곽도水火匡廓圖」와 「삼오지정도三五至精圖」로부터 유래되어 온 것이라 주장한다.[23] 그러나 『참동계』에 있는 두 그림은 그 근거하는 바를 알 수 없고 또 지극히 그 엄격함이 결여되어 있다고 노사광은 이를 일축하고[24] 있다.

황회목黃晦木도 역시 『태극도』의 근원이 도가에서 유래되었다고 주장하였다.

고찰하여 보건데 하상공河上公의 본도는 「무극도」라 이름하여 위백양이 그것을 얻어 『참동계』를 지었고, 종리권鍾離權이 이를 얻어 여동빈呂洞賓에게 전수하였고, 여동빈은 뒤에 진도남陳圖南과 함께 화산에 은거하다 이를 진단에게 전수하였다. 그리고 진단은 이것을 화산의 석벽에다 새기었다. 진단은 또한 마의麻衣를 입은 도사에게서 「선천도先天圖」를 얻었는데 이 두 개의 그림 모두 충방种放에게 전수하였고, 충방은 목수穆修와 승려인 수애壽涯에게 전수하였고, 목수는 「선천도」를 이정지李挺之에게 전수하였고, 이정지는 이것을 소천수邵天叟에게 전수하였고, 소천수는 그의 아들 소요부邵堯夫(소옹邵雍)에게 전수하였다. 한편 목수는 「무극도」를 주렴계에게 전수

---

22) 『宋史』, 卷435 「朱震傳」, "陳摶以先天圖授种放 放傳穆修 穆修傳李之才 之才傳邵雍 放以河圖洛書傳李漑 漑傳許堅 許堅傳范諤昌 諤昌傳劉牧 穆修以太極圖傳周惇頤."

23) 勞思光 『中國哲學史』, 鄭仁在 譯 宋明篇. 探求堂 1988, 152面.

24) 上揭書, 158面.

하였고, 주돈이는 또 선천의 계송偈頌을 수애壽涯에게서 얻었다고 전한다.25)

황회목은 『태극도변太極圖辨』에서 화산각석華山刻石이라든지, 또 소원溯源함에 있어 전수계보를 여동빈, 종리권, 위백양, 하상공으로 그 논거를 말하지만 결국 그 원본은 하상공의 것이어야 한다고 주장한다. 그러나 하상공의 이와 같은 원본을 찾아볼 수 없기 때문에 단지 전설적으로 전수되어진 것으로 설명될 뿐이다. 또한 화산석각이라고 하는 것도 항간의 사실무근한 전설로 보는 것이 정설이다. 그러므로 황회목의 이러한 설명에는 심각한 문제가 내재되어 있다고 노사광은 설명한다.

첫째 이유는 위백양의 『참동계』에는 글은 있으나 그림은 없다. 후세에 주註를 달던 사람들이 그려 넣은 그림은 이미 위백양에게서 나왔다고 볼 수 없고, 하상공까지 소급할 수 없다는 것이고,

둘째 이유는 진단이 화산석벽에 새긴 그림에 대해서는 후세에 말하는 사람들이 매우 많으나 허위가 아니어야 한다. 『무극도』와 주렴계의 『태극도』는 완전히 같지만 도장道藏 중에 있는 「태극선천지도太極先天之圖」와는 약간의 차이가 있고, 이것은 후자(태극도)에 따라서 변조해 나온 것이며 그것이 종리권과 여동빈에게서 나왔다고 증명할 도리가 없다26)고 노사광은 설명하고 있다.

다만 주돈이의 『태극도』는 도교의 단결丹訣에서 나왔을 가능성이 가장 크다고 할 수 있다. 주렴계가 유일하게 언급한 「제풍도관題酆都

---

25) 『宋元學案』, 卷12 「濂溪學案下 附錄 黃晦木之太極圖辯」, "攷河上公本圖名無極圖 魏伯陽得之以著參同契 鍾離權得之以授呂洞賓 洞賓後與陳圖南同隱華山 而以授陳 陳刻之華山石壁 陳又得先天圖于麻衣道者 皆以授种放 放以授穆修與僧壽涯 修以先天圖授李挺之 挺之以授邵天叟 天叟以授子堯夫 修以無極圖授周子 周子又得先天之偈于壽涯."

26) 勞思光, 『中國哲學史』, 鄭仁在 譯. 探求堂, 1988, 159~160面.

觀」이란 시詩 속에서 도교의 단결을 보았으며 음양조화의 기미를 얻어 정신을 합한 연후에 더욱 지식이 은미해졌다[27]고 높이 받들었음을 보면 어느 정도는 도교의 영향을 받았다는 것도 설득력이 있다.

그러나 주돈이는 유가의 이론에 의거하여 먼저 『주역』의 논리로 토대를 삼아 인성론적의 근본을 세운 다음에 우주론적 체계를 세워 『태극도설』의 방식을 통하여 그것을 표시한 것으로 사료된다. 그러므로 그의 『태극도』는 도교의 영향을 받았다 할지라도 전적으로 그의 심사숙고한 작품이라고 볼 수 있다.

언급한 바와 같이 도교에서 『태극도』가 유래했다는 설에서 주돈이는 승려 수애와 깊은 교분을 갖고 있어 그의 『태극도』가 불가에 그 영향을 받았다는 학자도 있다. 무내의웅武內義雄은 주봉종밀圭峯宗密이 유식종唯識宗, 삼론종三論宗, 화엄종華嚴宗의 세 종파를 비판하고 진심眞心을 ○으로 표시하고 망상妄想을 ●으로 표시하여 아라야식阿黎耶識을 ○으로 표시한 뒤 진심이 유전하는 경로와 수양의 과정을 도표로 만들고 있는데, 이 도표가 뒤에 나타난 주렴계의 「태극도」를 암시한 것이라고 주장한다.[28] 따라서 '무극이태극無極而太極'이라는 말은 도가의 영향을 받았을 뿐만 아니라 불가의 이론에서도 영향을 받았다는 주장이다.

불가에서는 원상圓相을 가지고 일체 모든 것을 궁극적인 목적으로 삼는다고 한다. 예를 들면 각覺을 원각圓覺, 오悟를 원오圓悟, 적寂을 원적圓寂이라고 하듯이, 옛날 마조馬祖가 사람을 시켜 도흠선사道欽禪師에게 편지를 보냈는데 그 속에는 하나의 동그라미만 그려져 있었다. 이를 본 도흠선사는 그 동그라미 속에 또 하나의 동그라미를 그려 넣어 되돌려 보냈다는 것이다.[29] 이처럼 아라야식으

---

27) 『周子全書』, 卷17 「讀英眞君丹訣」, "始觀丹訣信希夷 蓋得陰陽造化機 子自母生能致主 精神合後更知微."

28) 武內義雄, 『中國思想史』, 李東熙 譯 驪江出版社, 1992, 183面.

로 도시圖示한 진여眞如는 무극無極이고, 진여는 대대對待를 초절하여 그것을 언표하기가 불가함으로 ○으로 표시하여 그 순수함을 그린 것이라 한다.

또한 무내의웅은 주진朱震의 「한상역전漢上易傳」 진역표進易表에 의하면 주렴계는 목수에게 배워 진희이陳希夷의 학문을 전하고, 진희이는 오대의 도사로 위백양 이래의 도가설을 계승하여 충방에게 전하고, 충방은 이를 목수에게 전해 주렴계의 「태극도」가 위백양의 「참동계」에 실린 「수화광곽도」와 「삼오지정도三五至精圖」를 조합하고 있는 것을 보면 주렴계는 도가의 영향을 받은 것이 분명하고, 도설에도 그 모습이 나타나고 있음은 당연하다고 언급하고 있다. 이러한 도식은 반드시 『참동계』에만 보이고 있는 것이 아니고 당나라 승려 종밀宗密의 『선원소전집도서禪源所詮集都序』 가운데도 「수화광곽도」를 개조하여 기신론起信論의 교리를 설명하고 있다. 아마 당송唐・宋 때에는 이러한 도해圖解가 유행한 것으로 주돈이는 이로 인해 우주생성의 순서를 도해했다고 본다. 그리고 종밀은 화엄의 학자로 일설에 주돈이가 윤주潤州의 학림사鶴林寺의 승려 수애에게 배웠다고 하고, 또 일설에는 동림사東林寺의 상총常聰에게 화엄수리법계華嚴事理法界의 설을 들었다고 함으로 『도설』에 '원인론原人論'의 영향이 있음도 부정할 수 없다[30]고 설명한다.

종밀은 「십중도十重圖」의 대승기신론大乘起信論에서 일심개이문一心開二門의 뜻에 의하여 각覺과 불각不覺을 나타낸 것이고, 십중이란 미혹함(迷)과 깨우침(覺)을 가리킨 것이다. 그는 『선원제전집도서禪源諸詮集都序』에서 "붉게 ○으로 표시하여 만든 것은 깨끗한 열 겹(淨法十重)의 차례를 기록한 것이고, 검게 ●으로 표시하여 만

---

29) 『景德傳燈錄』, 卷6 「大正大藏經」 卷51. 246面.
30) 武內義雄, 『中國思想史』, 李東熙 譯. 驪江出版社, 1992, 191~192面.

든 것은 번뇌에 물든 열 겹(染法十重)의 차례를 기록한 것이다[31]라고 하여 일심에는 미혹함(迷), 깨우침(悟), 더러움(染), 깨끗함(淨)을 표시한 것이다. 종밀은 대승법체大乘法體를 중생심衆生心으로 ○으로 표시하고, 이문二門은 진眞과 망妄으로 진(정법淨法)은 ○으로 표시하고, 망(오법染法)은 ●으로 표시한 것이다. 아라야식은 깨달음과 깨닫지 못함의 뜻이 있어 ○으로 표시하고, 깨달음은 ○으로 표시하는 것은 정법淨法에서 심생멸心生滅을 밝히고자 함이요, 깨닫지 못함을 ○으로 표시하는 것은 오법에서 진여를 밝히고자 한 것이다.

모기령은 『태극도』를 논하면서 『참동계』에 있는 그림과 종밀의 「십중도」를 근거하고 있지만, 『참동계』에 있는 두 개의 그림(水火匡廓圖. 三五至精圖)은 상술한 것처럼 글은 있으나 그림은 없어 그 근거하는 바를 알 수 없고, 「십중도」는 단지 모양만 약간 비슷한 곳이 있을 뿐 「태극도」의 근원으로 삼을 수 없다고 노사광은 비판한다.[32]

그러므로 도교 유래설에서 살펴보았듯이 「수화광곽도」와 「삼오지정도」에 대한 형성근거 자체가 문제가 있어 고증학상 확실한 결론을 얻어야만 그 진위 여부가 판단될 수 있다. 또 기신론에 관해서도 고래로부터 그 저자와 역자의 대한 진위에 이론異論이 많고, 인도의 작품이니 혹은 중국의 위작이니 하는 등 문제의 논란이 많아 불가의 영향에 관해서도 확실히 믿을 만한 근거가 없는 것이 학계의 정설이다.

주자는 다음과 같이 말하였다.

복희는 역을 만들기를 한 획으로부터 시작했고, 문왕은 역을 부연하기를 건원乾元으로부터 시작했다. 모두 태극을 말하지 않았다. 공자가 역을 찬술하기를 태극으로부터 하였으나, 무극을 말하지는 않

---

31) 宗密, 『禪源諸詮都序』, "朱爲此○號 記淨法十重之次 墨爲此●號 記染法十重之此".

32) 勞思光, 『中國哲學史』, 鄭仁在 譯, 宋明篇, 探求堂, 1988, 158面.

앛다. 그러나 주자周子(주돈이)는 이를 말했으나 선성·후성이 한줄기로 서로 꿰는 것이 아니겠는가? 무극 두 자는 이에 주돈이가 도체를 충분히 안 것이다.[33]

주자는 주돈이가 복희, 문왕, 공자와 병칭이 될 정도로, 『역』의 발전사에 있어 중요한 위치를 점하고 있는데, 그것은 그가 '무극'이라는 두 글자를 창출하였기 때문이라고 보았다.

3. 태극설

'무극'이라는 두 글자의 창출은 유학사상사에서도 여러 성인 이래 단절되었던 유학사상의 진수를 전하는 것으로 중요한 의미를 지닌다. '무극' 두 글자는 주돈이의 저서인 『태극도설』의 서두에 있다. 『태극도설』은 본래 『태극도역설太極圖易說』로 명명하였는데, 이 점은 그 기본 사상이 『주역』에서 나왔음을 의미하는 것이다. 『태극도설』은 "역에는 태극이 있고, 이것은 양의(음양)를 낳고, 양의는 사상을 낳고, 사상은 팔괘를 낳고, 팔괘는 길흉을 정하고, 길흉은 대업을 낳는다."[34]는 「계사전」의 내용을 변화 발전시킨 것으로서, '태극'을 최고 범주로 삼는 우주론 체계이다.

주돈이는 『태극도설』에서 다음과 같이 말하였다.

---

33) 『性理大全』 卷之一, "朱子曰 伏羲作易自一畫以下 文王演易自乾元以下 皆未嘗言太極也 而孔子言之 孔子贊易自太極以下 未嘗言無極也 而周子言之 先聖後聖 豈不同條而共貫哉 無極二字 乃周子灼見道體."

34) 『周易』 『繫辭傳』, "易有太極 是生兩儀 兩儀生四象 四象生八卦 八卦生吉凶 吉凶生大業."

무극이면서 태극이다. 태극이 움직여 양을 낳고, 움직임이 극에 이르면 고요해지고, 고요해지면 음을 낳는다. 고요함이 극에 이르면 움직임으로 되돌아간다. 한 번 움직이고 한 번 고요함이 서로 그 뿌리가 되어 음으로 갈리고 양으로 갈리니 곧 양의가 성립하게 된다. 양의 변화와 음의 결합으로 말미암아 수, 화, 목, 금, 토가 생겨난다. 오행이 순조롭게 퍼져서 사계절이 운행한다. 오행은 하나의 음양이요, 음양은 하나의 태극이다. 태극은 본래 무극이다. 오행이 낳은 것은 각각 그 본성을 지닌다. 무극의 참된 본체(眞)와 이二(兩儀인 陰陽)와, 오五(五行)의 정수가 묘하게 합하여 응결된다. 강건한 건도乾道는 남자가 되고 유순한 곤도坤道는 여자가 된다. 두 기운이 서로 감응하여 만물이 화생한다. 만물은 생하여 변화가 끝이 없다. 오직 사람만이 빼어남을 얻어 가장 영특하다. (인간의) 형체가 이미 생기며 정신이 지각을 개발시킨다. 오성五性이 감동하여 선악의 분별이 생기고 모든 일이 생겨난다. 성인을 자신을 중정과 인의로써 규정하고 정靜을 주요소로 삼아 인극人極을 세운다. 그러므로 성인은 천지와 그 덕이 합치되며, 해와 달과 그 밝음이 합치되고, 사계절과 그 순서가 합치되며, 귀신과 그 길흉이 합치된다. 군자는 그것을 닦아서 길하고 소인을 그것을 거슬러서 흉하다. 그러므로 하늘이 세운 도를 일컬어 음과 양이라고 하고, 땅이 세운 도를 일컬어 부드러움과 굳셈이라 하며, 사람이 세운 도를 일컬어 인과 의라 한다. 또 말하기를 시초를 캐 들어가 살펴보고 끝마침을 돌이켜본다. 그러므로 삶과 죽음의 설을 알게 된다. 위대하도다! '역'이여! 이것이 그 지극함이로다.35)

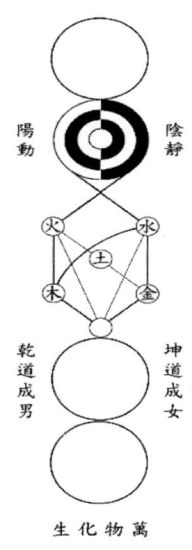

陽動　陰靜

火　水

土

木　金

乾道成男　坤道成女

生化物萬

---

35) 『太極圖說』, "無極而太極 太極動而生陽 動極而靜 靜而生陰 靜極復動 一動一靜互爲其根 分陰分陽 兩儀立焉 陽變陰合 而生水火木金土 五氣順布 四時行焉 五行一陰陽也 陰陽一太極也 太極本無極也 五行之生也 各一其性 無極之眞 二五之精 妙合而凝 乾道成男 坤道成女 二氣交感

『주역』에서 '태극'의 의미는 한당시대에서는 "태극은 원기인데, 셋을 함유하여 하나가 된다."[36]라고 하여 '태극'은 원기가 아직 분화하지 않은 상태로 설명되었다. 또 당대의 공영달孔穎達은 진나라 사람들이 '무'를 태극으로 삼는 견해에 반대하면서 "태극은 천지가 분화하기 전의 원기를 말하는 것으로, 뒤섞인 상태로 하나이다."[37]라고 하여 '태극'이 단지 원기로 설명되었다. 송 초기의 『역』도 이와 같은 견해를 받아들였다. 유목劉牧은 "태극이란 하나의 기인데, 천지가 분화되기 전의 원기가 뒤섞여서 하나인 것이다."[38]라고 주장하였으며, 호원胡瑗과 이구李覯도 마찬가지였다.[39] 주돈이는 전반 부분에서는 『주역』의 말을 인용하고 있지만, 후반 부분에서는 독자적으로 만물의 생성원리를 설명함으로써 우주론을 전개한다.

『태극도설』에서 "오행은 음양일 뿐이고, 음양은 태극일 뿐이며, 태극은 본래 무극이다."라고 하였는데, 『통서』에서는 이러한 설명에 부연하여 "오행은 음양이고 음양은 태극이다. 이로써 사계절이 운행하며, 만물이 생기고 없어진다."[40]라고 하였다. 주돈이는 오행이 음양 두 기에 통일되고, 음양 두 기는 태극에 근원하는 것으로 설명한 것이다. 즉 '태극→음양→오행→만물'로 발전하는 도식을 말한다. 우주

83

化生萬物 萬物生生 而變化無窮焉 惟人也 得其秀而最靈 形旣生矣 神發知矣 五性感動而善惡分 萬主出矣 聖人定之以中正仁義 而主靜 立人極焉 故聖人與天地合其德 日月合其明 四時合其序 鬼神合其吉凶 君子修之吉 小人悖之凶 故曰 天之道 曰陰與陽 立地之道 曰柔與剛 立人之道 曰仁與義 又曰 原始反終 故知死生之說 大哉易也 斯其至矣."

36) 『漢書』,「律曆志」, "太極元氣 函三爲一."
37) 『周易正義』, "太極謂天地未分前之元氣 混而爲一."
38) 『易數鉤隱圖』, "太極者一氣也 天地未分之前 元氣混而爲一"
39) 朱伯崑, 『易學哲學史』, 北京大學 出版社, 1988 참조. 유목의 주장은 『易數鉤隱圖』에서 보이고, 호원의 주장은 『周易口義』「繫辭上傳注」에서 보이며, 이구의 주장은 『易論』에서 드러난다.
40) 『通書』,「動靜」 제16, "五行陰陽 陰陽太極 四時運行 萬物終始."

의 본래적 실체는 태극 원기이고, 태극 원기가 분화하여 음양의 두 기가 되며, 음양의 두 기는 변화하고 교접하여 오행을 형성하고, 각각 특수한 성질을 지닌 오행은 발전하여 화합하고 응취하여 만물을 생성한다.

이러한 설명을 『태극도』에서 살펴보자.

최초의 ○는 '무극이태극無極而太極'을 나타낸다. 태극은 아직 분화되지 않은 혼돈 상태의 근원 물질을 가리키고, 무극은 혼돈의 무한을 가리키다. 근원 물질 자체로서 태극은 형체가 없고, 무한하다. 그래서 '무극이태극'라고 한다.

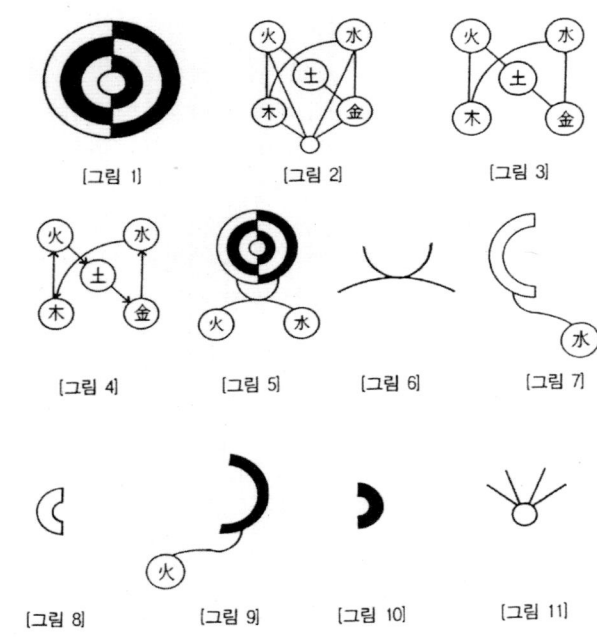

[그림 1]   [그림 2]   [그림 3]

[그림 4]   [그림 5]   [그림 6]   [그림 7]

[그림 8]   [그림 9]   [그림 10]   [그림 11]

다음은 [그림 1]에서, 흰 부분은 양이고, 검은 부분은 음이다. 태극과 음양의 관계는 『주역』에서는 "역에는 태극이 있고, 이것이 양의(음양)를 낳는다."고 했고, 『태극도설』에서는 "태극이 움직여서 양을 낳고, 움직임이 극에 이르면 고요해지고, 고요해지면 음을 낳는다."고 하였다. 이것은 태극이 움직이면, 그 움직임은 자연히 양면성을 가지므로, 그 양면성을 나누어 표현한 것이지 태극과 음양이 본질적으로 다르다는 것은 아니다.

　음양과 태극과의 관계를 이해하기 위하여 태극을 하나의 구체球體로 가정해 보자. 이 구체에 빛을 비추면 빛이 비친 반의 부분은 밝을 것이고, 그렇지 않은 부분은 어두울 것이다. 말하자면 하나의 구체는 양면성을 가진다. 이 비유에서 구체는 태극이고, 구체의 밝은 부분은 양으로, 어두운 부분을 음으로 이해하면, 태극의 명암이 되는 것은 음양이고, 음양의 구체가 되는 것은 태극이다. 그러나 이 비유는 공간적인 것이다.

　시간적으로는 어떠한가? 일 년을 여름(양)과 겨울(음)로 나누어 생각해 보자. 여름은 겨울이 간 후 갑자기 나타나는 것이 아니다. 여름의 시작은 서서히 진행된다. 결국 겨울은 여름이 시작인 셈이고, 여름의 겨울의 시작인 셈이다. 이렇게 보면 여름의 안에는 겨울이, 겨울의 안에는 여름이, 양의 안에는 음이, 음의 안에는 양이 이미 그 뿌리를 내재하고 있다고 말할 수 있다. 주돈이가 음양의 작용을 [그림1]로 나타내어, 음양을 서로 합치하여 양 가운데 음, 음 가운데 양을 그린 것은 이처럼 음양의 공간적·시간적 작용을 표현한 것이다. 중앙의 작은 ○은 태극이다. 양은 음을, 음은 양을 낳는데, 이 낳는 것을 추리해 보면 결국 태극에 이른다. 최초의 ○이 무극과 태극의 관계를 나타낸 그림알고 본다면, [그림1]은 태극과 음양의 관계에서 태극에서 음양이 발생하는 과정이라고 볼 수 있다.

　다음은 [그림2]인데, 우선 [그림3]에 관해 보자. 『춘추번로』「오행지」에 보면 다음과 같은 구절이 있다.

하늘에는 오행이 있다. 그 하나를 목木이라 하고 둘을 화火라 하고 셋을 토土라 하고 넷을 금金이라 하고, 다섯을 수水라 하는데, 목은 오행의 시작이고 수는 오행의 끝이고 토는 오행의 중앙이다. 이것은 하늘의 차서이다. 따라서 목은 화를 낳고 화는 토를 낳고 토는 금을 낳고 금은 수를 낳고 수는 목을 낳기 때문에 이러한 관계를 부자관계라고 한다.[41]

즉 목木은 화火를, 화는 토土를, 토는 금金을, 금은 수水를, 수는 목을 낳기 때문에 오행의 생성순서는 목→화→토→금→수→목이 된다. 따라서 [그림3]은 [그림4]로 이해할 수 있다. 또 오행의 위치에 관해 보면 화와 목은 양이기 때문에 양동陽動의 아래에, 수와 금은 음이기 때문에 음정陰靜의 아래에, 화와 수는 박경薄輕한 것이므로 위에, 목과 금은 농중濃重한 것이므로 아래에 위치하고, 토는 음양으로 보면 중성이고, 농중濃重 것도 중간이기 때문에 정 가운데 위치한다.

[그림5]의 [그림6]은 오행의 작용이 오행 독자의 것이 아니라, 음양의 작용을 자세히 표현한 것이라고 하는 음양과 오행의 관계를 나타내는 것이다. [그림7]은 [그림8]양이 수(음)의 뿌리임을 나타내고, [그림9]는 [그림10]음이 화(양)의 뿌리가 됨을 나타낸다. 그러므로 [그림2]의 [그림11]은 태극, 음양, 오행의 구체화된 작용이 구체적 형태인 만물로 결집된 것을 나타낸다. 인간, 동물, 식물, 무생물 등 만물은 그 결집에 의한 것이고, 그 차이는 결집 방법 여하에 따라 발생하는 것이다. 따라서 만물은 각기 차이를 갖는 개별적 존재라고 해도 본질적으로는 오행으로부터 분리될 수가 없다. 오행은 본래 음양이고, 음양은 또한 태극의 작용 그 자체이다. 그러므로 만물은 본

---

41) 『春秋繁露』, 「五行之義」, "天有五行 一曰木 二曰火 三曰土 四曰金 五曰水 木五行之始也 水五行之終也 土五行之中也 此其天次之序也 木生火 火生土 土生金 金生水 水生木 此其父子也."

질적으로 태극 그 자체의 발현이라고 말할 수 있다. 이러한 이유로 주돈이는 인간과 만물을 ○, 즉 '무극이태극'의 ○과 동일한 원으로 나타내고 있다.42)

다음으로 『태극도설』을 살펴보기로 하자.

무극은 태극의 작용을 주재하는 주체이고, 태극은 무극의 작용이다. 태극은 아직 분화되지 않은 근원 실체이고, 그것의 운동은 음양 생성의 근원이다. 태극의 작용이 신장되고 활발해지면(動) 곧 양이 되고, 상대적으로 그 극에서 축소되어 수렴된 상태(靜)가 음이다. 즉 '움직임이 다하면 고요해지고', '고요함이 다하면 다시 움직인다'는 동정의 운동과 정지가 부단히 교차하고 순환하여 양의인 음양이 성립된다.

그러므로 우주의 구성은 근본적으로 음과 양의 두 기운이 상호 작용과 교합에 의해서 이루어진다. 즉 오행은 음과 양의 두 기운이 상호 작용과 교합에 의해서 낳은 것이고, 나아가 만물을 형성한다. 주돈이는 "두 기와 오행은 만물을 낳는다. 오행은 각기 다르고 두 기운은 실재적이지만, 이 두 기운은 본래 하나이다. 이처럼 많은 것이 하나이고, 하나의 실재적인 것이 만 가지로 나뉜다. 많음과 하나가 각기 올바르니, 크고 작음이 정해진다."43)고 하였다. 태극 원기가 변화하여 두 기와 오행이 생겨나고, 하나의 기가 각각 상이한 만물로 표현된다.

두 기운인 음양은 태극의 운동을 자세히 표현한 것으로 본질적으로 태극과 다른 것이 아니다. 따라서 태극의 작용은 무극을 주체로 한다. 무극의 진수眞髓인 태극이나 음양, 오행의 작용 중 우수한 부

---

42) 李基東 著 鄭容先 譯 『東洋三國의 朱子學』(成均館大學校出版部 1995 년) 106~108쪽 참조.

43) 『通書』, 「理性命」222, "二氣五行 化生萬物 五殊二實 二本則一 是萬爲 一 一實萬分 萬一各正 大笑有定."

87

분의 결집이 인간(양의 결집인 남, 음의 결집인 여)이 되고 일반적인 작용은 서로 감응하여 만물이 된다. 따라서 인간은 태극과 음양, 오행의 진수를 얻었기 때문에 우주에서 가장 빼어나고 영특한 기로 구성된 존재이다. 이러한 기가 구성한 형체는 자연히 지각 능력과 사유 능력을 가지며, 또 선와 악이 생기게 된다. 인간 중에 성인은 '인의'와 '중정'을 도덕 원칙으로 삼고, 또한 '주정主靜'의 방법으로 수양의 기준을 삼았다.

> 고요하여 움직임이 없는 것이 성誠이고, 감동하여 마침내 형통하는 것이 신神이며, 움직이지만 아직 형체가 없어서 있는지 없는지를 분별할 수 없는 것이 기幾이다. 성은 정미함으로 밝고, 신은 감응함으로 오묘하며, 기는 은미함으로 드러나지 않는다. 성하고 신하고 기한 것을 사람을 성인이라 한다."[44]

'성'은 인간의 본성을 가리키고, '신'은 인간의 사유 능력을 가리키는 것이다. 본성의 성은 본래 적막함이고 고요함이지만, 움직임과 고요함의 이치를 갖추고 있다. 신은 감응함이고 움직이지만, 움직임과 고요함을 오묘하게 하는 기틀이다. 대개 성은 신의 근본이고, 신은 성의 작용이다. 근본은 움직이지 않고 작용은 움직이기 때문에 성에는 고요한 뜻이 많고 신에는 움직이는 뜻이 많다. 그러나 요컨대 실제로는 각각 (성과 신이) 고요함과 움직임, 음과 양을 겸한 것이다. 기미(幾)란 성이 장차 드러나서 신이 되는 시작인데, 고요하여 없고 움직여서 있는 사이에 있다. 비록 움직이지만 작아서 또한 볼 수가 없으니, 실제로는 신의 단서가 된다.[45] 이러한 성하고 신하고

---

44) 『通書』, 「聖」 제4, "寂然不動者 誠也 感而遂通者 神也 動而未形有無 之間者 幾也 誠精故明 神應故妙 幾微故幽 誠神幾 曰聖人"

45) 『通書』, 「聖」 제4의 주, "節齋蔡氏曰 誠 寂也 靜也 而具動靜之理 神 感也 動也 而妙動靜之機 盖誠爲神本 神爲誠之用 本不動而用動 故誠

기한 것을 사람을 주돈이는 성인이라 한다. 또 성에는 행위함이 없으나, 기에는 선악이 있다.[46)]

주돈이는 성인을 성과 중정 인의로써 규정하고 정靜을 주요소로 삼아 인극을 세운 사람으로 보았다. 그래서 성인은 천지와 그 덕이 합치되며, 해와 달과 그 밝음이 합치되고, 사계절과 그 순서가 합치되며, 귀신과 그 길흉이 합치된다. 군자는 그것을 닦아서 길하고 소인을 그것을 거슬러서 흉하다. 그러므로 하늘이 세운 도를 일컬어 음과 양이라고 하고, 땅이 세운 도를 일컬어 부드러움과 굳셈이라 하며, 사람이 세운 도를 일컬어 인과 의라 했다. 또 원시原始(인간이 어떻게 태어났는가를 만물→오행→음양→태극→무극에 이르기까지의 생성과정을 검토하는 것)와 반종反終(인간이 사후에 어떻게 되는가를 만물→오행→음양→태극→무극에 이르기까지의 생성론에 역방향을 궁구하는 것)한다면 생과 사의 문제도 모두 태극의 작용으로 발현된 이질적인 것이 아니라는 것을 자각할 수 있기 때문에 죽음에 대한 번뇌는 자연히 해결된다. 이러한 논리가 『역』의 논리인 것이다.

제2절 상수학자 소옹

소옹(邵雍1011~1077)의 자는 요부堯夫이며, 죽은 후에 강절康節이라는 시호가 내려졌다. 후대 사람들은 그를 강절 선생으로 불렀다.

則靜意多 神則動意多 要其實 則各兼動靜陰陽也 幾者 誠將發而爲神之
始也 在靜無動有之間 雖動而微 亦未可見 實爲神之端也."
46) 『通書』, 「誠幾德」 제3, "誠無爲 幾善惡."

그의 선조는 하북河北 범양范陽에서 살았고, 부친 때 하남河南으로 옮겼으며, 부친이 돌아가시고 나서 소옹은 낙양에 정착하였다. 그는 송 인종仁宗, 영종英宗 및 신종神宗 초년까지 살았는데 그 당시 북송이 건국된 지 백 년이 안 되었기 때문에 생산력이 날로 발전되었고, 북방 민족과도 대립이 첨예화되지 않았으므로 화평한 시대라고 말할 수 있다. 처음 그가 낙양에 도착했을 때는 집이 매우 누추하여 비바람을 막아 주지도 못했는데도 그는 오히려 평안하게 그런 생활을 즐겼다. 당시 사람들은 그의 초탈한 생활과 도량을 매우 존경하며 탄복하였다. 나중에 부필富弼과 사마광 등이 벼슬을 그만두고 낙양에 거처하면서 그에게 밭을 사 주었으므로, 그는 자작하여 자급하였다. 평상시에는 자그마한 수레를 타고 유람하였는데, 사람을 정성스럽게 대했고 성품이 온화하고 부드러웠으며, 종일토록 재미있게 이야기하는 재주가 있었다. 그래서 낙양의 모든 사람들이 그를 매우 좋아하였다. 여러 차례 추천되어 관직이 주어졌으나 그는 끝까지 벼슬을 하지 않은 채 은거하면서 저술을 남긴 리학가로 유명하다.

소옹의 사상에는 두 가지 근본적인 특징이 있다. 첫째로, 그의 사상에는 상수학파象數學派에서 전해 내려오는 사상이 포함되어 있다. 남송 시기의 주진朱震은 "진단陳搏은 선천도先天圖를 종방種放에게 전수하였고, 종방은 목수穆修에게, 목수는 이지재李之才에게, 이지재는 소옹에게 그것을 전수하였다."[47]고 말했다. 이 계통에서는 '수數'를 중시하였기 때문에 소옹의 사상을 '수학數學'으로 칭하였다. 둘째로 그의 사상에서 발견할 수 있는 특색은, 주돈이가 제기한 공자와 안연이 즐거워한 것에 부응하여 '안락과 소요'의 경지를 추구하였다. 이러한 특징으로 볼 때 그는 도교의 영향을 많이 받았음을 알 수 있다. 세상에 전래되어오는 저작물로는 『황극경세서皇極經世』, 『어

---

47) 朱震, 『漢上易傳』, 「漢上易傳表」(上海 古籍出版社, 1989), "陳搏以先天圖授種放 放傳穆修 修傳李之才 之才傳邵雍."

초문대漁樵問對』, 『이천격양집伊川擊壤集』 등이 있다.

특히 『황극경세서』의 첫머리에 인용된 소백온邵伯溫의 말 중에 "『황극경세서』는 자연의 때로써 인간사의 벼리를 세우고, 인간사로 자연의 때를 검증하며, 만물의 수를 궁구하고 그 이치를 궁구하여 이로써 대중지정大中至正의 도를 밝혀서 음양의 변화와 고금의 치란을 안다."[48]라는 기록이 있다. 이는 『황극경세서』의 성질을 잘 설명하고 있다. 또 채원정蔡元定(西山)은 "그 글은 해와 달, 별과 별자리, 물과 불, 흙과 돌로 천지의 체용體用을 다하고 더위와 추위, 밤과 낮, 비와 바람, 이슬과 서리로 천지의 변화를 다하고, 성性ㆍ정情ㆍ형形ㆍ체體ㆍ주走ㆍ비飛ㆍ초草ㆍ목木으로 만물의 감응을 다하고, 원元ㆍ회會ㆍ운運ㆍ세世ㆍ일日ㆍ월月ㆍ성星ㆍ신辰으로 천지의 시작과 끝을 다하고, 황皇ㆍ제帝ㆍ왕王ㆍ패覇ㆍ역易ㆍ서書ㆍ시詩ㆍ춘추春秋로 성현의 사업을 다한다."[49]라고 설명하고 있다. 즉 천지자연의 소장현상消長現象을 살펴서 우주만물의 원리를 추구하고 인사人事의 변화를 탐구하는 것으로 복희伏羲의 선천역상先天易象을 가지고 자연과 인생사를 체계 있게 정리하려고 한 '수리數理' 철학이다. 그리고 『황극경세서』에는 「관물내외觀物內外」 편이 있는 데 가장 신령스런 자로서의 인간이 천지자연을 관찰하여 체계적인 원리를 체득할 수 있는 인식론적 과제도 다루고 있는 것이 특징이다.

---

48) 『性理大全』 권7, 「皇極經世書1」, "皇極經世書……以天時而驗人事者也……以人事而驗天時者也……易所謂萬物之數也……以盡天地萬物之理……以明大中至正之道 陰陽之消長 古今之治亂 較然可見矣."

49) 『性理大全』 권7, 「皇極經世書1」, "故其書以日月星辰水火土石 盡天地之體用 以暑寒晝夜雨風露雷 盡天地變化 以性情形體走飛草木 盡萬物之感應 以元會運世歲月日辰 盡天地之終始 以皇帝王覇易書詩春秋 盡聖賢之事業"

1. 원회운세

소옹의 우주론을 선천학이라 한다. 선천학이란 우주 만유萬有의 발생 순서를 상수에 의하여 연역한 원리를 말한 것으로 『주역』을 근원으로 한 것이다. 그러나 『주역』은 우주만물을 음과 양의 이원으로 설명했으나 소옹의 『황극경세서』에는 사상四象으로써 우주 만유를 설명하고, 이를 '수'로써 이해한 것이다. 하늘에는 네 가지 변화가 있고, 땅에도 네 가지 변화가 있다. 또 변화에는 길러주는 것도 있고 사라지는 것도 있다.[50] 이와 같은 논리는 "1로부터 2가 되고, 2로부터 4가 되고, 4로부터 8이 되고, 8로부터 16이 되며, 16으로부터 32가 되고, 32로부터 64가 된다. 이것이 체이면서 용이다."[51]라고 한 체용의 관점에서 기초한 것이다. 또 이것은 복희가 『역』을 만들 때에도 그와 같이 층차적으로 전개되는 과정의 이면에 선천적인 추리가 있었다. 이것이 후에 정호가 평한 이른바 가일배加一倍의 법칙으로 용으로 말미암아 체가 되는 것을 설명한 것이다.[52] 즉 하나가 둘로 나뉘어 음양을 낳고, 다시 둘이 넷으로 나뉘어 사상을 낳게 되어 일월성신이 생기며, 또다시 넷이 팔로 나뉘어 팔괘를 낳고, 그 후 16으로 나뉘어 서한주야暑寒晝夜·우풍로뇌雨風露雷·성정형체性情形體·비주초목飛走草木이 된다. 이것이 다시 분화되어 드디어 세계만물이 생긴다는 것이다. 소옹은 「관물내편」에서 다음과 같이 말하였다.

하늘이 크다지만 음양으로 이를 다하고 땅이 넓다지만 강유로 이

---

50) 『性理大全』 권11, 「皇極經世書5·觀物外篇上」, "天有四變 地有四變 變 有長也 有消也."
51) 『性理大全』 권7, 「皇極經世書1」, "自一而二 自二而四 自四而八 自八而 十六 自十六而三十二 自三十二而六十四 卽體而之用."
52) 『性理大全』 권7, 「皇極經世書1」, "明道先生 所謂加一倍也 是故由用而之體."

를 다하였다. 하늘은 움직이는(動) 데에서 발생하고 땅은 고요한(靜)
데에서 발생한다. 한 번 움직이고 한 번 고요함의 교차로서 천지의
도를 다한 것이다. 움직임이 큰 것은 태양, 작은 것은 소양, 고요함
이 큰 것은 태유, 고요함이 작은 것은 소음이라 한다. 태양은 일, 태
음은 월, 소양은 성, 소음은 신이 되니, 일월성신의 교차로서 하늘의
체體가 다한 것이다. 태유는 수, 태강은 화, 소유는 토, 소강은 석이
되니, 수화토석의 교차로서 땅의 도가 이에 모두 다하고 있다.[53]

소옹은 하늘은 음양으로 이를 다하여 움직이는 것이고, 땅은 고요
한 것으로 강유로 표현하여 천지의 도는 한 번 움직이고 한 번 고
요함의 교차로서 설명하였다. 또 움직이는 것으로는 태양과 소양을,
고요한 것으로는 태유와 소음을 들었으며, 천지의 도를 일월성신과
수화토석의 교차로서 보았다.

그는 태극을 '한 번 움직이고 한 번 고요한 사이(一動一靜之間)'
라 하고 양의를 '동과 정'이라 하고 사상을 '음양과 강유'라 했으며
팔괘를 '태양, 태음, 소양, 소음, 소강, 소유, 태강, 태유'라 하였다.
그 도표는 다음과 같다.

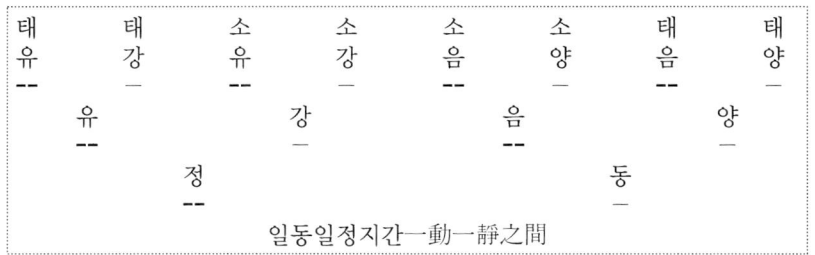

경세연역팔괘도經世衍易八卦圖

53) 『性理大全』 권9, 「皇極經世書3 · 觀物內篇1」, "天之大 陰陽盡之矣 地
之大 剛柔盡之矣…… 天生於動者也 地生於靜者也 一動一靜交而天地
之道盡之矣 動之始則陽生焉 動之極則陰生焉 一陰一陽交而天之用盡之
矣 靜之始則柔生焉 靜之極則剛生焉 一剛一柔交而地之用盡之矣."

소옹의 이론체계의 기초는 『경세연역팔괘도』와 『경세천지사상도』
에 있으나 『천지사상도天地四象圖』에 더 큰 비중을 두고 있다. 그는
"태극이 이미 나눠지면 양의가 설립된다. 양은 아래에서 음과 교제
하고 음은 위에서 양과 교제하여 사상이 생긴다. 양은 음에서 교제
하고 음은 양에서 교제하여 천지의 사상이 생긴다. 강은 유에서 교
제하고 유는 강에서 교제하여 땅의 사상이 생겨나서 이에 팔괘가 생
겨난다."[54]라고 말하였다.

그리고 움직임이 시작하면서 양이 생기고 움직임이 극한에 이르러
음이 생겨난다. 한 번 양하고 한 번 음하게 되는 상태가 교차함으로
써 하늘의 작용(用)이 다한다. 마찬가지로 고요해지기 시작하면서 부
드러움(柔)이 생겨나고 고요함이 극한에 이르러서 강함(剛)이 생겨난
다. 한 번 강하고 한 번 부드러운 상태가 교차하면서 땅의 작용이
다한다. 움직임 가운데 큰 것은 태양, 작은 것은 소양, 고요함 가운
데 큰 것은 태음, 작은 것은 소음이다. 태양은 해가 되고 태음은 달
이 되며, 소양은 성星이 되고, 소음은 신辰이 된다. 이렇게 해와 달,
성과 신이 서로 교차하여 하늘의 체를 이룬다. 마찬가지로 고요함의
큰 것은 태유, 작은 것은 소유, 움직임의 큰 것은 태강, 작은 소강이
다. 태유는 물이 되고 태강은 불이 되며, 소유는 흙이 되고 소강은
돌이 된다. 이렇게 물·불·흙·돌이 교차하여 땅의 체를 이룬다.[55]

---

54) 『性理大全』 권11, 「皇極經世書5·觀物外篇上」, "太極旣分 兩儀分矣
陽下交于陰 陰上交于陽 四象生矣 陽交于陰 陰交于陽 而生天地之四象
剛交于柔 柔交于剛 而生地之四象 于是八卦成矣."

55) 『性理大全』 권9, 「皇極經世書3·觀物內篇1」, "動之始則陽生焉 動之極
則陰生焉 一陰一陽交而天之用盡之矣 靜之始則柔生焉 靜之極則剛生焉
一剛一柔交而地之用盡之矣 動之大者謂之太陽 動之小者謂之小陽 靜之
大者謂之太陰 靜之小者謂之少陰 太陽爲日 太陰爲月 小陽爲星 少陰爲
辰 日月星辰交而天之體盡之矣 太柔爲水 太剛爲火 小柔爲土 小剛爲石
水火土石交而地之體盡之矣."

이와 같이 태극으로 시작하여 동정과 음양이 교차하여 하늘의 작용이 생기고, 고요함으로 부드러움과 강함이 생겨 이 강함과 부드러움이 교차하여 땅의 작용이 생긴다. 하늘의 체는 해와 달과 성과 신이 교차하여 생기고, 땅의 체는 물과 불과 흙 그리고 돌이 교차하여 생기게 된다.

천지의 체용이 갖춰지면, 해는 더위, 달은 추위, 성은 낮, 신은 밤이 되어, 더위·추위·밤·낮이 서로 교차하는 것은 하늘의 변화를 다하기 때문이다. 물은 비, 불은 바람, 흙은 서리, 돌은 천둥이 되어, 비·바람·이슬·천둥이 교차하여 땅의 변화를 다하게 된다. 다시 더위는 사물의 성질을 변화시키고 추위는 사물의 정情을 변화시키며 낮은 사물의 형태를 변화시키고 밤은 사물의 체를 변화시켜 성·정·형·체가 교차함으로써 동식물의 감각작용을 가능하게 한다. 또 비는 사물 중의 길짐승(走)을 변화시키고 바람은 사물 중의 날짐승(飛)을 변화시키며 서리는 사물 중의 풀을 변화시키고 천둥은 사물 중의 나무를 변화시켜 길짐승·날짐승·풀·나무가 교차하여 동식물의 감응이 이루어진다.56) 만물의 모든 모습은 이렇게 생성된다.

소옹은 위와 같은 선천의 이 법에 의하여 천지 만상의 세수世數를 구명하고 시간과 공간의 기준을 정하였다. 그리하여 원·회·운·세의 네 가지로 세월일진歲月日辰과 서로 안배하고, 땅의 사체四體로 하여 사시의 기준을 정하고 천지가 운행하여 변하는 한 기간을 측정하였다. 즉 1원은 12회이고, 1회는 30운이며, 1운은 12세이고, 1세는 30세이며, 1세는 12월이고, 1월은 30일이며, 1일은 12진이니 결

---

56) 『性理大全』 권9, 「皇極經世書3·觀物內篇1」, "日爲暑 月爲寒 星爲晝 辰爲夜 寒暑晝夜交而天之變盡之矣 水爲雨 火爲風 土爲露 石爲雷 雨 風露雷交而地之化盡之矣 暑變物之性 寒變物之情 晝變物之形 夜變物 之體 性情形體交而動植之感盡之矣 雨化物之走 風化物之飛 露化物之 草 雷化物之木 走飛草木交而動植之應盡之矣."

국 1원은 129,600세이며 4,565,000일이 된다. 또 이 운행의 수는 끊임없이 소장消長하여 반복 순환한다고 했다.

소옹의 이러한 역법曆法의 기본 방식은 1년은 12개월이고, 1개월은 30일이며, 1일은 12시진이다. 따라서 역법의 진행 순서는 12·30·12·30·12·30·12·30 ……의 끊임없는 교차이다. 12와 30의 교차 진행이라는 계산에 근거하여, 소옹은 12시진은 1일이고, 30일은 1개월, 12개월은 1년, 30년은 1세, 12세는 1운, 30운은 1회, 12회는 1원이라는 사상을 제시했다. 1원은 '대년'이자 '우주년'이라 말할 수 있다. 또 1원은 12회, 360운, 4,320세, 129,600년이 된다. 1원 12회는 자子·축丑·인寅·묘卯·진辰·사巳·오午·미未·신申·유酉·술戌·해亥의 십이지지十二地支를 사용하여 이름한다. 1회 30운은 갑甲·을乙·병丙·정丁·무戊·기己·경庚·신辛·임壬·계癸의 십천간十天干을 세 차례 반복하여 이름한다.

이러한 소옹의 역법에 대해서 그의 아들 소백온邵伯溫은 다음과 같이 설명하였다.

> 1원은 1년을 본떴고, 12회는 12개월을, 360운은 360일을, 4,320세는 4,320시진을 본뜬 것이다. 1년은 12개월, 360일, 4,320시진이기 때문이다. '경세經世'에서 1원은 12회, 360운, 4,320세이고, 1세는 30년이므로 129,600년이 되며, 이것이 '황극경세'에서 1원의 수가 된다. 거대한 변화 속에서 보자면, 1원은 1년과 같다. 원의 원에서 변화하기 시작하여 진의 원에 이르고, 원의 진에서 변화하기 시작하여 진의 진에 이른 다음에 수가 다한다. 수가 다하면 변화하고, 변화하면 생겨난다. 생겨나기에 다하지 않는 것이다. '황극경세'에서 단지 1원의 수만 제시한 것은 사람들로 하여금 응용해서 생각하도록 한 것이다. 마지막에 이르면 다시 시작할 수 있다.[57]

57) 『宋元學案』 권9, 「百源學案」, "一元象一年 十二會象十二月 三百六十運象三百六十日 四千三百二十世象四千三百二十時也 盖一年有十二月 三

　소옹의 역법은 우주의 진화와 역사의 변천 과정을 설명하기 위한 것으로 매 1원의 수인 129,600년이 되면 새로운 세상은 다시 세워지며, 이러한 과정은 끝없이 순환하여 우주가 진화하고 역사도 발전하고 변천되는 것이다. 따라서 '경세'의 수가 우주 진화와 역사의 발전과 변천의 반복적인 표준을 나타내는 것으로 보았다.

　소옹은 이러한 '경세'의 기년紀年을 다시 64괘와 배합하였다. 예를 들어 1원의 제1회(子會)는 10,800년으로 복괘復卦(䷗)가 된다. 복괘의 초효는 양으로서 하나의 양이 막 시작하는 상태를 나타내므로, 소우주의 시작에 해당되기 때문이다. 제2회(丑會)는 10,800년에서 21,600년까지로 임괘臨卦(䷒)가 된다. 즉 양효陽爻가 위로 하나씩 늘어나는 것을 알 수 있다. 이렇게 하여 제6회(巳會)에 이르면 전부 양효가 된다. 따라서 제6회는 건괘乾卦(䷀)가 되며, 이 단계에서 비로소 사람이 생겨나기 시작한다. 건괘는 이미 6효가 모두 양의 상태이기 때문에 더 이상 양효가 늘어나지 않는다. 이런 연유로 제7회(午會)에 이르러서는 구괘姤卦(䷫)로 변한다. 이때부터는 매 1회가 거듭됨에 따라 음효가 늘어나게 된다. 이것을 도식화하면 아래와 같다.[58]

百六十日 四千三百二十時故也 經世一元 十二會 三百六十運 四千三百二十世 一世三十年 是爲一十二萬九千六百年 是爲皇極經世一元之數 一元在大化之間 猶一年也 自元之元更相變而至于辰之元 自元之辰更相變而至于辰之辰 而後數窮矣 窮則變 變則生 生而不窮也 皇極經世但著一元之數 使人伸而引之 可至于終而復始也."

58) 제1회(子會)인 복괘는 최초의 양이 이 시작되며 10,800의 태양년, 1월(첫째 달), 오전 0시부터 2시까지는 바로 하늘이 열리는 시간이다. 제2회(丑會)인 임괘는 둘째의 양이 21,600의 태양년으로 첫째 달과 둘째 달을 포함하며 오전 2시부터 4시까지 땅이 형성되는 시간이다. 제3회(寅會)인 태괘는 세 번째의 양이 32,400의 태양년으로 최초의 3달은 마지막 3월 포함하여 오전 4시부터 6시까지 인간이 생겨나는 시간이다. 會를 12地支로 계산하였기 때문에 제1회는 子시가 되고, 그 아래로 순서대로 나열하여 제12회는 亥시가 된다. 제6회(巳會)인 건괘는 처음부터 6개월로 오전 11시부터 오후 1시까지고, 64,800의 태양년으로 인류의 역사에 있어

괘	일(日)	우주	월(月)		우주년(年)
(1)복괘復卦(☷☳)	30	1월	1달		10,800
(2)임괘臨卦(☷☱)	60	1월~2월	2달		21,600
(3)태괘泰卦(☷☰)	90	1월~2월	3월	3달	32,400
(4)대장괘大莊卦(☳☰)	120	1월~4월	4달		43,200
(5)쾌괘夬卦(☱☰)	150	1월~5월	5달		54,000
(6)건乾(☰☰)	180	1월~6월	6달		64,800
(7)구姤(☰☴)	210	1월~7월	7달		75,600
(8)둔遁(☰☶)	240	1월~8월	8달		864,00
(9)비否(☰☷)	270	1월~9월	9달		972,00
(10)관觀(☴☷)	300	1월~10월	10달		108,000
(11)각剝(☶☷)	330	1월~11월	11달		118,800
(12)곤坤(☷☷)	360	1월 12월	12달		129,600

이와 같은 소옹의 역법은 우주를 무한한 것으로 설명하였으며, 우주의 무한한 과정이란 곧 129,600년을 주기로 반복 순환되는 것을 밝혀 준다. 매 주기의 십이지지 속에서 모든 사물은 생성과 변화의 과정을 거쳐 소멸하고, 다음 주기에 또다시 시작한다.

가장 전성기이다. 이거을 상고 문명의 시대에 해당시켰다. 요임금과 순임금의 시대는 이러한 제6會의 제30運 중 제7世에 해당한다. 제7회(午會)인 구괘는 양이 줄어들고 음이 커지기 시작한다. 75,600의 태양년으로 하은주진에서 오대 송에 이르기까지는 모두 구괘에 속해 있다고 보았다. 제12회(亥會)인 곤괘는 8월부터 12월이 하나의 시기를 이룬다. 음효가 왕성해지는 시기이다. 이 시기는 129,600의 태양년의 수가 다 채워져서 소멸해 버리므로 다음 주기의 시작을 기다려야 한다. 이와 같이 전 우주 년 혹은 시기와 12우주 월은 동일한 방식으로 끊임없이 반복적으로 출현한다.

소옹은 우주세계의 생성, 만물의 존재, 그 역사적 변천을 '수'로 연역하려고 시도하였다. 그의 수학은 현실에서 유리되어 공허한 추리에 빠지게 될 위험성도 내포되어 있지만, 그럼에도 불구하고 가일배의 법칙에 따라 『역』을 한층 발전시켜 만상이 단순한 조합에 그치지 않는 점에 있다. 또 그 만물의 수를 계산한 것도 십간십이지라는 하늘과 땅의 구조에 기초한 것이다. 이처럼 소옹의 우주관과 세계관, 역사관에는 수의 형식에 따라서 생성되는 재료, 즉 음양오행의 구체적 현상에 대해서 논의하려고 하는 치밀함이 있다.

2. 우주의 생성과 세계관

소옹은 우주 발생과 우주 변천 그리고 구성에 관한 이론을 제시하기도 했다. 그는 공자가 공자인 이유는 천지에 있으며, 천지가 천지인 이유는 동정이 있기 때문이라고 보았다. "한 번 동하고 한 번 정하는 것은 지극히 오묘한 천지의 이치이다. 한 번 동하고 한 번 정하는 사이는 지극히 오묘하고도 오묘한 천지인天地人의 이치이다."라고 소옹은 말한다. 소옹은 그렇게 말하면서 공자가 천지인 삼재三才의 도를 완수한 것은 그가 발자국이 남지 않을 정도로 자연과 동화되었기 때문이라고 하면서, "나는 말을 아니 하고자 한다."[59] 또 "하늘이 무슨 말을 하더냐? 사시가 운행하고 만물은 자란다."[60] 라고 하는 공자의 말을 인용했다.[61]

---

59) 『論語』, 「陽貨」19장, "予欲無言."

60) 『論語』, 「陽貨」19장, "天何言哉 四時行焉 百物生焉."

61) 『性理大全』9권, 「皇極經世書3・觀物內篇5」, "夫一動一靜 天地之妙者歟 夫一動一靜之間者 天地人之至妙至妙者歟 是故知仲尼之所以能盡三才之道者 謂其行無轍迹也 故有曰予欲無言 又曰天何言哉 四時行焉 百

이와 같이 소옹은 천지의 동정에서 시작하여 세계와 인생에 이르고 마침내 동정의 사이, 즉 지극히 오묘하고도 또 오묘한 '천지인'의 이치를 밝히기에 이르렀다. 따라서 동정의 본체를 '태극'으로 보아 우주의 생성과 세계에 대해서 설명을 가하였다. 태극은 하나인데, 움직이지 않고도 둘을 낳으며, 둘이면 신묘해서 '수數'를 낳고, 수는 '상象'을 낳으며, 상이 '기器'를 낳는다고 보았다.62) 또 태극의 움직이지 않는 상태를 '성性'이라고 하였으며, 이 성이 발현하면 신묘해지고, 그 신묘함은 다시 '수'를 이루고, 수는 '상'을 이루고, 상은 '기'가 되며, 기는 최종적으로 변한다고 보았다.63) 소옹은 우주의 변천 과정에는 짝이 되는 '수'가 있다고 생각하였다. 그러므로 소옹의 사상에서 '수'는 실제로 우주 진화의 최고 법칙이었다. 그는 다음과 같이 말했다.

'수'란 어떤 것인가? 도의 운행이자 리의 모임이며, 음양의 법도이자 만물의 실마리이다. 어두운 곳에서는 밝고, 밝은 곳에서는 증험하며, 은미한 곳에서는 숨고, 중요한 곳에서는 드러나며, 변화를 이루고 귀신을 작용하게 하는 근거이다.64)

'수'는 우주와 역사 변화 주기 역정을 규정할 뿐만 아니라 우주 만물의 종류까지도 규정한다. 이와 같이 소옹은 우주의 본질과 만물의 내원까지도 '수'를 파악하는 것으로 보아 그의 사상을 '수학'으로

物生焉 其斯之謂與."

62) 『性理大全』 권12, 「皇極經世書6 · 觀物外篇下」, "太極一也 不動生二 二則神也 神生數 數生象 象生器."

63) 『性理大全』 권12, 「皇極經世書6 · 觀物外篇下」, "太極不動 性也 發則 神 神則數 數則象 象則器 器則變."

64) 『性理大全』 권12, 「皇極經世書6 · 觀物外篇下」, "數者何也 道之運也 理 之會也 陰陽之度也 萬物之紀也 明于幽而驗于明 藏于微而顯于管 所以 成變化而行鬼神者也."

부른다. 그래서 소옹은 태극을 도라고 하고 도의 운행을 수로 보아 천지만물의 생성 과정을 설명한다. 그는 다음과 같이 말했다.

도는 천지만물을 낳지만 스스로는 드러나지 않는다. 천지만물은 도를 본보기로 삼는다.65)

천지가 만물을 낳으니, 만물로 만물을 삼는 것이다. 도가 천지를 낳으니 천지도 역시 만물이다. 도는 태극이다.66)

소옹은 '태극'이나 '수' 또는 '도'를 우주의 본원으로 생각하였다. 그런데 '태극'이나 '도'는 움직이지 않고 드러나지 않기 때문에 보편적인 형이상학적 존재이며 만물을 낳는 리이다. 이에 반해서 '수'는 움직이지 않고 드러나지 않는 도의 운행이자 리의 모임이며, 음양의 법도이자 만물의 실마리이다. 즉 소옹이 '태극'이 둘을 낳는다는 말은 곧 음양을 낳는다는 뜻이고, 음양이 서로 작용하여 신묘한 공능이 생기고, 만물의 과정과 종류를 결정하는 수가 생기며, 온갖 형상의 만물이 생긴다. 이때 사물은 수의 규정에 따라서 부단히 변화한다.

소옹은 '수'로써 변화를 설명하였다.

해와 달, 별과 신의 변화의 수는 17,024인데 이것을 일러 동물의 수라고 한다. 물과 불, 흙과 돌의 변화의 수는 17,024인데 이것을 일러 식물의 수라고 한다. 다시 해와 달, 별과 신, 물과 불, 흙과 돌이 서로 대응하는 변화의 통하는 수는 289,816,576인데 이것을 일러 동식물의 통하는 수라고 한다.67)

---

65) 『性理大全』 권12, 「皇極經世書6 · 觀物外篇下」, "道生天地萬物而不自見也 天地萬物亦取法乎道矣."

66) 『性理大全』 권12, 「皇極經世書6 · 觀物外篇下」, "以天地生萬物 則以萬物爲萬物 以道生天地 則天地亦萬物也. 道爲太極."

　소옹은 구체적으로 동물은 해와 달, 별과 신의 변화의 수로 17,024
이고, 식물의 수도 물과 불, 흙과 돌의 변화의 수로 17,024라고 정의
하였다. 즉 천지 변화의 범위가 수에 의하여 정해진다고 보았다. 그
런 다음에 구체적으로 성품과 감정, 몸의 형태, 들짐승과 날짐승, 초
목이 생겨나는 것을 근본을 설명하였다.

　　성품과 감정과 모양과 몸은 하늘에 근본을 두고 있으며, 들짐승과
　　날짐승과 풀과 나무는 땅에 근본을 두고 있다. 하늘에 근본을 둔 것
　　은 음과 양으로 나누어지는 것을 말하며, 땅에 근본을 둔 것은 유와
　　강으로 나누어지는 것을 말한다.68)

　이처럼 소옹은 천지의 변화로부터 온갖 사물이 생겨난다고 보았다.
즉 들짐승과 날짐승, 초목은 모두 땅의 변화에 의하여 생겨난 것이
며, 성품과 감정, 몸의 형태는 하늘의 변화로부터 생겨난 것이다.
　소옹은 만물의 생성뿐만 아니라 인간도 우주 자연의 질서에 따라
변화하여 감응한다고 보았다. 즉 사람은 더위와 추위, 낮과 밤에 의
해 변화(變)하지 않을 수 없으며, 비와 바람, 서리와 천둥에 의해서
도 변화(化)하지 않을 수 없다. 또 성정과 형체를 감각하지 않을 수
없으며, 금수와 초목에도 감응할 수밖에 없다. 그래서 눈은 만물의
색체를 잘 보고, 귀는 만물의 소리를 잘 듣고, 코는 만물의 기운을
잘 흡수하고, 입은 만물의 맛을 잘 본다.69) 이런 까닭에 사람이 만

---

67)『性理大全』권9,「皇極經世書3 · 觀物內篇1」, "日月星辰之變數一萬七千
　　二十四 謂之動數　水火土石之化數一萬七千二十四 謂之植數　再倡和日
　　月星辰水火土石之變化通數二萬八千九百八十一萬六千五百七十六 謂之
　　動植通數."

68)『性理大全』권9,「皇極經世書3 · 觀物內篇1」, "性情形體者　本乎天者也
　　走飛草木者　本乎地者之也　本乎天者　分陰分陽之謂也　本乎地者　分柔分
　　剛之謂也."

물 가운데 가장 영명한 존재이며, 소옹는 체용의 문제로 이를 해결
하였다.

그는 다음과 같이 말하였다.

> 사람이 이렇게 만물 중에서 뛰어나게 영명한 까닭은, 눈으로 만물
> 의 색을 볼 수 있고, 귀로 만물의 소리를 들을 수 있으며, 코로 만
> 물의 냄새를 맡을 수 있고, 입으로 만물의 맛을 알아낼 수 있기 때
> 문이다. 소리와 색, 냄새와 맛은 만물의 체이고, 눈·귀·코·입은
> 만물의 용이다. 체에는 일정한 용이 없으며, 변變만이 용이다. 용에
> 는 일정한 체가 없으며, 화化만이 체이다. 체와 용이 교차하면서 사
> 람과 사물의 변화를 완비한다. 따라서 사람도 역시 사물이라고 할
> 수 있다. 다만 사람은 사물의 최고 단계이며 성인은 사람의 최고 단
> 계이다.70)

사람의 감각기관인 눈·귀·코·입은 외부 사물에서 바로 소리와
색, 냄새와 맛 등과 같은 사물의 가지고 있는 특징을 받아들인다.
이러한 소리와 색, 냄새와 맛 등은 사물이 본래 지니고 있는 고유한
성질이다. 따라서 사람의 감각기관은 사물 속에서 얻어지는 것임과
동시에 그 사물에 대해서 독특하게 작용할 수 있는 기능이다. 이러
한 감각기관의 작용은 어떤 하나의 실체에만 한정되어 있지 않고,
그리고 실체는 사람의 여러 감각기관을 통해서 또 다른 실체를 감수

---

69) 『性理大全』 권9, 「皇極經世書3·觀物內篇1」, "夫人也者 暑寒晝夜無不
變 雨風露雷無不化 性情形體無不感 飛走草木無不應 所以木善萬物之
色 耳善萬物之聲 鼻善萬物之氣 口善萬物之味."

70) 『性理大全』 권9, 「皇極經世書3·觀物內篇2」, "人之所以能靈於萬物者 謂
目能收萬物之色 耳能收萬物之聲 鼻能能收萬物之氣 口能收萬物之味 聲
色氣味萬物之體也 耳目口鼻 體無定用 惟變是用 用無定體 惟化是體
體用交而人物之變於是備矣 然則人亦物也 聖亦人也……是知人也者 物
之至者也 聖也者 人之至者也."

感收할 수 있는 능력을 지니고 있다. 즉 성인은 천지만물의 생육에
참여하고 있기 때문에 자연의 시기를 식별하고 지리와 사물의 정황
에 통달하며 사람 사이에 두루 정통할 수 있다.

소옹은 천하를 착하게 변화하는 자는 도를 다하고 천하를 착하게
가르치는 자는 덕을 다하고 천하를 착하게 권하는 자는 공을 다하고
천하를 착하게 따르는 자는 힘을 다한다고 보았다. 또 도덕공력으로
써 변화하는 자를 황皇이라 하고 도덕공력으로써 가르치는 자를 제
帝라고 하고 도덕공력으로써 권하는 자를 왕王이라 하고 도덕공력
으로써 따르는 자를 백伯이라 하였다. 교화권솔敎化勸率로써 도를
삼는 것을 역易, 교화권솔로써 덕을 삼는 것은 서書, 교화권솔로써
공을 삼는 것을 시詩, 교화권솔敎化勸率로써 힘을 삼는 것을 춘추春
秋라고 하였다.[71] 그는 또 춘하추동과 『역』·『서』·『시』·『춘추』에
각각 생장수장生長收藏을 배당하여 그 사이의 조합을 구성했다. 나
아가 생장수장을 의언상수意言象數, 인의예지, 성정형체, 성현재술聖
賢才術에 배당했다. 그리고 의언상수를 삼황·오제·삼왕·오패에
배당하고 인의예지를 우虞·하夏·상商·주周에 배당했으며, 성정형
체를 문·무·주공·소공에 배당하고 성현재술을 진목공秦穆公·진
문공晉文公·제환공齊桓公·초장왕楚莊王에 배당했다. 이렇게 해서 황제
왕패는 『역』의 체가 되고, 우하상주는 『서경』의 체가 되며, 문·무·
주공·소공은 『시경』의 체가 되고, 진秦·진晉·제齊·초楚는 『춘추』
의 체가 된다. 의언상수는 『역』의 작용이 되고, 인의예지는 『서경』

_____

71) 『性理大全』 권9, 「皇極經世書3·觀物內篇5」, "善化天下者 止于盡道而
已 善敎天下者 止于盡德而已 善勸天下者 止于盡功而已 善率天下者
止于盡力而已 以道德功力爲化者 乃謂之皇矣 以道德功力爲敎者 乃謂
之帝矣 以道德功力爲勸者 乃謂之王矣 以道德功力爲率者 乃謂之伯矣
以化敎勸率爲道者 乃謂之易矣 以化敎勸率爲德者 乃謂之書矣 以化敎
勸率爲功者 乃謂之詩矣 以化敎勸率爲力者 乃謂之春秋矣 此四者 天地
始則始焉 天地終則終焉 始終隨乎天地者也."

의 작용이 되며, 성정형체는 『시경』의 작용이 되고, 성현재술은 『춘추』의 작용이 된다. 이런 식으로 그는 이 방법을 확장해 나갔다.72)

따라서 소옹은 작용을 마음으로 보고 형체를 자취로 보아, 마음과 자취 사이에서 헤아려 판단하는 능력(權量)을 가진 사람이 성인이라고 말하며 일반인이 마음과 자취에 매몰되지 않도록 경계했다. 또한 변이란 호천昊天이 만물을 살린다는 의미이고 권權이란 성인이 만민을 살린다는 의미라고 풀어, 권변權變이란 사물을 낳고 백성을 살릴 수 있어야만 한다고 설명하면서 거짓을 배척했다.73)

---

72) 『性理大全』, 권9, 「皇極經世書3 · 觀物內篇4」, "觀春則知易之所存乎 觀夏則知書之所存乎 觀秋則知詩知所存乎 觀冬則知春秋之所存乎 易之易者 生生之謂也 易之書者 生長之謂也 易之詩者 生收之謂也 易之春秋者 生藏之謂也 書之易者 長生之謂也 書之書者 長長之謂也 書之詩者 長收之謂也 書之春秋者 長藏之謂也 詩之易者 收生之謂也 詩之書者 收藏之謂也 詩之詩者 收收之謂也 詩之春秋者 收藏之謂也 春秋之易者 藏生之謂也 春秋之書者 藏長之謂也 春秋之詩者 藏收之謂也 春秋之春秋者 藏藏之謂也 生生者 修收意者也 生長者 修夫言者也 生收者 修夫象者也 生藏者 修夫數者也 長生者 修夫仁者也 長長者 修夫禮者也 長收者 修夫義者也 長藏者 修夫智者也 收生者 修夫性者也 收長者 修夫情者也 收收者 修夫形者也 收藏者 修夫體者也 藏生者 修夫聖者也 藏長者 修夫賢者也 藏收者 修夫才者也 藏藏者 修夫術者也 修夫意者 三皇之謂也 修夫言者 五帝之謂也 修夫象者 三王之謂也 修夫數者 五伯之謂也 修夫仁者 有虞之謂也 修夫禮者 有夏之謂也 修夫義者 有商之謂也 修夫智者 有周之謂也 修夫性者 文王之謂也 修夫情者 武王之謂也 修夫形者 周公之謂也 修夫體者 召公之謂也 修夫聖者 秦穆之謂也 修夫賢者 晉文之謂也 修夫才者 齊桓之謂也 修夫術者 楚莊之謂也 皇帝王伯者 易之體也 虞夏商周者 書之體也 文武周召者 詩之體也 秦晉齊楚者 春秋之體也 意言象數者 易之用也 仁義禮智者 書之用也 性情形體者 詩之用也 聖賢才術者 春秋之用也."

73) 『性理大全』, 권9, 「皇極經世書3 · 觀物內篇4」, "用也者 心也 體也者 迹也 心迹之間有權存焉者 聖人之事也 ……道德功力者 存乎體者也 化教權率者 存乎用者也 體用之間有變存焉者 聖人之業也 夫變也者 昊天生萬物之謂也 權也者 聖人生萬民之謂也 非生物非生民而得謂權變乎."

　　그리고 소옹은 현재(今)의 관점에서 현재를 보면 현재이지만 미래의 관점에서 현재를 본다면 현재는 곧 과거(古)가 되고, 현재의 관점에서 과거를 보면 과거이지만 과거의 관점에서 과거를 본다면 곧 현재가 된다는 설명을 통해, 고금이라는 개념이 상대적임을 지적했다. 이로부터 누구나 무엇이든 '자신의 관점에서 본다(皆自我而觀之)'는 사실을 알 수 있다. 이러한 사실을 알게 되면 자신의 입장에서 벗어나 상대방의 입장을 인정하며, 서로의 관계를 인정함으로써 한층 높은 차원의 입장으로 나아간다. 도에 의거하여 본다는 것은 이런 것이다. 소옹은 도에 의거하여 본다면 까마득한 과거와 아득한 미래를 알 수 있다고 생각했다. 이렇게 본다면 성인의 시대인 황제왕패와 성인의 경전인 『역』・『서』・『시』・『춘추』에는, 시대의 쇠퇴[消]와 성장[長], 경의 계승(因)과 개혁(革)이라는 관계가 있다.[74]

　　이와 같이 황제왕백의 네 가지로 교화권솔에 짝하고 다시 『역』・『서』・『시』・『춘추』의 사경四經에 짝하여 경세의 네 가지 원리로 삼았다. 그 구체적인 네 가지 원리는 소옹은 다음과 같이 설명한다.

　　　혼돈된 가운데 일체를 이루는 것을 태극이라 한다. 태극이 나누어지면 처음에 의형儀形이 있는 것을 양의라 하고, 양의가 또 나뉘어져 음양과 강유가 되는 것을 사상이라 하고, 사상이 또 나뉘어져 태양・소양・태음・소음・태강・소강・태유・소유가 되어 팔괘를 이룬다. 태양・소양・태음・소음은 하늘에서 상象을 이루어 일월성신이 되고, 태강・소강・태유・소유는 땅에서 형形을 이루어 수화토석이 되어 이 여덟 가지가 구비된 연후에 천지의 체가 갖추어진다. 천지의 체가 갖추어진 이후에 변화하여 만물을 생성한다. 이른바 이 여덟 가지는 넷에서 근본 할 뿐이다.[75]

---

74) 이에 대해서는 「觀物外篇」하의 "『역』은 三皇에게서 시작되고 『書』는 二帝에게서 시작되며 『詩』는 三王에게서 시작되고, 『춘추』는 五覇에게서 시작된다."는 말과 종합하여 생각하면 이해가 쉽다.

라고 하여 이 혼돈된 세상에 일체를 이루는 것이 태극이고, 태극이 양의를 낳고, 양의가 다시 사상을, 사상은 팔괘를 낳는다고 보아 『역』의 이론을 받아들였음을 알 수 있다.

3. 관물법

소옹은 천지만물의 도를 알 수 있는 방법을 "이물관물以物觀物"이라 하여 이 방법은 신비적인 방법이 아니라 인간이 타고난 감관과 심지心知를 최대한 객관화시킴으로써 가능하다고 보았다. 그는 천하에 '리'와 '성性'과 '명命'이 있음을 전제하고, '리'는 존재자들의 조리 곧 특수원리이고, '성'은 천성으로 존재의 보편법칙이며, '명'은 특수자에 부여된 바 보편법칙 등 리와 성과의 관계를 설명하는 개념이다. 따라서 이것들은 만물에 다 갖추어진 것으로 한결같이 감관에 의해 파악되는 것이 아니라 추상적인 원리개념들이다. 소옹은 리와 성과 명을 다음과 같이 설명하였다.

> 천하의 사물은 리가 있지 않은 것이 없고, 성이 있지 않은 것이 없고, 명이 있지 않은 것이 없다. 이른바 리라는 것은 궁구한 뒤에 야 알 수 있고 이른바 성이라는 것은 다 발현한 뒤에야 알 수 있고, 이른바 명이란 것은 이른 뒤에야 알 수 있다. 이 세 가지 앎이 천하의 참다운 앎이다. 비록 성인이라도 이것을 지나칠 수 없고 지나친

---

75) 『性理大全』 권9, 「皇極經世書3‧觀物內篇1」, "混成一體, 謂之太極　太極旣判　初有儀形　謂之兩儀　兩儀又判而爲陰陽剛柔謂之四象　四象又判而爲太陽少陽太陰少陰太剛少剛太柔少柔而成八卦　太陽少陽太陰少陰成象於天而爲日月星辰　太剛少剛太柔少柔成形於地而爲水火土石　八者具備然後天地之體備矣　天地之體備而後變化生成萬物也　所謂八者　亦本乎四而已."

다면 이른바 성인이 아니다.76)

성인은 만물의 실정을 한결같이 있는 그대로 파악할 수 있는 사람이다. 따라서 성인은 '사물을 통해서 사물을 관찰할(以物觀物)' 수 있기 때문에 소옹은 '관물'을 중요한 관념으로 제시한다. '관물'이란 마음이나 감관을 통해 사물을 보는 것이 아니고 오직 '리'를 통해서 실상을 살피는 것이다. 이와 같이 '사물을 통해서 사물을 관찰할' 수 있기 위해서는 찰심察心・잠용潛用해야 한다고 하였는데, 이런 일은 성인의 '반관反觀'으로 가능하다. 성인의 밝음은 안팎을 꿰뚫어 비추고 유명幽明하기 때문에 반드시 비추어 천하의 사물을 나가지 않고도 능히 반관을 한다. 능히 반관하는 자는 만물이 모두 나에게 갖추어져 있어 스스로 내가 볼 수 있다. 스스로 내가 사물을 보아 능히 사사물물이면서 물에서 물이 아니다. 물에서 물이 아니기 때문에 능히 물로서 물을 보는 것이다. 물로써 물을 볼 수 있기 때문에 내가 없게 되는 연유이다.77)

소옹의 '관물'은 바로 이 반관의 원리로 인식하는 것을 말하는 것으로 이것들을 알 때에만 진정으로 알았다고 할 수 있다. 따라서 천하 만물의 정상이나 실정을 하나로 통관할 수 있는 방법은 '반관'이다. 소옹은 다음과 같이 말하였다.

---

76) 『漁樵問對』, "天下之物莫不有理焉 莫不有性焉 莫不有命焉 所以謂之理者 窮之而後可知也 所以謂之性者 盡之而後可知也 所以謂之命者 至之而後可知也 此三知者 天下之眞知也 雖聖人無以過之也 而過之者非所以謂之聖人也."

77) 『性理大全』 권9, 「皇極經世書3・觀物內篇3」, "聖人之明 表裏洞照 幽明必燭 天下之物無出之者 以其能反觀也 能反觀者 以萬物皆備於我 自我而觀之也 自我而觀物 則能物物而不物於物 不物於物 故能以物觀物 能以物觀物者 能無我故也."

　반관이란 무엇인가? 그것은 나의 시점에서 사물을 보지 말고 사
물의 시점에서 사물을 보는 것을 일컫는 것이다. 이미 능히 사물로
써 보았다면 어찌 그 사이에 내가 있겠는가? 그렇게 되면 나도 타
인이고 타인도 나이며, 나와 타인이 모두 사물이다. 이것은 천하의
눈이 나의 눈이 되어 사용되기 때문에 그 눈이 보지 못하는 바가
없는 것이고, 천하의 귀가 나의 귀가 되어 사용되기 때문에 그 귀가
듣지 못하는 바가 없는 것이다. 또 천하의 입이 나의 입이 되어 사
용되기 때문에 그 입이 말을 하지 않는 바가 없는 것이고, 그리고
천하의 마음이 나의 마음이 되어 사용되기 때문에 그 마음이 도모
하지 않는 바가 없는 것이다. 대저 천하를 보면 넓게 보고 천하를
들으면 멀리 들으며 천하를 말하면 고상하게 말하고 천하를 도모하
는 것을 크게 즐겨서, 지극히 넓고 지극히 멀고 지극히 높고 지극히
큰일을, 무위無爲라고 할 수 있으니 어찌 지극한 신과 지극한 성인
을 일컫는 것이 아니겠는가? 어느 시대 누구라도 이것을 최고 경지
의 신성함이 아니라고는 못할 것이다.[78]

　성인이 '사물을 통해서 사물을 관찰할' 수 있는 것은 감관을 통해
서 사물을 관찰하는 것이 아니라 '반관'을 통해서만 가능한 것이고,
그 방법적인 문제를 소옹은 다음과 같이 말하였다.

---

78) 『性理大全』 권9, 「皇極經世書3・觀物內篇12」, "聖人之所以能一萬物之
情者 謂其聖人之能反觀也 所以謂之反觀者 不以我觀物也 不以我觀物
者 以物觀物之謂也 旣能以物觀 又安有我於其間哉 是知我亦人也 人亦
我也 我與人皆物也 此所以能用天下之目爲己之目 其目無所不觀矣 用
天下之耳爲己之耳 其耳無所不聽矣 用天下之口爲己之口 其口無所不言
矣 用天下之心爲己之心 其心無所不謀矣 夫天下之觀 其于見也不亦廣
乎 天下之聽 其于聞也不亦遠乎 天下之言 其于論也不亦高乎 天下之謀
其于樂也不亦大乎 夫其見至廣 其聞至遠 其論至高 其樂至大 能爲至廣
至遠至高至大之事 而中無一爲焉 豈不謂至神至聖者乎 非唯吾謂至神至
聖者乎 而天下謂之至神至聖者乎 非唯一時之天下謂之至神至聖者乎 而
千萬世之天下謂之至神至聖者乎 過此以往 未之或知也已."

대저 사물을 본다고 말하는 것은 눈으로 보는 것이 아니다. 눈으로써 보는 것이 아니라 마음으로서 보는 것이다. 마음으로써 보는 것이 아니라 '리'로써 보는 것이다. 성인이 만물의 본성을 파악할 수 있는 까닭은 그가 반성적으로 볼 수 있기 때문이다. 반성적으로 본다는 것은 나의 관점으로써 사물을 보는 것이 아니다. 나의 관점으로 사물을 보지 않는다는 것은 사물의 관점으로 사물을 보는 것을 의미한다. 이미 사물의 관점에서 사물을 본다면 또한 어찌 내가 그 사이에 있을 수 있겠는가?[79]

그러므로 물로써 물을 보는 것은 '성性'이고, 나로써 물을 보는 것은 '정情'이다. 성은 공정함으로 밝고, 정은 편벽되었으므로 어둡다.[80] 따라서 물리를 배움에 때로는 통하지 못하는 바가 있는데 억지로 통하려 해서는 안 된다. 억지로 통하면 내가 있게 되고 내가 있으면 리를 잃어버리고 술수로 떨어진다.[81] 만물의 법칙을 인식하려 할 때에 내가 문제가 되는 까닭은 바로 나의 주관성 또는 편견 問偏見이라고 본 것이다. 그리고 물로써 본다는 것은 반대로 객관적으로 공정하게 볼 수 있다는 것을 의미한다.

따라서 리를 궁구한 이후에 성을 알고 성을 다한 이후에 천명을 알 수 있고 천명을 안 이후에 진정한 앎에 이른다.[82] 진정한 앎이란

---

79) 『宋元學案』 권9, "夫所以謂之觀物者 非以目觀之也 非觀之以目 而觀之以心也 非觀之以心 而觀之以理也 聖人之所以能一萬物之情者 謂其能反觀者 所以謂之反觀者 不以我觀物也 不以我觀物者 以物觀物之謂也 旣能以物觀物 又安有我于其間哉."

80) 『性理大全』 권12, 「皇極經世書6・觀物外篇下」, "以物觀物 性也 以我觀物情也 性公而明 情偏而暗."

81) 『性理大全』 권12, 「皇極經世書6・觀物外篇下」, "物理之學或有所不通 不可以强通 强通則有我 有我則失理而入於術矣."

82) 『性理大全』 권11, 「皇極經世書5・觀物外篇下」, "理窮而後知性 性盡而後知命 命知而後知至."

감관을 통해서 얻는 인식이 아니라 마음으로 얻는 앎을 말한다. 그래서 마음은 태극이 되고, 도가 태극이 된다.83) 소옹은 이러한 도가 바로 천지를 낳는 근본이라고 보았다.

　　도가 천지를 낳기 때문에 도는 천지의 근본이 된다. 도로써 천지를 보면 천지는 도의 만물이 된다. 천지는 만물을 낳기 때문에 천지는 만물의 근본이 된다. 천지로써 만물을 보면 만물은 천지의 물이 된다.84)

또 도는 하나를 낳고 하나는 태극이 된다. 하나는 둘을 낳고 둘은 양의가 된다. 둘은 넷을 낳고 넷은 사상이 된다. 넷은 팔을 낳고 팔은 팔괘가 된다. 팔괘는 64괘를 낳고 64괘가 갖추어진 이후에 천지만물의 도가 갖추어진다.85)

이와 같이 소옹의 철학은 내성외왕의 학문의 정수가 수학과 관물 속에 나타나 있다. 그는 자연과 인문을 하나로 통하는 원리를 주돈이와 같이 성誠으로 보았다. "선천학은 성을 주로 한다. 지성이면 신명에 통할 수 있다. 성하지 못하면 도를 얻을 수가 없다."86)고 하였다. 그가 관물의 이론을 편 것은 세계가 하나로 관통되어 있으며 따라서 국가와 가정, 그리고 신체가 모두 같다고 보고 마음이 몸의 근본이고, 가정이 나라의 근본이며 나라는 천하의 근본이라고 주장하

83) 『性理大全』 권11, 「皇極經世書5・觀物外篇上」, "心爲太極 又曰 道爲太極."
84) 『性理大全』 권9, 「皇極經世書3・觀物內篇3」, "道生天地 故道爲天地之本 以道觀天地 則天地爲道之物也 天地生萬物 故天地爲萬物之本 以天地觀萬物 則萬物爲天地之物也."
85) 『性理大全』 권8, 「皇極經世書2・纂圖指要下」, "道生一 一爲太極 一生二 二爲兩儀 二生四 四爲四象 四生八 八爲八卦 八卦生六十四 六十四具而後天地萬物之道備矣."
86) 『性理大全』 권12, 「皇極經世書6・觀物外篇下」, "先天學乎誠 至誠可以通神明 不誠則不可以得道."

기 위한 기본이론이라고 볼 수 있다. 바로 그의 수학과 관물법은 일
원체계임을 밝혀준 철학이라고 하겠다.

제3절 기론자 장재

장재張載는 자가 자후子厚이다. 송나라 진종眞宗 천희天禧 4년
(1020년)에 태어나 신종神宗 희녕熙寧 10년(1077년)에 죽었다. 고향
은 대량大梁(지금의 하남성 개봉시)이지만, 장안長安(지금의 섬서의
서안)의 관리 집안에서 태어났다. 섬서성陝西省 봉상부鳳翔府 미현
郿縣의 횡거진橫渠鎭에서 오랫동안 살면서 강학하였기 때문에 학자
들은 그를 횡거 선생이라고도 불렀다. 희녕 년간 초에 처음으로 숭
문원崇文院 교서校書가 되었고, 희녕 년간 말에는 동지태상예원同知
太常禮院에 임명되었지만, 취임한 지 얼마 되지 않아서 그만두고 고
향으로 돌아가다가 임장臨漳의 한 관사에서 생을 마감하였다.

장재가 생존했던 북송 중기에는 송 왕조와 북방·서방의 소수민족
이 매우 심하게 대립하던 시기였다. 그는 서북 지역에서 태어나고
자랐기 때문에 서북방 변경의 환난에 깊은 관심을 가지고 있었다.
역사서에 그가 "어릴 적에는 군사에 관해 이야기하기를 좋아하였고,
사람들을 모집해서 조서洮西 지방을 회복하려고 했다."[87]고 기술되
어 있다. 그는 청년 시절에 자주 친구들과 함께 병법을 연구하였고,
군대에서 공을 이루겠다는 뜻을 지니고 있었다. 그는 당시 섬서의
초토부사招討副使로 있던 범중엄范仲淹에게 글을 올려 용병과 국경

---

87) 『宋史』, 「張載傳」, "少喜談兵 至欲結客取洮西之地."

의 일에 관한 모략과 계획을 진술한 적이 있는데 역사서에는 이렇게 기술하고 있다. "그가 21세 때 범중엄에게 편지를 보냈는데, 범중엄은 장재의 서신을 보자마자 그가 큰 그릇임을 알아보고는 그에게 '유학자는 즐길 수 있는 명교名教를 스스로 가지고 있는데, 무엇 때문에 병법에 종사하는가'라는 경계의 말을 해 주었다."[88]라고 말하였다. 범중엄은 그가 유학 방면에서 더욱 크게 일할 수 있으리라 여겼고, 병법보다는 오히려 『중용』에 몰두하도록 인도했다.

그러나 장재는 이것에 만족하지 않고, "불교와 도가의 서적들을 펼쳐 들고 몇 년 동안이나 그 학설들을 연구하였으나 얻을 게 없음을 깨닫고는, 되돌이켜 육경六經을 알고자 했다."[89]고 여대림은 기술하고 있다. 마침내 불교와 도가에 대한 비판 입장을 철저히 확립하였고, 아울러 불교와 도가에 대한 강렬한 비판 속에서 '기본론氣本論'이라는 그의 철학 체계를 건립하였다.

장재는 진정한 철학자로서 일생 동안 혼신을 다해 변화의 조짐을 연구하였으며, 우주와 인생의 비밀을 탐색하기 위해 노력했다. 자부심이 대단했던 정호와 정이도 장재의 재주와 학문에 대해서는 극진하게 받들면서, "맹자 이후 유학자 중에는 어느 누구도 그와 식견을 견줄 만한 이가 없다"(自孟子後 儒者都無他見識)고 평하였다. 당시 사람들도 장재를 가리켜 "세상에 이름을 드리울 만큼 커다란 재주와 미증유의 식견에다가 널리 듣고 열심히 익혀 학문을 더하였으며, 하늘과 땅의 이치를 헤아리는 사유를 바탕으로 갖추었다."(以命世之宏才 曠古之絶識 參之以博聞强記之學 質之以稽天窮地之思)고 평하였다. 이러한 평가는 지나친 말이 아니다.

---

88) 『宋史』, 「張載傳」, "年二十一 以書謁范仲淹 一見知其遠器 乃警之曰 儒者自有名教可樂 何事於兵."

89) 呂大臨, 「橫渠先生行狀」, 『張載集』, "又訪諸釋老之書 累年盡究其說 知無所得 反而求之六經."

그는 평생토록 사색과 학문을 병행하여 덕과 지혜가 날로 새로워졌다. 그의 제자가 그를 위해 지은 「행장」에서 "종일토록 방 안에 무릎을 꿇고 앉아서 주변의 책들을 머리 숙여 읽고 고개 들어 생각하며, 체득한 것이 생기면 기록하였다. 어떤 때는 밤중에 일어나 촛불을 밝힌 채로 생각을 적었다. 도에 뜻을 두고 정밀하게 사색하는 일을 잠시도 쉰 적이 없었고, 잠시도 잊지 않았다."90)고 기술하였다. 이것이 바로 그가 평생토록 전심전력하고 '궁신지화窮神知化'한 모습이다.

장재의 저서로는 『서명西銘』·『동명東銘』·『정몽正夢』·『경학리굴經學理窟』·『횡거역설橫渠易說』 등이 있다.

1. 장재의 수양론

장재는 그의 기일원론의 관점에 따라 인성의 문제를 설명하고자 시도하였다. 만물은 모두 기가 모여서 생겨난 것이며, 사람도 또한 기가 모여서 생겨난 것이므로 기의 본성이 곧 사람의 본성이라고 생각하였다. 곧 그는 "허와 기가 합하여져서 성性이라는 이름이 있게 되었다."91)고 말하였다. 여기에서 허는 태허를 가리키며 기의 본래 상태이다. 기는 음과 양 두 기를 가지고 있어 맑고 흐림이 있다. 태허의 본성과 음과 양 두 성의 결합이 곧 인성을 구성한다.

그러므로 삶과 죽음의 공통된 인간의 본질세계를 있다 없다는 상대적 세계에 치우치지 않고 절대적 세계를 상정하여 이것을 추구하

---

90) 呂大臨, 「橫渠先生行狀」, 『張載集』, "終日危坐一室 左右簡編 俯而讀 仰而思 有得則識之 或中夜起坐 取燭以書 其志道精思 未始須臾息 亦未始須臾忘也."

91) 『正蒙』, 「太和」, "合虛與氣有性之名."

려는 것을 목적으로 삼았다. 따라서 그의 수양론은 "살아 있는 동안 순리에 따라 일하고, 죽어서는 편안하게 하는"[92] 것이라 하여 인위나 억지를 통해서 삶을 진전시킨 것이 아니라 자연스러움을 따른 것이다. 그 예로

> 물은 얼면 얼음이 되고, 튀어 오르면 물거품이 된다. 그러나 얼음의 재才, 물거품의 성性의 그 있고 없다를 바다는 얻으려 하지 않는다. 이것을 미루어 본다면 죽음과 삶의 설을 궁구할 수 있다.[93]

라고 하여 이미 생사의 문제에 대해서도 자연의 본성을 알면 이를 미루어 또 구명할 수 있다고 본 것이다. 자연세계에서 본다면 인간의 개체는 지극히 미세한 존재로 언제나 시 공간에 제한을 받지만, 자연세계에서는 자연 그대로를 지향하고 있기 때문에 존재 여부에 관여하지 않는다. 장재는 "성은 사람에게 있어서 선하지 않음이 없는데, 그가 잘 돌이키고 잘 돌이키지 못하는 데에 달려 있을 뿐이다."[94]라고 말하였다. 이것은 반성적 인식을 잘해야만 천지의 성을 체득하여 도덕적 표준에 저절로 합치될 수 있다고 본 것이다. 그러므로 자기의 본성이 모든 사람들이나 모든 사물과 서로 같다는 것을 인식할 수 있게 된다. "성이라는 것은 만물의 한 근원이므로 나만 사사로이 가지고 있는 것이 아니다. 오직 대인만이 그 도를 다할 수 있다. 이런 까닭에 서면 함께 서고, 알면 두루 알며, 사랑하면 반드시 함께 사랑하고, 이루면 홀로 이루지 않는다."[95]라고 하였다. 이런

92) 『西銘』, "在吾順事 沒吾寧也."
93) 『正蒙』, 「動物」, "海水凝則冰 浮則漚 然冰之才 漚之性 其存其亡 海不得而與焉 推是 足以究死生之說."
94) 『正蒙』, 「誠明」, "性於人無不善 繫其善反不善反而已."
95) 『正蒙』, 「誠明」, "性者萬物之一源 非有我之得私也 惟大人僞能盡其道 是故立必俱立 知必周知 愛必兼愛 成不獨成."

절대적인 세계를 인식할 수 있는 사람만이 생사의 문제를 초월하여 자연세계 속에 합일할 수 있고 이러한 인물을 장재는 다음과 같이 말하였다.

> 성인은 지극한 중용을 쓰기 때문에 힘쓰지 않아도 적중하고 지극히 큰 것을 가지고 있은즉 하지 않아도 지극히 크다. 대인이 이것 (성인)을 희망하면 이른바 (장자의) "걸음이 워낙 빨라 먼지가 조금도 나지 않을 정도로 빨리 달려 나간다." (중용의) "높고 큼이 하늘에게까지 극진하도다." (공자는) "계단을 타고 올라갈 수 있는 분은 아니다."라고 한 것이다.[96]

이처럼 모든 사람은 성인이 될 수 있는 가능성을 가지고 있으며, 성인이 되기 위해 학문과 수양을 게을리 하지 말아야 한다. 이런 성인만이 자연의 절대적 세계를 인식할 수 있고, 절대적 세계를 순리에 따라 사사로운 욕심이 없이 자연스럽게 순응하는 사람이다. 장재는 다음과 같이 말한다.

> 하늘은 말하지 않아도 사시가 행해진다. 성인은 신도神道로써 가르침을 펼치니 천하가 이에 복종하게 된다. 이곳에 정성스러움이 있다면 저곳에 감응함이 있게 된다.[97]

성인은 사사로운 욕심이 개입된 상대적인 세계에 구애받지 않고 오직 순수하고 절대적인 세계와의 교량 역할을 수행하게 된다. 장재에 의하면 성인이 되는 수행방법으로 '성性'과 '성誠'을 예로 들고, 성인을 언급할 때는 『논어』와 『맹자』를 들어 공자와 맹자 사상의

---

96) 『正蒙』, 「大易」, "聖人用中之極 不勉而中 有大之極 不爲其大 大人聖之 所謂絶塵而奔 竣極於天 不可階而升者也."

97) 『正蒙』, 「天道」, "天不言而四時行 聖人神道設敎而天下服 誠於此 動於彼."

중요성을 강조하였다.

　　성인을 보려면 논어, 맹자를 요점으로 삼는 것보다 중요한 것은
　　없다. 『논어』, 『맹자』 두 책은 배우는 사람에게 크게 만족시킨다. 다
　　만 모름지기 거기에 푹 빠져 헤엄쳐야 한다.[98]

　　또한 『역』과 『중용』에 의거하여 사상의 체계를 세웠으니, 성性과
성誠 등의 개념이 바로 그것이다. “성性이란 것은 만물의 한 근원으
로 나만의 사사로이 얻어서 갖고 있는 것이 아니다.”[99]라고 하여, 성
性은 만물의 한 근원으로 개인의 사사로운 것이 아니기 때문에 누
구나 갖고 있는 것으로 천지만물과 일체가 되는 것이 가능하다. “성
性을 알고, 하늘을 알면 곧 음양 귀신이 모두 내 분수 안에 있을 따
름이다.”[100]라고 하여, 성性을 통해서 하늘의 섭리와 귀신이 자신의
본성밖에 있는 것이 아님을 알 수 있는 것이다. 한 걸음 더 나아가
서 그는 “하늘의 본성이 되는 바는 도와 관통하는 것으로서 기의 어
둡고 밝음에 의해서도 이것을 가리지 못한다. 하늘의 명이 되는 바
는 본성에 극진히 통하며, 길흉과 만나도 그를 없앨 수 없다.”[101]라
하여 성性과 우주의 도 또한 서로 관통하여 근거함을 알 수 있다.

　　그리고 천명 또한 성性과 관통되어 인생사와 일원된 세계임을 알
수 있다. 이처럼 성性이 도와 관통한다는 것은 허의 측면에서 본 성
性으로써의 만물의 근원성이며, 성性과 통하는 명이란 현상적 기의
측면에서 본 명을 의미한다. 이러한 性을 장재는 “지극한 정성은 하

---

98) 『經學理窟』, 「義理」, “要見聖人　無如論孟爲要　論孟二書　於學者大足
　　只是須涵泳.”

99) 『正蒙』, 「誠明」, “性者萬物之一源　非有我之得私也”.

100) 『正蒙』, 「誠明」, “知性知天　則陰陽鬼神　皆吾分內爾.”

101) 『正蒙』, 「誠明」, “天所性者　通極於道　氣之昏明　不足以蔽之　天所命者
　　通極於性　遇之吉凶　不足以戕之.”

늘의 성性이요, 쉬지 않음은 천명이다. 사람이 능히 지성至誠을 다하면 성性을 다하여서 가히 신神을 궁구할 수 있다."102)라고 표현하여 곧 "성性과 천도가 합해져서 하나이며, 성誠에 간직되어 있다"103)고 본 것이다. 장재는 하늘로부터 부여받은 성性을 실현할 수 있는 가능성이 성性과 천도의 합일이고, 이것을 성誠으로 설명하였다. 따라서 성性의 실현은 천도이고, 성性과 천도로 인해 성誠을 인식할 수 있으니 이것을 가능하게 해 주는 것이 바로 궁리이다.

> '밝음으로부터 성실하여진다'는 것은 궁리하는 것으로부터 본성을 극진히 하는 것이요. '성실함으로부터 밝아진다'는 것도 본성을 극진히 하는 것으로부터 궁리하는 것이다.104)

'궁리'란 스스로 사물의 이치를 궁구하는 자기 노력이다. 즉 '스스로 성을 밝히는(自明誠)' 주체적인 노력을 통해 하늘로부터 품부 받은 성性을 밝히려는 것이고, '스스로 성을 밝혀가는(自誠明)' 것은 하늘로부터 품부 받은 성性을 통해서 구체적이고 주체적인 행위로 나타나는 것을 의미한다. 따라서 본래 인간이 가지고 있는 순진무구한 본성을 궁구하였다면, 그 본성이 현실적으로 체현된 행위를 말한다. 장재는 다음과 같이 말하였다.

> 마음은 본성을 극진히 발휘할 수 있으며 인간은 도를 넓힐 수 있다. 본성은 그 마음을 검색할 줄 모른다. 도가 사람을 넓히는 것은 아니다.105)

---

102) 『正蒙』, 「乾稱」, "至誠天性也 不息天命也 人能至誠 則性盡而神可窮矣."
103) 『正蒙』, 「誠明」, "性與天道合一 存乎誠."
104) 『正蒙』, 「誠明」, "自明誠 有窮理而盡性也 自誠明 由盡性而窮理也."
105) 『正蒙』, 「誠明」, "心能盡性 人能弘道也 性不知檢其心 非道弘人也."

공자는 "사람이 도를 넓히는 것이지, 도가 사람을 넓히는 것이 아니다."106)라고 하였다. 도의 근본이 하늘에서 나와 도보다 큰 것이 없으나 그를 이끌고 넓히는 것은 사람이지, 도가 사람을 이끌어 넓히는 것은 아니다. 그러므로 성인이 나면 천하에 도를 밝히고 성인 나지 않으면 도 또한 따라 망하므로 이끌어 넓혀서 도를 닦지 못하게 된다. 이것은 인간을 진리의 주체로 규정하여, 바로 인간의 주체적인 역량에 따라 목적을 실현시킬 수 있는 가능성을 강조한 것이다. 진리에 의해서 순응해 가는 수동적인 인간이기보다는 상황과 시대에 맞는 진리를 개척해 나가는 창조적인 인간을 말한다.

또한 불교와 유교의 이치를 궁구하는 방법이 다른 점을 다음과 같이 설명한다.

> 유자儒者는 이치를 궁구하므로 본성을 따르게 된다. 그러므로 도라 일컬을 수 있다. 불자佛者는 이치를 궁구할 줄 모르고도 스스로 일컬어 성性이라 말한다. 그러므로 불가의 학설은 가히 미루어 행할수 없는 것이다.107)

장재의 '태허일기太虛一氣'의 본체론에 따르면 인간의 본성은 허虛와 기氣를 합한 것이고, 맑게 통하는 기(淸通氣)가 어디에서나 감통感通하는 것과 마찬가지로 인간의 마음은 본성과 감통하는 지각이 합해서 이루어진다.

> 태허로 말미암아 하늘의 이름이 있고 기화氣化로 말미암아 도의 이름이 있으며 허와 기를 합해 성性의 이름이 있고 성과 지각을 합해 마음의 이름이 있다.108)

106) 『論語』, 「衛靈公」 28장, "子曰 人能弘道 非道弘人."
107) 『正蒙』, 「中正」, "儒者窮理 故率性 可以謂之道 浮圖不知窮理 而自謂 之性 故其說不可推而行."

자연의 질서에 따라서 자연의 세계에서 기화의 작용이 일어나면서 존재자의 본성이 있게 되고 그리고 이것이 지각과 함께 인간의 마음 속에 존유하게 되는 것이다. 따라서 존재자의 본성은 인간만이 가지고 있는 특수한 것이 아니고, 또 개개인의 개성이 아닌 존재자의 보편적인 속성이기 때문에 절대성을 가질 수 있다. 장재는 이러한 본성을 '천지지성天地之性' 또는 '천성'이라 해서 착한 것으로 표현한다.109) 다만, 이 성性이 개체에 나타날 때에는 기질의 제한을 받게 되며 이로 인해 성을 두 종류로 나눈다.

2. 천지지성天地之性과 기질지성氣質之性

인간이 천성이 있음에도 불구하고 인간의 사유나 행위가 전적으로 착하지 않은 까닭은 '천지지성'이 천명으로부터 온 것임에 비해 '기질지성'은 기질의 차이에서 형화形化되면서 생긴 것이기 때문이다. 장재는 다음과 같이 말하였다.

　　태허에서 '천'이라는 이름이 생겼고, 기화를 통해 '도'라는 이름이 생겼다. 허와 기가 합해져 '성性'이라는 이름이 생겼고, 성과 지각이 합해져 '심心'이라는 이름이 생겼다.110)

장재는 태허가 바로 하늘이고, 기화의 과정이 바로 도임을 설명한

---

108) 『正蒙』, 「太和」, "由太虛 有天之名 由氣化 有道之名 合虛與氣 有性之名 合性與知覺 有心之名."

109) 『正蒙』, 「誠明」, "性於人 無不善."

110) 『正蒙』, 「太和」, "由太虛 有天之名 由氣化 有道之名 合虛與氣 有性之名 合性與知覺心之名."

다. 허와 기가 '성'을 이루고, 성에 지각을 더한 것이 바로 '마음'이
다. 그리고 '허'와 '기'는 바로 '태허지기太虛之氣'의 본성과 기의 속
성을 분별하여 설명한 것이다. '태허지기'가 지닌 담일湛一한 본질은
우주의 본성을 말한다. '태허지기'는 모여서 기가 되고, 기가 모여서
사람이 되며, 사람의 본성은 태허의 본성에서 근원한다. 이러한 태허
의 본성이 형상화된 이후에 기질의 차이가 생긴 것이다.

> 형상화된 이후에 기질지성이 있다. 그것을 잘 되돌리면 천지지성
> 이 보전된다.[111]

사람이 형상화된 '기질지성' 이전의 '천지지성'이 있음을 스스로
체인하여 '기질지성'을 잘 되돌려서(善反之) '천지지성'을 보존하는
것이 무엇보다 중요하다. 왜냐하면 기질의 편정偏正 혼명昏明에 따
른 재성才性의 차이에 구애받지 않도록 노력하여 천지의 보편성을
회복하는 것이 바로 기질변화인 것이다. 기질 자체는 성性 그 자체
를 의미하는 것이 아니고, 기질 가운데 성性이 존재하는 것이다. 따
라서 '기질지성'의 선악 문제도 '천지지성'이 나타나기 전에 선과 악
이 함께 있다. 그러나 성性은 선도 악도 없는 것으로 '천지지성'이
나타나면 악은 자연히 없어지고, '기질지성' 중의 선과 악은 다만 재
질이 있고 없음의 차이에서 기인한다. 기질은 선할 수도 있고 악할
수도 있는 재기지성才氣之性을 형성하며 '천지지성'이 완전히 나타
나기 전에 성性은 기품의 영향을 받게 되어 착하게도 될 수 있고,
악하게도 될 수 있다. 장재는 이렇게 말했다.

> 하늘의 본성이 사람에게 있는 것은 마치 물의 본성이 얼음에 있
> 는 것과 같다. 얼고 녹는 것은 다르지만, 그 사물 됨은 하나이다. 빛

---

111) 『正蒙』, 「誠明」, "形而後 有氣質之性 善反之 則天地之性存焉."

을 받음에 많고 적음과 어둡고 밝음의 차이가 있지만, 그 비춤과 받아들임은 다르지 않다.112)

장재에 의하면, 바로 햇빛 아래에 있는 존재물은 각각의 크고 작음이 있지만 햇빛은 이것에 상관없이 모두에게 공평하게 비춰진다. 햇빛이 존재물을 비추는 데에는 어두운 면과 밝은 면이 있지만 햇빛은 차별 없이 동일하게 비춰진다. 이와 마찬가지로 사람은 비록 제 각기 차이가 있지만 모두 태허의 본성을 품부 받았으므로, 이러한 본성은 기질의 어둡고 밝음에 의해 가려지지 않는다. 즉 "천의 본성은 도에 통하므로, 기의 어둡고 밝음이 그것을 가릴 수는 없다."113)고 하여 사람의 본성은 태허에 근원하므로, "성은 만물 공통의 근원이며 내가 사사로이 얻을 수 있는 것은 아니다."114)라고 하였다.

그러면 장재가 말하는 '천지지성'과 '기질지성'은 구체적으로 무엇인가? 그는 다음과 같이 말한다.

형체가 있은 다음에 '기질지성'이 있다. 잘 돌이켜보면, '천지지성'이 보존되어 있다. 그러므로 '기질지성'은 군자들이 본성으로 삼지 않는다.115)

'천지지성'은 태허의 담일한 본성이고, '기질지성'은 기가 모여서 형질을 이룬 다음에야 갖는 속성이다. 그런데 이런 '기질지성' 속에 바로 '천지지성'이 보존되어 있기 때문에 학습과 수양이 필요한 것이고, 학습과 수양이 겸비된 군자는 '기질지성'을 본성으로 삼지 않

112) 『正蒙』, 「誠明」, "天性在人 正猶水性之在冰 凝釋雖異 爲物一也 受光有小大 昏明, 其照納不二也."
113) 『正蒙』, 「誠明」, "天所性者通極於道 氣之昏明不足以蔽之."
114) 『正蒙』, 「誠明」, "性者萬物之一源 非有我之得私也."
115) 『正蒙』, 「誠明」, "形而後有氣質之性 善反之則天地之性存焉."

는다. 또 '기질지성'은 사람의 강하고 부드럽거나(剛柔) 느리고 빠름
(緩急) 등과 같은 품성을 가리킨다. 장재는 다음과 같이 말했다.

> 사람의 강유와 완급. 재주 있음과 재주 없음 등은 기의 편차이다.
> 하늘의 근본에는 삼화(參和)[116]의 편차가 없으므로, 그 기를 잘 기르고
> 근본을 잘 돌이켜 편벽되지 않는다면, 성을 다하여 하늘과 하나가 될
> 것이다. 성이 아직 이루어지지 않았다면 선과 악이 뒤섞여 있으므로
> 열심히 힘써 '이어 나가는 것이 선이다'라는 말이 바로 선이 된다.[117]

> 성에는 오히려 기의 악한 것이 있어서 병통이 되고, 기에는 또한
> 습벽이 있어서 성을 해친다. 이 때문에 열심히 연마하여 가지런히
> 하고, 열심히 공부하여 그 기의 습벽을 이겨내야 한다. 그 사이에는
> 또한 완급과 정밀하고 거친 것(精粗)이 있으니, 사람의 본성은 비록
> 같을지라도 기에는 다름이 있는 것이다.[118]

사람은 '천지지성'을 갖고 있지 않은 사람이 없는데, '기질지성'의
공격하여 빼앗는 욕망이 있어 병통이 되고, 습벽이 있어서 본래성을
해치게 된다. 따라서 공격하여 빼앗는 욕망과 습벽을 학습과 수양을
통해서 제어해야만 '성을 이룰' 수 있다. 장재는 "악이 모두 제거되
면 이에 따라 선이 이루어진다. 그러므로 '이어 나가는 것은 선이고,

---

116) 王夫之는 '參和'를 태극과 음양으로 주석하였고, 『遺周書』에서는 "사
   람이 中이 있는 것을 參이라고 하고, 중이 없는 것을 兩이라고 한다.
   양이 다투는 것을 弱이라고 하고 參和를 强이라고 한다."(人有中曰參
   無中曰兩 兩爭曰弱 參和曰强)

117) 『正蒙』, 「誠明」, "人之剛柔 緩急 有才與不才 氣之偏也 天本參和不偏
   養其氣 反之本而不偏 則盡性而天矣 性未成則善惡混 故亹亹而繼善者
   斯僞善矣."

118) 『張載集』, 「張子語錄」, "性猶有氣之惡者爲病 氣又有習以害之 此所以
   要鞭辟至於齊 强學以勝其氣習 其間則更有緩急精粗 則是人之性雖同
   氣則有異."

이루는 것은 성이다'라고 말하는 것이다."[119]

　주자는 '천지지성'과 '기질지성'을 다음과 같이 설명하였다. '천지지성'은 태극본연의 묘이며 만수萬殊의 일본一本이고, '기질지성'은 이기가 교운交運하여 생긴 것으로 일본이면서도 만수라 한 것이다. 또 '천지지성'은 리로 음양오행이 있는 처소에 다다르면 곧 '기질지성'이 있어 이에 혼명昏明 후박厚薄의 다름이 있게 된다. 다시 '천지지성'을 논하면 오로지 리를 가리켜 말한 것이고, '기질지성'을 논하면 리와 기를 뒤섞어 말한 것이다. 기질 음양오행은 행위를 하는 바이고, 성性은, 즉 태극의 본체이며 단지 '기질지성'을 논하면 곧 이 체가 기질 가운데 떨어져 있을 뿐이니 또 다른 한 성性이 있는 것이 아니다. 이처럼 주자가 설명한 '천지지성'은 리이고, '기질지성'은 리와 기를 뒤섞어 말한 것으로 리는 형체가 없으니 볼 수가 없어 규범 형식이 되지만, 기는 형체가 있어 볼 수가 있는 것이니 실질이 되고 내용이 있게 된다. 따라서 '천지지성'은 순수한 지선으로 기질 가운데에 들어간 즉은 기의 편정偏正 혼명昏明이 있어 리 또한 편정 혼명을 받게 된다. 어떤 일을 행위함에서 보면 마침내 선악의 구분이 있어 그 바름을 얻은 자는 밝게 되어 착하게 되고 그 치우침을 얻은 자는 어둡고 악하게 된다.

　'천지지성'과 '기질지성'의 차이를 살펴보면 기의 보편성과 특수성 정명正明과 혼편昏偏이 내재해 있음을 알 수 있다. 따라서 기의 특수성 혼편을 보편과 정명으로 잘 돌이켜(善反之) 변화시키면 '천지지성'이 가능하게 된다. 이러한 장재의 보편성의 원리로 성誠의 개념을 도입한다.

　　하늘이 장구하여도 그치지 않은 도가 곧 이른바 성誠이다.[120]

---

119) 『正蒙』, 「誠明」, "惡盡去則善因以成 故曰繼之者善 成之者性也."
120) 『正蒙』, 「誠明」, "天所以長久不已之道 乃所謂誠."

성실함으로써 물이 존재하며 따라서 처음과 끝이 있다. 거짓스러
움이 있다면 실제로 있는 것이 아니니 처음과 끝이 어찌 있으리오?
그러므로 성실하지 않으면 물이 없다고 하는 것이다.[121]

성誠은 성性과 천도가 합일하는[122] 곳으로 장재에게 있어 성誠은
존재의 보편성의 원리로 추구되고 있다. 그러므로 기질을 변화시키
는 방법도 또한 성誠을 통해 실천하는 것이다.

3. 태허太虛

장재는 태허 개념으로 우주의 본체와 도덕의 연원을 표현하고자
했다. 태허는 형체가 없고 맑기 때문에 장애가 없고, 장애가 없기
때문에 신묘한 작용을 가지고 있다. 본래 태허라는 개념은 『장자』
「지북유知北遊」 편에 나오는 것으로, 노장사상에서 말하는 도를 의
미하는 개념이다.[123] 장자의 경우, 태허가 자신이 생성해 낸 음양의

121) 『正蒙』, 「誠明」, "物有是物 則有終有始 僞實不有 何終始之有 故曰 不
誠無物."
122) 『正蒙』, 「誠明」, "性與天道合一 存乎誠."
123) 『莊子』, 「知北遊」, "道不可聞 聞而非也 道不可見 見而非也 道不可言
言而非也 知形形之不形乎 道不當名 無始曰 有問道 而應之者 不知道
也 雖問道者 亦未聞道 道無問 問無應 無問問之 是問窮也 無應應之
是無內也 以無內待問窮 若是者 外不觀乎宇宙 內不知乎太初 是以不
過乎崑崙 不遊乎太虛."(도에 대해 질문을 받고 대답하는 자는 도를
모르는 것이다. 또 도에 대해서 묻는 사람도 또한 도를 모르는 것이
다. 도는 물을 것도 없고 물어도 대답할 필요가 없다. 물을 것도 없는
것을 묻는 것은 없는 것을 찾는 것이다. 대답할 것도 없는데 대답하는
것은 마음속이 참된 도를 얻지 못하는 것이다. 참으로 도를 얻지 못한
자가 대답할 수는 없고, 물어볼 수도 없는 것에 응대하는 자가 있다
면, 이런 자는 밖으로 우주 자연이 묘한 이치를 관찰하여 알지도 못하

기, 나아가 존재 세계를 초월하려는 경향을 가지는 것과는 달리, 장재의 경우에는 태허와 음양 사이의 상즉성이 한층 강하다. 즉 "기는 아득하게 태허에서 퍼져 있다. 오르고 내리고 날고 뜨는 것을 멈춘 적이 없다."124)고 하여 태허와 기의 상즉성에 대해 아래와 같이 설명한다.

　　기가 태허에서 모이고 흩어지는 것은 얼어서 얼음이 되고 녹아서 물이 되는 관계와 같다. 태허가 바로 기라는 것을 안다면 무는 없다는 것도 알 것이다.125)

　　허공이 곧 기임을 안다면 있는 것과 없는 것, 숨고 나타남, 신묘함과 조화, 본성과 천명이 하나로 통하여 둘이 아님을 알 것이다.126)

그는 기가 모이고 흩어짐에 따라 변하는 관계는 태허가 곧 기라는 사실이고, 또 허공이 곧 기라는 것을 안다면 있고 없음, 숨고 나타남, 신묘함과 조화, 본성과 천명이 하나로 통한다는 사실을 입증한 것이다. 태허란 기의 본체적인 측면이고, 모이고 흩어짐, 있는 것과 없는 것은 현상적인이고 대상적인 형체의 변화이다. 장재는 다음과 같이 말했다.

　　태허는 형체가 없는 기의 본체이고, 그것이 모이고 흩어지는 것은 변화 속의 일시적인 형체일 따름이다.127)

　　고 안으로 태초의 허무의 현묘한 이치를 알지도 못하며, 따라서 높고 먼 경지인 곤륜산에 이르지도 못하고 현묘한 세계인 태허에 소요하지도 못한다.)
124) 『正蒙』, 「太和」, "氣坱然太虛 升降飛揚未嘗不息.."
125) 『正蒙』, 「太和」, "氣之聚散於太虛 猶氷凝釋於水 知太虛 卽氣則無無."
126) 『正蒙』, 「太虛」, "知虛空 卽氣則有無隱顯神化性命 通一無二."

태허에는 기가 없을 수 없고, 기는 모여서 만물이 되지 않을 수
없으며, 만물은 흩어져서 태허가 되지 않을 수 없다.128)

장재는 우주의 구조를 바로 태허↔기↔만물로 보았다. '태허의 기'
가 모여 '기'로 되고, 기가 모여 '만물'이 된다. 만물은 흩어져 기가
되고, 기는 흩어져 태허가 된다. 이와 같이 태허와 기의 운동에 의
해 우주의 구조를 이룬다. 이러한 과정에서 태허·기·만물은 모두
동일한 실체의 다른 상태이고, 이러한 물질적 실체로서 '기'는 시간
과 공간상에서 모두 동일하다. 따라서 기로 규정된 모든 형태는 일
시적인 것이다. 기에는 음양이란 양단이 있어 변화는 모두 음양 양
단의 변화이다. 장재는 조화의 최고 단계인 태화太和를 도라고 하
여, 이것을 야마野馬, 인온絪縕에 비유하고 있다.129) 그러므로 태화
는 기의 전체를 이름한다. 형이상학적 본체는 태허가 곧 기(太虛卽
氣)이다.130) 장재는 이 도가 부침浮沈 승강升降 동정動靜의 서로 감
응하는 성질을 포함하고 있어서, 이것이 인온絪縕·승부勝負·굴신
屈伸의 시작을 낳는다.131) 이처럼 끊임없이 운동을 계속하는 본체가
도 또는 태화이다. 그런데 만유萬有의 생성변화의 총체를 가리켜 말
하는 태화는 화和가 본래 실자實字가 아니다. 따라서 태화 그 자체
는 본체를 묘사하는 말에 지나지 않음으로 태허와 기의 개념이 등장

127

---

127) 『正蒙』, 「太和」, "太虛無形 氣之本體 其聚其散 變化之客形爾."
128) 『正蒙』, 「太和」, "太虛不能無氣 氣不能不聚而爲萬物 萬物不能不聚而
     爲太虛."
129) 野馬는 『莊子』「逍遙遊」에 나오는 개념으로 아지랑이를 의미한다. 絪
     縕이란 『역』「繫辭傳」에 나오는 개념으로 기가 모인 것으로 만물을
     생성하는 원기가 왕성한 모양이다.
130) 『正蒙』, 「太和」, "太和所謂道."
131) 『正蒙』, 「太和」, "太和所謂道 中涵浮沈升降動靜 而相感之性 是生絪
     縕勝負屈伸之始."

한다. 태허란 형체가 없고 기만이 충만하게 되어 있는 초감각적인 존재이다. 그런데 기는 취산작용을 하여 사물을 생성하고 소장시키지만 기의 본체는 손익되지 않는다. 그러므로 기가 태허로부터 생한 것이 아니라 태허가 곧 기이고, 기가 곧 태허이다. 태허는 만물을 생성하는 근원이면서 그 만물은 다시 사라져 태허로 환원된다.

태허가 기로 기가 만물로 응취凝聚되고, 만물은 다시 태허로 환원되기도 한다. 비록 기가 무형이어서 태허라 할지라도 무로 돌아가는 것은 아니다. 그는 이런 입장을 통하여 불교와 도가가 유와 무를 출발점으로 하여 이것을 심화시키고 확대시키는 것을 비판한다.

> 만약 허가 기를 생할 수 있다면, 허는 무궁하고 기는 유한하며 체와 용이 분명하게 달라진다. 노자가 말하는 '유는 무에서 생겨난다'는 자연론으로서 이른바 유와 무가 혼일되어 있기 때문에 상도常道를 모르고 있다. 만약 일체의 모든 표상이 태허 가운데에 나타나는 것이라면 만물과 허는 서로 의존하지 않게 된다. 이는 불교에 빠져서 산하대지를 병든 것으로 보는 입장이 되어 버린다.132)

장재는 불교와 도가에 대한 비판의 기본관점은 바로 '허'의 개념을 가지고 '공'과 '무'를 비판한다는 점이다. 즉 불교의 관점은 "체와 작용이 서로 격절해서 달라지는(體用殊絶)" 모순에 빠졌고, 도가는 "만물과 허를 완전히 분리시켜 천인天人이 서로 의지하지 않게 됨"에 빠지는 병폐를 범하게 된다고 본 것이다.

장재는 태허 일기를 천지만물과 인간, 그리고 인간의 마음의 실질로 보아133) 인간과 천지간에 드러난 현상세계는 모두가 태허의 작용

---

132) 『正蒙』, 「太和」, "若謂虛能生氣 則虛無窮 其有限 體用殊絶 入老氏有生於無 自然之論 不息所謂有無 混一之常 若謂萬象爲太虛中所見之物 則物與虛 不相資 形自形 性自性 形性天人 不相待而有 陷於浮屠以山河大地爲見病之說."

에 의거한다고 보았다. 이러한 태허의 작용으로 인하여 하늘과 도의 이름이 있게 되고, 허와 기로 인해서 성性의 이름이 주어지고, 성性과 지각이 합하여 비로소 마음이라 명칭이 부여된다.[134] 즉 기화의 작용을 통해 인간의 마음속에 존재의 보편적 본성이 생긴다. 이 본성은 존재의 보편적 속성이기 때문에 인간뿐만 아니라 모든 존재자들이 공통으로 존유하는 것이다.

그러므로 인간이 지니는 본성의 근원은 만물이 지니는 본성과 동일하고, 인간의 본성은 사사로운 것이 아니고 공공한 것이다. 따라서 공공한 것이 사사로운 것에 가린다면 만물이 일체라는 것을 인식하지 못하게 된다. 그것은 인간이 덕성의 양지로 만물을 파악하지 않고 견문의 지식으로 파악하기 때문이다. 그래서 장재는 "성명誠明으로 아는 것은 하늘의 덕인 양지이니 보고 들어서 아는 소지小知가 아니다."[135] 또한 "성명誠明이라는 것은 본성과 천도에 작고 큰 것의 분별을 나타내지 않는다."[136] 그는 견문지와 분별지를 부정하고 하늘의 덕인 양지 천인합일을 위한 참다운 앎으로 파악한 것이다.

이와 같이 모든 인간의 본성은 선험적인 것으로 이를 잘 반성하고 성찰하는 관건에 따라 선악의 행위가 분별된다.[137] 따라서 덕성의 양지인 착한 행위를 모색하기 위한 방법으로 학문을 제시한다. 학문을 통해서 인간의 견문지인 기질을 변화시킬 수 있고,[138] 인간의 기질을 변화시켜 마음을 허하게 하는 것이 학문의 목적으로 본

---

133) 『正蒙』, 「太和」, "太虛者天之實也 萬物取足於太虛 人亦出於太虛 太虛者心之實也."

134) 『正蒙』, 「太和」, "由太虛有天之名 由氣化有道之名 合虛與氣有性之名 合性與知覺有心之名."

135) 『正蒙』, 「太和」, "誠明所知 乃天德良知 非聞見小知而已."

136) 『正蒙』, 「太和」, "所謂誠明者 性與天道 不見乎小大之別也."

137) 『正蒙』, 「太和」, "性於人無不善 繫其善反不善反而已."

138) 『經學理窟』, 「義理」, "爲學大益 在自能變化氣質."

129

것이다. 바로 인간은 인간의 성性이 있으며 하늘에는 천도가 있다. 인간의 본성은 사시의 변천을 운행케 하며 만물을 창생하는 천도를[139] 순수하게 받아들여 이를 준행遵行하는 데서 이루어진다. 하늘의 본질성은 '오랫동안 그치지 않는(長久不已)'것으로 설명하고 있어 우주 자연법칙은 다름 아닌 성誠이다.[140] 그러므로 학문을 통해 도달해야 하는 최고의 목표는 역시 성인이고, 그 덕목은 성이다. 그러나 천도와 인성은 어느 것이 비소卑少하거나 위대한 것이 아니고 '성'에 입각해서 보면 양자관계가 합일되는 계기를 갖는다. 孟子가 '진심盡心·지성知性·지천知天'이라 하여 성에 입각해서 도리를 준행함이 진심이고, 이 진심은 온전히 보존하면 지성하여 천하의 모든 사물의 이치와 융합되는 지천의 경지에 이르는 것이다.

> 하늘과 사람이 쓰임이 다르면 성誠이라 말할 수 없고, 하늘과 사람이 아는 것이 다르면 밝음을 다했다고 할 수 없다. 성과 밝음이란 성性과 천도가 작고 큰 구별이 없는 것을 말한다.[141]

장재는 천도와 인도의 관계를 성誠으로 인해 합일되는 계기를 갖는다고 보았다. 그러므로 인간의 본성과 우주자연의 본질이 성이라는 것을 알게 된다. 따라서 인간과 우주자연과의 합일이 성에서 이루어지게 되는 것이다.[142] 이렇게 성이 인간의 최고 덕목이면서 자연의 법칙으로 간주하고 있을 뿐만 아니라 우주자연과 인간을 하나로 연관시켜 주는 매개체가 된다.

---

139) 『正蒙』, 「太和」, "天道四時行 百物生."
140) 『正蒙』, 「太和」, "天 長久不已之道."
141) 『正蒙』, 「誠明」, "天人異用 不足以言誠 天人異知 不足以盡明 所謂誠明者 誠與天道 不見乎小大之別也."
142) 『正蒙』, 「誠明」, "性與天道合一存乎誠."

4. 만물일체관

장재는 우주자연과 인간이 합일되는 경지를 "성과 천도에서는 크고 작음의 차이가 보이지 않는다."[143)라고 하여 '천인합일'을 말한다. 이러한 경지는 '견문'이라는 경험 지식에 의해서 제공되는 것이 아니다. 이른바 "천하의 사물을 체득한다."[144)고 한 것과 "천하의 어떤 것도 나 아닌 것이 없다고 여긴다."[145)라는 말은, 맹자가 "만물은 다 나에게 갖추어져 있다. 나 자신을 반성하여 성실함이 있으면 이에 더 큰 즐거움이 없을 것이다."[146)라고 한 사람의 본연성을 말한 것이다. 모든 존재는 동일한 천리를 품수하여 각 개인은 이미 만물의 이치가 구비되어 있다. 그러므로 자신을 인식하고 도덕을 실현하는 것은 곧 전체를 체득하는 것과 같다.

장재는 대심大心의 앎이란 우주와 인생에 대한 깊은 깨달음에서 나온 것임을 알 수 있다. 이것은 '궁신지화窮神知化'를 바탕으로 한 논리적 사고와 "천하의 사물을 체득한다."는 직각적 체득이 합일된 상태이다. 그래서 장재는 "사람은 모두 내 동포요, 만물은 모두 내 짝이다.(民胞物與)"라고 말하였다. 장재는 『정몽』「건칭乾稱」의 서두에 이런 유사한 글이 있다. 이는 본래 장재가 학자들을 위해서 쓴 한 편의 명문銘文으로서 제목을 『정완訂頑』 또는 『서명西銘』으로 불렀다. 정이와 정호는 『서명』이 맹자 이후 유가의 가장 뛰어난 견해라고 생각하였다.

『서명』에서는 다음과 같이 말하고 있다.

---

143) 『正蒙』, 「誠明」, "性與天道不見乎小大之別也."
144) 『正蒙』, 「大心」, "體天下之物."
145) 『正蒙』, 「大心」, "視天下無一物非我."
146) 『孟子』, 「盡心上」, 4장, "萬物皆備於我矣 反身而誠 樂莫大焉."

하늘(乾)은 아버지라 부르고, 땅(坤)은 어머니라 부른다. 나는 여기 이렇게 미미하면서 혼연히 천지 안에 놓여 있다. 그리하여 하늘과 땅에 가득한 것이 내 몸을 이루고, 하늘과 땅의 빼어난 것이 내 본성을 이룬다. 사람은 모두 내 동포이고, 만물은 모두 내 짝이다. 큰 임금은 내 부모의 적장자이고, 그 대신은 적장자 집안의 재상이다. 나이 든 분을 존경하기에 어른을 내 어른으로 모시고, 의롭고 약한 이를 불쌍히 여기기에 어린이를 내 아이처럼 보살핀다. 성인은 그 덕을 합하고, 현인은 그 빼어남을 합한다. 천하의 노약자와 장애자, 의지할 데 없는 사람, 과부와 홀아비는 모두 내 형제 가운데 고통스러우면서도 호소할 데가 없는 사람들이다. "길이 보존할지어다. (于時保之)"147)라는 말은 자손이 보좌해 줌을 말한다. 즐겁고 근심이 없음이 순전한 효이기 때문이다. ……부귀와 복록은 나의 삶을 윤택하게 하고, 빈천과 근심은 그대를 온전히 이루게 한다. 살아 있는 동안 나는 일에 따르고, 죽으면 나는 편안할 것이다.148)

장재의 논리는 사람은 기로부터 구성된 것이고, 인간을 구성하는 기는 바로 우주 만물을 구성하는 기와 같은 것이다. 그러므로 사람의 입장에서 보면 천지는 나의 부모가 될 수밖에 없고, 백성도 나의 형제이며, 만물도 나의 친구이고 군주는 가정의 적장자이다. 장재의 이러한 설명은 혈연에 기초한 '종법제도'에 의거한 것이라고 볼 수 있다. 이러한 혈연에 기초한 '종법제도'에 의한 정치가 실현되었을 때 비로소 맹자의 이론처럼 "내 노인을 공경하여 그 마음을 남의 노인에게까지 미치게 하고, 내 어린이를 사랑하여 그 마음을 남의 어

---

147) 『詩經』, 「周頌·淸廟之什」

148) 『正蒙』, 「乾稱」, "乾稱父坤稱母 予玆藐焉 乃混然中處 故天地之塞 吾其體 天地之帥 吾其性 民吾 同胞 物吾與也 大君者 吾父母宗子 其大臣 宗子之家相也 尊高年 所以長其長 慈孤弱 所以幼〈吾〉幼 聖其合德 賢其秀也 凡天下疲癃殘疾 惸獨鰥寡 皆吾兄弟之顚連而無告者也 于時保之 子之翼也 樂且不憂 純乎孝者也……富貴福澤 將厚吾之生也 貧賤憂戚 庸玉女於成也 存 吾順事 沒 吾寧也."

린이에게까지 미치게 하면 천하는 손바닥 위에서 움직일 수 있기 때문에"[149] 왕도정치가 실현될 수 있다.

천지를 부모로 하여 만물과 한 몸이라는 사유는 자연에 대한 관심과 도덕적 자각이 크게 향상되고, 도덕적 행위 또한 높은 가치관을 지향한다. 그러므로 개인의 생사와 빈부, 귀천 등은 헤아릴 수 없는 우주의 유행 과정에서 보면 아주 미미할 수밖에 없다. 따라서 장재는 사람은 마땅히 다음의 네 가지 일을 반드시 해야 한다고 보았다.

> 하늘과 땅을 위해 마음을 두고, 백성을 위해 명命을 세우며, 옛 성인을 위해 끊어진 학문을 이어 나가고, 만세萬世를 위해 태평시대를 연다.[150]

장재가 제시한 '네 가지 위해야 할 것(四爲)'은 봉건시대 학자들이 주창했던 사상이었다. '사람은 모두 내 동포이고, 만물은 모두 내 짝이다'라는 생각이 수많은 선비들이 애국정신을 발휘할 수 있는 정신적 모태가 되었고, 중국 지식인의 사상에 중요한 영향을 끼치게 되었다.

---

149) 『孟子』, 「梁惠王上」 7장, "老吾老而及人之老 幼吾幼而及人之幼 天下可運於掌."
150) 『張載集』, 「近思錄拾遺」, "爲天地立心 爲生民立命 爲往聖繼絶學 爲萬世開太平."

제4절 천리를 주장한 정호

정호程顥는 자가 백순伯淳이고 하남河南 이천伊川 사람이다. 북송 인종仁宗 명도明道 원년(1032년)에 태어나, 북송 신종神宗 원풍元豊 8년(1085)에 죽었다. 그의 동생 정이程頤와 함께 이정二程으로 부르며, 그들이 오랫동안 낙양洛陽에서 강학하였기 때문에 전통적으로 그들의 학파를 '낙학洛學'이라 부른다. 그가 죽은 후 이천에서 장사지낼 때, 노원공潞園公 태사太師 문원박文彦博이 묘표를 작성하면서 '명도明道 선생'이라 칭하자, 후대의 학자들이 모두 그를 존경하는 뜻에서 '명도선생'으로 부르게 되었다.

정호와 정이는 '도학道學(즉 理學)'의 창시자이다. 그들은 자신들의 학설이 맹자 이후 천사백여 년 동안 단절되었던 유학의 도통을 진정으로 계승하는 것이라고 생각하였다. 그들은 '리학理學'을 철학의 최고 범주로 삼아 도덕원칙이 개인과 사회에 대해 갖는 의미를 강조하여 정신 수양을 중시하였다. 전통적으로 북송과 남송시대의 정통 리학을 네 학파로 구분한다. 바로 이정의 선생인 주돈이의 '염학廉學', 이정의 '낙학洛學', 이정과 영향을 주고받은 장재의 '관학關學', 그리고 이정의 학설을 계승한 주자의 '민학閩學'이다.

정호가 죽은 뒤 정이가 그의 「행장行狀」을 지었는데, 그곳에서 "선생의 학문함은 열다섯·여섯 살에 여남汝南의 주무숙周茂叔이 도를 논하는 것을 들으면서부터 과거를 보기 위한 학문을 싫어하게 되었고, 혼연히 구도에 뜻을 두게 되었다. 그러나 그 요점을 알지 못해서 여러 학파의 학설을 두루 넘나들어 마침내 도를 얻게 되었다."[151]고 말했다. 장재와 마찬가지로 정호가 걸어온 길은 '두루 다

---

151) 『二程集』, 「明道先生行狀」(中華書局, 1981). "先生爲學 聞汝南周茂叔

른 학문을 섭렵하고 심취한' 뒤에 '육경으로 되돌아온' 길로, 송명 시기 수많은 리학자들의 사상 발전에서 보편적인 경로였다.

정호는 청년 시절에 주돈이에게 수업을 받았다. 주돈이는 "안연과 공자의 즐거움을 찾아보고, 어떤 일을 즐거워했는지를 알아보라 고"[152] 하였다. 정호는 나중에 주돈이에게 다시 설명해 주기를 요청 하였고, 그 뒤 "주무숙을 다시 뵙고, 음풍농월하며 돌아와 '나는 증 점과 함께하리라'는 뜻을 지니게 되었다."[153]고 말한 적이 있다. 『논 어』에는 다음과 같은 기록이 있다. 공자는 어느 날 그의 몇몇 제자 들에게 각자의 포부가 어떤 것인지를 물었다. 제자들 대부분은 모두 국가의 정사를 맡아 관리하는 관료가 되기를 희망하였고, 오직 증점 만이 대자연의 아름다운 풍경 속에서 노래하고 춤추며 노닐면서 유 유히 자득하는 것을 이상으로 표현하였다. 그래서 공자는 '나는 증 점과 함께하리라'고 감탄하며 칭찬하였다.[154] 주돈이 개인의 품격에 서 알 수 있듯이, 주돈이는 정호로 하여금 세속의 명리를 벗어나 자 득을 추구하는 정신생활을 영위하도록 인도하였다.

송대에서 이정의 출현은 송대 신유학사에 또 다른 계기를 가져왔

論道 遂厭科擧之業 慨然有求道之志 未知其要 氾濫於諸家 出入於佛 老幾十·年 返求諸六經 而後得之."

152) 『二程集』, 『遺書』 권2 上, "令尋顔子仲尼樂處 所樂何事."

153) 『二程集』, 『遺書』 권3, "自再見周茂叔後 吟風弄月以歸 有吾與點也之意."

154) 『論語』, 「先進」 25장, "子路 曾吳 冉有 公西華侍坐 子曰 以吾一日長 乎爾 毋吾以也. 居則曰: 不吾知也 如或知爾 則何以哉 子路率爾而對 曰 千乘之國 攝乎大國之間 加之以師旅 因之以饑饉 由也爲之 比及三 年 可使有勇 且知方也 夫子哂之 求 爾何如 對曰 方六七十 如五六十 求也爲之 比及三年 可使足民 如其禮樂 以俟君子 赤 爾何如 對曰 非 曰能之 願學焉 宗廟之事 如會同 端章甫 願爲小相焉 點 爾何如 鼓瑟 希 鏗爾 舍瑟而作 對曰 異乎三子者之撰 子曰 何傷乎 亦各言其志也 曰 莫春者 春服旣成 冠者五六人 童子六七人 浴乎沂 風乎舞雩 詠而 歸 夫子喟然歎曰 吾與點也."

다. 송대 초기의 유학자들은 도교와 불교의 학문에서 벗어난 유학을 재건하려는 유학 부흥운동을 일으켰으나 기론氣論이나 심론心論의 이론을 완전히 배격한 논의가 아닌 우주론이나 형이상학의 본체론을 다룬 것이 사실이다. 유학의 본원이 '수기치인' '내성외왕'의 도덕적 존재를 완성하고 또 도덕적 세계를 건설하려는 것이라면 인간중심의 논의가 우선되어야 할 것이다. 북송 초기의 주돈이나 소옹, 장재는 우주론과 형이상학적인 문제를 언급하였으나 인간존재의 문제가 소홀한 점은 사실이다.

이정에 이르면 형이상학적인 논의와 인간의 도덕성을 중심으로 한 유학의 근원을 찾게 된다. 형이상학적 논의를 배제하지 않으면서도 인간성의 문제를 논의한 계기를 가져온 것이 정호의 「정성서定性書」와 「식인편識仁篇」이요, 이정의 「유서遺書」, 「외서外書」와 「이정문집二程文集」, 「정씨경설程氏經說」, 「이정순언二程粹言」 등이 『이정전서二程全書』에 실려 있다.

정호는 평생토록 저술하지 않았다. 그의 「강학어록講學語錄」은 정이의 「어록」과 함께 편집되어 『하남정씨유서河南程氏遺書』에 실렸다. 또 이정 이후 양대 학파를 형성하여 유학을 흥성케 하는 계기를 마련했으니 정이는 정주학程朱學의 '리학파'의 선구가 되었고, 정호는 육왕학陸王學의 '심학파'의 선구가 되었다.

1. 건원일기론

송대의 '생생불식生生不息'하는 우주본체론의 정립은 이정에 와서 리와 기의 상관관계 속에서 설명된다. 정호는 『역』에서의 '태극'을 음양 이전의 본원으로 설명하지 않고, 건원일기乾元一氣를 만물의 생명의 으뜸으로 설명한다.

> 천지의 큰 덕을 생생이라 말한다. 천지는 인온絪縕하며 만물은
> 변화되어 순수하다. 태어난 그대로를 일러 성性이라 한다.[155]

고 하여 만물은 모두 천지를 생생하는 음양의 기운에 의하여 이루어진다. 천지의 이러한 성질을 "천지의 두 기(陰陽)가 올라가고 내려와서 만물을 생성하는 것"[156]이고, 천지의 음양 두 기는 기에 지나지 않으며 건원일기에 합일된다. 이것이 존재자의 본성이 되는 것이고 정호는 이 성性을 리로써 설명한 것이다.

그는 천지 생물의 기상이 형태가 있는 것은 '기'라 하고 형태가 없는 것을 '도'라 하였다. "무릇 기가 있으면 하늘이 아닌 것이 없고, 형태가 있으면 땅이 아닌 것이 없다."[157]라고 하여 『역』의 음양 두 기의 도를 자연적인 도로 설명한다.[158] 즉 자연의 도란 상대적인 것으로 이 때문에 자연의 질서가 유지되는 것이다. 우주의 보편적인 생리가 있으면 상대적이고 특수적인 리가 있기 마련이니 이것이 천지자연 우주의 질서이다.

> 만물은 상대됨이 있지 않음이 없다. 하나의 음과 하나의 양, 하나의 선과 하나의 악, 양이 자라면 음이 사그라지고, 선이 증가하면 악은 소멸된다. 이것이 이치이다. 미루어 보면 그것이 멀리 있는 것인가? 사람은 단지 이것을 알아야 한다.[159]

---

155) 『二程集』, 「遺書」 권2, "天地之大德曰生 天地絪縕 萬物化醇 生之謂性."

156) 『二程集』, 「遺書」 권2, "天地二氣 昇降而生物."

157) 『二程集』 『遺書』 권12, "凡有氣莫非天 凡有形莫非地."

158) 『二程集』 『遺書』 권12, "一陰一陽之道 自然之道也."

159) 『二程集』, 『遺書』 권12, "萬物莫不有對 一陰一陽 一善一惡 陽長則陰消 善增則惡滅 斯理也 推之其存遠乎 人只要知此耳."

이러한 자연적인 도리를 궁구하여 본다면 바로 사람이 살아갈 수 있는 인도 또한 추구할 수 있다. 우주만물의 이치는 절대적으로 독립된 것이 없고 반드시 대대對待하는 성질을 갖고 있다. 이것이 바로 자연의 질서이다. 즉 하나의 음과 하나의 양, 하나의 선과 하나의 악, 양이 자라면 반대로 음이 소멸하고 위가 있으면 아래가 있고, 이것이 있으면 반드시 저것이 있게 된다. 우주만상이 서로 교차하고 증감함으로써 만변萬變하는 것이다. 만물에 반드시 대대하는 성질이 있음은 생생의 근본이고 자연의 이치이다. 정호는 이것을 몰랐을 때는 매번 한밤중에 생각하여 손과 발이 뛰고 춤추는 기쁨을 몰랐다고 술회하였다.160)

이처럼 자연의 생리는 하늘의 이치를 일컫는 것이고 이에 따른 가치란 상대적인 것을 의미한다. 우주가 만물을 화육하는 것은 음양 두 기가 교감하여 만물을 화생시킨다. 이것은 천리가 백 가지 이치를 다 갖춰져 있기 때문이다.161) 이런 천리를 극진히 발휘하는 것은 곧 『역』이다.162) 『역』은 만유의 생성변화로 『역』의 건원을 만물의 생명원으로 삼고 있기 때문이다. 왜냐하면 건은 시원을 알기 때문에 위대한 건원이라 찬미하고 만물은 바로 여기서부터 시작된다고 하였다.163)

그러므로 만물은 하늘에서 생하는 것이고 땅에서 이룩된다. 사람은 건원의 기를 품수하여 태어났기 때문에 성인이라도 선악의 성性이 있기 마련이다. 그러나 선악 편정偏正의 상대적인 차별성은 성으로부터 아직 체현되어 있는 것이 아니다. 선악이라는 관념은 후천적인 것이므로 본래 성은 선천적인 것이나 악도 또한 성이라 일컫지 않을 수 없

---

160) 『二程集』, 『遺書』 권12, "天地萬物之理 無獨必有對 皆自然 而然非有 安排也 每中夜以思 不知手之舞之足之蹈之也."
161) 『二程集』, 『遺書』 권2 上, "天理云者 百理俱備."
162) 『二程集』, 『遺書』 권2 上, "盡天理 便有易."
163) 『二程集』, 『遺書』 권2 上, "乾知大始 大哉乾元 萬物資始."

다.164) 본래 선악은 성 가운데서 두 가지로 있는 것이 아니다. 악도 단지 본래성을 상실하여 상대적으로 생긴 것이 아니라고 정호는 말한다.

　천하의 선악도 모두 천리이며 그것을 악이라고 하는 것은 본래 악한 것이 아니다. 단지 어떤 것이 지나치거나 어떤 것이 미치지 못함이 곧 이와 같은 것이다.165)

'어떤 것이 지나치거나 어떤 것이 미치지 못함(過或不及)'은 외부의 유혹으로 인한 인간의 인위적인 욕심에서 나온 것으로 하나의 선과 하나의 악의 상대적인 가치적 측면에서 말한 것이지 자연의 생리적인 측면에서 설명한 것은 아니다. 즉 선과 악은 대립해서 생긴 또 다른 개념이 아니라 정이 자신의 사사로움에 가려 본래성을 드러낼 수 없기 때문에 악이라고 했을 뿐이다.

정호는 만물의 생명의 으뜸을 건원으로 보았다. 또 하늘의 자연스러움을 천도라 하고, 하늘이 만물에 부여한 것을 천명이라 했다.166) 하늘이 만물에 부여해 준 바가 천도이고 천도에 따라 생겨난 개물로써 존재자는 천명을 어길 수 없어 천명은 절대적 명령이 된다. 『역』을 바탕으로 주돈이는 태극⇒음양⇒오행⇒만물로 발전한다는 만물 생성론의 이론을 세운 것처럼 정호도 『역』을 근거로 하여 만물 생성론을 전개한다.

---

164) 『二程集』, 『遺書』 권1, "人生氣禀 理有善惡 不是性中元有此兩物相對而生也 有自幼而善 有自幼而惡 是氣禀自然也 善固性也 然惡不可不謂之性也."

165) 『二程集』, 『遺書』 권2 上, "天下善惡皆天理 謂之惡者非本惡 但或過或不及便如此."

166) 『二程集』, 『遺書』 권11, "天之自然者謂之天道 言天之賦豫萬物者 謂之天命."

형이상이란 것을 도라 일컫고 형이하란 것을 기器라고 일컫는다.
만약 어떤 사람처럼 맑음, 텅 빔, 하나, 큼을 천지로 삼는다면 이것
은 기器로써 말한 것이지 도가 아니다.[167]

인용한 장재의 청허일대淸虛一大는 형이상의 도가 아니라 형이하
의 기器라고 정호는 분명하게 표현한다. '청·허·일·대' 등은 사물
이 갖고 있는 속성으로 천도 그 자체의 속성은 아니다. '청·허·일·
대' 등은, 즉 한정된 개념이지만, 천도는 유한의 속성이 아닌 보편적
이고 절대적인 무한한 속성이므로 형이상과 같은 것으로 형이하의
근원이기도 하다. 따라서 도와 기의 설명을 다음과 같이 설명한다.

맨 위에서 맨 아래까지 이와 같음에 지나지 않는다. 형이상은 도
가 되며 형이하는 기가 된다. 모름지기 이와 같이 말하는 것을 드러
내야 한다. 기 역시 도이고, 도 역시 기이다. 다만 도를 얻음이 있다
면 지금과 나중, 나와 남의 구분에 얽매이지 않는다.[168]

정호가 도와 기를 리와 기라고 직접적으로 언급은 하지 않았지만,
형이상자로써의 도와 형이하자로써의 기를 떨어질 수 없는 묘합의
관계로 묘사한다. 이처럼 분리될 수 없는 건원의 절대성과 보편성을
중요시한 것이다. 즉 음양은 소장消長하는 기이므로 형이하자라고
할 수 있지만, 이 형이하자는 형이상자와 떨어질 수 없고 형이상하
인 도와 기를 '이와 같이 드러낸다(著如此)'라 한 것이다. 이것을 주
자는 형이상자는 무형무영無形無影인 리로 말하고, 형이하자는 유형
유상有形有狀인 기器로 말한다. 이 기가 있으면 리가 있고, 이 리가

---

167) 『二程集』, 『遺書』 권11, "形而上者謂之道 形而下者謂之器 若如或者以
     淸虛一大爲天道 則乃以器言 而非道也."
168) 『二程集』, 『遺書』 권1, "徹上徹下 不過如此 形而上爲道 形而下爲器
     須著如此說 器亦道 道亦器 但得道在 不繫今與後 己與人."

있으면 이 기가 있어서 서로 떠날 수 없는 것이다. 따라서 형기形器의 밖에 다른 리가 있는 것도 아니라고 설명한다.[169) 주자의 설명대로 하면 도는 리로, 기器는 기氣로 통용되어 '기역도器亦道 도역기道亦器'는 서로 떨어질 수 없는 관계임을 알 수 있다.

이와 같이 만물이 이치와 합일되고 이치에 의해서 만물이 생성된다면 그 소이연자所以然者로 천도를 들 수 있다. '도'와 '기'의 구분도 이론상으로 설명한 것이지 실질적인 면에서는 '도'에 의해서 '기'가 생성된다. 이러한 만물의 생성은 천도를 근저로 하여 '기역도 도역기'라고 표현한 것으로 도가 곧 천리임을 정호는 자각한 것이다.

2. 천리와 도

정호와 정이가 확립한 '도를 알고자' 하는 '도학'은 바로 문장과 훈고, 도가와 불교를 비판하는 것을 대상으로 삼았다. 그러므로 이정이 '알고자 한 도'는, 유가의 전통 정신을 의미한다. 한유가 이미 지적했듯이 불교에는 불도가 있고, 유학에는 유도가 있다. 역사적으로 유가의 도는 문·무·주공에서 공자 맹자에게 전해졌으나, 맹자가 죽은 후 그 전통이 단절되었다. 이정은 이러한 한유의 사상을 계승하여 맹자가 죽은 지 천사백여 년 후에 자신들이 새롭게 유학의 전통을 발현시켜 체득한 성인의 도통을 추구하는 것을 내용으로 하는 학문을 제창하였다. 이 학문이 바로 '도학'이다. 정이는 이렇게 말했다.

---

169) 『性理大全』, 권1, "形而上者 無形無影是理 形而下者 有形有狀是器 然有此器則有此理 有此理則有此器 未嘗相離 却不是於形器之外 別有所謂理."

주공이 죽은 후 성인의 도는 실행되지 않았고, 맹자가 죽은 후에
는 성인의 학문이 전해지지 않았다. 도가 실행되지 않았으니 백 세
동안이나 훌륭한 정치가가 없었고, 학문이 전해지지 않았으니 천 년
동안이나 진정한 유학자가 나타나지 않았다.…… 선생(정호)이 천사
백 년 후에 태어나 남겨진 경전에서 전해지지 않았던 학문을 얻고,
이 도로서 백성들을 각성시키려 하였다.170)

'도학'이란 바로 성인의 도를 말하고, 성인의 학문을 추구하는 학
문이다. 정호는 천사백 년 전해지지 않았던 학문을 얻어 '도학'을 열
었으며, '도'를 '리' 또는 '천리'라고도 부른다. 『예기』의 「악기」 편
에 '천리'라는 개념이 등장한다.

사람이 태어날 때 (마음이) 고요한 것은 하늘의 성품이다. 외물에
느끼어 움직이는 것은 성의 욕망이다. 사물에 이르면 지혜가 이를
안다. 그런 뒤에야 좋아하고 싫어함이 나타난다. 좋아하고 싫어함이
마음에서 절도가 없고 지혜가 밖에서 유혹을 받는다면 능히 몸을
반성하지 못해서 천리가 멸한다. 무릇 사물이 사람을 감촉시킴이 끝
이 없고 사람의 좋아함과 싫어함에 절도가 없으면 사물이 이르자마
자 사람이 사물에 동화되어 버린다. 사람이 사물에 동화되면 천리는
소멸되고 인욕에 물들게 된다.171)

'천리'와 '인욕'은 이정의 윤리도덕 철학의 중요한 범주가 되었고,
이정은 특히 '리'에 관한 학설을 중시하여 발전시켰다. 이정은 '리'를

---

170) 『二程集』, 「明道先生墓表」, "周公沒 聖人之道不行 孟軻死 聖人之學不
傳 道不行 百世無善治 學不傳 千載無眞儒…… 先生生千四百年之後
得不傳之學於遺經 志以斯道覺斯民."

171) 『禮記』, 「樂記」, "人生而靜 天之性也 感於物而動 性之欲也 物至知知
然後好惡形焉 好惡無節於內 知誘於外 不能反躬 天理滅矣 夫物之感
人無窮 而人之好惡無節 則是物至而人化物也 人化物也者 滅天理而窮
人欲者也."

우주의 본체로 추상화하여 철학의 최고범주로 제시하고 리를 최고 본체로 하는 사상체계를 건립하였다. 정호는 일찍이 "나의 학문은 사승한 점이 있을지라도, '천리'라는 두 글자는 내가 세세히 체득해 낸 것이다."172)라고 말했다. 선진유학에서는 우주본체론을 천이나 도라는 개념으로 문제를 삼았으나 리를 문제 삼은 것은 송대에 이르러 정호가 천을 리라고173) 설정된 것에서 시작된다. 천이나 도를 궁극적인 실재개념으로 선진유학에서는 불러졌으나, 송대에 와서는 태극, 태허 등으로 설명하였고, 정호는 천을 리로 즉 리법으로써 정의한 것이다.

> 『시경』에서 "하늘이 백성을 낳고, 사물이 있으면 법칙이 있다. 만물은 모두 이치를 가지고 있으며 그것을 따르면 쉽고 거역하면 어렵다. 제각기 그 이치를 따를 것 같으면 어찌 수고로이 자기 힘을 쓰겠는가?"라고 하였다.174)

만물은 모두 이치를 품수하여 있기 때문에 자연스럽게 그 이치에 순응하는 것이다. 리는 물을 떠나서 독자적으로 있는 것이 아니고, 천지만물의 리는 모두 이치에 따라서 생동하게 됨으로 당연히 그 이치에 순응할 수밖에 없는 것이다. 이러한 항구 불변한 이치를 도라하고 도는 곧 성性을 말한다. 그러므로 만약 도 밖에서 성을 찾고 성 밖에서 도를 찾으면 옳지 않은 방법이다.175) 정호는 또 자연의 생성함을 성이라 일컫고,176) 성을 논하는 데 갖추어지지 않은 기는 논할 수 없고, 또 기를 논하는 데 밝혀지지 않은 성을 논할 수 없

143

172) 『二程集』, 『外書』 권12, "吾學雖有授受 天理二字卻是自家體貼出來."
173) 『二程集』, 『遺書』 권11, "天者 理也."
174) 『二程集』, 『遺書』 권11, "詩曰 天生蒸民 有物有則……萬物皆有理 順之則易 逆之則難 各循其理 何勞於己力哉."
175) 『二程集』, 『遺書』 권1, "道卽性也 若道外尋性 性外尋道 便不是."
176) 『二程集』, 『遺書』 권1, "生成之謂性."

다[177]고 하여 성과 기를 분리시키지 않은 가운데 인성을 보려 했다.

정호가 설명한 성은 '천지성天之性'을 일컫는 것이다. 따라서 언어로 형언할 수 있는 성은 아니다. 단지 언어로 형언할 수 있는 성은 모두 기와 섞여 있기 때문에 가능한 것이다. 즉 생물의 기상이 형태가 있는 것은 기요, 그 형태의 소이연자는 리이며 성이다. 이것이 정호가 성을 형이상학적 도로 보았고, 이 성이 형이하인 기器와 합하여 만물을 생성한다고 본 것이다. 그러므로 만유 중에는 선악이 있고 선악이라는 개념도 바로 '천지성'의 본래성이 아닌 '기氣'의 영향에 의하여 성과 기가 합해져서 '성'의 본래성을 보존하고 유지한 것이 선이요, 그 '천지성'의 본래성이 아닌 '기'의 영향으로 생긴 것이 악이다.

이것은 『중용』의 '하늘이 명한 것을 성이라고 한다'에서처럼 본성이 선천적인 것이며, 선하다고 할 때는 성인과 범인의 구별 없이 만인이 모두 선하다고 할 수 있다. 또 『역』의 "한 번은 음하고 한 번은 양한다. 이것을 천지자연의 도라고 한다. 이것을 계승한 것이 선이요, 이것을 형성한 것이 성이다."[178]라고 하였다. 따라서 『역』은 천리를 다하면 이것이 곧 하나의 일로 단지 천의 이치를 다하면 이것이 곧 『역』이라고 보았다.[179] 천리는 곧 『역』이다. 정호는 '건원일기'를 본체로 하고, 그 본체성으로 천리를 말하므로 이기철학을 전개한다. 천의 자연을 말하면 천도를 일컫는 것이고 천이란 리를 말한다.[180] 또한 리는 천리이자 자연으로 현상계의 모든 구체적 사물은 모두 리의 원칙에 따라 존재하게 된다.[181]

---

177) 『二程集』, 『遺書』 권1, "論性不論氣不備 論氣不論性不明."

178) 『周易』, 「繫辭傳」, "一陰一陽之謂道 繼之者善也 成之者性也."

179) 『二程集』, 『遺書』 권1, "易是一箇事 只是盡天理 便是易."

180) 『二程集』, 『遺書』 권1, "言天之自然者 謂之天道 天者理也."

181) 『近思錄』 권1, "天地生物 名無不足之理."

정호는 '도학' 혹은 '리학'을 체계적으로 발전시켰다. 그는 "도가 있고 리가 있으니, 천과 사람은 하나이며, 나뉘어 구별되지 않는다."[182]고 주장하였다. 이 말은 그가 체득한 천리가 자연과 사회를 관통하는 보편 원리임을 표명한 것이다. 그가 볼 때, 천인합일과 만물일체를 이루는 가장 근본적인 기초는 '기'가 아니라 '도' 또는 '리'이다. 왜냐하면 그 자신이 "만물일체가 되는 까닭은 모두 이 리가 있기 때문이다."[183]라고 했으며, "도의 바깥에 사물이 없고, 사물 바깥에 도가 없으니, 하늘과 땅 사이에 도 아닌 것이 없다."[184]고도 말했다. 즉 천인합일과 만물이 일체를 이룰 수 있는 원인은 '리'와 '도'가 있기 때문에 가능한 것이고, 또 사물을 이루는 가장 궁극적인 기초는 바로 리와 도라고 보았다. 그러므로 사물의 실재를 파악하기 위해서는 리와 도를 궁구하면 된다. 이렇게 모든 사물에 보편적으로 존재하는 '도' 또는 '리'에는 네 가지가 있으니, 바로 '천리'와 '물리', '성리'와 '의리'이다.

'천리'는 이른바 자연법칙이다. "낳고 또 낳는 것을 일컬어 『역』이라 한다. 이는 하늘이 도가 되는 까닭이며, 하늘은 단지 낳음을 도로 삼는다."[185]는 말이 이에 해당한다. 역사의 발전과 변화의 과정은 생성에 있고, 생성의 근원이 바로 천리이다. 그리고 '물리'는 사물의 구체적인 규율과 성질을 가리킨다. "천지만물의 리에는 독자적인 것이 없고, 반드시 상대되는 것이 있다."[186]는 말과, "만물은 모두 리

---

182) 『二程集』, 『遺書』 권2 上, "有道有理 天人一也 更不分別."
183) 『二程集』, 『遺書』 권2 上, "所以爲萬物一體者 皆有此理."
184) 『二程集』, 『遺書』 권4, "道之外無物 物之外無道 是天地之間無適而非道也."
185) 『二程集』, 『遺書』 권2 上, "生生之謂易 是天之所以爲道也 天只是以生爲道."
186) 『二程集』, 『遺書』 권11, "天地萬物之理無獨必有對."

를 지닌다. 그것에 순응하면 쉽고, 그것을 거역하면 어렵다."187)는 말이 이에 해당한다. 세상에 존재하는 모든 것에는 대대적인 성질이 있다. 음이 있으면 상대적인 양이 반드시 있어야 하고 낮이 있으면 반드시 밤이 있어야 한다. 음에는 양에 없는 성질이 있고, 밤은 낮이 가지고 있지 않은 성질이 있다. 또 '의리'는 바로 사회의 윤리와 도덕을 가리킨다. "부부로서, 윗사람이나 아랫사람으로서, 그리고 친구로서 행하는 어떤 행위도 도가 아닌 것이 없다."188)는 말이 이에 해당한다. 각자 주어진 이름에 따라 실질적인 의무가 주어진다. '성리'는 바로 사람의 도덕 본질을 가리키다. 나중에 정이는 '성즉리'라는 명제를 제시하였다. 이것은 사람의 본성을 천지로부터 품부 받은 리로 생각한 말로 주자에 이르러 완숙한 의미로 발전한다.

정호가 생각한 리는 자연법칙과 사회규범 그리고 인성과 이성은 각자 나름의 범위를 지니지만, 실제로는 보편적인 '천리'에 통일된다. 그는 만물은 모두 각자의 리가 있으며, 또 만물은 하나의 공동의 리를 갖고 있다고 보았다. 이 공동의 리가 곧 우주의 총체적 근원이다. "천하에는 오직 하나의 리가 있다."189)라고 했으며, "만물은 모두 단지 하나의 천리일 뿐이다."190)라고 하여, 만물은 각자의 준칙을 지키며 각자의 궤도를 벗어나지 않으므로 자연계의 총체적 질서를 이루는데 이것이 '천리'이다. 따라서 선진유학에서 거론되었던 '천'이란 사실 어떤 인격적인 상제가 아니며, 단지 우주의 보편적인 법칙일 뿐이라고 생각했다. 그래서 그는 다음과 같이 말했다.

리는 천하에 단지 하나의 리일 뿐이므로 온 세상에 미치는 준칙

---

187) 『二程集』, 『遺書』 권11, "萬物皆有理 順之則易 逆之則難."
188) 『二程集』, 『遺書』 권4, "爲夫婦 爲長幼 爲朋友 無所爲而非道."
189) 『二程集』, 『遺書』 권18, "天下只有一个理."
190) 『二程集』, 『遺書』 권2 上, "萬物皆只是一个天理."

이 되고, 모름지기 천지에 묻고, 삼왕에게 고찰해도 바꿀 수 없는 리이다.191)

천리라고 하는 것은 하나의 도리이니 다시 무엇을 궁리하겠는가? 요임금을 위해서 존재하지도 않으며, 걸임금 때문에 없어지지도 않는다. 사람은 그것을 얻었으므로 크게 행하여도 더하지 않고 궁핍하게 살아도 줄나지 않는다. 이렇게 보면 다시 무엇으로 존망과 가감을 말하겠는가? 그것은 원래 조금도 흠이 없이 모든 리를 구비하고 있다.192)

'천리'는 이처럼 보편적이고 절대적이며 바로 온 세상에 미치는 준칙이다. 그렇기 때문에 항구불변하며 그 자체로 완전하고 충만해서 자족적이기 때문에 가감이나 존망이 있을 수 없다. 따라서 사람의 의지에 의해서 변하지 않고 본래 모든 리를 구비하고 있어 조금도 흠이 없다. 그러므로 '천리'는 만물을 초월하며 만물을 총괄하는 절대정신의 본체이다.

정호가 말한 '천리'는 곧 사회 윤리도덕의 총체적 규범이다. 정호는 본래 자연계의 규율에 속하는 '리'를 윤리도덕의 범위에서 운용하여 윤리도덕의 속성을 '천리'의 내용으로 삼았다. 정호는 "부자와 군신은 세상의 정해진 이치로 천지간에 피할 곳이 없다."193)라고 하였다. 정이도 다음과 같이 말하였다.

무릇 사물은 반드시 규칙이 있으니 아비는 자애로우며 자식은 효도하고, 임금은 인자하며 신하는 공경하고, 만물과 만사는 각각 그

---

191) 『二程集』, 『遺書』 권2 上, "理則天下只是一箇理 故推至四海而准 須是質諸天地 考諸三王不易之理."
192) 『二程集』, 『遺書』 권2 上, "天理云者 這一箇道理 更有甚窮已 不爲堯存 不爲桀亡 人得之者 故大行不加 窮居不損 這上頭來 更怎生說得存亡加減 是他元無少欠 百理具備."
193) 『二程集』, 『遺書』 권5, "父子君臣 天下之定理 無所逃於天地之間."

방소(각 사물의 사리)가 있으니 그 사리를 얻으면 편안하고, 그 사리를 잃으면 어그러진다. 성인이 능히 천하를 이치에 따라 다스릴 수 있는 까닭은 사물을 위하여 준칙을 만들 수 있기 때문이 아니라, 다만 각각 그 소임에 맞도록 할 수 있기 때문이다.[194]

정호와 정이는 가정과 국가의 도덕준칙을 확고부동한 '천리'로 만들어 절대적으로 준수함을 말하고 있다. 이처럼 보편적으로 통용되는 '천리'는 우주와 사회, 인간 세상을 지배하고 있으며, 사람과 사물의 본성을 결정하고, 이성의 근원이기도 하다.

그러나 이정의 천리설은 무엇보다도 사상적인 측면에서 형이상과 형이하의 논리와 분리할 수 없다. 『역』「계사전」에서는 "형이상자를 도라고 말하고, 형이하자를 기器라고 말한다."[195]고 하였다. 중국철학에 흐르는 가장 기본적인 사상은 바로 이 『역』에 대한 구절에 과연 어떻게 해석을 할 것인가가 중요한 화두였다.

마찬가지로 이정은 형이상과 형이하의 구분을 자신의 학문에서 대단히 중시하였다. 정호는 이렇게 말했다.

> 「계사전」에서는 "형이상자를 도라고 말하고, 형이하자를 기器라고 말한다."고 하였다.…… 음양 역시 형이하자이다. 도를 말하는 까닭은, 오직 이 용어만이 상·하를 가장 분명하게 나눌 수 있기 때문이다. 원래 이 도일 뿐이며, 중요한 점은 사람이 스스로 그것을 묵묵히 깨달아야 한다는 것이다.[196]

---

194) 『二程集』, 권4 「伊川易傳」, "夫有物必有則 父止于慈 子止于孝 君止于仁 臣止于敬 萬物庶事莫不各有其所 得其所則安 失其所則悖 聖人所以能使天下順治 非能爲物作則也 唯止之各于其所而已."

195) 『周易』, 「繫辭傳」, "形而上者謂之道 形而下者謂之器."

196) 『二程集』, 『遺書』 권11, "繫辭曰 形而上者謂之道 形而下者謂之器…… 陰陽亦形而下者也 而曰道也 惟此語截得上下最分明 元來只是此道 要在人默而識之也."

눈으로 확인될 수 있는 형상화된 물질이나 혹은 구체적으로 설명할 수 있는 물건, 즉 형상은 모두 '형이하'에 속하는 기器이며, 보이지 않는 보편적이거나 추상적인 논리나 원리는 모두 '형이상'에 속하는 도를 말한다. 특히 감성적으로 존재하는 구체적인 물건은 형이하의 것이고, 오직 이성으로만 파악할 수 있는 것은 형이상의 것이다. 천지만물・음양은 모두 형이하의 기이고, 사물의 규율이나 본질, 절대자와 보편자는 형이상의 도이다. 그러므로 '도'나 '리'는 감성적으로 직접 존재하는 것이 아니다. 바로 이성 사유의 대상이기 때문에 감관에 의해 직접적으로 인식될 수가 없다. 그래서 '중요한 점은 사람이 스스로 그것을 깨달아야 한다'라고 말하는 것이다.

이러한 점을 인식한 정호는 다음과 같이 말하였다.

> 반드시 '형이상은 도이고, 형이하는 기이다'라고 말해야 한다. 기器 역시 도道이고 도 역시 기이지만, 지금이나 나중, 자신이나 남을 막론하고 오직 도가 있음을 알아야 한다.[197]

사물이나 대상을 인식하는 사유의 측면에서 규명하자면, 인식의 첫 번째 단계는 먼저 감관을 통해서 받아들이는 구체적인 것과 이성을 통해서 인식되는 추상적으로 구분해야 한다. 그리고 실제적인 존재의 측면에서 보면 도는 결코 기와 분명하게 나뉜 독립적인 실체가 아니라는 점이다. 왜냐하면 도는 기를 떠날 수 없고, 기 역시 도를 떠날 수 없기(道亦器 器亦道) 때문이다. 그러므로 도는 기의 일차적인 존재이고, 기는 도에 의한 이차적 존재이다. 따라서 도와 리는 구체적인 사물의 본질・원리・원칙 등으로 모두 그 사물 안에 있다. 사람의 학문이나 수양은 결국 인륜과 일상생활 속에서 참다운 도를

---

197) 『二程集』, 『遺書』 권1, "形而上爲道 形而下爲器 須著如此說 器亦道 道亦器 但得道在 不論今與後 己與人."

체득하는 것이고, 또 모든 구체적인 사물 속에서 우주의 보편 원리를 인식하는 것이다.

이와 같이 이정의 사상에서 '천리'란 바로 자연법칙을 가리키고, 인류 사회의 당위 원칙을 가리킨다. 천리는 하나의 보편원리로서 자연과 사회는 물론 모든 구체적인 사물의 존재와 발전에 적용되기 때문에, 유가의 전통적인 천인합일의 사상이 성립된다. 정호의 '천리설'은 인도와 천도를 총망라하는 보편성과 필연성으로 설명하였을 뿐만 아니라 인류 사회의 원칙과 규범을 제공하였다. 이처럼 자연법칙과 사회 윤리 그리고 삶의 준칙은 '천리'로부터 시작된 것이다.

정호는 '도학' 혹은 '리학'을 체계적으로 발전시켰다. 그는 "도가 있고 리가 있으니, 천과 사람은 하나이며, 나뉘어 구별되지 않는다."[198]고 주장하였다. 이 말은 그가 체득한 천리가 자연과 사회를 관통하는 보편원리임을 표명한 것이다. 그가 볼 때, 천인합일과 만물일체를 이루는 가장 근본적인 기초는 '기'가 아니라 '도' 또는 '리'이다. 왜냐하면 그 자신이 "만물일체가 되는 까닭은 모두 이 리가 있기 때문이다."[199]라고 했으며, "도의 바깥에 사물이 없고, 사물 바깥에 도가 없으니, 하늘과 땅 사이에 도 아닌 것이 없다."[200]고도 말했다. 즉 천인합일과 만물이 일체를 이룰 수 있는 원인은 '리'와 '도'가 있기 때문에 가능한 것이고, 또 사물을 이루는 궁극적인 기초는 바로 리와 도라고 보았다. 그러므로 사물의 실재를 파악하기 위해서는 리와 도를 궁구하면 된다.

---

198) 『二程集』, 『遺書』 권2 上, "有道有理 天人一也 更不分別."
199) 『二程集』, 『遺書』 권2 上, "所以爲萬物一體者 皆有此理."
200) 『二程集』, 『遺書』 권4, "道之外無物 物之外無道 是天地之間無適而非道也."

3. 인성의 선악문제

정호는 일찍이 '성性'이라는 개념에 관해 다음과 같이 분석하였다. "하늘이 하는 일은 소리도 없고, 냄새도 없다. 그 체를 역이라 부르고, 그 이치를 도라 부르며, 그 작용을 신이라고 부르고, 그것이 사람에게 주어진 것을 성이라 부른다."[201]고 하였다. 하늘은 목적이나 의식이 없이 만물을 낳고 기르므로 사람들은 하늘이 어떤 식으로 그러한 활동을 하는지 알 수 없다. 단지 그것이 나타나는 효과만을 볼 수 있을 뿐이다. 그래서 당연히 소리도 없고 냄새도 있을 수가 없으므로 그 체를 역이라 하고, 그 이치를 도라 하며, 그 작용을 신이라 한다. 그것이 사람에게 주어진 것을 '성'이라 부른다. 따라서 체는 변화 유행하는 '전체'를 가리키고, 도는 전체 속의 개개 사물의 이치를 말한다. '신'은 전체 사물의 구체적인 운동변화를 가리키며, 천지가 운동 변화하는 전체를 '역'이라 한다.

그리고 하늘이 사람에게 부여한 것을 '성'이라 한다. 이미 『중용』에서 "하늘이 부여한 것을 일컬어 성이라 한다."(天命之謂性)고 했을 때 성을 의미한다. 정호의 '성'에 대한 견해는 『중용』의 이러한 설명에 따른 것이다.

'성이란 하늘이 부여해 준' 것으로 사람이 태어나면서부터 자연적으로 지니는 것이다. 정호는 "태어나면서부터 지니는 것을 성이라 한다(生之謂性)."는 이러한 견해를 가감 없이 받아들였다. 그는 이렇게 말하였다.

'태어나면서부터 지니는 것을 성性이라 한다.' 성이 곧 기氣이고 기가 곧 성이라는 것은, 태어나면서부터 지니는 것을 말함이다. 사

201) 『二程集』, 『遺書』 권1, "上天之載 無聲無臭 其體則謂之易 其理則謂之道 其用則謂之神 其命於人則謂之性."

람이 기를 품부 받아 태어나고, 그 리에는 선악이 있다. 그러나 성
안에는 원래 두 가지가 서로 대립하여 태어나는 것은 아니다. 어떤
이는 어려서부터 선하고 어떤 이는 어려서부터 악한데, 이는 품부된
기가 그러하기 때문이다. 선은 진실로 성이다. 그러나 악도 역시 성
이라고 말하지 않을 수 없다. '태어나면서부터 지니는 것을 일컬어
성이라 한다.'는 말과 '사람은 태어나면서부터 고요하다.'는 말 이외
에는 말할 필요가 없다. 성은 말하자마자 이미 성이 아니기 때문이
다. 사람들이 성을 말하자면 단지 '이어나가는 것이 선이다.'는 말만
하게 되는데, 맹자가 말하는 성선이 바로 그렇다. 이른바 '이어 나
가는 것이 선이다.'는 말은 마치 물이 아래로 흐르는 것과 마찬가지
다. 모두 물이지만 어떤 물은 바다까지 흘러가면서도 끝까지 탁해지
지 않는다. 이러한 것이 어찌 사람의 힘으로 되겠는가? 어떤 물은
멀리 흘러가지 못한 채 점차 탁해진다. 어떤 물은 흘러나와 더욱더
멀리 가고서야 탁해진다. 어떤 물은 매우 탁하고, 어떤 물은 약간
탁하다. 맑고 탁한 정도는 비록 다르지만, 탁한 물을 물이 아니라고
말할 수도 없다. 이러하니 사람들은 맑아지려는 노력을 하지 않을
수 없다. 그러므로 민첩하고 용감하게 힘쓰면 빨리 맑아질 것이고,
느리고 게으르게 힘쓰면 더디게 맑아질 것이다. 그 맑은 상태에 이
르러서는 단지 원래의 물일 따름이다. 맑음으로 탁함을 바꾸는 것도
아니고, 탁함을 뽑아내어 한구석에 버려두는 것도 아니다. 물의 맑
음은 성선을 말하는 것이다. 그러므로 선과 악은 성에서 상대되는
두 가지 사물이 아니고, 각자 흘러나오는 것이다. 이 리가 천명이다.
순응하여 따르면 도다. 이것을 따라 수양하여 각각 그 직분을 얻는
것이 가르침이다. 천명에서 가르침에 이르기까지 나는 더하고 뺀 것
이 없으니, 이것이 순임금이 천하를 소유하면서도 그것과 함께하지
않은 것이다.[202]

---

202) 『二程集』, 『遺書』 권1, "生之謂性 性卽氣 氣卽性 生之謂也 人生氣禀
理有善惡 然不是性中元有此兩物相對而生也 有自幼而善 有自幼而惡
是氣禀有然也 善固性也 然惡亦不可不謂之性也 蓋生之謂性 人生而靜
以上不容說 才說性時 便已不是性也 凡人說性 只是說繼之者善也 孟
子言人性善是也 夫所謂繼之者善也者 猶水流而就下也 皆水也 有流而

사람이 태어나면서 지니는 것을 성이라고 한다면, 성안에 선악이
서로 대립되어 태어나는 것이 아니라 악은 사람이 후천적인 환경의
영향을 받아 나타난다고 정호는 보았다. 따라서 사람의 인성은 기품
에 의해 결정된다. 기품에는 선도 있고 악도 있기 때문에 어떤 사람
은 태어나면서부터 선하고, 어떤 사람은 태어나면서부터 악하다. 기
품이 선하면 성도 선하고, 기품이 악하면 성도 악하다. 선천적으로
결정된 선만이 성이고, 선천적으로 결정된 악은 성이 아니라고 말할
수 없다. 마치 맑은 물도 물이며 탁한 물도 물인 것처럼, 선한 성도
성이며 악한 성도 성이다.

정호는 인성의 선악문제에 대해서 다음과 같은 결론을 내렸다. 첫
째 정호는 맹자와 고자의 성론에서 고자가 말한 "생을 성이라 한
다."와 "식욕과 색욕도 성이다."[203]라고 한 것에 대해, 식욕과 성욕
처럼 태어날 때부터 갖고 있는 성은 처음부터 선악의 구별이 없다고
주장한 이론을 기 개념을 연결하여 '성'을 새롭게 해석하였다. 즉
'성이 곧 기이며(性卽氣)', '기가 곧 성이다(氣卽性)'라고 하여 '생지
위성'도 기로부터 내려 받은(氣稟) 성이라고 보았다.

둘째 정호는 '성이 곧 기이며 기가 곧 성이다'라고 하는 기품설을
전제로 하여 선악은 기품이 표출되어 나오는 것이지만 선악은 성이
라고 보았다. 그는 성 가운데 선악이 본래부터 대립하여 존재하는
것이 결코 아니라고 단언하였다.

至海 終無所汚 此何煩人力之爲也 有流而未遠 固已漸濁 有出而甚遠
方有所濁 有濁之多者 有濁之少者 清濁雖不同 然不可以濁者不爲水也
如此 則人不可以不加澄治之功 故用力敏勇則疾清 用力緩怠則遲清 及
其清也 則却只是元初水也 亦不是將清來換却濁 亦部是取出濁來置在
一隅也 水之清 則性善之謂也 故不是善與惡在性中爲兩物相對 各自出
來 此理 天命也 順而循之 則道也 循此而修之 各得其分 則教也 自天
命以至於敎 我無加損焉 此舜有天下而不與焉者也."

203) 『孟子』, 「告子上」, "告子曰 生之謂性……食色 性也."

셋째, 정호는 무엇 때문에 성 가운데 본래 선악이 대립하지 않는 것으로 보았는가? 그는 사람이 태어나기 이전에는 생명이 없으므로 따라서 이성도 존재할 수 없다고 생각하였다. 사람은 출생한 이후에야 비로소 '성'을 가질 수 있지만, 이것은 근본적인 성인 '천명지위성'이 아니라 바로 '생지위성'인 기품의 성이라고 하였다. 정호가 본 '성'의 개념은 『역』의 '천명을 이은 것이 선이다(天命 繼之者善)'라는 말에서의 선과, 맹자가 '인성은 선하다'고 한 말에서의 선이 진정한 성선이라고 생각하였다. 그는 흐르는 물로써 비유하여 '그것을 이은 것이 선이다'는 말은 물이 아래로 흐르는 것과 같은 의미라고 하였다. 물이 흐름에 청탁이 다르지만 맑은 물이나 흐린 물이나 모두 물인 것처럼 성의 유행과 발용에 비록 선악이 다르지만 선악도 모두 성이라고 생각하였다. 그러나 '태초의 물'의 속성은 본래 모두 맑은 것이며, '성의 근본'도 선한 것이니, '물이 맑은 것을 곧 성이라 한다'고 하여 성의 첫머리에서는 오직 선만 있고 악은 없다는 것을 인정하였다. 따라서 '선과 악이 성 가운데 상대하는 두 가지 것이 아니고 각자 흘러나온다.'는 말은 본래 선한 성이 유행하고 발용하는 과정에서 기품으로 말미암아 악이 나타난다는 것이다.

넷째, 정호는 한 걸음 더 나아가 『중용』의 "하늘이 명한 것을 성이라고 하고, 성을 따르는 것을 도라고 하며, 도를 닦는 것을 가르침이라 한다."[204]는 구절에 대한 관점을 논증하면서 기품설과 천명론을 결합함으로써 인성의 선악이 형성되는 문제를 해결하였다. 정호의 해석은 맹자의 성선설을 수정하고 맹자의 잘못을 바로잡았다. 그러나 그가 악도 성이라고 본 것은 물론 성선설과의 모순을 완전히 해결한 것은 아니다. 이것은 그가 풀지 못한 숙제라고 말하지 않을 수 없다.

---

204) 『中庸』 1장, "天命之謂性 率性之謂道 修道之謂敎."

정이도 분명하게 이 점을 인식하고 있었다. 위의 인용문에서 나타난 정호의 사상을 보면, 맹자 등이 악이 없는 깨끗한 선으로 말하는 성이란 '이어 나가는 것이 선이다'는 것을 가리킬 뿐이지 '이루는 것이 성이다'는 것을 가리키는 것은 아니라는 생각까지도 지녔음을 알 수 있다. "이어 나가는 것이 선이고, 이루는 것이 성이다"(繼之者善也 成之者性也)는 말은 『주역』「계사전」에 나오는 말이다. 이에 대해 정호는 '이어 나가는 것이 선이다'는 말은 음양 두 기가 유행은 하지만 아직 구체적인 사물을 형성하지 않은 상태를 가리키는 말이고, '이루는 것이 성이다'는 말은 구체적인 사물이 형성되어 자기규정을 획득한 상태를 가리키는 말로 생각했다. 그러므로 맹자는 구체적으로 현실적인 인간의 성을 말하지 못했고, 단지 천지의 리로 이루어진 성을 말한 것일 뿐이다.

그러나 존재하는 사람의 성이란 이미 천지의 리로 이루어진 성이 아니라 기품에 의해 결정된 성이다. 이러한 사상은 나중에 주자가 더욱 명확하게 표현하였다. 여기에서 우리는 정호가 분명히 강조한 것은 후대의 사람들이 이야기하는 '기질지성'이었음을 알 수 있다. '성이 곧 기이고 기가 곧 성이다'라는 정호의 말은 성이란 기품에 의해 결정된 속성이라는 점을 말해 준다.

성의 선악은 비록 기품에 의해 조성된 것이지만, 바꿀 수 없는 것은 아니다. 마치 탁한 물을 맑게 하면 맑은 물이 될 수 있듯이, 사람도 열심히 수양하면 악을 선으로 바꿀 수 있다. 수양하는 동안에 리와 기는 서로 이길 수 있다. "의리와 객기客氣는 늘 서로 이긴다. 증감되는 양이 어느 정도인지를 살펴보면 군자와 소인의 구별이 이루어진다."[205]라고 하여 객기가 소진되면 성현이 되며, 객기가 의리를 이기면 도덕 수양에 실패한 경우다. 정호의 사상에서 객기의 의

---

205) 『二程集』, 『遺書』 권1, "義理與客氣常相勝 又看消長分數多少 爲君子 小人之別."

미는 아직 분명하지 않지만, 주로 분노나 편벽 등의 감정과 성질을 말하는 것이다.

정호는 "인심이 위태롭다는 것은 사람의 욕심을 말하고, 도심이 은미하다는 것은 천리를 말한다. 오직 순수하게 하고 전일하게 하라는 것은 그것에 이르는 방법을 말하고, 그 중도를 택하라는 것은 그것을 실행하는 방법을 말한다."[206]고 주장한다. 『상서』 「대우모」에는 "인심은 위태롭고 도심은 은미하니, 오직 순수하고 전일하게 하며, 그 중도를 택하라."는 네 구절이 있다. 리학자들은 이 구절을 도덕 수양의 측면에서 이해하여, 앞의 두 구절은 도덕의식과 감성 욕망의 교차를 가리키고 뒤의 두 구절은 이치를 보존하고 욕망을 제거하는 방법을 가리킨다고 생각하였다. 후대의 리학자들은 경전의 권위를 세우기 위해서 이 네 구절을 가리켜 요순과 공자 그리고 맹자가 도통을 서로 전한 '십육자결十六字訣'로 불렀다.

역사적으로 정호와 그의 동생을 합해서 '이정'으로 부르고 주자는 그들의 학설을 합하여 '낙학洛學'으로 불렀지만, 근대 이래로 많은 학자들은 사실 둘 사이의 차이가 매우 컸다고 생각해 왔다. 이러한 학자들은 이정의 차이가 사실상 후대의 '심학'과 '리학'의 차이라고 여기면서 정호를 '심학'의 원류로, 정이를 '리학'의 원류로 생각한다. 동생 정이와 비교한다면, 정호는 분명히 내향적인 체험을 더욱 중시하였고, 외재적 지식을 경시하였다. 그러나 정호는 결코 후대 남송 심학의 대표자 육구연처럼 '심이 곧 리'라고 강조하지는 않았고, 더욱이 명대의 왕수인처럼 '마음 바깥에는 리가 없다.'고 주장하지도 않았다. 내향적 체험에 대한 강조는 주로 정호가 추구하는 정신 경지가 정이와 달랐던 점에 기초한다. 그리고 이러한 경지의 차이가 결코 남송 시기의 '심학'과 '리학'의 근본적인 분기점은 아니다. 따

---

206) 『二程集』, 『遺書』 권11, "人心惟危 人欲也 道心惟微 天理也 惟精惟 一 所以至之 允執厥中 所以行之."

라서 정호가 대표하는 방향과 정주 '리학'의 차이는, 현대 철학에서 이해하는 것처럼 '심학'과 '리학'의 차이가 아니다. 또한 정호의 사상과 정주의 '리학'이 전혀 다른 경지의 경향을 드러내고 있다고 단정해서도 안 된다.

4. 식인識仁

전통적으로 유학을 대표하는 사상을 공자 이래로 '인'이라는 것에 이의를 제기하는 학자는 없을 것이다. 그만큼 '인'이 유학에 미친 영향은 절대적일 수밖에 없다. 정호의 「어록」에는 '인'에 관한 유명한 두 문단이 있는데, 후대의 학자들은 특별히 이 두 문단에 대해서 의의를 두고 있다.

157

> 인이란 천지만물을 한 몸으로 여기니, 나 아닌 것이 없다. 만물이 바로 자기임을 체득한다면, 도달하지 못할 게 무엇이겠는가? 만일 자기에게 없는 것이라면, 자연히 자기와는 아무런 상관이 없는 것이다. 예를 들어 손과 발이 말을 듣지 않고 기가 통하지 않는다면, 모두 자기에게 속하지 않는 것이다.[207]

> 배우는 사람은 반드시 먼저 인을 알아야 한다. 어진 사람은 만물과 더불어 혼연하게 한 몸이 된다. 의·예·지·신이 모두 인이다. 이러한 도리를 알아서 성誠과 경으로써 인을 간직할 뿐이다. 모름지기 예방하고 검속할 필요도 없고, 궁구하여 탐색할 필요도 없다. 만약 마음이 게으르면 방비해야 되지만, 마음이 진실로 게으르지 않으면 어떻게 막을 수 있겠는가? 도리가 아직 얻어지지 않았다면 모름

---

207) 『二程集』, 『遺書』 권2 上, 仁者以天地萬物爲一體 莫非己也 認得爲己 何所不至 若不有諸己 自不與己相干 如手足不仁 氣已不貫 皆不屬己."

지기 궁구하여 탐색해야 한다. 그렇지만 오래도록 인을 보존하여 저절로 밝아진다면 어찌 궁구하여 탐색함을 기다릴 것인가? 이 도는 만물과 대립됨이 없고, 그것이 큰 것이라도 그것을 밝히기에 부족한 것이다. 천지의 작용은 모두 나의 작용이다. 맹자는 "만물이 모두 나에게 갖추어져 있다"고 말하였다. 모름지기 내 자신을 반성하여 성실하면 이것이 커다란 즐거움이 된다. 만약 내 자신을 반성하여 성실하지 않다면 오히려 두 가지 물(만물과 나)이 대립하게 되어 내가 저것과 합치하려 하지만 끝내는 합치되지 못함이 있게 되니, 또 어찌 즐거움을 얻을 수 있겠는가? 장횡거의 서명西銘(횡거의 西銘은 옛 이름이 본래 정완訂頑이었음)의 뜻은 이러한 본체에 대해 충분히 설명해 주고 있다. 이러한 뜻으로써 인을 간직하려는 데 더 이상 무슨 일이 필요하겠는가? "반드시 어떤 일을 하려는 데는 효과를 미리 기대하지 말아서 마음에 잊지도 말며 억지로 조장하지도 말아야 한다." 일찍이 털끝이나 터럭만큼의 힘도 기울이지 않았으니, 이것이 인을 간직하는 방법인 것이다. 만약 인을 간직하여 도리를 얻게 되면 다시 합하여 얻어질 수가 있게 된다. 대개 양지·양능은 본래 상실되지 않는 것이다. 옛날에 세습화된 마음이 아직 제거되지 못하였기 때문에 모름지기 이러한 마음을 익혀 간직하여야만 한다. 익히는 것이 오래되면 옛날 습속을 빼앗을 수가 있다. 이러한 이치는 지극히 간략하나 오직 그것을 능히 지킬 수가 없을까 걱정이다. 이미 그것을 체득하여 즐거울 수 있다면 또한 능히 지키지 못할까 걱정하지 않아도 된다.208)

---

208) 『二程集』, 『遺書』권2 上, "學者須先識仁 仁者 渾然與物同體 義禮智信皆仁也 識得此理 以誠敬存之而已 不須防檢 不須窮索 若心懈 則有防心苟不懈 何防之有 理有未得 故須窮索 存久自明 安待窮索 此道與物無對 大不足以明之 天地之用 皆我之用 孟子言 萬物皆備于我 須反身而誠 乃爲大樂 若反身未誠 則猶是二物有對 以己合彼 終未有之 又安得樂 訂頑意思(橫渠西銘, 舊名訂頑) 乃備言此體 以此意存之 更有何事 必有事焉而勿正 心勿忘 勿助長 未嘗致纖毫之力 此其存之之道 若存得 便合有得 蓋良知良能 元不喪失 以昔日習心未除 卻須存習此心 久則可奪舊習 此理至約 惟患不能守 旣能體之而樂 亦不患不能守也."

공자가 말하는 '인'은 교학의 중심사상이며 평생을 제자들에게 설명한 것이지만, 오히려 그것을 원만히 이해하고 실천함에 충분하다고 허여許與하지 않았을 뿐 아니라 공자 자신도 성과 인에 대하여 어찌 감당할 수 있겠는가?[209]라고 하였다. 또 사람은 누구에게나 가지고 있는 것이면서 이것을 충분히 발휘하여 사람답게 사는 것은 어려운 것이라고[210] 공자는 말했다. 이와 같이 공자의 도를 한마디로 '인'에 관한 것이라고 점에 학자 간에 이론이 없다. 따라서 '인'은 모든 덕을 함축하고 있는 종합된 통일 개념이기 때문에 인간의 순수하고 선량한 언행이 인과 관련되지 않은 것이 없다. '인'이 지닌 이러한 기본 특징은 결국 자신과 우주만물을 분리된 독립체로 간주하는 것이 아니라 전체로 간주한다. 즉 우주의 모든 부분을 자신과 직접적으로 연계된 것으로 생각하며, 심지어는 자신의 일부분으로 여긴다. 정호는 다음과 같이 말했다.

의학 서적에 수족의 마비를 '불인不仁'이라고 하는데, 이 말은 '인'에 대해 가장 잘 표현하고 있다. 인자는 천지만물을 일체로 여기는 자로서 자신이 아닌 것이 없다. 만약 자기 자신이라고 여길 수 있다면 어찌 이르지 못하겠는가? 만약 자기 소유라고 여기지 않으면 스스로 자기와 더불어 상관이 없는 것으로 마치 수족이 불인한 것과 같다. 기운이 자기와 관련되어 있지 않으면 모두 자기에게 속한 것이 아니다. 그러므로 널리 베풀어 많은 사람을 구제하는 것은 성인聖人의 공용功用이 되는 것이다.[211]

---

209) 『論語』, 「述而」, 33장, "子曰 若聖與仁 則吾豈敢."

210) 『論語』, 「子罕」, 21장, "子曰 苗而不秀者有矣夫 秀而不實者有矣夫."

211) 『宋元學案』 13권, 「語錄」, "醫書言手足痿痺爲不仁 此言最善名狀 仁者 以天地萬物爲一體 莫非己也 認得爲己 何所不至 若不有諸己 自與己 不相干 如手足不仁 氣己不貫 皆不屬己 故博施濟衆 乃聖人之功用."

정호는 생명을 존중하는 입장은 천의 입장이다. 그 입장이란 함께 살아가는 인간의 마음인 '인'을 내용으로 하는 것으로, 그치지 않고 생성하고 변화하는 생명의 입장은 더 넓은 발전을 의미한다. 그러므로 인간성은 생생이다. 생은 멈추지 않고 움직이는 '생명'을 말한다. 멈추지 않고 움직이는 생명은 바로 만물을 만들고 만물과 함께 살아갈 것을 염원하는 하늘의 의지이다.

이처럼 정호는 '인'이 최고의 정신 경지이기 때문에 '만물과 일체가 되고' '혼연히 만물과 한 몸이 되는' 경지로 말한다. 정호의 이러한 사상은 주돈이가 제기한 공자와 안연이 즐거워한 정신적 경지를 추구하는 것을 최고의 학문 경지로 삼은 것을 의미한다. 본래 '인'이 지니고 있는 기본 개념을 정호는 자신과 우주 만물을 긴밀히 연관시켜 확대 해석하였다. 즉 맹자가 '만물이 모두 나에게 갖추어져 있다'는 말을 인용하여 만물이 모두 나의 일부분이기 때문에 천지의 작용은 모두 나의 작용이라고 보았다.

또 정호의 이러한 사상 근저에는 장재의 사상에 지대한 영향을 받았음을 알 수 있다. 즉 '천지만물을 일체로 여기고' '만물 가운데 자기 아닌 것이 없다'는 점을 체득한 것은, 바로 장재의 "천하의 어떤 사물도 나 아닌 게 없는 것으로 간주한다."[212]는 사상이 그것이며, 그리고 『서명』에서의 우주의 모든 부분을 '나'와 연결시켜 설명한 점이다. 그리고 "나는 『서명』의 의미를 알았다."[213]고 말했고, "정완의 의미는 모두 이러한 본체를 말하는 것으로, 이러한 뜻을 잘 지킨다면 무슨 어려움이 있겠는가?"[214]라고 말하였다. 따라서 어떤 일을 하려는 데는 효과를 미리 기대하지 말아서 마음에 잊지도 말며 억지로 조장하지도 말아야 한다. 본래 사람이 가지고 있는 양지와

---

212) 『正蒙』, 「大心」, "視天下無一物非我."
213) 『二程集』, 『遺書』 권2 上, "西銘 顯得此意."
214) 『二程集』, 『遺書』 권2 上, "訂頑意思 乃備言此體 以此意存之 更有何事."

양능은 상실되는 것이 아니기 때문이다.

이처럼 그것이 실제로 자기에게 있기 때문에 애써 찾으려고 할 필요도 없는 것이다. 다만 성誠과 경敬의 수양을 통해서 모든 상대적인 것을 초월하는 경지를 체험할 수 있기 때문에 결코 우주와 내 자신이 분리될 수 없다. 이러한 경지에 도달해야만 비로소 '인의 본체'를 얻을 수 있고, 자연스럽게 '커다란 즐거움'을 스스로 느낄 수 있다. 이것이 바로 공자와 안연이 즐긴 '안빈낙도安貧樂道'의 경지이다.

정호의 성과 경의 논리는 정이와 많은 이견을 보인다. 정호는 경과 성이 서로 상보적인 관계에 있음을 시사하고 있지만, 정이는 경을 주로 경외심과 외적인 엄숙함으로 정의하였다. 그러나 정호는 단지 경외심과 엄숙함을 강조한다면 융통성이 없이 고루해지며, 주체적인 삶의 경지에 도달할 수 없다고 보았다. 그래서 그는 성을 적극적으로 함양하여 이러한 단점을 보완해야 한다고 주장했다. 그는 "일을 실행하는 데는 반드시 경건해야 하겠지만, 그렇다고 지나치게 구속받아서는 안 된다."215)라고 하여 경이라는 용어에 너무 집착하지 말아야 한다고 했다.

그리고 정호는 사람들이 너무 경에 집착한 나머지 일이 제대로 성사되지 못하는 이유로, "오늘날의 학자들이 경건한데도 제대로 일이 되지 않고, 불안하기까지 한 이유는, 마음을 일으켜 지나친 경건함으로 일에 임하기 때문이다."216)라고 진단하였다. 그는 또 "단지 공손할 뿐 자연스러운 도리를 행하지 않기 때문에 부자연 스러운 것이다."217)라고 했다. '경'을 독립적으로 작용하는 폐단을 없애고 반

---

215) 『二程集』, 『遺書』 권3, "執事須是敬 又不可矜持大過."

216) 『二程集』, 『遺書』 권2 上, "今之學者敬而不見又不安者 只是心生 亦是太以敬來做事得重."

217) 『二程集』, 『遺書』 권2 上, "只恭而不爲自然底道理 故不自在."

드시 자연과 함께 어울려야 하고, 또 극기복례했을 때 비로소 공손
하면서도 안락할 수 있다. 그래서 그는 "경을 화락이라고 말하면 안
되지만, 경은 반드시 화락해야 한다."[218]라고 했다. 마음의 자연스러
운 평화와 즐거운 상태를 손상시킬 정도로 지나치게 '경'을 강조하
는 것은 잘못된 점이라고 하였다. 정호의 이러한 관점이 정이와 다
르다.

정호는 만물과 내가 혼연히 하나가 되어서 성과 경으로 인의 경
지에 도달한 사람이라면 자신을 억지와 강제로 감정과 사사로운 욕
망을 제어하여 도덕 규범에 얽매일 필요가 없으며, 오히려 물질적
소유와 명예욕에서 벗어나 완전한 정신적 즐거움을 체득할 수 있다
고 보았다.

5. 정성서

장재는 외부 사물을 단절하고 그 내면을 '안정되게(定) 하여' 마음
의 안정을 얻으려고 했지만 여전히 외부 사물에 얽매일까봐 걱정하
다 정호에게 조언을 구했다. 정호는 진정한 안정이란 동정을 관통하
며, 거울이 사물을 비추듯이 미리 예단하고 억측함이 없으며, 안과
밖의 틈을 만들지 않는 것으로 이해했다. 이것은 어떻게 가능한가?
그는 인간성의 입장에 의거한다고 했다. 성性의 입장이야 말로 안을
취하고 밖을 버리는 것이 아니라 내외를 구분하지 않고 타인과 자기
의 대립이 없다. 장재는 일찍이 정호에게 서신을 보내, "본성을 안정
시켜 움직이지 않도록 하지 못하면 오히려 바깥 사물에 얽매이게 된
다.(定性未能不動 猶累於外物)"는 문제를 제기하였다. 이에 정호도

---

218) 『二程集』, 『遺書』 권2 上, "謂敬爲和樂則不可 然敬須和樂."

서신으로 그 문제에 대한 해답을 답변했다. 이후에 도학자들은 정호의 답신을 『정성서定性書』라고 불렀다.

장재에 따르면, 마음의 평정을 방해하는 것은 주로 외부 사물의 교란으로 조성된 생각(意念)의 동요에서 기인한다. 그런데 이러한 외부 사물의 교란을 근절하기란 대단히 어렵다. 정호는 이른바 '안정시킨다(定)'는 말은 마음의 활동을 정지시키는 것도 아니고, 또 단지 자아의식에만 집중시키는 것도 아니며, 외부 사물에 대해 어떠한 반응도 하지 않는 상태는 더더욱 아니라고 지적하였다. 그는 다음과 같이 말하였다.

(지난번 편지에서 가르침을 잘 받았습니다. 본성을 평온하게 하려 해도 움직이지 않게 할 수 없다고 깨우쳐 주셨는데 오히려 외물에 얽매이게 되는 것 같습니다. 이것을 현자(횡거)께서 그것을 깊이 생각하여 익숙하게 하셨는데, 오히려 저의 말을 기다린다니 어찌된 일입니까? 그러나 (제가) 항상 그것에 대해 생각해 본 적이 있으므로 감히 여러분에게 이 말을 드립니다.)

이른바 '정定'이라는 것은 움직임도 또한 정이요, 고요함도 또한 정이니, 보내고 맞이함도 없고, 안과 밖도 없습니다. 만약에 바깥 사물을 바깥으로 삼아 자기를 이끌어서 그것을 쫓아가면 이것은 자기의 성性을 안과 바깥이 있는 것으로 여기는 것입니다. 또한 본성을 바깥의 사물에 따르는 것으로 생각하면, 마땅히 그것이 밖에 있을 때는 어떤 것이 안에 있는 되겠습니까? 이것은 바깥의 유혹을 끊는 것에 뜻이 있으나 본성에 안과 바깥이 없음을 알지 못하는 것입니다. 이미 안과 바깥을 두 근본으로 삼는다면 또 어떻게 갑짜기 본성을 차분함이라 말할 수가 있겠습니까? 무릇 천지의 상도常道는 그 마음이 만물 속에 두루 들어 있지만 (자기의)마음이 없고, 성인의 상도는 그 정情으로 만물을 따르나 (자기의)정이 없습니다. 그러므로 군자의 학문은 확연히 크고 공정하여 사물이 와서 순응케 하는 것보다 더 큰 것이 없습니다. 『역』에서는 "내괘인 정貞은 길하고,

외괘인 회悔는 망한다. 마음이 정해지지 않아 왔다 갔다 하고 벗만이 그와 같이 생각하며 따를 것이다"라고 하였습니다. 이런 상태에서 진실로 밖의 유혹을 제거하려 한다면, (그 유혹은)동쪽에서 사라지자마자 곧 서쪽에서 생겨날 것입니다. 오직 날짜가 부족할 뿐만 아니라 그 단서가 무궁함을 생각한다면 제거할 수가 없을 것입니다. 사람들의 정情은 제각기 가려진 데가 있어 도를 따라갈 수 없습니다. 대체적으로 걱정은 자기의 사사로운 일로써 지혜를 쓰는데 있습니다. 자기가 사사로우면 어떤 행위로써 자취에 응하여 행할 수 없고, 지혜를 쓰면 밝게 깨달음을 자연스러움으로 삼을 수도 없습니다. 이제 밖의 사물을 미워하는 마음으로 아무런 사물이 없는 경지를 비추기를 구하니 이것은 거울을 반대로 놓고 비춤을 찾는 것입니다. 『역』에서는 "시력이 등 뒤에 머물러 있으면 몸에서 체득할 수 없고, 뜰에 나아가 걷더라도 그 사람을 알지 못한다."라고 말했으며, 맹자도 역시 "지혜로운 것을 미워하는 것은(아직도) 망령되게 천착하는 것이 있기 때문이다"라고 말했습니다. 밖을 그르다 하고 안을 옳게 여기는 것보다는 차라리 안팎의 둘을 다 잊어버리는 것만이 못합니다. 둘을 다 잊으면 (마음이)맑아서 아무 일도 없습니다. 일이 없으면 차분하고 차분하면 분명하고, 분명하면 오히려 어찌 사물을 응하는 데 얽매임이 있겠습니까? 성인의 기쁨은 사물이 마땅히 기뻐해야 할 것을 기뻐하고, 성인의 노함은 사물이 마땅히 노해야 할 것을 노하기 때문입니다. 성인의 기뻐함과 노함은 자신의 마음에 얽매여 있지 않고 사물에 얽매여 있습니다. 이러한즉 성인이 어찌 사물에 응하지 않겠습니까? 어찌 밖을 따르는 것을 그르다 하고, 안에 있는 것을 추구함을 옳다고 하겠습니까? 이제 자기의 사사롭고 잔꾀를 쓰는 기쁨 및 노함을 가지고 성인의 기쁨 및 노함의 올바름을 비교해 보니 어떻게 되겠습니까? 무릇 사람의 정情 가운데서도 쉽게 발동하여 제어하기 어려운 것은 노함이 제일 심합니다. 다만 노했을 때에 그 노함을 돌연히 잊어버리고 이치의 옳고 그름을 살펴볼 수 있다면, 역시 바깥 유혹이 악이 되기엔 부족함을 알 수 있으며 도를 향함에 있어서 역시 생각은 반은 넘습니다. 마음의 자세하고 미묘함은 입으로 널리 표현해 낼 수 없습니다. 더구나 평소 글 쓰는 솜씨도 본래 서툴고, 또 관직의 일도 바쁘니, 아직 정밀하게 생각할 수 없습니다. (저의 생각이)마땅한지 여부를 알려 주십시오. 그러나 대강의 요점을 들어 말씀드린 것은 도에 가깝습니다. 길은 가까이 있고 먼데서 구하는 것을 옛사람들이 비난하였습니다. 오직 총명한 사람만이 그것을 마름질할 뿐입니다.[219)]

정호는 천지의 상도는 만물을 보편적으로 대하여 무심하고, 성인 의 상도는 만물에 순응하여 무정하다고 보았다. 그리고 '드넓게 공 평함'이 바로 사사로운 마음과 잡념을 없는 상태이다. 그러나 사람 은 감정을 지니고 있기 때문에 사물과 접하면 반드시 느낌이 있을 수밖에 없다. 느낌이 있으면 사람의 본성이 움직여서 결국 사사로운

---

219) 『二程集』,「答橫渠張子厚先生書」, "(承敎 論以定性未能不動 猶累於外 物 此賢者慮之熟矣 尙何俟小子之言 然嘗思之矣 敢貢其說於左右.) 所 謂定者 動亦定 靜亦定 無將迎 無內外 苟以外物爲外 牽己而從之 是 以己性爲有內外也 且以己性爲隨物于外 則當其在外時 何者爲在內 是 有意于絶外誘 而不知性之無內外也 旣以內外爲二本 則又烏可遽語定 哉 夫天地之常 以其心普萬物而無心 聖人之常 以其情順萬物而無情 故君子之學 莫若廓然而大公 物來而順應 易曰 貞吉 悔亡 憧憧往來 朋從爾思 苟規規于外誘之除 將見滅于東而生于西也 非惟日之不足 顧 其端無窮 不可得而除也 人之情各有所蔽 故不能適道 大率患在于自私 而用智 自私 則不能以有爲爲應迹 用智 則不能以明覺爲自然 今以惡 外物之心 而求照無物之地 是反鑑而索照也 易曰 視其背 不獲其身 行 其庭 不見其人 孟氏亦曰 所惡于智者 爲其鑿也 與其非外而是內 不若 內外之兩忘也 兩忘 則澄然無事矣 無事則定 定則明 明則尙何應物之 爲累哉 聖人之喜 以物之當喜 聖人之怒 以物之當怒 是聖人之喜怒 不 繫于心而繫于物也 是則聖人豈不應于物哉 烏得以從外者爲非 而更求 在內者爲是也 今以自私用智之喜怒 而視聖人喜怒之正 爲何如哉 夫人 之情易發而難制者 唯怒爲甚 第能于怒時遽忘其怒 而觀理之是非 亦可 見外誘之不足惡 而于道亦思過半矣 心之精微 口不能宣 加之素拙於文 辭 又吏事忽忽 未能精慮 當否 佇報 然擧大要亦當近之矣 道近求遠 古人所非 唯聰明裁矣."

욕망이나 집착이 생긴다. 그러면 본래 하늘부터 품부된 사람의 본성이 훼손되어 사람다움을 실현할 수 없게 된다. 그러므로 본성을 안정시키는 방법이 필요하다.

이러한 정성의 상태를 유지하기 위해서는 먼저 밖을 그르다 하고 안을 옳게 여기는 것보다는 차라리 안팎의 둘을 다 잊어버려야 한다. 둘을 다 잊으면 (마음이)맑아서 아무 일도 없게 된다. 정호는 '안정'이란 그저 고요하게 움직임이 없는 상태나 외부 사물과 접촉하지 않는 상태가 아니라, "이른바 안정이란 움직여도 안정되고, 고요해도 안정되며, 보내도 받아들이는 것도 없고, 안팎마저도 없는 상태이다."220)라고 말했다. 여기서 '장將'이란 것은 보낸다는 뜻으로 어떤 일에 집착하지 않는 것이며, '영迎'이란 어떤 일을 미리 대응하여 계교計較함이 없이 순응하는 것을 말한다. 따라서 동정과 내외의 분별에 집착하면 정성을 이룰 수 없다.

정호는 정성定性의 방법을 격물설을 통해서 구명하고자 했다. 정호는 "앎에 이르는 방법은 사물을 구명하는 있다. 사물이 다가오면 앎이 생긴다. 사물을 사물에 맡긴 채 앎을 부리지 않는다면, 뜻이 정성스러워져 동요하지 않게 된다. 뜻이 정성스러워져 스스로 안정되면, 마음이 바로잡히므로 배움을 시작하는 일이다."221)라고 말하였다. 즉 사물을 사물에 맡긴 채 앎을 부리지 않는다면 뜻이 정성스러워져 동요하지 않게 된다. 사물에서 얻은 앎을 가지고 사사로운 욕심이나 집착을 가지다 보면 자칫 물욕에 빠지게 되고, 물욕에 빠지게 되면 물욕은 한계가 없기 때문에 사람의 본성을 실현시킬 수가 없게 된다. 사물을 사물에 맡기게 되면 자연히 감정이 만물에 순응

---

220) 『二程集』 「答橫渠張子厚先生書」, "所謂定者 動亦定 靜亦定 無將迎 無內外."

221) 『二程集』, 「遺書」 권6, "致知在格物 物來則知起 物各付物 不役其知 則意誠不動 意誠自定則心正 始學之事也."

하여 안과 밖이 일체가 된다. 이러한 상태를 '무아' 혹은 '망아' '주관과 객관의 합일'이라고 한다. "사물을 사물 그대로 대할 뿐 사물을 자기의 입장에서 대하지 않으니, 무아이다."222)라고 한 것이다.

6. 천인합일설

정호는 '생생지위역生生之謂易'이라 하여 만물을 생생하는 변화는 창생의 법칙에 의하여 존재자의 이치를 갖게 된다. 이러한 존재자의 보편성은 '생지위성生之謂性'으로 나타나 정호가 천리를 스스로 체득했다는 말도 이와 같은 성性으로 인한 방법적인 문제를 말하는 것이다. '성즉기性卽氣, 기즉성氣卽性'이라 한 것도 기의 생생의 성이 곧 존재자의 본성으로 나타나기 때문에 "하늘과 인간은 간단間斷이 없다."223)는 천인합일이 가능하고 또한 만물의 상象의 변화와 역상易象은 인간이 도리를 어떻게 실현할 수 있을 것인지를 아는 재료이다. 그러므로 형이상학이나 인간도덕의 방면을 천인합일의 관계로 수립한다.

> 형이상자 그것을 도라 하고, 형이하자 그것을 기器라 한다. 만일 어떤 사람처럼 청허일대淸虛一大를 천도라 한다면 이것을 기器를 말한 것이지 도가 아니다.224)

라고 하여 도는 인간의 마음에서 체득한 것을 말한 것으로 청허

222) 『二程集』, 「遺書」 권11, "以物待物 不以己待物 則無我也."
223) 『二程集』, 「遺書」 권11, "天人無間斷."
224) 『二程集』, 「明道先生語1」 권11, "形而上者 謂之道 形而下者 謂之器 若如或者以淸虛一大爲天道 則此乃以器言非道也."

일대에 나아가서 도를 구현하는 것은 아니다. 그리하여 정호 자신이
천리를 체득하여 창출해 낸 '생생불이'하는 천도가 객관적인 본체임
을 인정하였다.225) 천도가 생생하여 소우주의 인심으로 드러나게 된
다. 그것이 다름 아닌 천도가 생하여 화육과 추호도 다른 것이 아니
어서 천인합일이요, 맹자의 진심·지성·지천이라는 것이다.226) 동시
에 그 생함의 도가 그것을 이어주는 선을 체증함으로써 천인합일의
본체론이 확립되는 것이다.

이와 같이 도와 물, 천과 인간이 모두 대립함이 없고 간격이 없어
안팎이 합해지는 도이고, 천인이 합일되어 상하가 가지런히 합하는
하나의 근본인 도를227) '성誠' 또는 '경敬'에 있다고 보았다. 만약
인간의 마음에 성誠이 없다면 천과 인물은 두 가지 근본이게 되어
이원론이 되고 만다.228) 또한 하나의 근본인 도로써 사물이나 천인
의 관계가 아래와 위를 꿰뚫는(徹上徹下) 것임을 알려면 우선 공경
하는 마음을 지니고 남과 충의로워야 한다.229) 정호는 이처럼 '성'과
'경'을 언급하면서 "성이란 천의 도이고, 경은 인사의 근본이고, 따
라서 '경즉성敬卽誠'이다."230)라고 하였다. 성과 경의 개념이 천이나
인사의 개념인 듯하지만 이는 사람 마음속에 내재한 것으로 동등한
관계이다. 그리고 이 '성경'이야말로 '인'을 체득할 수 있는 요체로
써 '의예지신' 모두 포괄하는 도덕의 시원이기도 하다.231)

---

225) 『二程集』, 『外書』 권12, "吾學雖有所受 然天理二字 卻是自家體貼出來."
226) 蔡仁厚 撰述, 『宋明理學』 北宋篇(學生書局. 民國 69) 254面.
227) 『二程集』, 『遺書』 권11, "道與物無對 天人無間斷." 『二程集』, 『遺書』
    권3, "合內外之道 一天人 齊天下."
228) 『二程集』, 『遺書』 권11, "道一本也 或謂以心包誠 不若以誠包心 以至
    誠參天地 不若以誠體人物 是二本也."
229) 『二程集』, 『遺書』 권2 上, "居處恭 執事敬 與人忠 此是徹上徹下語 聖
    人原無二語."
230) 『二程集』, 『遺書』 권11, "誠者 天之道也 敬者 人事之根也 敬卽誠."

　정호는 인간에 있어서 무엇보다도 먼저 인을 깨달아야 한다고 보았다.232) 대우주는 확 트여서 크게 공평하기(廓然大公) 때문에 만물을 모두 포섭하고 있다. 인간에 있어서도 대자연의 이법에 순응하면 물아와 안팎의 나눔과 간격이 없다. 인이란 혼연渾然하여 일체를 이루는 합일의 경지를 말하는 것이다.233) 그러므로 천지만물과 함께 동일체가 되고, 천지와 만물을 일체로 관계 지어 주는 매개체이다.234) 하늘과 사람은 본래 둘이 아니고 합일이라는 말조차 쓸 필요가 없다235)고 하여 하늘과 사람이 둘이 아님을 주장한다. 정호는 인을 인식하려면 '성경'으로 존속해야 한다236)라 하여 성경의 중요성을 강조한 것이다. 또 '경'이라는 것을 멀리 외지에서 구하는 것이 아니라 자기 가까이 갖추고 있는 인간의 도리를 밝히는 것이 오직 '경'이다.237) 따라서 '성'은 거짓이 없는 것이고(眞實無妄), '경'은 마음이 분산되지 않은 것(主一無適)이다. 이것은 맹자의 "만물은 다 나에게 갖추어져 있다. 나 자신을 반성하여 '성'이 있으면 이에 더 큰 즐거움이 없을 것이다."238)라고 한 사람의 본연성을 말한다. 모든 존재는 동일한 천리로부터 품수하여 각 개인은 이미 만물의 이치가 구비되어 있다. 그러므로 자신을 인식하고 도덕을 실현하는 것은 곧 전체를 체득하는 것과 같다.

169

---

231) 『二程集』, 『遺書』 권2 上, "義禮智信皆仁也 誠得此理 以誠敬存之而已."
232) 『二程集』, 『遺書』 권2 上, "學者 須先識仁."
233) 『二程集』, 『遺書』 권2 上, "仁者 渾然與同體."
234) 『二程集』, 『遺書』 권2 上, "以天地萬物爲一體."
235) 『二程集』, 『遺書』 권6 "天人本無二 不必言合."
236) 『二程集』, 『遺書』 권2 上, "仁者……識得此理 以誠敬存而已."
237) 『二程集』, 『遺書』 권2 上, "學者不必遠求近取諸身 只明人理敬而已."
238) 『孟子』, 「盡心上」 4장, "萬物皆備於我矣 反身而誠 樂莫大焉."

　인자는 천지만물을 한 몸으로 여겨서 자기가 아님이 없다. 자기라
고 여긴다면 어딘들 이르지 못하겠는가? 만약 자기에게 없다면 스
스로 자기와 상관이 없다.[239]

　도는 모든 것을 포괄하여 상대를 초월한 것으로 도에서부터 파생
된 모든 존재 사이에는 간격이 없고, 이런 상태를 혼연이라 한다.
따라서 천지의 작용은 나의 작용과 일치하며 바로 주관과 객관을 타
파한 '합내외지도合內外之道'를 말한다.

　정호는 이러한 수양 방법으로 맹자의 '호연지기'를 기를 것을 권
한다. 그 방법은 억지나 조장이 아니고 생명을 육성하는 천리의 '생
생불식'하는 작용이므로 생명을 손상시키지 않고 기르는 것이다. 또
한 사람에게는 양지 양능이 있어 그것을 항상 염두에 두면 자연히
구습이 제거된다. 그러므로 정호는 경으로써 내심을 바르게 하고 의
로써 밖의 행위를 방정하게 하여 경과 의가 서게 되면 덕은 외롭지
않아 성인에 이른다[240]고 했다. 성인은 만사에 순응하여 그 정에 의
한 사사로움이 없다. 따라서 군자의 학문은 확 트여서 크게 공평하니
(廓然大公) 사물이 오면 순응해서 이치에 합해지는 것을 말한다.[241]

　정호는 '확 트여서 크게 공평하고(廓然大公)' 하고 '사물이 다가와
순응(物來順應)'하는 천리를 묵묵히 알아가는(默識) 자득한 성인의
경지로 표현하고 다음과 같이 불교와 비교한다.

　성인은 공평한 마음을 다하고 천지만물의 이치를 극진히 해서 각
각 그 분수를 행하고, 불씨는 모두 한 사람 개인의 사사로움을 행하

---

239) 『二程集』, 『遺書』 권2 上, "仁者以天地萬物爲一體 莫非己也 認得爲
　　己 何所不至 若不有諸己 自不與己相干."
240) 二程全書, 권2. 惟言敬以直內 義以方外 敬義立而德不孤 至于聖人.
241) 『定性書』, "聖人之常 以其情順萬物而無情 故君子之學 莫若廓然而大
　　公 物來而順應."

니 어찌 같을 수 있겠는가? 성인은 이치를 따르므로 평편함과 곧음
으로 행하므로 쉬우며, 이단은 크고 작음을 조작하여 크게 힘을 소
비하니 자연이 아니므로 심한 과실을 저지르게 된다.242)

'공평한 마음'과 '한 사람 개인의 사사로움'이 유교와 불교사상의
분기점이고, 천리를 순응하고 자연에 동화되려고 노력하는 것이 유
교라면 불교는 자연성을 조작하여 과실을 범하게 된다. 즉 불교는
정靜공부에 치중하지만, 유교는 경敬공부를 위주로 한다. 따라서 주
돈이가 『태극도설』에서 '주정'을 주장한 바 있으나 정공부보다는 경
공부가 더욱 중요하다는 것을 인식한 것이다.243) 그러므로 정호는
경을 통한 천리의 체득이 바로 천인합일의 계기가 된다고 보았다.

제5절 성즉리를 주장한 정이

정이程頤는 호는 이천伊川이며, 자는 정숙正叔이다. 송 인종 명도
2년(1033년)에 태어나 송 휘종徽宗 대관大觀 원년(1107년)에 죽었다.
정이는 정호의 동생으로, 정호보다 한 살이 적었고, 열넷·열다섯 살
때 정호와 함께 주돈이에게 배웠다. 열여덟 살 때는 인종에게 글을
올려 왕도를 정치의 근간으로 삼을 것을 권하였고, 또 자신이 배운

---

242) 『二程集』, 『遺書』 권14, "聖人致公心 盡天地萬物之理 各當其分 佛氏
總爲一己之私 是安得同乎 聖人循理 故平直而易行 異端造作大小 大
費力非自然也 故失之遠."

243) 『二程集』, 『遺書』 권18, "纔說静 便入於釋氏之說也 便入於釋氏之說
也 不用静字 只用敬字."

바를 황제에게 펼쳐 보이고자 황제를 만나기를 요청했지만, 뜻을 이루지 못하였다. 당시 유명한 학자였던 호원胡瑗이 태학의 주교를 맡고 있었는데, '안연이 좋아한 것은 어떤 학문이었는지를 논하라(顔子所好何學論)'는 발제로 학생들에게 시험을 보게 했다. 이때 정이도 학생들과 함께 시험을 보았는데, 호원은 정이의 답안지를 보고 깜짝 놀랐으며, 후에 그를 학관學官으로 임명하였다. 27살 때 정시廷試를 포기하였고, 그 후에 스스로 학문이 부족하다고 생각하여 관리가 되기를 원치 않았다. 따라서 50이 넘도록 관리가 되지 않았으므로 단지 '평민(布衣)' 또는 '처사處士'로 불려졌다.

그의 형 정호가 죽은 뒤에야 정이는 벼슬길에 나섰고, 원우元祐 원년에는 사마광司馬光에 의하여 비범한 사람으로 추천 받아 비서로 임명되었다. 철종哲宗을 알현한 후에 그는 황제에게 경연을 하는 시강직侍講職으로 전보되었다. 정이는 황제에게 강의할 때면, 꼿꼿한 얼굴 표정을 지으며 매우 장엄한 태도를 유지하였다. 그에게 다음과 일화가 있다.

> 황제가 궁궐을 산책하면서 개미를 죽이는 것까지 삼갔다는 말을 듣고 정이가 물었다. "이런 일이 있었습니까?"라고 하자, 황제가 말하기를, "그렇다. 진실로 개미가 상할까 두려웠다."고 하자, 정이가 "원컨대 폐하가 이런 마음을 미루어 전국에 미치신다면 천하가 대단히 행복하게 될 것입니다."라고 말하였다. 또 하루는 정이가 시강을 파하고 퇴궐하지 않았는데 어린 황제가 난간에 기댄 채로 버드나무 가지를 꺾으며 노는 광경을 목격하였다. 이때 그는 황제에게 "막 봄이 되어 생겨나는 것을 아무런 이유도 없이 꺾어서는 안 됩니다."라고 훈계하여 황제의 기분을 상하게 한 일이 있었다.[244]

---

244) 『宋元學案』, 「正公程伊川先生頤」, "上在宮中漱水避蟻 先生聞之 問 有是乎 曰 然 誠恐傷之爾 先生曰 願陛下推此心以及四海 則天下幸甚 一日講罷未退 上折柳枝 先生進曰 方春發生 不可無故摧折."

정이는 철종황제가 즉위할 때부터 철종황제의 시강으로서 봉직했
으며, 계속해서 잘못된 점을 충고했지만, 철종의 총애는 받지 못했
다. 문체로 유명한 소식蘇軾, 즉 소동파가 거느리는 또 다른 학파가
정이를 시기했기 때문이다. 왜냐하면 정이는 황제의 선생임을 자처
하면서, 그 어떤 일이라도 회피하려 들지 않았다. 이러한 태도는 제
삼자의 입장에서 볼 때 지나친 태도였다. 따라서 조정에서 선비들과
의 관계도 날로 악화되었다.

정이는 정호와 개성이 달랐다. 정호는 따스하고 평화로운 데 반해
서 정이는 엄격하고 장중했다. 주자는 두 형제의 성격을 다음과 같
이 술회하였다.

> 정호는 도량이 넓은 반면 정이는 친절함이 있었다. 정호는 명쾌하
> 고 중화한 성격이었으며, 정이는 젊은 시절에는 엄하고 굳센 성격이
> 었으나 나이 들어서는 너그럽고 공평함이 있었다.245)

정이가 만년에 성격이 '원숙함이 있었다'고 말했지만, 결국 정호의
넉넉한 기상에는 미치지 못했다. 정이가 부주涪州에서 장강을 따라
돌아올 때, 협강峽江의 어느 지점에 이르러 물살이 빨라지고 풍랑이
심해지자 배 안에 있던 모든 사람들이 놀라 울부짖는데도, 오직 정
이만이 옷깃을 바로하고 굳은 듯 움직이지 않았다. 강기슭에 이르자
어느 노인이 "통달해서 그러한가? 아니면 (두려움을)떨쳐 버려서 그러
한가? 바야흐로 대답하고자 하였으나 이미 배는 떠나고 말았다."246)라

---

245) 『宋元學案』, 「伊川學案 · 附錄」 권16, "故朱子曰 明道宏大 伊川親切
大程夫子當識其明快中和處 小程夫子當識其初年之嚴毅 晩年又濟以寬
平處." 황종희가 주자의 말을 인용한 것임.
246) 『宋元學案』, 「伊川學案 · 附錄」 권16, "伊川涪陵之行 過灩澦 波濤中舟
人皆失措 伊川凝然不動 岸上有樵者厲聲問曰 舍去如斯 達後如此 舍
後如此 方欲答之 而舟已行."

는 기술이 있다. 다시 말해서 당신의 정신 경지가 대단히 높아서 위험에 처해서도 마음이 흔들리지 않았던 것이냐? 아니면 스스로 마음이 흔들리지 않도록 억제하고 굳게 다짐해서 그랬던 것이냐는 물음이다. 정이의 제자에 의하면, 정이가 부주에서 돌아올 때는 그 경지와 기상이 예전과 비교할 수 없을 만큼 높아졌다고 한다. 모두 정이의 성격 때문에 나온 일화이다.

1. 리와 기론

정이의 학문은 형 정호와는 달리 리와 기의 분별을 명백하게 제시하였다. 송명유학에 있어 우주론의 전개는 주돈이의 『태극도설』에서 발단이 되고, 장재에 의해서 발전되었다. 또 정호에 의해서 비로소 인간 중심적인 문제에 관심을 경주하게 되었다. 정이의 철학 이론은 그 전개과정에서 '이기론'의 본체론과 '성즉리'의 인성론 그리고 '격물궁리'의 인식론과 '거경함양'의 수양 방법론이 중심과제이다. 따라서 주돈이 이후 우주 본체론과 명도의 인간 중심의 이론을 정이는 동시에 다룸으로써 새로운 학문의 장을 연 것이라고 볼 수 있다.

본래 리는 나무나 돌의 결을 의미한다. 나무의 무늬 결이나 돌 속의 결을 의미하던 것이 발전하여 사물이나 사회 등에 얽혀 있는 결이 그 속에 있는 것처럼 법칙, 조리, 이치 등을 의미하게 되었다. 이러한 의미로 사용되던 '리'라는 술어는 철학적으로 매우 다양하게 사용되었다. 예를 들어 『한비자』의 「해로」 편에서 리란 이미 이루어진 사물의 결이라고 한 후 "도란 만물이 그러하게 된 근거이며, 모든 리가 머무는 근원이다. 리란 물건이 이루어지는 조리이며, 도란 만물이 이룩된 근거인 것이다."247)라고 하였다. 여기서 리는 사물의 특수한 이치이며, 보편적 법칙인 도와 구별된다. '리'는 유학자들이 원리나 형식, 그리고 규범이나 당위법칙 등 다양하게 사용되었는데 이정 형제가 이를 우주의 유일한 본체라고 구명究明하였다.

『주역』「계사전」에 "한 번 음하고 한 번 양하는 것을 일컬어 도라 한다."[248]라고 했다. 이것은 음양의 대립과 통일이 우주의 영원한 법칙이며, 그것이 바로 도라는 것이다. 그런데 정이는 이러한 법칙에 다르게 정의하였다.

> 음양을 떠나서 다시 도가 있는 것이 아니다. 음양을 떠나서는 다시 도가 없으니 음이 되고 양이 되는 소이가 바로 도이고, 음양은 기氣이다. 기는 형이하자인 것이고, 도는 형이상자인 것이다.[249]

> 한 번은 음이 되고, 한 번은 양이 되는 것을 일러 도라 한다. 도는 음이 아니고 양이 아닌 것으로 한 번은 음이 되고, 한 번은 양이 되는 까닭이 도이다.[250]

라고 하여 정이는 한 번은 음이 되고, 한 번은 양이 되는 도를 리라고 설명한다.[251] 따라서 도와 리는 음양이 작용하는 소이연(그렇게 되는 까닭으로 사물과 인사人事의 본질, 속성, 법칙 등을 포괄한 존재 법칙을 말함)의 이치이지 음양(氣)은 아닌 것이다. 정이는 크게는 천지로부터 작게는 초목에 이르기까지 모든 사물에는 각기 그러한

---

247) 『韓非子』,「解老」, "道者 萬物之所然也 萬理之所稽也 理者 成物之文也 道者 萬物之所以成也."

248) 『周易』,「繫辭傳」, "一陰一陽之謂道."

249) 『二程集』, 『遺書』 권15, "離了陰陽更無道 所以陰陽者 是道也陰陽氣也 氣是形而下者 道是形而上者.

250) 『二程集』, 『遺書』 권4, "一陰一陽之謂道 道非陰陽也 所以一陰一陽者 道也."

251) 『二程集』, 『遺書』 권40, "其理則謂之道."

까닭이 있다고 보았으며, 사물의 그러한 까닭을 '리'로 생각하였다. 리를 궁구함은 바로 사물의 그러한 까닭을 궁구하는 것이다. '리'란 유일하게 실재하는 것이지만 또한 미묘한 것이어서 파악하기가 쉽지 않다. 파악할 수 있는 만사 만물은 유일하게 실재하는 '리'의 체현이며 이러한 사물의 본질이다.

그러므로 "음양이 분리되면 도가 없게 된다. 음양은 기이며 형이하인 것이다. 도는 태허로 형이상의 것이다."[252]라고 하여 정이에 이르러 도가 리로서 파악되고 기氣가 형이하의 기器로 격하되면서 이기이원론理氣二元論의 이론이 등장하게 된다.

> 도는 저절로 만물을 낳는다. 이제 무릇 봄은 낳고, 여름은 기르는 것을 한 번 하였으니, 이 모두가 도의 낳음이다. ……도는 쉬지 않고 계속 낳고 낳는다.[253]

정이는 이런 생성과 변화는 끝없이 진행된다고 보았다. 우주자연을 기氣의 변화에 의한 생성과 소멸의 무한한 "낳고 낳아 그치지 않는(生生不已)" 과정으로 파악하고 있다. 그는 이런 생성과 변화의 소이연을 도 또는 리라고 한다.

> '한 번 음하고 한 번 양하는 것을 도라 한다.' 이 리는 진실로 심오해서 설명하려고 하면 설명할 수 없다. 음양 하는 소이는 도이다. 이미 기를 말하면 곧 둘로 구별된다. 열고 닫는 것을 말하면 이미 감응한 것이다. 이미 둘인즉 곧 감응함이 있다. 열고 닫게 하는 소이는 도요 열고 닫고 것은 곧 음양이다.[254]

---

252) 『性理大全』, 권26, "離陰陽則無道 陰陽氣也 形而下也 道太虛也 形而上也."

253) 『性理大全』, 권15, "道則自然生萬物 今夫春生夏長了一番 皆是道之生. 道則自然生生不息."

254) 『二程集』, 『遺書』 권15, "一陰一陽之謂道 此理固深說則無可說 所以

　음양 하는 까닭은 도요 형이상자이며, 음양은 기의 소연所然이요 형이하자이다. 도는 존재하는 개물의 소이연자이고, 기는 이러한 소이연의 이치가 음양의 세계인 개합으로 나타난 세계이므로 당연히 떨어질 수 없는 관계이다.

　소이연의 이치를 자각한 정이는 존재세계에 대해서도 새로운 설명을 하게 된다. 즉 '한 번 음하고 한 번 양하는 소이가 도요' '생생불이'하는 소이가 리이므로 존재세계의 개물인 기에 당연히 리가 내재되어 있다고 본 것이다. "무릇 기가 참여하여 조화되고 교감하면 살고, 화합하지 못하고 분산되면 죽는다."[255]라고 하여 죽고 사는 현상을 기의 교감과 분산으로 설명하여 장재와 유사한 이론을 제시한 것처럼 보이지만 장재와 다른 논리를 전개하고 있다.

　　굽히고 펴고 오고 가고하는 까닭은 다만 리일 뿐이다. 장차 이미
　　굽힌 기가 다시 바야흐로 편 기가 된다고 할 필요가 없다. 생생하는
　　리는 자연히 쉬지 않기 때문이다.[256]

　정이는 기가 생겨나는 근원을 '진원지기眞元之氣'라고 하였다. 이 '진원기'는 스스로 생성작용을 한다. 즉 기에는 진원의 기와 외기外氣의 두 종류가 있다. 기의 생성은 어디까지나 진원의 기로부터 나오는 것이므로 외기는 단지 진원의 기를 함양할 뿐이다. 즉 리가 기를 생하게 하는 것이 아니라 기는 본래 자연 그대로 생기는 것이다. 기는 저절로 생기며 일단 생기면 굽히고 펴는 것과 오고 가는 것, 낮과 밤 등의 운동을 한다. 따라서 인간을 포함하여 생긴 만물은 이

　　陰陽者道　旣日氣則便是二　言開闔已是感　旣二則便有感　所以開闔者道
　　開闔便是陰陽."
255) 『宋元學案』,「伊川學案」권15, "凡氣參和交感則生　不知分散則死."
256) 『二程集』,『遺書』권15, "屈伸往來只是理　不必將旣屈之氣復爲方伸之
　　氣　生生之氣　自然不息.."

진원기로부터 생기는 것이요, 그것이 굽히고 펴는 것과 오고 가는 것 등의 이치에 따라 없어지는 것은 용광로 같은 천지의 용해기능에 의해서 가능하다.

> 기는 자연히 생기는 것이다. 인간의 기가 생기는 것은 진원에서 생긴다. 천지의 기 또한 자연히 낳고 낳아서 끈기지 않는다. ……천지 가운데는 커다란 용광로와 같으니 어떤 물건이라도 녹여버리지 않겠는가.257)

이와 같이 정이는 기에 의해서 일체의 작용과 변화를 할 수 있다고 설명한다. 그러나 작용의 주체이면서 생생불식의 운동원리, 더 나아가 존재자의 현상이 되는 소이로써 리는 불변하는 것으로 항상 존재한다. "형체가 있는 것은 기이고, 형체가 없는 것은 다만 도일 뿐이다."258)라고 하여 형체가 있는 것은 변화와 작용에 의한 기의 객형客形이라면 불변의 리는 주인이 된다. 즉 한 번 음하고 한 번 양하는 소이가 도요 '생생불이'하는 소이인 리는 현상계에 항상 존재한다. 이런 리와 기의 관계를 "리가 있으면 기가 있고, 기가 있으면 리도 있다."259)고 하여 정이는 리와 기를 형상形上과 형하形下로 분별한다. 또 리와 기의 서로 떨어질 수 없는 관계로 말하여 우주 안의 모든 현상과 그 생성변화는 모두 이 리와 기에 의해서 이루어진 것으로 설명한다. 항상 불변의 본체론적 존재인 리는 아직 드러나지 않은 작용의 본원으로 체이고, 생생하여 변할 수 있는 작용적 존재로서의 기는 현상에 있어서는 이미 드러나 있는 현상 내지 분수分殊된 작용이다.

---

257) 『二程集』, 『遺書』15, "氣則自然生 人氣之生生於眞元 天之氣亦自然生生不窮……天地如鑪 何物不銷鑠了."

258) 『性理大全』, 권26, "有形總是氣 無形只是道."

259) 『性理大全』, 권41, "有理則有氣 有氣則有理."

> 지극히 미묘한 것은 리이며 지극히 드러난 것은 형상이다. 본체와
> 활용은 하나의 근원이며 나타나고 미묘함은 사이가 없다.260)

> 지극히 드러난 것은 사물과 같음이 없으며 지극히 미묘한 것은
> 리와 같은 것이 없다. 그러나 사물과 리는 일치하며 나타나고 미묘
> 함은 한 근원에서 시작된다.261)

정이는 현상계의 드러난 모든 형상을 리의 작용으로 본다. 또한
본체인 리나 현상인 사물은 불가분의 관계를 이루지만, 리는 소이연
자로 항상 기보다 강조된다. 따라서 정이에 와서 리란 모든 현상을
규정짓는 법칙이고, 리와 기는 시간상의 선후로 말해지는 것이 아니
라 논리적 규정관계로 말해 주고 있음을 보여주는 것이다. 그러므로
리를 궁구하면 성性과 천명과 천도를 알 수 있다고 정이는 말한다.

> 하늘이 부여해 준 것을 명이라 하고 품부하여 나에게 있는 것을 성
> 이라 한다. 그리고 사물에 나타난 것을 리라고 한다. 리理 · 성性 · 명
> 命 이 세 가지는 마땅히 서로 다른 것이 아니다. 리를 궁구하면 성을
> 다할 수 있고 성을 다하면 천명을 알 수 있다. 천명은 천도와 같다.262)

라고 하여 리를 통해서 성과 천명과 천도를 구명할 수 있다고 하
였다. 즉 하늘에는 명이고, 사람에게는 성이 있어 성을 따르는 것이
곧 천명이고 천도이다. 그리고 사물에 나타난 것이 리이기 때문에
명 · 성 · 리는 다른 것이 아니라 일관되어 있는 것이다.

---

260) 『易傳自書』, "至微者理也 至著者象也 體用一元 體用無間."
261) 『二程集』, 『遺書』 권25, "至顯者莫如事 至微者莫如理 而事理一致 顯
微一源."
262) 『性理大全』, 권29 "天之付與之謂命 稟之在我之謂性 見於事物之謂理
理也 性也 命也 三者 未嘗有異 窮理則盡性 盡性則知天命矣 天命猶
天道也."

2. 성즉리설

정이는 이기설에 입각해서 심성론에 더 많은 관심을 기울여 인성에 대한 해석을 새롭게 한 "성즉리"설을 정립했다. 주돈이에 의해서 발단된 우주론이 장재에 의해서 발전되어 '기일원론'이 성립되면서 인간의 존재구조를 기화氣化의 과정으로 설명되었다. 이처럼 인간존재의 문제를 파악하기 위해서 우주론에 의해서 전개된 이론을 정이는 이기이원론으로 확립하여 '리'가 인간의 '성'이라고 함으로써 인성론의 새로운 장을 연 것이다. 정이는 성을 논하면서 기를 논하지 않으면 안 되는 이유를 설명하였다.

> 성을 논하면서 기를 논하지 않으면 갖추어질 수 없다. 또 기를 논하면서 성을 논하지 않으면 밝아질 수 없다.263)

라고 하여 인간의 성과 기의 떨어질 수 없는 관계를 설명하였다. 그리고 정이가 주장한 '성즉리'는 리를 실천하는 것이 곧 성을 펴는 것이고, 기는 객형으로 나타난 것이기 때문에 불변의 리가 항상 그 속에 존재해 있다. 따라서 성이 곧 리가 될 수밖에 없고, 그러한 성은 곧 선하다는 것이다.

> 성은 곧 리이며 이른바 리라는 것은 바로 성인 것이다. 천하의 리는 그 유래한 곳을 찾아보면 선하지 않은 것이 없다.264)

성은 곧 리이므로 불선함이 있을 수 없다. 본래 '성'이 의미하는

---

263) 『宋元學案』,「伊川學案·語錄」권16, "論性不論氣 不備 論氣不論性 不明."
264) 『二程集』,『遺書』권22 上, "性卽理也 所謂理性是也 天下之理 原其所自 未有不善."

내용은 인간의 종족보전이나 사물의 본질 속성을 가리키는 말이었고, '리'란 사물의 필연적인 법칙과 사회의 도덕 원칙을 가리키는 말이었다. 정이가 구명한 '성이 곧 리(性卽理)'는 사회의 도덕 원칙은 보편타당성을 지니고 있으며 영원불변한 인류의 본성으로 파악한 것이다. 그의 선험적인 도덕 이성은 삶의 도덕규범을 결정할 뿐만 아니라 우주의 법칙이기도 하다.

그러나 사람에게 불선함이 있다는 것은 무엇을 의미하는가? 그것은 바로 재질(才)에 의한 것이므로 리나 성 그 자체에 의해서 결정되는 것은 아니다. 정이는 다음과 같이 말했다.

> 성은 불선함이 없다. 불선함이 있는 것은 재질(才)이다. 성은 곧 리이다. 리는 요·순에서 길거리의 사람에 이르기까지 모두 똑같다. 재질은 기로 품부되는데, 기에는 맑은 것과 흐린 것이 있다. 맑은 기를 품부 받은 사람은 현명한 사람이 되고, 흐린 기를 품부 받은 사람은 어리석은 사람이 된다.265)

이와 같이 인간이 하늘에서 품부 받은 성은 모든 인류에게 공통적으로 존재하는 것인데, 재질은 기로 품부되어 사람이 품부 받은 기에는 맑은 것과 흐린 것이 있고, 이러한 맑은 기와 흐린 기는 사람에게 직접적으로 현명함과 어리석음에 영향을 미친다. 재질에 의한 기품에서 사람들이 서로 다른 객형을 갖게 된다. 왜냐하면 성은 하늘에서 나오고 재질은 기에서 나와 기가 맑으면 재질도 맑고 반대로 기가 흐리면 마찬가지로 재질도 흐리다. 그래서 재질에는 선과 불선이 있으나 성에는 불선이 없다.266)

265) 『二程集』, 『遺書』 권18, "性無不善 而有不善者 才也 性卽是理 理則 自堯舜至於塗人 一也."

266) 『二程集』, 『遺書』 권15, "性出於天 才出於氣 氣淸則才淸 氣濁則才濁……才則有善不善 性則無不善."

성에는 불선이 없기 때문에 '성즉리'는 인간의 본성을 주장한 것이다. 따라서 천지가 정精을 쌓는 가운데에서 오행의 빼어남(秀)을 얻은 것이 인간이고, 그 근본은 참되고 고요한 것이다.[267] 또 군자가 짐승과 다른 까닭은 '인의'의 본성이 있기 때문이다. 단지 마음을 제 멋대로 하도록 내 버려두고 되돌이켜 볼 줄 모른다면 역시 짐승일 뿐이다.[268] 정이는 '인의의 성'이 사람과 다른 동물들을 구별해 주는 성이라고 했다. 여기서의 '성'은 사람만이 특별히 갖추고 있는 이성인 '본성'을 의미하는 것으로 만물이 공통적으로 가지고 있는 '성'을 의미하는 것은 아니다. 그래서 오직 인과 의는 사람의 도리를 다하는 것이고, 사람의 도리를 다하면 이를 성인이라 한다.[269] 사람의 도리를 다한다는 것은 인간의 이성인 본성을 다 발휘한다는 것으로 그것은 인의를 말한다. 결국 인의가 나타내는 덕성의 능력이 곧 사람의 본성 또는 리이다. 따라서 모든 덕성은 인간의 본성에 속한다. 그러므로 성을 인의예지로 설명하였다. "인의예지신라는 성에는 요컨대 다섯 가지 일을 말하는 것이다."[270]라고 하였다.

정이는 인의예지신이 인간의 본성이기 때문에 성에 나아가 논할 것 같으면 성현과 불초不肖의 구별이 없이 동일하며 선하지 않음이 없지만, 그러나 기품에 나아가 논할 것 같으면 맑음과 흐림의 차이가 있어 선하기도 하고 불선하기도 한다고 생각하였다.

기가 따르는 바는 치우친 것과 바른 것이 있기 때문에 사람과 사

---

267) 『宋元學案』, 「伊川學案 · 顔子所好何學論」 권16, "天地儲精 得五行之秀者爲人 其本也 眞而靜."
268) 『二程集』, 『遺書』 권25, "君子所以異於禽獸者 以有仁義之性也 苟縱其心而不知反 則亦禽獸而已."
269) 『二程集』, 『遺書』 권25, "唯仁與義 盡人之道 盡人之道 則謂之聖人."
270) 『二程集』, 『遺書』 권15, "仁義禮智信 於性上要言此五事."

물의 다름이 있게 되고 또 맑음과 흐림이 있기 때문에 지혜로움과 어리석음의 차이가 있는 것이다.271)

　사람은 착한 사람·악한 사람·지혜로운 사람·어리석은 사람 등으로 구분되며 이러한 차이가 모두 기의 따르는 바에 의해서 분별된다. 성은 성인과 범인 그리고 만물이 모두 동일하게 소유하고 있지만 기에는 바른 기와 치우친 기, 맑은 기와 흐린 기 등이 있어 성인과 범인 그리고 만물의 차이를 갖게 된다. 또한 아직 그 성이 발하지 않았을 때에도 거기에 오성五性이 갖추어져 있으니 오성은 '인의예지신'이다. 그리하여 형체를 생하고 그 성이 외물에 접하게 되면 '중'을 움직이게 되는데, 이 '중'이 움직여 칠정七情이 나타난다. 그것이 '희노애구애오욕喜怒哀懼愛惡欲'이다. 이 칠정의 욕심이 세력이 강성함에 따라 성이 손상을 입게 된다.272)

　정이는 성을 선과 악이 있는 '기질지성'과 순수한 선인 '천연지성天然之性'으로 구분하여 고자나 정호가 '생지위성生之謂性'이라고 할 때는 '기질지성'을 의미하는 것이지 '천연지성'을 의미하는 것은 아니라고 보았다. '천연지성'은 바로 『중용』의 '천명지위성天命之謂性'의 성을 의미한다. 그는 맹자와 고자의 논변을 논할 때마다 다음과 같이 말했다.

　　고자는 태어난 그대로를 성이라고 말했는데 이것은 사람과 만물을 통틀어서 그것을 말한 것이다. 맹자는 본성이 선하다고 말하였다. 이것은 지극히 근원에 뿌리를 두고 그것(성)을 말한 것이다. 태어난 그대로를 성이라고 하는 것은 그 말은 옳다. 그러나 사람에게

---

271) 『性理大全』, 권30. "氣之所從有偏正 故有人物之殊 有淸濁 故有智愚之等."
272) 『二程集』, 『伊川文集·顔子所好何學論』 권4. "其未發也 五性具焉 仁義禮智信 形旣生矣 外物觸其形而動於中矣 其中動而七情出焉 喜怒哀懼愛惡欲 情旣熾而益蕩 其性鑿矣."

는 사람의 성이 있고, 사물에는 사물의 성이 있으며, 소에게는 소의
성이 있고 말에는 말의 성이 있는데, 고자는 그것을 하나로 간주하
였으니 옳지 못하다.273)

정이는 사람과 사물, 소와 말 등은 그들만이 특별하게 가지고 있
는 '개별적인 본성'이 있기 때문에 사람과 사물, 소와 말로 구별될
수 있고, 이것을 하나로 뒤섞여서 보아서는 안 된다고 보았다. 이것
은 그의 형 정호가 하나로 뭉뚱그려 뒤섞여 설명한 것과는 다른 논
리이다.

그래서 그는 맹자는 '성선'을 말했으며, 공자는 '성은 서로 비슷하
다(性相近)'고 말했다. 이렇게 말한 까닭은 공자가 말하는 성이란 "그
저 '기질지성'일 따름이고, 세상 사람들이 사회생활에서 일어나는 성
질인 급하다거나 느린 것, 화가 났다거나 온순해졌다고 말하는 종류
의 성과 같기 때문이었다. 그런데 '성'에 어찌 급함과 느림, 화냄과
온순함만이 있겠는가? 따라서 공자가 말한 성은 '생지위성'이다. 사람
의 성품이 선하다고 말하는 것은 성의 본원에 대해 말한 것이고, '생
지위성'은 그 품부 받은 것에 대해 말한 것이다."274)라고 하였다.

'생지위성'의 성은 '재질(才)'로 부를 수밖에 없고, 이 재질은 기로
품부되어 결국 선과 악이 있게 된다. '재'의 뜻은 재료 곧 재질을 가
리킨다. 그리고 '생지위성'이 가리키는 것은 기이다. 따라서 이 두
개념이 합해져서 바로 '기질'의 개념이 생긴 것이다. 정이는 "성은
하늘에서 품부 받고, 재질은 기에서 나온다."고 했으며, 또 "재질은
선도 있고 선하지 않음도 있지만, 성은 선하지 않음이 없다."고 했

273) 『二程集』, 「粹言2」, "告子言生之謂性 通人物而言之也 孟子道性善 極
本原而語之也 生之謂性 其言是也 然人有人之性 物有物之性 牛有牛
之性 馬有馬之性 而告子一之 則不可也."
274) 『二程集』, 『遺書』 권18, "只視氣質之性 如俗言性急性緩之類 性安有緩急
此言性者 生之謂性也 …… 言人性善 性之本也 生之謂性 論其所稟也."

다.275) 이와 같은 논리는 맹자가 '성선'을 주장한 내용은 옳지만, 재질에 선하지 못함이 있다는 것을 인식하지 못했기 때문에 맹자의 논리가 완전하지 못하다고 보았다. 반면에 고자 등은 비록 재질에 선하지 못함이 있다는 사실은 인식했지만, 성에 불선함이 없다는 사실에 대해서는 인식하지 못했음을 지적한 것이다.

그러므로 맹자가 말한 '성선'은 순수한 성이고, 고자나 정호가 말한 '생지위성'은 '재질'이다. 이렇게 '성'의 의미는 순수한 성의 의미인 '천연지성'도 있고, 고자나 정호가 말한 '생지위성'은 기로 품부된 '기질지성'도 있다. 정이는 이와 같은 의미를 "성이란 글자는 한 가지로만 말할 수 없다. '생지위성'은 품부 받은 것만을 말해 주고, '천이 부여해 준 것을 일컬어 성이라 한다(天命之謂性)'는 말은 '성리'를 말해 준다. 요즘 사람들은 '천성이 부드럽고 느리다'거나 '천성이 깐깐하고 급하다'고 말하기도 하고, '천이 이루어 준 것'이라고 말하기도 하는데, 이때 성은 모두 태어나면서부터 그러한 것이다. 이것은 품부 받은 것에 대한 설명이다. '성리'라면 선하지 않음이 없다. '천'이란 말은 스스로 그러한 이치다."276)라고 말했다. '생지위성'의 성도 성이라고 부를 수 있지만, 그것은 품부 받은 것이며, 또 태어나면서부터 그러한 것이다. 그러나 '성즉리'라고 말할 때의 성은 사람이 사람이 되는 본질을 가리킨다.

그러므로 정이는 '성즉리'라는 성이 곧 사람이 사람이 되는 본질을 가리킨다면, 사람의 악한 기질도 수양에 의해 선한 기질로 변할 수 있다고 보았다. 즉 '천연지성'에는 순수한 선이 있기 때문에 만인

275) 『二程集』, 『遺書』 권19, "性稟於天 才出於氣.", "才則有善有不善 性則無不善."

276) 『二程集』, 『遺書』 권24, "性字不可一槪論 生之謂性 只訓所稟受也 天命之謂性 此言性之理也 今人言天性柔緩 天性剛急 俗言天成 皆生來如此 此訓所稟受也 若性之理也 則無不善 曰天者 自然之理也."

185

이 동일하게 소유했으므로 상지上智와 하지下智의 절대적인 구별이 있는 것이 아니라 각자의 노력에 의해서 기질의 변화를 가져올 수 있기 때문에 상지가 될 수 있는 기반을 마련한 것이다. 이렇게 '천연지성'의 본연에 이르면 천명·성·심·정이 결국 동일한 세계를 지향하게 된다.277) 이를 위해 학문과 수양이 강조되고 또 인간의 노력에 의해 성인도 될 수 있고 범부도 될 수 있는 것이다. 정이는 그 방법으로 '거경'과 '궁리'를 제시하였다. 그러므로 정이의 수양공부의 목적은 성인의 경지에 도달하는 데 있다. 이 '성인의 마음'이야말로 안팎을 융합하고 만물을 일체로 하여 천과 더불어 일체가 되어 이 '성인의 마음'은 천지와 다를 바 없다.278) 성인의 마음은 형이상자인 리에 있어 천지와 일체가 되어 차이가 없게 된다.

3. 궁리와 거경의 방법론

정이가 수양방법으로 제시한 '거경'은 송대 이전에 추구했던 체득방법과 유사하지만, '궁리방법'은 정이에 와서 새롭게 제안된 이론이다. 『주역』에서는 "경으로 안을 곧게 하고, 의로움으로 밖을 바르게 한다.(敬以直內 義以方外)"고 하였다. 안으로는 '경'의 수양을, 밖으로는 '의'의 수양을 강조하였다. 이러한 '경'의 문제에 대한 정호와 정이의 견해는 차이가 있다.

정호는 '성'과 '경'을 떨어질 수 없는 관계로 설명하였지만, 오히

---

277) 『二程集』, 『遺書』 권25, "性之本謂之命 性之自然謂之天 性之有形者謂之心 性之有動靜者謂之情 凡此數者皆一也."

278) 『二程集』, 『遺書』 권3, "聖人之心 未嘗有在 亦無不在 蓋合內外 體萬物." 『二程集』, 『遺書』 권2 上, ".聖人之神與天爲一 安得有二 至于不勉而中 不思而得 莫不在此 此心卽與天地無異."

려 '경'의 의미가 '성'의 의미에 가깝다. 또 정호는 반드시 마음의 자유로운 화락을 해치지 않는 범위 안에서만 '경'의 수양을 강조하였다. 반면에 정이가 주장한 '경'의 내용은 수양의 절대조건이다. 정이가 말하는 '주경'의 핵심 내용은 '단정하고 엄숙하라(整齊嚴肅)'와 '한곳에만 집중시키면서 다른 곳으로 가지 못하게 하라(主一無適)'는 것이다. 이와 같은 내용은 사람들에게 외재적인 용모와 행동거지뿐만 아니라 내재적인 사려와 감정까지도 동시에 수양하도록 권유한 것이다.

따라서 '거경'은 내심으로 존양하는 것이라면 '궁리'는 격물치지의 방법으로 외적인 객관세계의 사事와 물物의 이치를 궁구하는 것이다. 이처럼 주체와 객체가 융합하는 데 보다 합리적인 방법을 "함양은 모름지기 경을 써야 하고, 학문에 나아가는 것은 치지에 있다."[279]라 하였다. 함양이라는 주체적 인격수양을 위한 '경'과 '진학'이라는 객관적 경험적 지식을 터득하기 위한 '치지'를 그 방법으로 제시한다. '경'은 '덕성지지德性之知'의 내적인 수양의 요체이고, '치지'는 감관을 통해서 외적인 사물에서 얻어지는 '견문지지見聞之知'의 근본이다. 따라서 먼저 '궁리'를 통해서 '거경'의 수양방법이 가능하다. 정이는 '함양'과 '진학'을 달성하기 위해 그는 『대학』의 '격물궁리'법을 말한다.

정이는 내적인 수양 방법으로 자기의 심성을 부단히 함양해야 하고, 또 외적인 지식도 끊임없이 확충하여 이성적인 자각을 고양시켜 나가야 한다고 생각했다. 따라서 내적인 함양공부인 '경'과 외적인 지식 확충의 방법으로 제시된 '격물궁리'는 사람의 인격을 도야시켜 주는 분리될 수 없는 측면이다. 『대학』에서는 '수신'하기 위해서 '격물치지'와 '성의정심'의 이 두 방면이 절대적으로 필요함을 역설했

---

279) 『二程集』,『遺書』 권18, "涵養須用敬 進學則在致知."

다. 특히 '격물'에 대한 이론은 주자에게 영향을 미쳐 송명리학에서 가장 영향력이 있는 지식 이론으로 발전되었다. 정이는 격물의 의미를 다음과 같이 설명하였다.

> 격格은 궁窮과 같고 물物은 리理와 같다. 그러므로 말하자면 그 이치를 궁구할 따름이다. 그 이치를 궁구한 연후에 앎에 이를 수 있다. 궁구하지 못하면 이를 수가 없다.[280)

'격'은 '궁'으로 '물'을 '리'로 해석하여 격물을 '궁기리窮其理'로 설명하여, '격물'의 의미를 '궁리'로 해석하였다. 이러한 정이의 해석은 리학의 발전에 엄청난 공헌을 했다. 즉 『대학』에서 말하는 가장 기본적인 공부란 바로 사물의 이치를 궁구하는 것으로 본 것이다. 따라서 치지의 전제조건이 격물이고, 치지를 위해서 격물이 우선되어야 한다. 그러므로 궁리와 격물과 치지가 일관되어 있다.[281)
먼저 '궁리'의 의미부터 설명한다면, 하나는 『주역』 「설괘전」에 "이치를 궁구하고, 성을 극진히 발휘함으로써 명에 이른다(窮理盡性以至於命)"는 말에 근거하며 '궁리'와 '진성'과 '지어명'을 서로 연결하여 설명하고 있다. 정이는 '이치를 궁구하고, 성을 극진히 발휘함으로써 명에 이른다'는 것을 오직 한 가지 일이라고 보았다. 그래서 정이는 이렇게 말하였다.

> '이치를 궁구하고', '성을 극진히 발휘하고', '명에 이르는 것'은 오직 하나의 일이다. 이치를 궁구하자마자 곧 성을 극진히 발휘하게 되는데 이것이 곧 명에 이르는 것이다.[282)

---

280) 『二程集』, 『遺書』 권25, "格猶窮也 物猶理也 猶曰窮其理而已矣 窮其理然後足以致知 不窮則不能致也."
281) 『二程集』, 『遺書』 권15, "窮理格物 便是致知."
282) 『二程集』, 『遺書』 권18, "窮理盡性至命 只是一事 纔窮理 便盡性 纔

정이가 '궁리'를 설명한 것은 모두 '성을 극진히 발휘함으로써 명에 이른다'는 전제 조건으로 개별적 의미의 이치나 사물의 본성을 가리키는 것이 아니라 공통적인 의미의 형이상학적 원리를 가리키는 것이다. 그러나 장재는 이러한 구별을 이해하지 못해서 이정과 논쟁을 벌인 적이 있다.

　　이정은 '이치를 궁구하고 성을 극진히 발휘하여 명에 이른다'를 해석하여 단지 이치를 궁구하면 곧 명에 이르는 것이라고 주장하였다. 장재는 역시 '너무 빠른 데서 잃었다'고 말했다. 이 뜻은 아무리 그 순서가 있다 하더라도 모름지기 이치를 궁구해서 곧 자기의 성을 극진히 발휘할 수 있으면 유類를 미루어 다른 사람의 성에까지 미친다. 이미 다른 사람의 성을 극진히 발휘하면 모름지기 이와 나란히 만물의 성도 하나같이 극진히 발휘된다. 이와 같이 한 연후에 천도에 이른다.283)

이정은 궁리는 '성을 극진히 발휘함으로써 명에 이른다'고 주장한 것에 대해 장재는 이정의 이론에 전적으로 반대한 것은 아니지만 동의한 것도 아니다. 따라서 '궁리'와 '진성'과 '지어명'은 하나의 일로 서로 분리되어 '궁리'한 연후에 '진성'이 가능하고, '진성'한 연후에야 '지어명'이 가능한 것이 아니다. 마치 궁리와 격물과 치지가 일관되어 있는 것과 같다.

그리고 치지와 격물은 본래 『대학』에서 "사물에는 근본과 말단이 있고 일에는 끝과 시작이 있으니, 먼저 하고 나중에 할 것을 알면

盡性 便至命."

283) 『二程集』, 『遺書』 권10, "二程解窮理盡性以至於命 只窮理便是至於命 子厚謂亦是失於大快 此義儘有次序 須是窮理 便能盡得己之性 則推類 又及人之性 旣盡得人之性 須是并萬物之性一齊盡得 如此然後至於天道也."

도에 가까울 것이다."284)라고 하였다. '사물에는 근본과 말단이 있다
(物有本末)'는 '격물'을 가리키는 의미이고, '먼저 하고 나중에 할 것
을 안다(知所先後)'는 결국 '치지'를 가리키는 의미이다. 즉 사물에
있는 근본과 말단이 있음을 먼저하고 나중에 할 것을 아는 것이 바
로 도를 체득하는 것이고, 이것이 '치지가 격물에 있음'을 의미한다.
   또 정이는 '치지가 격물에 있음'을 '궁리'로 '궁리'를 '격물'로 해
석하였다.

> 치지는 격물에 있다. '격'은 이르는 것이며 이치를 끝까지 궁구하
> 여 물에 이르면 물의 이치가 다 발휘된다.285)

> 치지가 격물에 있으면 이른바 근본이고 시작이며, 천하국가를 다
> 스리면 이른바 끝이고 마침이다. 천하국가를 다스리는 데는 반드시
> 자신에다 근본을 두어야 하며, 그 자신이 올바르지 않으면서 천하국
> 가를 다스릴 수 있는 자는 없었다. 격은 궁과 같고, 물은 리와 같다.
> 그 리를 끝까지 캐물어 갈 뿐이라고 말하는 것과 같다. 그 리를 끝
> 까지 캐물어 간 연후에야 그것에 이르기 충분하며, 끝까지 캐묻지
> 않으면 이를 수가 없다.286)

이와 같이 궁리를 이른바 격물로 사물의 이치를 끝까지 궁구하는
것이며 끝까지 궁구하는 결과가 곧 치지이다. 격물과 치지와 궁리는
하나의 관념이 하나로 일관되어 확실한 내용을 추구할 수 있게 된
다. 즉 각각의 사물에 이치를 캐물어 감으로써 마침내 통관하는 지

---

284) 『大學章句』, "物有本末 事有終始 知所先後 則近道矣."
285) 『二程集』, 『遺書』 권25, "致知在格物 格 至也 窮理而至於物 則物理盡."
286) 『二程集』, 『遺書』 권25, "致知在格物 則所謂本也 始也 治天下國家
   則所謂末也 終也 治天下國家 必本諸身 其身不正 而能治天下國家者
   無之 格 猶窮也 物 猶理也 猶曰 窮其理而已也 窮其理 然後足以致之
   不窮則不能致也."

식에 도달하게 되는 것이다. 정이는 격물의 물은 안과 밖이 나뉘지 않는다고 보았다.

> "격물의 물은 바깥의 사물인가, 아니면 성性 안의 사물인가?"라고 묻자, "어느 것에도 구애받지 않는다. 눈앞에 사물이 아닌 것이 없고, 모든 사물은 저마다 이치를 가지고 있다. 예를 들어 불이 뜨거운 까닭이나 물이 차가운 까닭에서부터 군신, 부자 사이에까지 모두 이치가 있다."고 답했다.[287]

사물에는 안과 밖의 구분이 있기 때문에 각각 저마다의 이치를 가지고 있다. 따라서 궁리의 방법과 경로는 다양하다. 그러므로 격물 궁리의 인식의 방법은 개물의 존재이치를 먼저 궁구해야 한다. 왜냐하면 사물의 이치와 나의 이치는 하나이므로 사물의 이치를 인식한다면 곧 나의 본성을 인식하게 된다. 이처럼 정이가 말하는 물은 외부에 있는 사물에 한정되어 있는 것이 아니라 인류 삼라만상 등이 모두 물로 간주되어 있다.

> 격물과 궁리는 천하의 만물을 모조리 다 궁구하는 것을 요구하는 것이 아니다. 단지 한 가지 일을 끝까지 궁구해 나가면 다른 일을 미루어 알 수 있다. 효를 들어 말한다면 효가 될 수 있는 까닭은 무엇인가? 궁리는 한 가지 일을 궁구하여 얻지 못하면 또 다른 일을 궁구해야 한다. 혹 쉬운 것부터 먼저 하고, 혹 어떤 때는 어려운 것부터 먼저 한다. 각자 사람에 따라 깊거나 얕음이 있다. 마치 천개의 좁은 길과 만개의 샛길이 모두 나라에 갈 수 있는 길이다. 다만 하나의 길만 얻으면 곧 들어가는 것이 가능하다. 궁구할 수 있는 까닭은 단지 만물이 모두 하나의 이치로 되어 있기 때문이다. 하나의 물物과 하나의 사事는 비록 작더라도 모두 이치를 가지고 있다.[288]

---

287) 『二程集』, 『遺書』 권19, "問 格物是外物 是性分中物 曰 不拘 凡眼前無非是物 物物皆有理 如火之所以熱 水之所以寒 至於君臣父子間皆是理."

이처럼 개물의 존재이치를 궁구하는 것은 바로 개물의 본성을 인식할 수 있기 때문이다. 개물의 본성은 모든 사물의 본성의 이치와 공통된 것이므로 개물의 이치가 사물의 본성과 공통된 것을 인식하면 곧 천명과 성과 리가 일관되어 있음을 알 수 있다. 그러므로 개물적 존재를 초월하여 인식의 차원을 높이면 천지만물과 일체가 되는 것이 가능해진다. 이러한 논리를 정이는 다음과 같이 제시한다.

이치를 궁구하는 데는 또한 여러 가지 방법이 있다. 어떤 사람은 독서를 하여 밝히고, 어떤 사람은 고금의 인물을 논하여 그 시비를 가린다. 그리고 혹은 사물에 응접하여 그 마땅한 방식으로 대처한다. 이 모두가 이치를 궁구하는 것이다. 어떤 이가 묻기를 "격물은 모름지기 사물마다 일일이 궁구해야 합니까? 아니면 하나의 물을 격格하면 만물을 모두 알 수 있게 됩니까?" 하니 대답하기를 "어떻게 나면서 곧바로 깨달을 수 있겠는가! 단지 하나의 물에만 격하고도 곧 모든 리를 통할 수 있는 것은 비록 안자顔子라도 능히 할 수 없는 일이다. 모름지기 오늘 한 가지 일을 격하고, 내일은 또 다른 사물을 격하여 쌓고 익힘이 이미 많아진 연후에 탈연脫然히 관통하는 곳이 있는 것이다."라고 하였다.[289]

이처럼 개물의 이치가 만물의 공통된 이치라는 것을 탈연히 인식함으로써 자기 본래성(性)이 만인의 성이고 천명이라는 이치를 깨달

288) 『二程集』, 『遺書』 권17, "格物窮理 非是要盡窮天下之物 但於一事上窮盡 其他可以類推 至如言孝 其所以爲孝者如何 窮理如一事上窮不得 且別窮一事 或先其易者 或先其難者 各隨人深淺 如千蹊萬徑 皆可適國 但得一道入得便可 所以能窮者 只爲萬物皆是一理 至知一物一事雖小 皆有是理."

289) 『二程集』, 『遺書』 권18, "窮理亦多端 或讀書請明義理 或論古今人物別其是非 或應接事物而處其當然 皆窮理也 或問格物須物物格之 還是格一物而萬物皆知 曰 怎生便會該通 若只格一物 便通衆理 雖顔子亦不能如此道 須是今日格一件 明日格一件 積習旣多 然後脫然有貫通處."

아 개물의 차별성을 초월하여 천지만물과 일체가 되고 성인이 되는 것이 가능해진다. 크게는 하늘과 땅의 높고 두터움에서, 작게는 풀과 나무의 소이연에 이르기까지 배우는 사람들은 마땅히 모두 이해해야만 한다.290) 그렇게 되었을 때 비로소 시원하게 트여(豁然) 깨닫는 곳이 있게 된다.

> 이제 사람들이 지식을 넓히고자 하면 모름지기 사물을 궁구해야 한다. '물'은 반드시 사물이라 말한 뒤에 그것은 물이라고 말할 필요가 없다. 하나의 몸 가운데에서부터 만물의 이치에 이르기까지 단지 많은 것을 깨우치게 되면 차츰차츰 자연히 시원하게 트여(豁然) 깨닫는 곳이 있게 된다.291)

따라서 정이는 "치지는 격물하는 데 있지만, 사물의 이치를 궁구하는 데는 자신을 살피는 일만 한 게 없다. 그것이 가장 절실하기 때문이다."292)라고 하였다. 또 "성정에서 이치를 구하는 일이란 실로 자신에게 절실한 일이다. 그러나 풀 한 포기와 나무 한 그루에도 이치가 있으니, 반드시 이를 살펴야 한다."293)고 말했다. 이런 인식의 과정을 거쳐 사물의 본성이나 이치에 관한 우리의 지식이 진보되는 것이다. 이런 과정을 매일 매일 정진하여 지식을 늘려 나가면 어느 날 갑자기 천지만물의 이치를 홀연히 깨닫게 되는 경지에 이르게 된다고 정이는 주장한다.

정이는 사물이 각각 그 리를 가지고 있기 때문에 그 리를 궁구해

---

290) 『二程集』, 『遺書』 권18, "語其大 至天地之高厚 語其小 至一物之所以然 學者皆當理會."

291) 『二程集』, 『遺書』 권17, "今人欲致知 須要格物 物不必謂事物然後謂之物也 自一身之中 至萬物之理 但理會得多 相次自然豁然有覺處."

292) 『二程集』, 『遺書』 권17, "致知在格物 格物之理 不若察之於身 其得尤切."

293) 『二程集』, 『遺書』 권18, "求之性情固是切於身 然一草一木皆有理 須是察."

야 한다고 보았다. 그래서 "천하 만물은 모두 이치로 비칠 수 있다. 만물이 있으면 반드시 법칙이 있고 하나의 사물에는 반드시 하나의 이치가 있다."294)라고 하였다. 그러므로 '궁리'가 가능하다는 설명이 성립된다. 그는 다음과 같이 말하였다.

> 궁리에 힘쓴다는 것은 모름지기 천하 만물의 이치를 모조리 다 궁구해야 된다고 말하는 것이 아니며, 또한 궁극적으로 하나의 이치를 얻으면 곧 도착한다고 말하지도 않는다. 다만 이것은 쌓고 포개진 것이 많은 뒤에 자연히 보일 뿐이다.295)

정이는 격물치지를 중심으로 한 우주론적 수양론을 전개하면서 한편으로는 내면적 반성이라는 수양론을 제시한다. "도를 아는 것은 지혜로써 우선을 삼고, 도에 들어가는 것은 경으로 근본을 삼는다."296)라고 하여 도는 지혜로써 우선으로 삼아서 알고, 도에 들어가는 근본이 바로 '경'이라는 것이다. 또 "천하에는 나의 헤아림 안에 있지 않은 사물이 하나도 없다. 그러므로 '경'을 학문의 큰 요점으로 삼는다."297)라고 하였다. 그는 '경'과 '치지'를 곧 두 가지의 중요한 공부로 인정했고, '치지'는 공부를 처음 시작할 때 힘쓰는 곳이고, '경'은 '치지'를 바탕으로 하여 '학문의 큰 요점'이 되는 단계이다.

이처럼 정이는 외적으로 사와 물의 이치를 궁구하여 앎에 이르는 것이 '격물치지'라면 내적으로 마음을 존양하는 것이 '경이직내법敬以直內法'이다. 이 두 방법을 함께 강구해야 주관과 객관의 세계를 인식할 수 있다. 이 두 방법은 상호보완적 관계이므로 '경이직내'만

---

294) 『二程集』, 『遺書』 권18, "天下物皆可以理照 有物必有則 一物須有一理."
295) 『二程集』, 『遺書』 권24, "所務於窮理者 非道須盡窮了天下萬物之理 又不道是窮得一理便到 只是要積累而後自然見去."
296) 『二程集』, 「粹言」1, "識道以智爲先 入道以敬爲本."
297) 『二程集』, 「粹言」1, "天下無一物非吾度內者 故敬爲學之大要."

말한다면 '의이방외義以方外'할 수 없을 것이요, '의이방외'만 말한다면 '경이직내'할 수 없다.[298] 지금까지 송나라 유학자들이 강구한 수양방법은 비록 '체용일원體用一源'을 설명하기는 했지만 결국 그들은 이성적인 문제만 추구했으므로 본체를 체득했다고 하더라도 현실적인 문제에 대해서는 소홀히 할 수밖에 없었다. 따라서 의외법義外法은 구체적으로 사물의 리를 궁구해야만 가능한 것이다.

경은 단지 함양하는 한 가지 일이다. 반드시 의로운 일이 있을 때엔 마땅히 집의集義해야 한다. 다만 용경用敬할 줄만 알고 집의하는 것을 모르면 오히려 무의미한 일이다. ……경은 단지 몸을 지키는 방법(持己道)이고 의는 곧 옳고 그른 것이 있음을 아는 것이다. 리에 순응하면 이것이 의가 된다. 이제 효도하고자 할 경우 효를 하지는 않고 다만 한 개 효자孝字만 지킬 것인가. 모름지기 왜 효도를 해야 하며 어떻게 받들어 모시며 몸가짐은 어떻게 할 것인가 하는 까닭을 안 뒤에야 능히 효도를 다할 수 있다.[299]

이처럼 구체적으로 효도를 어떻게 해야 하는가의 방법론적 문제가 '집의'나 '의외'의 방법으로 곧 '격치궁리법格致窮理法'이다. 즉 효해야 한다는 근본적인 문제는 직내直內이고 이것을 실천하게 하는 과정은 격물 궁리하지 않고서는 밝혀질 수 없다. 그러므로 단순히 점수의 과정에서 그치는 것이 아니라 그 목적은 확연히 스스로 깨닫는 체득을 가져다준다는 것을 알 수 있다.

이와 같이 학자는 본래 사물을 추구하여 본성을 깨닫는 데 있다.

---

298) 『二程集』, 『遺書』 권18, "有諸中者 必形諸外 惟恐不直內 內直則外必方."
299) 『二程集』, 『遺書』 권18, "敬只是涵養一事 必有事焉 須當集義 只知用敬不知集義 却是都無事也…… 敬只是持己之道 義便知有是有非 順理而行是爲義也 若只守一箇敬不知集義 却是都無事也 且如欲爲孝不成 只守著一箇孝字 須是知所以爲孝之道 所以侍奉當如何 溫淸當如何然後 能盡孝道也."

마음의 작용은 견문지사聞見知思로 이것으로 인해 만물과 교감하여 일체가 될 수 있다. 그러나 마음의 작용은 항상 마음을 고수하는 것이 아니라 칠정七情에 의해서 분란이 일어나므로 불교에서와 같이 '좌선입정坐禪入定'의 수양을 추구하는 것이다. 그러므로 학자는 마음에 작용하는 욕심의 분란을 막기 위해 마음을 다스리는 주主를 가져야 하고 마음의 주가 바로 경임을 알아야 한다.

정이가 말하는 '주경主敬'의 주요내용은 '단정하고 엄숙하라(整齊嚴肅)'와 '한곳에만 집중시키면서 다른 곳으로 가지 못하게 하라(主一無適)'는 것이다. 그는 사람들의 밖으로 보이는 외모와 행동뿐만 아니라 그 사람이 갖고 있는 내재적인 생각과 감정까지도 항상 주의할 것을 요구하는 것이다. 따라서 정이는 "의관을 근엄하게 바로하고 시선을 높게 가져간다면, 그런 가운데서 자연스럽게 경의 상태가 갖추어질 것이다."[300]라고 말했다. 또 "예가 아닌 것은 보지도 듣지도 말하지도 행동하지도 않는다면, 사악함이 곧 없어질 것이다."[301]라고 했고, "용모에 조심하고 사려를 가지런히 하면 자연히 경이 생긴다."[302]라고 하였다. 즉 의관을 바로하면 행동도 자연스럽게 바르게 되어 경을 유지할 수 있고, 그렇게 하기 위해서는 예가 아니면 보거나 듣거나 말하거나 행동하지도 말아야 자연스럽게 행동거지가 조신하게 된다. 그래서 그는 다음과 같이 말하였다.

> 달리 방법이 없다. 오직 단정하고 엄숙하기만 하면 마음은 한결같은 상태가 될 것이다. 한결같은 상태가 되면 그릇되거나 편벽되는 잘못이 저절로 없어질 것이다. 이것은 오직 오랫동안 함양하기만 하면 천리가 자연스럽고 분명해진다는 것을 의미한다.[303]

---

300) 『二程集』, 『遺書』 권18, "儼然正其衣冠 尊其瞻視 其中自有箇敬處."

301) 『二程集』, 『遺書』 권2 上, "非禮勿視聽言動 邪斯閑矣."

302) 『二程集』, 『遺書』 권15, "動容貌 整思慮 則自然生敬."

정이는 '주경'하기 위해서는 마음속에서 일어나는 각종 욕망과 감정뿐만 아니라 동시에 밖으로 드러나는 행동과 용모 등도 반드시 통제해야 한다고 생각하였다. 이렇게 전면적이고 엄숙하게 자신을 성찰하도록 권면했을 때 경의 단계에 입문할 수 있다고 그는 생각했다.

이처럼 외재적인 일들은 실재로 오랫동안 끊임없이 수양을 지속하여 습관화한다면, 자연스럽게 마음속에서 사악한 생각과 욕망이 점차 줄어들 것이다. 따라서 밖으로 드러난 모습이 단정하고 엄숙하면 내면의 세계는 자연스럽게 '경'의 상태가 유지될 것이고, 반면에 밖으로 드러난 모습이 단정하고 엄숙하지 못하면 내면의 세계는 의롭지 못하게 된다. 그래서 그는 "말이 장중하지 못하고 경건하지 못하면, 비루하고 야비한 마음이 생길 것이다. 그리고 용모가 장중하지 못하고 경건하지 못하면 태만한 마음이 생길 것이다."[304]라고 말했던 것이다. 밖으로 드러난 행동거지와 용모, 그리고 그 사람의 말 등은 바로 그 사람의 마음가짐을 드러내는 것이기 때문에 반드시 자신에 대한 엄격한 제어가 필요하다.

지금까지 '경'의 밖으로 드러난 외재적인 행동거지와 용모 등은 단정하고 엄숙한 상태를 말하는 것이고, '경'의 내재적 수양이란 사사로운 욕망과 이기심을 제어하는 것을 말한다. 정이가 생각하는 '경'의 내재적 수양방법은 바로 '한곳에만 집중한다(主一)'는 것이다.

정이는 내재적인 수양방법을 "한곳에만 집중시키면서 다른 곳으로 가지 못하게 하고 경으로 안을 곧게 한다면, 곧바로 '호연지기'가 생길 것이다."[305]라고 말했다. 정이는 내재적인 수양방법을 통해서 '경'

---

303) 『二程集』, 『遺書』 권15, "無他 只是整齊嚴肅 則心便一 一則自是無非僻之奸 此意但涵養久之 則天理自然明."

304) 『二程集』, 『遺書』 권1, "言不莊不敬 則鄙詐之心生矣 貌不莊不敬 則怠慢之心生矣."

305) 『二程集』, 『遺書』 권15, "主一無適 敬以直內 便有浩然之氣."

으로 안을 곧게 한다면, 곧바로 밖으로 드러난 외재적인 '호연지기'
가 생긴다고 보았다. 그는 다음과 같이 말하였다.

경이란 오직 한곳에만 집중하는 것이다. 한곳에만 집중하면 동쪽
으로도 가지 못하고 서쪽으로도 가지 못한다. 그러면 오직 내부일
따름이다. 이것을 보존한다면 자연히 천리가 밝아질 것이다.306)

이른바 경이란 한곳에만 집중하는 것을 말한다. 이른바 한곳이란
다른 곳으로 가지 못하는 것을 말한다. 오직 한곳에만 집중한다는
의미를 깊이 깨달아야 한다. 한곳이라면 둘이나 셋은 없다.307)

'한곳에만 집중한다(主一)'는 말은 오직 한곳에만 마음을 집중한다
는 의미이고, '다른 곳으로 가지 않는다(無適)'는 말은 한곳에만 마
음이 있어 산만하거나 아니면 다른 곳에다가 주의를 분산시키지 않
는 것을 말한다. 이렇게 '한곳에만 집중시키면서 다른 곳으로 가지
못하게 하는' 내재적 수양공부를 오랫동안 지속하면 자연히 천리가
밝아지게 된다는 것이 정이의 설명이다.

그래서 그는 "경하면 스스로 텅 비고 고요해지지만, 텅 비고 고요
함을 불러 잡아서 경을 만들 수 없다."308)고 하였다. 따라서 경은 마
음에 하나를 주로 하여 마음에 그 한 가지를 보존하면 내면을 향해
서는 곧게 서고 외부를 향해서는 의롭게 된다. 그러므로 자기 자신
에게 부끄럽지 않게 경을 실천하고 함양하면 천리가 자연히 체득될
수 있다. 정이는 다음과 같이 말한다.

306) 『二程集』, 『遺書』 권15, "敬只是主一也 主一 則旣不之東 又不之西 如
是則只是中 旣不之此 又不之彼 如是則只是內 存此 則自然天理明."
307) 『二程集』, 『遺書』 권15, "所謂敬者 主一之謂敬 所謂一者 無適之謂一
且欲涵泳主一之義 一則無二三矣."
308) 『二程集』, 『遺書』 권15, "敬則自處靜 不可把處靜喚作敬."

이른바 경이라는 것은 마음을 한곳에 주력하는 것을 경이라고 한
다. 하나라고 말하는 것은 마음이 다른 데로 가지 않게 하는 것(無
適)을 말한다.…… 주역에서 이른바 "경건함으로써 마음을 올바르게
하고, 의로움으로써 밖의 행동을 반듯하게 한다."라는 것은 모름지
기 마음(內)을 올바르게 함이 한곳에만 집중한다는 뜻이다.309)

라 하여 '경'은 '한곳에만 집중시키면서 다른 곳으로 가지 못하게
하는 것(主一無適)'을 가리키는 것이며, 또한 『주역』「문언전」에 있
는 '직내直內'의 뜻이다. 그러므로 '경'은 사특함을 물리치는 방법이
고, 사특함을 물리치는 것은 성誠을 간직하는 것이다. 비록 두 가지
일이지만, 그러나 역시 한 가지 일뿐이다. 사특함을 물리치면 성을
저절로 간직하게 된다.310) 이처럼 경이란 사특함을 물리쳐서 성실한
것을 간직하는 내면의 수양공부를 말한다. 따라서 경은 한곳에만 집
중시키는 것(主一)을 말하고, 일一은 성실한 모양이고, 주는 유의有
意이다.311) 성에 유의하는 것이 경의 의미가 된다면, 이것은 내심의
덕성내지 본연성의 회복을 뜻한다. 그러므로 함양을 오래하면 자연
히 천리가 밝혀지는 것으로 경은 천리가 밝혀지는 단초라 보았다.

설명한 것처럼 경에 의거한 함양공부는 바로 천리를 체득하기 위
한 주체의 수양이다. 또 격물궁리란 치지에 입각한 학문 방법으로
객관적 사물에 내재하는 천리를 밝히고자 하는 것이다. 이런 방법을
통해 "일신의 중으로부터 만물의 이치에 이른다."312)라는 내외합일
의 경계를 이룰 수 있는 근거를 밝힌 것이다.

---

309) 『二程集』, 『遺書』 권15, "所謂敬者 主一之謂敬 所謂一者 無適之謂.
　　　易所謂敬以直內 義以方外 須是直內 乃是主一之義."
310) 『二程集』, 『遺書』 권18, "敬是閑邪之道 閑邪存其誠 雖是兩事 然亦只
　　　是一事 閑邪則誠自存矣."
311) 『二程集』, 『遺書』 권24, "主一者 謂之敬 一者 謂之誠 主則有意在."
312) 『二程集』, 『遺書』 권17, "自一身之中 至萬物之理"

　북송 유학자들은 이처럼 인간의 도덕실천이 가능한 초월적 객관성과 내재적인 주관성을 바탕으로 학문의 체계성을 수립하였다. 즉 이들은 『주역』에서 '생생불식'의 관념과 『중용』의 '천명', 『논어』의 '인', 『맹자』의 '심성론'을 하나로 관통한 것이다. '건도변화乾道變化 각정성명各正性命'과 '천명지위성天命之謂性'이 아래로 관통하여 인간의 도덕실천의 객관적 근거를 마련해 주는 가능성으로 보았다. 또한 '천인지천踐仁知天'과 '진심·지성·지천'의 도덕실천이 가능한 주관적 근거를 확립해 주는 '하학이상달법'을 통하여 비로소 진정한 천인합일의 가능성을 수립한 것이다. 이것은 불교나 도교가 추구하는 수양방법론과는 전혀 다른 것이다. 인륜의 현실세계를 긍정하여 합리적인 대상으로 인정되기 때문에 천리 혹은 천도가 실현가능한 인간존중의 실재성과 가치를 인정한다.

　그러므로 송대 신유학은 단순히 불교나 도교 사상의 반동에 의한 것도 있지만 시대적 반성과 자각의 측면에서 수립된 것이다. 왜냐하면 오대五代 이후 타락하고 방향을 상실한 정신적 위기를 반성한 사상 부흥운동이기 때문이다. 따라서 새로운 시대 새로운 가치체계에 의한 정신적 위기라는 상황 속에서 새로운 사상적 수립이 요청되었다. 이것이 도교나 불교를 이단으로 삼아 '생생불이'와 '천인합일'이라는 유학 본원의 철학정신을 확립한 것이다.

집대성자 주자

주희朱熹의 자는 원회元晦와 중회仲晦이고, 호는 회암晦庵으로 주자로 통칭한다. 남송 고종高宗 건염建炎 4년(1130년)에 태어나, 영종寧宗 경원慶元 6년(1200년)에 죽었다. 주자는 복건성의 우계尤溪에서 태어나, 숭안崇安과 건양建陽에서 오랫동안 살면서 강학하였다. 그래서 전통적으로 그의 학파를 '민학閩學'이라고 부른다. 주자는 송대 성리학의 집대성자이며, 중국학술사에서 가장 저명한 철학자 중의 한 사람이다.

주자는 젊었을 때 사장辭章에 빠진 적이 있었고, 또한 불교와 도가에도 심취한 적이 있었으니 그가 여러 학문에 적극적이며 광범위한 관심을 지니고 있었음을 알 수 있다. 주자는 19세에 진사에 급제하였고, 나중에는 천주泉州 동안현同安縣의 주부主簿로 임명되었다. 동안에서 돌아온 후 양시의 이대 제자였던 이동李侗에게서 학문을 배웠고, 이때부터 도학의 발전을 위한 길을 걷게 되었다. 그 후에 추밀원의 편수관과 비서성의 비서랑을 역임하였고, 강서성의 남강과 복건성의 장주, 호남성의 담주(지금의 장사에 속하는 곳) 등에서 행정의 책임자를 맡아 많은 업적을 쌓았다. 주자는 가는 곳마다 행정을 잘 처리했을 뿐만 아니라 제자들을 모아 강학하는 일도 게을리하지 않았다. 그래서 당시에 가장 명망 있는 학자로 명성이 자자하였다. 소희紹熙 5년, 그의 나이 65세 때 황제의 부름을 받고 수도에 들어가 환장각煥章閣 대제待制 겸 시강侍講이라는 벼슬을 맡았지만, 그 재임 기간은 매우 짧았다. 그 뒤 그는 당시의 정치 투쟁에 휘말려 권력자에 의해서 파직되었고, 그와 그의 학파는 '위학僞學'이라는 모욕을 받았으며, 극심한 박해를 당하였다.

주자는 평생토록 벼슬하기를 좋아하지 않았다. 여러 차례 황제의 부름을 받았으나 응하지 않았고, 여러 이유를 들어서 사양하곤 하였다. 그래서 진사 급제 후 50여 년 동안 그가 "외지에 나가 벼슬한 것도 아홉 번에 불과했으며, 조정에 있었던 기간도 겨우 40일뿐이었다."[1]라고 술회하였다. 그 나머지 세월은 주로 복건성 숭안과 건양 일대에서 저술하고 강학하였다. 그는 어렸을 때 집안이 가난하였고, 장년이 되어서도 벼슬을 하지 않았기 때문에 생활은 여전히 어려웠다. 각지에서 주자를 찾아와 배우려는 학생들이 스스로 먹을 양식을 가지고 왔다. 식탁에는 늘 고기와 반찬이 없었고, '거친 현미밥'만 놓였다. 이같이 어려운 처지에도 그와 그의 학생들은 이를 마음에 두지 않았다. 평생 동안 주자가 누렸던 최대의 기쁨이라면 저술과 강학활동이었다.

주자는 『논어』・『맹자』・『대학』・『중용』을 합하여 '사서'로 편집하였고, 송대 이후 이 '사서'는 '오경'보다도 더 중요한 경전 체계가 되었다. 주자는 평생을 '사서'의 주석에 힘씀으로써 대단히 높은 지적 수준을 지니게 되었다. 그리하여 '사서'에 대한 그의 주석은 과거 시험의 지침이 되었다. 주자는 '이락伊洛'의 전통 계승을 자신의 임무로 삼았다. 그는 북송 오자의 사상을 기초로 하여 방대한 '리학'체계를 건립하였다. 그의 중요한 저작으로는 『사서집주四書集注』, 『사서혹문四書或問』, 『주역본의周易本義』, 『태극해의太極解義』, 『서명해의西銘解義』 등이 있으며, 그의 강학 어록인 『주자어류朱子語類』 164권과 그의 문집인 『주문공문집朱文公文集』 120권이 있다.

송대 초기부터 도교와 불교사상에 반기를 든 신유학이 재기됨에

---

1) 『宋史』 권12767, "仕於外者僅九考 立朝纔四十日."

따라 다시 공맹의 설을 주창하면서 유교경전에 대한 새로운 해석과 주석이 따르게 되었다. 즉 철학의 주제가 우주의 근원은 무엇이며, 인간의 본질은 어떠한 것인가에 대한 물음과 그 해답을 얻으려는 철학적 경향을 나타냈다. 즉 종래의 유학이 실천윤리를 주로 했다면 송명유학은 그 원리를 연구하는 데 노력했고, 송명철학은 이기, 심성의 연구가 주였다. 이기는 곧 실재로서 본체론에 해당하는 것이고, 심성은 인성론에 해당한다. 특히 주자는 앎의 이론인 인식론으로 '격물치지설'을, 본체론인 존재론으로 '이기설'을, 인성론인 윤리학을 '성즉리'설로, 도덕 수양론으로는 '거경궁리' '주경정좌'로 설명하였다.

모든 사물에는 리가 있다는 것을 전제로 삼아, 사물이나 현상에 본래부터 들어 있는 리를 탐구하고, 특히 일상생활 속에서 리를 끝까지 추구하며, 경전을 읽는 방법으로 성인의 도를 배우는 것이 바로 격물궁리의 방법이다. 이것은 다른 한편으로 사물을 객관적으로 인식하는 길을 열어 놓았다.

본체론과 심성론, 인식론과 도덕 수양론을 종합한 유학은 내성외왕, 수기치인의 대학의 학문이다. 또한 『대학』의 팔조목 중 가장 기본이 되는 철학적 문제는 다름 아닌 격물치지이다.[2] 격물치지는 인식주체인 인간의 신령함이 앎을 소유하지 않음이 없어 이 영지靈知를 통해 사물에 들어 있는 이치를 궁구해 감으로써 가능하다고 설명하고 있다. 그러므로 인식의 성립에 대한 설명은 인식주체와 인식대상 양자를 모두 겸해서 말할 수밖에 없다.[3] 따라서 격물치지는 유학

---

2) 成均館大學校 儒學科 敎材編纂委員會, 『儒學原論』, 成均館大學校 出版部, 서울 1978, 78쪽.

3) 候外盧, 『中國哲學大綱』, 522쪽에서 "중국철학 가운데 知의 문제를 크게 셋으로 나눌 수 있으며, 그 근본쟁점은 지식이 안으로부터 나오는 것인가? 밖으로부터 나오는 것인가로 나눌 수 있다. 그 가운데 主外說은 지식이란 독립된 세계로부터 인상이 감관을 통해 성립된다고 보는 荀子·王充 및 顔習齊·戴東原의 설이고, 兼內外說은 墨家·張橫渠·程朱·

의 형이상학과 인식론 및 수양론을 이해하는 데 중요한 매개 역할을 하고 있기 때문에 중요한 문제로 다루어질 수밖에 없으므로 송 명대에 이르러 많은 학자들이 격물치지에 대한 연구를 시작하였고, 이후에 이에 대한 시비와 논란4)이 계속되어 여러 학설이 등장하였다.

주자는 인식주체인 인간이 사물의 이치를 밝히려면 인식대상인 사물에 나아가 사물의 리를 궁구해야 한다고 보고, 격물치지는 곧 객관적 세계 있는 사물의 이치를 이성의 사유로써 인식하는 공부 방법으로 보았다. 즉 인간에게는 선천적으로 거울과 같은 영지가 있고, 사물에는 각각의 이치가 내재하여 주객이 분리되지 않고 상호 감응한다고 본 것이다. 그러므로 사람의 노력 여하에 따라서 앎의 성패

王船山이고, 主內說은 陸王이다."라고 하였다.

4) 주자의 학문과 격물치지에 관한 비판은 다음과 같이 설명될 수 있다. 첫째, 象山은 주자의 가르침이 支離하다고 하였고(『象山全集』, 卷26, "陸以朱之教人爲支離."), 두 번째, 王陽明은 인간의 도덕적 측면만을 중요하게 생각할 뿐 객관적 사물의 물리에 대해서는 중요하게 생각하지 않았다. 따라서 학문의 방법 또한 良知啓發의 誠意로써만 중시하여 격물치지를 誠意와 동일시하고 주자의 敬에 대해서는 경시한 것을 볼 수 있다.(『傳習錄』, 상, "凡學問之一事 一則誠 二則僞 以誠意爲主則不須添敬字.") 셋째, 牟宗三은 주자의 격물이 汎認知主義이며 적극적 의미가 없는 소극적 지식주의로 철학사상이 아니고 과학이라고 비판하였다.(모종삼, 『心體與性體』三冊, 正中書局 民國 69, 364쪽) 네 번째, 蔡仁厚는 객관적인 지식 탐구를 주자철학의 특색이라고 보아 陽明의 橫攝系統을 맹자학의 진전으로 인정했다.(채인후, 『宋明理學』, 學生書局 民國 69, 122~123쪽) 다섯째, 曾昭旭은 주자의 격물공부가 내적으로는 良知體認의 보조공부요, 과학적인 적합한 방법도 찾아내지 못했다고 혹평하였다.(증소욱, 『朱子陽明과 船山의 格物義』퇴계학보 제25집 1980.) 여섯 째, 勞思光은 주자는 "주체성의 객관화 문제에 대하여 전적으로 깨닫지 못한 것 같다. 일체의 문화제도로는 단지 도덕문제의 연장으로 보았을 뿐이다. 수많은 주제가 나란히 서 있는 영역(衆多主體之竝立領域)을 주자는 깨닫지 못하였다."고 하였다.(노사광, 『中國哲學史』三冊, 鄭仁在 譯 探究堂 1988, 363쪽) 이들의 비판 중 어느 면은 물론 정당성을 가진 것도 있으나 일부는 주자학 전체를 통찰하지 못한 이해의 부족에서 비롯된 것이다.

가 가능한 것이니, 주관적 마음의 리와 객관적 사물의 리가 서로 대
응하여 여온餘蘊이 없을 때 마음의 리는 추극推極이 되고, 사물의
리는 극지極至하여 물아일체의 인식이 이루어지는 것이라고 보았다.
주자는 현실의 일용상행日用常行하는 물사物事를 궁리하여 활연관
통에 이르고자 했으며 즉물궁리卽物窮理하는 그의 수양방법은 도교
와 불교 혹은 심학파와는 다른 이해를 가지고 있다.

　주자 이전의 유학에서는 주로 성의 정심의 내성학에서 치국평천하
의 외왕학에 이름으로써 내성외왕의 도학를 궁구했으나, 주자는 격물
치지를 『대학』의 최초의 용공처라 하여 『대학』의 팔조목 중 유독 주
석마저 궐여된 격물치지를 제시함으로써 참된 앎의 경지를 열어 놓
았다. 또한 본체론이나 인성론 등에서 도 혹은 인의 문제에 집착하지
않고 오히려 거기에 도달하는 방법과 함양치지의 '사思 · 학學'을 중
시하고 호진하는 수학공부를 발현시킬 방법도 제시해 준 것이다.

제1절 격물치지론

1. 격물에 대한 이해

『대학』의 격물치지에 대한 해석과 분석방법에 대해서는 여러 학파
에 따라 그 주장하는 바가 많고 다양하니, 대별하면 정주설과 육왕
설로 양분되어 주자와 왕수인 양자의 후계자에 의하여 전승되어 오
늘날까지 이어오고 있다. 정주 이전의 대부분 유학자들은 위정자의
목적인 성의 · 정심으로부터 치국 · 평천하에 이름으로써 내성외왕의

도를 힘썼으니, 『대학』의 중요한 방법인 수신으로써 근본을 삼은 것이다. "격물·치지·성의·정심"은 수신을 위한 공부요, "제가·치국·평천하"는 모두 수신을 위한 효과이니, 이 '신身'이 개인의 모든 윤리의 중심이었다.[5] 그러므로 정주 이전에는 격물치지의 문제에 대해서 중요한 문제로 인식되지 않았다.

그러나 앎의 문제와 그 방법에 대해서는 격물치지에 의존할 수밖에 없다. 왜냐하면 『대학』의 강령이 명명덕에 있다면, 명명덕의 공부는 반드시 격물치지의 공부 방법을 통해서 인식되어야 한다. 또 격물치지는 『대학』의 본말 종시의 논리를 구명함과 동시에 내외 선후의 방법을 찰식한 이론이다.

주자는 격물이 꿈을 깨우는 관문이며, 치지는 전체설[6]이라 하여 『대학장구』의 '치지재격물'은 그 자체로서 수양 방법론상의 의의뿐만 아니라 삼강령 팔조목 성립의 기초가 되고 대학공부의 완성이 된다고 보았다. 주자는 '즉물궁리'하는 대상에 대한 연구는 천하 사물의 이치를 궁구하므로 앎을 완성하고, 전체의 대용을 밝히는 데 그 목적이 있으므로 주자는 '격格을 지至'로 '물物을 사事'로 이해하여, 사물의 이치를 끝까지 궁구하여 그 지극한 곳에 이르지 못함이 없도록 하려는 것을 말한다.[7] 격은 앎에 있어서 대상인 물사物事가 주체와 어떻게 대응하느냐를 설명한 것으로 여러 설이 있다.[8]

207

---

5) 胡適, 민두기 외 3人 譯, 『中國古代哲學史』, 大韓敎科書 株式會社, 서울 1983, 305쪽.

6) 『原本備旨大學集註』 1장 註, "格物是夢覺關…… 致知是全體說." 明文堂 서울 1988, 16쪽.

7) 『大學章句』 1장 註, "格 至也 物 猶事也 窮至事物之理 欲其極處 無不到也."

8) 鄭玄은 "格 來也 物 猶事也"라 하여 사람이 善事를 좋아하면 善이 오고, 惡事를 좋아하면 惡이 온다는 뜻으로 이해하여 대상이 주체로 인식될 때에 앎이 이루어짐을 말하고 있다.(『禮記注疏』60, "格 來也 物 猶事

그러나 주자는 물사의 이치를 궁구함에 있어서 그 극진처까지 이르지 않음이 없고자 한 것으로, 격은 앎에 있어서 대상인 물사가 주체와 어떻게 대응하느냐를 설명한다. "치지의 방법은 일에 나아가 이치를 살핌으로써 물을 격하는 데 있다. 격이란 지극한 것에 이른다는 말이다. '(순임금이) 시조의 종묘에 나아갔다'는 '나아감'(格)과 같은 뜻으로, 궁구하여 그 지극함에 이르는 것을 말한다."9)라고 하였다. 격은 바로 지至의 의미로 쓰이며, 주자는 격물을 이해하는 데 이 뜻을 근거로 하여 격은 물사의 이치를 궁극하여 주체가 사물을 인식함으로써 앎이 이루어진다고 보았다. 주자의 이러한 이해 이면에는 객관적 대상인 물사에 대해 "사물에는 근본과 지엽이 있고 일에는 끝과 시작이 있어 먼저 할 바와 뒤에 할 바를 알면 도에 가까울 것이다."10)라 하여 물과 사는 상대적이지만 서로 필수 불가결한 존재이기 때문에 물이 없는 사나 사가 없는 물은 의미조차 없다. 이러한 격에 대한 물은 소리 색깔 모습이 있고 천지에 가득한 것들이

也 其知於善深則來善物 其知於惡深則來惡物 言事緣人好來也 此致或爲知.") 張載는 "格 去也 格物 外物也"라 하여 心中의 物을 格去하는 것으로 心中의 物이 있으면 蔽하고, 物이 없으면 虛明하다 하여 대상으로서의 事物을 格去할 때 마음이 蔽하지 않아 앎이 이루어진다고 보았다. (上揭書, "格 去也 格去物始虛明 具物可盡 格物 外物也 外其物則心無蔽 無蔽則虛靜 虛靜則思慮靜明而知至也.") 伊川은 格物을 이해하기를 "致知在格物 格 至也 物 事也 事皆有理 至其理 乃格物也." 또 "格 至也 言窮至物理也."(『遺書』 上, 九.)라 하여 모든 사물의 理를 窮至하는 뜻으로 말하였으니, 伊川의 格物은 사물의 理를 窮至하여 앎에 이르는 것으로 이해하였다. 즉 사물 자체를 窮至하는 주체가 사물을 인식함으로써 앎이 이루어지는 것이다. 王陽明은 "格者 正也 正其不正 以歸於正也"(『傳習錄』 권1.)라 하여 마음의 부정을 바로잡는 것으로 보아 知의 본심을 良知에서 구하고 있다.

9) 『大學或問』, 권1, "致知之道在乎卽事觀理以格夫物 格者 極至之謂 如格於文祖之格 言窮而至其極也."

10) 『大學章句』, 2장. "物有本末 事有終始 知所先後 則近道矣."

모두 물이라[11]고 하여 인간이 감각을 통해 인식할 수 있는 자연현상인 만상萬象과 자연에 존유하고 있는 구체적 존재 일체를 포함하고 인간이 행하는 행위도 모두 여기에 속한다고 볼 수 있다. 그러므로 격할 대상으로서의 물은 천하의 모든 만물이라고 볼 때 천지간에 현존하는 유무형의 전체로서 나타내는 것이 천하의 물사가 된다.[12]

> 격물은 단지 하나의 사물에 나아가 그 사물의 리를 극진히 궁구하는 것이고, 치지는 단지 사물의 리를 궁구하여 얻는 것이다.[13]

격물은 개개 사물의 리를 극진히 궁구하는 것을 말한다. 즉 리를 추구하는 것을 의미한다. 치지는 사물의 리의 궁극을 터득한 것을 말한다. 즉 격물은 지적 당위 자체를 말하고, 치지는 지적 완성을 말한다. 그러므로 격물은 착수하는 것이고, 치지는 알아 얻은 것이다.[14] 격물과 치지는 리를 구하는 것을 목적하고 있음을 알 수 있다. 그래서 "격물치지는 단지 궁리일 뿐이다."[15]라고 한 것이다.

그러나 『대학』에서는 궁리라고 말하지 않고 격물이라고 말한다. 그 이유를 주자는 "대체로 리라고 말하면 포착할 수 없어 사물은 때로 분리되고, 사물이라고 말하면 리는 스스로 존재하여 자체적으로 분리될 수 없기"[16] 때문이라고 말한다. 즉 리라고 말하면 리는 포착할 수 없기 때문에 리와 사물은 때로 분리되는 것이고, 사물이라고

---

11) 『大學或問』, "凡有聲色貌象而盈於天地之間 皆物也."
12) 『朱子語類』 권57, 「孟子七」, "凡天地之間 眼前所接~之事 皆是物."
13) 『朱子大全』 中, 권51, 「答黃子耕」 "格物 只是就一物上 窮盡一物之理 致知 便只是窮得物理."
14) 『朱子語類』, 권15 「大學二 經下」, "格物 便是下手處 致知 是知得也."
15) 『朱子大全』 中, 권51, 「答黃子耕」 "格物致知 只是窮理."
16) 『朱子語類』, 권15 「大學二 經下」, (賀孫錄), "蓋言理 則無可捉摸 物有時而離 言物 則理自在 自是離不得."

말하면 리는 자연히 사물에 내재하기 때문에 리와 사물은 분리되지 않는다는 것이다. 그것은 '허공에 매달린 사물'을 구하는 것이 아니다. 이는 사실에 바탕을 둔, 구체적인 것을 목표로 하는 주자의 표현이다.

또 "치지는 나로부터 말하고, 격물은 사물에 나아가 말한다."[17]라고 하여 격물은 대상인 사물에 나아가 그 리를 구명하는 것이기 때문에 '사물에 나아가 말한다.'고 했고, 치지는 자기에게서 사물의 리를 터득한 것이기 때문에 '나로부터 말한다.'고 하는 것이다.

주자는 격물에 대한 구체적 방법으로

> 격물의 물은 사물을 가리킨다. 사물의 리를 끝까지 파고들어 연구하면 어떤 것은 옳고, 어떤 것은 그르다는 것을 알게 된다. 옳으면 행하고 그르면 행하지 않게 된다. 무릇 자기의 심신에서도 시비를 경험하게 되니 사물에 접해서 각각의 체험을 거쳐 점점 그 범위를 넓혀 나가면 자연히 영역이 광활해진다. 즉 증자가 하루에 세 번씩 자신을 반성했다는 것은 다만 이러한 체험과 같이 관리해 나간 것에 불과하다.[18]

라고 했으니 태어나면서부터 아는 자가 아니고서는 허령불매虛靈不昧하게 그대로 명덕이 밝혀지는 것이 아니다. 성지誠之하는 과정상의 인격은 '배우고 생각하지 못하면 어둡다(學而不思則罔)'라고 하여 배움의 일변도만의 앎의 추구는 '망罔[昧]'만 낳게 된다. 이것은 기품의 편차와 물욕의 혼란한 바로 말미암아 기질의 치우치고 막

---

17) 『朱子語類』, 권15 「大學二 經下」, "致知 是自我而言 格物 是就物而言."
18) 『朱子語類』, 권15 「大學二 經下」, "物謂事物也 須窮極事物之理到盡處 便有一箇是 一非是底便不行 是底便行 凡自家身心上 皆須體驗得 一箇是非 若講論文字 應接事物 各各體驗 漸漸推廣 地步自然寬闊 如曾子三省 只管如此體驗去."

힘과 인욕에 의한 가려진 바가 발생하는 것이니 이러한 기질과 인욕을 회복하기 위해서는 거경궁리의 수양공부를 함으로 극복된다고 보았다.

공자가 말한 '극기복례', 『중용』에서 말한 '치중화, 존덕성, 도문학', 『대학』에서 말한 '명명덕', 『서경』에서 말한 '인심은 오직 위험하고 도심은 은미하여 오직 정일精一하게 하여 진실로 그 중을 잡아라(人心惟危 道心惟微 惟精惟一 允執厥中)' 등 성현의 천 마디만 마디는 오직 인간에게 천리를 밝히고 인욕을 버리라고 가리킨 것이다. 천리가 밝아지면 자연히 강학에 시간을 소비할 필요가 없게 된다. 인성은 본래 밝은 것으로 보주寶珠가 흐린 물속에 빠져서 밝음을 볼 수 없는 것과 같다. 그러나 하루아침에 흐린 물을 제거하면 보주는 여전히 저절로 밝아지게 된다. 자기가 만일 인욕을 가려진 것을 알 수 있다면 그것이 바로 마음의 밝은 곳이다. 다만 이 입장에서 탄탄히 힘을 써서 주정主定하고 한편 격물하는 데 있어서 오늘 일물을 격하고, 내일 일물을 격하면 바로 유격병이 포위 공격하여 수비를 빼앗아 가버림과 같으니 인욕은 저절로 사라져 버린다. 그러므로 정이천 선생이 경자를 주장한 것은 단지 내 스스로 하나의 분명한 물사物事가 여기에 있으니, 이 하나의 경자를 가지고 바깥에 있는 영향을 막고 방어하라고 말한 것이다. 항상 하나의 경이 여기에 존재하고 있으면 인욕은 자연히 생길 수가 없게 된다. 그래서 공부자는 말하기를 '인이란 자기로 말미암은 것이지 타인으로 말미암은 것이겠는가?'라고 하였으니, 그 관건이 바로 여기에 있다.[19]

---

19) 『朱子語類』, 권12 「持守」, "孔子所謂克己復禮 中庸所謂致中和 尊德性 道問學 大學所謂明明德 書曰 人心惟危 道心惟微 惟精惟一 允執厥中 聖賢千言萬語 只是敎人明天理滅人欲 天理明 自不肯講學 人性本明 如 寶珠沈溷水中 明不可見 去了溷水 則寶珠依舊自明 自家若得知是人欲 蔽了 便是明處 只是這上便緊緊着力主定 一面格物 今日格一物 明日格 一物 正如遊兵攻圍拔守 人欲自초銷鑠去 所以程先生說敬字 只是謂我 自有一箇明低物事在這裏 把個敬字抵敵 常常存箇敬在這裏 則人欲自然 來不得 夫子曰 爲仁由己 而由人乎哉緊要 處正在這裏."

성인이 말한 격물은 곧 사람들의 사물에 대한 깨달음이다. 작은 일념으로부터 모든 사물에 이르기까지 정과 동이 있다. 무릇 거처, 음식, 언어 등 사물이 아닌 것이 없으며 각각 천리와 인욕을 지니고 있다. 비록 조용한 곳에 앉아 있을지라도 역시 경敬과 사肆를 경험하게 된다. 경은 천리이고, 사는 인욕인 것이다. 거처함에 있어서 일을 맡아 해 나가는 데 있어서도 경과 사를 경험하게 된다.[20]

이 두 구절에서 언급하고 있는 격물을 생각해 보면 격이라는 것은 개인의 도덕행위이며 이 도덕적 규거規矩의 행위가 절대적으로 옳은가 그른가의 여부를 엄밀히 규명해 볼 필요가 있다. 과연 격물의 도덕적 행위를 무엇으로 시비의 기준을 삼을 것이며 어떤 것이 경이고 불경인가의 가치판단은 무엇으로 할 것인가? 모든 존재의 본질을 참된 실재로 만들어 주는 불변의 공통적인 이치는 바로 인의예지이다.

주자는 "만약 격물을 말한다면 새벽에 일어나 눈을 뜰 때 바로 여기에 네 가지가 있으니 바깥에서 찾을 필요가 없다. 즉 인의예지가 바로 그것이다."[21]라고 하였다. 인의예지는 천도의 사덕으로 원형이정元亨利貞이 된다. 주자는 "원형이정은 천도의 항상스런 도이고, 인의예지는 인성의 벼리이다."[22]라고 하여 우주는 인간의 본래적 존재원리임을 강조했고, 맹자는 인성의 선함을 밝힘으로써 인의의 구체적 실현이 인간본성의 도덕적 구현이라는 점을 강조하였다. 즉 인

---

20) 『朱子語類』, 권15 「大學二」, "聖人只說格物二字 便是要人就事物上理會 且自一念之微以至事事物物 若靜若動 凡居處飲食言語 無不是事 無不各有箇天理人欲 須是逐一驗過 雖在靜處坐 亦須驗箇敬肆 敬便是天理 肆便是人欲 如居處 便須驗得恭與不恭 執事 便須驗得敬與不敬."

21) 『朱子語類』, 권15 「大學二」, "如今說格物 只晨起開日時 便有四件在這裏 不用外尋 仁義禮智是也."

22) 朱子, 『小學題辭』 "元亨利貞 天道之常 仁義禮智 人性之綱."

간에게 보편적 도덕원리인 "측은·수오·사양·시비지심"의 사단이 없을 것 같으면 인간이 아니라고[23])까지 설명했다.

이와 같이 주자의 격물에 대한 이해는 사물의 '그러한 까닭(所以然)'과 '마땅함(所當然)'을 궁구하는 것이다. '소이연'과 '소당연'은 모두 리를 의미한다. "천하의 물은 반드시 각기 그 소이연지고所以然之故와 소당연지칙所當然之則을 갖고 있으니, 그것이 이른바 리이다."[24])라고 하였다. 당연지칙에 관해 주자는 "부자와 형제간의 골육의 친함은 리가 당연히 그러한 바이니, 사람이 그만둘 수 없는 것이다."[25])라고 하였고, 또 "성인의 마음이 털끝만큼의 어그러짐도 없는 것은, 말하자면 마치 일이 마땅히 그렇게 되어야 할 때 곧 그렇게 되는 것과 같다. 또 장醬이 없어서 음식을 먹지 못할 경우, 한 사물을 혼합하여 장 대신 쓸 수는 있지만 그 장이 아니라고 해서 성인이 차라리 먹지 않는 것은 모두 그 당연지칙을 얻기를 원하기 때문이다."[26])라고 하였다. 이처럼 당연지칙의 중요한 의미는 도덕 준칙과 예절 규범을 가리킨다.

소이연지고에 이르러서는 일반적으로 사물의 본질·속성·법칙 및 각종 과정의 기술적인 설명을 하고 있다. 주자는 "일은 그 소이연을 아는 것이 중요하다. 여기 꽃다발 두 묶음이 있는데 그중 하나는 부서졌고 다른 하나는 그냥 있다. 단지 그러한 것은 누구나 알 수 있

---

23) 『孟子』, 「公孫丑上」 6장, "無惻隱之心 非人也 無羞惡之心 非人也 無辭讓之心 非人也 無是非之心 非人也."

24) 『大學或問』 권1, "天下之物則必各有所以然之故 與其所當然之則 所謂理也."

25) 『朱子文集』 권44, 「答江德功二」, "父子兄弟骨肉之恩 理之所當然 而人心之不能已者."

26) 『朱子語類』 권38, 「呂燾錄」, "聖人之心 無毫釐之差 謂如事當恁地做時便硬要恁地做. 且如'不得其醬不食 這一物合用醬而不得其醬 聖人寧可不喫 蓋皆欲得其當然之則故也."

고 누구나 말할 수 있으나 반드시 부서진 소이연과 부서지지 않은 소이연을 알아야 한다."27)라고 하였다. 일에는 반드시 원인이 있으면 그에 따른 결과가 있기 마련이다. 따라서 사물에는 뿌리와 가지가 있고 일에는 끝과 시작이 있어 먼저하고 뒤에 할 것을 알면 도에 가깝게 되는28) 이유가 여기에 있다.

주자는 "어버이를 섬길 때는 마땅히 효도하고 형을 섬길 때는 마땅히 공경하라는 것이 당연지칙이다. 그러나 어버이를 섬기는데 왜 효도해야 하며 형을 섬기는데 왜 공경해야 하는가 하는 것은 소이연지고이다."29)라고 하여 도덕규범이 '당연직'이고, 도덕규범이 생겨난 원인이 '소이연지고'이다. 즉 윤리학의 영역에서 보면 소이연지고는 일체 도덕 법칙의 근원을 가리킨다. "천하 만물의 당연지칙이 곧 리이며 소이연은 근원이다."30)라고 하였다. 이 말은 당연지칙을 안다는 것은 바로 구체적인 규범을 안다는 것이며, 소이연지고를 알아야 이러한 사물의 보편 규범의 근거가 무엇인지를 비로소 알 수 있다는 것이다.

이와 같이 '소이연'은 천하 사물의 보편적인 본질과 규율을 가리키고, '소당연'은 사회의 윤리원칙과 규범을 의미한다. 따라서 주자가 주장하는 격물 궁리의 최종적인 목표는 앎을 완성하고, 전체의 크게 쓰임을 밝히는 데 그 목적이 있으므로 선을 밝히는 데 있다.

---

27) 『朱子語類』 권9, 「竇從周錄」, "事要知其所以然 指花斛曰 此兩箇花斛 打破一箇 一箇在. 若只恁地 是人知得 說得 須知所以破 所以不破者."

28) 『大學章句』, "物有本末 事有終始 知所先後 則近道矣."

29) 『朱子語類』 권18, 「周謨錄」, "如事親當孝 事兄當弟之類 便是當然之則 然事親如何卻須要孝, 從兄如何卻須要弟 此卽所以然之故."

30) 『朱子語類』 권117, 「陳淳錄」, "天下萬物當然之則 便是理 所以然底."

2. 치지에 대한 이해

격물과 치지는 서로 분리되어 있는 것이 아니고, 격물이 사사물물의 이치를 궁구하여 그 대상을 확충해 가는 과정이라면, 치지는 사사물물의 대상들에 대한 인식을 확대하고 넓혀서 보편타당한 지식을 획득하는 것이다. 『대학』의 경문에서도 '치지재격물致知在格物'이라 하여 팔조목 중에서 다른 조목들과 같이 선후로 말하지 않고 치지(主)가 격물(客)에 있다(在)고 하였다. 치지致知의 치는 추극推極함이요, 지는 식識과 같은 것이어서 치지란 곧 나의 지식을 추극하여 그 아는 바를 다함이 없고자 함이다.[31] 주자는 격물을 물을 쫓아 장차 격해 가는 것이고, 치지는 곧 얻을 것을 미루어 점점 넓혀 가는 것으로 이해했다.[32] 격물은 자세히 세분하여 말한 것이고, 치지는 전체를 말한 것이다.[33] 격물이 구체적 대상물의 명리를 추구하는 과정이라면 치지는 격물을 통해서 연역 확대하는 전체 문제이다.

주자는 치지가 결코 격물과 동떨어진 별개의 공부 방법도 아니며, 자신의 고유한 지식을 힘껏 발휘해 내거나 이미 알고 있는 것을 통해 아직 알지 못하는 것을 미루어 알아내는 것도 아니다.

> 격물이란 오직 한 사물에서 그 사물의 이치를 끝까지 궁구하는 것이다. 그리고 치지란 사물의 이치를 끝까지 궁구해 나가면 나의 지식도 다하지 않음이 없다는 것이다. 그런데 그것은 마치 지식을 밀고 나가 그것에 이른 것과 같다. 이 문단(치지는 격물에 있다)의 의미는 오직 이와 같을 따름이니, 이것을 정확히 깨달았다면 곧바로

---

31) 『大學章句』, 1장 註, "致 推極也 知猶識也 推極吾之知識 欲其所知 無不盡也."
32) 『朱子語類』, 권15 「大學」, "格物是逐物將去 致知則是推得漸廣."
33) 『原本備旨大學集註』, 1장, "格物零細說 致知是全體說."

215

그렇게 노력해야 한다. 격물할 수 있다면 앎은 저절로 이르니, 별개
의 일이 아닌 것이다.[34)]

격물은 사물의 이치를 힘껏 궁구하는 것을 의미하지만, 사람들이
사물의 이치에 통달하면 자기의 지식도 철저하게 완비된다. 따라서
치지는 주체가 물리를 궁구하여 개인적으로 얻게 된 지식 확충의 결
과를 의미할 뿐이다. 그러므로 치지는 격물의 목적이자 결과이다. 치
지는 결코 격물과 병행되는 것도 아니며, 주체 자신을 대상으로 삼
는 인식 방법이나 수양 방법도 아니다. 주자는 치지란 주체가 인식
활동에서 얻은 지식의 성과를 의미할 뿐이므로, 사물에 나아가 궁리
하지 않는다면 지식을 확충할 수 없다고 보았다.

이러한 지에 대한 구체적인 이해는 여러 가지 의미가 있으니 『논
어』「헌문」편의 "나를 아는 것은 오직 하늘인저!"[35)]와 같이 식별의
의미가 있고, 『논어』「리인」편의 "부모님의 나이는 알지 않을 수가
없다."[36)]고 한 것처럼 기억한다는 의미도 있고, 『중용』의 "배움을 좋
아하는 것은 앎에 가깝다[37)]는 것처럼 지식과 같은 의미도 있다. 이
와 같이 지知에 대한 이해 중에서 '안다', '식별한다', '기억한다'는
'식識'자로 바꾸어 표현될 수 있다.[38)] 주자가 말하는 '지'는 '식'과
같은 것이어서 '심해지心解知', '식별지識別知', '기억지記憶知'로 이
해되어, 식별지가 기억지와 연결되면 박식하고 견문이 넓은 기억의
학문이 되어 기억지의 다식多識에 떨어질 수밖에 없으므로 주자는

34) 『朱子大全』中, 권51, 「答黃子耕」, "格物只是就一物上窮盡一物之理　致
知便只是窮得物理盡后我之知識亦無不盡處　若推此知識而致之也　此其
文義只是如此　纔認得定　便請以此用功　但能格物則知自至　不是別一事也."

35) 『論語』, 「憲問」 37장. "知我者　其天乎."

36) 『論語』, 「里仁」 21장. "父母之年　不可不知."

37) 『中庸』, 20장. "好學近乎知."

38) 『辭海』下冊, 知條參照, 中和書局 民國 66. 206쪽.

이를 방지하고, 식별지가 심해지에 연결됨으로써 활연관통의 각오지 覺悟知에의 길을 열어 놓은 것이다.[39]

그러므로 주자의 치지는 식별 반성지의 기반을 공고히 하여 활연 관통에 이르고자 하는 것으로 사물의 리에 대한 오심吾心의 궁지窮 至를 하고자 한 것이다. 이러한 치지를 공자는 "아는 것을 안다고 하고, 모르는 것을 모른다고 하는 것이 아는 것이다."[40]라고 하는 태 도로 일관해야 그 결과 또한 큰 지식을 이룰 수 있고, 사물에 접하 여 "불혹不惑"[41]의 경지에 오를 수 있다고 보았다. 따라서 격물과 치지는 서로 상대해서 설명한 것일 뿐 독립 분리하여 오늘 격물하고 내일 치지하는 것이 아니다.

> 이른바 치지가 격물에 있다고 한 것은 자아의 앎(知)을 이르게 하 고 물에 나아가 그 리를 궁구하는 데 있다고 말한 것이다. 대개 인 심이 신령한 것이 알지 못하는 것이 없고, 천하의 사물은 리를 지니 지 않은 바가 없다. 오직 리에 궁구하지 않은 바가 있으므로 그 앎 을 다하지 못함이 있는 것이다.[42]

이처럼 격물과 치지는 서로 보완적 관계에 있고, 앎은 마음의 신 명이며 모든 이치를 묘용해서 만사를 재제하는 것이다.[43] 심지心知 는 거울에 비유하여 본래 전체가 통명한 것으로 다만 어두워지고 가 려졌을 따름으로 지금 차츰차츰 닦아나가 네 변이 다 비추도록 하면

---

39) 李東熙, 『朱子의 大學章句에 대한 硏究』, 東洋哲學硏究會 第二集, 126쪽.

40) 『論語』, 「爲政」 17장. "知之爲知之 不知爲不知 是知也."

41) 『論語』, 「爲政」 4장.

42) 『大學章句』, 「格物補傳章」, "所謂致知在格物者 言欲致吾之知 在卽物 而窮其理也 蓋人心之靈莫不有知 而天下之物 莫不有理 惟於理 有未窮 故 其知有不盡也."

43) 『大學或問』, "若夫知 則心之神明 妙衆理而萬物者也."

그 밝음이 이르지 못할 곳이 없는 것이다.44) 주자는 당시의 불교의 유심론이나 맹자의 구방심求放心과 같이 내면을 직접적으로 성찰하는 것에 의존하지 않고, 심지의 대명성大明性을 『대학』의 '치지가 격물에 있다'는 것에 근거를 두고 있기 때문에 격물법에 의존하지 않고는 치지를 구할 수가 없다고 보았다.

그러나 불교의 선종은 현실의 구체적인 문제는 다루지 않고 생사 윤회하는 고통의 문제를 해결하고자 초월적인 심신의 방법으로 초월적인 경지를 개척하므로 중생의 현실문제에 대해서는 출세간이니 오늘날 선을 배우는 사람들은 평거平居하여 성명性命의 문제를 고담高談하지만 세상사에 이르면 왕왕 직접 모두 밝히지 못하는 것이 있으니 이것은 다만 현실적으로 얻은 바가 없기 때문이다.45) 주자는 불교가 이처럼 현실에 어두운 점이 사사물물을 궁구하지 않고 곧바로 돈오하려는 방법에 있다고 본 것이다.

한편 왕양명에 있어서 격물은 양지를 밝혀 바르지 않은 물을 격[正]하는 것으로 성의와 같다. 즉 격물치지를 곧 성의라고 보았고,46) 오심吾心의 양지를 실현시키는 것은 치지이고, 각 사물마다 모두 그 이치를 얻는 것이 격물이니,47) 격물·치지·성의가 둘이 아니다. 이와 같이 왕양명은 양지의 증오證悟만 강조한 나머지 궁리를 부정하게 되고 또한 선학과 같이 돈오를 강조하게 되어 불학에 빠졌다는 비판이 있게 된다. 그리고 유심적 주관론에 빠져서 객관적 사물의 리의 탐구를 인정하지 않는다는 점에서 비판이 제기되고, 따라서 앎

---

44) 『朱子語類』, 권15 「大學二」, "致知乃本心之知 如一面鏡子 本全體通明 只被昏翳了 而今逐旋磨去 使四邊皆照見 其明無所不到."

45) 『朱子語類』, 권126 「釋氏」, "今之學禪者 平居高談性命之際 至於世事 往往直有都不曉者 此只是實無所得也."

46) 『傳習錄』, 권上, "工夫難處 全在格物致上 此卽誠意之事."

47) 『傳習錄』, 권中, 「答顧東橋書」, "致吾心之良知者 致知也 事事物物皆得 其理者 格物也."

의 대상도 양지이고 주관도 양지이어서 내외의 구별이 없이 모두 도 덕적 주관론으로 치우치게 된다.

주자는 맹자의 구방심에 대해서도 그 미흡한 점을 다음과 같이 지적하고 있다.

> 맹자가 이르기를 "학문의 도는 다른 것이 없다. 그 방심을 구하는 것뿐이다."라고 했는데 어찌 이 일 밖에 다른 일이 없겠는가? 다만 이러한 근본이 서지 않으면 곧 하수처가 없기 때문이다. 이 근본이 이미 섰으면 자연히 길을 얻어 찾아 나서기를 그치지 않게 되는 것 이다.[48]

사람이 그 본성을 따라 행하면 백행이 다 선할 것이나 외계의 착 란으로 악을 행하게 되고 물욕에 가려서 양심이 질곡하게 되니 본능 의 기능을 회복하여 선한 상태로 복귀시키는 공부방법이 곧 구방심 이다. 주자는 『맹자집주』에서 "학문을 하는 것은 진실로 일단만이 아니다. 그 도는 구방심에 있을 뿐이니…… 하학이상달인 것이다."[49] 라고 했고, 또 『어류』에서 "처음 볼 때에는 구방심에 불과했으나 두 번째로 보니 방심을 구하고 나서 궁리해야 한다는 것이다. 궁리 후 에 구방심이 마땅한 것이지 구방심 후에 궁리하는 것이 아니다."[50] 라고 하여 학문에 이르는 방법상 유의해야 할 준거로 지적하고 있다. 따라서 구방심은 사려와 감각을 단절한 수양방법이므로 대통명감大

---

48) 『朱子大全』, 권56 「答鄭子上」, "孟子云 學問之道無他 求其放心而已 豈 是此事之外更無此事 只是此本不立 卽無可下手處 此本旣立 卽自然尋 得路逕進進不已耳."

49) 『孟子』, 「告子上」 11장 註, "學問之道 固非一端 然其道則在於求其放心 而已…… 下……學而上達也."

50) 『朱子語類』, 권59 「孟子九」, "又問 舊看放心一段 第一次看 謂不過求放 心而已 第二次看 謂放心旣求 盡當窮理 今聞此說 乃知前日第二說已是 隔作兩段 須是窮理而後求得放心 不是求放心而後窮理 曰 然."

通明監이 있다 하더라도 상통하여 체험할 수 없고, 또 사물에 접하여 그 기능이 여실히 발휘할 수 없어 병통이 있다고 한 것이다.[51]

이처럼 주자는 치지와 더불어 궁리의 역행을 강조하였다. "지에 진실하고 진실하지 못함, 그리고 의에 성실하고 성실하지 못함을 알고자 한다면 다만 하고 안 하고 하는 어떤 것이 참된 것인가를 보아야 한다."[52]고 하여 지에 관한 문제에 있어서 단순한 인식적 원리를 넘어 체증적 원리를 다루기 때문에 인식지의 완성뿐만 아니라 과학적, 경험적인 외적 견문지를 추구하고 동시에 내적 덕성지를 겸유하여 소이연과 소당연을 다 앎으로서 덕성지에 이르러 정의입신精義入神의 경지에 도달하게 된다고 보았다. 『주역』 「계사전」의 "뜻을 정밀히 하여 신비로운 데 들어가는 것은 쓰려 하기 때문이요, 쓰는 것을 이롭게 하여 몸을 편안히 함은 덕을 높이려 하기 때문이다."[53]라는 말은 '정의精義'와 '이용利用' 양자의 관계가 서로 호진한다는 것을 보여준다. 이 양자의 관계는 내와 외, 주와 객, 아와 물의 관계이니, 이 양자가 서로 작용하여 그 극치에 활연관통 또는 『중용』의 이른바 "명칙성明則誠"의 성덕성성成德成聖의 경계에 들어가는 것이다.

그래서 그는 정이천의 격물론에 근거하여, 그의 『대학장구』에 「보격물치지전補格物致知傳」을 지었다.

'치지가 격물에 있다'고 함은, 나의 앎을 극진히 하려면 사물에 나아가 그 리를 궁구해야 함을 말하는 것이다. 인심의 영명함으로

---

51) 上揭書 同卷, "問 孟子只說學問之道 在求心而已 不曾欲他爲, 曰… 孟子此說太緊切 便有病."

52) 『朱子語類』, 권15 「大學二」, "欲知知之眞不眞 意之誠不誠 只看做不做 如何眞個."

53) 『周易』, 「繫辭傳」. "精義入神 以致用也 利用安身 以崇德也."

알지 못할 것이 없고, 천하의 사물 가운데 리를 갖추지 않은 것이 없다. 아직 궁구되지 않은 리가 있기 때문에 그 앎도 다하지 못함이 있는 것이다. 그래서 『대학』의 첫 가르침은, 학자들로 하여금 반드시 천하의 사물에 나아가 자신이 이미 알고 있는 리에 근거하여 더욱더 궁구함으로써 그 지극한 데까지 이르도록 하려 한 것이다. 오랫동안 힘써 나아가면 어느 순간 확 트여 관통하게 된다. 그러면 모든 사물의 겉과 속, 정조精粗에 이르지 못함이 없게 될 것이고, 내 마음의 전체와 대용은 밝혀지지 않음이 없을 것이다.[54)]

3. 거경과 궁리

주자의 학문은 내성외왕의 도로써 수기치인의 인격 완성을 그 목표로 삼고 있다. 그 방법은 기질의 편색과 인욕의 사사로움을 제거하므로 때와 먼지가 낀 명경을 점차 닦아 본래적 밝음을 회복하여 심지心知의 대명성을 본래상태로 되돌려 놓는 것이 거경궁리인 것이다. 궁리하면 그 앎은 충분히 밝혀지지만, 경敬에 의해 다시 도덕적인 삶을 영위해야 하는 당위성 때문에 상보적인 관계에 있다.

> 배우는 사람들이 할 공부는 다만 거경과 궁리를 서로 발용發用하는데 있다. 능히 궁리할 수 있으면 거경공부는 날로 진보하고 능히 거경할 수 있으면 궁리 공부는 날로 세밀해 진다. 비유하면 사람의 두 다리와 같아서 왼쪽 발이 나가면 오른쪽 발이 멈추는 것과 같다.[55)]

---

54) 『大學章句』, 「補格物致知傳」, "所謂致知在格物者 言欲致吾之知 在卽物而窮其理也 蓋人心之靈莫不有知 而天下之物莫不有理 惟於理有未窮 故其知有不盡也 是以大學始敎 必使學者卽凡天下之物 莫不因其已知之理而益窮之 以求至乎其極 至於用力之久 而一旦豁然貫通焉 則衆物之表裏精粗無不到 而吾心之全體大用無不明矣."

55) 『朱子語類』, 권9 「知行」, "學者工夫 唯在居敬 窮理二事 此二事互相發

이 말은 함양에 힘쓰지 않고 치지에만 전념한 것이 지난날에 앓은 병의 원인이라면, 아는 바를 정진하지 않아 함양에 해치는 것은 오늘날에 절실하게 느끼는 병이라고 생각한 자신의 경험을 반성하여 거경과 궁리가 상보적 관계에 있으며 궁극적으로는 하나의 근본임을 뜻하고 있다. 궁리의 대상이 되는 리는 사물의 보편적인 본질과 규율을 가리키는 리(所以然之故)와 사회의 윤리원칙과 규범을 의미하는 리(所當然之則) 양면으로 파악된다. 주자가 격물을 '즉물이궁기리 卽物而窮其理'로 해석하고 또한 격물의 물을 '물유사야物猶事也'라고 해석하고 있는 것은 격물을 우선 궁리의 의미로 이해하고 나아가 궁리의 구체적 내용을 '사事의 리·물物의 리'를 궁구하는 것으로 풀이한 것이다.

궁리는 본래 진성盡性을 위한 것이고 진성은 또한 성인이 되기 위한 것이다. 성인은 자기의 본성을 인식하고 나아가 그것이 천명이라는 것을 자각함으로써 실천적으로 천지와 동류하는 것이다.

> 대저 성인의 학문이란 마음에 근본 하여 이치를 궁구하고 이치에 순응하여 사물에 대비하는 것이니 마치 몸이 팔을 부리고, 팔이 손가락을 부리는 것과 같다. 그 도가 평이하고 통행하니 그 거처함이 넓고 편하며 그 이치가 실질스러워 행동은 자연스럽다.[56]

이러한 성인의 학문의 궁리를 하기 위해서 힘써야 할 일은 정신을 고요하게 하여 외부의 유혹을 끊는 데 있으며, 찰식察識과 함양으로 마음을 수렴하여 외부사물의 유혹으로 착란 되지 않은 경의 상태를 유지하는 데 있다. 경 공부는 우리의 본질인 허령불매한 명덕

能窮理則居敬工夫日益進 能居敬 則窮理工夫日益密 譬如人之兩足 左足行 則右足止"

56) 『朱子文集』, 권67 「觀心說」, "大抵聖人之學 本心以窮理 而順理以應物 如身使臂 如臂使指 其道易而通 其居廣而安 其理實而行自然."

을 지극히 비고 지극히 신령하게 이끌게 되는데 이는 구체적으로 '극기복례'[57]의 극기와 絶四의 "무의毋意·무필毋必·무고毋固·무아毋我"의 단순한 금기 사항을 절제하기보다는 오히려 자신의 수신을 통해 본연한 순수자성으로써의 내 마음의 심중을 드러내는 방법으로 파악되어야 한다. 따라서 정이가 "함양할 때에는 반드시 경을 사용해야 하며, 학문을 이루어 나가는 일은 치지에 달려 있다."[58]고 하여 경은 치지와 동반자이고 치지는 격물궁리로써 진성盡性하여 체오體吾의 상태를 보존하는 것으로 경을 지켜 밤낮 게을리 하지 않는다면 성인의 경지에 입문할 수 있다.

> 경은 본심을 보유하는 공부인 것이다. 마음이 존재한 후에 치지할 수 있고, 치지는 격물궁리로써 진성하는 데 있는 것이다. 이것은 인심을 제고하여 도심이 되는 불이법문不二法門이다.[59]

거경과 궁리를 다시 내외의 측면에서 조명해 보면 거경은 내적 수양공부이고, 궁리는 외적 탐구의 방법으로 경으로써 안을 곧게 하고, 의로써 밖을 바르게[60] 하는 수양방법과 같은 것이다. 즉 경과 의는 협지夾持의 관계로 경에 의가 없으면 현실적인 일에 착오가 일어나며, 의만 있고 경이 없다면 근본이 없으며 의라고 할 수도 없는 것이다.[61] 즉 '의이방외義以方外'는 '경이직내敬以直內'하여 얻어진 방법론이 현실적인 사사에 적용되기 위해서는 시의時宜에 맞지

---

57) 『論語』, 「顔淵」 1장.

58) 『二程集』, 「遺書」 권18, "涵養須用敬 進學則在致知."

59) 『朱子文集』, 권67 「觀心說」, "敬 所以存心 心存然後可以致知 而致知則在格物 窮理以盡性 這是提昇人心爲道心的不二法門."

60) 『周易』, 「文言傳 上」, "敬以直內 義以方外."

61) 『朱子語類』, 권16 「周易折中」, "敬而無義 則作事出來 必錯了 只義而無敬 則無本何以爲義."

않으면 안 되기 때문에 의행義行이 요구되는 것이다. 『맹자』에서 말하는 "반드시 의로운 일이 있다면 그것을 그만두어 버리지 말고, 마음을 망령되이 갖지 말고 무리하게 잘 되게 하려고 하지 말아야 한다."62)고 한 것과 『대학』에서 말하는 "스스로 속이지 말아야 한다."63)라고 하는 것, 『중용』에서 말하는 "군자는 보이지 않는 곳에서 경계하고 삼가며, 자기가 듣지 못하는 바에 두려워한다."64) 등이 이 경공부에 속한다. 주자는 다시 경을 체용으로 나누어 아직 발하지 않고 함양된 것을 본체로 삼고 그것을 이미 발동하여 성찰하는 것을 용으로 삼았다. 주자에게 있어서는 "경 공부야 말로 성문聖門의 가장 중요한 것으로서 처음과 끝을 관통하여 잠시라도 멈출 수가 없는"65) 이른바 공부의 요체였던 것이다.

이처럼 『맹자』의 '존심양성存心養性'이나 『중용』의 '존덕성尊德性' 등은 모두 내적 수양인 거경공부의 원리를 근거한 것으로 거경의 실재적 공부로서는 정靜을 주로 체찰體察하는 것이다. 만일에 언사가 다변多辯함을 알았다면 곧 묵고默考하고, 의지가 소원하면 각성하여 사색하고, 행동이 천박함을 깨달았으면 곧 후중厚重해야 한다. 또한 경 공부는 정좌조신靜坐調身하여 미발未發 전의 기상을 보는 선禪 공부와 비슷한 것이나 선승禪僧의 입정入定과 같은 무념무상無念無想의 상태에 몰입하여 내외를 동시에 좌망坐忘하는 것이 아니고 자기 의지의 노력으로 물욕을 제지하는 수양공부이다. 선승의 공부는 세속을 이탈하여 각고의 노력으로 번뇌의 속박을 풀어 삼계三界의 업고에서 벗어나는 것이지만, 유가의 수양은 현실에 참여

---

62) 『孟子』,「公孫丑 上」2장, "必有事焉而 勿正 心勿忘 勿助長."

63) 『大學』, 6장, "毋自欺."

64) 『中庸』, 1장, "戒愼乎其所不睹 恐懼乎其所不聞."

65) 『朱子語類』, 권12「持守」, "敬字工夫 乃聖門第一義 徹頭徹尾 不可頃刻間斷."

하여 공동체적 의식을 지향하는 것이니 정좌나 좌선입정坐禪入定과 같은 것이 필요한 것은 아니다.

　외적 탐구의 궁리는 『주역』의 "이치를 다하고 본성을 극진히 하여 천명에 이른다."[66]는 말에 근거한 것으로 진성盡性·지어명至於命과 서로 관련되어 있다. 맹자는 이것을 다시 "자기의 마음을 다하면 자기의 본성을 알고, 그 본성을 알면 하늘을 알 수 있다."[67]라고 하여 마음은 인간의 자아의식이고 주체의 바탕이다. 일이 있거나 일이 없거나, 뜻이 있을 때도 뜻이 없을 때도 오직 '즉물이궁기리'하여 편견이나 어리석은 지혜를 벗어나 정견正見, 전지全知를 얻으려는 것으로 한 사물의 리를 파악하되 그 '안과 밖, 겉과 속'을 관통하여 전체적인 일관함을 보려는 것이다. 궁리는 소이연과 소당연의 리를 밝히는 것으로 주자는 이 궁리의 일에 대해 "궁리는 사물의 소이연과 소당연을 알려고 하는 것뿐이다. 소이연을 앎으로써 지志가 불혹하고, 소당연을 앎으로서 행行이 어긋나지 않는다."[68]고 하여 소이연과 소당연은 리의 체용으로써 인체의용仁體義用과 같다. 그 극치에는 정의입신精義入神의 경지를 이룰 수 있고[69], 주일主一의 노력으로 천성이 속이고 망령스럽지 아니한 자라면 경의 공부로 성誠의 입문이 가능한 것이다. 그러므로 내적 수양의 경 공부는 궁리에 앞서 필요한 학문의 선행조건일 뿐만 아니라 일심의 동정을 주재함으로써 만사를 행하게 하는 근본이 된다.

　이와 같이 거경궁리 공부는 수레의 양륜兩輪과 같은 관계이니 마음의 주主하는 바가 없으면 어떠한 궁리를 할지라도 효용성이 없다.

---

66) 『周易』, 「說卦傳」, "窮理盡性以至於命."
67) 『孟子』, 「盡心上」 1장. "盡其心者 知其性也 知其性 則知天矣."
68) 『朱子大全』, 권64 「答或人七」, "窮理者 欲知事物之所以然與其所當然者而已 知其所以然 故志不惑 知其所當然 故行不謬."
69) 蔡戊松, 『退栗性理學의 比較研究』, 서울 景仁文化社 1973. 47쪽.

따라서 "학자의 공부는 오직 거경궁리 두 가지 일에 있으니, 이 두 가지는 상호 발하여 능히 궁리하면 경 공부는 날로 더욱 진취하고 능히 거경하면 궁리공부가 날로 더욱 치밀하여 진다. 이것은 비유컨 대 사람의 양족과 같은 것이다. 왼쪽 발이 움직이면 오른쪽 발이 그치는데…… 그 실상은 한 가지 일이다."[70]라고 하여 거경궁리가 결국은 한 가지 일로 떨어질 수 없는 서로 돕는 일로 본 것이다. 그리고 거경이라는 윤리적인 수양과 궁리라는 논리적인 인식이 병행하여 이상적인 인간상을 구현할 수 있는 방법을 제시한 것이다.

본래 궁리의 필요성은 사람의 마음이 하늘에서 얻은 것으로 빈듯하면서도 신령스럽고 어둡지 않아 모든 이치를 갖추어 만사에 응하기 때문이다.[71] 마음의 허령한 지각은 한결같이 존재하나 인간에게는 도심과 인심이 있어 형기지사形氣之事에서는 인심이 발하고, 성명지정性命之正에서는 도심이 발하므로 지각작용이 상이하게 되니 후천적인 노력으로 인심을 회복해야 할 궁리가 필요하게 된다.

> 마음이란 것은 사람의 신명으로서 여러 이치를 갖추어서 만사에 응하는 것이다. 성性은 마음이 갖춘 이치로서, 천은 또 리의 따른 바로써 나오는 것이다. 사람이 이 마음을 가진 것은 전체가 아닌 것이 없으나 이치를 궁리하지 아니하면 곧 가려 있어 이 마음의 헤아림을 다하지 못하는 고로 능히 그 마음의 전체를 극진히 하여 알지 못하는 것이 없으면 반드시 이치를 극진히 하여 알지 못하는 것이 없을 것이다.[72]

---

70) 『朱子語類』, 권9 「知行」, "學者工夫 唯在居敬 窮理二事 此二事互相發 能窮理則居敬工夫日益進 能居敬 則窮理工夫日益密 譬如人之兩足 左 足行 則右足止…… 其實只是一事."

71) 『大學章句』, 1장 註, "明德者 人之所得乎天 而虛靈不昧 以具衆理而應 萬事者也."

72) 『孟子』, 「盡心上」1장 註, "心者 人之神明 所以具衆理 而應萬事者也 性 則心之所具之理 而天 又理之所從以出者也 人有是心 莫非全體 然不窮

천하 만물에는 필연적으로 '소이연지고'와 '소당연지칙'의 리가 있어[73] 사물의 리를 궁리의 대상으로 삼은 것이다. 주자는 허령불매한 마음이 격물치지의 대상인 일체의 사물에 관한 리를 추구하기 위해서는 허령한 마음을 가지고 만물의 '소이연지리'와 '소당연지칙'을 구명해야 한다고 보았다. 이렇게 하기 위하여 궁리가 요구되는 것이라고 생각하였다.

> 대체로 사람의 일심一心은 만 가지 이치를 구비하였으니 만약 존득存得하면 곧 성현인 것이며 다시 어떤 일이 있을까? 그러면 성인이 허다한 문로門路 절차가 있음을 사람에게 가르치는 것이니, 일찍이 다만 이 마음만을 지수하라 하지 않은 것은 이러한 마음에 이러한 이치가 완구되었다 해도 기질의 품수한 치우치고 막혀서 만약 강명講明, 체찰體察, 정밀하지 않으면 지극히 정밀하여 왕왕 기를 따라 편벽하게 되어 물욕에 떨어져도 스스로 모르기 때문이다. 이런 까닭에 성현은 공경지수를 먼저 할 것을 가르치니 세간의 만사와 일체의 언어의 흑백이 통찰할 수 있는 것이다.[74]

격물치지란 외향적인 궁리로 내 마음을 근본으로 삼아 물리를 격格해야 하는 것으로, 왕양명이 주자의 격물의 뜻을 이행하여 정원에 나아가 대나무를 살피기를 칠 일을 하였으나 대나무의 리를 얻지 못

理 則有所蔽 而無以盡乎此心之量 故能極其心之全體 而無不盡者 心其能窮夫理 而無不知者也."

73) 『大學或問』, "天下之物 則必有所以然之故與所當然之則 所謂理也."

74) 『朱子大全』, 권54 「書答項平父第四書」, "大抵人之一心 萬理具備 若能存得 便是聖賢 更有何事 然聖賢敎人 所以有許多門路節次 而未嘗敎人只持守此心者 蓋爲此心此而不自知 雖本完具 却爲氣質之稟 不能無偏若不講明體察 極精極密 往往隨其所偏 墮於物欲之私而不自知 是以聖賢敎人 雖以恭敬持守爲先…… 而於世間萬事 一切言語 無不洞然了其白黑."

하고 생각을 너무 한 나머지 끝내는 병을 얻었다[75]고 하는 사실은 결국 괴이한 일이 아니다. 따라서 객관 사물의 리를 추구하는 것은 주자의 격물의 정의가 될 수 없으니, 주자의 격물은 마땅히 경험지식을 가지고 주관적 반성과 궁리를 통하여 사물을 인식하는 것이다. 격물공부를 내적으로 추구하는 면에서 볼 때는 체증양지體證良知의 길을 개척하는 보조 작용이라 할 수 있으며, 외적으로 추구하는 면에서 볼 때는 외물을 대찰對察하는 것이니 과학지식을 건립하는 활동과 본질에 있어서 그 유가 같다고 볼 수 있다.[76]

살펴본 바와 같이 거경궁리는 윤리적인 수양과 참다운 인식을 위해서 기질과 인욕을 회복하는 방법이다. 인간 심성은 본래 청기淸氣 후중厚重을 구유具有하여 순수 무궁하고 인성의 명경이 본연과 도심을 본유하였으나, 탁한 기와 박약으로 말미암아 어리석음과 불초의 치우치고 막힘과 때와 먼지가 인간의 본성을 어둡고 어리석게 하여 어둡게 되었다. 따라서 인욕의 치우치고 막힘을 회복하고 때와 먼지가 낀 명경을 깨끗이 해야 하는데 그 궁극적 방법이 결국은 격물이고, 그 구체적인 형식이 거경궁리인 것이다.

4. 활연관통의 경지

활연관통이란 격일물格一物 격일물格一物하여 물리를 궁구한 경험의 바탕 위에서 유추를 더해 가면 활연히 관통하는 데가 있다[77]

---

75) 『傳習錄』, 권下, "因自去窮格 早夜不得其理 到七日 亦而勞思致病."

76) 曹昭旭, 「朱子陽明과 船山의 格物義」, 『退溪學報』第25輯, 退溪學研究院 1980, 51쪽.

77) 『朱子語類』, 권115 「訓門人」, "須是窮得理多 然後有貫通處." 同 上, "積習旣多 自當脫然有貫通處."

고 주자는 강조했다. 이것을 불가의 수양법과 비교해 본다면 점수의 오랜 과정을 거쳐 돈오에 이르는 것처럼 생각할 수 있다. 그래서 주자는 학문하는 방법은 반드시 일일이 깨달아 만날 수 있는 것은 관통처를 알려고 하는 것이니[78] 이러한 관통처에 도달하기 위한 사고 수련은 일시적인 것이 아니라 지속적으로 추구해야 안다고 보았다.

> 만약 하나를 이해하려 해서 얻지 못하면 곧 반드시 반복해서 추구 연구해야 하니 걸을 때도 생각하여 헤아리고, 앉아서도 생각하여 헤아려야 한다. 일찍 일어나 생각하여 헤아려 얻지 못하면, 늦도록 또 생각하고 헤아려보고 , 늦도록 생각하고 헤아려 얻지 못하면, 다음날 또 생각하여 헤아려 본다. 이와 같이 하면 어찌 얻지 못하는 도리가 있겠는가?[79]

주자는 이처럼 '즉물궁리' 과정을 통하여 활연관통에 이르는 학문의 구성을 체계화하였다. 활연관통이란 인식대상인 사물과 인식주체인 오심吾心 사이에서 일관된 보편성을 획득하는 것으로 만수처萬殊處에 나아가 만물의 만 가지 이치를 탐구하되 사물의 표리정조에 이르러 인식주체인 오심의 전체대용이 밝아지는 것이다. 주자는 『대학보전』에서 "하루아침에 활연관통하면 모든 사물의 겉과 속, 정밀하고 거친 것이 다다르지 않음이 없어 내 마음의 전체와 큰 쓰임이 밝지 않음이 없다. 이것을 일컬어 격물이라 하고, 이것을 일컬어 앎이 이르렀다고 한다."[80]라고 하였다. 즉 사물의 이치를 궁구하여 앎

229

---

78) 『性理大全』, 권45 「學三 總論爲學之方」, "須事事理會過將來也 要知箇貫通處."
79) 『性理大全』, 권44 「學二 總論爲學之方」, "若理會一件未得 直須反復推究研窮 行也思量 坐也思量 早上思量不得 晩間又把出思量 晩間思量不得 明日又思量 如此豈有不得底道理."
80) 『大學章句』「補格物致知傳」, "一旦 豁然貫通焉 則衆物之表裏精粗無不

에 이르는 리와 앎의 문제를 구명해 보면 자연히 활연관통의 문제가 해결 가능하게 된다.

　　"당연의 법칙이 있으면 또 반드시 그 소이연지고가 있는 것은 무엇 때문입니까?" 하고 물으니, "예를 들어 부모를 섬기는데 마땅히 효도하고, 형을 섬 기는데 마땅히 우애로 함은 곧 당연지칙이다. 그러나 부모를 섬기는데 어찌해서 효도해야 하며, 형을 따르는데 어째서 반드시 우애로 해야 하는가? 하는 것은 곧 소이연지고이다."[81]라고 하였다.

　　리는 소당연지칙과 소이연지고의 리가 있고, 앎도 '견문지'와 '덕성지'가 있다. 그러므로 주자는 격물의 물이 사물에 있는 리를 궁진함이니 이 리는 소이연지리이며 태극이다. '즉물궁리'는 '만물각구일태극萬物各具一太極'의 태극을 궁진하는 것이니 '용력지구用力之久'하면 모든 사물의 리가 이해되어 '총체일태극總體一太極'을 알게 되고 이러한 경지에 이르면 마음과 사물에서 하나의 리에 합하여 활연관통이 되는 것이다. "무릇 만물은 각각 하나의 도리를 갖지 않음이 없으니, 만약 궁리를 해보면 만물의 리가 모두 여기에서 나오지 않겠는가?"라고 한 데 대해, "이것은 만물이 모두 나에게 갖추어져 있다는 것입니까?"라고 물으니, 바로 "그렇다."[82]고 한 것이다.

　　이처럼 인식주체인 인간이 모든 사물의 이치를 갖추고 있어 마음의 전체 대용이 바로 만사에 응하는 리를 깨닫게 되는 것이다. 사물

到 而吾心之全體大用無不明矣 此謂物格 此謂知之至也."
81) 『朱子大全』, 상 권9, "或問有當然之則 亦必有其所以然之故爲何 曰如事親當孝 事兄當弟之類 便是當然之則 然事親如何却須要孝 從兄如何却須要弟 此卽所以然之故."
82) 『朱子語類』, 권119 「訓門人」, "又云凡萬物莫不各有一道理 若窮理則萬物之理皆不出此 曰此是萬物皆備於我 曰極是."

과 내 마음의 리는 본래 같은 하나의 사물로 양쪽이 조금도 결함이 없으니 다만 내가 대응해 가는 것일 뿐83)이라고 하여 주관과 객관 사이의 대립도 지양되고 주객 간에 비로소 일관의 체증이 이루어진 다 하겠다. 이는 외적 사물을 내적 세계로 체인하여 이발已發의 상 태에서 미발未發의 본래성을 회복하는 것이니, 주객의 대립에서 자 기 인식의 체계로 돌아옴으로써 그 대립을 해소시키는 자기 내면에 서의 깨달음이다. 즉 활연관통이란 단순히 외적 사물을 격물로 끝나 는 것이 아니라 치지를 통하여 전체 대용이 밝아지는 명명덕을 의미 한다.

> 천하의 사물은 하나의 물도 무릇 리를 갖추지 않음이 없다. 이런 까닭으로 성문聖門의 가르침에는 하학의 순서가 격물에서 시작하여 그 앎에 다다르는 것이 일용의 사물에서 벗어나지 않고, 그 시비를 가리고 그 옳고 그름을 살피며 의를 정밀히 하는 것으로 말미암아 신적 경지에 들어감으로써 그 쓰임에 다다르는 것이니, 그 사이에 여러 가지가 각기 순서가 있으므로 하나로 꿰뚫어져 있는 것이다.84)

이것이 주자가 말한 바의 활연관통의 경지로 인심이 본유한 영지 靈知가 모두 밝혀져서 사물의 이치가 모두 궁구된 주객합일의 경지 인 것이다. 이것은 맹자가 "형체와 안색은 천성이다. 오직 성인이라 야 형체를 실천할 수 있다."85)라고 하여 천부의 본성을 완전히 실현 하고 자신의 모든 판단과 욕구의 행위가 지극한 이치가 아닌 것이

---

83) 『朱子語類』, 권12 「持守」, "物與我心中之理本是一物 兩無小欠 但要我 應之耳."
84) 『性理大全』, 권44 「學二 總論爲學之方」, "天下之物 無一物不具夫理 是 以聖門之學 下學之序始於格物 以致其知 不離乎日事物之間 別其是非 審其可否 由是精義入神以致其用 其間曲折纖悉 各有次序 而一以貫通."
85) 『孟子』, 「盡心上」 38장. "形色天性也 惟聖人然後 可以踐形."

없는 경지이며, 공자의 "나이 칠십에 마음이 하고자 하는 대로 해도 법도에 어긋남이 없었다."[86]의 성지시자聖之時者의 경지에서 실증된다. 이러한 경지의 행위는 그대로 보편적이며 절대적 시비선악 판단의 기준이 되는 것이다.

그러면 사물을 궁구하되 온갖 천하사물을 모두 궁구하지 않아도 인식되는 활연관통은 어떠한 근거에서 가능한 것인가?

첫째: 자기 인식주체를 본래적 내면으로 회귀하여 마음을 밝히는 것이니, 주자는 이 마음을 밝히는 것이 생이고, 생을 천지의 대덕이라 하여 사람이 천지의 기를 품수하였으니 바로 이 마음이 인이다.[87] 인이란 천지의 물을 생하는 마음이니 인과 물이 이것을 얻어 마음으로 삼은 것이다.[88] 마음의 본질은 인이며 인은 천지의 대덕과 일치하는 것으로 인간에게만 국한된 것이 아닌 생생지리生生之理의 전체이므로 보편성을 갖는다. 천지의 대덕은 곧 궁극자인 태극이니, 태극은 본래 이러한 이름이 없고 다만 표덕表德한 것으로[89] 조화의 추뉴樞紐요, 품휘品彙의 근저로서의 통체일태극統體一太極이 만물의 각구일태극各具一太極을 내재하여 만물은 각기 일리를 갖추었으며 만 가지 이치는 일원에서 나왔으므로[90] 유추하면 통하지 않는 것이 없다. 이 태극은 순수한 인간 내면의 본연지성이니 이 본연지성이 곧 생생하는 이치[91]로 활연관통이란 결국 천지자연이 생생하는 이치가 본성임을 깨닫는 것이다. 만물이 똑같은 이치라면 사사물물

---

86) 『論語』, 「爲政」 4장. "七十而從心所欲不踰矩."
87) 『朱子語類』, 권5 「性理二」, "發明心者曰 一言以蔽之 曰生而已 天地之 大德曰生 人受天地之氣而生 故此心必仁 仁則生矣."
88) 『朱子語類』, 권95 「程子書」, "仁者 天地生物之心 而人物所得以爲心."
89) 『朱子語類』, 권94 「周子書」, "太極本無此名 只是個表德."
90) 『朱子語類』, 권18 「或問」, "萬物各具一理 萬理同出一源."
91) 『朱子語類』, 권5 「性理」, "生之理謂性."

을 모두 궁구하지 않아도 자연히 그 이치를 인식할 수 있어 활연관
통의 세계에서 주체와 객체, 심지心知와 물리物理는 인仁[太極]이라
는 절대적 가치인 '통체일태극'으로 통일되는 것이다.

둘째: 천지 만물의 규거規矩가 되고 인륜에 있어서도 인이 지극한
준칙이 되는 것은 무엇인가? 이러한 사실은 순임금에 대한 맹자의
칭송 가운데서 실증된다. "순임금은 모든 사물의 도를 밝히며 인륜
을 살피셨으니 인과 의로 말미암아 행하신 것이지 인과 의를 행하신
것은 아니다."[92]라고 하여 순임금은 천지자연의 모습에서 그 운행되
어 가는 이치(元亨利貞 등)를 밝게 살피고, 또 사람들에게 공통적으
로 존재하고 있는 본마음을 살펴서 그것이 인의인 것임을 알았기 때
문에 그것을 잘 보존하였다. 즉 순임금의 행동은 마음속에 보존되어
있는 인의에서 저절로 솟아 나온 것이었지 인의를 실천하기 위해서
행동을 한 것은 아니다.

상술한 바와 같이 주자의 '격물치지'에 관한 이해는 주체와 대상,
심지心知와 물리物理의 관계 정립이라고 볼 수 있다. 격물이 객관적
인 물리를 궁구하는 것이라면 치지는 이로 인하여 주관인 심지가 밝
아지는 것이다. 이는 육구연처럼 돌이켜 마음에서 구하는(反求諸心)
마음에 있는 리(在心之理)만 궁구하는 데 그치지 않고 외부사물의
리를 궁구함으로써 내적인 존심양성存心養性에 목적이 있으니 존덕
성 도문학을 호진하고, 어둡고 어리석음을 깨뜨려 밝은 덕을 밝히고
자 하는 것이다. 또한 격물에 의하지 않고 마음만 다룸으로써 치지
하려는 불교의 유심론이나 왕양명의 직각돈오直覺頓悟적 경향에 동
조하지 않는다. 응접應接한 사물의 리를 궁구하여 지지知至된 지식
을 쌓아 나가면 모든 이치가 일치된 세계를 깨닫게 됨으로 내외 주
객의 장벽이 허물어져 절대 학문의 세계인 활연관통의 경지를 맛볼

---

92) 『孟子』, 「離婁下」 19장, "舜明於庶物 察於人倫 由仁義行 非行仁義也."

수 있는 것이다.

이러한 격물치지는 거경궁리의 수양법에 의거하여 유외이내由外而內의 방법인 도문학으로 천리의 선함을 알게 되면 고집하여 실행해야 하고, 존덕성인 본성을 따라서 인욕을 제거하여 존심양성함에 목적이 있다. 즉 거경궁리는 상보적 자양관계로 내외합일의 성인이 되기 위한 수양공부이다. 이것은 본래 인간의 마음이 밝은 거울과 같이 순수 무궁하였으나 강학한 연후에 알 수 있는 학자에게는[93] 자질이 치우치고 막히어 스스로 쉬지 않고 열심히 하여 종용從容히 중도中道할 수 없기 때문이다. 주자는 인간 마음의 탁월한 능력이 구체적·개별적 사물로부터의 격물궁리를 통하여 활연관통의 경지인 천리라는 보편인식에 도달할 수 있다고 보았다. 즉 마음의 인식대상은 사물에 있는 리이고, 이 리는 곧 모든 사물에 내재하고 있는 보편성이다. 그러나 활연관통은 단지 한 사물을 격格만 하여 도달할 수 있는 것이 아니다. 격일물格一物 격일물하여 물리가 쌓여 많아지게 된 연후에 가능하다. 주자는 격물에서 출발하여 물리의 누적과 관통을 통하여 보편인식이 가능하고, 이런 노력이 오래되어 어느 날 활연관통하는 경지에 이르게 되면, 비로소 모든 사물의 겉과 속, 정미함과 거침이 이르지 않음이 없게 된다. 이것을 '물격物格'이라고 한다.

또 내 마음의 전체와 대용이 밝지 않음이 없게 될 것이다. 이것을 '지지知至'하고 한다. 다시 말해서 물격과 지지는 활연관통한 이후에 가능한 것이다. 물격은 사물의 측면에서 인식의 최종완성을 말한 것이고, 지지는 마음의 측면에서 인식의 최종완성을 의미한다. 즉 물격은 리가 마음으로 향하여 다 드러났음을 말하고, 지지는 마음이 사물의 리로 충족되고 채워져서 마음속에 채워진 리의 인식이 마음의

---

93) 『中庸』, 20장, "或學而知之 或困而知之 及其知之一也 或安而行之 或利而行之 或勉强而行之 及其成功一也."

자각적 인식으로 이르게 되어 자기의 명증성 속에서 우주의 모든 것에 그 인식이 다 관계할 수 있음을 의미한다. 이러한 경지가 바로 활연관통이고, 활연관통의 목표는 궁극적으로 천리인 태극을 인식하는 데 있다.

이와 같이 주자가 설정해 놓은 격물치지의 공부절차를 면강勉强하고 성실히 수행하게 되면 어둡고 어리석음을 깨뜨려 밝은 덕을 밝힐 수 있고, 인욕의 치우치고 막힌 것을 제거하여 심지心知의 밝은 거울을 밝게 할 수 있다. 따라서 비록 어리석은 사람도 현자가 될 수 있고, 부드러운 사람도 강자가 될 수 있어 순리응접順理應物함에 추호의 차이가 없게 되면 비로소 도덕실천의 반석이 되는 것이다.

제2절 이기론

1. 리와 기의 상관성

성리학은 이기의 개념을 중심으로 하여 우주와 인간의 생성과 구조를 해명하고, 사회에서의 인간의 참된 도리에 관하여 깊이 탐구함으로써 과거의 훈고학이 이르지 못하였던 경지를 개척한 것이다. 즉 성리학은 우주와 인생, 보편과 특수를 일관하는 방대하고도 심오한 학문 체계로 그 중심적 내용이 바로 '리'와 '기'이다.

주자는 주돈이의 『태극도설』과 정이의 '이기론'을 종합하여 태극을 리, 음양을 기라 하여 그의 이기론적 체계를 구성하였다. 즉 주자가 리를 논하는 것은 태극을 논하는 것이기도 하다. 왜냐하면 태극은 단지 하나의 리라는 글자일 뿐이고,[94] 태극은 단지 천지만물의 리일 뿐이며,[95] 이른바 태극이 바로 천지만물 본연의 리이기 때문이다.[96]

그러므로 이 세계의 모든 존재는 리와 기에 의하여 구성된 것이다. 리는 기와 상호 의존, 즉 서로 떨어질 수 없는 관계에 있다. 여기서 리는 우주 만물의 존재 원리를 지칭하고, 기는 우주 만물을 구성하고 있는 재료와 에너지를 말한다. 그러므로 리는 형태와 작위가 없는(無形無爲) 형이상의 존재요, 기는 형태와 작위가 있는(有形有爲) 형이하의 존재인 것이다. 천하에 리가 없이는 기가 존재하지 않고, 또 기가 없이는 리가 존재하지 않는다.[97] 주자는 "음양은 기이다. 리가 있으면 바로 기가 있다. 기가 있으면 바로 리가 있다. 천하의 만물과 만화萬化가 리에서 나오지 않는 것이 없으며 기에서 나오지 않는 것이 있는가?"[98]라고 하였다. 또 "태극은 리이고, 동정은 기이다. 기가 행하면 곧 리 또한 행한다. 이 둘은 항상 서로 의지하여 떨어진 적이 없다."[99]라고 하였다.

이처럼 리는 기와 상즉相卽하여 상호 의존한다. 리 없는 기는 없고, 기 없는 리도 없다. 리가 있으면 기가 있고, 기가 있으면 리도 있다. 리와 기는 떨어질 수 없으므로(不離) 리는 기에 내재한다. 그

---

94) 『朱子語類』上, 권1「理氣上・太極天地上」(人傑錄), "太極 只是一箇理字."

95) 『朱子語類』上, 권1「理氣上・太極天地上」(淳錄), "太極 只是天地萬物之理."

96) 『朱子文集』, 권36「答陸子靜」, "所謂太極 乃天地萬物本然之理."

97) 『朱子語類』上, 권1「理氣上・太極天地上」(銖錄), "天下 未有無理之氣 亦未有無氣之理."

98) 『朱子語類』上, 권65「易1・綱領之上・陰陽」(賀孫錄), "陰陽是氣 纔有此理 便有此氣纔有此氣 便有此理 天下萬物萬化 何者不出於此理 何者不出於陰陽."

99) 『朱子語類』下, 권94「周子之書・太極圖」(銖錄), "太極理也 動靜氣也 氣行則理亦行 二者常相依 而未嘗相離也."

러므로 리는 기를 떠나 독립적으로 존재하지 않는다. 리는 무와 같으나 아무것도 없는 것은 아니다. 리는 정의情意도 없고, 계탁計度도 없으며, 조작도 없다.[100] 정의는 마음의 발동이요, 계탁도 마음의 작용이다. 마음은 기이므로, 정의와 계탁도 기의 작용이다. 또 조작도 행위인 까닭에 기의 작용이다. 리는 사물을 만들지 않고 기가 사물을 만든다. 기는 응결하여 조작할 수 있다.[101]

주자는 유숙문劉叔文에게 답한 구절에서 리와 기를 이원二元으로 설명하면서도 합의 관계로 보았다. 이른바 리와 기, 이것은 결단코 둘이다. 그러나 단지 사물로 본다면 둘이 섞여 있어 각기 하나로 나눌 수 없지만 둘이 하나가 되는 것을 방해하지 않는다. 만약 리로 본다면 비록 아직 사물이 없더라도 사물의 리는 이미 있다.[102] 구성상으로는 리와 기가 한곳에 있으므로 나눌 수 없지만, 리가 제1성이라는 측면에서는 기는 제2성이 되어 '리가 기에 앞선다', '리가 사물에 앞서 있다'고 설명된다.

주자는 '리'와 사물의 관계를 "형상이 있는 것은 모두 기器이다. 기가 되는 까닭으로서 리는 도이다."[103]라고 하여 사물과 '기'는 형상이 있는 것이며, 감각기관을 통해서 인식이 가능하다. 그러나 '리' 또는 '도'는 사물의 본질과 속성을 가리킨다. 그는 이와 같은 관계를 '본체와 작용의 측면에서 같은 근원(體用一源)'임을 밝혔던 정이의 사상을 발전시켰다. 그는 다음과 같이 말하였다.

---

100) 『朱子語類』 上, 권1 「理氣上・太極天地上」(僩錄), "理却無情意 無計度 無造作."

101) 『朱子語類』 上, 권1 「理氣上・太極天地上」(僩錄), "氣則能凝結造作."

102) 『朱子文集』, 권46 「答劉叔文」, "所謂理與氣 此決是二物 但在物上看則二物渾淪不可分開 各在一處 然不害二物之各爲一物也 若在理上看則雖未有物 而已有物之理."

103) 『朱子文集』, 권36 「答陸子靜」, "凡有形有象者 皆器也 其所以爲是器之理者 則道也."

'리'의 입장에서 보자면 리는 본체이고, 모습(象)은 작용이다. 리 안에 모습이 있으니, 그 근원은 하나이다. "뚜렷함과 은미함에는 차이가 없다."고 했는데, 모습의 입장에서 보자면 모습은 뚜렷하고, 리는 은미하다. 그렇지만 모습 안에 리가 있으므로 차이가 없는 것이다.104)

주자는 '리'는 본체이고 '형상'은 작용으로 보았다. 따라서 '리'는 형상과 흔적이 없기 때문에 보이지 않게 되어 깊고 은미하다. 그러나 사물의 형상은 볼 수 있고 뚜렷하게 드러나 감성을 통해서 확실히 인식할 수 있다.

주자는 "리는 사물보다 앞서 존재한다(理在事先)"고 하였고, 또 "리는 사물 위에 존재한다(理在事上)"의 이론을 정확히 하여 '리'와 사물 사이의 선후 관계를 설명하였다.

만일 리의 입장에서 본다면, 아직 사물이 생기기 전이라도 이미 그 사물의 리는 존재한다. 그러나 그 리만 존재할 뿐이지 실제로 그 사물이 존재한 적은 없다.105)

아직 일은 없더라도 이미 도리는 있다. 예를 들어 임금과 신하가 있기 전이라도 이미 임금과 신하의 도리가 있으며, 아버지와 아들이 있기 전이라도 이미 아버지와 아들의 도리가 있다. 원래 이러한 도리가 없었는데, 임금과 신하, 아버지와 아들이 생긴 다음에야 그러한 도리를 그들의 그 정신에 넣었겠는가?106)

---

104) 『朱子文集』, 권40 「答何叔京」, "自理而觀 則理爲體 象爲用 而理中有象 是一源也 顯微無間者 自象而觀 則象爲顯 理爲微 而象中有理 是無間也."

105) 『朱子文集』, 권46 「答劉叔文」, "若在理上看 則雖未有物 而已有物之理 然亦但有其理而已 未嘗實有是物也."

106) 『朱子語類』 권95, "未有這事 先有這理 如未有君臣 已先有君臣之理 未有父子 已先有父子之理 不成元無此理 直待有君臣父子 却旋將這道理入在裏面."

이 세상에 존재하는 사물은 이미 이 세상에 생성되기 전에도 그 사물의 원칙이나 규율 또는 원리가 이미 존재해 있다. 그래서 임금과 신하가 존재하기 전에도 이미 임금과 신하의 충직이 있었으며, 아버지와 아들이 존재하기 이전에도 이미 아버지의 인자함과 아들의 효가 있다. 이러한 사물의 원리 또는 법칙, 즉 인류 사회를 포괄하는 모든 원칙은 영원히 존재하며, 이러한 삶의 원칙이 결국은 사회를 이끄는 구심력이다.

주자는 이러한 논리를 더 발전시켜 '리'와 '기'의 문제를 논하였다. '기'는 모든 사물을 구성하는 재료이고, '리'는 사물의 본질과 규율이다. 우주만물은 모두 '리'와 '기'로 구성되어 있다. 그는 다음과 같이 말하였다.

> 천지 사이에는 리와 기가 존재한다. 리는 형이상의 도로서 만물을 생성하는 근본이요, 기는 형이하의 기器로서 만물을 생성하는 재료이다. 그러므로 사람이나 사물이 생성될 때는 반드시 이러한 리를 부여받은 뒤에야 성性이 생기고, 이 기를 품부 받은 연후에야 형체가 있게 된다.[107]

이러한 설명은 주자가 리와 기라는 두 개념을 완전히 다른 측면으로 이해하고 있음을 보여준다. 주자는 사물이 생성될 때 그 사물의 '리'가 그 종류의 개별적인 사물보다 앞서 존재한다고 생각하였다. 그의 이론에 의하면 한 종류의 사물의 '리'가 그 종류의 사물보다 앞서 존재한다고 생각하는 것은 '리'를 절대화한 것이다. 따라서 물질세계가 아직 존재하지 않을 때에도 그 보편 규율이 이미 존재한다.

---

107) 『朱子文集』, 권58 「答黃道夫」, "天地之間 有理有氣 理也者 形而上之道也 生物之本也 氣也者 形而下之器也 生物之具也 是以人物之性 必稟此理 然後有性 必稟此氣 然後有形."

리와 기에 선후가 있는가 하는 문제는 구성론에서 설명했는가 본원론에서 설명했는가에 따라 서로 다른 이론이 나오게 된다. 주자는 다음과 같이 말하였다.

> 본원으로 말하자면 리가 있은 후에 기가 있는 것이므로 리는 치우침과 온전함으로 논할 수 없다. 그러나 만약 품부 받은 것으로 말하자면 어떤 기가 있은 후에 그 리가 따라서 갖추어지는 것이므로 어떤 기가 존재하면 그 리도 있는 것이다. 따라서 어떤 기가 많으면 그 리도 많고 그 기가 적으면 리도 적으니, 어찌 치우침과 온전함을 논할 수 없겠는가?[108]

주자는 본원상에서는 리가 있은 후에 기가 있는 것으로 설명하지만, 구성(稟賦)상으로는 어떤 기가 있은 후에 그 리가 따라서 갖추어져 있기 때문에 어떤 기가 존재하면 그 리도 있게 된다. 즉 본원상의 입장에서는 리가 먼저이고 기가 뒤이며, 구성상에서는 리가 기를 좇아서 갖추어진 것이다.

이처럼 본원상에서 주자는 '리가 기에 앞서 있음'을 강조하였지만, 구성상으로는 리가 기에 앞서 있다고 하지 않고 '리와 기에는 선후가 없다'고 하였다. 만약 본원에 대한 논의를 구성에 대한 논의로 보고, 또 반대로 구성에 대한 논의를 본원에 대한 논의로 보면서 주자의 리와 기를 단정해 버린다면 주자 사상을 이해하는 과정에서 많은 문제점이 나타난다.

특히 '리'가 '기'보다 앞서 존재한다고 단정해 버린다면, 해결할 수 없는 모순이 생긴다는 사실을 주자는 만년에 깨달았다. 만약 '리'가 '기'보다 앞서 존재한다고 말하면, 우주의 음양에 시작이 있게 되

---

108) 『朱子文集』, 권59 「答趙致道第一」, "若論本原 卽有理然後有氣 故理不可以偏全論 若論稟賦 則有是氣而後理隨以具 故有是氣則有是理 是氣多則是理多 是氣少則是理少 又豈不可以偏全論耶."

어 주자는 만년에 다음과 같이 말하였다.

> 어떤 사람이 "리가 앞서 존재하고, 기는 나중에 존재하는가?"라고
> 묻자, "리와 기는 본래 선후를 말할 수 없다. 그러나 계속 유추해
> 나간다면, 마치 리가 앞서 존재하고 기는 나중에 존재하는 듯하다."
> 고 답변하였다.[109]

주자의 논리는 '리'와 '기' 사이에 선후가 있을 수 없지만, 논리적
으로는 선후 관계에 있음을 설명한 말이다. 즉 '리'가 '기'보다 앞서
존재한다는 말은 논리적인 앞섬을 말하는 것이지 시간적으로 앞섬을
말하는 것은 아니다. 또 그는 다음과 같이 말하였다.

> 어떤 이가 먼저 리가 있고 난 후에 기가 있다는 설에 대해서 물
> 었다. "그렇다고 할 수는 없다. 지금 알 수 있는 것은 먼저 리가 있
> 고 나서 뒤에 기가 있게 되었는지, 아니면 뒤에 리가 있고 기가 먼
> 저 있었는지를 모두 추론해서 궁구할 수 없다는 것이다. 아마도 기
> 가 리에 의지해서 운행하는 듯하다. 기가 모이면 리 역시 거기에 있
> 는 것이다. 기는 응결되고 조작될 수 있으나 리는 감정·헤아림·조
> 작이 없다."고 대답하였다.[110]

주자는 리와 기의 선후 문제를 실제로는 미루어 궁구하기 어렵다
는 입장이다. 주자의 이런 설명은 리와 기는 실제상에서는 선후를
말할 수 없다는 입장이고, 또 논리적으로 추론하여 올라가거나 그

241

---

109) 『朱子語類』 권1, "或問 理在先氣在後 曰 理與氣本無先後之可言 但推
　　上去時 卻如理在先氣 在後相似."

110) 『朱子語類』 권1, 「沈僴錄」, "或問先有理後有氣氣之說 曰 不消如此說
　　而今知得他合下是先有理後有氣耶 後有理先有氣耶 皆不可得而推究
　　然以意度之 則疑此氣是依傍這理行 及此氣之聚 則理亦在焉 盖氣則能
　　凝結造作 理却無情意 無計度 無造作"

소종래所從來를 추론하면 리가 기에 앞서 있다고 할 수 있다. 그러나 중요한 점은 리가 시간적으로 기에 우선하며 리기의 선후는 일종의 논리적 관계에 있다는 것이 추론의 결과라는 점이다. 이미 실제적으로 리와 기에 선후가 없는데 어떤 것이 논리적으로 선후를 설명할 수 있는가를 주자는 다음과 같이 말하였다.

> 요약하면 먼저 리가 있다. 단지 오늘 리가 있고 내일 기가 있다고 말할 수 없을 것이다. 모름지기 선후가 있을 뿐이다. 만일 산하대지가 모두 무너져도 틀림없이 리는 그 속에 있다.[111]

리가 기에 앞서 있다는 것은 오늘이나 내일 같은 시간적 흐름의 선후를 가리키는 것이 아니라 바로 논리적으로 설명함을 일컫는 것이다. 즉 기인 물질은 생멸할 수 있으나 리는 형이상의 것으로 생멸할 수 없다는 것이다. 이론적으로 설명하면, 리는 물질이 소멸하는데 따라 함께 소멸하는 것이 아니며, 물질이 아직 생성되지 않았을 때에도 이미 존재함을 의미한다. 주자는 물질이 소멸된다는 것을 논리적으로 인정하였지만 실제로 물질이 한순간에 소멸된다는 것을 의미하는 것은 아니다.

주자는 리와 기를 엄밀히 구분하여 "형이상자는 형태도 없고 그림자도 없으니 이것을 리라고 하는 것이요, 형이하자는 감정도 있고 형태도 있으니 이것은 기器라 한 것이다."[112]라고 하여, 그는 현상세계를 전혀 상이한 리와 기의 세계로 설명하였다. 그러나 이 양자는 시간적으로 선후가 없고 공간적으로 이합離合이 없이 하나의 존재

---

111) 『朱子語類』 권1, 「胡泳錄」, "要之也先有理 只不可說是今日有是理 明日却有是氣 也須有先後 且如萬一山河大地都陷了 畢竟理却只在這裏."
112) 『朱子語類』, 권137 「戰國漢唐諸子」, "形而上者 無形無影 是此理 形而下者 有情有狀 是此器."

양태로 있다. 즉 천하에 리가 없는 기가 없고 기가 없는 리가 없는 것이다.113) 이러한 점에서 이 세계는 이기이원理氣二元의 존재 세계지만 그 존재 양태에 있어서는 일원적이라 할 수 있다. 리와 기라는 상이한 두 실체 개념을 전제한다는 점에서는 이원의 존재 구조라 하겠지만, 그것이 하나의 존재 양상으로 존재해 있다는 점에서는 일원적이라 할 수 있기 때문에 이기이원적 일원의 철학 체계라 이름할 수 있을 것이다. 그러나 주자는 이기선후를 말하기도 하는데,114) 이는 논리상의 존재론적 선후관계이지 시간상의 선후는 결코 아니라 하겠다.115)

또한 주자는 이기의 선후 문제에 대해서 "만약 품부를 말할 것 같으면 기가 있은 뒤에 리는 따라서 갖추어진다. 그러므로 기가 있으면 곧 리가 있게 되며 기가 없으면 리도 없게 된다."116)라고 하였다. 본체의 태극이 현상의 사물에 품부되는 순서를 살펴보면 기가 리에 선재先在한다고 보아야 한다.

그러나 주자는 현실을 언급할 때면 리와 기가 선후가 없다는 것을 명백히 했다. 그에 의하면 존재한다는 것은 리와 기가 동시에 공존한다는 것을 의미한다. 그러므로 현상 그 자체로 본다면 리와 기의 선후는 있을 수 없다. 이렇게 볼 때, 주자학의 이기이원적 일원의 철학 체계는 리 일원 내지 기 일원의 철학체계가 갖는 논리적 미비점을 보완할 수 있다는 점에서 보다 합리적인 철학체계라 생각된다.

종합하면 리는 추상적인 원리요, 기는 구체적인 현상이라 할 수

---

113) 『朱子語類』, 권1 「理氣」, "天下未有無理之氣 亦未有無氣之理."

114) 『朱子語類』, 권1 「理氣」, "未有天地之先畢竟也 只是理 有此理便有此天地 若無此理便亦無天地."

115) 『朱子語類』, 권1 「胡泳錄」, "要之也先有理 只不可說是今日有是理 明日却有是氣 也須有先後 且如萬一山河大地都陷了 畢竟理却只在這裏."

116) 『朱子語類』, 권1 「胡泳錄」, "若論禀賦則有是氣然後 理隨以具 故有是氣則有是理 無是氣則無是理."

있는데, 추상적인 원리를 떠나서 구체적인 현상이 존재할 수 없고, 또한 구체적인 현상을 떠나서 추상적인 원리가 존재할 수 없는 것이다. 여기서 리와 기는 불상리不相離·불상잡不相雜의 관계에 있다. 즉 기는 현상으로서 '소연(所然 또는 實然)'인 반면에 리는 소연의 까닭인 '소이연(所以然)'이다. '소연'과 '소이연'은 항상 같이 존재하기 때문에 리와 기는 서로 떨어질 수 없다(不相離)고 하는 것이요, 소연은 형이하이며 소이연은 형이상으로서 소연과 소이연은 그 본질이 다르기 때문에 리와 기는 서로 섞일 수 없다(不相雜)고 하는 것이다. '불상잡'은 리와 기를 개념적으로 구별하여 정의한 것으로서 이렇게 보면 리와 기는 서로 다른 두 가지의 것이다. 그러나 현상적 실재물에 있어서는 리와 기는 함께 존재하는 것(不相離)으로서, 리와 기는 서로 분리될 수 없는 하나인 것이다. 그리하여 리와 기는 '하나인 동시에 둘이요, 둘인 동시에 하나'인 것이다. 이러한 이기의 불리·불잡, '일이이一而二'·'이이일二而一'의 관계를 이이李珥는 특히 '이기지묘理氣之妙'라고 하였다.

이 세계를 존재하게 하는 소이연으로서의 선천근거인 리를 주자는 '추뉴근저(樞紐根柢)'·생물지본(生物之本)·'만선지원(萬善之源)'이라고 하였다. 리는 '그러한 바의 까닭(所以然之故)'인 동시에 또한 '마땅히 그렇게 해야 할 바의 준칙(所當然之則)'이기도 하다. 그러므로 리는 우주 자연에서는 만물을 화생하는 원리이지만, 사람에게는 모든 선의 근원으로서 도덕 행위가 가능한 선천 근거가 된다.

이와 같이 리는 도덕의 선천 근거이기 때문에 순선純善하다고 한다. 그러나 이 도덕 법칙을 구체적으로 실현시키는 것은 기의 역할이다. 기에는 청탁淸濁이 있는데, 맑은 기운은 이것을 잘 구현시켜 주지만 흐린 기운은 이것을 가리기 때문에 기는 선도 있고 악도 있다(有善有惡)고 본다.

2. 리와 기의 동정문제

주돈이는 『태극도설』에서 "태극이 움직여 양을 낳고 그 움직임이 지극해지면 고요해지는데 그 고요함이 음이 낳는다."[117)고 보았다. 이는 주돈이가 태극을 혼연한 일기(混然一氣)로 보아 태극 그 자체가 운동하는 실체임을 인정한 것이다. 그러나 주자는 태극을 '리'로 보아 『태극도설』의 사상을 가지고 리학의 우주론·인성론·수양론을 구성하였는데 이것은 리학의 발전에 중대한 영향을 미쳤다. 특히 『태극도설』의 사상을 이해할 때 리와 기의 선후 문제를 제외하면 논리적인 면에서 문제가 발생되게 되는데, 바로 리인 태극의 동정이 가능한가의 문제가 제기된다. 그래서 주자는 주돈이의 『태극도설』을 해석하면서

태극이란 본래 그러한 오묘함이고, 동정이란 태극이 타는 기틀이다. 태극은 형이상적인 도이고, 음양은 형이하적인 기器이다. 태극은 형이상의 도요, 음양은 형이하의 기물이다. 그러므로 그 드러난 것으로부터 보면 동정의 때가 다르고 음양의 자리가 다르지만 태극은 어디에나 있고, 그 은미한 것으로부터 보면 공허하고 광막하여 아무 조짐도 볼 수 없으나 동정·음양의 리가 이미 그 안에 다 갖추어져 있다.118)

동정이란 현상 세계 속에서 드러나는 것으로서, 음양 두 기의 동정을 의미하는 것이지 태극 자체의 동정을 가리키는 것은 아니다.

---

117) 『太極圖說』, "太極動而生陽 動極而靜 靜而生陰."
118) 『周敦頤集』, 「太極圖說解」, "盖太極者 本然之妙也 動靜者 所乘之機也 太極 形而上之道也 陰陽 形而下之器也 是以自其著者而觀之 則動靜不同時 陰陽不同位 而太極無不在焉 自其微者而觀之 則沖穆無朕而動靜陰陽之理已悉具其中矣."

왜냐하면 동정과 음양 그 자체는 리가 아니라 바로 기이기 때문이다. 따라서 본체로서 태극은 음양의 동정 안에 존재하는 리이며, 그 자신은 동정하지 않는다. 동정은 단지 태극이 타는 기라는 기틀의 동정을 가리킬 따름이다.

> '양은 움직이고, 음은 고요하다'고 함은 태극이 동정한다는 말이 아니다. 이는 태극이 이치상으로 동정한다는 말이다. 리는 보이지 않는 것으로서 음양이 있은 다음에 그 존재를 알 수 있다. 리가 음양을 타는 것은 마치 사람이 말 등에 타는 것과 같다.[119)]

주돈이의 "양은 움직이고, 음은 고요하다.(陽動陰靜)"고 하는 말은 태극 자신이 스스로 동정할 수 있다는 것을 의미하지 않는다. 동정을 하게 하는 주체는 음양이고 동정하는 근거는 바로 리에 있다. 운동할 수 있는 음양과 음양 안에 존재하면서도 스스로 움직이지 않는 태극, 이 양자의 관계는 마치 사람이 말을 타고 다니는 것과 같다고 주자는 설명한다.

> "동정이 타는 것을 기틀이라 하는데, 그것이 무엇입니까?"라고 물으니, "리가 기에 걸터앉아 가는 것이다."라고 대답하였다.[120)]

> 태극은 리이고, 동정은 기이다. 기가 다니면 리도 다니게 된다. 이 둘은 늘 서로 의지하기에 서로 떨어진 적이 없다. 태극이 사람과 같다면, 동정은 말과 같다. 말은 사람을 싣고 사람은 말을 탄다. 말이 들어오고 나감에 따라 사람도 함께 들어오고 나간다. 움직이든지 고요하든지 간에 태극의 미묘함이 없었던 적은 없다.[121)]

---

119) 『朱子語類』 권94, "陽動陰靜 非太極動靜 只是理有動靜 理不可見 因陰陽而後知 理搭在陰陽上 如人跨馬相似."
120) 『朱子語類』 권94, 「鄭可學錄」, "問 動靜者所乘之機 曰 理搭於氣而行."

태극은 리이다. 그런데 리는 형상이 없기 때문에 어떠한 동정도 있을 수가 없다. 동정이란 음양이고, 음양은 곧 형이하인 기이기 때문이다. 그런데 리는 기 안에 존재하며, 기는 동정할 수 있다. 이러한 리와 기의 관계를 말과 사람으로 설명하면, 기라는 것은 말이고, 리는 사람이다. 기는 리가 그 위에 타고 머무는 운동체이다. 즉 리에는 동정하는 운동이 없지만 리는 동정하는 기를 타고 있기 때문에, 리에는 상대적인 동정의 운동성이 생기게 된다. 마치 말 등에 탄 사람이 스스로는 뛰지 않지만 달리는 말 위에 탔기 때문에, 말 탄 사람에게 상대적인 운동이 생기는 것과 같다. 따라서 태극이 동정한다고 하는 것은 리가 기를 따라 움직이거나 리가 기를 타고 움직이는 것을 의미하는 것이지, 결코 리가 기 안에서 운동하거나 현실 세계를 벗어나 독립적인 리의 세계에서 운동하는 것을 의미하지 않는다.

기가 동정하게 하는 근거를 주자는 리로 보아 정가학鄭可學과 진순陳淳의 물음에 다음과 말하였다.

리에 동정이 있으므로 기에 동정이 있는 것이다. 리에 동정이 없다면 기가 어찌 스스로 동하고 정할 수 있겠는가?[122]

동의 리가 있으므로 움직여 양을 낳을 수 있고, 정의 리가 있으므로 고요하여 음을 낳을 수 있는 것이다. 움직였으면 리 또한 동 가운데 있는 것이고, 고요하였으면 리 또한 정 가운데 있는 것이다.[123]

---

121) 『朱子語類』 권94, 「董銖錄」 "太極理也 動靜氣也 氣行則理亦行 二者相依而未嘗相離也 太極猶人 動靜猶馬 馬所以載人 人所以乘馬 馬之一出一入 人亦與之一出一入 蓋一動一靜 而太極之妙未嘗不在焉."

122) 『朱子文集』 권56, 「答鄭子上十四」, "理有動靜 故氣有動靜 或理無動靜 則氣何自而有動靜乎."

123) 『朱子語類』 권94, 「陳淳錄」 "有這動之理便能動而生陽 有這靜之理便能靜而生陰 旣動則理又在動之中 旣靜則理又在靜之中."

먼저 정가학의 질문에는 기가 동정하는 하는 것은 정의 리와 동의 리를 근거로 삼아 동정하게 하는 소이연을 리로 보았다. 즉 기를 스스로 동정을 할 수 있게 시키는 원동력을 의미한다. 그리고 진순의 질문에는 기가 동하면 그 가운데 동의 리가 있고, 기가 정하면 그 가운데에 정의 리가 있다는 것이다. 그러므로 이미 움직였으면 리가 또한 동 가운데 있고, 고요하였으면 리 또한 정 가운데 있을 수밖에 없다.

또 주자는 다음과 같이 말하였다.

> 양문숙이 "태극이 동정을 겸하고 있습니까?" 하고 물었다. "동정을 겸하고 있는 것이 아니라, 태극에 동정이 있다. 희로애락이 아직 발하지 않은 그때에도 태극이 있고, 희로애락이 이미 발한 때에도 태극이 있다. 단지 하나의 태극이 발했을 때에는 유행하고, 아직 발하지 않았을 때에는 거두어 감추어져 있는 것일 뿐이다."라고 대답하였다.124)

리의 실체는 하나이지만 그 나누어진 것에서 보면 작용하는 곳이 달라서 동의 리가 되기도 하고 혹은 정의 리가 되기도 하기 때문에 리에 동정이 있다고 말할 수 있다. 그러나 실제로는 기가 움직일 때에 리가 기를 따라 움직이는 것이지 스스로 움직이는 것은 아니다. 즉 기가 고요할 때에 리가 기를 따라 고요하지만 리는 기의 고요함이 지극해지면 다시 움직임이 되는 내재적 동인이 되기도 하므로 움직임의 기미를 내포하고 있다. 결국 본체론에서 말하면 리 자신은 운동할 수 없는 것이고, 실제로는 기가 움직일 때에 리가 기를 따라 움직이는 것이지 스스로 움직일 수 있는 운동체가 아니다.

---

124) 『朱子語類』 권94, 「未詳何人錄」, "梁文叔云 太極兼動靜 日 不是兼動靜 太極有動靜 喜怒哀樂未發也有個太極 喜怒哀樂已發也有個太極 只是一個太極 流行於已發之際 斂藏於未發之時."

3. 리일분수

주자가 주장하는 '리'에는 또 '리일분수理一分殊'의 의미를 가지고 있다. '리일분수'는 정이와 양시楊時(1053~1135, 자는 중립中立이고, 호는 구산龜山)가 『서명』에 관한 논변에서 제시된 명제이다. 양시는 『서명』에서 '하늘과 땅은 부모와 천자'라고 한 만물 일체의 논리는 묵자의 겸애설과 혼동될 만한 병폐가 담겨 있다고 의문을 제기하였다. 이에 대해 정이는 "『서명』에서는 리는 하나인데 그 직분이 나뉘어 다르게 된 점(理一而分殊)을 밝혔다. 그러나 묵자의 겸애설은 근본이 둘이면서도 나뉨이 없다. 직분이 나뉘어 다르게 된다는 주장의 병폐는 사사로움이 강해져 인을 잃었기 때문에 나뉨이 없는 잘못이 있고, 묵자의 견해는 두루 사랑하나 의를 잃었다는 잘못이 있다."[125]라고 답변하였다.

정이의 이러한 논리는 '인'이 모든 사람의 기본적인 도덕 원칙이지만 인을 구체적으로 실현하는 데 있어서는 차등이 있다고 보았다. 만약 어떤 사람이 그의 부모 형제를 다른 사람보다 더 사랑하는 것은, 바로 친함에도 반드시 '소원하게 대하고 멀리 대하고 가깝게 대함이' 다르기 때문이 나타나는 현상으로 보았다. 정이는 장재의 『서명』이 유가의 이런 차별 있는 사랑(別愛)과 유사하다고 보았다. 그러나 묵자의 '겸애'는 차별 없이 모든 사람을 사랑하라고 하기 때문에 결국 그 직분이 나뉘어 다르게 된 점이 없다는 것이다. 이러한 문제점을 정이는 사람이 마땅히 인애해야 하는 것은 '리일'이고, 대상에 따라서 차별적으로 대하는 것은 '분수'라고 생각하였다.

이처럼 정이가 답변하는 과정에서 제시된 '리일분수'의 명제는, 서

---

125) 『二程集』, 「答楊時論西銘書」, "西銘明理一而分殊 墨氏則二本而無分 分殊之蔽 私勝而失仁 無分之罪 兼愛而無義."

로 다른 대상에 대해 한 개인이 담당하는 의무가 달라지는 점을 『서
명』의 '만물일체설'과 서로 배척되지 않음을 설명한다. 또 일반적인
도덕원리는 서로 다른 구체적 규범으로 표현될 수 있으며, 서로 다
른 구체적 규범에는 공통적인 도덕 원리가 내포되어 있음을 강조하
고 있다. 주자는 정이의 이러한 사상을 계승하였다.

'일'은 보편적인 것이고, '분'은 특수하고 개별적인 것이다. 그러므
로 '리일분수'는 보편과 특수 혹은 개별적인 관계를 설명하는 데 사
용된다. 여기서 보편은 리를 가리키지만 '리일'과 함께 사용될 때는
이미 '분수'가 내포되어 있는 특수한 '리' 또는 개별적인 '리'로 이해
할 수 있다. 그러나 보편과 특수의 관계는 항상 일정한 것이 아니다.

우주만물의 관점에서 설명하면 "하나의 실상이 만 가지로 나뉘어
져 만과 하나가 각각 바르게 되니 바로 '리일분수'이다."[126]라고 주
자는 말하였다. 즉 합해서 말하면 만물 전체가 하나의 태극이고, 나
누어 말하면 개개 사물이 각각 하나의 태극을 갖추고 있는 것이
다.[127] '만물 전체가 하나의 태극이다(萬物統體一太極)'라는 것은
『통서해』에서 말한 "만물을 합한 것으로 말하면 하나의 태극이 되어
동일하다."[128]라는 것으로서 이것이 '리일'이다. 그리고 '개개 사물이
각각 그 안에 하나의 태극을 가지고 있다(物各具一太極)'는 것은
『통서해』에서 말한 "만물은 각각 그 안에 하나의 태극을 가지고 있
다."[129]라는 것으로서 이것이 '분수'이다. 따라서 현상계의 모든 존
재는 하나의 태극이 내재하게 된다. 이른바 태극이란 단지 이기二氣
와 오행의 리일 뿐, 따로 어떤 것이 태극이 되는 것이 아니다.[130]

---

126) 『朱子語類』, 권94, 「潘植錄」, "一實萬分 萬一各正 便是理一分殊處."
127) 『太極圖說解』, "盖合而言之 萬物統體一太極也 分而言之 一物各具一太極也."
128) 『通書解』, 「理性命」 3장 주, "是合萬物而言之 爲一太極而已也."
129) 『通書解』, 「理性命」 3장 주, "一物各具一太極."

이처럼 태극은 이미 그 가운데에 이기와 오행의 이치를 포함하고 있다. 그리고 또한 동정과 음양의 이치가 태극에 모두 갖추어져 있기 때문에 온갖 이치의 총화의 뜻을 갖는다. 그래서 통일된 전체가 하나의 태극이고, 하나의 사물은 각기 하나의 태극을 갖추고 있다.131) 즉 하나의 사물마다 고루 다 이 천지만물의 이치를 총괄하는 태극을 갖추고 있다는 것이다. 그러나 이것은 태극 자체가 분열되어 만물 가운데 내려와 있는 것을 말하는 것이 아니다. 주자는 다음과 같이 말한다.

본래는 하나의 태극일 따름인데, 만물은 각기 그것을 품부 받아 하나의 태극을 온전하게 갖추게 된다. 예를 들어 달은 하늘에 하나만 있을 뿐이다. 세상 도처에 그것이 분산되어 있고 어디서든지 그 달을 볼 수 있다고 해서, 달이 나뉘어져 있다고 말할 수 없다.132)

주자는 '나눈다(分)'는 글자를 베어내어 조각내는 것이 아니라, 마치 달이 모든 냇가에 비치는 것과 같다133)고 해석하였다. 태극은 온갖 이치의 총화가 되는 것이며 사물마다 모두 이 '태극'을 반영한다. 곧 만물은 만물의 측면에서 말하면, 모두 그 '본성'을 가지고 있으며, 또한 모두 다 개별적인 의미의 이치를 갖추고 있다. 그는 다음과 같이 말하였다.

만물을 합하여 말하면 하나의 태극이며, 만물은 모두 한 가지다. 그 근본에서 말단에 이르기까지 만물은 하나의 리(理一)의 실체를

---

130) 『朱子語類』, 권94, "所謂太極者 只二氣五行之理 非別有物爲太極也."
131) 『朱子語類』, 권94, "盖統體是一太極 然又一物各具一太極."
132) 『朱子語類』, 권94, "本只是一太極 而萬物各有稟受 又自各全具一太極 爾 如月在天 只一而已 及散在江湖 則隨處而見 不可謂月已分也."
133) 『朱子語類』, 권94, "不是割成片去 只如月映萬川相似."

251

나눠 가지며, 그것을 본체로 삼는다. 그러므로 만물 안에는 각기 하나의 태극이 있게 된다.[134]

주자는 우주와 만물을 총체적인 하나인 태극으로 보아 이 태극이 바로 우주와 만물의 본체이자 본성이며, 그 태극은 오직 하나뿐이라고 생각하였다. 그래서 각각의 사물을 살펴보면, 모든 사물은 우주의 본체인 태극을 품부 받아 자신의 성리로 삼는다. 모든 사물의 성리와 우주의 본체로서 태극은 동일하다. 따라서 사물마다 가지고 있는 성리는 비록 태극에서 품부 받은 것일지라도 태극의 일부분만을 나뉘어 소유한 것이 아니다. 사물마다 소유하고 있는 성리도 역시 그 사물 자체가 갖추고 있는 태극이다. 이와 같은 관계가 바로 "만물 전체가 하나의 태극이고, 만물 안에는 각기 하나의 태극을 갖는(萬物統體一太極也 萬物之中各有一太極)" 관계를 의미한다.

그리고 하나의 사물마다 각기 하나의 태극을 갖게 되는데(一物各具一太極), 이것이 바로 '분수'이다. 그러므로 '성리'의 입장에서 보면, 우주만물의 본체는 하나의 태극일 따름이며, 각각의 사물도 그 본체인 태극과 완전히 동일한 태극을 가지고 있으면서 그것을 자신의 본성으로 삼는다. '분수'라는 측면에서 모든 사물이 가지고 있는 성리로서의 태극은 차이가 없지만, 사회적인 측면에서 사물의 구체적인 규범에는 차이가 있게 된다. 즉 사물의 구체적인 규율과 성질은 저마다 다르다. 이것을 '리일분수'라고 한다. 주자는 이와 같은 설명을 다음과 같이 하였다.

예를 들어 이 표지판은 하나의 도리일 뿐인데, 이 길은 이렇게 가도록 하고 저 길은 저렇게 가도록 한다. 예컨대 한 채의 가옥도 하

---

134) 『周敦頤集』, 「通書解」, "合萬物而言之 爲一太極而一也 自其本而至末 則一理之實萬物分之以爲體 故萬物之中各有一太極."

나의 도리일 뿐인데, 가옥 안에는 대청도 있고 방도 있다. 마치 초목도 하나의 도리일 뿐인데, 복숭아나무도 있고 자두나무도 있다. 이와 같이 많은 사람들도 하나의 도리일 뿐인데, 장삼이도 있고 이사도 있다. 그러나 장삼이는 이사가 될 수 없고, 이사도 장삼이 될 수 없다. 음양에 대해서도 『서명』에서 '리일분수'로 말하였으니, 역시 이와 같은 것이다.135)

이 세상에 존재하는 모든 종류의 사물에는 각기 다른 독특한 리가 있다. 그래서 사물이 다르면 사물에 구체적으로 표현되는 보편적인 리도 다르다. 마치 서울에 가기 위해서 이용하는 교통편이 각각 다르고, 그 교통편의 요금과 편리, 그리고 도착하는 시간의 차이가 있을 수밖에 없다. 또 모든 집에는 공통의 리가 있지만, 그 집이 있는 장소와 구조, 그리고 평수에 따라 그 가치가 구체적으로 나타난다. 나무도 복숭아나무와 자두나무는 모두 과일나무이지만, 복숭아나무와 자두나무에 열리는 과실의 맛은 다를 수밖에 없기 때문에 그 가치가 다르다.

'리일분수'의 사상에 근거한다면, 각 사물 나름의 구체적인 성질과 규율은 각기 다르고, 사람도 공통의 리를 지니고 있지만, 남녀노소와 시대적 상황과 환경 등에 따라 실천하는 윤리적 규범은 달라진다. 따라서 '만물은 하나의 이치이다'라고 하는 것은 만물의 구체적인 규율 모두가 완전히 동일하다는 표현이 아니라, 한층 더 높은 차원에서 볼 때 그 규율들이 동일한 보편원리의 표현이면서 통일성을 지니고 있다는 의미이다. 즉 지극히 성실함이 쉼 없는 것은 도의 체로써 만 가지 다름이 한 가지 근본 된 바이고, 만물이 각각 그 위치를

---

135) 『朱子語類』, 권6, "如這片板 只是一个道理 這一路子恁地去 那一路子恁地去 如一所屋 只是一个道理 有廳有堂 如草木 只是一个道理 有桃有李 如這衆人 只是一个道理 有張三有李四 李四不可謂張三 張三不可謂李四 如陰陽 西銘言理一分殊 亦是如此."

얻는 것은 도의 작용으로서 한 가지 근본이 만 가지 다름이 되는 까닭이다.136) 여기에서 '만 가지 다름'은 각 사물이 지니고 있는 구체적인 성질과 규율이 각기 다르고, 사람도 공통의 리를 지니고 있지만, 남녀노소와 시대적 상황과 환경 등에 따라 실천하는 윤리적 규범은 달라짐을 의미한다.

지금까지 살펴본 리와 기에 관한 요점을 몇 가지로 분석해 보면 다음과 같다. 첫째로 천지 사이에는 리와 기가 있으며 리는 기의 근본이다. 둘째로 리는 형이상의 도요 생물의 근본이며, 기는 형이하의 기器이다. 셋째로 리에서 볼 때 물체가 존재하지 않을 때에도 이미 그 물체의 리는 존재하고 있었다. 그러나 리만 있었을 뿐 실제로 물체가 존재하는 것은 아니다. 다시 말해 리란 물체의 앞 또는 기의 앞에 있다. 넷째로 리와 기란 나눌 수 없으므로 선후를 말할 수 없다. 그러나 그 소종래를 보면 반드시 먼저 리가 있다고 할 수 있다. 다섯째로 리와 기가 합하여 형체가 이루어진다. 또한 리는 한 사회의 구성원들이 이성을 통하여 공통적으로 인정하는 도덕 법칙, 교제 원칙, 행위 규칙, 추리 원리 등을 의미한다. 따라서 리는 사물이 갖고 있는 성질이나 규율, 그리고 법칙 등을 지칭하기도 한다. 리학에서 말하는 리의 가장 중요한 의미는 사물의 규율과 도덕 원칙이라는 점이다. 즉 도덕 원칙이란 사실상 우주의 보편 법칙이 인류 사회에 특별히 표현된 것이다.

이와 같이 리와 기에 관련된 이론이 인도人道와 관련이 될 때는 선악의 문제와 연결되며, 이것을 규명하는 것이 바로 심성론이다.

---

136) 『論語集註』, 「里仁」 15장, "蓋至誠無息者 道之體也 萬殊之所以一本也 萬物各得其所者 道之用也 一本之所以萬殊也."

제3절 심성론

심성론은 도심과 인심, 천명지성과 기질지성, 또 사단과 칠정 등의 개념에 의하여 해명된다. 여기서 마음은 성과 정을 통괄하는 것이요, 정은 인간의 추상적인 본성이 구체적인 희로애락의 감정으로 발현된 것을 말한다.

도심과 인심의 문제는 『서경』 「대우모大禹謨」에 순임금이 우임금에게 "인심은 오직 위태롭고 도심은 오직 은미하니 인심과 도심을 정밀하게 살펴서 도심을 전일하게 하여 진실로 중을 지켜라."[137]라고 전언傳言하였다. 원래 인간에게 두 가지의 마음이 있는 것은 아니지만 그 마음이 때로는 육체적 욕구를 지향하고 때로는 도덕적 정의를 지향하기도 한다. 사람은 누구나 육체와 정신을 지녔으므로 상지上智·하우下愚를 막론하고 모든 사람은 인심과 도심의 두 요소를 지니고 있는 것이다. 여기서 도심이 인심을 제어해야만 천리가 인욕을 이기게 되는 것이다.

1. 천명지성과 기질지성

'천명지성'과 '기질지성'은 장재가 인간의 본성에 대한 제 견해를 종합하여 인간에 대한 전체적인 이해를 도모하고자 나온 이론이다. 주자는 장재의 이러한 이론과 정이천의 '성즉리'를 계승, 종합하여 천명지성과 기질지성의 이론을 전개했다. '천명지성'이란 천리로서의 본성을 지칭하는 것이며, '기질지성'이란 인간의 본성을 선도 있고

---

137) 『書經』, 「大禹謨」, "人心惟危 道心惟微 惟精惟一 允執厥中者."

악도 있는 차별적인 기질과의 관련하에서 파악한 것이다. 본래 하나인 성을 이와 같이 천명지성과 기질지성으로 나누어 말할 수 있는 근거는 논리적인 관점의 구분에 있는 것이다. 사실적으로 리와 기가 불상리不相離이지만 관념적으로는 리와 기를 구분해 볼 수 있으므로, 실제로는 유일하게 존재하는 기질지성으로부터 논리적으로 천명지성을 구분해 보는 것이다.

리는 순선한 것으로서 모든 사람이 차이가 없는 것이지만 기는 맑고 흐려 고르지 못한 것으로서 각 개인마다 육체적인 조건이 다르다. 그러므로 인간의 본성에 있어서 천리만을 지칭하면 본연지성으로서 순선무악純善無惡한 것이요, 기질, 즉 육체적인 제한성을 동시에 고려하여 논한다면 기질지성으로서의 유선유악有善有惡한 것이다. 여기서 기는 유선유악하다고 하여 그것을 부정적으로 평가하기 쉽지만, 기가 지니는 의미는 매우 중요하다. 리는 형상이 없고 작위도 없는(無形無爲) 존재요, 기는 유형유위有形有爲한 존재이다.

그러므로 순선한 천리로서의 천명지성은 그 자체가 작위적 능력을 지닌 존재가 아니기 때문에 작위적 능력을 지닌 기질의 매개 없이는 스스로 발현될 수 없는 것이다. 기는 한편으로는 천리를 가리기도 하지만 한편으로는 천리를 실현시키기도 하는 존재로서 이것은 기의 맑고 흐림에 달린 것이다. 즉 인간의 본성은 모두 선하지만 기의 청·탁에 따라서 지우智愚, 현賢·불초不肖의 차별이 생기는 것이므로 여기서 흐린 기를 맑은 기로 변화시키기 위한 수양의 문제가 제기되는 것이다.

주자의 심성론은 리와 기에 근거하여 주로 인간에게 있어서의 선·악의 문제를 해명하는 것이다. 인간은 우주 안에서 존재하는 만큼 이기론과 심성론은 서로 관련을 맺지 않을 수 없다. 천지간에는 리와 기가 있어서 사람과 사물의 생성은 모두 천지의 기를 품부 받아 '형체'를 이루고, 천지의 리를 품부 받아 '본성'을 이룬다. 따라서 사람의 성품과 사물의 성질은 모두 하늘로부터 품부 받아 생긴 것이기 때문에 결국은 하늘이 만물에게 성을 부여해 준 것이다. 주자는 이것이 바로 『중용』의 "하늘이 준 것을 일러 성이라 한다.(天命之謂性)"라고 생각하였다. 그러므로 주자는 '천명지성'을 천리가 개체적인 사람과 사물에 품부되어 있는 것을 말한다.

주자는 악한 품성도 똑같이 선천적인 근거를 갖는다고 보았는데, 이것이 바로 기질(氣稟)이다. 그는 리는 인간에 있어서 성이 되며, 기는 인간에게 있어서 육체(才)가 된다고 보았다. 리는 순선한 도덕 본체이기 때문에 이것을 부여받은 사람의 본성은 모두 선하다. 다만 사람이 품부 받은 기질 가운데에는 맑거나 혼탁하고, 편벽되거나 바른 차이가 있으며, 그 품부 받은 기질 가운데서 어둡고 탁하며 편벽되고 막힌 것이 악한 품성을 이루는 원인이다. 기품의 선하지 않음이 악의 근원이 되는 까닭은 주로 기품의 혼탁이 본성을 끊고 가림으로써 사람의 선한 본질이 발현되는 것을 방해하기 때문에 결과적으로 악한 성질이 나타난다.

'기질지성'은 장재의 말에서 근원한다. 그는 "형체가 있고 난 뒤에 기질지성이 있다. 이것을 잘 돌이키면 천지지성天地之性이 보존된다. 그러므로 기질지성은 군자가 본성으로 여기지 않는 것이 있다."138) 라고 하여, 형체가 존재하면 기질지성도 존재한다고 생각하였다. 그는 "강유·완급·재부재才不才라 하는 것은 기의 치우침일 뿐, 하늘은 본래 서로 화합하여 치우치지 않는다. 그 기를 잘 배양하여 근본으로 돌이켜서 치우치지 않는다면 본성을 다하여 하늘이 된다."139)고 하였다. 만물과 사람은 기의 영향을 받지 않을 수 없다. 따라서 기의

257

---

138) 『正蒙』, 「誠明」 제5, "形而後有氣質之性 善反之 則天地之性存焉 故氣質之性 君子有弗性者焉.

139) 『正蒙』, 「誠明」 제6, "人之剛柔緩急 有才與不才 氣之偏也 天本參和不偏 養其氣 反之本而不偏 則盡性而天矣."

영향에 의하여 본래의 성(天命之性)이 훼손되어 기질의 편차가 생긴다. 그래서 학문과 수양을 통해 기질을 변화시키고 편차가 없는 근본으로 돌아갈 때 비로소 천명지성이 본래대로 존재하게 된다.

주자는 천명지성,[140] 천지지성,[141] 본연지성[142]이라고 하여 모두본래의 성을 말한다. 즉 천명과 천지 그리고 본연지성은 불러지는 명칭은 다르지만 의미하는 표현은 같다. 또한 이러한 천명·천지 그리고 본연지성과 기질지성의 관계를 그는 다음과 같이 설명하였다. "천명지성이 있는 한 기질지성도 있다. 양자는 떨어질 수 없다. 그하나를 없애 버리면 어떤 사물도 낳을 수 없다."[143]고 말하고, 또"천명지성이 만일 기질을 갖고 있지 않다면 안착하여 머무를 장소가없다. 예를 들면 한 국자의 물이라도 그것을 담을 그릇이 없다면 귀착할 수 없다."[144]고 하였다. 따라서 천명지성과 기질지성은 서로 떨어질 수 없는 두 날개와 같은 관계를 유지하고 있음을 알 수 있다. 주자는 다음과 같이 말하였다.

> "사람은 태어나면서 고요하다."고 함은 아직 발하지 않을 때를 말하고, '그 이전'이라면 사람과 사물이 아직 생기기 전이어서 성이라고 말할 수 없다. 성(기질지성)이란 사람이 태어난 뒤 리가 형기形氣 안에 떨어져 들어온 것으로, 온전한 성(천명지성)의 본래 모습이 아니다. 그러나 그 본래 모습도 그 성(기질지성) 바깥에 있는 것이 아니므로 사람들은 그것에서 그것과 섞이지 않는 것을 알아내야 한다.[145]

---

140) 『朱子語類』上, 권4, 「性理1」(賀孫錄), "天命之謂性."
141) 『朱子語類』上, 권4, 「性理1」(無名), "天地之性."
142) 『朱子語類』上, 권4, 「性理1」(廣錄), "本然之性."
143) 『朱子語類』上, 권4, 「性理1」(薔錄), "才有天命 便有氣質 不能相離 若厥一 便生物不得."
144) 『朱子語類』上, 권4, 「性理1」(賀孫錄), "天命之性 若無氣質 却無安頓處 且如一勺水 非有物盛之 則水無歸着."

　사람과 사물의 성이란 천지의 리를 품부 받아 생긴 것이다. 사람과 사물이 아직 생기기 전에도 천지의 리는 천지간에 끊임없이 유행한다. 천지의 리가 일정한 형기를 품부된 다음에야 비로소 사람의 성품과 사물의 성질이 나타난다. 그러나 리가 일단 형기라는 체질에 진입하면 사람이 품부 받은 기질이 맑거나 혼탁하게 되고, 편벽되거나 바른 차이가 있게 되며, 그 품부 받은 기질 가운데서 어둡고 탁하며 편벽되고 막힌 것이 있어서 성은 이미 성의 본래 모습이 아닌 '기질지성'을 말한다. 즉 '기질지성'은 리의 작용과 기의 작용이 함께 있는 것으로, 선천적인 이성과 감성적 욕구의 교차와 종합을 반영한다. 그래서 주자는 다음과 같이 말한다.

　　천지지성을 논하면 오로지 리를 가리켜 말하고, 기질지성을 논하면 리와 기를 섞어서 말한다. 아직 기가 있지 않아도 이미 성은 있고, 기가 존재하지 않더라도 성은 항상 존재한다. 그것이 비로소 기의 가운데 존재한다고 말하나, 기는 원래부터 기이고 성은 원래부터 성이어서 또한 서로 협잡夾雜하지 않는다. 두루 사물의 본체가 되어 어느 곳도 존재하지 않은 것이 없다고 논하는데 이르면, 또한 기의 정조精粗를 논하지 않아도 리는 있지 않음이 없다.146)

　'천지지성', 즉 '천명지성'은 아직 기가 발하기 이전의 리를 말하는 것이고, '기질지성'이라고 말할 때는 리와 기가 섞여 있는 것을 가리킨다. 천명지성은 '성즉리'로 말할 때의 성으로서 순수하여 보편

---

145) 『朱子文集』 권61, 「答嚴時亨」, "人生而靜是未發時 以上則人物未生時 不可謂性 才謂之性 便是人生以后 此理墮在形氣之中 不全是性之本體也 然其本體又未嘗外此 要人卽此而見得其不雜于此者耳."

146) 『朱子語類』 上, 권4, 「性理1」(無名), "論天地之性 則專指理言 論氣質之性 則以理與氣雜而言之 未有此氣 已有此性 氣有不存 而性却常在 雖其方在氣中 然氣自是氣 性自是性 亦不相夾雜 至論其偏體於物 無處不在 則又不論氣之精粗 莫不有是理."

성 또는 절대성을 갖는다. 그러나 구체적으로 드러난 성은 기 가운데 존재하며 기 없이는 존재할 수 없다. 그래서 주자는 "성인들의 천만가지 말은 사람들에게 천리를 보존하고 인욕을 없애도록 가르친 것일 뿐이다."147)라고 말하였다. 인욕이란 이미 리와 기가 섞여 있어 순수와 보편, 절대성을 잃어버린 것이다. 그러므로 사람이 만약 인욕을 없앨 수가 있다면 천리인 천명이 저절로 드러난다. 주자는 이러한 인욕을 멸하는 방법을 다음과 같이 말하였다.

> 인성은 본래 밝은 것이지만, 마치 흐린 물속에 가라앉은 진주와 같아서 그 밝음이 드러날 수 없다. 흐린 물을 버리면 진주는 예전대로 저절로 빛난다. 자신이 이 인욕에 가려져 있음을 알아낸다면 바로 밝은 곳이다.148)

여기서 말한 '흐린 물'이란 곧 '기질'을 말한다. 그러므로 흐린 물은 기질의 탁함을 뜻하기 때문에 본래의 상태인 '천명지성'으로 돌아가야 한다. 주자는 인욕을 멸하는 방법을 다음과 같이 구체적으로 설명한다.

> 이 이치가 있은 다음에 이 기질이 있다. 이러한 기질이 있으면 반드시 이 이치가 있다. 단지 기품이 맑은 사람이 성현이 된다. 마치 구슬이 맑고 찬물에 있는 것과 같다. 그러나 기품이 흐린 사람은 어리석고 미련한 사람이 된다. 마치 구슬이 흐린 물속에 있는 것과 같다. 이른바 명덕을 밝힌다는 것은 흐린 물속에 있는 이 구슬을 닦아내는 것이다.149)

---

147) 『朱子語類』, 권11, "聖人千言萬語 只是教人存天理 滅人欲."

148) 『朱子語類』, 권11, "人性本明 如寶珠沈溺水中 明不可見 去了溺水 則寶珠依舊自明 自家若得知是人欲蔽了 便是明處."

149) 『朱子語類』, 권11, "有是理而後有是氣 有是氣則必有是理 但稟氣之清

주자는 본래의 천명지성으로 돌아가기 위해 '명덕을 밝히는 일'과 '구슬을 닦아내는 일'이 있어야 하고, 이러한 기질변화가 곧 성현이 되기 위한 학습과 수양이라고 보았다. 장재도 "학문을 통해서 얻는 커다란 이익은 스스로의 기질을 변화시킬 수 있는 것이다."[150]라고 하여 기질 변화를 위한 학습과 수양을 강조하였다.

2. 심통성정

주자의 심성론의 특징은 심心·성性·정情 세 요소로 이루어진 구조 체계에 관한 논의이다. 그는 성을 본체로 주장하면서도 마음을 작용으로 여기지 않고, 정을 작용으로 삼았으며, 마음이 성과 정을 관통하는 총체로 생각했다. 즉 성은 리요 정은 작용이며, 심이란 성과 정을 겸하여 말한 것이다. 성과 정을 겸하여 말한 것은 성과 정을 포괄하기 때문이다.[151] 또 인의예지는 성이요 체다. 측은·수오·사양·시비는 정이요 작용이다. 성정을 거느리고 체용을 갖춘 것은 심이다.[152]

심이 성과 정을 겸한다는 것은 심이 성정을 거느리고 있다는 뜻이다. 즉 심이 성정의 거느리고 포괄하고 있음을 의미한다. 여기서 성은 심의 체가 되고 정은 심의 작용이 된다. 따라서 심은 체용의

者爲聖爲賢 如寶珠在淸冷水中 稟氣之濁者爲愚爲不肖 如珠在濁水中 所謂明明德者 是就濁水中搭拭此珠也."

150) 『張子全書』권6, 「經學理窟·義理」, "爲學大益 在自能變化氣質."

151) 『朱子語類』권30, 「黃幹錄」, "性其理 情其用 心者兼性情而言 兼性情而言者 包括乎性情也."

152) 『朱子文集』권56, 「答方賓王四」, "仁義禮智 性也 體也 惻隱羞惡辭讓 是非 情也 用也 統性情該體用者 心也."

총체를 포괄하고 성정은 이 총체의 각기 다른 측면이라고 할 수 있다. 주자는 다음과 같이 말한다.

> 인의예지는 성이요. 측은·수오·사양·시비는 정이다. 인으로 사랑하고 의로 미워하며, 예로 사랑하고 지로 아는 것이 심이다. 성이란 심의 리이고, 정이란 심의 작용이며, 심이란 성정의 주인이다.[153]

주자는 인의예지는 성이면서도 본체이고, 측은·수오·사양·시비지심은 정이면서 작용이 된다. 즉 성은 마음의 본체이고, 정은 마음의 작용으로 보았다. 마음은 체용을 포괄하는 총체이며, 성과 정은 이러한 총체의 다른 측면일 뿐이다. 그는 이와 같은 관계를 '심통성정心統性情'이라고 하였다.

마음은 사유와 의식 활동을 총체적으로 주관하고, 그 내재적 본질이 성이며, 구체적으로 드러난 감정과 생각은 정이다. 또 성은 현실적인 의식과 감정이 생기는 근원이고, 현실적인 의식과 감정은 성의 외재적 표현이다. 정은 구체적인 것이고, 성은 일종의 일반 원칙이며, 성이나 정과는 상대적으로 마음은 의식 활동의 총체와 주체를 가리킨다. 주자는 다음과 같이 말하였다.

> 성은 본체이고, 정은 작용이다. 성과 정은 모두 마음에서 나온다. 그러므로 마음은 그것(性情)들을 거느릴 수 있다. 거느린다(統)는 것은 군사를 거느린다고 할 때의 그 통인데, 말하자면 주재할 수 있다는 뜻이다.[154]

---

153) 『朱子文集』 권67, 「元亨利貞說」, "仁義禮智 性也 惻隱羞惡辭讓是非 情也 以仁愛 以義惡 以禮讓 以智知者 心也 性者心之理也 情者心之 用也 心者性情之主也."

154) 『朱子語類』 권98, 「黃卓錄」, "性是體 情是用 性情皆出于心 故心能統 之 統如統兵之統 言有以主之也."

성은 본체이고 정은 그 작용인데 모두 마음에서 나온다는 것은 마음이 성정을 주재하고 통어한다는 것을 의미한다. 즉 성은 리를 가지고 말한 것이고 정은 드러나서 작용한 것이며 마음은 성정을 주관하고 통섭統攝하는 것이다.155) 또 성은 본체이고 그 작용은 정이다. 마음은 성정을 거느리고 통정을 갖추고서 그것을 주재한다.156)

또 성은 마음에 갖추고 있는 리이고 정은 성이 사물에 감응하여 움직인 것이다. 하늘이 만물에 부여한 것을 일컬어 명이라 하고 사람과 사물이 하늘로부터 품수한 것을 일컬어 성이라 한다. 마음은 사람의 신명으로서 모든 이치를 갖추고 만사에 응하는 것이다. 그리고 도는 곧 리이다. 사람마다 함께 말미암은 것을 말하여 도라 하고 그 각기 조리가 있는 것을 말하여 리라 한다. 성은 사람이 하늘로부터 얻은 바의 리이고, 리는 혼연하고 지극히 선하여 악이 없다. 그래서 성은 곧 리이다.157)

인간의 리는 천명지성으로서 존재하기 때문에 '성즉리'라는 명제가 나오게 된다. 인간에 있는 천명지성이란 인간이 우주 질서의 리에 가장 잘 부합된 상태이자 도덕적으로 완벽한 상태를 말한다. 주자학이 추구하는 목표는 바로 이런 도덕적인 생활이다. 이런 도덕적 생활은 본연의 성을 찾는 것을 말한다. 따라서 정이 아직 발현되지 않은 상태가 성이며, 이때 마음에는 천리가 혼연히 갖추어져 있다.

---

155) 『朱子語類』 권5, 「鄭端蒙錄」, "性以理言 情乃發用處 心卽管攝性情者也."
156) 『朱子文集』 권74, 「孟子綱領」, "性 本體也 其用 情也 心 則統性情 該動靜而爲之主宰也."
157) 『朱子文集』 권67, 「元亨利貞說」, "心者 人之神明 以具衆理而應萬事者也……道則理也 以人所共由而言則謂之道 以其各有條理而言則謂之理 命猶令也 性卽理也 伊川云 天所賦謂命 物所受爲性 理一也 自天所賦予萬物言之 謂之命 以人物所稟受於天 言之 謂之性 性者 人所稟于天以生之理也 渾然至善 未嘗有惡……又云心者 人之神明 所以具衆理而應萬事者也 性者 心之所具之理 情者 性之感於物而動者也."

미발의 상태라 해서 마음이 없다고는 말할 수 없다. 마음이 아직 발현되지 않은 '중'의 상태를 유지해 나가면서 방해받지 않기 위해서는 반드시 주재자가 있어야 하고, 또 함양해 나가야 한다. 만일 마음이 미발일 때도 함양하지 않고, 또 어떤 주재자도 없다면, 혼란은 그치지 않을 것이다. 이런 까닭에 반드시 '주경'의 방법을 통해 미발일 때의 심경의 청명상태와 주의력 집중을 유지시켜 나가야 한다. '마음이 성을 주재한다'는 말은, 마음이 아직 발현되지 않았을 때의 주경 공부가 성으로 하여금 아무런 방해도 받지 않으면서 사람의 현실적인 사유 작용에 가능할 수 있도록 보장해 준다는 의미이다.

주자는 너무 지나치다고 여길 만큼, 도덕적 수양을 중요하게 여겼다. 구체적인 방법으로 '격물궁리'와 '주경정좌主敬靜坐'를 들 수 있다. 모든 사물에는 리가 있다는 것을 전제로 삼아, 사물이나 현상에 본래부터 들어 있는 리를 탐구하고, 특히 일상생활 속에서 리를 끝까지 추구하며 경전을 읽는 방법으로 성인의 도를 배우는 것이 바로 '격물궁리'의 방법이다. 이것은 다른 한편으로 사물을 객관적으로 인식하는 길을 열어 놓았다.

주자는 성을 형식상 천명과 기질로 나누어 그 본연은 태극처럼 형이상학적인 본체로 파악하였다. 천명지성과 기질지성은 구별되어 있는 것이 아니고 천명지성이 기질 속에 있는 것으로 동일한 천리가 기질 가운데 타재墮在할 때 이 기질의 차이에 따라 성인이 실현되기도 하고 그렇지 못하기도 하다. 이 때문에 인간의 수양과 공부의 노력이 필요한 것이다.

그러므로 리가 인간 존재에 있어서는 성이 되고 다시 실천 덕목으로서 인이 되어 도덕적 규범을 실천할 수 있다. 또 인간의 성은 기질을 떠나 운위될 수 없음으로 수양과 공부가 필요하다. 인간이 천리를 간직하여 인욕에 은폐되지 않고 기품에 구애되지 않으면 인의 주체적 체인을 통하여 바로 천인합일의 경지에 도달할 수 있다고 주자는 보았다.

이와 같이 주자는 리로서의 '천명지성'과 기로서의 '기질지성'으로 성을 이원화해서 이해했다. 이런 심성론은 장재나 이정의 사상을 계승한 것이지만 주자는 악을 기질의 성이 혼탁해진 것으로 해석하여 그것을 잘 정화시키고 순수하고 선한 천명의 성을 드러내기만 하면 누구든지 성인이 될 수 있는 가능성을 열어 놓았다. 그 수양 방법이 '주경정좌'이다. 이것은 기질의 성이 흔들리고 혼탁해져 생기는 감정이나 욕망의 충동을 잠재우고, 마음을 고요하게 안정시켜 깊은 곳에 들어 있는 천명지성을 드러나게 하는 것이다.

3. 성즉리의 객관적 관념론

주자와 육구연의 논변은 '무극이태극'과 '존덕성과 도문학'의 문제가 중요한 논쟁이었다. 특히 '존덕성과 도문학'에서 주자는 격물궁리를 주장하였고 육구연은 본심을 드러내 밝힐 것을 주장한다. 이러한 관점에서 두 사람은 인성론을 보는 철학적 시각에 상당한 차이가 있음을 알 수 있다.

풍우란은 이러한 시각의 차이에 대해 이렇게 말하였다. "주자는 '성즉리'를 말하고 육구연은 '심즉리'를 말하였다. '성'과 '심', 이 한 글자의 차이가 실지로 두 사람 철학의 주요한 차이점을 나타낸다.", "주자는 심을 리와 기가 합하여 생긴 구체적인 사물로 보았기 때문에 절대로 심은 추상적인 리와는 같은 세계 안에 존재할 수 없다. 마음속의 리는 이른바 성이니, 마음속에 비록 리가 있으나 마음이 리는 아니다. 따라서 주자 계열에서는 '성즉리'는 말할 수 있어도

'심즉리'를 말할 수는 없다."라고 하였고, 또 "주자가 본 실재는 두 세계가 있는데, 하나는 시간과 공간 속에 존재하고 하나는 그 속에 존재하지 않는다. 반면에 상산이 본 실재는 단지 하나의 세계, 즉 시간과 공간 속에 존재한다. 하나의 세계만 존재하고 그 세계는 마음과 일체가 된다."고 하였다. 그리고 "주자 계열에 의하면 심은 형이하의 것으로서 구체적인 개체가 있을 때 바야흐로 있는 것이다."[158]라고 하여 '성즉리'설과 '심즉리'설의 차이점을 설명하고 있다.

'성즉리'라는 개념은 주자 철학에서 가장 중요한 개념의 하나이지만, 이는 본래 정이가 주장한 말이다. 정이는 "성은 곧 리이니, 이른바 리라고 하는 것이 성이다. 천하의 리를 그 유래한 바에 근원하면 불선은 존재한 적이 없다."[159]고 하고, "성에 불선이 없다. 불선이 있는 것은 재질이다. 성은 곧 리이다. 리는 요임금·순임금부터 길가는 사람에 이르기까지 하나이다."[160]라고 하였다. 즉 이 세상 모든 사람들이 리를 가지고 있고, 성에는 불선이 없는데 불선이 있다는 것은 재질 때문이다. 그래서 주자는 "정이의 '성즉리'는 공자와 맹자이후 생각이 이에 도달한 사람이 없었다."라고 했고, 또 "성즉리는 정이가 창안한 말로 깨트리지 못할 의론이다."[161]라고 했다.

주자는 정이의 이론을 계승하여 "성은 리이다. 마음에 있는 것을 성이라 이름하고, 모든 사물과 사태에 있는 것을 리라고 이름하였

---

158) 馮右蘭, 박성규 옮김, 『중국철학사』하책, 14장 「주육동이」, 583∼586쪽 참조. 까치 1999.

159) 『二程全書』 권22 「伊川語錄」, "性卽理也 所謂理 性是也 天下之理 原其所自 未有不善."

160) 『二程全書』 권19 「楊遵道錄」, "性無不善 而有不善者 才也 性卽是理 理則自堯舜 至於途人 一也."

161) 『朱子語類』 권59 「孟子·告子上」(驤錄), "伊川性卽理也 自孔孟後 無人見得到此 亦是從古無人敢如此道." 『朱子語類』 권59 「孟子·告子上」(道夫錄), "伊川性卽理也四字 顚撲不破."

다.”162)라고 하여 '성즉리'는 성이 심에 내재한 리이다. 리는 인간의 마음과 현상계의 사물에도 있지만, 그 공간에 따라서 리 혹은 성이라고 하는 동일한 리이다. 리 혹은 천리가 인심에 타재墮在할 때 구체적으로 드러나는 것이 성이다. 그러므로 그 있는 바에 따라서 혹은 '성'이라고 하고 혹은 '리'라고 하는 것에 지나지 않는다.

주자는 '심'과 '성'과 '정'을 셋으로 나누고 '성'을 '심'의 체로서 절대적인 우위에 놓고 있다. 그 이유는 그에게 있어서 가장 중요한 철학적 개념인 리를 그는 성으로 보기 때문이다. 그리고 그의 '성즉리'설은 단순히 인간의 마음에만 국한되는 문제가 아니라, 인간의 행위와 사물 등에 있어서 소이연의 원인과 소당연의 법칙성을 갖는다는 점에 있다.

주자는 “도는 곧 성이고, 성은 곧 도이니 다만 일물”163)이라고 한다. 이것은 『중용』의 '천명을 일컬어 성이라 하고 성을 따르는 것을 일컬어 도라 한다(天命之謂性 率性之謂道)'를 가리켜 한 말이다. 주자는 이 원문의 주에서

> 명은 영과 같다. 성은 곧 리이다. 하늘이 음양오행으로 만물을 화생함에 기는 형상을 이루고, 리 또한 부여하니 마치 명령하는 것과 같다. 그러므로 사람과 사물이 생겨날 때, 제각기 품수한 바의 리로 인하여 오상의 덕을 따르는 것이 이른바 성이다.164)

명命은 천지의 리이기 때문에 선험적 당위규범과 같은 것이고, 성

---

162) 『朱子語類』 권5 「性理2·性情心意等名義」, “性卽理也 在心喚做性 在事喚做理."

163) 『朱子語類』 권5 「性理2·性情心意等名義」, “道則性 性則道 固只是一物."

164) 『中庸章句』 1장, 朱子 註, “命, 猶令也. 性, 卽理也. 天以陰陽五行化生萬物, 氣以成形, 而理亦賦焉, 猶命令也. 於是人物之生, 因各得其所賦之理, 以爲健順五常之德, 所謂性也."

性은 사람과 물의 리이므로 당연히 따라야 할 도덕규범이다. 따라서 성과 명은 리로써 일관될 수 있다. 이것은 명이 하늘의 원리인 '원元·형亨·이利·정貞'과 오행 등 헤아릴 수 없는 많은 종류의 변화가 모두 여기에서 비롯되고, 성은 인간이 갖추어야 할 인의예지와 오륜 등 만물과 만리가 여기에 포함된다.

주자의 문인 진북계陳北溪는 "성즉리인데 어째서 성을 리라고 하지 않고 성이라고 하는가?"라고 하자

> 대체로 리는 보편적인 천지간의 인물이나 공공의 리이며, 성은 나에게 있는 리이다. 단지 이 도리는 하늘에서 받는 나의 소유로 한 것을 성이라고 말하기 때문이다. 성이라는 글자는 생生과 심心에 따르니, 사람이 태어나면 이 리를 마음에 구비하고, 바로 이것을 이름하여 성이라고 한다."[165]

라고 하였다. 이것은 성이 절대선인데도 악이 존재하는 이유를 설명할 때 기질과의 관계를 말하지 않을 수 없다. 만약 성이 전부 그대로 리라고 긍정한다면 악의 존재를 설명할 수 없기 때문이다. 그래서 주자에 의하면 존재 일반을 탐구하는 존재론은 인간주체의 윤리적 자각과 실천을 통하여 '덕과 성인이 될 수(成德成聖)' 있는 데로 나아감으로 결국 '성즉리'로 귀결되는 것이며, 리와 기에 의해서 사람이 생성된다고 보았다. 따라서 천리는 넓고 넓어서 궁구할 수 없어 이 기가 아니면 비록 이 리가 있어도 머무를 곳이 없게 되어 반드시 두 기가 교감하여 응결凝結하여 생하고 모이게 한 후에 이 리가 부착이 되는 것으로 설명하였다.[166]

---

165) 陳淳, 『北溪字義』, 「性五」, "性卽理也 何以不謂之理而謂之性 盖理是凡言天地間 人物公共之理 性是在我之理 只這道理受於天而爲我所有 故 謂之性 性字從生從心 是人生來具是理於心 方名之曰性."

166) 『朱子語類』, 권4 「性理一」, "人之所以生 理與氣合而已 天理固浩浩不

그는 또 형이상의 도를 리라 하였고,[167] 또한 그것을 태극이라[168]
고 하였다. 이와 같은 리는 천리로서 하늘이 사람과 사물에 각각 부
여하는 것인데, 사람과 사물에 각기 품수되어서는 오상의 덕을 온전
히 하는 이른바 실리가 되는 것이다. 즉 천리는 인간에 있어서 인의
예지 등을 모두 갖추는 실리로 정의된다.[169]

주자가 말하는 심에 내재한 리는 오상의 덕을 갖춘 실리로 설명
되는 이유를 살펴보자.

하늘이 만물(사람과 사물을 모두 포함하는데 여기에서는 사람을
중심으로 전개한다)을 생할 때, 각각의 만물에 성을 부여한다. 그러
나 성은 독립존재로서 실체는 아니고, 사람의 마음에 내재한 도리임
에 틀림없다. 본래 성의 본체인 이는 인의예지신의 다섯 글자이다.
천하의 도리가 이것에서 벗어나는 것은 없다. …… 인의예지신 다섯
가지 가운데 '신'은 진실무망의 도리이므로 인의예지는 모두 진실무
망이다. 따라서 신을 말할 필요는 없다. 진실무망이라고 하는 것에
서 인의예지를 총괄할지라도, 네 가지는 각각 구별이 있음을 알지
않으면 안 된다. 인은 온화·자애의 도리이고, 의는 구분을 명확히
하도록 하는 도리이며, 지는 시비를 분별하는 도리이다. 성의 미발
일 때에는 무형상이지만, 발동할 때는 측은으로 되고 의는 수오로
되며 예는 공경으로 되고 지는 시비로 되니, 사상事象에 대응하여
도 각각 맥락이 있어 난잡한 것이 없다. 이 성의 발동이 정이다. …
사람의 마음에 내재한 인의예지에는 각각 경계가 있고 성정·체용
의 구별도 있다. 그것은 분명히 인식되지 않으면 안 된다. 그리하면
인의예지의 경계 가운데 인과 의라는 두 가지가 큰 경계를 이룬다

窮 然非是氣 則雖有是理 而無所溱泊 故必二氣交感 凝結生聚 然後是
理有所附着."
167) 『朱子大全』, 中 권49, 「答王子合」 "道卽理也."
168) 『朱子語類』, 권94, "太極理也."
169) 『朱子語類』, 권5 「性理2·性情心意等名義」, "性是實理 仁義禮智皆具."

는 것도 스스로 분별할 수 있다. 그것은 자연계에서 사계절의 순환
이 실은 음양 이기의 유행임에 틀림없음과 같다. 그것이 분명하다면
'인'은 천지의 마음이라고 말하는 생의 의지로서, 인의예지 네 가지
를 주류하고 관통한다는 것이 분명하게 된다. 인은 인의 본체이고
의는 인의 단제斷制이며 예는 인의 절문이고 지는 인의 분별이다.
그것은 봄의 생기가 사계절을 관통하는 것으로서, 봄은 생의 태어남
이고, 여름은 생의 자람이고, 가을은 생의 거둠이고, 겨울은 생의 감
춤이다.[170]

인의예지는 인과 의 두 가지로 분별되고, 더욱이 인이라는 한 글
자에 집약된다. 구별은 명확하지 않지만 그와 동시에 전혀 구별되지
않는 것도 아니다. 구별이 있으면서 구별이 없고, 구별은 없으나 구
별이 있다. 이것이 성의 논리이다. 주자는 성을 불교에서는 공이라고
하고 유교에서는 실實이라고 한다[171]고 한 것은 성의 본체인 리가
인의예지이기 때문이다. 또 그 본질은 생성의 의지이기 때문이다. 주
자에게서 성의 내용은 도의요, 성의 본질은 생성의 의지이다. 주자가
사람의 성을 실이라고 하는 근거가 여기에 있다.

---

170) 『朱子大全』, 권74 「玉山講義」, "大凡天之生物 各付一性 性非有物 只
是一箇道理之在我者耳 故性之所以爲體 只是仁義禮智信五字 天下道
理 不出於此 …… 只仁義禮智四字於中 各有分別 不可不辨 蓋仁則是
箇溫和慈愛底道理 義則是箇斷制裁割底道理 禮則是箇恭敬撙節底道理
智則是箇分別是非底道理 凡此四者具於人心 乃是性之本體 方其未發
漠然無形象之可見 及其發而爲用 則仁者爲惻隱 義者爲羞惡 禮者爲恭
敬 智者爲是非 隨事發見 各有苗脈 不相敵亂 所謂情也…… 蓋一心之
中 仁義禮智 各有界限 而其性情體用 又自各有分別 須是見得分明 然
後就此四者之中 又自見得仁義兩字 是箇大界限 如天地造化 四序流行
而其實不過於一陰一陽而已 於此見得分明 然後就此 又自見得仁字是
箇生底意思 通貫周流於四者之中 仁固仁之本體也 義則仁之斷制也 禮
則仁之節文也 智則仁之分別也 正如春之生氣 貫徹四時 春則生之生也
夏則生之長也 秋則生之收也 冬則生之藏也."

171) 『朱子語類』, 권126 「釋氏」, "釋言空 儒言實."

하늘과 리는 곧바로 동일한 것은 아니다. "하늘이 곧 사람이고 사람이 곧 하늘이다. 사람이 처음 태어날 때 하늘에서 얻는다. 이미 사람을 생하면 곧 하늘이 사람에 있다."172)는 말에서 '사람이 곧 하늘이다'와 '하늘이 곧 사람이다'에서 사람은 생을 하늘에서 얻지만, 태어나서 사람이 되면 '천'은 사람에 내재한다. 하늘과 사람은 사람의 시원이 하늘이라고 하는 면과 하늘이 사람에 내재한다는 측면에서 연결되어 있다고 할 수 있다.

그러나 하늘과 사람이 그대로 동일한 것은 아니다. "도가 곧 성이고 성이 곧 도이니, 본래는 단지 하나이다."173)라고 하는 경우도 도와 성은 그대로 동일한 것은 아니다. 성은 혼연한 존재이고, 도는 개별적인 도리이기 때문이다.174) 하지만 주자는 "성은 곧 리이다"175), "도가 곧 리이다."176)라고 하여, 성과 도를 리라는 점에서 동일시한다.

그리고 이와 같은 천리, 즉 성은 만물의 낳고 낳는 이치이며177) 동시에 마음에 있어서는 성이라고 부르고, 사물에 있어서는 리라고 부르는 이유가 여기에 있다. 그리고 도덕 가치론적으로 보면 성은 순선이다.178) 주자는 "성은 단지 리일 뿐이다."179)라고 하여 성은 마음도 아니고 정도 아닌 순연한 리임을 더욱 강조하고 있는 것이다. 그러므로 성은 리이고, 리는 불선함이 없기 때문에 성은 순선의 리인 것이다.

271

172) 『朱子語類』 권17 「大學4·傳一章」, "天卽人 人卽天 人之始生 得於天也 旣生此人 則天又在人矣."
173) 『朱子語類』, 권5 「性理2·性情心意等名義」, "道卽生 性卽道 固只是一物."
174) 『朱子語類』, 권62 「中庸1·傳一章」, "性是个渾淪物 道是性中分派條理."
175) 『朱子語類』, 권5 「性理2·性情心意等名義」, "性卽理也."
176) 『朱子大全』 中, 권49, 「答王子合」, "道卽理也."
177) 『朱子語類』, 권5 「性理2·性情心意等名義」, "生之理謂性
178) 『朱子語類』, 권5 「性理2·性情心意等名義」, "性則純是善底."
179) 『朱子語類』, 권5 「性理2·性情心意等名義」, "性之是此理."

　살펴본 바와 같이 리인 성은 사람과 사물에 있어서 생생의 리임과 동시에 사람과 사물의 그것이게 하는 성을 이루는 체이다. 또한 윤리적으로는 순선으로서 행위의 표준이라 하지 않을 수 없고, 보다 구체적으로 표현한다면 그것은 유학에서 가장 중시하는 오륜의 강상을 의미한다고 말할 수 있다. 그러므로 주자는 성, 그것을 도리라고 표현하기도 한다.

　성이란 천생天生의 허다한 도리로서 허다한 개체에 산재(內在)하여, 그 개체의 성을 이루기도 하지만, 부자·군신 등과 같이 인간과 인간·사물과 사물 간에 있어서의 도리를 뜻한다.[180] 주자는 물리보다 사리를 중시하였다. 그에게 있어서 성즉리는 구체적 개물보다는 행위의 도덕적 측면, 곧 의리를 확립함에 있어 더욱 공고한 이론적 기초를 세우기 위한 뜻에 있는 것이다. 따라서 그가 격물궁리의 공부를 강조하게 되는 것은 당연한 이치이다. 성이란 육안으로 볼 수 있는 물건이 아니고 다만 리일 뿐이다.[181]

　또한 리는 형이상의 실재로서 성 그 자체의 본래성일 뿐이기 때문에 발용이 불가능한 존재이다. 그러므로 격물궁리의 공부를 통해서 이것은 확립될 수 있을 뿐 아니라 행으로서의 그 실현이 가능한 것이다. 그리하여 주자의 성은 리인 까닭에, 이것은 또한 선천적이고 초월적인 존재의 성격을 가진다. 그리고 그것은 무위로 정적이나 심동心動, 기동氣動의 표준이 되는 존엄하고 숭고한 것이라 말하지 않을 수 없다.

　결국 리란 우주에 있어서는 생생지리生生之理요, 인사에 있어서는 당위의 근거와 법칙을 말한다. 그러므로 그에게 있어 소이연은 존재

---

180) 『朱子語類』, 권5 「性理2·性情心意等名義」, "性是天生成許多道理 性是許多理 散在處爲性 問性旣無形 復言以理 理又不可見 曰父子有父子之理 君臣有君臣之理."
181) 『朱子語類』, 권5 「性理2·性情心意等名義」, "性不是卓然一物可見者 只是窮理格物 性自在其中."

의 리로서 천도요, 소당연은 당위의 인도인 것이다. 여기서 주자의 리는 이른바 천도와 인도를 일관하는 것이다.

이러한 '성즉리'를 주자는 다음과 같이 설명하였다.

> 성은 리이다. 마음에서는 성이라고 부르고, 일에서는 리라고 부른다.[182]
> 생生의 리를 성이라고 부른다.[183]
> 성은 단지 이 리일 뿐이다.[184]
> 성은 천이 생성하는 많은 도리이다.[185]
> 성은 천리이다. 만물이 이것을 품수하여 하나의 리라도 갖추지 아니함이 없다.[186]

이와 같이 성이란 인간의 마음속에 내재하고 있는 리를 말한 것이다. 따라서 '성즉리'라 함은 인간이 하늘로부터 품부한 천리를 본성으로 부여받았다는 것을 의미한다. 즉 『중용』의 '천명지위성'을 가리킨다. 그러므로 천리를 품수한 인간의 본성은 본래가 허령불매虛靈不昧한 것이기 때문에 『대학』에서는 '명명덕'이라고 한 것이다.

주자의 '성즉리' 사상은 정이의 사상을 계승하여 이기론의 철학적 방법론으로 체계화한 것이다.

> 성즉리와 같은 말은 공자 이후로부터 오직 이천伊川만이 말할 수 있다. 이 한 구절의 말은 곧 천만세千萬世 동안 성을 말하는 이들의 근본 바탕이 된다.[187]

---

182) 『朱子語類』, 권5 「性理二 呂燾錄」, "性卽理也 在心喚做性 在事喚做理."

183) 『朱子語類』, 권5 「性理二 甘節錄」, "生之理謂性."

184) 『朱子語類』, 권5 「性理二 甘節錄」, "性之是此理."

185) 『朱子語類』, 권5 「性理二 甘節錄」, "性是天生成許多道理."

186) 『朱子語類』, 권5 「性理二 魏椿錄」, "性者卽天理也 萬物稟而受之 無一理之不具."

정이의 '성즉리'설은 인도의 본원을 보편적이고 절대적인 원리인 천도에 근거하여 말한 것이다. 따라서 인간의 본성은 순선한 가능성을 가지고 있게 된다. 여기서 말하는 천은 단순히 자연 과학적인 물리적 공간으로서의 천이 아니라 인격적으로 도야된 인간이 내적 성찰에 의하여 자각할 수 있는 철학적 의미에서의 천이다.[188] 그러므로 천명과 인간의 본성이 같아질 수 있고 성즉리라 할 때는 하늘과 인간이 만날 수 있는 천인합일의 길을 열어 놓은 것이다.

주자는 '성'을 '리'라고 할 때 그 구체적인 내용으로 다음과 같은 논리를 들어 설명하였다.

성은 이미 형체가 없어서 다시 리라고 말했는데, 리는 또 볼 수가 없으니 어찌해야 합니까? 물으니 말하기를 부자에게는 부자의 리가 있고, 군신에게는 군신의 리가 있다고 하였다.[189]

성은 무엇이라 말할 수 없다. 성이 선하다고 할 수 있는 까닭은 단지 그 측은·사양의 사단이 선한 것만을 보면 그 성의 선을 볼 수가 있다. 예컨대 흘러가는 물이 맑은 것을 보면 그 원류가 반드시 맑다는 것을 아는 것과 같다.[190]

성은 천리로 인간이 살아가야 할 도리이다. 따라서 성은 순수하게 착한 것을 일컫는다.[191] 성 그 자체는 선악을 논할 수가 없고 단지

---

187) 『朱子語類』, 권93 「孔孟周程 葉賀孫錄」, "如性卽理也一語 直自孔子後 惟是伊川說得盡 這一句便是千萬世說 性之根基."

188) 儒敎事典編纂委員會. 『儒敎大事典』, 박영사 1990, 736－737面.

189) 『朱子語類』, 권5 「性理二 甘節錄」, "問 性旣無形 復言以理 理又不可見 曰 父子有父子之理 君臣有君臣之理."

190) 『朱子語類』, 권5 「性理二」, "性不可言 所以言性善者 只看他惻隱辭讓四端之善則 可以見其性之善."

191) 『朱子語類』, 권5 「性理二」, "性則純是善低."

성의 발로인 사단이 현실적으로 드러난 것을 보면 알 수 있다. 마치 물의 흐름이 맑은 것을 보면 그 시원이 맑다는 것을 알 수 있다고 본 것과 같다.

주자는 성을 천리라고 파악하여 인간에 있어서는 바로 태극과 같은 성격을 지닌다. 본래 태극의 혼연한 체는 부여할 수 있는 마땅한 명칭이 없지만, 그 가운데는 만 가지 이치의 법칙이 함유되어 있다. 이 만리 중에서 최고의 덕목이 인의예지이다. 맹자는 바로 이 천리를 궁극적으로 이해하여 사단설을 확립한 것이다. 이 사단이 미발 시에는 고요하여 움직이지 않지만 인성에 감응되면 측은·수오·사양·시비의 정情이 발로된다.

이와 같이 주자의 '성즉리'에서 리는 초월적 리와 개물에 내재하는 리가 있다. 그리고 후자의 리는 전자에 포섭된다. 최고의 보편성을 갖는다는 점에서 초월적인 리는 특수한 개물 내에도 똑같이 존재한다. 즉 내재하는 리는 최고원리로서의 리가 투영된 것인바 이 리는 보편적인 리와 동일하다.

그리고 이러한 주자의 리는 자연계의 법칙, 인간계의 윤리적 규범이라고 하는 두 가지 뜻을 포함하고 있다. 리는 윤리적 규범으로서 경서의 전통을 배경으로 한 사회적 관습이나, 예로서의 타율적 규범의 의미를 갖는 한편 인간 심중의 이성으로서의 자율적 규범의 의미를 강하게 지니고 있다는 특색에서 주자의 철학사상은 리 한마디에 집약되는 합리주의라 할 수도 있을 것이다.

그리고 주자의 리학, 즉 이기심성의 철학이론들은 당대에 있어서는 육구연에게 '심즉리'설을 세우게 하는 촉진제가 되었을 것이고, 명대에서는 왕수인 심학의 '심즉리' 사상과 '격물치지'에 대한 '심즉리'를 주제로 하는 심학의 성숙이나 발전은 기대하기 어려웠을 것이다.

그 이유는 명대의 반주자학적인 심학이나 청대의 기학이 주자학의 철저한 영향 속에서 오히려 그것에 대한 반대와 비판으로부터 출발하고 있다는 사실이 이를 입증하기 때문이다. 반대하고 비판할 수 있는 주자학이란 거점이 없었더라면, 주자 이후의 이들 새로운 학설이나 사상은 발전할 수 있는 동기를 갖지 못했을 것이다.

실로 주자학은 그 방대하고 정연한 이론 때문에 계속 그 정통성을 유지 발전시키면서도 새로운 사상들을 싹트게 하고 또한 성숙시켜 줄 수 있었다. 이 점을 과소평가해서는 안 될 것이다.

특히 왕수인은 그 '심즉리'설이 아무리 육구연에게서 영향을 받았다고 하더라도 우주론, 지행론, 치지론 등에 있어 주자학과의 관련을 고려하지 않고는 논구가 불가능할 정도로 대조적이란 점에서 주자학에 대한 이해는 왕수인 연구의 한 조건이 아닐 수 없을 것이다.

제4절 주자와 육구연의 논변과 철학적 의의

1. 주자와 육구연 논변의 배경과 전개과정

남송의 대사상가인 주자, 장남헌, 여조겸, 육구연은 모두 효종 재위기인 건도乾道 순희淳熙 연간에 학문의 활동을 왕성하게 하였으므로 후대 사람들은 그들을 일컬어 '건순제노乾淳諸老'라 칭하였다. 이들 가운데 나이가 가장 많은 사람이 주자로 장남헌보다 3살 위이고, 여조겸보다는 5살, 육구연보다는 9살이 연상이었다. 특히 주자와 육구연陸九淵(자, 자정子靜. 1130~1193)은 송명리학을 대표하는 인물로 이정二程 이후에 송명리학을 서로 다른 방향으로 이끌어 간

선두 주자이다. 사상사적인 입장에서 살펴보면, 주자의 사상을 언급할 때면 '성즉리'의 측면에서 '도문학'을 중시한 '리학'으로 지칭하고, 육구연의 사상을 '심즉리'의 측면에서 '존덕성'을 강조한 '심학'이라고 한다. 이처럼 존덕성과 도문학의 공부 방법론을 중심으로 전개된 논쟁이 바로 주자와 상산이 여조겸의 주선으로 아호사鵝湖寺에서 만나 펼친 학술논변이 '아호논변鵝湖論辯'이다. 주자와 상산의 논변은 모두 네 차례에 걸쳐 전개되었고, 사상사적으로 중요한 의미를 지니고 있는 것이 '아호논변'과 '무극이태극無極而太極'의 논변이다.

주돈이의 『태극도설』은 송대 성리학에서 중시하는 천도론과 인성론을 종적으로 연결시킨 유가 최초의 이론이며, 도·불학에 비해서 손색이 없는 철학체계를 구성하고 있다.[192] 그럼에도 불구하고 『태극도설』은 한대漢代 이래 도가의 자연주의 사상과 불가의 심학으로부터 영향을 받아 형이상학적 이론으로 확립됐다는 논란이 끊임없이 제기되고 있다. 물론 맹자 이후 단절된 성명性命의 철학사상을 주창하고, 그것을 이정, 장재 등에 전하여 주자학 형성의 직접적 계기를 이루었다. 또 우주생성과 만물화생의 원리인 『주역』의 '태극설'을 근거로 한 음양의 원리를 수용하여 체계화하였지만, 도가나 불가적인 요소가 배제되었다고 볼 수는 없다. 그러나 도가의 사상이나 불가 이론의 영향을 받았다 할지라도 이것이 유학본연의 철학적 이론으로 확립되었다면, 그 소이를 밝히고 도·불학과의 관계를 고찰해야만 할 것이다.

주자와 육구연 사이에 '무극이태극'의 논변이 있기 이전에 이미 주자와 육구연의 형 육구소陸九韶(자는 자미子美, 호는 사산梭山) 사이에 논변이 진행 중이었다. 그러나 육구소가 주자의 제 서를 받은 후에 변론을 원치 않는다는 뜻을 보였기 때문에 더 이상의 진전이 없었다. 그런데 주자와 육구연 사이에 충동이 있었기 때문에 육구연이 경전의 전주傳注를 토론할 것을 요구했을 때, 주자는 그것이 바로 자신이 한결같이 지켜온 본령이었기 때문에 흔쾌히 받아들여 이루어지게 된 것이다.

본래 『태극도설』에서 '태극'에 대한 정의는 복잡하고 다단할 수밖에 없는 형편이다. 따라서 주자는 "『태극』과 『서명』의 여러 설은 모두 수십 년의 노력을 쌓은 것인데, 한 글자도 사사로운 뜻에서 나온 것이 없다."193)고 하여, 그가 주장하는 하는 것이 이미 수십 년 노력해서 얻은 결정체이고 사사로운 견해가 아니기 때문에 자신의 태도를 바꿀 의도가 없음을 분명히 하였다. 왜냐하면 그는 수십 년 동안 쌓아온 노력을 모아 『태극해의太極解義』와 『서명해의西銘解義』라는 책을 발표했는데, 바로 육구연형와 임율 등이 그 글의 뜻을 제대로 알지 못하고 망령되고 방자하게 그르쳤기 때문이다. 그래서 학자들에게 보여서 시비의 뜻을 알게 하고, 독자들로 하여금 그 뜻을 얻어 가벼이 의론하게 할 수 없음을 지적한 것이다.194)

'태극'은 본래 『주역』의 「계사전」의 '역에는 태극이 있다(易有太極)'라고 한 것에서 비롯된 것이다.

> 역에는 태극이 있다. 태극에서 양의가 생하고, 양의에서 사상이 생하게 된다. 그리고 사상에서 팔괘가 생한다.195)

---

193) 『朱子文集』, 권38 「答黃叔張」, "太極西銘諸說 亦皆積數十年之功 無一字出於私意."

194) 『朱子文集』 권82, 「題太極西銘解義」, "始予作太極西銘二解 未嘗敢出以示人也 近見儒者多議兩書之失(二陸及林栗) 或乃未通其文義而妄肆詆詞 予竊悼焉 因出此解以示學徒 使廣其傳 庶幾讀者由辭以得意 而知其未可以輕議也."

195) 『周易』, 「繫辭」 11장, "易有太極 是生兩儀 兩儀生四象 四象生八卦."

『역』에서부터 우주 간에 끊임없는 변화와 생성이 비롯됨을 설명한다. 즉 양의·사상·팔괘는 만물의 창화 과정을 의미하는 것이고, 또 이것은 우주만유의 '생생불이'에 대한 변할 수 없는 법칙으로 설명하여 우주론의 형성을 체계화한 것이다. 따라서 '태극'을 통해서 우주론이 전개되어 비로소 천지와 자연의 신비한 효과를 볼 수 있게 된 것이다. 그러면 '태극'에 대해서 학자들은 어떻게 분석했는지를 검토해 보자.

1) 한강백韓康伯: '유'는 반드시 '무'에서 비롯된다. 그러므로 '태극'이 '양의'를 생한다. '태극'이란 어떤 것이라고 일컬을 수 없는 것을 지칭한 것으로 이름을 지어 부를 수 있는 것은 아니다.196)

2) 공영달孔穎達: '태극'은 천지가 아직 나누어지기 전에 으뜸이 되는 기운이 한 덩어리로 섞여져 있는 것으로 이는 곧 '태초' 혹은 '태일太一'이다.197)

3) 소강절邵康節: ① 마음은 태극이 되고 도도 태극이 된다.198) ② 섞여져 일체로 이루어진 것을 일컬어 태극이라 한다.199) ③ 태극은 하나이다.200)

4) 장재張載: 둘이 있은즉 하나도 있다. 이것이 태극이다…… 하나의 물이면서 두 몸이다. 그것은 태극을 일컫는 것이 아닌가?201)

---

196) 『周易正義』, 「繫辭」 11장, 註, "夫有必始於無 故太極生兩儀也 太極者 無稱之稱 不可得而名."

197) 『周易正義』, 「繫辭」 11장, "太極未分之前 元氣混而爲一 卽是太初太 一也."

198) 『性理大全』 권11, 「皇極經世書5·觀物外篇上」, "心爲太極 道爲太極."

199) 『性理大全』 권9, 「皇極經世書3·觀物內篇1」, "混成一體 謂之太極."

200) 『性理大全』 권12, 「皇極經世書6·觀物外篇下」, "太極一也."

201) 張橫渠, 『易說』, 권3. "有兩則有一 是太極也.…… 一物而兩體 其太極 之謂歟."

  5) 주자朱子: '역'은 음양의 변화이며, '태극'은 그 리이다.202)

이처럼 태극에 관한 서로 다른 해석으로 인해서 이에 관한 정의
가 또한 용이하지 않은 것이 사실이다. 그러나 설명한 바와 같이
'태극'을 우주만물의 천변만화千變萬化의 이치로 보았다는 견해에
있어서는 서로 일치된 입장을 보이고 있다.
  다음으로 '무극'이란 말이 사용된 전례를 살펴보면 아래와 같다.

  1) (적의 여인을 왕후로 모시면) 여자의 성정(德)은 방자해져서 그칠
줄 모르고(無極), (총애를 잃은)여자는 원망함(婦怨)이 끝이 없다.203)
  2) 하한河漢(은하수)처럼 끝이 없다.204)
  3) '무극' 밖에 또 다른 '무극'이 없으며, '무진無盡'가운데 더한
'무진'함이 없다.205)
  4) '무궁'함을 연구하여 '무극'함을 따르려 한다.206)

주돈이도 우주만유의 생성변화에 있어서는 상술한 내용과 유사하
다. 그러나 주렴계의 『태극도설』은 송대 성리학에 우주 본체론에 지
대한 영향을 주었지만, 또 여러 가지 논의의 단초를 제공하였다. 먼
저 『태극도설』이 주렴계의 작품이냐 작품이 아니냐의 문제는 『태극
도설』의 철학적 입장으로 규정짓는 데 중요한 잣대가 되는 동시에 또
도교와 불교를 배척하는 이론 확립에 결정적인 조건이 된다. 이런 문
제 때문에 종국에는 주자와 육구연의 논변이 전개되는 장이 되었다.

---

202) 『周易大典』, 「繫辭本義」, "易者 陰陽之變 太極者 其理也."
203) 『春秋左氏傳』, 「僖公24」, "女德無極 婦怨無終."
204) 『莊子』, 逍遙遊, "猶河漢而無極."
205) 『列子』, 「湯問」, "無極之外 復無無極 無盡之中 復無無盡."
206) 『荀子』, 「修身」, "將以窮無窮 逐無極與."

주자와 육구연은 학문의 근간을 리학과 심학으로 주장하여 학술적 논변을 더욱 심도 있게 전개하였다. 즉 송명리학과 심학은 주자와 상산이 '아호회담'과 '백록동서원白鹿洞書院'에서의 두 차례 회담과 수회에 걸친 학술적 논변을 통해서 철학적 이론이 전개되었다.

아호회담은 1175년(순희 2년, 주자 46세. 상산 37세)에 신주 아호사에서 열렸다. 이 모임은 여조겸의 주선으로 주자와 육구연 양자의 의견을 조정할 목적으로 열린 것이나, 오히려 두 사람의 학문하는 방법의 차이만 뚜렷하게 나타냈을 뿐이다. 따라서 아호회담에서는 단지 양자의 근본 취지가 서로 다름을 확인하였을 뿐, 『태극도설』의 '무극이태극'을 변론할 때처럼 정면으로 이론적 충돌이 일어나지는 않았다.[207]

제2차 회담은 1181년(순희 8년. 주자 52세. 상산 43세)에 남강南康이라는 고을에서 이루어졌다. 육구연이 주자를 방문하였고 주자는 육구연을 초청하여 백록동서원의 강석에 오를 것을 청하였다. 육구연이 『논어』의 "군자는 의리에 밝고 소인은 이익에 밝다."[208]는 장구 일장의 강론이 끝난 후 주자는 육구연을 크게 칭찬하였다.[209] 이때 주자와 육구연의 종지는 비록 합치되지 않았다 하더라도 아직 서로의 이론에 대한 논적이 될 뜻은 없었다. 그런데 문제는 1187년(주자 58세. 육구연 49세)부터 시작된 두 사람 사이의 왕복 서신에 있었다. 이는 바로 주렴계의 『태극도설』 속에 '무극이태극'이라는 '무극'의 개념에 대한 정의 때문에 논변이 발단이 된 것이다.

육구연은 『태극도설』과 『통서』의 내용이 서로 유사하지 않다는 이

---

207) 勞思光, 『中國哲學史』, 宋·明篇, 鄭仁在 역. 426面.

208) 『論語』, 「里仁」16장. "君子 喩於義 小人 喩於利."

209) 『象山全集』, 권36, 「年譜 淳熙8年 辛丑條」, "乃請先生登白鹿洞書院講度 先生講君子喩於義 小人喩於利一章畢 乃離席言曰 熹當與諸生共守以無忘陸先生之訓."

유를 들어 이는 타인의 소작이거나 아니면 『통서』를 쓰기 전의 소작일 것이라는 회의를 가졌다. 『통서』 「이성명장理性命章」의 '일一'과 '중中'은 태극을 가리키는 것이나, 태극 앞에 무극이란 말을 첨가한 곳이 한군데도 없음을 간과하지 않은 것이다. 또한 「동정장」에서 오행과 음양 그리고 태극을 설명하면서 '무극'이란 말은 한군데도 찾을 수 없다는 점에서 상산은 『태극도설』과 『통서』의 작자는 서로 다르다고 본 것이다.

이와 같이 서로 다른 문제의식을 갖고 상산은 주렴계를 두둔한 주자와 격렬한 논변을 벌인 것이 바로 '무극이태극'에 대한 변론이다.

2. 주자와 육구연 논변의 주제

1) 무극이태극론

'무극이태극'에 대한 논변은 주자 나이 43세 때 『서명해』를 짓고, 44세 때 『태극도설해』를 저술하고 난 뒤 육구소가 이의를 제기함으로부터 시작된다. 그 뒤에 상산이 그의 형 육구소를 이어서 주자와 '무극이태극'의 격렬한 논변을 1187~1189년 사이에 전개되었다.

앞서 설명한 바와 같이 주자와 육구연의 논변은 『태극도설』의 '무극'이라는 두 글자에 대한 해석상의 문제에서 발단한 것이다. 상산의 형 육구소는 "『태극도설』은 『통서』와 같지 않으니, 이것은 아마 주렴계가 지은 것이 아니다. 통서에는 전혀 무극이란 말이 없다."[210] 라고 의문을 제기한 데서 연유한다. 이에 대해서 주자는 "주 선생의

---

210) 『象山全集』, 권2 「與朱元晦書」, "太極圖說 與通書不類 疑非周子所爲. ······ 通書則全無無極之語."

뜻은 학자들이 태극을 개별의 한 물로 오해할까 하여 무극이라는 두 자를 드러내어 이를 규명한 것이다."211)라고 주렴계의 『태극도설』을 적극적으로 변호하였다. 즉 주자는 주렴계가 '무극'을 말하여 '태극' 의 개념을 더욱 밝게 드러내고자 한 것이라고 생각한 것이다. 주자 와 육구소의 논변이 시작되자 육구연은 형의 이론을 계승하여 주자 에게 구체적인 이론을 제시함으로써 주자와 육구연의 논변은 격렬하 게 되었다. 그러면 상산이 주자에게 제시한 이론을 통해서 주자와 육구연 논변이 어떻게 전개되었는지 구체적으로 살펴보기로 하자.

태극이란 실제로 있는 리로써 성인이 이를 발명하였을 뿐이다.…… 『주역』 대전에서 역의 태극에는 실제로 이 리가 있고, 성인이 쫓아 서 발명했을 뿐이다. 지금 무라고 한 것은 무엇인가?…… 무극이라는 두 자는 『노자』의 「지기웅장」에서 나온 것으로 우리 성인의 글(周 易)에는 없는 것이다.…… 내가 생각하기에 존형은 태극의 실제의 리 를 보지 못하였다고 본다. 만약 태극의 리를 실제로 보았다면 상면 에다 굳이 무극이라는 두 글자를 덧붙일 필요가 없을 것이다. 「계사 전」에서는 '신은 무방하다' 하였으나 '무신無神'이라고는 하지 않았 으며 '역은 무체無體하다' 하였으나 '무역無易'이라고는 하지 아니하 였다. 노자는 '무'로써 천지의 '시始'를 삼고 '유'로써 만물의 '모母' 를 삼았다. 그런데 상면에다가 '무'자를 덧붙인다면 이는 바로 노자 의 학설이다.212)

---

211) 『朱子文集』, 권36 「答陸子美書」, "周先生之意 恐學者 錯認太極 別爲 一物 故著無極二字以明之."

212) 『象山全集』, 권2 「與朱元晦書」, "太極者 實有是理 聖人從而發明之耳.…… 易大傳曰 易有太極 聖人言有 今乃言無何也…… 無極二字 出於老子 知其雄章 吾聖人之書所無有也…… 竊謂尊兄 未曾見太極 若實見太極 上面心不更加無極字…… 繫辭言神無方矣 豈可言無神 言易無體矣 豈 可言無易 老氏以無爲天地之始 以有爲萬物之母……直將無字搭在上面 正是老氏之學."

육구연은 무극과 태극을 둘로 나누는 방법으로 파악하여 우주의 실리로서 태극이면 족하므로 그 위에 무극을 덧붙일 필요가 없다고 생각하였다. 그리고 무를 유의 상면에다 둔 것은 무에서 유가 생한다는 노자의 학설과 같이 무극으로부터 태극이 나오는 것으로 설명하였다. 따라서 상산은 무극과 태극의 내용이 동일하지 않은 것으로 파악하여 무극을 무의미한 것으로 보았다.

> 노자는 무위로 천지의 시초를 삼고 유위로 만물의 어미를 삼으며, 상무常無로 오묘함을 살피고 상유常有로 생성하는 궁극적인 본원을 본다. 그러므로 무자를 가지고 태극 위에다 쌓아 놓은 것은 바로 노자의 학문이다. 어찌 숨길 수 있겠는가?…… 『중용』에서 말하기를 "중은 천하의 큰 근본이요, 화는 천하의 통달한 도이다. 중화를 이루면 천지가 자리 잡고 만물이 길러진다."고 하였으니 이 이치는 지극한 것이다. 이 밖에 어찌 다시 태극이 있겠는가?…… 곧바로 음양을 형기形器라 하여 도가 될 수 없다고 한다면, 이것은 더욱 감히 알아들을 수 없다. 역의 도란 일음일양일 뿐이다. 선후·시종·동정·회명晦明·상하·진퇴·왕래·합벽闔闢·영허盈虛·소장·존비·귀천·표리表裏·향배·순역順逆·존망·득실·행장行藏 어느 것이나 마땅히 일음일양 아닌 것이 있는가?213)

'무극이태극'을 『노자』 1장의 "무를 천지의 시초라 이름하고 유는 만물의 어미라고 이름한다. 그러므로 상무에서 그 미묘함을 보고자

---

213) 『象山全集』, 권12 「與朱元晦」, "老氏以無爲 天地之始 以有爲萬物之母 以常無 觀妙 以常有 觀徼 直將無字 搭在上面 正是老氏之學 豈可諱也…… 中庸曰 中也者 天下之大本也 和也者 天下之達道也 致中和 天地位焉 萬物育焉 此理至矣 外此豈更復有太極哉……直以陰陽 爲形器 而不得爲道 此尤不敢聞命 易之爲道一陰一陽而已 先後 始終 動靜 晦明 上下 進退 往來 闔闢 盈虛 消長 尊卑 貴賤 表裏 向背 順逆 存亡 得喪 出入 行藏 何適而非一陰一陽哉."

하며 상유에서 그 궁극적인 본원을 보려 한다."214)라고 한 것과 같은 생성의 논리로써 본 것이다. 따라서 무극은 무이고 태극은 유이며 무에서 그 근원의 시작인 유가 나왔으므로215) 무가 최종의 시원자가 된다. 그러므로 '무극이태극'에 관하여 상산은 그것이 노자의 학문에서 연원된 것이지 유가의 본래적인 것에서 연원된 것이 아니라고 보았다. 이것을 주장하는 당위성을 육구연은 다음과 같이 설명하였다.

> 주자는 주렴계가 목수穆修(字, 伯長)에게서 태극도를 얻었다고 일컫는다. 백장은 진박陳摶(字, 希夷)에게서 나온 것을 전한 것으로 그것을 상고해 보면 진단의 학문이 반드시 노자의 학문이라는 것을 알 수 있다. '무극' 두 자는 『노자』의 「지기웅장」에서 나온 것으로 우리 성인의 글에는 있지도 아니하다. 『노자』의 머릿장에서 말하기를 무는 천지의 시초를 이름하고 유는 만물의 어미를 이름하였으니 끝내는 동일한 것이다. 이것이 노자의 종지이고, '무극이태극'은 곧 이러한 종지이다.216)

육구연은 주자가 말한 주렴계의 『태극도』를 백장伯長에게서 얻었고, 백장은 진희이陳希夷에게 전하여 받았으니, 결국 진희이의 학문은 노자의 학문을 지칭한 것으로 이해했다. 또 '무극이태극'도 『노자』 머릿장의 "무명無名은 천지의 시작이고 유명有名은 만물의 어머니이다."217)라고 하는 뜻과 동일한 것으로 이해하여 노자 학문의 종지

---

214) 『老子』, 1장, "無名天地之始 有名萬物之母 故常無欲以觀其妙 常有欲以觀其徼."
215) 『老子』, 40장, "天下萬物 生於有 有生於無."
216) 『象山全集』, 권2 「與朱元晦」, "朱子發謂濂溪得太極圖於伯長 伯長之傳出於陳希夷 其必有考 希夷之學 老氏之學也 無極二字出於老子知其雄章 吾聖人之書所無有也 老子首章言 無名天地之始 有名萬物之母 而卒同之 此老氏之宗旨也 無極而太極 卽是此旨."
217) 『老子』 1장, "無名天地之始 有名萬物之母."

라고 본 것이다.

그러나 주자는 상산의 이러한 견해를 단호히 배격하였다. 주자는 무극의 '무' 자는 노자의 무와는 그 의미가 같지 않은 것으로 보았다. 노자의 무는 '복귀어무극復歸於無極'한다는 말이며, 이 무극은 무궁하다는 뜻으로서 장생莊生이 무궁의 문에 들어가서 무극의 들에서 소요한다는 뜻이므로 주렴계의 무극과는 다르다[218]는 것으로 해석하였다. 또 주자는 나아가서 상산이 '무극이태극'을 유가의 종지가 아니고 도가의 말이라고 배척한 데 대해서 그 잘못된 관점을 다음과 같이 지적하였다.

불행이도 우리가 말하는 바의 이치라는 것은 혹 다만 한 개인의 사사로운 견해에서 나온 것이라면, 아마도 그 취하고 버리는 바를 가지고 여러 사람들이 하는 말을 절충하는 잣대로 삼기는 부족할 것이다. 하물며 이치를 이미 밝게 알지도 못했다면 다른 사람들에게 말하는 것은 아마도 또한 그 뜻을 다 이해하지 못함이 있음을 면하지 못할 것이다. 또 어찌하여 갑자기 고서를 믿는 것이 부족하다 하여 물리치고 가슴에서 판단하는 대로 내맡길 수가 있겠는가?

보내주신 편지에서 무극과 태극의 구분에 대하여 반복하여 상세하게 말하였다. 그런데 내가 살펴보건대 '복희씨가 『역』을 지을 때 일획 이하로부터 했고', '문왕이 『역』을 연역할 때 건원 이하로부터 했으나, 모두 일찍이 태극은 말하지는 않았으나 공자가 이것을 말한 것이다. 공자가 『역』 찬술할 때 태극 이하로부터 했으나 일찍이 무극을 말한 적은 없었는데, 주렴계가 말한 것이다. 무릇 선왕先聖과 후성後聖이 어찌 똑같은 조리를 한가지로 일관되게 하지 않았겠는가! 만약 여기에서 태극의 참된 실체를 환하게 보았다면, 태극을 말하지 않아도 모자란 자가 아니고 말을 해도 뛰어난 자가 아니라는 사실을 알 것이다. 어찌 이와 같이 분분한 지경에 이를 수 있겠는가?[219]

---

218) 『朱子文集』, 권36 「答陸子靜」, "老子有復歸於無極之語 無極者無窮之義 如莊生之入於無窮之門 以遊於無極之野 云爾非若周子所信之義也."

　　주자는 어떤 일을 처리할 때 어느 한 경향으로 치우치거나 한쪽
경향을 가진 사람들과의 입장을 같이하는 것을 피하고, 다양한 여러
경향들을 조화시키며, 입장이 다른 사람들 간에 절충과 조화를 진행
시켜야 함을 강조하였다. 그 예로 경서를 든 것이다. 즉 복희의 작
역作易, 문왕의 연역演易은 건원으로부터 시작하였고, 공자의 찬역
贊易에 비로소 태극이 등장하였으나 무극은 없었고, 주렴계가 이와
같은 이론을 전수하여 드디어 무극을 말하였으니, 이것은 전체를 일
관하는 큰 뜻에서 파악하여 논리의 일관성을 보이고 있는 것이라고
주자는 주장한다. 따라서 주렴계가 말한 '무극이태극'은 선성을 이어
천도天道를 표현하고 있는 것으로 보았다. 그러므로 '무극이태극'을
'무형이유리無形而有理'로서 파악한 주자는 당시 도가의 '자무극이
위태극自無極而爲太極' 또는 '무극생태극無極生太極'과 같은 생성론
적 견해를 단호히 배격한 것이다. 주자는 일찍이 『재정태극통서후서
再定太極通書後序』[220]에서 『송사宋史』 「염계전濂溪傳」 가운데 실린
'자무극이위태극自無極而爲太極'이라는 '자自' '위爲' 두 글자의 잘
못됨을 변호하였다. 육구연이 『송사』 「염계전」 중에 '자' '위' 두 자
가 있는 것을 근거로 하여 태극이 무극에서 왔다고 함은 잘못된 해
석이라고[221] 한 것에 대해 이의를 제기한 것이다.

219) 『朱子文集』, 권36 「答陸子靜」, "不幸而吾之所謂理者 或但出于一己之
　　私見 則恐其所取舍 未足以爲群言之折衷也 況理旣未明 則于人之言
　　恐亦未免有未盡其意者 又安可以遽紕古書爲不足信 而直任胸臆之所裁
　　乎 來書反復其于無極太極之辯詳矣 然以熹觀之 伏羲作易 自一劃以下
　　文王演易 自乾元以下 皆未嘗言太極也 而孔子言之 孔子贊易 自太極
　　以下 未嘗言無極也 未先聖後聖 豈不同條而貫哉 若於此有以灼然實見
　　本極之眞體 則知不言 不爲少 而言之者 不爲多矣 何至若此之紛紛哉."
220) 『朱子文集』, 권76.
221) 蔡茂松, 『退溪・栗谷哲學의 比較硏究』, 成大出版部, 1985, 22面.

　　노자의 '무극으로 다시 돌아간다.'고 하니, 그 무극이라는 말은 곧 '무궁'이라는 뜻이다. 마치 장자가 '무궁한 문으로 들어가서 무극의 들에서 노닌다'고 일컬은 것과 같은 것뿐이다. (이것은) 주렴계가 말하고자 하는 뜻과는 같지 않다. (그런데) 지금 이것을 인용해서 주렴계가 말한 것이 실지로 여기저기서부터 나왔다고 하니, 이것은 또한 이치가 분명하지 못하여 능히 다른 사람의 말하는 뜻을 다하지 못함이 있는 것이다. 당신의 고명한 학문이 바야흐로 바깥에서 지나치게 나와서 진실로 세간에서 말하는 언어를 논하거나 의견 등을 측량하고 헤아림이 쉽지 않다.222)

　　'자'와 '위'로서 본다면 '무극이태극'이 곧 도가의 '유생어무有生於無'와 같게 된다. 이처럼 '무극이태극'을 생성론적으로 파악하면 태극은 대상적 존재인 일기一氣가 되어 무극의 기로부터 생기는 것이 된다. 따라서 태극의 초월성은 육구연에 의하여 철저히 부정되어 버린 것이다.

　　그러나 명나라 조단曹端(號, 月川. 1376~1434)은 그의 『태극도설집해』서에서 주자만이 태극의 리로서 근본 의미를 알아냈다 하여 상산의 견해에 대해서 다음과 같이 비판하였다. "『도설』의 머리 구절에 '자무극이태극自無極而太極'을 첨가한 것은 노장의 계통이고, 또 태극 위에 무극 두 글자를 붙여서는 안 된다고 한 것은 주렴계의 리가 음양을 떠나지 않으면서 음양에 혼잡 되지 않는다는 뜻을 모르는 것이다. 역시 주자만이 그 뜻을 알아 그것을 경經으로 높여 주석을 붙였다. 지당하고 귀일되는 설이다."223)라고 극찬하였다. 주

---

222) 『朱子文集』, 권36 「答陸子靜」, "老子復歸於無極 無極乃無窮之義 如莊生入無窮之門 以遊無極之野云爾 非若周子所言之意也 今乃引之 而謂周子之言 實出乎彼 此又理有未明 而不能盡乎人言之意者 高明之學 超出方外 固未易以世間言語 論量 意見測度."

223) 錢穆, 『朱子新學案』, 권1. "自無極而太極 則亦老莊之流 有謂太極上不當加無極二字者 則又不知周子理不離乎陰陽 不離乎陰陽之旨矣 亦惟

자는 이처럼 '무극이태극'의 리는 음양과 불리불잡不離不雜의 관계로 '일이이一而二'이면서 '이이일二而一'의 관계로 태극에 대한 유학본원의 의미로 설명하고자 한 것이다.

> 도체의 지극한 것을 말하면 그것을 태극이라 하고 태극이 유행하는 것을 말하면 그것을 도라 한다. 비록 두 가지 이름은 있으나 애초에 양체兩體는 없다. 주자周子가 그것을 이른바 무극이라고 한 까닭은 바로 그것이 방소도 없고 형상도 없기 때문이다. 그래서 사물이 없었던 이전에도 있었지만 사물이 있고난 뒤에도 서지 않음이 없는 것이다. 음양의 밖에 있으나 음양 가운데서 행해지지 않음이 없다고 생각한다. 전체에 관통하여 어디에나 있지 않은 데가 없으니, 또한 애초에 소리나 그림자 또는 메아리로써 말할 수 있는 것이 아니다.224)

육구연에게 답한 이 글 속에서 주자는 무극의 개념을 지극한 리로서 태극의 개념을 묘사해 주는 것으로 스스로 독립적인 지위를 견지하면서도 전체에 통관하고 있음을 주장하였다. 즉 주렴계가 무극을 말함으로써 무극이 공적空寂에 흐르지 않고 능히 만화萬化의 근본임을 밝혀 주었다고 주자는 명시한 것이다. 따라서 전체에 관통하는 이 리는 개물 속에도 관통하여 화생변화를 시켜주는 주체가 된다고 설명하여 무극의 개념을 태극과의 상관성에서 이해한 것이다.

> (주렴계가) 그것을 토대로 '무극'이라 한 것은 하늘의 소리도 없

朱子克究厥旨 遂尊以爲經 而註解之 眞至當歸一之說也." 280面에서 재인용.

224) 『朱子文集』, 권36 「答陸子靜」, "語道體之至極 則謂之太極 語太極之流行 則謂之道 雖有二名 初無兩體 周子所以謂之無極 正以其無方所 無形狀 以爲在無物之前 而未嘗不立於有物之後 而爲在陰陽之外 而未嘗不行乎陰陽之中 以爲通貫全體 無乎不在 則又初無聲臭影響之可言也."

고 냄새도 없는 묘를 드러내려고 한 것이다. 그러나 '무극이태극'이
라 할 때 태극은 본래 무극이므로 무극의 뒤에 별도로 태극을 낳는
다든가 태극 위에 앞서서 무극이 있다든가 하는 것은 아니다.[225]

주돈이가 '무극이태극'이라 하여 무극으로 태극을 해석한 것은 태
극의 형이상학적인 본체를 설명한 것으로 본 것이다. 주자는 무극에
서 태극이 나온다든지 태극 앞에 무극이 먼저 존재한다든가 하지 않
고, '무극이태극'의 본의에서 '무형이유리無形而有理'로서 태극이 소
리도 없고 냄새도 없는 묘임을 나타낸 것이다. 따라서 접속사 '이而'
자는 태극의 위와 같은 근거의 리의 성격을 말하여 주고 있는 것이
다.[226] 그러므로 주자는 "무극이태극이고 단지 형상은 없고 리만 있
는 것을 의미한다."[227]라고 하였다. 이와 같이 태극이라고 하고 무극
이라고 함은 단지 하나의 리에 두 가지 이름에 불과하다.

이와 같이 주자가 말하는 '무극이태극'의 무극과 노자의 '복귀어무
극復歸於無極' 및 장자의 '이유무극지야以游無極之野' 가운데의 무
극과는 결코 동일시될 수 없는 개념이라 할 수 있다. 이처럼 주자는
무극과 태극을 각각 무형과 유리有理로 보아 무극을 태극의 개념에
결부시킨 것이다. 그러므로 위에서 살펴본 바와 같이 노자의 『도덕경』
속에 보이는 무극은 다음과 같은 의미로 쓰여 있음을 알 수 있다.

상덕常德이 어긋남이 없으면 다시 '무극'으로 돌아간다.[228]

이것을 하상공은 "덕이 차특差忒함이 없으면 장생구수長生久壽하
게 되어 궁극함이 없는 데로 다시 돌아간다."[229]라고 설명하였고, 왕

---

225) 『朱子文集』, 권36 「答陸子靜」, "又謂之無極者 所以著夫無聲無臭之妙
也 然曰 無極而太極 太極本無極 則非無極之後 別生太極 而太極之上
先有無極也."

226) 柳承國, 『東洋哲學研究』, 槿域書齋, 183, 189面.

227) 『朱子語類』, 권94 「周子之書」, "無極而太極 只是說無形而有理."

228) 老子, 『道德經』, 20장, "常德不忒 復歸於無極."

도왕道王230)는 '무극은 공허함을 말한 것이다'231)라고 해석하였다. 여기서 말하는 무극은 장생불사의 무한한 경지로 돌아간다는 의미로 쓰인 것을 볼 수 있다. 즉 무궁한 자연으로 다시 돌아간다는 말로 무극은 궁극함이 없다는 무궁하다는 것으로 쓰인 것이지 '유생어무 有生於無'라고 한 '무無'와 그 성격이 같지 않음을 알 수 있다. 그러므로 위에서 살펴본 바와 같이 노자와 장자가 말하는 무극은 무궁하다는 뜻으로 쓰여 있음을 볼 수 있다.

그러나 육구연은 이에 동의하지 않고 다시 '극極'을 '중中'으로 해석하여 무극이라는 개념을 부정한다. 육구연은 '극極'을 '중中'으로 해석하여 주자의 이론에 반기를 들어 다음과 같이 말하였다.

오五가 구주九疇에서 중간에 해당되는데 이를 황극이라고 하였으니 이는 '극極'이 '중中'의 개념으로 명명된 것이 아닌가? 인간은 천지의 중기中氣를 타고 태어났는데 『시경』에서는 '우리 백성을 자립하게 한 것은 '이爾'가 '극極'이 아님이 없다'고 하였으니 이것도 '극'이 '중'의 개념으로 명명된 것이 아닌가?232)

'극'이란 '중'을 말하는 것이니 무극이라 표현한 것은 곧 무중無中이라 표현하는 것과 동일하게 되므로 이는 결코 옳지 않은 것이다.233)

곧 육구연은 구주에 오가 그 중간에 속하므로 황극이라고 명명된 것으로 보아 황극의 '극'을 '중'의 개념으로 파악한다. 육구연이 '중'

229) 老子, 『道德經』, 20장 註, "德不差忒 則長生久壽 歸身於無窮極也."
230) 宋代의 학자로 道敎를 주로 연구하였음.
231) 『老子本義』, 24장 註, "無極 言其虛也."
232) 『象山全集』, 권2 「與朱元晦書」, "五居九疇之中而曰皇極 豈非以其中而命之乎 民受天地之中以生 而詩言 立我烝民 莫匪爾極 豈非以其中命之乎."
233) 『象山全集』, 권2 「與朱元晦書」, "極字中也 言無極則言無中也 是奚可哉."

이라고 해석한 것은 '가치기준'이란 의미에서 황극의 의미로 본 것이다. 이것은 그가 태극의 초월성을 부정했기 때문에 이렇게 말할 수밖에 없었다. 그리하여 상산은 태극이라는 개념을 중의 뜻으로 보고 무극을 '무중'이라는 의미로 해석하여 무극의 불필요성을 설명하고 있는 것이다.

> 『역』의 대전에 말하기를 "형이상자를 도라 한다."라고 하였다. 또 "한 번 음하고 한 번 양하는 것을 도"라고 하였다. 일음일양이 이미 형이상자인데 하물며 태극은?[234]

이와 같이 육구연은 초월적인 리를 부정하고 기중氣中에서 유동하는 리를 인정한 것이다. 그러나 주자는 구연이 초월적인 리를 부정한 것에 대해서 극極을 지극의 의미로 해석하여 구연의 이론을 다시 비판하였다.

> 북극지극北極之極, 옥극지극屋極之極, 황극지극皇極之極, 민극지극民極之極과 같은 것에 이르러서는 많은 유학자들이 비록 중이라 해석한 적이 있으나 이것은 대개 이러한 물의 극極으로써 항상 이러한 물의 중에 있으므로 극자를 가리켜서 중이라 해석한 것은 아니다. 그러므로 태극의 극자는 지극일 따름이다.[235]

> 『주역』의 대전大傳의 태극이란 무엇인가? 그것은 양의·사상·팔괘의 이치가 양의 사상 팔괘에 앞서 갖추어지고 그리고 양의 사상 팔괘 안에 인온絪縕(만물을 생성하는 원기가 왕성한 모양)한 것이

---

234) 『象山全集』, 권2 「與朱元晦書」, "易之大傳曰 形而上者謂之道 又曰 一陰一陽之謂道 一陰一陽 已是形而上者 況太極乎."

235) 『朱子文集』, 권36 「答陸子靜」, "至如北極之極 屋極之極 皇極之極 民極之極 諸儒雖有解爲中者 蓋以此物之極 常在此物之以中 非指極者而訓之以中也 極字 至極而已."

다. 성인의 뜻은 바로 극진하고 지극히 함으로써 이름을 지어서 부를 수가 없어 다만 태극이라고 일컬은 것이다. 마치 천하의 지극한 것을 들어도 이것을 능가하는 것이 없다는 것과 같다. 처음부터 그 중을 가지고 명명한 것이 아니다.236)

　　주자는 이것을 이기관계로 설명하는 '리합간離合看'의 원리로써 설명하였다. 따라서 위에서 말한 것처럼 태극을 '일이이一而二' '이이일二而一'의 상관성으로 해석한다. 그러나 육구연의 입장은 리의 형이상학적 성격을 인정하지 않고 단순히 합간合看의 입장으로 분석적인 입장만 본 것이다. 그러므로 음양오행의 기가 중정을 얻은 것 그대로를 '극'이라고 명명했던 것이다. 이것은 리의 내재성은 인정하되 초월성은 부정하는 것이다. 따라서 육구연이 '무'를 말할 때 그 '무'가 절대적인 무가 아니고 상대적인 무를 말하는 것으로도 입증이 된다. 구연이 말하기를 "이 리는 분명 우주에 있는 것이므로 어찌 무라고 말하겠는가? 만약 무라고 말한다면 임금은 임금이 되지 못하고 아버지는 아버지가 되지 못하고 아들은 아들이 되지 못한다."237)라고 하여 이 무는 무극의 초월적인 의미와는 거리가 있음을 알 수 있다.

　　주자는 또 육구연이 『시경』의 「周頌」 편에 "우리 만백성의 생계를 세워주는 것은 이 모두 당신의 지극한 덕이 아닌 것이 없다(立我烝民 莫匪爾極)"에서 '극'을 '중'의 개념으로 명명한 것에 대해서 다음과 같은 논리로 반박하였다.

236) 『朱子文集』, 권36 「答陸子靜」, "且夫大傳之太極者何也 則兩儀四象八卦之理 其於三者之善 而緼於三者之內者也 聖人之意 正以其究境至極 無名可名 故特謂之太極 猶曰 擧天下之至極 無以加此云爾 初不以其中而命之也."

237) 『象山全集』, 권2 「與朱元晦」, "此理 乃宇宙之所固有 豈可言無 若以爲無 則君不君 臣不臣 父不父 子不子矣."

‘극’이란 ‘리’의 지극함을 이름 한 것이다.…… 황극의 극이나 민극
民極의 극은 이에 표준이라는 뜻을 가리킨다.…… 그것이 중으로 명
명이 된 것은 아니며, 우리 백성을 살게 했다는 입立 자와 입粒 자
는 통용되는 것으로서, 즉 『서경』238)에서 ‘백성들이 쌀을 먹게 되었
다’고 한 것과 같은 것이며, 이爾의 극이 아님이 없다는 이爾도 후
직后稷239)을 가리킨 말이다. 말하자면 우리 백성들로 하여금 모두
쌀을 먹게 한 것은 이爾인 후직이 농사지은 쌀의 혜택이 아닌 것이
없는 것이다. 이爾 자는 천지를 가리킨 것이 아니고, 또한 극 자도
타고난 바의 중을 가리킨 것이 아니다.240)

육구연이 태극을 사물과 사건, 삶의 중심의 성격인 중으로 보는
데 반해서, 주자는 중이 중심을 의미하는 것이 아니라 바로 사물과
사건, 삶의 지극하다는 의미로 생각하였다. 그리고 극을

본래 극이란 이름을 명명한 것은 추뉴樞紐라는 뜻을 취한 것이
다. 성인이 태극이라고 말한 것은 천지만물의 뿌리를 가리키려고 한
것이다.241)

주자는 극을 추뉴의 뜻을 취하여 천지만물의 뿌리로 말한 것이지
만, 구연은 형이상자를 도라 하고 일음일양을 도라 하여 태극과 음
양을 모두 형이상자로 본다.242) 이와 같이 구연은 태극과 음양을 별

---

238) 『虞書』, 「益稷篇」을 가리킴.
239) 고대의 농사를 맡은 관명으로 주 문왕의 선조인 棄의 異稱.
240) 『朱子文集』, 권36 「答陸子靜」, “極 是名此理之至極.…… 若皇極之極
民極之極 乃爲標準之意……以其中而命之也 立我烝民 立與粒通 卽書
所謂烝民乃粒 莫非爾極 則爾指后稷而言 蓋曰使我衆人 皆得粒食 莫
非爾后稷之所立者是望耳 不指天地極字 亦非指所受之中.”
241) 上揭書, 권45 「答楊子直」, “原極之所以得名 蓋取樞紐之義 聖人謂之
太極者 所以指夫天地萬物之根也.”
242) 『象山全集』, 권2 「與朱元晦」, “形而上者謂之道 又曰一陰一陽之謂道

개의 것으로 규정하지 않음으로써 태극의 내재성은 인정하지만 태극의 형이상학적인 초월성은 부정하고 있는 것이다. 그러나 주자는 사물상에서는 극을 중이라고 할 수도 있으나 형이상학적인 본체에 있어서 극은 지극일 따름이라고 단정함으로써 태극을 순수한 본체로서의 형이상학적인 원리임을 내세우고 있음을 알 수 있다. 따라서 주자는 "황극의 극, 민극의 극은 모두 표준의 뜻이 된다."243)라 하여 표준이란 인륜상도의 근본을 의미하기도 한다. 이것은 주자가 태극을 우주 만물의 근원일 뿐만 아니라, 또한 인륜의 상도이기 때문에 '지극의 극'은 표준의 뜻도 겸해 있다는 것을 자각한 것이다.244) 그러므로 태극은 지극의 리인 우주의 원리와 표준의 뜻인 인간덕성 표준의 근거가 됨을 주자는 설명한 것이다.

또한 『주역』 「계사전」 11장에 있는 '역유태극易有太極 시생양의是生兩儀'에서 '역'은 변역變易의 원리로 설명된다245)고 보았다. 태극은 변화하게 하는 근원자이고, 시是는 이러한 태극을 의미한다. 또한 양의는 바로 태극이 변화한 형상이 음양으로 드러난 것을 일컫는다. 그러므로 태극은 모든 것을 변화하게 하는 시원자로서 음양이라는 현상을 나타나게 해 주는 원동자이다.246) 이러한 이해를 주자는 다음과 같이 설명하였다.

> 태극은 형이상의 도요, 음양은 형이하의 기器이다. 이 때문에 그 나타난 것으로부터 관찰하면 동정의 때가 동일하지 않고 음양의 자리가 동일하지 않아도 태극이 있지 않음이 없다. 그 은미한 것으로

一陰一陽已是形而上者 況太極乎."

243) 『朱子文集』, 권36 「答陸子靜」, "皇極之極 民極之極 乃爲標準之意."
244) 『朱子文集』, 권36 「答陸子靜」, "至極之極而兼有標準之義."
245) 『周易』, 「咸卦, 彖辭」, "天地感而 萬物化生." 『周易』, 「繫辭傳上」, "生生之謂易." 『周易』, 「繫辭傳下」, "天地之大德曰生."
246) 周濂溪, 『太極圖說』, "太極 動而生陽 靜而生陰."

부터 관찰하면 공허하고 광막해서 조짐이 없어도 동정 음양의 리가
이미 모두 그 가운데 갖추어져 있다.[247]

현상적인 면에서 살펴보면 동動할 때와 정靜할 때가 다르지만, 그
이면에서 보면 동정음양에서 시간이라는 제약성이 없어진다. 동정의
시간적 제약성이 없다는 것은 공허하고 광막해서 조짐이 없다는 이
유다. 시간적으로 동과 정이 있다는 것은 우주 만상의 변화 속에 기
氣가 있다고 본 것이다. 동정은 기요, 동정하게 하는 소이연을 리라
고 하여 리를 기보다 우위에 놓는 것을 알 수 있다. 태극에는 동정
하는 리가 있고, 기는 이 리를 원리로 하여 동정하게 되는 소이이다.
동하게 하고 정하게 하는 것은 음양안의 기의 일이다. 따라서 일음
일양하는 도를 통해서 동정의 생성소멸이 끝없이 순환 유지되는 '생
생불이'가 계속되는 것을 주자는 말하고 있는 것이다.

그러나 풍우란은 육구연의 견해에 동의하여 '태극이 움직여 양을
낳고 고요하여 음을 낳는다(太極 動而生陽 靜而生陰)'이라고 한 말
은 주자의 계통에서는 통하지 않는 이론이라고 보았다. 풍우란에 의
하면 주자의 계통에서는 단지 '태극'에 동하는 '리'가 있으므로 '기'
가 동하여 양기가 되고, '태극'에 정하는 리가 있으므로 기가 정하여
음기가 된다고 보았다. 그러므로 주돈이가 말한 태극은 주자의 계통
에 의거해서 말한다면 이는 형이하자이다. 따라서 주돈이가 말한
'무극이태극'은 사실상 노자 『도덕경』의 "천지만물은 유에서 생하고,
그 유는 무에서 생한다."[248]는 설로 보았다. 즉 태극에는 동정의 리
가 상대적으로 존재하여 양기와 음기로 분변되어 결국 태극은 '리'

247) 『太極圖說』 註, 「濂溪集」 권1. "太極形而上之道也 陰陽形而下之器也
是以自其著者而觀之則 動靜不同時 陰陽不同位 而太極無不在焉 自其
微者而觀之則 沖漠無朕 而動靜陰陽之理 已悉具於其中矣."

248) 馮友蘭, 『中國哲學史』 下, 13장. 907面.

에 의하여 동정하는 형이하자로 본 것이다. 그러므로 주돈이가 '무극이태극'이라고 한 무극은 무의 의미로, 태극은 유의 의미로 생각한 것이다. 따라서 그는 '무극이태극'이라는 개념을 노자의 '유생어무有生於無'라는 개념으로 규정한 것이다.

그러나 상술한 바와 같이 주자가 태극을 리에 의한 동정으로 간주했는가의 문제는 다음의 설명에서 확연히 드러난다.

> '태극이 움직여 양을 낳고 고요하여 음을 낳는다'라고 한 것은 동한 다음에야 바야흐로 양이 생한다는 것은 아니다. 대개 동하는 것은 곧 양이 있고, 정한 다음에 음양이 있어서 이것이 확연히 양단이 되어 이러한 리가 먼저 있은 후에 음양이 있다는 것은 아니다. 단지 태극의 동은 곧 양이고 정은 곧 음이다.249)

위와 같이 주자는 태극에 동정하는 리가 상대적으로 존재한다고 생각하지는 않았다. 리 밖에 따로 무엇이 존재하여 음양을 생하는 것이 아니고 그것은 리의 작용이 동적인 것은 양, 정적인 것은 음이라고 규명한 것이다. 풍우란이 자구字句나 용어에 집착한 논리는 본래 주렴계의 진의를 잘못 파악한 데서 나온 것이다.250) 태극은 만유의 근원적인 원리이며, 무극은 태극의 개념을 밝히기 위한 이명異名이라고 할 수 있다. 따라서 태극은 우주의 모든 근원적인 원리를 가리킨 말로써 그것은 형체나 냄새나 소리를 측량할 수 없기 때문에, 천지만물이 유에서 생한다든가 그 유가 무에서 생한다는 논리는 '소리가 없고 냄새가 없는 그 오묘함을 드러내기 위한 것' '형상만 없

---

249) 『朱子語類』, 권94 「周子書 太極圖條」, "太極動而生陽 靜而生陰 非是動而後有陽 靜而後有陰 截然爲兩端 先有此理而有彼也 只太極之動便是陽 靜便是陰."

250) 張在釬, 「太極의 槪念과 論辯의 再檢討」. 『민족문화』 7집, 민족문화추진회, 1981, 125面.

고 리만 있는 것'을 풍우란은 잘못 파악한 것이라 할 수 있다.

상술한 주자와 육구연의 논변이 단지 방법상의 문제이지 이들이 추구한 목적은 같다고 보는 견해도 있다. 이러한 이론은 물론 부분적인 이해에서 나온 것이기는 하지만 설득력이 있다고 보인다. 즉 유학본원에서 볼 때 태극의 '극'은 단순히 구연의 말대로 '중'의 개념만 내포하고 있는 것도 아니며 주자의 말대로 '지至'의 개념만도 아닌 이들 두 개념을 모두 포괄하고 있는 것이다. 그러므로 '중'과 '극'의 궁극적 개념은 서로 상통한다고 보아야 한다.[251] 육구연이 주장하는 중이라는 개념은 다만 외형적으로 극의 범위를 한정해 주는 위치개념일 뿐이라고 생각하였던 것이다. 그러나 상산이 주장하는 중의 본래의 뜻은 단지 외형적으로 극의 범위를 한정해 주는 위치개념만을 의미하는 것은 아니다. 희로애락이 발하지 않은 것을 중이라 하고, 발하여 절도에 맞는 것을 화和라고 한다. 중은 천하의 큰 근본이요, 화는 천하의 통달한 도이다. 이와 같이 육구연이 말하는 중의 의미 또한 극의 내포를 결정짓는 본질적 정의인 것이다. 즉 희로애락의 감정들이 아직 발하기 이전의 본연의 상태이자 천하의 대본이 되는 우주의 본체[252] 라고 생각할 수 있는 것이다.

그러나 '태극이무극'에 관한 주자의 입장은 태극이 천지만물의 근원이자 더 이상 추극할 수 없는 본원으로서 리의 극치임을 밝히고 있고, 무극은 소리도 없고 냄새도 없는 진리의 묘리를 말하는 것으로서 태극의 개념이 형태가 없다는 의미를 설명하기 위하여 요청된 개념임을 밝히고 있다고 할 수 있다. 우주 만물은 모두 태극에 의해서 생성되는 까닭에[253] 태극은 '생생지리生生之理'가 되고, 또 매

---

251) 熊十力, 『續經示要』, 권3, 51面.

252) 장윤수, 「太極圖說에 관한 朱 · 陸論辯」 『한국의 철학』, 제19호, 경북대 퇴계연구소, 1991, 135면.

253) 『太極圖說解』, "造化之樞紐 品揮之根柢."

일물마다 구유한 리로써 일물마다 각기 하나의 태극을 구유하고 있는 것이다.[254] 따라서 무극, 즉 태극은 일리一理의 이명異名을 말하는 이중적 성격을 지니고 있다고 볼 수 있다. 주자의 이러한 견해는 그가 송대 성리학을 이론 중심으로 전환시켜 집대성하는 정초가 되었다고 할 수 있다.

2) 존덕성과 도문학

위에서 논한 바와 같이 '무극이태극'의 논변뿐만 아니라 주자와 육구연은 정호와 정이 형제 이래의 송명리학을 서로가 다른 차원에서 이론을 체계화하였다. 특히 존덕성과 도문학은 공부 방법론에서 양자의 사상을 분변할 때 제시되는 주된 개념으로 사용되어 후대에까지 그 영향을 미쳤다.

순희淳熙 2년(1175년) 여름에 여조겸이 나서서 주자와 육구연의 형제 등을 강서성 신주의 아호사에 초청하여 회동케 하였다. 이곳에서 두 사람은 학술의 동이同異를 토론하였는데, 역사적으로 이를 '아호의 회담'이라고 부른다. 아호사 회담에 참여했던 참석했던 주형도朱亨道의 설명에서 보면 양자의 이견異見을 어느 정도 짐작할 수 있다.

아호의 모임에서 사람들을 교육하는 방식에 대해 토론하였다. 원회의 뜻은 사람들로 하여금 두루 많이 보게 한 뒤에 요약시키는 것이었다. 육구연과 육구령의 뜻은 먼저 사람의 본심을 드러낸 뒤에 널리 보게 하라는 것이었다. 주자는 육구연의 가르침이 너무 간이하다고 생각했고, 육구연은 주자의 가르침이 지루하다고 생각했기 때문에 대단히 맞지 않았다. 선생(육구연)은 원회에게 요순 이전에 무슨

---

254) 『朱子語類』, 권94 「周子之書」, "人人有一太極 物物有一太極."

책을 읽을 수 있었겠느냐고 변론하려 하였지만, 복재가 말렸다.[255]

주자와 육구연이 논쟁했던 초점은 학문 공부에서 도덕 함양과 경전의 연구, 이 둘 사이의 관계를 어떻게 보고 처리할 것인가에 있었다. 육구연이 볼 때 학문하는 목적은 오직 도덕 경지를 실현하는 것인데, 경전의 학습이나 외부 사물의 연구는 이러한 목적에 직접적으로 도움을 줄 수 없다. 그러나 사람의 본심은 도덕의 근원이므로 사람의 양심 구조를 확대해 나가서 완벽하게 한다면, 이러한 목적을 실현할 수 있다는 것이다. 즉 육구연은 잃어버린 마음을 되찾고(求放心), 마음을 보존하는(存心) 공부는 독서와 궁리를 수단으로 삼을 필요가 없다고 생각하였다. 그는 요순 이전에 책이나 경전이 없었는데도 요순이 성현이 될 수 있었던 까닭은, 성현이 되는데 독서가 반드시 필요한 방법은 아니라는 점을 설명해 준다고 생각하였다.

주자는 폭넓게 보고 널리 살핀 후에 간략함에 돌아가자는 입장이고, 육구연 형제는 먼저 본심을 밝혀낸 후에 두루 살펴야 한다는 주장이다. 그러므로 주자는 육구연 형제의 방법이 지나치게 간단하다(太簡)고 비판했으며, 육씨 형제는 자신들이 이간易簡한 방법에 비해 주자의 방법은 지리하다고 서로 비판함으로 공부 방법을 어떻게 볼 것인가 하는 논변이 제기된다.

육구연은 『주역』의 '이간'과 『맹자』의 '선입호기대先立乎其大'사상을 절충하여 공부 방법에 있어서 간이 함과 번쇄함, 박문博文과 약례約禮의 관계로 자신의 견해를 제시하고, 대체를 세워 본심을 밝힐 것을 주장하였다.

---

255) 『象山全集』 권36, 「年譜」, 淳熙二年條, "鵝湖之會 論及敎人 元晦之意 欲令人泛觀博覽 而後歸之約 二陸之意 欲先發明人之本心 而後使之博覽 朱以陸之敎人爲大簡 陸以朱之敎人爲支離 此頗不合 先生更欲與元晦辨 以爲堯舜之前何書可讀 復齋止之."

　　주자는 '사물에 나아가서 리를 궁구하고'(卽物而窮其理) '폭넓게 배우고 사색하며'(博學多思) '세밀하게 분석하는'(銖分毫析) 방법론을 주장하였다. 이런 주자의 방법론에 대해 외부에서 빌려온 것을 주인으로 삼고 하늘이 나에게 부여해 준 것을 도리어 객으로 삼아서 주객을 전도시켰다고 육구연은 비판한 것이다. 그는 먼저 대체를 세우고 본심을 밝히는 것이 가장 쉽고 분명하며 가장 믿을 만한 공부 방법론으로 제시했다. 따라서 외물인 대상을 분석하는 방법은 번쇄하고 지리하며 잘못될 여지가 많다고 비판한 것이다.

　　주자와 육구연의 '태간'과 '지리'의 공부 방법론인 '존덕성'과 '도문학'의 이론은 『중용』에서 유래된 것이다.

　　　그러므로 군자는 존덕성하고 도문학하며, 광대함을 지극히 하고 정미함을 극진히 하며 고명함을 지극히 하여 『중용』에서 말미암은 것이다.256)

　　『중용』에서 학자는 내면적인 도덕의 수양과 외면적인 학문 수양 방법이라는 두 가지 경로를 통해서 인간의 이상적인 인격에 이를 수 있다는 방법을 명시한 것이다. 본래 이 두 가지 방법은 이상적인 인격의 실현을 목표로 하는 유학의 이념에서 볼 때 중요한 주제였다. 존덕성은 『대학』의 정심·성의의 공부방법이고, 도문학은 격물·치지의 공부방법이다.

　　주자의 학문방법론은 내성외왕의 도로써 수기치인의 인격 완성을 성인에 두고 있다. 따라서 존덕성이 정심·성의의 내성의 공부 방법이라면, 도문학은 격물·치지의 외왕의 공부 방법으로 이는 성인의 학문이라고 할 수 있다. 그러므로 주자는 내성외왕의 성인지학을 아래와 같이 설명하였다.

256)『中庸』, 27장. "故君子尊德性而道問學 致廣大而盡精微 極高明而道中庸."

대저 성인지학이란 마음에 근본 하여 이치를 궁구하고 이치에 순응하여 사물에 대비하는 것이니 마치 몸이 팔을 부리고, 팔이 손가락을 부리는 것과 같다. 그 도가 평이하고 통행하니 그 거처함이 넓고 편하며 그 이치가 실하니 행동은 자연스럽다.[257]

이러한 성인지학의 이치를 궁구하기 위해서 힘써야 할 일은 정신을 고요하게 하여 외부의 유혹을 차단하는 데 있으며 찰식察識과 함양으로 마음을 수렴하여 외부 사물의 이유로 착란되지 않은 경敬의 상태를 유지하는 데 있다. 경 공부는 우리의 본질인 허령불매虛靈不昧한 명덕을 지허지영至虛至靈하게 이끌게 되는데 이는 구체적으로 '극기복례'의 극기와 '절사絶四'의 '무의毋意, 무필毋必, 무고毋固, 무아毋我'의 수신의 방법을 통해 본연한 순수자성의 내 마음속을 드러내는 방법으로 파악되어야 한다.

육구연의 학문의 이러한 입장은, 『중용』의 개념으로 말하자면 '도문학'에 대해 '존덕성'의 우선성을 강조하는 것이다. 따라서 '존덕성'은 근본이고, '도문학'은 말단이 된다. '도문학'은 반드시 '존덕성'에 복종해야 하는 것이다. 맹자의 말로 하자면 "먼저 그 큰 것을 세우라"는 것이다. 「어록」에는 다음과 같은 기록되어 있다.

주원회는 일찍이 학생들에게 다음과 같은 서신을 보냈다. "육자정은 오로지 존덕성으로 사람들을 가르친다. 그래서 그 문하생 가운데 실천하는 선비들이 많았지만, 도문학이 부족하였다. 내가 사람들을 가르칠 때는 도문학을 좀 더 많이 했다. 그래서 내 학생들은 실천이 매우 부족했다." 이것을 볼 때, 원회는 둘의 단점을 없애고 둘의 장점을 합하여 하였다. 그러나 나는 안 된다고 생각한다. 존덕성조차 모르는데 어떻게 도문학을 하겠는가?[258]

---

257) 『朱子文集』, 권67 「觀心說」, "大抵聖人之學 本心以窮理 而順理以應物 如身使臂 如臂使指 其道夷而通 其居廣而安 其理實而行自然."

육구연이 생각할 때, 경전과 지식의 학습은 도덕을 증진시킬 수 없기 때문에 독립적인 가치와 의의를 지니지 못한다. 그는 지식이 덕성을 직접적으로 촉진시킬 수 없다고 생각하였다. 이 점은 틀리지 않은 것이다. 그러나 그는 독서를 통한 학습을 낮게 평가함은 물론 지식과 경전을 경시하는 경향을 보이고 있다. 그의 학생들은 그에게서 이러한 영향을 비교적 많이 받았다.[259]

육구연은 독서와 궁리를 학문의 근본이 아닌 말단으로 생각했을 뿐만 아니라 행위의 구체적인 규범을 엄격히 준수하는 일도 학무의 근본이 아니라고 생각하였다. 우리는 정이의 학설이 외재적인 행위 규범을 대단히 중시하면서, 예가 아니면 보지도 듣지도 말하지도 행동하지도 말라고 주장했음을 알고 있다. 그러나 육구연은 다음과 같이 말하였다.

요즘 사람들이 배움을 논하는 것을 보면, 본말과 선후가 일시에 뒤바뀌고 혼란스러우며, 아직 세세한 것으로 곧장 사람들을 힐책해서는 안 된다는 점을 알지 못한다. 예를 들어 예가 아니면 보지도 듣지도 말하지도 행동하지도 말라는 것은, 안연이 이미 '도'를 알고 있었기에 공자가 안연에게 그렇게 말한 것이다. 오늘날에는 먼저 이것으로 사람들을 힐책하니, 진정 등급을 뛰어넘는 일이다.[260]

---

258) 『象山全集』 권34, 「語錄上」, "朱元晦曾作書與學者云 陸子靜專以尊德性誨人 故遊其門者 多踐履之士 然於道問學處欠了 某敎人豈不是道問學處多了些子 故遊某之門者踐履多不及之 觀此 則是元晦欲去兩短 合兩長 然吾以爲不可 旣不知尊德性 焉有所謂道問學."

259) 예를 들어 육구연의 제자인 包顯道는 독서가 인의를 막아 버린다고 생각하였고, 詹阜民은 모든 책을 없애 버렸으며, 沈叔晦는 사람들을 독서로 가르치지 않았다. 이러한 사례들은 육구연에게서 받은 영향의 표현이다.

260) 『象山全集』 권34, 「語錄上」, "今世論學者 本末先後 一時顚倒錯亂 曾不知詳細處未可遽責於人 如非禮勿視聽言動 顔子已知道 夫子乃語之以此 今先以此責人 正是躐等."

요즘 어떤 사람이 나에 관해서 논하기를 "먼저 그 큰 것을 세워라
는 말밖에 다른 재능이 없다."고 하였다. 나는 그 말을 듣고 "정말
그렇다."고 대답했다.[261]

본심을 드러내는 것은 먼저 그 큰 것을 세우는 일에 해당한다. 그
리고 세세한 행위와 정미한 의리는 먼저 그 큰 것을 세운 기초 위
에서 이 마음을 유지해 나가고 길러 나가는 데 쓰이는 것이다. 독서
를 통해 정미함을 지극히 하는 일에다 또는 몸소 실천하여 예의범절
을 극진히 하는 일에다 학문을 위한 정력을 집중시킨다면, 이는 본
말이 전도된 것이다. 육구연의 학문에서는 본심을 곧장 가리키는 것
(直指本心)을 종지로 삼았다. 그러므로 그는 독서와 궁리를 중시하
는 학문은 더해 주려고 힘쓰는 방식일 따름이고, 자신의 학문은 '덜
어 주는 방식일 따름'[262]이라고 말했으며, 경전의 고찰과 탐색을 중
시하는 것은 '지리한' 공부이고, 자신의 주장은 '쉽고 간단한' 공부
라고 말하였다.

육구연은 맹자의 사상을 계승하여 사람마다 양지와 양능의 본성을
가지고 있기 때문에 객관세계의 지식에 의하지 않아도 도덕 실현이
가능하다고 본 것이다. 다만 인욕과 외물에 은폐되어 사람의 본심이
가려져 있으니 마음의 양능을 잘 보존해야 한다고 주장한다.

> 우리들의 마음을 해치게 되는 것은 무엇 때문인가? 바로 욕심 때
> 문이다. 욕심이 많으면 마음을 간직하는 것이 적게 마련이고, 욕심
> 이 적으면 마음을 간직하게 되는 것이 많기 마련이다.[263]

---

261) 『象山全集』권34, 「語錄上」, "近有議吾者之 除了先立乎其大者一句 全
　　無伎倆 吾聞之曰 誠然."
262) 『象山全集』권34, 「語錄上」, "只務添人家底 只是減他底."
263) 『象山全集』, 권32, "'養心莫善於寡欲 夫所以害吾心者何也 欲也 欲之
　　多 則心之存者必寡 欲之寡 則心之存者必多."

사람이 본심을 갖기 위해서는 욕심을 적게 하여 그 본래심인 양지와 양능을 갖게 하는 것이고, 이와 같은 도덕 수양이 곧 존덕성의 일이라고 생각한 것이다.

주자도 또한 존덕성이 주가 됨을 부정하지는 않았다. 그는 다만 육구연이 도문학을 경시하는 것에 반대하여 존덕성이 도문학과 불가분의 관계에 있음을 말한 것이다.

> 그러므로 군자의 학문은 존덕성으로써 그 큰 것을 온전히 하고 나서 반드시 도문학을 통하여 작은 것을 남김없이 해야 한다.…… 학자는 여기에서 당연히 존덕성을 중심에 두어야 하지만 도문학에 대해서도 그 힘을 다 기울이지 않을 수 없다. 이것들을 서로 번갈아 북돋우고 서로를 밝히게 하면 자연히 남김없이 통달하게 되어 도체 道體의 온전함에 모자라는 곳이 없게 된다.[264]

주자 역시 육구연이 내면의 수양공부에서 '정좌靜坐'와 '박락剝落'의 방법을 외면한 것은 아니다. 단지 주자가 주장하는 것은 내면의 수양 공부만 중시하여 자칫 객관 세계의 조리를 외면해서는 안 되기 때문에 반드시 내외가 병행되는 공부를 해야 한다고 강조한 것이다. 본래 주자는 내외, 본말, 사학思學을 병행해야 한다고 강조한다. 인간은 안과 밖 그리고 정미함과 거침의 차이는 없지만, 마음은 기품의 사사로움과 물욕에 의해 가려져 있기에 마음에만 의존해서는 천리를 체인할 수 없다고 본 것이다. 따라서 내면으로는 존덕성하고 밖으로는 외물에 나아가 궁리를 해야 한다고 주장했다. 주자는 이런 과정이 오래되면 활연관통하게 되어 내외·본말을 초절하는 절대세

264) 『朱子文集』, 권74 「玉山講義」, "故君子之學 旣能尊德性以全其大 使須道問學以盡其小.…… 學者於此固當以尊德性爲主 然於道問學亦不可不盡其力 要當使之有以交相滋益 互相發明 則自然該貫通達而於道體之全 無欠闕處矣."

계의 경지에 이를 수 있다고 보았다. 주자가 존덕성과 도문학을 상
보적인 관계로 파악하여 체인하는 과정을 살펴보면 다음과 같다.

> 치지가 격물에 있다는 것은 밖으로 말미암아 나를 녹이는 것이
> 아니요 내가 본래 가지고 있는 것이다. 物物(對象)로 인하여 옮김이
> 있으면 미혹하여 알지 못하니 천리가 멸해진다. 고로 성인은 이것
> (德性之知)을 격격하고자 한다.[265]

정이는 치지를 격물 외에 있는 것이 아니고 격물 내에 있는 것으
로 파악하였다. 즉 격물의 방법으로는 독서에 의하여 의리를 강명講
明하고 혹은 고금의 인물을 논하여 그 시비를 가리고 혹은 사건을
처리하거나 사람과의 대응에 있어 공명 적절히 하는 것 등으로 본
것이다.[266]

주자는 정이의 이러한 설에 찬동하여 격물을 사와 물인 객관대상
의 리에 궁지窮至하여 인식함으로 그 지극처까지 알고자 하는 것이
다. 치지란 나의 지식을 추극하여 그 지식을 다 이루고자 하는 것이
니 격물하여 치지하면 물격지지物格知至가 되는 것으로 물격은 물
리의 지극처가 이르지 아니함이 없는 것이요, 지지란 내 마음의 안
바가 다하지 아니함이 없는 것이다.[267] 주자의 '나의 지식'과 '사물
의 리'는 심지心知와 물리物理를 언급한 것으로 이것은 곧 주체와
객체로 나누어 볼 수 있다. "앎은 내 마음의 앎이요, 리는 사물의 리
이다. 이것으로서 저것을 아는 것이니 스스로 주인과 손님의 분변이

---

265) 『二程全書』, 권28, "致知在格物非由外鑠我也　我固有之也　因物有遷
　　迷而不知　則天理滅矣　故聖人欲格之."
266) 『二程全書』, 권19, "凡一物上有一理　須是窮致其理　窮理亦多端　或讀
　　書講明義理　或論古今人物　別其是非　或應事接物而處其當　皆窮理也."
267) 『大學章句』, 2장 註, "格物者　物理之極處　無不到也　知至者　吾心之所
　　知　無不盡也."

있는 것이다.268) 그러므로 주자의 학문은 나의 지식인 심지心知와 주체로서 이루어지는 것이 아니요, 반드시 사물의 리인 물리로서의 객체인 대상과 일치되어야 지식이 이루어지는 것으로 본 것이다. 주자의 이러한 논거는 공자의 사상에서 연유되었음을 알 수 있다.

공자는 "배우기만 하고 생각하지 않으면 얻음이 없고, 생각만 하고 배우지 않으면 위태롭다."269)라 하여 주체적인 사유와 경험적 학습은 서로 돕는 것으로 보았다. 주자도 공자의 이러한 사상을 계승하여 사색에만 집착하지 않고 치지와 역행을 강조하였다. 즉 앎에 진실하고 진실하지 못함, 그리고 뜻에 성실하고 성실하지 못함을 알고자 한다면 다만 해서 어떤 것이 참된 것인가를 보아야 한다.270) 이처럼 주자는 앎에 관한 문제에 있어서 단순한 인식적 원리를 넘어 체증적 원리를 다루기 때문에 인식지의 완성뿐만 아니라 과학적, 경험적인 외적 견문지를 추구하고 동시에 내적 덕성지를 겸유해야 한다고 본 것이다. 이것은 소이연과 소당연을 진지盡知함으로써 덕성지에 이르러 정의입신精義入神의 경지에 도달하게 되는 것을 의미한다. 그리고 『주역』「계사전」의 "뜻을 정밀히 하여 신비로운 데 들어가는 것은 쓰려 하기 때문이요, 쓰는 것을 이롭게 하여 몸을 수월하게 함은 덕을 높이려 하기 때문이다."271)라는 말은 정의精義와 이용利用 양자의 관계가 서로 호진한다는 것을 보여준다. 이 양자의 관계는 내와 외, 주와 객, 나와 물의 관계이니 이 양자가 서로 작용하여 그 극치에는 '활연관통' 또는 『중용』의 이른바 '명칙성明則誠'

---

268) 『朱子文集』, 권44 「答江德公」, "知者 吾心之知 理者 事物之理 以此知彼 自有主賓之辨."

269) 『論語』, 「爲政」15장, "學而不思則罔 思而不學則殆."

270) 『朱子語類』, 권15 「大學」, "'欲知知之眞不眞 意之誠不誠 只看做如何 眞個."

271) 『周易』, 「繫辭傳」, "精義入神 以致用也 利用安身 以崇德也."

의 성덕성성成德成聖의 경계에 들어가는 것이다.

주자는 위와 같은 논리 때문에 육구연의 학문이 일상생활에서 학문적인 노력인 도문학에 힘쓰지 않고 한순간에 곧바로 본성을 깨달아 가는 것과 같다고 보았다. 즉 그것은 공허한 것이기 때문에 『대학』의 격물치지 공부에 힘써야 함을 강조한 것이다.

> 치지격물은 대학의 단서요 공부를 시작하는 일이다. 한 사물을 궁구하면 한 지식이 이르게 되니 그 힘씀이 점차로 쌓여 오래되면 통달하게 된다. 그런 연후에 가슴속이 환해져서 행한 바를 의심하지 않게 되어 뜻이 성실해지고 마음이 바르게 되는 것이다. 그러므로 알게 된 지식에는 진실로 얕고 깊음이 있으니, 어찌 요순과 같이 여겨 하루아침에 홀연히 그것을 보려고 하는가? 이는 석씨가 하나를 들어 천 가지를 깨닫고 한순간에 곧바로 깨달아 들어갔다는 것과 같이 공허한 것이니, 성인의 문하에서 선을 밝히고 몸을 성실하게 하는 일은 아니다. 책을 읽어서 그 득실을 찾고 사물을 접하여 그 시비를 살피는 것이 바로 격물치지의 일이니, 어디를 가든지 이 리 아닌 것이 없다. 지금 문자를 버리고 오로지 몸에서만 궁구한다면 오히려 근심이 생기고 일이 잡되게 되어 분주함만 더할 뿐이니, 이는 전일하지 못하여 리와 사물이 둘로 되는 것이다. 반드시 사물을 다 살핀 후라야 리를 구할 수 있을 것이다.[272]

도문학과 존덕성은 마치 새의 두 날개와 같고 양륜兩輪과 같아서 상보적인 관계이다. 따라서 먼저 도문학인 격물치지를 한 다음에 요

---

272) 『朱子文集』, 권72 「呂氏大學解辯」, "致知格物 大學之端 始學之事也 一物格則一知至 其功有漸 積久貫通 然後胸中判然不疑所行 而意誠心正矣 然則所致之知固有淺深 豈遽以爲與堯舜同者 一旦忽然而見之也哉 此殆釋氏一聞千悟 一超直入之虛談 非聖門明善誠身之實務也. 讀書而原其得失 應事而察其是非 乃所以爲致知格物之事 蓋無適而非此理也 今乃去文字而專體究 猶患雜事紛獲 不能專一 則是理與事物爲二 必事盡屏而後理可窮也."

순과 같은 깨달음의 경지를 추구해야 한다. 만약 책을 읽고 사물에 응하는 도문학을 도외시하고 곧바로 깨달아 간다는 것은 불교와 같은 이단의 학문과 마찬가지가 본 것이다.

주자가 육구연의 이론을 선학禪學이라고 비판한 것은 다음과 같은 논리에서도 찾을 수 있다. 육구연은 "이른바 강학이라는 것은 빈 말을 이루어 거짓된 습속이 넘치게 하는 것이다."273)라고 했는가 하면, 또 "그 하는 것이 이따금 세속과 달라서 견고 독실하고 정밀 근면하여 잠깐 동안도 한가할 겨를이 없다. 또 무리들이 전하여 온 것을 답습하는 데 하루도 쉴 날이 없고, 또 책이 너무 많아 미혹되어 빠지고, 고질병이 들어 얽혀 있으니, 소인이나 보통 사람이 되는 것보다 심하다."274)라고 하여 격물치지의 도문학을 맹렬하게 비판한다. 그는 모든 사물의 리가 갖추어져 있는 인간의 본심의 밝히는 것을 근본으로 한다. 즉 '존덕성'의 공부가 가장 근본이 된다고 본다. 육구연은 '격格'을 '지至'로 해석하여 궁리의 궁이나 연구의 구와 동의어이고 모두가 연마하고 고찰하여 그 지극함을 구하는 것이라고275) 하였다. 격물치지를 착수처로 하여『중용』의 '박학博學·심문審問·근사謹思·명변明辨'은 격물의 방법이요, 독서는 사우師友의 관계를 친숙하게 하는 것을 배우기 위한 것이라고 보아 주자와 같이 격물설을 해석한다. 그러나 사유만은 자기가 하게 되는 것이라고276) 하여 후에 왕수인이 정물正物로 해석할 수 있는 가능성을 시사하고 있다.

309

273)『象山全集』, 권12「與趙然道」, "所謂講學者 遂爲空言以滋僞習."
274)『象山全集』, 「與林叔虎」, "其所爲往往不類流俗 堅篤精勤 無須臾閑暇 又有黨徒傳習 日不暇給 又其書汗牛充棟 而迷惑浸溺 流痼纏綿 有甚於甘心爲小人甘心爲常人者."
275)『象山全集』, 권20「格矯齋說」, "格 至也 與窮字究字同義 皆研磨考索以求其至耳."
276)『象山全集』, 권34「語錄」, "格物致知是下手處 中庸言博學審問謹思明辨是格物之方 讀書親師友是學 思則在己."

나아가서 육구연은 '존심存心' '구방심求放心' '양심養心'을 논함에 군심君心을 격格하지 않으면 사념邪念이 발생하여 매사에 큰 폐단이 일어나게 될 것이나 군심을 격하게 되면 바르게 된다고 하는 격물설[277]을 주장하기도 하였다.

주자는 육구연의 이와 같은 이론에 반론을 제기한다. 즉 존덕성을 궁극적인 목표로 설정하고, 또 이것을 가능하게 하기 위해서는 독서와 강학이 필요하고 격물궁리를 통하여 리를 체인하는 도문학이 필수적이라고 본 것이다. 따라서 주자에게는 존덕성과 도문학의 관계는 불가분 불상잡不相離 합간合看의 관계를 의미한다. 상산의 견해처럼 존덕성과 도문학이 이간離看의 관계가 아니고 주자와 육구연 논변에서 언급한 바와 같이 동전의 양면처럼 상보적 관계임을 알 수 있다.

그러므로 주자와 육구연의 존덕성과 도문학의 학문 방법론은 성性·심心·리理의 개념을 본질로 삼는 본체론과 심성론에 관한 서로 다른 입장을 대변한 것으로 볼 수 있다. 즉 주자는 리를, 육구연은 마음을 최고 범주로 설정한 것이다. 육구연은 '우주에 가득 찬 것이 오직 하나의 리뿐이다'[278]라고 하여 리를 모든 존재의 근거이면서 현실적으로 현상 세계에서 사리 판단을 하는 데 가치 기준이 된다고 보았다. 이 리는 언제나 우주 가운데 충만해 있으면서 때와 장소에 따라 수시로 변하여 한순간도 멈춰 있지 않는다고 한다.[279] 아울러 천하의 올바른 리는 두 개가 있을 리 없어 리를 밝히게 되면 천지도 이와 달리하지 않고 귀신도 이와 달리하지 않으며 천고千古의 성현도 이와 달리하지 않는다고 보았다.[280] 따라서 인간은 리에 순

---

277) 『象山全集』, 권34 「語錄」, "某與人理會事 便格君心之非事."

278) 象山全集』, 권12 「與趙泳道」, "塞宇宙一理也."

279) 『象山全集』, 권34 「語錄」, "君子以理制事 以理觀象 故曰變動不居 周流六虛上下無常 剛柔相易 不可爲典要 唯變所適."

응하면 길하게 되나 리를 거슬리면 흉하게 되고, 리에 밝지 못하면
가려져 어리석게 되지만, 리에 밝으면 밝고 지혜롭게 된다. 어리석으
면 리를 보지 못하는 까닭에 사리에 어긋나고 흉하게 되나, 밝고 지
혜로우면 리를 보게 되어 리에 순응하게 될 뿐만 아니라 길하게 된
다.281) 이렇게 리는 본래 마음의 본체이면서 객관적으로는 사물세계
의 준칙이요 도덕의 가치 근거가 된다고 육구연은 보았다.

이와 같이 육구연의 '심즉리'의 심은 감각·지각·분석·종합 등
의 인식능력과 그 내용을 가리키는 것이 아니라 보편적으로 갖추고
있는 본심, 즉 윤리도덕의 속성을 가리킨다. 맹자가 "그 마음을 극진히
다한 자는 본성을 알 수 있고, 본성을 알면 하늘을 알 수 있다."282)고
한 데서 볼 수 있듯이, 자신의 심을 바탕으로 확충해 가면 곧 천과
동일시되는 신성을 가질 수 있고 따라서 인간이 하늘의 이치에 따르
고 순종함으로 인간과 하늘이 합일될 수 있다는 이론을 계승한 것이
다. 따라서 상산은 말하기를 "마음의 체는 매우 크다. 나의 마음을
극진히 다하면 곧 하늘과 같다. 학문을 한다는 것은 이것을 아는 데
있다."283)고 하였다. 인간의 心이란 윤리속성의 실체를 갖추고 있는
데 이는 하늘이 나에게 부여한 것으로 외부로부터 온 것이 아니다.
따라서 육구연이 말한 본심은 사유와 지혜 능력을 단련하거나 보강
하는 것이 아니라 내심으로서 체인 성찰을 말한다. 이것은 개인의
도덕수양을 말한 것으로 객관사물을 인식하여 체증하는 것이 아닌

---

280) 『象山全集』, 권21 「雜著」, "天下正理 不用有二 若明此理 天地不能異
　　此 鬼神不能異此 千古聖賢不能異此."

281) 『象山全集』, 권34 「語錄」, "此理塞宇宙 誰能逃之 順之則吉 違之則凶
　　其蒙蔽則爲昏愚 通徹則爲明知 昏愚者 不見是理 故多逆以致凶 明之
　　者 見是理 故能順以致吉."

282) 『孟子』, 「盡心上」 1장. "盡其心者 知其性也 知其性則知天矣."

283) 『象山全集』, 권35 「語錄」, "心之體甚大 若能盡我之心 便與天同 爲學
　　只是理會此."

것으로 주자의 이론과 대치되는 논리이다.

그러나 주자의 인식론은 종적으로는 '하학이상달下學而上達'법이며 횡적으로는 '격물치지법'으로 일관하였다. 따라서 그는 앎을 마음의 신명이며 중리를 묘용해서 만사를 재제하는 것으로 보았다.[284)] 이러한 일심一心, 그 자체는 본래 광명한 것으로 심지心知는 거울에 비유하면 본래 전체가 통명한 것이다. 다만 심지가 어두워지고 가려졌을 따름으로 지금 차츰차츰 닦아나가 네 변이 다 비추도록 하면 그 밝음이 이르지 못할 곳이 없게 된다[285)]고 생각한 것이다. 그러므로 주자는 당시의 불교의 유심론이나 맹자의 '구방심'과 같이 내면을 직접적으로 성찰하는 것에 의존하지 않고 심지의 대명성을『대학』의 '치지재격물'에 근거를 두고 있기 때문에 격물법에 의하지 않고는 치지를 구할 수 없다고 본 것이다. 불교의 선종은 현실의 구체적인 문제는 언급하지 않는다. 다만 생사 윤회하는 고통의 문제를 해결하고자 초월적인 심신의 방법에 의해 초월적인 경지를 궁구함으로 중생의 현실문제에 대해서는 문외한이다. 오늘날 선禪을 배우는 사람들은 편안히 거하여 성명性命의 문제를 고담高談하지만 세상사에 이르면 종종 직접 모두 밝히지 못하는 것이 있으니 이것은 다만 실질적으로 얻는 바가 없기 때문이다.[286)] 주자는 불교가 이처럼 현실에 어두운 점은 사사물물을 궁구하지 않고 곧바로 돈오하려는 방법에 있다고 보았다.

한편 왕수인이 '치지'라고 하는 것은 후세 유가들이 일컫는 것과 같이 그 지식을 확충함에 이르는 것이 아니고 본래 타고난 내 마음

---

284) 『大學或問』, "若夫知 則心之神明 妙衆理而萬物者也."

285) 『朱子語類』, 권12 「大學二」, "致知 乃本心之知 如一面鏡子 本全體通明 只被昏翳了 而今逐旋磨去 使四邊皆照見 其明無所不到."

286) 『朱子語類』, 권126 「釋氏」, "今之學禪者 平居高談性命之際 至於世事往往直有都不曉者 此只是實無所得也."

의 양지에 이르는 것을 말한 것이다.287) 즉 앎은 선천적으로 본래 구비하고 있는 양지를 말하는 것이고, 치致란 이 양지에 이르는 것을 말하는 것이다. 양지는 맹자의 양능 양지에서 유래하였으니 양지는 선천적이며 보편적이고,288) 만인이 동일하고 성우聖愚의 차별이 없는 것으로289) 소위 도이며 천리이며 도심이고 허령명각한 본체이다.290) 이러한 치양지致良知의 공부는 사욕이 가려져서 어둡게 된 양지를 학문에 의하여 사욕을 버리게 하고 본연의 양지에 이르는 데 있다. 다시 말하면 『효경』이나 「제자직내편弟子職內篇」 등을 읽지 않아도 효를 하려고 하는 양지만 밝히면 천하의 사물이 모두 사람 안의 일처럼 직각적으로 알게 된다는 것이다.

살펴본 바와 같이 왕수인에 있어 격물이라는 것은 양지를 밝혀 바르지 않은 물을 격(正)하는 것으로 성의와 같다. 양수인은 격물치지를 곧 성의라고 보았고,291) 오심吾心의 양지를 실현시키는 것은 치지이고, 각 사물마다 모두 그 이치를 얻은 것이 격물이니,292) 격물, 치지, 성의가 유일 불이한 것으로 생각했다. 이와 같이 양수인은 양지의 체오體悟만 강조한 나머지 궁리를 부정하게 되고, 또한 선학과 같이 돈오를 강조하게 되어 불학에 빠졌다는 비판을 받게 된다.

313

---

287) 『王陽明 全書』, 권1. "致知者云 非若後儒所謂充廣 其知識之謂也 致吾心之良知耳焉."

288) 『孟子』, 「盡心上」 15장. "孟子曰 人之所不學而能者 其良能也 所不慮而知者 其良知也."

289) 『王陽明全書』, 권2. "良知之在人心 無間於聖愚 天下古今之所同也."

290) 『王陽明全書』, 권5. "心之本體 卽天理也 天理之昭明靈覺 所謂良知也." 卷2. "良知 是天理之昭明靈覺處 故良知卽是天理 思是良知發用." 권2. "心之虛靈明覺 卽所謂本然之良知也 其虛靈明覺之良知 應感而動者謂之意."

291) 『傳習錄』 上, "工夫難處 全在格物致上 此卽誠意之事."

292) 『傳習錄』 中, 「答顧東橋書」, "致吾心之良知者 致知也 事事物物皆得其理者 格物也."

그리고 그는 유심적 주관론에 빠져서 객관적 사물의 리의 탐구를 인정하지 않는다는 점에서 비판을 야기하고, 따라서 앎의 대상도 양지이고 주관도 양지이어서 내외의 구별이 없이 모두 도덕적 주관론으로 흐른 것이다.

주자는 육구연과 이후에 그의 사상을 계승한 왕수인의 이와 같이 돈오만 강조하고 궁리를 부정하게 되는 방법론을 비판하여 다음과 같이 지적하였다.

> 맹자가 이르기를 "학문의 도는 다른 것이 없다. 그 방심을 구하는 것뿐이다."라고 했는데 어찌 이 일 밖에 다른 일이 없겠는가? 다만 이러한 근본이 서지 않으면 곧 하수처가 없기 때문이다. 이 근본이 이미 섰으면 자연히 길을 얻어 찾아 나아가기를 그치지 않게 되는 것이다.293)

사람이 그 본성을 따라 행하면 백행이 다 선할 것이나 외계의 착란으로 악을 행하게 되고 물욕에 가려져서 양심이 막히게 된다. 그러므로 본능의 기능을 회복하여 선한 상태로 회복시키는 공부방법이 곧 '구방심'이다. 주자는 『맹자집주』에서 "학문을 하는 것은 진실로 일단만이 아니다. 그 도는 구방심에 있을 뿐이니‥‥‥ 하학이상달인 것이다."294)라고 하였다. 또 『어류』에서 "처음 볼 때에는 구방심에 불과했으나 두 번째 보니 방심을 구하고 나서 궁리를 해야 한다는 것이다. 궁리 후에 구방심이 마땅한 것이지 구방심 후에 궁리하는 것이 아니다."295)라고 하여 주자는 구방심을 통해 학문에 이르는 방

---

293) 『朱子文集』, 권56 「答鄭子上」, "孟子云 學問之道無他 求其放心而已 豈是此事之外更無此事 只是此本不立 卽無可下手處 此本旣立 卽自然 尋得路逕進不已耳."

294) 『孟子』, 「告子上」 11장 註. "學問之道 固非一端 然 其道 則在於求其 放心而已. ‥‥‥下學而上達也."

법상 유의해야 할 준거를 지적하고 있는 것이다.

또 주자는 공자의 이론에 근거하여 그의 이론의 합리성을 주장하였다. 즉 공자가 '군자는 상달하고 소인은 하달한다.'[296]라고 한 주석에서 주자는 '군자는 천리에 순종함으로 날로 고명함에 나아가고 소인은 인욕에 현혹됨으로 날마다 한하汗下에서 궁구한다'[297]라고 하여 하학이상달의 방법론을 제시한다. 이 하학이상달은 소인에서 시작하여 군자의 경지에 이르는 방법론이다. 주자는 이 방법론에 의해 객관 사물을 궁구하여 주체성을 확립하여 내성을 거경함으로써 활연관통한 경지에 도달하는 천인합일의 이론체계를 수립하였다.

이러한 유학본원인 천인합일의 관점에서 보면 육구연과 주자 논변의 쟁점은 크게 상치되지는 않는다. 육구연의 존심·양심·구방심의 간이공부는 윤리도덕에 대한 자아반성·자아인식·자아완성의 과정으로 설명한 것이 바로 그 실례이다.

315

배움에는 본령이 있어 앎에 미치려 하는 자는 이에(本領) 미치고 仁을 지키려 하는 자는 이를 지키며 때를 익히며 설명할 자는 이를 설명하며 즐길 자는 이를 즐기는 것이 마치 높은 지붕 위에서 동이로 물을 붓는 것과 같다. 그러므로 학문은 진실로 그 근본을 알면 육경六經이 모두 다 나의 주각註脚인 것이다.[298]

---

295) 『朱子語類』, 권59 「告子上」, "又問 舊看放心一段 第一次看 謂不過求放心而已 第二次看 謂放心旣求盡當窮理 今聞此說 乃知前日 第二說已是隔作兩端 須是窮理而後求得放心 不是放心而後窮理 曰 然."

296) 『論語』, 「憲問」 24장, "子曰 君子上達 小人下達."

297) 上揭書, 註. "君子 循天理 故日進乎高明 小人 徇人欲 故日究乎汗下."

298) 『象山全集』, 卷35 「語錄」, "苟學有本領 知之所及者 反此也 仁之所守者 守此也 時習之習此也 說者說此 樂者樂此 如高屋之上 建瓴水矣 學苟知本 六經皆我註脚."

육구연은 배움의 본령이 앎을 알아서 이 본령을 미치고자 하는 것이 곧 인이며 지붕 위에서 동이로 물을 붓는 것과 같이 간단하면 서도 쉽게 실천궁행할 수 있는 방법론을 제시한다. 따라서 그는 이 본령이 바로 본심이며 본심을 밝히는 것이 본령을 밝힐 수 있다고 본 것이다. 그러므로 도덕의 본원이 사람의 본심에 있다는 것을 자 각하여 본심의 토대 위에서 이를 확충해 나아가 도덕 수양의 완성을 꾀할 수 있다. 그리하여 하늘과 인간이 합일하는 경지에 이를 수 있 다고 본 것이다.

이와 같이 주자와 상산의 학문 방법은 객관세계를 긍정하느냐 하 지 않느냐의 방법론상의 문제이다. 주자의 경우는 격물치지의 도문 학의 방법으로 내외를 활연관통한 목표를 설정한 것이고, 상산은 존 덕성의 방법인 대체를 세워 본심을 회복하여 확충해 나가면 천인합 일의 경지에 이를 수 있는 방법론을 제시한 것이다. 따라서 양자의 논변은 방법론상 이견을 보인 것이지 이들이 본래 추구하고자 했던 유학본원의 목적에는 부합되는 것이라고 이해할 수 있다.

청대의 황종희는 주자와 육구연의 이와 같은 사상의 분변을 다음 과 같이 이해하였다.

> 육상산의 학문은 존덕성을 종지로 하여 "먼저 근본을 세우고 나 면 하늘이 나에게 부여한 바가 작은 것에 의해 빼앗기지 않는다. 진 정 본체를 밝히지 않고 밖으로 모색하려는 노력만을 한다면 이것은 근원이 없는 물과 같은 것이다"라고 하였다. 주희의 학문은 도문학 을 주로 하여 "격물궁리는 바로 성인의 경지로 들어가는 계단이다. 마음이 옳다는 것을 믿고 오직 사색에만 몰두한다면 마음의 작용을 섬기는 것이다"라고 하였다.[299]

---

299) 『宋元學案』, 권58 「宗義案」, "先生之學以尊德性爲宗 謂先立乎其大 以 後天之所以與我者 不爲小者所奪 夫苟本體不明 而徒致功于外索 是無 源之水也 同時紫陽之學 則以道問學爲主 謂格物窮理 乃吾人入聖人階

이처럼 주자와 육구연의 사상적 차이는 마음에 대한 이해에 있다. 주자는 '심통성정心統性情'이라 하여 마음이 미발未發의 본성과 이발已發의 정情을 포괄하는 것으로 보았다. 그러나 육구연은 '심즉리'를 근거로 하여 본심을 마음으로 본다. 주자는 주관인 나를 미발의 본성(理)에 정초시켜야 한다고 이해하여 미발의 리를 찾는 공부 방법론으로 격물치지를 주장한다. 육구연은 나를 이발의 마음에 근거하는 것으로 보아서 나의 능동성을 확립하는 것, 즉 나의 마음을 밝게 하는 방법론을 찾는다.

또 주자와 육구연 사이에 있었던 몇몇 논쟁과는 상관없이 심학과 리학은 모두 관념론이며 그들 사이의 논쟁은 관념론 내부의 논쟁이다. 뒷날 황종희는 이 점을 알아차리고 다음과 같이 말하였다.

> 두 선생은 똑같이 강상의 가르침을 세웠고 똑같이 명교를 떠받들었으며 똑같이 공자와 맹자를 조종으로 삼았다. 비록 의견이 끝내 합치하지는 않았다 하더라도, 인자한 사람은 인을 보고 지혜로운 사람은 지를 본 것에 불과하다. 이른바 배워서 그 본성을 얻었음은 두 사람이 유사하니 원래 성인과 어긋남이 있지 않다.[300]

주자와 육구연의 사상은 공자와 맹자를 조종으로 삼아 강상의 가르침을 세웠고, 명교를 받들었다. 그런데 이 둘 사이의 논쟁은 관념론 속에서 '리'를 어떤 관점으로 이해했는가이다.

梯 夫苟信心自是以 推從事覃思 是師心之用也 兩家之意見 旣不同建."
300) 『宋元學案』 권58, 「象山學案」, "二先生同植綱常 同扶名教 同宗孔孟 卽使意見終于不合 亦不過仁者見仁 知者見知 所謂學焉而得其性之所近 原無有背于聖人."

3. 주자와 육구연 논변에 대한 철학적 의의

　지금까지 주자와 육구연의 논쟁에 대하여 중국대륙 계통의 학자들은 주자와 육구연의 논쟁은 같은 유심론 내부에서 일어난 의견대립으로서, 그 둘은 각각 객관적 유심론과 주관적 유심론에 속한다고 보았다. 그러나 주자와 진량과의 논쟁은 근본적인 입장의 차이에서 나온 것으로 그 둘은 각각 유심론과 유물론을 대표한다. 따라서 주자와 육구연과는 상통할 수 있으나 진량과는 조화될 수 없다.[301] 다시 말하면 주자와 육구연의 논변은 사변 철학 내부에서 일어난 방법상의 문제이지만, 주자와 진량의 논변은 근본적으로 대립되는 두 노선의 투쟁으로 본 것이다.[302] 따라서 주자와 육구연의 '무극이태극' 논변은 '무극'에 대한 본원의 문제이다. 즉 '무극'이라는 개념 자체가 유가적이냐 아니면 도가적이냐가 발단이 된다. '무극'이라는 용어가 유가의 경전에는 찾아볼 수 없고, 단지 노자의『도덕경』에 있는 것을 기점으로 도가의 경전에는 그 용례가 눈에 띄게 나타난 것이 사실이다. 그러나 상술한 바와 같이 양자의 논쟁이 유심론의 내부에서 일어난 의견대립이라면 서로 상통하는 공통점이 있을 것이다. 왜냐하면 학문이라는 것이 우주 자연의 이치를 자각한 이후 답습이나 모방에 의해서 발전 향상되어 왔음을 착안한다면 이와 같은 문제는 현대인의 학문적인 평가로 해결되리라 믿는다. 채원배蔡元培의 '무극이태극'에 대한 견해처럼 "명칭과 지엽적인 뜻에 사소한 차이가 있었을 뿐이지, 큰 뜻에 있어서는 별다른 차이는 없다."[303]고 하는

---

301) 손영식,『송대 신유학에서 철학적 쟁점의 연구』, 서울대 박사학위 논문, 1993, 180면.

302) 陽天石,『朱晦及其哲學』, 268~285면. 候外廬 外편,『中國思想通史』, 권4하. 595, 648, 739면 참조.

303) 蔡元培,『中國倫理學史』, 臺北 商務書館, 1987, 133面.

견해가 이를 증명한다.

그 이유로는 공자도 선왕의 도를 근본으로 하여 "나는 옛것을 전하여 서술할 뿐이지 창작은 하지 않으며, 옛것을 믿고 좋아하기를 그윽이 우리 노팽에게 견준다."[304] 하는 학문자세로 춘추 이전의 학술사상을 집대성했을 뿐만 아니라 요·순의 사상을 초석으로 하여 그의 학문을 후세에 전하고, 문왕과 무왕의 사상을 법으로 편 것이다.[305] 그러므로 요·순·문·무가 공자에게는 조술헌장祖述憲章의 대상이었으므로 이들의 치적을 통해서 수기치인에 도달하는 이상적인 목적으로 이어받아 유학을 개창한 것이다. 그렇다면 주자가 무극이 유가의 연원이라고 본 이론이 설득력이 있다. 복희가 『역』을 만들 때에 일획에서 시작했고, 『역』을 연역함에 있어 건원乾元으로부터 비롯했으나 일찍이 태극을 말하지 않았는데 공자가 비로소 태극을 말했다. 공자가 『주역』을 찬역할 때에도 태극에서 시작하면서 무극이란 말을 한 적이 없다. 그런데 주렴계가 이를 밝혔으니, 이는 선왕과 후에 성인이 일관된 것이 아니겠는가? 만약 여기에서 태극의 진체眞體를 실제로 환하게 보았다면 말하지 아니하였다고 해서 적은 것이 아니며, 말을 했다고 해서 많은 것이 아니라는 것을 알 수 있을 것이다. 굳이 자구字句를 가지고 분분할 필요가 있을까[306]라고 한 답변에서 충분한 설명이 될 수 있을 것이다. 또한 주자와 상산의 학문 본원이 선진유학에 있다고 한다면 이것은 유학의 방법론상의 문제이다. 주자와 육구연이 세상을 떠난 후에 원대에서 '겸종兼縱' '화회和會'

---

304) 『論語』, 「述而」 1장. "子曰 述而不作 信而好古 竊比於我老彭."

305) 『中庸』, 30장, "仲尼祖述堯舜 憲章文武上律 天時下襲水土."

306) 『朱子文集』, 권36 「答陸子靜」, "伏羲作易 自一劃以下 文王演易 自乾元以下 皆未嘗言太極也 而孔子言之 孔子贊易 自太極以下 未嘗言無極也 未先聖後聖 豈不同條而貫哉 若於此有以灼然實見本極之眞體 則知不言 不爲少 而言之者 不爲多矣 何至若此之紛紛哉."

의 분위기가 형성되었다.[307] 또한 주자도 이것을 예상한 것처럼

　　강서학(陸學)은 선학禪學이며, 절학浙學(주로 진량을 지칭)은 오
로지 공리설이다. 선학이란 후일 학자들이 찾다가도 어느 날 찾을
수 없을 때 스스로 되돌아오지만, 공리라는 학자들은 이를 익히면
효과를 볼 수 있다. 이는 매우 걱정스럽다.[308]

　주자가 사실 염려한 것은 육구연의 학문이 아니라 진량의 공리설
이다. 육구연의 학문은 궁극을 이해하고자 하는 방법론상의 차이로
언젠가는 유학의 본원에 되돌아올 수 있지만, 진량의 학설은 현실적
인 사사로운 이욕에 의해서 사회와 정치에 영향을 미칠 것을 마음속
으로 걱정한 것이다. 또 이러한 사실들이 현대에 이르러 수많은 사
회적 혼란을 야기하는 점을 볼 수 있기 때문이다.

　주자와 육구연이 주돈이의 『태극도설』 속에 있는 '무극이태극'의
논변을 전개한 이론은 앞서 살펴본 바이다. 주자와 육구연 논변의
발단이 된 『태극도설』은 천도론과 인성론을 종적으로 연결시킨 유가
최초의 이론으로 이에 따라 신유학은 천도론, 즉 우주론의 이론체계
를 갖게 되었고 도·불학에 비해 손색없는 철학체계를 구성한 것이
다. 또 주돈이를 신유학의 선하先河로 삼는 것은 송명유학이 이『태
극도설』을 기점으로 발전되었기 때문이다.[309] 퇴계도 주렴계의 『태
극도설』을 유가철학의 시원이자 모든 이론의 근원으로서 생각하고
『태극도설』을 통하지 않고서는 유학의 본원에 이를 수 없고 전체를

---

307) 『宋元學案』, 권92 「草廬學案」, "(全祖望)草廬出於雙峯固朱學也 亦後
　　亦兼陸學 (全祖望)繼草廬而和會朱陸之學者 鄭師山也."

308) 『朱子語類』, 권123 「陳君擧」, "江西之學只是禪 浙學却專是功利 禪學
　　後來學者摸索一上 無可摸索 自會轉去 若功利 則學者習之 便可見效
　　此意甚可憂."

309) 金忠烈, 『中國哲學散稿Ⅱ』, 온누리 1990, 258面.

활연관통할 수 없는 유가철학의 이론적 씨앗으로 보았다.[310]

　주자와 육구연의 논변을 이처럼 『태극도설』의 천도론과 인성론의 측면에서 고찰해 보면 이들의 사상이 귀일됨을 볼 수 있다. 송명유학이 추구하는 천인합일의 사상에 근거해서 검토해 보면 오히려 이들의 논변의 갈등이 해소되리라 확신한다. 왜냐하면 태극은 천리와 인성을 일관하는 하나의 진실 된 존재로써 천인을 관통하는 성도誠道이고, 그 자체가 '생생불이'하는 존재론적 실체이자 도덕적 가치이기 때문이다. '유천지명惟天之命 오목불이於穆不已' '천지합기덕天地合其德' '만물개비어아萬物皆備於我' 등 인간이 우주를 통섭할 수 있는 마음을 구비하고 있어 천지의 운용의 묘를 체증할 수 있다. 송명유학이 체계화된 이론을 정립하면서 도교와 불교의 사상과는 다른 유학본연의 입장을 명료하게 드러낸 것이 사실이다. 불교는 현실의 일체현상이 무상하기 때문에 고통스럽고, 생사문제는 가장 고통스러운 인간의 문제로 해탈이 바로 생사문제를 해결한 것이다. 따라서 불교는 인륜현실을 부정하는 태도에서 그 연원이 시작되지만, 유가는 선진시대부터 천리와 인도의 관계가 단절되어 있었던 것이 아니라 '천명지위성'으로 천명의 이념을 인간이 부여받은 것이다. 그러므로 솔성率性하는 것이 인도의 극치인 '도'이며 '중'이고 진리인 것으로 진성盡性이란 각자가 품부한 천명을 각성하는 것이다. 주자는 천인합일 사상을 『논어』 「헌문」의 "하늘을 원망하지 않으며 사람을 허물치 않는다. 아래로 배워서 위로 도달하겠다. 다만 나를 아는 것은 하늘뿐인가 보다."[311]라고 한 그 주에서 말하기를 "하늘에서 얻지 못했다 해서 하늘을 원망하지 말며 남이 나를 알아주지 않는다 해서 남을 허물치 말라. 다만 하학할 줄 알면 자연적으로 상달하는 것이

---

310) 『退溪全書』, 上, "朱子謂此(太極圖說)是道理大頭腦處 又以爲百世道術淵源"

311) 『論語』, 「憲問」 37장, "子曰 不怨天 不尤人 下學而上達 知我者 其天乎."

다. 이것이 바로 자기 자신을 반성하여 객관 사물의 조리와 순서에 따라서 점차 나아가는 길이다. 이것은 다른 사람과 다를 것이 없이 보이나 사실은 그 앎이 이루어지는 것이다."312)라고 설명하였다. 이 것이 '하학이상달'법으로 인성을 통해 천도와 활연관통하려는 격물 치지법인 것이다. 그러므로 앎은 마음의 신명이며 모든 이치를 묘용 妙用해서 만사를 재제裁制하는 것이다.313) 그러므로 리가 인간 존재 에 있어서는 성이 되고 다시 실천 덕목으로서 仁이 되어 도덕적 규 범을 실천할 수 있다. 또 인간의 성은 기질을 떠나 운위될 수 없음 으로 수양과 공부가 필요하다. 인간이 천리를 간직하여 인욕에 은폐 되지 않고 기품에 구애되지 않으면 인의 주체적 체인을 통하여 바로 천인합일의 경지에 도달할 수 있다고 주자는 보았다.

육구연은 천인합일 사상을 맹자가 "그 마음을 극진히 다한 자는 본성을 알 수 있고, 본성을 알면 하늘을 알 수 있다."314) 에서 보듯 이 자신의 심心을 바탕으로 확충해 가면 곧 천과 동일시되는 신성 을 가질 수 있다고 보았다. 따라서 인간이 하늘의 이치에 따르고 순 종함으로 인간과 하늘이 합일이 될 수 있는 근거를 마련하였다. 상 산은 "마음의 체는 매우 크다. 나의 마음을 극진히 다하면 곧 하늘 과 같다. 학문을 한다는 것은 이것을 아는 데 있다."315)고 하여 본심 을 다하면 "우주는 곧 오심吾心이고 오심은 곧 우주이다"316)라고 하 여 인간은 만물의 영장이며 우주의 중추이다. 따라서 우주만물의 리

---

312) 上揭書, 註. "不得於天 而不怨天 不合於人 而不尤人 但知下學 而自 然上達 此但自言其反己自修 循序漸進耳 無以甚異於人 而致其知也."
313) 『大學或問』. "若夫知 則心之神明 妙衆理而萬物者也."
314) 『孟子』, 「盡心上」 1장. "盡其心者 知其性也 知其性則知天矣."
315) 『象山全集』, 권35 「語錄」, "心之體甚大 若能盡我之心 便與天同 爲學 只是理會此."
316) 『象山全集』, 권36. "宇宙便是吾心 吾心卽是宇宙."

는 인간의 심에 갖추어져 모든 사람들의 백행의 표준도 심에 구비되어 있는 것이다. 인간의 심이란 윤리속성의 실체를 갖추고 있는데 이는 하늘이 나에게 부여한 것으로 외부로부터 온 것이 아니다. 천지만물은 천리로 말미암아 질서를 가지고 사람은 이에 의해서 인륜이 서지는 것이다.

우리의 현실은 '발현하여 모든 상황에 척척 들어맞는'[317] 그런 상황도 아니고, 또한 '힘쓰지 않아도 들어맞고 생각지 않아도 깨달아지며 자연스럽게 도에 들어맞는'[318] 이러한 모습을 지닌 것도 아니다. 현실 생활 속에서 실망과 고뇌를 느끼며, 그러한 삶속에서 새로이 각성하고 이상을 실현하려는(誠之) 실질적인 삶의 형태일 것이다. 그러므로 실제의 현실 속에서 이러한 성지자誠之者로서의 삶이 곧 최상의 형태(太極)을 말해 주는 것이고, 성지誠之하려는 것과 태극이 다름 아닌 이상세계의 성誠 자체이고 성인의 상태인 무극이라 할 수 있을 것이다. '무극'이라는 말 자체가 '힘쓰지 않아도 잘 들어맞고 생각지 않아도 깨달아지며 자연스럽게 도와 일치하는'[319] 경지를 말한다. 즉 일용현실(有)에 있어서 최고의 노력 상태(太極)가 곧 어떠한 인위적인 표준이나 기준 노력도 필요 없는 초월적 절대경지인 이상(無極)과 서로 통한다는 말이다. 이러한 현실과 이상세계와의 하나 됨(天人合一)이 송명유학의 철학이 지향하는 핵심 이론이다.[320]

이러한 방법적인 문제를 추론해 보면 주자와 육구연의 이론적 대립은 저절로 해소될 수 있다. 즉 어떠한 과정을 통하여 개인의 도덕성을 완성할 것인가의 문제이고, 그 과정에서 드러난 주자와 육구연

---

317) 『中庸』, 首章. "發而皆中節."

318) 『中庸』, 20장. "不勉而中 不思而得 從容中道."

319) 『中庸』, 20장. 註 참조.

320) 張閏洙, 「太極圖說에 관한 朱.陸論辯」. 경북대 퇴계연구소 『한국철학』 제19호. 137面 참조.

의 대립은 방법론상의 대립이지 본질적인 세계관의 대립은 아니다. 원대 오징吳澄이[321)

　주자는 도문학의 공부에 힘을 많이 쓰고, 상산은 존덕성의 학문을 주로 했는데, 학문이 덕성에 근본하지 않은즉 그 폐단은 반드시 언어 훈석 같은 지엽적인 것에 기울게 되므로 학문은 반드시 덕성을 근본으로 해야 원만하게 된다고 하였다.[322)

　주자와 육구연의 학문을 역설한 것이다. 또한 황종희가 "두 선생은 다 같이 강상을 세우고 명교名敎를 세웠으며 공자와 맹자를 똑같이 존숭하였다. 비록 견해가 끝내 일치되지 못했지만 그것은 단지 어진 이는 인을 보고, 지혜로운 자는 지혜를 본 것에 불과하다."[323)고 한 것은 이 점을 말한 것이다. 풍우란은 "주자는 도문학에 편중했고, 육구연은 존덕성에 편중했다고 말한다. 이런 견해는 당시에 이미 있었다. 그러나 주자학의 최종 목적도 우리 마음의 전체 대용을 밝히는 것이었으므로, 존덕성은 일반 도학자들의 공통 목적이었다. 따라서 상산이 도문학을 그다지 중시하지 않았다는 말은 옳지만, 주자가 존덕성을 중시하지 않았다는 말은 옳지 않다."[324)고 하였다. 또 '성즉리'와 '심즉리'에 대한 차이점에 대해서도 명대의 라흠순羅欽順(1465~1547, 자는 윤승允升, 호는 정암整庵)은 "정자는 성즉리를 말

---

321) 吳澄은 주자의 사위인 황간의 제자로 朱·陸의 학문의 병행을 주장한 사람이다.
322) 『宋元學案』, 권92 「草廬學案」, "朱子於道問學之功居多 而陸子以尊德性爲主 問學不本於德性則其蔽必偏於言語訓之末 故學必德性爲本 庶幾得之."
323) 『宋元學案』, 「象上學案」, "二先生同植綱常 同扶名敎 同宗孔孟 卽使意見終於不合 亦不過仁者見仁 智者見智".
324) 풍우란 저, 박성규 옮김, 『중국철학사』, 하책 14장, 583쪽, 까치, 1999.

하고 상산은 심즉리를 말하였는데, 지당한 것은 하나로 귀일되니 정밀한 뜻이 둘일 수는 없다. 이것이 옳으면 저것이 그르고 저것이 옳으면 이것이 그를 것이니, 어찌 밝게 분별하지 않을 수 있는가?"325)라고 하였다. 라흠순은 젊었을 때 불교에 심취한 적이 있었으나 후에 기일원론자로 학문의 방향을 바꾸었다. 그는 "수십 년 동안이나 마음으로 깊이 고심하였는데, 60세가 되어서야 비로소 심성의 실상을 알고 그것을 자신하였다. 그리하여 주자와 육구연의 학문을 여기서 비로소 구별할 수 있게 되었다."326)고 술회할 정도로 주자와 육구연 논변에 대한 그의 학문적 깊이가 상당하였음을 알 수 있다.

그는 "심이란 사람의 신명이요, 성이란 사람이 살아가는 이치이다. 이치가 있는 곳을 일러 심이라 하고, 심이 소유하고 있는 것을 일러 성이라 하니, 섞여서 하나가 될 수 없다."327)고 하였다. 즉 심은 인간의 의식 활동의 능력과 그 과정을 설명하는 것이고, 성은 인간의 마음속에 선천적으로 구비되어 있는 도덕성품을 말한다. 성은 지각의 능력이 없으므로 심이 될 수 없다. 또 성이 없다면 심의 허령한 지각작용에는 그 잣대가 없어서 당위성의 시비를 가릴 수가 없게 된다. 이에 나흠순은 "신령하게 깨닫는 묘에서 나오는 것이지만, 경중 장단을 판단하는 종류는 모두 중용을 취한 것이 아니면 지나친 것이 아니라 모자라는 것이다. 신령하게 깨닫는 것을 잡아 곧장 지극한 이치로 여긴다면 선학이 아니라면 무엇인가?"328)라고 하였다. 심이 비록

325)

---

325) 『明儒學案』, 권47 「困知記」, "程子言性卽理也 象山言心卽理也 至當歸一 精義無二 此是則彼非 彼是則此非 安可不明辯之."

326) 『明儒學案』, 권47 「困知記」, "積數十年用心甚苦 年垂六十 始了然有乎心性之眞 而確乎有以自信 朱陸之學於是乎僅能辨之."

327) 『明儒學案』, 권47 「困知記」, "夫心者人之神明 性者人之生理 理之所在謂之心 心之所有謂之性 不可混而爲一也."

328) 『明儒學案』, 권47「困知記」, "雖或有出於靈覺之妙 而輕重長短類 皆無所取中 非過焉斯不及矣 遂及執靈覺以爲至道 謂非禪學而何."

의식 활동으로 작용하여 경중 장단의 판단하는 종류는 중용을 취한 것으로 이는 성과도 다르며, 심에 지각이 있다 해도 리와는 다르다. 만약 인간의 의식 활동이 언제 어느 때나 어떤 사람에게도 모두 이치에 맞게 된다면 심즉리라 말해도 무리가 없겠지만, 의식 활동이 신령하게 곧장 깨달아 이치를 터득하면 선학으로 용인될 수밖에 없다. 이것은 바로 인간의 의식 활동으로 하여금 완전히 리에 일치되도록 하는 데 격물궁리의 공부와 관련되어 있음을 지적한 것이다.

그러나 송명리학의 일관된 사상의 관점에서 볼 때, 기학이나 리학, 심학까지도 전체를 지탱하는 디딤돌이다. 왜냐하면 내성內省과 박학博學, 존덕성과 도문학, 감성과 이성, 이론과 실천, 덕성과 견문, 내성과 외왕 등의 문제 등은 모두 상호 보완되어야 양익兩翼이기 때문이다. 이처럼 주자와 육구연이 비록 그 방법론에 있어서 대립은 하였지만, 인간의 본질과 체제를 지탱하기 위해서 윤리강상을 유지하고, 공맹의 도통을 이어 유학을 부흥시키고자 하는 송명이학의 근본취지에서는 같은 입장에 서 있었던 것이다.

제5절 주자 철학의 특징

1. 즉물궁리를 통한 활연관통의 인식론

주자 철학의 특징은 여러 방면에서 조명해 볼 수 있겠으나 지금까지 논구한 이론을 통해서 살펴보고자 한다. 그 첫 번째는 즉물궁리를 통한 활연관통의 인식 체계를 확립이다. 그는 상산과 같이 존덕성을 강조한 나머지 현실의 객관세계를 체증하지 않고 상달하려는 돈오적인 방법론이 아니라 하학이상달법을 통해서 활연관통하는 인식세계를 추구하였다.

이처럼 주자의 인식론은 종적으로는 하학이상달법이며 횡적으로는 격물치지법으로 일관했다. 따라서 그는 앎을 마음의 신명이며 중리를 묘용해서 만사를 재제하는 것으로 보았다.[329] 이러한 일심一心, 그 자체는 본래 광명한 것으로 심지心知는 거울에 비유하면 본래 전체가 통명한 것이다. 다만 심지心知가 어두워지고 가려졌을 따름으로 지금 차츰차츰 닦아나가 네 변이 다 비추도록 하면 그 밝음이 이르지 못할 곳이 없게 된다[330]고 생각한 것이다. 그러므로 주자는 당시의 불교의 유심론이나 맹자의 '구방심'과 같이 내면을 직접적으로 성찰하는 것에 의존하지 않고 심지心知의 대명성을 『대학』의 '치지재격물'에 근거를 두고 있기 때문에 격물법에 의하지 않고는 치지를 구할 수 없다고 보았다. 불교의 선종은 현실의 구체적인 문제는 언급하지 않는다. 다만 생사 윤회하는 고통의 문제를 해결하고자 초월적인 심신의 방법에 의해 초월적인 경지를 궁구함으로 중생의 현실문제에 대해서는 문외한이다. 오늘날 선을 배우는 사람들은 평거하여 성명의 문제를 고담하지만 세상사에 이르면 종종 직접 모두 밝히지 못하는 것이 있으니 이것은 다만 실질적으로 얻는 바가 없기 때문이라고 한다.[331] 주자는 불교가 이처럼 현실에 어두운 점은 사사물물을 궁구하지 않고 곧바로 돈오하려는 방법에 있다고 보았다.

이와 같이 즉물궁리하는 과정에서 하나하나 물리를 궁구 적습積

---

329) 『大學或問』, "若夫知 則心之神明 妙衆理而萬物者也."

330) 『朱子語類』, 권12 「大學二」, "致知 乃本心之知 如一面鏡子 本全體通明 只被昏翳了 而今逐旋磨去 使四邊皆照見 其明無所不到."

331) 『朱子語類』, 권126 「釋氏」, "今之學禪者 平居高談性命之際 至於世事往往直有都不曉者 此只是實無所得也."

習해 나가면 저절로 관통하는 데가 있다[332] 고 주자는 강조해 왔다. 또 즉물궁리하여 터득한 세세한 조리들이 모여지고 합해져 오게 되면 자신도 모르는 사이에 힘들이지 않아도 깨닫게 된다[333]고 한다. 이 체오가 있기 이전에 사변은 언제나 외적인 대상을 분석적으로 이해할 수밖에 없다. 그러나 적습이 오래되어 그 순간에 내면의 심지 心知상태인 직각능력이 점점 전체적으로 밝게 드러나기 시작하는 것이다.[334] 이렇게 심지가 대명한 상태에 이르면 관통하는 하나의 리를 체오體悟하게 된다. 이러한 방법은 귀납적 사변적인 지식을 가지고 만수처萬殊處에 나아가 만물의 만 가지 리를 궁구하되 작고 가깝고 얕은 물사物事로부터 정미精微 고대高大 심원深遠한 데에 이르기까지 남김없이 궁진할 것을 요구한 것이다.

이러한 관점에서 주자는 대체를 세워 본심을 밝힌다는 상산의 이론을 선학이라[335]고 비판했다.

천하의 사물은 하나의 물도 무릇 리를 갖추지 않음이 없다. 이런 까닭으로 성문聖門의 가르침에는 하학의 순서가 격물에서 시작하여 그 지에 다다르는 것이 일용의 사물에서 벗어나지 않고, 그 시비를 가리고 그 옳고 그름을 살피며 의를 정밀히 하는 것으로 말미암아 신적 경지에 들어감으로써 그 쓰임이 다다르는 것이니 그 사이에 여러 가지가 각기 순서가 있으니 하나로 꿰뚫어져 있는 것이다.[336]

---

332) 上揭書, 권115, 「訓問人三」, "須是窮得理多 然後有貫通處." 上揭書, 卷118, 「訓問人六」, "積習旣多 自然脫然有貫通處." 上揭書, 권18 「或問」, "所以謂格得多後自能貫通者 只爲是一理."

333) 上揭書, 卷18 「或問」, "積習旣多 自然脫然有貫通處 乃是零零碎碎湊合將來 不知不覺自然醒悟 其始須用力 及其得之也 又却不假用力."

334) 上揭書, 권15 「大學」, "格物是零細說 致知是全體說."

335) 『大學或問』, 권2.

336) 『性理大全』, 권44 「學二」, "總論爲學之方 天下之物 無一物不具夫理 是以聖門之學 下學之序始於格物 以致其知 不離乎日事物之間 別其是非

이것이 주자가 말한 바의 활연관통한 경지로 인심이 본유한 영지靈知가 모두 밝혀져서 사물의 이치가 모두 궁구된 주객합일의 경지인 것이다. 이것은 맹자가 "형체와 안색은 천성이다. 오직 성인이라야 형체를 실천할 수 있다."337)이라 하여 천부의 본성을 완전히 실현하고 자신의 모든 판단과 욕구와 행위가 막비지리莫非至理한 경지이며, 공자의 "나이 칠십에 마음에 하고자 하는 대로 좇아도 법도에 넘지 않았다."338)의 성지시자聖之時者의 경지에서 실증된다. 이러한 경지의 행위는 그대로 보편적이며 절대적인 것으로 시비선악 판단의 기준이 되는 것이다.

이처럼 주자는 즉물궁리卽物窮理라는 경험적인 하학법을 통해 활연관통이라는 상달에 이르는 직관법을 추구한 것이다. 이렇게 볼 때, 주자의 인식 체계를 지나치게 경험적이라고 비판하는 것은 다시 비판의 여지가 있게 된다. 주자는 경험적 인식을 기초로 한 활연관통의 직각적 인식을 추구하는 데 그 특징이 있다. 경험적 인식 과정을 결코 배제하지 않으면서 또한 경험적 인식에 머물지 않고 활연관통의 인식까지 지향한 데 그 특징이 있다. 이는 하학이상달이라는 선진유학의 정신을 계승한 것이며 경험적 방법과 직관적 방법의 조화라는 점에서 주자학의 특성을 찾을 수 있을 것이다.

2. 합간과 리간의 입체적 사유

주자의 이기론에 관한 설명은 상호 모순되는 언급이 많음을 볼수 있다. 리와 기에 관계의 이러한 설명은 보는 관점에 따른 부득이

審其可否 由精義入神以致其用 其間曲折纖悉各其次序 而一以貫通."
337) 『孟子』, 「盡心上」 38장. "形色天性也 惟聖人然後 可以踐形."
338) 『論語』, 「爲政」 4장. "七十而從心所欲 不踰矩."

한 현상이다. 모순을 매개로 하여 진리를 총괄적으로 표현하려는 이기상함理氣相涵의 논리는 모순되는 이면 속에 있는 일관된 논리를 정리함으로써 그것을 알 수 있다는 것이다. 그 논리는 다름 아닌 '이기합리간理氣合離看'의 사유논리이다. 즉 이와 기를 합하여 말할 때와 이와 기를 분리하여 말할 때 리기 양자의 관계는 다르게 표현될 수 있다. 이 두 가지 표현의 모순을 대립 지양시켜 그것을 두 가지로 보지 않고 하나로 통일시켜 볼 때 거기에 참다운 진리가 나타난다. 다시 말하면 진리는 일종의 역설로 밖에는 표현할 수 없다는 것이 전제되어 있다.[339]

이와 같이 리와 기에 대한 이해는 '일이이一而二'·'이이일二而一'의 관계로, '합간合看'의 방식으로 설명된다. 주자에 의하면 리와 기는 결단코 이물二物이다. 그러나 현상적인 사물 위에서 보면 리와 기는 섞여 각각 한곳에 나뉘어 있는 것이 아니다.[340] 따라서 이기는 전혀 다른 둘이지만 하나의 존재 양태로 있고 하나의 존재 양태지만 그것은 다른 둘이다. 이처럼 주자는 존재 자체의 체인體認에 있어서는 이기를 하나로 이해하지만 존재의 개념적, 가치적 이해에 있어서는 리와 기를 나누어 보았던 것이다. 이기가 서로 떨어질 수 없는 하나의 존재라는 점에서 '이기불상리理氣不相離'이라 말하고, '이기불상잡理氣不相雜'이라 말하게 된다. 전자는 종합적 사유 방식이라면 후자는 분석적 사유 방식을 의미한다. 주자는 이 양자의 사유 방식을 아울러 보고 있다는 점에서 입체적 사유 방식이라 할 수 있다.

이러한 주자의 철학적 사유의 논리는 합해 보기만 하거나 나누어 보기만 하는 편향적 사유가 아니라 양자의 조화와 균형을 통해 참된

---

339) 李東熙, 『朱子學의 哲學的 特性과 그 展開樣相에 관한 硏究』, 성대대학원 박사학위논문, 1990, 52~53면 참조.

340) 『朱子文集』, 권46 「答劉叔文」, "所謂理與氣此決是二物 但在物上看 則二物渾淪不可分開各在一處 然不害二物之各爲一物也."

진상을 파악하려는 것으로 중요한 의미가 있다. 리를 궁구하여 밝히는 것은 절대적이고 초월적인 면을 궁구하여 밝히는 것만으로 충분하지 않다. 즉 리의 상대적인 면인 기에 내재한 구명을 소홀히 해서는 안 되며, 이기의 '리간離看'의 사고뿐만 아니라 '합간合看'의 사고가 결여되어서는 안 된다. 그의 이러한 균형 잡힌 사유 논리가 바로 이기지묘理氣之妙로 표현될 수 있는 것이다.

이와 같이 주자학의 특성은 주자학을 지나치게 분석적이거나 이원적 사유라고 비판하는 데 대한 하나의 응답이 될 것이다.

주자학은 존재론에 있어서도 이기이원을 말하지만 일원적 존재 양태를 결코 간과하지 않는 것이며, 그 사유 방식에 있어서도 분석적 사유에 치우쳐 있는 것은 결코 아니다. 도리어 분석과 종합, '합간과 리간', '불상리와 불상잡'을 아울러 보는 데 주자학의 특성이 있는 것이라 하겠다.

331

3. 균형 잡힌 공부방법론

다음 수양 공부방법론에 있어서 주자학의 특성을 검토해 보기로 하자. 그의 공부 방법론은 주자와 육구연 논변에서 알아본 바와 같이 '존덕성'과 '도문학'의 균형적인 공부방법론에 있다. 존덕성과 도문학의 이론은 『중용』에서 유래된 것이다.

> 그러므로 군자는 존덕성하고 도문학하며, 광대함을 지극히 하고 정미함을 극진히 하며 고명함을 지극히 하여 『중용』에서 말미암은 것이다.[341]

---

341) 『中庸』, 27장, "故君子尊德性而道問學 致廣大而盡精微 極高明而道中庸."

『중용』에서 학자는 내면적인 도덕의 수양과 외면적인 학문수양 두 가지 경로를 통해서 인간의 이상적인 인격에 이를 수 있다는 방법을 명시한 것이다. 본래 이 두 가지 방법은 이상적인 인격의 실현을 목표로 하는 유학의 이념에서 볼 때 중요한 주제였다. 존덕성은 『대학』의 '정심·성의'의 공부방법이고, 도문학은 '격물·치지'의 공부방법이다.

주자는 존덕성, 도문학을 통해 성인의 인격을 이룸에 공부의 목적을 두고 있다. 따라서 존덕성은 행行의 공부 방법이라면, 도문학은 앎의 공부 방법으로 양자의 병행을 추구한다. 이는 달리 거경과 궁리로도 표현된다. 만일 궁리하지 않으면 도리를 볼 수 없고 지경持敬하지 아니하면 도리를 보아도 곧 흩어져서 제대로 이해할 수 없게 된다.342) 경공부는 우리의 본질인 허령불매한 명덕을 지허지령至虛至靈하게 이끌게 되는데 이는 구체적으로 '극기복례'343)의 극기와 '절사絶四'의 '무의毋意, 무필毋必, 무고毋固, 무아毋我'의 수신의 방법을 통해 본연한 순수자성의 오심지중吾心之中을 드러내는 방법으로 파악되어야 한다.344) 그래서 이천은 "함양할 때는 반드시 경을 사용해야 하며, 학문을 이루어 나가는 일은 치지에 달려 있다."345)고 했으니, 존덕성의 방법은 바로 '경이직내敬以直內 의이방외義以方外'의 일이고, 도문학의 방법은 바로 '즉물이궁기리卽物而窮其理'의 일로 함양을 통하여 치지하는 방법을 제시한 것이다.

주자는 경을 성문聖門의 강령이고 존심의 요령으로서 한결같이

---

342) 『朱子語類』, 권「陳淳錄」, "學者若不窮理 又見不得道理 然去窮理 不持敬 又不得 不持敬 看道理便都散 不聚在這裏."

343) 『論語』, 「顏淵」 1장.

344) 柳七魯, 『儒學에 있어서 앎의 문제』 한국동서철학연구회, 문경출판사 1988, 151面.

345) 『遺書』, 권8 "涵養須用敬 進學則在致知."

이것을 주로 하면 내외와 정조精粗의 간격이 없게 된다346)고 보았다. 존심의 요법으로는 공자의 "거처할 때는 공손하게 일을 집행할 때는 공경스럽게 다른 사람과 사귈 때는 충직함"347)을 말하고, 또 맹자의 '구방심' 역시 존심법으로써 성선을 아는 소이이고, 도교와 불교의 선정禪定 좌망坐忘과는 달리 마음을 주재하고 안정시켜 임사臨事케 하는 것이라고 보았다. 『중용』의 '치중화致中和 찬화육贊化育'이 모두 마음이며 나아가 치지는 심지心知이고 격물은 심격心格이며 극기는 심극心克이라고 한다.348) 따라서 경은 일이 있을 때나 없을 때나, 또 이발미발, 동정을 관통하여 미발 시의 혼연은 경의 체라면 이발 시의 일에 따라 성찰함은 경의 작용이니 마음은 경을 떠날 수 없다고 한다.349)

이와 같이 존심이란 거경을 말하고, 궁리는 격물을 일컫는 것이며, 진심은 치지가 된다. 따라서 거경은 궁리를, 치지를 하기 위한 근거를 마련해 주는 것이다. 그 근거란 바로 존심에 의하여 마음을 항상 대명한 상태로 있게 하는 것을 말한다.

이러한 점이 주자에 있어서는 궁리와 거경이 상보적인 관계에 있음을 알 수 있고, 거경의 전제 위에 궁리가 가능함을 말하고 있다. 또한 거경은 미발 시뿐만 아니라 이발 시에도 필요하다. 미발 시에는 거경함양함이 이발 시에는 항상 존심이 되어 있다고 보기 어렵기

---

346) 『朱子語類』, 권12 「持守」, "人惟有一心是主要 常常喚醒." "敬之一字 眞聖門之綱領 存養之要法 一主乎此 更無內外精粗之間."
347) 『朱子語類』, 권1 「持守」, "孔子曰 居處恭 執事敬 與人忠 便是存心之法."
348) 『朱子語類』, 권2 「持守」, "學者須是求放心然後 識得此性之善." "今說求放心……吾輩却要得此心主宰得定 方賴此做事業 如中庸說 天命之謂性 卽此心也 率性之謂道亦此心也 修道之謂敎亦此心也 以至于致中和贊化育亦只此心也 致知卽心知也 格物卽心格也 克己卽心克也."
349) 『朱子文集』, 권3 「答林擇之書」, "敬字通貫動靜 但未發時則渾然是敬之體 非是知其未發 方下敬底工夫也 已發則隨事省察 而敬之用行焉."

때문이다. 즉 이발 시는 현실의 사욕 때문에 더욱 마음을 보존하기 어려운데 이발 시에 거경공부를 생략해 버리면 마음이 항상 성성惺惺한 상태를 보존하기 어렵다.

> 거경은 하나의 수렴을 유지하는 도리요, 궁리는 하나의 궁극을 찾
> 아내는 도리이다. 이 두 가지만으로는 서로 방해가 되지만 만일 공
> 부가 무르익게 되면 서로 방해가 되지 않는다.[350]

미발이발을 통한 거경공부 위에서 궁리를 하게 되면 서로 상보적인 관계에 있으므로 방해가 되지 않는다고 본 것이다. 따라서 "치지와 존양은 비록 두 가지 일이지만 그 공효는 서로 원인이 된다."[351] 그리고 "함양 중에는 스스로 궁리 공부가 있으니, 곧 함양하는 리를 궁구하는 것이다. 궁리 가운데에 절로 함양공부가 있으니 궁구하는 바의 리를 기르기 때문이다. 두 가지는 서로 떨어질 수 없는 것인데, 두 가지를 따로 병행해서 하면 이루지를 못한다."[352]라고 한 것이다. 이것은 궁리공부와 함양공부가 수레의 양 바퀴나 새의 양 날개와 같아서 그중 어느 하나도 빠트릴 수 없다[353]고 주자는 생각한 것이다.

이와 같이 궁리나 수양의 실천을 하기 위해 주자는 '존덕성'과 '도문학'을 중요시했다. 존덕성을 위한 방법론으로 이천은 '경이직내敬以直內·의이방외義以方外'를 제시하였고 도문학에 있어서 정이와 주자는 '즉물궁리卽物窮理'를 주장하였다.

---

350) 『朱子語類』, 권9 論知行」, "居敬時箇收斂執持低道理 窮理是箇推尋究竟低道理 只此二者 便是相妨 若是熟時 則自不相碍."
351) 『近思錄』, "存養 致知存養 雖兩事 而功實相因".
352) 『朱子語類』, 권9 「論知行」, "涵養中自有窮理工夫 窮其所養之理 窮理中自有涵養工夫 養其所窮之理 兩項都不相離 纔見成兩處 便不得".
353) 『朱子語類』, 권9 「論知行」, "涵養窮索 二者不可廢一 如車兩輪 如鳥兩翼"

이렇게 볼 때, 주자의 공부 방법론을 도문학에 치우쳐 주지주의적
색채가 짙다고 평가하는 것은 일면 이해할 수도 있지만 반드시 옳다
고 볼 수 없다. 그것은 위에서 살펴보았듯이 주자 공부 방법론의 특
징은 도문학과 존덕성, 궁리와 거경, 격치格致와 성정誠正, 지와 행
을 병행함에 있기 때문이다. 이러한 정신은 주자학이 선진유가의 정
신을 충실히 계승하고 있음을 의미하는 것이며 주자 철학의 합리적
성격을 분명히 해 주는 것이라 하겠다.

4. 현실과 이상의 조화

주자의 사상은 항상 현실에 자리하면서도 이상을 추구하는 데 그
특징이 있다. 예컨대 그의 존재론에 있어서도 이 세계는 현실적으로
리와 기로 되어 있는 세계지만 궁극적으로 기는 리대로 실현되어야
하는 것이다. 즉 현실 세계는 기와 떠날 수 없어 리의 실현 여부가
늘 문제가 되지만 그 이상은 리대로 기가 실현되는 세계였던 것이
다. 또한 인간의 마음도 현실적으로는 성인이라 하더라도 인심이 없
을 수 없다.354) 그러나 궁극적으로는 인심이 도심의 명을 들어 도심
화道心化되어야 한다.

허령한 것과 지각하는 것이 하나뿐이지만 사람의 인심 도심이 다
름이 있는 것은 혹 형기의 사사로운 것에서 생기며 혹 성명性命의
바른데서 근원함으로써 지각되는 것이 같지 않은 것이다. 이러므로
혹 위태하고 편안치 않으며 혹은 미묘하여 보기 어렵다. 그러나 사
람의 형용이 있지 아니한 것이 없어 비록 상지上智라도 인심이 없

---

354) 『栗谷全書』, 권14, 人心道心圖說, "朱子旣曰雖上智不能無人心 則聖
人亦有人心矣 豈可盡謂人欲乎."

을 수 없으며 또한 성품이 없을 수 없는 것이다. 그러므로 하우下愚라도 도심이 없을 수 없으니 두 가지가 마음 가운데 섞이어 있어다스릴 바를 모르면 위태한 것은 더욱 위태하고 은밀한 것은 더욱은밀하여 천리의 공평한 것이 마침내 인욕의 사사로운 것을 이기지 못하게 된다.[355] 따라서 인심 도심에 있어서도 인간은 현실적으로인심을 벗어날 수 없지만 도심을 추구해야 된다는 것이 주자의 철학적 정신이다.

또한 주자는 인간의 성性도 현실적으로는 합리기合理氣로서의 기질지성이라고 본다.[356] 현실적 인간은 기질을 떠나 성을 말할 수 없다. 만일 기질을 떠나 성性을 말한다면 이는 이상적인 성이거나 비현실적인 성을 일컫는 것이다. 그러므로 주자는 인격이 아직 생기지아니했을 때야말로 근본이라고 말해야지 성이라 이름해서는 안 된다고 한다.[357]

이와 같이 기를 배제한 성으로서의 천지지성이나 본연지성은 리라해야 옳지 성이라 이름해서는 안 된다고 보는 것이다.

그러나 주자는 현실적 인간의 성을 기질지성 중심으로 보더라도궁극적으로는 순선을 추구하고 있음을 알 수 있다.

또한 주자는 인간의 한 마음은 천리가 있으면 인욕이 없어지고인욕이 이기면 천리가 없어진다고 한다.[358] 이와 같이 인간의 마음

---

355) 『中庸章句序文』, "心之虛靈知覺一而已矣 而以爲有人心道心之異者 則以其或生於形氣之 私 或原於性命之正 而所以爲知覺者不同 是以或危殆而不安 或微妙而難見耳 然人莫不有是 形 故難上智不能無人心 亦莫不有是性 故難下愚不能無道心 二者雜於方寸之間而不知所以治之 則危者愈危 微者愈微 而天理之公 卒無以勝夫人欲之私矣."

356) 『朱子語類』, 권4 「性理1」, "論天地之性 則專指理言 論氣質之性 則以理與氣雜而言之 未有此氣已有此性 氣有不存而性却常在."

357) 『近思錄』, 권1 「道體類」, "朱子曰人生而靜以上 是人物未生時 只可謂之理 未可名爲性."

에는 천리와 인욕의 양면성이 잠재해 있다. 그러나 궁극적으로 인간은 인욕을 막아서 천리를 보존해야 하는 것이니 여기에서도 주자가 현실적으로는 인욕을 지닌 인간의 마음을 인정하면서도 궁극적으로는 천리를 추구해야 한다는 이상을 엿볼 수 있다.

따라서 주자는 실생활에서 선험적 도덕 원리인 인사지의칙人事之儀則을 현실에 실천하고자 노력했다. 그 구체적 예로 순희 7년 여름에 남강군에 심한 한발이 들었으나 시의에 맞게 처리함으로써 주민이 유민화流民化하는 일이 없었다.[359]

또한 숭안현崇安縣 수해와 기근 때 창안한 사창법社倉法실시를 들 수 있다. 당시 구휼제도인 상평의창常平義倉의 결함을 수정 보완하여 마을에 사창을 건설하여 농민구제, 특히 하층 농민을 구휼할 목적으로 세운 것이 주자가 만든 사창이다. 우지友枝는 이러한 사창 세목의 자세함을 "악에 흐르는 인정의 기미를 자세히 살펴서 그것을 미연에 방지하고자 합리적인 규약을 명시함에 있어 정말 경탄할 만큼 사용하는 되의 크기까지 제시하고 있다. 이 사창은 당시 촌락에 있어서 대지소유제 밑에서 부농과 빈농, 지주와 소작인 간의 계층 분열의 위기를 구하는 하나의 조절방법이었으며 이러한 사창의 성립과 사창사목이라는 법률의 제정은 주자의 궁리설과 매우 밀접한 관련을 가진 것이다."[360] 이와 같이 주자의 현실적인 실천대응은 순수한 동기와 공평함이 내포된 결과로 나타난다. 따라서 현실의 제반모순을 정의로써 극복하고 인의의 정신을 구현하려고 한 것이다. 그러므로 주자의 이론과 실천이 상호 병진하는 데서 그의 사상의 본질을 이해해야 하고 그의 학문이 성리학이라는 미명하에 관념적이라고 보아서는 안 될 것이다.

358) 『朱子語類』, 권13 「力行」, "人之一心 天理存則人欲亡 人欲勝則天理滅."
359) 姜浩錫 역, 『朱子行狀』, 乙酉文庫189, 乙酉文化社, 38~39면.
360) 友枝龍太郎, 『朱子の 思想形成』, 東京 春秋社, 昭和44年, 378~383면.

주자는 성현들의 모범된 행위를 기준으로 삼아 현실을 판단함으로써 서인의 지선한 행위를 인도할 수 있도록 역사를 중시하여 『통감강목通鑑綱目』을 저술하였으며, 또한 성인들이 제정한 예를 바탕으로 후대의 현인들이 인륜생활상에 적합하도록 편찬한 예에 관한 서적을 종합하여 『가례』를 편찬하였다. 이 『가례』는 역사서와는 달리 일상생활상의 행위규범을 성인의 경예經禮를 척도로 하여 이끌어 내는 윤리의 목적으로[361] 간행한 것이다.

이와 같이 주자의 예는 천리와 인사를 통관하는 전체 대용의 강령으로 제시된다. 전체의 보이지 않는 천리가 그물의 줄과 같이 가로 세로 조직을 만들어 낸 것이 바로 인륜이다.

이와 같이 주자의 윤리는 공자의 예를 계승하여 인간존재의 내면과 외면의 측면을 "예는 천리의 절문(사리에 따라 정한 조리)이자 인사의 의칙(사람이 지켜야 할 법칙)이다."[362]라고 파악하여 수립한 것을 살펴보았다. 그러나 선험적인 도덕과 현실 속에서 생기는 모순과 대립은 어떻게 해결할 것인가의 문제는 여전히 남아 있게 된다.

이렇게 볼 때, 주자는 이기론에 있어서나 심성론에 있어서도 현실을 기반으로 하되 그 현실에 머물지 않고 이상을 추구함을 볼 수 있다. 그는 기 없는 리의 세계나, 기질을 배제한 리만의 성이나, 인욕이나 인심을 배제한 천리 내지 도심의 세계를 추구한 이상론자가 아니다. 또 이상을 포기하거나 무시한 현실론자도 아니다. 현실에 기반을 두면서도 이상을 추구하고 이상을 추구하되 현실을 잊지 않았기 때문에 주자학의 철학적 특성이 있다 하겠다.

---

361) 孔泳立, 『朱子 倫理思想의 本質에 관한 硏究』, 成大大學院 博士學位 請求論文, 101면.

362) 『論語』, 「學而」 12장의 朱子 註, "禮者 天理之節文, 人事之儀則."

심학의
단초와
그
전개

제1절 심학의 단초 육구연

육구연陸九淵의 자는 지정子靜이고 소흥紹興 9년(1139)에 태어나
서 광종光宗 소흥紹興 4년(1193)에 죽었으며, 강서성 무주撫州의 금
계金溪 출신이다. 그는 몰락한 관료의 대지주 가정에서 태어나 몇
차례 지방 관리를 거쳤으며, 만년에는 지형문군知荊門軍의 자리를
지냈다. 그가 귀계貴溪의 상산象山에서 학문을 가르쳤기 때문에 후
에 사람들이 그를 육상산陸象山이라고 불렀다.

그는 34세가 되어서야 진사 시험에 통과하였으며, 그해에 성시省
試를 보았는데, 시험관은 당시 유명한 학자 여조겸呂祖謙이었다. 여
조겸은 육구연의 시험 답안을 보고 무릎을 치면서 감탄하였다고 한
다. 또 다른 시험관에게 "이 시험답안은 남보다 월등히 뛰어난 학문
을 갖춘 사람의 것이니, 강서 육자정의 문장임에 틀림없다."[1]고 하
였다. 육구연은 후에 국자정國子正 벼슬을 역임하였고, 칙령소敕令
所의 산정관刪定官으로 자리를 옮겼다. 순희淳熙(효종의 연호) 13년
에는 선의랑宣義郎으로 전보되어 태주台州의 숭도관崇道觀을 주관
하였다. 다시 강서로 돌아와 상산에 정사精舍를 짓고 강학하였다.
소희 초기에는 형문군의 자사를 역임하였으나, 일 년도 채 안 되어
임지에서 생을 마감하였다.

---

1) 『象山全集』 권36, 「年譜」, "此卷超絶有學問者 必是江西陸子靜之文."

　육구연은 전혀 저작을 남기지 않았다. 그는 오로지 강학을 통해 학생들에게 많은 영향을 주었다. 따라서 그의 언사는 날카롭고 변론에 능했으며, 의리를 임기응변하는 능력이 천부적일 정도로 뛰어나서 많은 학생들이 그의 문하생이 되었다. 육구연이 학술 활동을 하던 시기는 주자의 활동 시기와 일치한다. 그러나 그의 학설과 주자의 학설 사이에는 뛰어넘지 못할 커다란 차이점이 있었다. 바로 1175년 여름, 여조겸은 주자와 육구연 그리고 저명한 학자 몇몇을 초청하여 신주 연산의 아호사鵝湖寺에서 학술 논변을 시도하였다. 이것이 바로 그 유명한 '아호의 모임(鵝湖之會)'이다. 이 회담에서 육구연은 주자와 대별되는 학문의 방법론을 다음과 같은 시로 표현하였다. "폐허가 된 무덤은 애처롭지만 종묘에서 공경하니, 그 사람의 마음은 영원히 마멸되지 않네. 작은 시내가 모여 바다에 이르고, 작은 돌들이 쌓여 태산의 봉우리를 이루네. 쉽고 간단한 공부는 결국 크게 되지만(易簡工夫終久大), 지리한 사업은 마침내 부침(支離事業竟浮沈)하고 마네. 아래에서 높은 곳까지 오르는 것을 알려면, 반드시 참과 거짓을 지금 당장 구별해야 한다네."[2]라고 하였다. 여기서 그는 자신의 학문 방법이 '쉽고 간단한 공부(易簡工夫)'라 표현하고, 주자의 격물치지는 '지리한 사업(支離事業)'이라고 표현하여 격렬한 논변의 빌미를 제공하였다.

　또 만년에는 주돈이의 『태극도설』에 있는 '무극이태극'의 문제를 놓고 논변을 전개하기도 하였다. 그의 학문은 명대의 왕수인에 이르러 그의 학설을 발전시켰기 때문에 후에 육구연과 왕수인의 학문을 '심학파'라고 불렀으며, 그리고 '육왕학파'라고도 일컬어졌다.

　육구연은 주자의 학설의 복잡함과 번쇄함을 싫어하여 간단하고도

341

---

2) 『象山全集』 권25, 「鵝湖和敎授兄韻」, "墟墓興哀宗廟欽 斯人千古不磨心 涓流積至滄溟 拳石崇成泰華岑 易簡工夫終久大 支離事業浮沈 欲知自下 升高處 眞僞先須辨只今."

손쉬운 방법을 내놓았다. 그는 리는 심에 구비되어 있는 것이고 심 밖에 리가 있는 것이 아니라고 주장하였다. 따라서 인간은 만물의 영장이고 우주의 중추이므로 나의 마음은 곧 우주이고 우주는 곧 나의 마음이라고 하였다. 이같이 우주 만물의 이치가 마음에 구비되어 있고 인간의 행동의 표준도 마음에 구비되어 있다고 보아, 본심을 잃지 않도록 하는 수양공부를 주장하였다. 그가 말하는 학문 방법이나 수양론은 경학 등 격물치지에 의한 것이 아니고 '존덕성'을 위주로 하는 유심적인 공부를 의미한다.

나의 마음은 곧 우주이고 우주는 곧 나의 마음이라고 하는 '마음이 곧 리(心卽理)'는 마음속에 리가 있기 때문에 이를 밖에서 구할 필요 없이 다만 '내 마음속에 본래부터 있던 양지·양능을 간직하기만 하면' 최고의 도덕원칙인 리에 이를 수 있다고 말하였다. 이것은 주관적 관념론이다. 육구연은 그의 주관적 관념론이 '간단하고도 쉬우며 직접적이고도 분명하다'고 생각하였다.

1. 도통의 계승문제

육구연은 이락伊洛학파의 전통과 다른 점이 있다. 하지만 그는 송대 리학의 한 분파로서, 도통의 문제에서는 북송 도학의 영향을 받았다. 예를 들어, 그는 "주나라가 쇠락하자 이 도가 행하여지지 않았고, 맹자가 죽자 이 도가 밝혀지지 않았다. 천오백여 년 동안이나 격언과 지극한 가르침은 겉치레 문장과 수식으로 문드러지고 말았으며, 공리公利의 습관이 천하에 범람하였다."3)고 동의하였다. 그러나

---

3) 『象山全集』 권12, 「與趙然道三」, "姬周之衰此道不行 孟子之沒此道不明 千有五百餘年之間 格言至訓熟爛於浮文外飾 功利之習汎濫於天下."

그는 "근세에 이르러 이락伊洛의 제현諸賢은 더욱 깊이 도를 연구하였고, 더욱 상세하게 도를 말하였다. 그들의 오롯한 지향과 돈독한 실천은 한당의 시대에는 없었던 일이다. 그것이 뿌리 내린 성취는 성대하다고 할 만하다."[4]고 극찬하였다. 이러한 학풍을 이어받아 그는 "우리 시대의 리학은 한당의 학문을 크게 뛰어넘는 것이다."[5]라고 하여 학문에 대한 높은 자긍심을 가지고 있었다.

그렇지만 육구연은 이락의 많은 학자들이 주장한 리학이 시작은 하였지만 증자나 자사 그리고 맹자만 못하다고 생각하였다. 그래서 그는 "이락의 제공諸公에 이르러서야 천여 년 동안이나 전해지지 않았던 학문을 얻게 되었다. 하지만 막 시작되었기에 분명히 밝히지만 못하였다. 오늘날에 이르러서도 대단大段을 밝히지 못한다면, 다시 무슨 일을 하겠는가?"[6]라고 하여 자신이 그 적임자임을 자처하였다. 심지어 그는 "나는 세세한 학문을 헤아려 보지는 않았지만, 맹자 이후 여기(육구연 자신의 학문)에 이르러서야 비로소 일제히 밝혀졌다고 생각한다."[7]고 말했다. 그는 자신이 맹자 이후 천오백여 년 동안이나 중단된 채 전해지지 않던 학문의 진수를 진정으로 이어받아 밝혔다고 생각하였다.

343

도통의 계승을 담당하려 했던 육구연의 자긍심이 신유학에서 자신의 지위를 지나치게 높이려 했는지도 모른다. 그러나 당시 유행하고 있던 도학파에 대한 그의 견해는 주의할 만한 가치가 있다. 그는 "이 도는 본래 일상적으로 늘 실천하는 것이다. 그런데 요즈음의 학

---

4) 『象山全集』 권1, 「與侄孫濬」, "至於近時伊洛諸賢 研道益深 講道益詳 志向之專 踐行之篤 乃漢唐所無有 其所植之成就 可謂盛矣."

5) 『象山全集』 권1, 「與李省幹」, "本朝理學 速過漢唐."

6) 『象山全集』 권35, 「語錄下」, "至伊洛諸公 得千載不傳之學 但草創未爲光明 到今日若不大段光明 更幹當甚事."

7) 『象山全集』 권10, 「與路彦彬」, "竊不自揆 區區之學 自謂孟子之後 至是而始一明也."

자들은 한 가지 일을 하고는 크게 떠들면서 헛된 명성을 구하여 명예가 실상을 넘어서니, 사람들에게 좋지 않은 마음을 불러일으킨다. 그래서 '도학'을 주장하는 사람들은 반드시 심하게 배척되고 꾸짖음을 당한다."8)고 말하였다. 그가 생각할 때, 남송의 주자 등은 도학을 자신만의 특허로 간주하였으며, 진리(道)가 자신들만의 수중에 있다고 생각하는 등 극심한 배타성과 자만심을 드러내었다고 보았다. 이러한 태도는 다른 사람들에게 논쟁의 불씨를 제공하여 쓸데없는 비난과 논의를 불러일으켰다. 그러나 육구연의 이러한 견해는 비교적 사실 속에서 올바름을 추구하는 것이었다.

육구연이 스스로 주장한 것에 근거해 보면 그의 사상과 학설은 맹자를 계승한 것이라고 할 수 있다. 그의 제자가 "선생님의 학문도 전수받은 것이 있습니까?"라고 물었을 때, 그는 "『맹자』를 읽음으로 인하여 스스로 얻은 것이 있었다."9)고 대답하였다. '스스로 얻은 것이 있었다'는 것은 낙학에서 특히 강조하는 관점이다. 이것은 육구연이 리학의 입장에서 『맹자』의 사상을 소화하고 흡수하였음을 나타내는 것이다. 육구연의 사상을 이어받은 왕수인은 "성인의 학문이란 심학이며…… 육씨의 학문이 맹씨의 학문이다."10)라고 하였다. 사실 육구연도 맹자와 이정이 말한 '도의 큰 줄기인 도통'을 계승하였다고 자처하였다.

맹자가 죽자 우리의 도(유학)는 전해지지 못했다. 그리고 노자의 학문은 주나라 말에 시작되어 한나라에서 왕성하였으며 진나라 때

---

8) 『象山全集』 권35, 「語錄下」, "此道本日用常行 近日學者卻把作一事張大 虛聲 名過於實 起人不平之心 是以爲道學之說者 必爲人深排力詆."
9) 『象山全集』 권35, 「語錄下」, "某嘗問 先生之學 亦有所受乎 曰因讀孟子 而自得之."
10) 『陽明全書』 7권, 「象山文集序」, "聖人之學 心學也 …… 陸氏之學 孟 氏之學也."

에 쇠퇴하였다. 노자의 학문이 쇠퇴하자 불가의 학문이 출현하였다. 불가는 양나라의 달마에게서 시작하여 당나라에서 왕성하였으며 지금에는 쇠퇴하였다. 위대한 현인이 출현하였으니 이제 우리의 도가 흥성할진저![11]

중국사상사는 유학·도교·불교의 순환사라고 할 수 있다. 도교와 불교는 모두 흥망성쇠가 있었으나 유학만은 단지 '그 전함을 얻지 못하였을' 뿐이며, 위대한 현인을 기다려 흥할 수 있다는 뜻이다. 송대 이래 이와 같은 '위대한 현인'은 이미 출현하였으며 현재도 여전히 출현하고 있다고 육구연 생각하였다.

그는 "한퇴지韓退之도 '맹자가 죽자 그 전함을 얻지 못하였다'고 하였을 뿐, 진실로 후세에 어진 사람이 없다는 허튼소리를 감히 하지 않았다. 그러나 이락의 여러 학자들에 이르러 천 년 동안 전해지지 않았던 학문을 얻었다. 단지 초창기에는 빛을 밝히지 못하였으니 오늘날에 이르러 만약 대단한 광명을 드러내지 못하면 무슨 일을 감당할 수 있겠는가?"[12]라고 하였다. 이 말은 북송의 이정 등이 비록 "천 년 동안 전해지지 않았던 학문을 얻었다."고 하더라도 여전히 초창기에 속할 뿐이어서 '대단한 광명'이라고 할 수 없다는 뜻이다. 육구연의 뜻은 '대단한 광명'을 방출하여 이채異彩를 가지도록 하려는 데 있다. 그는 자신이 맹자 이후 중국 사상사에서 적지 않게 공헌하였다고 생각하였다.

---

11) 『象山全集』 권35, 「語錄下」, "孟氏沒 吾道不得其傳 而老氏之學始于周末 盛于漢 逮晋而衰矣 老氏衰而佛氏之學出焉 佛氏始于梁達磨 盛于唐 至今而衰矣 有大賢者出 吾道其興矣夫."

12) 『象山全集』 권35, 「語錄下」, "韓退之言 軻死不得其傳 固不敢誣後世無賢者 然直是至伊洛諸公 得千載不傳之學 但草創未爲光明 到今日若不大段光明 更幹當甚事."

곰곰이 스스로 헤아려 보지는 않았지만, 스스로 말하면 나의 학문
은 맹자 이후 지금에 이르러 비로소 한 번 밝아졌다고 할 수 있다."[13]

라고 하여 마음에 관한 육구연의 이론은 맹자에 연원을 두고 있
지만 동시에 스스로 자각한 사상임을 말하고 있다.

또 그는 정호의 사상에 영향을 받아 주관적 관념론의 관점을 발
전시켰으나 정이의 학설에는 찬성하지 않았다. 이것은 그가 실제로
자신을 '도통'의 정통 계승자의 위치로 올려놓았다는 것을 말한다.
육구연은 결코 낙학을 전면적으로 계승하지는 않았다. 단지 낙학 가
운데 심학 요소를 소화 흡수하여, 심학의 단일한 방향으로 발전시켰
다. 정이의 학설에 대해서 육구연은 배척하는 태도를 취하였다. 그의
제자인 양간楊簡은 다음과 같이 말하였다.

선생이 홀로 "어린아이 시절, 사람들이 이천의 말을 외우는 것을
들으면 마치 나를 상하게 하는 것처럼 스스로 느꼈다."고 하였다.
그러나 또한 일찍이 다른 사람에게는 "이천의 말이 어찌 공자와 맹
자의 말과 같지 않은가? 요사이 그 가운데 옳지 않은 것이 많이 있
음을 알았다."라고 하였다.[14]

육구연이 어릴 때부터 정이의 사상에 대해서는 도무지 흥미도 갖
고 있지 않았을 뿐만 아니라 취향도 맞지 않다는 것을 느꼈다. 그가
보기에 정이의 학설은 '지리하고 복잡'하며, 공맹의 학설은 '간단하
고 쉽다(簡易)'하여 양자는 분명하게 구별되었다. 육구연은 이처럼

---

13) 『象山全集』 권10, 「與路彦彬」, "竊不自揆區區之學 自謂孟子之後 至是
而始一明也."

14) 『象山全集』 권33, 「象山先生行狀」, "先生獨謂簡曰 丱角時 聞人誦伊川
語 自覺若傷我者 亦嘗謂人曰 伊川之言 奚爲與孔子孟子之言不類 近見
其間多有不是處."

학문의 성향이 '간이'를 주장하고 '지리'를 반대하였다.

　　나의 형 복재(復齋: 육구령)가 「이천역전」에서 "간기배艮其背"[15]
를 해석한 것을 보고 "이천의 말한 것이 어떠한가?"라고 나에게 묻
기에, 내가 "말한 것이 사리가 분명하지 않다."고 하자, 드디어 나에
게 설명해 보라 하였다. 나는 "'그 등에 그치면 몸을 보지 못한다'
는 말은 내가 없다는 뜻이며, '뜰에 가면서 사람을 보지 못한다'는
것은 사물이 없다는 뜻이다."라고 하였다.[16]

　'골돌餶突'이라는 말은 '분명하지 아니한 모양이거나 일을 깨닫지
못했을 때' 사용하는 말로 '지리'함을 뜻한다. 따라서 육구연은 '무
아'와 '무물'이라는 두 언어로 해석하였으니 '간이'한 것으로 여길
수 있다. 이것은 육구연과 정이의 학문 방법론이 전혀 다르다는 것
을 보여주는 예이다. 또 그는 정호와 정이의 학문을 구별하여 다음
과 같이 설명하였다. "이정이 주무숙을 만난 후 음풍농월하고 돌아
갔는데, '나는 증점曾點을 허여한다'는 말이 있었다. 후일 명도는 이
뜻을 보존하였으나 이천은 이미 이 뜻을 잃어버렸다."[17]라고 하여
이정의 기상이 서로 다를 뿐 아니라 사상과 학설에서도 "원회는 이
천과 유사하고, 흠부는 명도와 유사하니, 이천은 막힘이 매우 깊으
며, 명도는 통하고 트였다."[18]고 하여 주자와 정이의 학문을 한 계통

15) 艮卦의 괘사로 "시력이 등 뒤에 있으면 물건을 몸에서 체득할 수 없고,
　　뜰에 나아가 걷고 있더라도 사람을 보지 못하여 허물이 없으리라."(艮
　　其背 不獲其身 行其庭 不見其人 无咎)
16) 『象山全集』 권34, 「語錄上」, "復齋看伊川易傳解艮其背 問某 伊川說得
　　如何 某云 說得鶻突 遂命某說 某云 艮其背 不獲其身 無我 行其庭 不
　　見其人 無物."
17) 『象山全集』 권34, 「語錄上」, "二程見周茂叔後 吟風弄月而歸 有吾與點
　　也之意 後來明道此意却存 伊川已失此意."
18) 『象山全集』 권34, 「語錄上」, "元晦似伊川 欽夫似明道 伊川蔽錮深 明

으로 보아 막힘이 있었고, 흠부와 명도의 학문을 한 계통으로 보아 통하고 트였다고 보았다. 이와 같이 그는 정호를 칭찬하고 정이를 폄하하였다. 그러므로 육구연의 학설은 맹자의 학설과 정호의 사상을 이어받아 그의 사상의 핵심인 '심즉리'를 확립한 것이다.

이런 학문적 영향으로 주자와 육구연의 두 학파는 남송 관념론의 양대 학파로 나누어지게 되었다. 육구연의 저작으로 『어록』·『문집』과 후학들이 편집한 『육상산집』이 있다.

2. 심학의 주관적 관념론

육구연의 학문의 특색은 주자의 리학과 달리 '마음(心)'에 있고, 이것이 바로 '심학'이라고 일컫는 이유이다. 주자는 사람의 주관 의식 중심에 있는 것이 아니라, 리가 사물의 존재근거라고 생각하였다. 그래서 리와 성이 일차적이고 마음은 제2차적이라고 했다. 육구연은 사물의 리가 본래 사람의 마음속에 있으며, '만물이 마음속에 빽빽이 차 있으므로' 마음이 일차적이고 리는 마음을 떠나 있는 것이 아니라고 했다. 육구연이 추구한 철학의 세계는 밖으로부터 주어지는 철학이 아니라 안에서 마음의 뜻을 정리하거나 마음에서 먼저 자각을 하는 것이 중요하다고 생각하였다.

특히 정이와 주자에서 '심'의 우위에 섰던 '리'는 육구연에서 심은 세계와의 관계로 매개되어 마음의 리가 우주의 실재로 강조되고, 심과 우주가 일원화되는 주관적 유심론으로의 출발하게 된다. 리는 이제 마음을 떠나서 존재하는 것이 아니라 마음이 곧 리인 것이다. 이러한 육구연의 심학의 철학체계는 그가 열 몇 살 때부터 시작되었다

道却通疏."

고 볼 수 있다.

> 다른 날 고서를 읽었는데 우주라는 두 글자에 이르러 그것을 풀
> 이하는 자가 '사방과 위아래를 우라 하고, 지나간 옛날과 다가오는
> 오늘을 주라고 한다'라고 하였는데, 갑자기 크게 깨닫고 이렇게 말
> 하였다. '우주 안의 일은 곧 자기 본분 안의 일이며, 자기 본분 안
> 의 일이 곧 우주 안의 일이다.' 또 이렇게 말한 적이 있다. '동해에
> 성인이 나와도 이 마음은 같고 이 이치는 같다. 서해·남해·북해에
> 성인이 나와도 역시 그렇지 않음이 없다. 천백 세 이전에 성인이 나
> 타나도 이 마음은 같고, 이 이치는 같다. 천백 세 이후에 성인이 나
> 타나도 이 마음, 이 이치는 역시 같지 않음이 없다.[19]

육구연은 우주는 하나의 시공 관념일 뿐만 아니라 우는 '상하사
방'의 보편성을 대표하며, 주는 '고금왕래'의 영원성을 대표한다. 이
러한 의미에서 "우주는 바로 내 마음이고, 내 마음은 곧 우주이다."
라고 하는 말은 본심의 보편성과 영원성을 두드러지게 보여준다. 다
른 한편으로 이 사람 저 사람 마음과 천년·백 년 전 성인의 마음
과 천년·백 년 후의 현자의 마음이 전부 '오직 한마음'이라고 말한
다면, 이것은 상하사방과 고금왕래의 모든 사람들의 마음이 공동으
로 한마음을 구성하고, 이러한 마음은 우주의 실체이며, 개체의 마음
은 이와 같은 우주 실체의 표현일 뿐이다. 동서남북이라는 방위 곧
공간상에서 본다 해도 성인은 같은 마음과 같은 이치이며, 수백 수
천 년 이전이나 이후의 시간상에서 본다 해도 성인은 한 이치인 것
이다. 이것이 바로 우주 가운데 일치성과 통일성이 있음을 말하는

---

19) 『宋史』 권434, 「儒林列傳」, "他日讀古書至宇宙二字 解者曰 四方上下曰
宇 往古來今曰宙 忽大省曰 宇宙內事乃己分內事 己分內事乃宇宙內事
又嘗曰 東海有聖人出焉 此心同也 此理同也 至西海南海北海有聖人出
亦莫不然 千百世之上有聖人出焉 此心同也 此理同也 至於千百世之下
有聖人出 此心此理亦無不同也."

것이다. 따라서 그는 "옛날 성현들이 만일 자리를 같이한다면 반드시 합치하는 이치는 없지만, 이 마음과 이 이치는 영원토록 일관된 준칙(揆)이 도리인 것이다."[20]라고 하였다. 이것은 역대의 수많은 성현들이 비록 서로 다른 방법과 사상을 가졌지만, 그들의 '마음'과 '이치'는 공통된다는 것을 말한 것이다.

이처럼 모든 우주의 리가 마음속에 내재해 있는 것으로 보아 인간이 갖추고 생겨난 마음을 동일한 작용으로 보았다. 따라서 우주와 마음을 같다고 여겨 우주를 사실적으로 객관화시켜 보는 것이 아니라 먼저 마음으로 환원하여 보아야 한다는 것이다. 마음은 영원한 것이요, 마음이 포함하지 않는 것이 없다고 단언하였다. 또 그의 심학 체계는 밖으로 향하는 산만한 정신을 안으로 수렴하여 본심으로 물질세계를 이해한다는 논리이다. 그는 십대의 나이에 이미 주관적 관념론의 명제를 내놓은 뒤 평생토록 견지하여 바꾸지 않았다. 이것은 그가 유년 시기에 벌써 관념론의 영향을 크게 받았음을 나타내고 있는 것이며, 동시에 그가 지닌 관념론의 완고함을 나타내기도 한다. 그의 사상은 비록 직접적으로는 정호에게서 왔지만 불교 선종의 영향 또한 매우 컸다는 것이 지배적이다.

육구연의 '심즉리'라는 용어는 그의 제자 이재李宰에게 보낸 편지에 나타난다. 이재가 보내온 편지의 내용에 "관용하는 마음은 이질적인 것을 세워준다. 그러나 평온한 마음이 이치에 맡기는 것만은 못하다(容心立異 不若平心任理)"는 설이 있었는데, 육구연은 답서에서 먼저 관용하는 마음은 열자에서 나왔으며, 평온한 마음은 장자에서 나왔으니 모두 유학 용어가 아님을 지적하고[21] 난 뒤에 맹자의

---

20) 『象山全集』, 권34, 「語錄上」, "千古聖賢 若同堂合席 必無盡合之理 然 此心此理 萬世一揆也."

21) 『象山全集』 권11, 「與李宰」, "來教謂容心立異 不若平心任理 其說固美 矣 然容心二字不經 見獨列子有 吾何容心哉之言 平心二字 亦不經見

각 절을 인용하여 마음을 논하고 나서 다시 '심즉리'라는 학설을 주
장하게 되었다.

　　사람은 나무나 돌이 아닌데, 어찌 마음이 없겠는가? 마음은 오관
중에서 가장 존귀한 것이다. 『홍범』에서는 "생각은 지혜를 말하며,
지혜는 성인을 말한다."고 하였다. 맹자는 "마음의 기능은 생각하는
것이다. 생각하면 그것을 얻고, 생각하지 않으면 얻지 못한다."고 하
였다. 또 그는 "사람이 지니는 것에 어찌 어질고 외로운 마음이 없
겠는가?"라고 하였고, 또 말하기를 "마음에만 유독 같은 것이 없겠
는가?"라고 말했으며, 또 말하기를 "군자가 보통사람보다 다른 까닭
이란 그가 그 마음을 간직하고 있기 때문이다."라고 말했다. 그리고
맹자는 "현명한 사람만이 이러한 마음을 가진 것은 아니다. 사람은
누구나 이러한 마음을 가지고 있다. 다만 현명한 사람은 잃어버리지
않을 수 있을 뿐이다."라고 하였고, 또 말하기를 "사람이 짐승과 다
른 점은 극히 드물다. 보통 사람들은 그것을 버리지만 군자는 그것
을 보존한다."라고 하였다. 여기서 '버린다'고 함은 이 마음을 버린
다는 것이다. 그러므로 그는 "이것을 일러 본심을 잃어버린다고 말
한다."고 하였다. '보존한다'고 함은 이 마음을 보존한다는 것이다.
그러므로 "대인은 그 어린이의 마음을 잃지 않는다."고 하였다. '사
단'이란 곧 이러한 마음이다. '하늘이 나에게 준 것'도 바로 이 마음
이다. 사람은 모두 이 마음을 지니고 있고, 마음은 모두 이 이치를
갖추고 있으니, 마음은 곧 리이다(心卽理). 배움에서 귀중한 것이라
면 이 리를 궁구하려는 것이며, 이 마음을 다하려는 것이다.22)

　　其原出於莊子 平者 水停之盛也 其可以爲法也 內保之而外不蕩也 其說
雖託之孔子 實非夫子之言也."

22) 『象山全集』 권11, 「與李宰」, "人非木石 安得無心 心於五官最尊大 洪範
日 思日睿 睿作聖 孟子日 心之官則思, 思則得之, 不思則不得也 又日
存乎人者, 豈無仁義之心哉 又日 至於心 獨無所同然乎 又日 君子之所
以異於人者 以其存心也 又日 非獨賢者有是心也 人皆有之 賢者能勿喪
耳 又日 人之所以異於禽於獸者幾希, 庶民去之, 君子存之 去之者 去此
心也 故日 此之謂失其本心 存之者 存此心也 故 大人者不失其赤子

　육구연은 맹자의 사상이 마음의 기관을 사려로 본 것이고, 마음에 보존된 것이 인의라고 생각하였다. 또 마음의 같은 바가 있는 것처럼 감각도 같은 바가 있는데, 군자가 보통 사람과 다른 점은 이러한 마음을 보존하는 데(存心) 있다. 그러나 생각해 보면 이러한 마음을 누구나 다 갖고 있는데, 다만 현자만이 이러한 마음을 잃지 않으려고 할 뿐이다. 따라서 사람이 동물과 다른 점이 미미하지만, 군자는 보존하여 길러내는 데 반해 보통 사람들은 버려둔다는 것이다. 이 미미하지만 보존한다는 차이가 곧 본래의 마음(本心)으로 사단이요 하늘이 부여해 준 것도 바로 이 마음이고, 이 마음이 바로 리라고 하였다. 이것은 맹자의 심론을 도덕적 자각심을 삼은 것이고, 심즉리는 이와 같은 자각심이 일체의 가치판단의 기준이라는 설명이다.

　그러면 마음은 무엇을 말하는가? 육구연이 "먼저 큰 뜻을 세워야 한다(先立乎大者)"23)는 것은 곧 "본심의 회복과 그 함양"24)에 치중할 것을 강조한 것이고, 또 도문학보다는 존덕성을 중시하고 있었기 때문이다. 즉 인간의 도덕성의 회복이 그에게 있어서는 무엇보다도 중요하였으며, 그것은 학문의 수단이 아닌 목적 그 자체로서 생각하는 태도에 기인한다. 그러므로 그는 존심·양심·구방심25)을 학자들에게 누누이 강조하였다. 그는 "밝은 덕이 내 안에 있는데 왜 반드시 다른 데서 취하는가?"26)라고 하여 본심의 직양直養을 주장하였다.

　　之心 四端者 卽此心也 天之所以與我者 卽此心也 人皆有是心 心皆具
　　是理 心卽理也 所貴乎學者 爲其欲窮此理 盡此心也."
23) 『象山全集』 권32,「拾遺」, "此心之良 人所均有 天所與我 非由外鑠 先
　　立乎大者 則其小者莫能奪."
24) 『象山全集』 권36,「年譜」, "先生講學也 先欲復本心 以爲主宰 旣得本心
　　從此涵養 使日充月明."
25) 『象山全集』 권5,「與舒西美」, "古人敎人 不過存心養心求放心 此心之良
　　人所固有."
26) 『象山全集』 권20,「贈劉季蒙」"明德在我 何必他求."

　　이러한 마음과 이러한 리는 나에게 고유한 것이다. 이른바 '만물
　이 모두 나에게 완비되어 있다.'는 말은 옛 성현이 내 마음과 같은
　것을 먼저 얻었을 뿐이다."27)라고 하였다. 그는 제자 부계노傅季魯
　가 "선생님의 도는 정밀한 하나이지 둘이 아니다. 본심을 들어 사람
　들에게 보였으니, 이것이 학문의 큼에 이른 것이다."라고 하였다.28)

　라고 하여 본심이 육구연의 학문을 이해하는 데 가장 중요한 관
념임을 알 수 있다. 또 본심이 구체적으로 무엇인가에 대해서 다
음과 같이 설명하였다.

　　맹자는 "사려하지 않고도 아는 것은 양지이며, 배우지 않고도 할
　수 있는 것은 양능이다."라고 하였고, "이것은 하늘이 나에게 준 것
　으로, 나에게 고유한 것이지 밖에서 나에게 녹아들어온 것이 아니
　다."라고 하였다. 따라서 그는 "만물이 모두 나에게 갖추어져 있으
　니, 스스로 반성하여 정성스럽다면 이보다 더 큰 즐거움은 없다."고
　말하였다. 이것이 나의 본심이다.29)

　육구연에 있어서 본심은 선천적으로 주어진 양지와 양능을 의미하
는 것으로, 이것은 선험적인 도덕개념이기 때문에 나의 밖에서 들어
오거나 구해지지 않는 것이다. 그러나 양지를 본심이라고 말할 때도
그것은 이목구비의 인욕의 사사로움에 치우친 마음을 말하는 것이
아니라 선천적인 인의를 가리킨다.

---

27) 『象山全集』 권1, 「與姪孫濬」 "此心此理　我固有之　所謂萬物皆備於我
　　昔之聖賢先得我心之所同然者耳."
28) 『象山全集』 권36, 「年譜」, "先生之道　精一匪二　揭本心以示人　此學問
　　之大致."
29) 『象山全集』 권1, 「與曾宅之書」, "孟子曰　所不慮而知者　其良知也　所不
　　學而能者　其良能也　此天地所與我者　我固有之　非由外鑠我也　故曰　萬
　　物皆備於我矣　反身而誠　樂莫大焉　此吾之本心也."

인의는 사람의 본심이다. 맹자는 "사람이 지닌 것에 어찌 인의의 마음이 없겠는가?"라고 말했으며, 또 "나에게 고유한 것이지 밖에서 나에게 녹아들어온 것은 아니다."라고 말했다. 어리석고 불초한 사람은 그것에 미치지 못하고 물욕에 가려 그 본심을 잃으며, 현자와 지혜 있는 자는 그것에 지나쳐서 의견에 가려 그 본심을 잃는다.[30]

육구연은 어떤 사람이라도 선험적인 도덕 이성을 지니고 있지 않은 사람이 없다고 생각했으며, 그는 이것을 '본심'이라고 불렀다. 즉 "우주가 사람을 격리시킨 적이 없고 사람 스스로 우주를 격리시켰다."[31]라고 하였다. 우주는 본체이기 때문에 사람을 격리시킨 적이 없지만 사람은 감정을 지니고 있어 언제든지 자신의 감정에 따라 상대적인 견해를 가질 수 있다. 그는 다음과 같이 말했다.

사람가운데서 어느 누가 마음이 없겠는가? 그러니 도는 밖에서 찾을 게 아니며, 오직 그것을 어그러뜨리거나 없애고 잃어버릴까 봐 걱정해야 한다. 옛사람들의 가르침이란 오직 이 마음을 보존하고, 마음을 기르며, 잃어버린 마음을 되찾는 것일 따름이다. 이러한 마음의 훌륭함은 사람들에게 고유한 것이다. 그런데 사람들은 그것을 보존하고 기를 줄 모르면서 도리어 어그러트리고 없애며 잃어버릴 뿐이다.[32]

라고 하여 '마음을 잃는다'는 것은 사람의 본심이 없어진다는 뜻이 아니라 단지 본심이 어떤 무엇에 의해 잠시 가려진 결과를 의미

---

30) 『象山全集』권1, 「與趙監」, "仁義者 人之本心也 孟子曰 存乎人者 豈無仁義之心哉 又曰 我固有之 非由外鑠我者 憂不肖者不及焉 則蔽於物欲而失其本心 賢者智者過之 則蔽於意見而失其本心."
31) 『象山全集』권1, 「與趙監」, "宇宙不曾限隔人 人自限隔宇宙."
32) 『象山全集』권1, 「與侄孫濬」, "人孰無心 道不外索 患在戕賊之耳 放失之耳 古人教人不過存心 養心 求放心 此心之良 人所固有 人惟不知保養而反戕賊放失之耳."

한다. 또한 '마음을 없애고 잃어버린다'는 설명도 단지 그 기능의 상실만을 가리킬 뿐이지 마음 자체의 상실을 의미하는 것이 아니다.

『맹자』「고자상」에 "그 본심을 잃는다(失其本心)."는 말이 있다. 이 말은 본래 고유한 마음을 상실한다는 뜻이다. 육구연은 '본심'에 새로운 함의를 부여하였다. 그는 양간楊簡과 '본심'의 문제에 대하여 토론하였다.

> "무엇이 본심입니까?"라고 묻자, 선생은 "측은은 인의 단서며, 수오는 의의 단서며, 사양은 예의 단서며, 시비는 지의 단서다. 이것이 본심이다."라고 대답하였다. "제가 어렸을 때 이미 알았습니다. 결국 무엇이 본심입니까?"라고 물었다. 무릇 여러 번 물어도 선생은 끝내 그 말을 바꾸지 않았으며, 경중(敬仲: 양간)도 깨닫지 못하였다. 우연히 부채를 파는 사람이 뜰에 와서 송사를 맡겼는데 경중은 곡직曲直을 판결하여 끝낸 뒤, 또 처음과 같이 물었다. 선생은 "부채의 송사를 판결하였다고 들었는데, 옳은 것은 그 옳음을 알고 그른 것은 그 그름을 아는 것이 경중의 본심이다"라고 하였다. 경중이 홀연히 크게 깨달았다.[33]

육구연은 양간의 '본심에 관한 질문'에 대하여 먼저 '사단'으로 대답하고, 뒤에 부채송사의 시비판단을 예로 들어 마침내 양간이 '홀연히 이 마음의 시작과 끝이 없음을 깨닫고 홀연히 이 마음이 통하지 않는 바가 없음을 깨닫게' 하였다. 이로써 '본심'은 선천적으로 갖추어진 윤리도덕 관념·시비관념·선험적 주관 의식임을 알 수 있다.

그러므로 이러한 본심이 도덕 법칙을 제공하고 도덕의식을 제공하

---

33) 『象山全集』 권36, 「年譜」, "如何是本心 先生曰 惻隱 仁之端也 羞惡 義之端也 辭讓 禮之端也 是非 智之端也 此卽是本心 對曰 簡兒時已曉得 畢竟如何是本心 凡數問 先生終不易其說 敬仲亦未省 偶有鬻扇者訟至于庭 敬仲斷其曲直訖 又問如初 先生曰 聞適來斷扇訟 是者知其爲是非者知其爲非 此卽敬仲本心 敬仲忽大覺.

므로 '인의의 마음'이라고 불렀다. 본심은 모든 사람이 선천적으로 지니고 있는 것이기 때문에 사려하지 않아도 알고, 배우지 않아도 할 수 있는 당연한 행위이다. 그러므로 부도덕한 일체의 행위는 모두 '그 본심 잃는' 데서 연유한다. 따라서 모든 공부는 본심을 보존하여 잃어버리지 않도록 해야 한다. 그는 "선왕의 시대에 학교 교육은 이러한 의미를 펼쳐 그 앎에 이르게 하니, 본심을 잃지 않도록 할 따름이다."[34]라고 하였고, "옛날 사람들이 자기 자신으로부터 집안과 국가, 천하에 이르기까지 부끄럽지 않았던 것은 그 본심을 잃지 않았기 때문이었다."[35]라고 하였다. 육구연은 그 본심을 또 다음과 같이 말했다.

> 도는 우주에 충만해 있으니 도로부터 숨거나 피할 곳은 없다. 하늘에서 말한다면 음양이요, 땅에서 말한다면 강유며, 사람에서 말한다면 인의니, 인의는 곧 사람의 본심이다.[36]

인간에 있어서 인의는 본심이고, 이러한 논리는 육구연 스스로가 항상 인용하여 논증하려는 데서 알 수 있듯이, 그의 본심 사상은 맹자에게서 연원한다. 맹자는 "사람은 배우지 않아도 할 수 있는 것은 양능이고, 사려하지 않고도 알 수 있는 것은 양지이다. 어린아이는 자기 부모를 사랑할 줄 모르지 않고, 성장해서는 자기 형을 공경할 줄을 모르지 않는다고 하였다. 맹자는 친한 사람을 친하게 대하는 것이 인이며, 윗사람을 공경하는 것이 의인데, 이것은 온 천하에 적

---

34) 『象山全集』 권19, 「貴溪重修縣學記」, "先王之時 庠序之教 抑申斯義以致其知 便不失其本心而已."

35) 『象山全集』 권19, 「敬齋記」, "古之人自其身達之家國天下而無愧焉者 不失其本心而已."

36) 『象山全集』 권36, 「年譜」, "道充塞宇宙 非有所隱遁 在天曰陰陽 在地曰剛柔 在人曰仁義 仁義者 人之本心也."

용시켜 나가는 것이다."37)라고 하였다. 사람은 선천적으로 이러한 인
의의 마음을 지니고 있다고 생각하였다. 이 선천적인 인의의 마음이
곧 '양심'이고, '양지'이며, 맹자는 이를 '본심'이라고 불렀다.

맹자는 부도덕한 행위의 근원은 이러한 본심이나 양심을 상실한
데 있다고 생각하였다.

> 사람이 지닌 것이라 할지라도 어찌 인의의 마음이 없겠는가? 그
> 양심을 잃게 되는 까닭은 마치 도끼로 나무를 찍는 것과 같다."38)고
> 하여 본심이란 어떤 추상적이거나 은폐된 신비한 실체가 아니다. 본
> 심은 바로 사람의 도덕의식과 감정이다. 그러므로 맹자는 "남을 불
> 쌍히 여기는 측은한 마음이 없으면 사람이라 할 수 없고, 자기의 잘
> 못을 부끄럽게 여기고 남의 옳지 않은 것을 미워하는 마음이 없으
> 면 사람이라고 할 수 없다. 또 남에게 양보하고 사양하는 마음이 없
> 으면 사람이라 할 수 없으며, 옳고 그름을 구별하는 마음이 없으면
> 사람이라 할 수 없다. 측은한 마음은 인의 실마리이며, 부끄러워하
> 고 옳지 않은 것을 미워하는 마음은 의의 실마리이고, 사양하는 마
> 음은 예의 실마리이며, 시비의 마음은 지의 실마리로서 이것을 사단
> (四端)이라고 말한다. 사람이 이 사단을 가지고 있는 것은 마치 사
> 람의 몸에 팔 다리가 있는 것과 같다.39)

사람의 본심은 바로 사람의 도덕의식과 감정이다. 그러므로 군자

---

37) 『孟子』「盡心上」15章, "孟子曰 人之所不學而能者 其良能也 所不慮
而知者 其良知也 孩提之童 無不知愛其親者 及其長也 無不知敬其兄也
親親 仁也 敬長 義也 無他 達之天下也."
38) 『孟子』「告子上」8章, "雖存乎人者 豈無仁義之心哉 其所以放其良心者
亦猶斧斤之於木也."
39) 『孟子』「公孫丑上」6章, "無惻隱之心 非人也 無羞惡之心 非人也 無辭
讓之心 非人也 無是非之心 非仁也 惻隱之心 仁之端也 羞惡之心 義之
端也 辭讓之心 禮之端也 是非之心 智之端也 人之有是四端也 猶其有
四體也."

와 성인, 보통 사람의 차이점은 이 사단을 버리느냐 버리지 않으냐에 달려 있다. 사단을 자기의 사지와 같이 보존하는 사람은 군자나 성인이 될 수 있지만 사단을 버리는 사람은 보통 사람이 되어 결국 금수와 다를 바 없는 행동을 한다고 보았다.

맹자에서부터 육구연에 이르기까지, 본심은 선험적 도덕의식을 가리킨다. 이러한 견해는 시대를 초월하는 보편성을 갖고 있기 때문에 인간의 도덕생활에 결정적인 작용을 한다. 그래서 본심은 모든 사람이 지닌 마음의 본래 상태임을 말하는 것으로, 그것이 어느 때나 어느 곳에서든지 어떤 사람에게도 존재하는 영원하고 보편타당적인 원리임을 강조한다.

육구연의 철학체계에서 '마음'이라는 범주는 다음과 같은 함의를 갖추고 있다. 첫째, '마음'은 사유기관이며 지각능력이다.

사람은 나무나 돌이 아닌데, 어찌 마음이 없겠는가? 마음은 오관 중에서 가장 존귀한 것이다. 『홍범』에서는 "생각은 지혜를 말하며, 지혜는 성인을 말한다."고 하였다. 맹자는 "마음의 기능은 생각하는 것이다. 생각하면 그것을 얻고, 생각하지 않으면 얻지 못한다."고 하였다.[40]

'마음'은 오관의 하나로 '생각'의 자각능력을 갖추고 있다. 이것은 유가 경전에 나타나는 전통적인 사유관념이다. 육구연은 이러한 사유기관과 지각작용을 하는 '마음'을 오관 가운데 '가장 존귀한 것'이라고 보았다.

둘째, '마음'은 일종의 윤리도덕의 본체다.

사람이 사람이 되는 까닭은 오직 이 마음 때문이다.[41]

---

40) 『象山全集』 권11, 「與李宰」, "人非木石 安得無心 心於五官最尊大 洪範曰 思曰睿 睿作聖 孟子曰 心之官則思, 思則得之, 不思則不得也."

인은 인심이다. 마음이 사람에게 있는 것은 사람이 사람이 되는
까닭이며, 금수나 초목과는 여기서 다르다.[42]

인의는 사람의 본심이다. 맹자는 "사람에게 보존된 것에 어찌 인
의의 마음이 없겠는가?"라고 하였다.[43]

인심의 본질은 윤리도덕성이다. 이것은 금수나 초목과는 구별되는
근본적인 징표이다. 인심이 포함하는 구체적인 내용이 인의이며, 측
은·수오·시비·사양의 '사단'이다. 그는 "사단은 이 마음이며, 하
늘이 나에게 부여한 것이 이 마음이다."[44]라고 하였다. 이러한 윤리
도덕의 원칙은 하늘이 인심에 부여한 것이며 '마음'은 윤리도덕의
본체이다.

셋째, '마음'은 주체정신이다.

마음은 오직 하나의 마음이니, 나의 마음이나 내 친구의 마음, 위
로는 수천 년 전 성현의 마음, 그리고 아래로 수천 년 이후 태어나
는 성현도 그 마음은 역시 이와 같다. 마음의 체는 매우 커서, 만약
나의 마음을 다할 수만 있으면 하늘과 같아진다.[45]

41) 『象山全集』 권6, 「與傅全美」, "人之所以爲人者 惟此心而已."
42) 『象山全集』 권32, 「學問求放心」, "仁 人心也 心之在人 是人之所以爲人
而與禽獸草木異焉者也."
43) 『象山全集』 권1, 「與趙監」, "仁義者 人之本心也 孟子曰 存乎人者 豈無
仁義之心哉."
44) 『象山全集』 권11, 「與李宰」, "四端者 卽此心也 天之所以與我者 卽此心也."
45) 『象山全集』 권35, 「語錄下」, "心只是一个心 某之心 吾友之心 上而千百
載聖賢之心 下而千百載復有一聖賢 其心亦如此 心之體甚大 若能盡我
之心 便與天同."

'마음'은 소리도 없고 냄새도 없으며, 형체도 없다. 어떤 시간을 막론하고 현명한 사람이나 어리석은 사람이나 구분 없이 모두 같다. 따라서 '심체心體'를 북돋워 기르고 확충하면 천과 동등할 수 있다. 이러한 '마음'은 의심할 것이 없이 초시간적 초공간적이지만, '내 마음'을 벗어나지 않고 존재하므로 일종의 주체정신이다.

넷째, '마음'은 우주만물의 본원이다.

> 만물은 **빽빽**하게 마음속에 들어 있다. 마음을 가득하여 밖으로 드러나면서 우주에 가득 채우게 되는데, 그 어느 것도 이 리 아닌 것이 없다.46)

이처럼 만물이 '내 마음'의 가운데 떠오르고 '내 마음'에 의해 포괄되며, '내 마음'의 발육 확충으로부터 '내 마음'의 '리'가 전체 우주에 가득 차게 된다. '내 마음'은 심지어 작위가 있어서 사물이 생겨나게 할 수 있는 특성을 갖추고 있다. "성스러우면서도 알 수가 없는 것이 신인데 모두 내 마음이다. 마음이 하는 일은 생겨나는 사물들이 황종黃鐘과 대려大呂의 기를 얻게 하고, 기르되 반드시 도달하고자 하는 곳에 이를 수 있게 하고, 와석瓦石으로 하여금 무너지지 않게 하며, 중첩한 집들이 서로 막히지 않도록 하는 것에 비유할 수 있다."47)라고 하였다. 이와 같이 사물이 생겨나게 하면서 우주를 포괄하는 '마음'은 또 우주만물의 본원이기도 하다.

종합하여 말하면, 육구연에 있어서 '마음'이라는 범주는 본체론의 함의를 획득하였으며, 또한 '심즉리'의 명제는 본체론적 증명을 얻었

---

46) 『象山全集』 권34, 「語錄上」, "萬物森然於方寸之間 滿心而發 充塞宇宙 無非此理."

47) 『象山全集』 권19, 「敬齋記」, "聖而不可知之神 皆吾心也 心之所爲 猶之 能生之物 得黃鐘大呂之氣 能養之 至於必達 使瓦石有所不能壓 重屋有 所不能蔽."

다. 이것은 그의 심본체론 사상이 이미 정호, 사량좌, 장구성 등을 넘어섰음을 의미한다. 그는 낙학 가운데 심학의 요소를 하나의 심학 사상 체계로 발전시켰다.

3. 심즉리설

육구연의 사상에서, "사람들은 모두 이 마음을 지니고 있다."는 것은 모두 '본심'을 의미한다. 또 "마음이 바로 리이다."라는 것도 '본심'이 '리'라는 의미이다. 맹자에게서 '리'란 인심의 동일함이다. 맹자의 리에는 우주 규율이나 사회 규범의 의미는 없다. 그러나 육구연은 본심 자체를 도덕 원칙의 근원으로 생각하기 때문에 본심은 바로 리이고, 본심의 리는 우주의 리와 동일한 것이다. 사람이 살고 있는 실제적인 생활 속에서, 이성을 가지고 있는 사람이라면 모두 우주의 리와 동일한 도덕적인 본심의 구조를 지닌다. 개인의 양심과 사회에서 공인하는 도덕 준칙이 서로 일치하는 것이다. 따라서 마음은 본심이고, 리는 도덕 준칙이라는 의미 속에서 "마음이 바로 리이다."는 명제가 성립될 수 있다.

'마음이 바로 리이다'는 육구연의 사상을 전면적으로 이해하기 위해서는 육구연이 말하는 '리'의 문제를 반드시 구명해야 한다. 육구연은 "이 리는 우주에 고유한 것이다."[48]라고 말했고, "이 리는 우주에 있는 것으로, 사람이 알거나 모르거나, 실천하거나 실천하지 않거나 간에 그에 따라서 더해지거나 줄어들지 않는다."[49]고 하였다. 이것은 육구연이 우주에 있는 리의 객관성을 긍정했으며, 이러한 우주

---

48) 『象山全集』 권2, 「與朱元晦」, "此理乃宇宙所固有."
49) 『象山全集』 권2, 「與朱元晦」, "此理在宇宙間 固不以人之明不明 行不行 而加損."

에 있는 리의 객관성은 사람의 사유나 행위에 영향을 받지 않음을
긍정하고 있다는 점이다.

> 생각하면 마음은 하나의 마음이며 리도 하나의 리이다. 지극히 당
> 연함은 하나로 귀결되며 정밀한 의미는 두 가지가 없다. 이 마음과
> 이 리는 실제로 둘을 용납하지 않는다. 그러므로 선생(공자)께서는
> "내 도는 하나로 관통되어 있다." 하였고, 맹자는 "대저 도는 하나
> 일 따름이다." 하였고, 또 "도는 둘로 어짊과 어질지 않음뿐이다."라
> 하였다. 이와 같으면 인이 되고 반대면 불인이 된다. 인은 곧 이 마
> 음이요 이 리이다. 구하면 얻을 것인데 이 리를 얻는 것이요, 먼저
> 안 자는 이 리를 안 것이요, 먼저 깨달은 자는 이 리를 깨달은 것이
> 다. 그 어버이를 사랑하는 것도 이 리요, 그 형을 공경하는 것도 이
> 리이다. 어린 아이가 우물에 빠지려는 것을 보고 자기도 모르게 측
> 은한 마음이 생기는 것도 이 리이다.[50]

이것은 각 사람의 마음은 다만 하나의 마음이며 우주의 리는 다
만 하나의 리라고 본 것을 말한다. 우주나 인간이나 마음이 한결같
이 지극히 선하다는 것을 근거로 육구연의 주된 관심사는 객관적인
사실의 법칙 또는 리법에 있지 않았다. 오직 선험적 도덕심을 실천
할 수 있는 도덕적으로 능히 깨달을 수 있는 마음을 설명하거나 실
증하기 위해서 본심·양심 그리고 천명 일리一理를 사용하였다. 부
가한다면 이 마음이 물욕에 가려진 정신을 수습해서 마음 스스로 주
재자가 되어서 일이 없는 자연스런 것처럼 마음의 본래의 모습을 스
스로 살려 내도록 하는 존심의 학습법이 있을 뿐이다. 가장 근본이

---

50) 『象山全集』 권1, 「與曾宅之書」, "心一心也 理一理也 至當歸一 精義無
  二 此心此理 實不容有二 故夫子曰 吾道一以貫之 孟子曰 夫道一而已
  矣 又曰 道二 仁與不仁而已矣 如是則爲仁 反是則爲不仁 仁卽此心也
  此理也 求則得之 得此理也 先知者 知此理也 先覺者 覺此理也 愛其親者
  此理也 敬其兄者 此理也 見孺子將入井 而有怵惕 惻隱之心者 此理也."

되는 곳에서부터 말하면 다만 하나의 사물은 하나의 리만이 있게 되어서 마땅히 마음과 리를 나눌 수 없는 까닭에 마음이 곧 리이다.

　육구연은 "이 리는 우주에 가득하니, 누가 그것에서 벗어날 수 있겠는가? 순응하면 이롭고, 어기면 흉하다."51)고 하였고, "이 리는 우주 공간에 있는 것으로 일찍이 은둔한 적이 없다. 천지가 천지인 까닭은, 이 리에 순응하면서 사사로움이 없기 때문일 따름이다. 사람은 천지와 함께 세워져 삼극三極이 되니, 어떻게 스스로 사사롭게 하면서 이 리에 순응하지 않을 수 있겠는가?"52)라고 하였으며, "이러한 도는 우주에 가득하니, 천지는 이것에 순응하여 움직인다. 그러므로 해와 달은 지나침이 없고, 사계절은 어그러지지 않는다."53)고 말하였다. 이러한 생각들은 육구연도 리가 지닌 보편적 필연성을 긍정했다는 점을 밝혀 준다. 사람과 천지만물은 모든 리의 제약을 벗어날 수 없고, 이러한 보편 규율을 위배할 수 없다. 리에 순응하면서 움직여야만 비로소 우주와 사회의 정상적인 운동을 유지해 나갈 수 있다. 육구연은 이러한 이유를 다음과 같이 말했다.

　　천지를 가득 채운 것은 하나의 리일 뿐이다. 공부하는 사람이 배우는 까닭은 이 리를 밝게 알고자 하는 것이다. 이 리는 큰 것이니, 어찌 양의 다함이 있겠는가? 정명도가 이른바 천지에 유감이 있으면 천지보다 큰 것이니, 이러한 리를 일컫는 것이다.54)

51) 『象山全集』 권21, 「易說」, "此理塞宇宙 誰能逃之 順之則吉 逆之則凶."

52) 『象山全集』 권11, 「與朱濟道」, "此理在宇宙間 未嘗有所隱遁 天地之所以爲天地 順此理而無私焉耳 人與天地幷立而爲三極 安得自私而不順此理哉."

53) 『象山全集』 권10, 「與黃康年」, "此道塞宇宙 天地順此而動 故日月不過而四時不忒."

54) 『象山全集』 권12, 「與趙咏道書」, "塞宇宙一理耳 學者之所以學 欲明此理耳 此理之大 豈有限量 程明道 所謂有憾於天地 則大於天地者矣 謂此理也."

우주 간에는 응당 실리가 있으니, 배움에서 소중한 것은 이 리를 밝힐 수 있다는 점이다.[55]

육구연은 천지에 가득 찬 것이 리일 뿐이라면서 이러한 리를 어떻게 구명해 낼 것인가가 바로 배움의 목적이라고 보았다. 즉 천지의 객관적이고 보편적 법칙인 리를 사람의 주관적 의지인 마음으로 인식이 되었을 때 비로소 우주의 리가 마음 가운데 있다고 말할 수 있다.

이처럼 '리'는 선험적인 도덕법칙이면서 보편 법칙이어서 육구연은 천지의 리도 사람의 마음과 일치함을 말한다. '우주에 가득 차 있다'고 함은, 리가 우주 공간의 보편적이고 절대적인 존재임을 뜻하는 것이다. 리는 사람의 마음에 존재하고, 또 천지간에도 보편적으로 존재한다. 육구연은 "만물은 빽빽하게 마음속에 들어 있다. 마음이 가득하여 밖으로 드러나면서 우주에 가득 채우게 되는데, 그 어느 것도 이 리 아닌 것이 없다."[56]고 말하였다. 이것은 온 천지가 하나의 리로 가득 차 있으며, 사람들이 배우고자 하는 목적은 이 리를 밝게 알고자 하는 것임을 말한 것이다. 그리고 이 리가 마음 가운데 있다는 것은 마음이 만물의 리를 포함하고 있다는 말이며, 만물은 모두 이 리의 표현이라는 것은 만물의 인식이 마음으로부터 발생하여 나왔다는 말이다. 따라서 그는 "사람의 마음은 아주 영묘하며 이 리는 아주 밝다. 사람은 모두 이 마음을 가지고 있으며 마음은 모두 이 리를 가지고 있다."[57]고 말하였다.

---

55) 『象山全集』 권14, 「與包詳道」, "宇宙間自有實理 所貴乎學者 爲能明此理耳."

56) 『象山全集』 권34, 「語錄上」, "萬物森然於方寸之間 滿心而發 充塞宇宙 無非此理."

57) 『象山全集』 권21, 「雜著」(雜說), "人心至靈 此理之明 人皆有是心 心皆具是理."

이러한 생각들은 모두 내심의 도덕 준칙과 우주의 보편적 리 사이의 동일성을 강조하는 것이지, 우주의 리가 인심의 산물임을 뜻하는 것은 아니다. 리의 객관성·필연성·보편성·가지성 등을 육구연은 부정하지 않았다. 오직 이러한 점을 이해할 때에만 "마음이 바로 리이다."는 육구연의 사상을 이해할 수 있을 것이다. 육구연 말한 마음은 또한 '본심'이라고 불린다. 그는 이 '본심'이 무엇이냐고 묻자, 다음과 같이 설명하였다.

> 측은해하는 마음은 인의 단서요, 부끄러워하는 마음은 의의 단서요, 사양하는 마음은 예의 단서요, 옳고 그름을 가리는 마음은 지의 단서인데, 이것이 본심이다.[58]

이 글에서 육구연이 말한 본심은 맹자가 말한 타고난 인의예지의 선한 마음이며, 또한 보편적인 도덕의식임을 알 수 있다. 그는 이러한 도덕의식이 타고난 것이고 우주의 최고 원리이기 때문에 삶의 도덕원칙으로 통용되는 객관성을 지니고 있다고 생각하였다.

> 이 리가 우주에 가득하니, 이른바 도 밖에 일이 없으며 일 밖에 도가 없다. 이것을 버리고서 따로 헤아림이 있고, 따로 좇음이 있고, 따로 규모 지음이 있고, 따로 형체와 흔적이 있고, 따로 일을 행함이 있고, 따로 일과 공론을 따짐이 있으면서 도를 구하지 않으면 이단에 빠진 것이며, 또한 이욕을 추구하는 것이다. 이를 일컬어 빠져들었다고 말하며 구멍이 났다고 말한다. 이러한 채로 말을 하면 사악한 말이 되고, 견해를 내세우면 사악한 견해가 된다.[59]

58) 『象山全集』 권36, 「年譜」, "如何是本心 先生曰 惻隱仁之端也 羞惡義之端也 辭讓禮之端也 是非智之端也 此卽是本心."
59) 『象山全集』 권35, 「語錄下」(友門人詹阜民子南所錄), "此理塞宇宙 所謂道外無事 事外無道 事此而別有商量 別有趨向 別有規模 別有形迹 別"

이러한 주장은 서로 다른 사람이 서로 다른 취향, 서로 다른 생각, 서로 다른 견해를 가진다는 것을 인정하지 않음을 알 수 있다. 그러므로 그는 개성과 기호, 자라난 환경이 다르기 때문에 모든 사람은 선험적인 도덕 판단에 의거해야 한다고 보았다. '마음이 곧 리이다'는 명제는 이러한 모든 문제를 해결할 수 있는 이론적 근거를 지니고 있다. 마음속의 어떠한 관념도 모두 리에 합당하다고 말할 수 있고, 윤리질서의 영원성과 내재성을 강조하였다.

종합하여 말하면, 육구연에 있어서 '마음'이라는 범주는 본체론의 함의를 획득하였으며, 또한 '심즉리'의 명제는 본체론적 증명을 얻었다. 이것은 그의 심본체론 사상이 이미 정호, 사량좌, 장구성 등을 넘어섰음을 의미한다. 그는 낙학 가운데 심학의 요소를 하나의 심학 사상 체계로 발전시켰다.

후에 왕수인이 육구연의 학문을 전수하여 상산의 학문은 참으로 맹자를 계승하였다고 평가한 것처럼[60] 육구연의 심학은 맹자의 심학을 계승했다고 양수인은 술회하고 있다. 또한 육구연 스스로도 자신의 학문은 맹자를 읽고 자득한 것이라고 말한다.[61] 모종삼은 상산학의 심은 초월적 본심으로 인간 누구나 다 같이 구유한 영원하고 보편적인 존재로 이해하면서 초월적 본심은 인심이라고 표현하였거니와[62] 육구연의 이러한 사상은 본래 명도가 인을 본체로 한 천지만물 일체설을 주장한 바 있는 일체론과 연결시켜 볼 수 있는 이론이라고 했다.[63] 이처럼 모종삼은 구연의 사상적 연원을 직접 맹자에

　　　有行業 別有事功 則與道不相干 則是異端 則是利欲 爲之陷溺 爲之曰
　　　棄說 卽是邪說見 卽是邪見."

60) 『王陽明全集』, 권7, "象山文集序. 有象山陸氏. ……眞有以接孟子之傳. 要其學之必求諸心則一而已矣 故吾嘗斷以陸氏之學 孟氏之學也."

61) 『象山全集』, 권35. "因讀孟子而自得之."

62) 牟宗三, 『從陸象山到劉蕺山』, 學生書局, 民國 68, 86面.

그 근원을 두어 어떠한 학맥 없이 맹자의 사상을 직접 계승하였다[64]고 말한다.

4. 인식의 방법

육구연이 평생 강학한 그 목적은 바로 '덕을 완성하는 학문(成德之學)'에 있었다. 따라서 육구연의 학설 중에 인식에 관한 문제가 차지하고 있는 중요성은 정주학설이 주장한 중요성과 서로 같을 수밖에 없지만 추구하는 방법론은 다른 것이 사실이다. 육구연은 사람들에게 '먼저 그 큰 것을 세워라'(先立乎其大者)라는 명제를 제시하였다. "이것(心)은 하늘이 나에게 부여해 준 것이지 외부로부터 나에게 부여된 것은 아니다. '생각하면 얻을 수 있다'는 것은 이것을 얻음이며, '먼저 그 큰 것을 세운다'는 것은 이것을 세움이며, '적선積善'이란 이것을 쌓음이며, '집의集義'란 이것을 모음이며, '지덕知德'이란 이것을 앎이며, '진덕進德'이란 이에로 나아감[65]라고 하였다. '마음'이란 각 개인의 마음에 갖추고 있는 감각·지각·분석·종합 등의 인식 능력과 그 내용을 가리킨 것이 아니라 보편적으로 갖추고 있는 선험적인 인식능력이다. 육구연은 다음과 같이 말하였다.

> 『논어』에는 맥락이 애매한 말들이 많다. 예컨대 "지혜는 미치지만 그것을 견지할 어진 덕성이 없다."고 했는데 무엇을 견지한다는 말

---

63) 牟宗三, 『心體與性體』, 卷2, 中正書局, 1970, 96面.

64) 蔡仁厚, 『宋明理學』(南宋 篇), 學生書局, 民 66 - 69, 227面.

65) 『象山全集』 권1, 「與邵叔誼」, "天之所以與我者 非由外鑠我也 思則得之 得此也 先立乎其大者 立此也 積善者 積此也 集義者 集此也 知德者 知此也 進德者 進此也."

인지 알 수 없고, "배우고 늘 익힌다."고 했는데 무엇을 늘 익힌다는 말인지 알 수 없다. 학문에 본령이 없으면 쉽게 해독할 수 없는 말들이다. 학문에 본령이 있으면, 지혜가 미치는 대상도 그것(근본)이고, 어진 덕성이 견지하는 대상도 그것이고, 늘 익히는 대상도 그것이고, 기뻐하는 대상도 그것이고, 즐거워하는 대상도 그것이니, 마치 높은 옥상에 물병을 거꾸로 매단 것처럼 쉬워진다. 그런즉 학문의 근본을 알면 육경은 모두 나의 주석에 불과하다.[66]

육구연은 '배우고 늘 익힌다'고 했는데, 먼저 무엇을 익혀야 할지를 알아야 한다. 무엇을 익혀야 할지를 알려면 '먼저 그 대체를 확립해야' 하고, '근본을 알아야만' 한다. 이미 '근본을 알았으면' 그것에 힘을 쏟고 그것을 늘 익히고 그것을 견지하고 그것을 즐거워하면 모든 공부는 다 '마치 높은 옥상에 물병을 거꾸로 매단 것처럼 쉬워진다'고 보았다.

먼저 이러한 사실을 알았으면 그저 스스로 그러하게 맡겨두기만 하면 마음은 무리 없이 자연스럽게 사물에 응한다. 사람들이 학문하는 까닭은 마음의 편견을 제거하고 그 본체를 회복하려는 것이라고 육구연은 생각했다.

> 이 리가 우주에 존재함에 무슨 장애가 있으랴마는 네 스스로 침몰하여 스스로 몽매한 편견에 갇혀 부지불식간에 함정 속에 빠져들어 이른바 고원한 존재에 대해서는 더 이상 알지 못하게 된 것이니, 이제 그 함정을 완전히 돌파하고 올가미를 끊을 방법을 모색해야 한다.[67]

---

66) 『象山全集』 권34, 「語錄上」, "論語中多有無頭柄底說話 如知及之仁不能守之之類 不知所及守者何事 如學而時習之 不知時習者何事 非學有本領 未易讀也 苟學有本領 則知之所及者及此也 仁之所守者守此也 時習者習此也 說者說此 樂者樂此 如高屋之上建瓴水矣 學苟知本 六經皆我註脚."

　‘먼저 그 대체를 확립함’은 일종의 지식에 불과하기 때문에 수양을 통해서 그 지식을 자기의 정신 경지로 변화시켜야 한다. 수양의 주요 공부는 사람과 우주 간의 ‘간격’을 없애는 일이다. 본래 사람의 마음과 우주는 일체였으나 사람 스스로가 사심과 욕심으로 말미암아 우주와 격리시키게 된 것이다. 이러한 사실을 자각한다면 바로 우주와 일체가 될 수 있다.

　그러므로 육구연은 세계의 본원이 나의 마음이라고 생각하였다. 바로 ‘마음’이 본심을 자각하여 가치표준을 세울 수 있고, 보편성을 강조할 수 있는 선험적 도덕가치의 근원이 될 수 있다고 보았다. 육구연은 이런 보편적 가치에 대한 문제점과 해결책으로 다음과 같이 지적하였다.

　　오늘날 학자들은 단지 곁가지에만 마음을 쓰고, 핵심이 있는 곳을 추구하지 않는다. 맹자가 말하기를 “그 마음을 극진히 하는 이는 그 본성을 알고, 그 본성을 알면 하늘을 안다.”고 하였다. 마음은 단지 하나의 마음일 뿐이다. 어느 누구의 마음, 내 친구의 마음, 위로 천 년 백 년 전의 성현의 마음, 아래로 천년 백 년 전의 그대로 성현이 있어 그 마음은 역시 단지 이러할 뿐이다.68)

　‘마음’은 바로 경험적인 마음이 아니라 이미 선천적인 자각 능력을 지니고 있는데 당시의 학자들은 이러한 사실을 알지 못하고 있다고 보았다. 보편적인 가치라고 인정하는 것은 나 또는 남의 마음이, 곧 천 년 전이나 천 년 이후의 성현들이 변함없이 인정하고 있기

---

67) 『象山全集』 권35, 「語錄下」, “此理在宇宙間 何嘗有所礙 是你自沈埋 自蒙蔽 陰陰地在個陷穽中 更不知所謂高遠底 要決裂破陷穽 窺測破個羅網.”
68) 『象山全集』 권35, 「語錄下」, “今之學者 只用心於枝葉 何求實處 孟子云 盡其心者知其性 知其性則知天矣 心只是一個心 某之心 吾友之心 上而千百載聖賢之心 下而千百載復有一聖賢 其心亦只如此.”

때문에 가능한 것이다. 육구연은 '마음'은 온갖 존재를 다 함유할 수 있다고 보았다. "마음의 본체는 매우 크다. 만약 나의 마음을 극진히 다 발휘하면 바로 하늘과 같아진다."[69]라고 하였다. 그러므로 '마음이 곧 이치이다'라는 가치 표준이나 규범을 가지고 사물이나 사건에 대처해야 한다.

> 모름지기 일마다, 물건마다 지나쳐 내버려 두어서는 안 되고 그 이치를 연마하여 고찰해야 한다. 또 천하의 일마다, 물건마다 단지 하나의 이치만 있을 뿐 두 가지 이치는 없다. 모름지기 그 지극한 곳에 이르러야만 된다.[70]

마음이 바로 이치이고 그 이치라는 것은 일마다 물건마다 하나의 이치를 가지고 있다. 이와 같은 이치를 철저히 궁구했을 때 비로소 인식이 가능하게 된다. 이러한 기본적인 전제에서 출발하여 그는 이른바 '간단하고도 쉬운(簡易)' 인식론의 체계를 완성하였다.

> 하늘이 나에게 부여한 것은 이 마음이다. 사람이 모두 이 마음을 가지고 있으며 마음은 모두 리를 가지고 있으니, 마음이 곧 리이다. 공부하는 사람에게 귀중한 것은 이 리를 궁구하고 이 마음을 다하는 것이다.[71]

육구연은 마음 가운데 진리가 있고 진리는 마음 가운데 있기 때문에, '돌이켜 살펴 안에서 구하기만(反省內求)' 하면 진리를 얻을

---

69) 『象山全集』 권35, 「語錄下」, "心之體甚大 若能盡我之心 便與天同."

70) 『象山全集』 권35, 「語錄下」, "須是事事物物不放過 磨考其理 且天下事事物物只有一理 無有二理 須要到其至一處."

71) 『象山全集』 권11, 「與李宰」, "天之所以與我者 卽此心也 人皆有是心 心皆具是理 心卽理也 …… 貴乎學者 爲其欲窮 此理盡此心也.

수 있다고 생각하였다. 그는 '만약 나의 마음을 다할 수 있으면 하늘과 같아질 수 있다. 공부를 한다는 것은 다만 이것을 깨닫는 것일 따름이다'고 하였다. 객관적 관념론자인 주자는 세계의 본원이 리이며, 리를 깨달으려면 반드시 격물의 과정을 거쳐야 한다고 보았다. 그러나 주관적 관념론자인 육구연은 세계의 본원이 곧 '나의 마음'이며, 사람들이 이를 깨달으려면 나의 마음을 스스로 돌이켜보아야 한다고 생각했다. 도학자들이 말하는 '리'이든 '심'이든 그 실질은 모두 우주의 본원과 윤리적 도덕이다.

주자도 격물궁리를 강조했으며, 사람의 인식은 반드시 격물의 과정을 거쳐야 '내 마음의 바탕을 온전하게 하고, 그 쓰임을 크게 하여 밝아지지 않음이 없는' 경지에 다다를 수 있다고 하였다. 그러나 육구연은 직접 '마음이 곧 리'이며 천하 사물의 리는 내 마음 밖에 있지 않다고 하였다. 따라서 육구연이 말한 격물은 자신에게로 돌이켜 살피고 안에서 구해야 한다. 바로 육구연과 주자의 인식 방법이 같지 않음을 알 수 있다.

육구연이 인식 과정에서 바깥 사물에 대해 탐구하지 말라고 강조한 것은 천하 만물은 번다하기가 이루 다 말할 수 없기 때문이다. 그러나 양지·양능은 내가 본래 가지고 있는 것이어서 외계의 영향을 받지 않는다. 그러므로 '본심'을 탐구하면 만물의 리가 저절로 밝아지기 때문에 이것이 바로 진리를 인식하는 길이라고 생각했다.

『시경』에 문왕은 "부지불식간에 제왕의 법칙을 따랐다."고 찬양했는데, 요임금을 찬양한 강구康衢의 노래도 비슷하다. 『논어』에서 순임금, 우임금을 찬양하여 "위대하다! 천하를 소유했지만 간여하지 않았다."고 말했다. 사람이 간여하는 과오를 인식하고 아는 체하는 병을 없앨 수 있다면, 이 마음은 밝아지고 이 리는 확장되어 사물은 서로 부응하여 "인식은 늘 법도에 맞고 취지는 늘 중정의 도리에

부합한다." 그래서 "성인이 지나가는 곳은 감화되고 머무는 곳은 신
비해져 위로 하늘과 아래로 땅에서 다 같이 유전하니 어찌 소소한
도움에 불과하겠는가?"라고 하였다.72)

육구연은 이러한 인식의 과정이 '간단하고도 쉬운 공부'이며, 그
번다하기가 이루 말할 수 없는 사물의 리를 하나로 회귀시키는 것이
라고 생각하였다. 이러한 인식론은 마음에서부터 사물에 이르는 관
념적인 선험론의 길이다.

그러나 육구연은 양지와 양능이 '내가 본래 가지고 있는 것'이며
'조금의 결함이 없는 것'이라고 생각하였는데, 그렇다면 왜 공부를
하여야 하는가? 간이 공부가 비록 간단하고 쉽기는 하지만 역시 공
부이다. 이 문제에 대해 육구연은 사람의 마음이 '본래는 조금의 결
함이 없으나' 물욕이 본심을 '때와 더러운 것'에 젖어 들게 하는 까
닭에 반드시 씻어 내는 공부가 필요하다고 생각하였다. 어떤 사람이
육구연에게 "선생님의 공부는 어느 곳에서 시작해야 합니까?"라고
묻자, 그는 "자기를 철저히 하여 스스로 돌이켜보아야 할 뿐만 아니
라, 허물을 고쳐 선으로 나아가야 한다."73)고 답하였다. 학문은 그
자체로 만족스러운 것이 아니라 반드시 성찰과 수양을 통해 깨달음
을 얻어야 한다.

육구연이 말한 공부, 즉 치지의 방법은 '격물', 즉 '격심'을 통하여
'본심'에 대한 철저한 깨달음에 도달하는 것이다.

---

72) 『象山全集』 권1, 「與趙監第二書」, "詩稱文王 不識不知 順帝之則 康衢
之歌堯 亦不過如此 論語之稱堯禹曰 巍巍乎有天下而不興焉 人能知與
焉之過 無識知之病 則此心炯然 此理坦然 物各付物 會其有極歸其有極
矣 所過者化 所存者神 上下與天地同流 豈曰小補之哉."

73) 『象山全集』 권34, 「語錄上」, "或問 先生之學 當來自何處入 曰 不過切
已自反 改過遷善."

격물치지라는 것은 이 사물을 바로잡아 이 앎에 도달하는 것이니, 그러므로 명덕을 세상에 밝힐 수 있다. 『주역』의 궁리는 이 리를 궁구하는 것이므로 성을 다하면 명命에 이를 수 있다. 『맹자』의 진심은 이 마음을 다하는 것이므로 성을 알고 천을 알 수 있다.[74)

누군가 "선생님의 학문은 어디에서 비롯되었습니까?" 하고 물으니, 선생은 "자기의 반성을 철저히 하여 허물을 고치고 선으로 옮겨 갈 뿐이다."라고 하였다.[75)

격물치지를 통하여 마음의 막힘을 제거하여 허물을 고치고 선을 실천하여 본심의 밝음을 회복한 후에 성을 다하여 명에 이르면 비로소 성을 알고 천을 알게 된다. '본심'을 인식함과 인식 못함의 경계는 분명히 다른 경계이다. "본심을 인식하지 못하는 것은 마치 구름이 태양을 가린 것과 같으며, 본심을 인식하였다면 근본적으로 일물도 없다."[76) 본심이 한 번 밝으면 일체가 모두 밝아지므로 크게 통하고 크게 깨달았다(大徹大悟)고 할 수 있다.

육구연 심학의 주요 관점은 선종禪宗의 수양법과 유사한 점이 적지 않다. 육구연이 "하나가 옳으면 모두가 옳고, 하나를 밝히면 곧 모두가 밝아진다."고 하였는데, 이것은 선종에서 "이 마음이 본래 깨끗해서 가히 취하고 버릴 것이 없다."[77) 또 "마음 가운데서 스스로 참을 보면 참 이것이 성불의 원인이 된다."[78)라고 것과 유사하다.

---

74) 『象山全集』 권19, 「武陵縣學記」, "所謂格物致知者 格此物致此知也 故能明明德于天下 易之窮理 窮此理也 故能盡性至命 孟子之盡心 盡此心也 故能知性知天."

75) 『象山全集』 권36, 「年譜」, "或問 先生之學自何處入 先生曰 不過徹己自反 改過遷善."

76) 『象山全集』 권36, 「年譜」, "本心如雲翳日 旣識本心 元無一物."

77) 『六祖壇經』 제10 「付囑流通」, "此心本淨 無可取捨."

78) 『六祖壇經』 제10 「付囑流通」, "若能心中自見眞 有眞卽是成佛因."

선종에서는 문장을 저술하지 않고, 자기의 사상 관점에 대한 이론의 천명 또한 문자에 의존하지 않는다. 선종에서는 돈오를 주로 하므로 그들의 사상체계에서는 논리의 추리 또한 찾아보기 어렵다. 이와 같이 선종에서는 문자 이외의 것, 그리고 추리 이외의 것으로 사상관점을 표현할 수 있는 그 무엇인가를 찾지 않을 수 없다. 그것이 바로 심이다.

그러므로 육구연은 인식방법도 불가의 선종의 수양법처럼 문장을 저술하지 않고, 자기의 사상 관점에 대한 이론의 천명 또한 문자에 의존하지 않는다. 선종에서는 돈오를 주로 하므로 그들의 사상체계에서는 논리의 추리 또한 찾아보기 어렵다. 이와 같이 선종에서는 문자 이외의 것, 그리고 추리 이외의 것으로 사상관점을 표현할 수 있는 그 무엇인가를 찾지 않을 수 없다.

육구연도 '먼저 그 큰 것을 세워야 한다'와 '일용생활에서 비롯된다'를 강조한 까닭에, 그와 대립된 기타 학파의 제자와 자기 문하에 들어온 지 얼마 되지 않은 제자들에게까지 독서와 강학을 주장하지 않았다는 인상을 심어 주게 되었다.

> 같은 마을 사는 주제도와 그의 동생 주형도는 선생(육구연)에 비해 나이가 많았음에도 불구하고 모두 선생을 방문하여 도에 관해서 물었다. 그들이 어떤 사람에게 보낸 서신에서 다음과 같이 말하였다. "얼마 전 육 선생 댁을 찾아가 보니 선생이 제자들을 가르치는 법이 심오 간절하고 분명하였는데, 그것은 대략 제자들에게 방심을 구하게 하는 데 있었다. 학문에 뜻을 둔 몇몇 제자들이 서로 더불어 강학할 뿐, 언어 문자를 지으려고 생각하지 않았다."라고 하였다.[79]

---

79) 『象山全集』 권36, 「年譜」乾道 8年, "同里朱桴濟道 弟泰卿亨道 長於先生 皆來問道 與人書云 近到陸宅先生 所以誨人者 深切著明 大概是令人求放心 其有志於學者 數人相與講切無非 此事不復 以言語文字爲意."

그는 학문의 요지는 제자들과 더불어 강학하는 것일 뿐, 결코 그것을 책으로 문자화해서 펴내는 것이 아니었다. 그래서 그 방법이 심오하고 간절할 수밖에 없었다. 이와 같이 그의 수양방법은 제자들과 서로 강학하여 '구방심'하는 데 뜻이 있는 것이지 언어와 문자를 지으려는 것에 있지 않았다. 즉 본심을 드러내어 밝히는 데 있고 그것은 본심에 대한 철저한 깨달음이다.

5. 수양을 통한 본심의 회복

육구연은 본심은 순수무구하였으나 사람의 사사로운 욕심에 가려 본래심을 발현할 수 없다고 보았다. 이러한 사실을 인식하고 '박락剝落'의 수양방법을 제시하였다. "선량한 내 마음을 보존하고자 한다면 반드시 내 마음에 해가 되는 것을 없애야 한다."[80]고 하여 '박락'이 도덕수양에 없어서 안 될 중요한 과제로 대두 제시되었다. 육구연은 인심의 가려짐 또는 내 마음의 해가 되는 요소를 두 가지로 진단하였다.

> 어리석고 못난이는 그곳에 미치지 못하였다면, 물욕에 가려 그 본심을 잃어버린 것이다. 현명한 사람과 똑똑한 사람이 그것을 지나쳤다면, 의견에 가려 그 본심을 잃어버린 것이다. 어리석고 못난이의 폐단은 물욕에 있고 현명한 사람과 똑똑한 사람의 폐단은 의견에 있다.[81]

---

80) 『象山全集』 권32, 「養心莫善於寡欲」, "將以保吾心之良 必有以去吾心之害."
81) 『象山全集』 권1, 「與鄧文範」, "愚不肖者不及焉 則蔽於物欲而失其本心 賢者智者過之 則蔽於意見而失其本心 愚不肖者蔽 在於物欲 賢者智者之蔽 在於意見."

어리석고 못난 사람의 폐단은 물욕에 있는 것이 첫 번째 요소이고, 현명하고 똑똑한 사람의 폐단은 의견에 있는 것이 두 번째 요소라고 보았다. 그래서 인간의 '마음'이 생리적인 욕망이나 조건 등에 의해 제한을 받아 그 주체성을 드러낼 수 없는 것을 육구연은 '본심을 잃어 버렸다(失其本心)', '그 본심을 가렸다(蔽其本心)'고 하였다.

이와 같은 설명은 모든 사람에게 동일한 폐단이 있는데, 어떤 사람은 욕망의 지배를 받기도 하고, 어떤 사람은 자신이 가지고 있는 아집이나 사고 때문에 본심을 잃게 된다는 것이다. 사람들이 '본심'을 잃게 되면 보편적인 것보다는 편견이나 선입견 등에 관심을 가지게 되어 자신의 고유한 주체성이 드러날 수 없기 때문에 의식이나 판단이 모두 혼란해진다.

육구연은 마음이 가려지게 된 데에는 두 가지 원인이 있다고 진단하였다. "도에 병폐가 되는 것이라면 첫째가 타고난 성품이요, 둘째가 차차 익숙해져 가는 것이다."[82]라고 하였다. 그러나 타고난 성품이나 차차 익숙해져 가는 타성도 후천적인 학습과 수양에 의해서 변화시킬 수 있다. 육구연은 '마음에 가려짐'을 없애는 수양방법으로 '벗겨서 떨어지는(剝落)'것을 제시하였다.

> 사람들의 마음에는 병폐가 있는데, 이것을 반드시 벗겨서 떨어지게 해야 한다. 한 번 벗겨서 떨어지게 한다면 그만큼 맑고 밝아진다. 계속 벗겨서 떨어지게 한다면 또 그만큼 맑고 밝아진다. 모름지기 깨끗하게 다 벗겨서 떨어지게 해야 바야흐로 옳게 된다.[83]

사람의 마음이 이러한 몽폐(蒙蔽: 밝은 지혜가 덮여 어두움)로 말

---

82) 『象山全集』 권35, 「語錄下」, "人之所以病道者 一資稟 二漸習."
83) 『象山全集』 권35, 「語錄下」, "人心有病 須是剝落 剝落得一番 卽一番 清明 後隨起來 又剝落 又清明 須是剝落 得淨盡方是."

미암아 없어지거나 추락하여 빠지는 것(陷溺)이 있게 되면 이 마음
의 신령스런 밝음이 잃어버려서, 이 리가 밝지 못하게 된다. 그래서
반드시 '인욕'을 제거하며 '사의私意'를 쓸어 없애야만 이 마음의 신
령스런 밝음을 회복하고 이 리의 밝음을 회복할 수 있다. "이제까지
외물에 연연한 것이 많았는데, 날마다 그것을 벗겨내어 나의 천을
온전하게 하면, 나의 도는 두터워질 것이다."[84]라고 하여 '인욕'을
제거하고 '사의'를 쓸어 없애는 것이 이른바 '박락'이다. 이것은 하
나의 반복적인 과정으로 '인욕'과 '사의'를 철저하게 소멸시킨 뒤에
야 멈추는 것이다.

> 나의 마음을 해치는 것은 무엇일까? 그것은 욕심이다. 욕심이 많
> 으면 마음을 보존할 수 있는 사람이 적고, 반대로 욕심이 적으면 마
> 음을 보존할 수 있는 사람이 많다. …… 욕심을 버리면 마음이 스스
> 로 보존된다.[85]

> 가리어진 바가 있다거나 빼앗긴 바가 있다거나 빠진 바가 있으면
> 마음이 신령하지 못하고 이치가 밝지 못하게 된다. 이것을 바른 마
> 음을 얻지 못한 것이라고 말한다. 따라서 그 견해는 사특한 견해요,
> 그 말은 사특한 언설이다. 한번 여기에 빠지면 강학을 하지 않고서
> 는 회복될 수 없다.[86]

육구연의 '박락'이라는 수양공부 역시 그 주지는 본심을 밝히는

---

84) 『象山全集』 권11, 「與朱濟道(三)」, "向來累外處多 得日剝落之 以全吾
   天 則吾道幸心."
85) 『象山全集』 권32, 「養心莫善於寡欲」, "夫所以害吾心者 何也 欲也 欲之
   多 則心之存者 必寡 欲之寡 則心之存者 必多…… 欲去 則心自存矣."
86) 『象山全集』 권11, 「與李宰」, "有所蒙蔽 有所移奪 有所陷溺 則此心爲之
   不靈 此理爲之不明 是謂不得其正其見 乃邪見其說 乃邪說一溺 於此不
   由講學 無自而復."

데 있음을 볼 수 있다. 그리고 이 '박락'의 수양 방법은 본심을 밝히기 위해서 자아반성에 의하지 않고 밝은 스승과 어진 친구의 강학을 빌려서도 이루어질 수 있다고 그는 설명한다.

사람의 영혼이 혈기에 붙어 있으면 오관에 의해서 발로되는 것이 어떻게 올바를 수 있겠는가? 밝은 스승과 어진 벗의 벗겨 냄이 없으면 어떻게 가벼운 거짓을 없애어 진실한 곳으로 돌아올 수 있으며, 또한 어떻게 스스로 반성하고 자각하여 스스로 박락할 수 있겠는가?[87]

육구연의 '박락'은 이른바 밝은 스승과 어진 벗의 강학과 충고로도 가능하다고 보았다. 즉 '마음에 가리어진' 발생의 원인과 제거에 관한 그의 수양방법은 모두 실제 경험에 기초를 두고 있다. 육구연의 주관적 관념인 인식론은 안으로 향하여 돌이켜 살피는 '간이 공부'를 제창하고, 실제적인 수양 방법으로는 '박락'을 주장하였다.

육구연의 수양 방법에는 밝은 스승과 어진 벗의 琢磨탁마의 '박락' 외에도 독서를 통해서 추구하는 방법이 있다.

만일 일이 있어 독서하지 못하거나 스승과 벗을 가까이하지 못할지라도 어떤 곳에서든 자신을 점검하는 데 노력하여 좋은 일을 보면 선으로 옮겨 가고 허물이 있으면 잘못을 고쳐야 한다. 이것이 이른바 "진실한 마음으로 구하면 적중하지 못할지라도 거리가 멀지 않다."는 것이다. 만약 일을 하다가도 여가가 있으면 곧 책을 가까이하여, 읽어야 할 책 또한 뜻에 따라서 스스로 선택하고, 또한 그에 따른 수준을 헤아리면 도움이 되는 바 없지 않을 것이다.[88]

---

87) 『象山全集』 권35, 「語錄下」, "人之精爽 附於血氣 其發露於五官者 安得皆正 不得明師良友剖剝 如何得去其浮僞 而歸於眞實 又如何得能 自省自覺自剝落."

육구연은 당시 항상 '먼저 그 큰 것을 세워야 한다'와 '일용생활에서 비롯된다'를 강조하였다. 이와 같은 일을 수행하기 위해서 가장 좋은 방법은 바로 독서이다. 그는 독서할 때는 반드시 많은 양을 탐하거나 빨리 읽으려고 서두르지 말고, 자신의 몸에 간절하고 유용한 찾아 적은 양을 정독해야 한다고 말하였다.

> 책이란 또한 서둘러 읽는다거나 많은 양을 읽어서는 안 되며, 독서는 가장 면밀하고 익숙함을 귀중히 여겨야 한다.[89]

> 나는 항상 후학들에게 독서할 때면 문장의 의미가 확실하고 사물의 절차를 쉽게 알 수 있는 책을 정독하되 여유 있게 음미하고, 이에 무젖어 일용생활과 서로 협조가 이루어져야 하는 것이지 공허한 말에 그쳐서는 안 된다고 권유하였다.[90]

이와 같이 육구연의 독서방법은 성현의 뜻을 명백하게 알고자 함이었다. 또한 보다 중요한 것은 독서하는 사람의 정신과 의지를 문제 삼은 것이다.

> 독서할 때는 문장의 뜻을 알아야 하지만, 문장의 뜻을 아는 것만으로 옳다고 여기는 것은 어린아이들의 학문이다. 반드시 그 의미가 어디에 있는가를 살펴보아야 한다.[91]

379

---

88) 『象山全集』 권3, 「與曹挺之」, "若有事役未得讀書 未得親師 亦可隨處自家 用力檢點 見善則遷 有過則改 所謂心誠求之 不中不遠 若事役有暇 便可親書冊所讀書 亦可隨意自擇 亦可商量程度無有."

89) 『象山全集』 권14, 「與胥必先」, "書亦政不必遽爾多讀 讀書最以精熟爲貴."

90) 『象山全集』 권11, 「與朱濟道」, "某嘗令後生讀書時 且精讀文義分明 事節易曉者優游諷詠 使之浹洽與日用相協 非但空言虛說."

91) 『象山全集』 권35, 「語錄下」, "讀書固不可不不曉文義 然只以曉文義爲是 只是兒童之學 須看意旨所在."

　　이른바 독서란 물리를 밝히고 사정을 헤아리며 사세事勢를 논하
는 것이다. 예컨대 역사서를 읽을 때는 반드시 그 같은 일이 이루어
지게 된 이유, 폐하게 된 이유, 옳다고 할 수 있는 이유, 그르다 할
수 있는 이유를 보면서 여유 있게 무젖어 오랜 시간이 지나면 스스
로 힘을 얻게 될 것이다. 만일 이와 같이 3~5권의 책을 읽으면 3
만 권의 책을 읽는 것보다도 훨씬 나을 것이다.[92]

　　육구연의 이와 같은 독서 경험과 주장은 성정을 도야하고 도덕을
함양하는 과정으로서의 중요성을 인식한 것이지, 지식을 넓히고 지
혜를 더하는 과정상에 있지 않다. 심학의 관점에서 살펴보면 독서란
없어서는 안 될 중요한 부분이지만, 독서의 주된 목적은 도덕 수양
에 있으며, 이와 같은 수양의 주요점은 개인의 마음공부에 관련되는
것이다.

　　그리고 육구연은 "내 일찍이 독서하지 않았던가? 다만 다른 사람
들에 비하여 읽는 방법이 조금 달랐을 뿐이다."[93]라고 하여 육구연
이 "다른 사람들에 비해 읽는 방법이 조금 달랐다."고 하는 것은, 결
국 학문이란 기질을 변화시켜 주는 것이다.[94] 결국 책이란 서재에
보관하고 읽지 않는다면 부질없게 된다. 따라서 책은 반드시 강독하
여 그 성현이 말한 의미를 반드시 찾아내야 된다고 강조한 것이다.

　　그는 또한 그의 제자 포현도가 "책을 읽고 스승과 벗을 가까이하
는 것은 인의를 확충함이다"라고 한 것에 다음과 같이 비난한 바가
있다. "몸소 실천할 줄 모르면 설령 성현의 책을 읽는다 할지라도
그 어떠한 것도 얻을 수 없는데, 이제 포현도의 학문은 기괴하다 하

---

92) 『象山全集』 권35, 「語錄下」, "所謂讀書 須當物理 揣事情 論事勢 且如
　　讀史須看 他所以成 所以敗 所以是 所以非處 優游涵泳 久自得力 若如
　　此讀得三五卷 勝看三萬卷."
93) 『象山全集』 권35, 「語錄下」, "何嘗不讀書來 只是比他人 讀得別些子."
94) 『象山全集』 권35, 「語錄下」, "學能變化氣質."

겠다."95)고 말한 것이다. 그리고 "사람이란 배우지 않을 수 없다. 이
는 마치 물고기에게 물이 없을 수 없는 것과 같다."96)라고 하여 학
문 그 자체를 부정한 것은 아니다.

'간이 공부'로써 본심을 밝히고, '박락'으로서 '마음의 가리어진
것'을 없애고, '우유 독서'로써 덕성을 함양한다는 것은 육구연의 수
양방법론이다. 그러나 이 세 가지 또한 대등한 관점으로 차서의 구
분이 없는 것은 결코 아니다. 그는 자아반성이라 하는 '간이 공부'는
주가 되는 공부요, 사우師友・성훈聖訓은 다만 수양공부에 도움이
되는 부가 될 뿐이다.

> 이 마음의 선량함은 본래 외부에서 부여된 것이 아니다. 다만 양
> 심의 새싹을 도끼로 잘라내는 일과 소, 염소 등이 뜯어먹는 일이 없
> 다면 그날로 무성하게 될 것이다. …… 이 일은 남에게 빌릴 수도
> 없고, 다른 사람이 또한 대신 힘써 줄 수도 없다. 성현의 가르침과
> 사우師友의 강학이란 편책鞭策에 도움이 될 뿐이다.97)

이처럼 육구연의 수양방법과 그 철학 기초의 성질과 특색이 모두
일치된 것은 모두가 '마음'에서 출발하였기 때문에 "자득・자성自成・
자도自道는 사우와 재적載籍에 의지할 수 없다."98)고 한 것이다.

---

95) 『象山全集』 권6, 「與包顯道」, "包顯道 猶有讀書親師友 是充塞仁義之
   說……不知旣能躬行踐履 讀聖賢書 又有甚不得 今顯道之學 可謂奇怪矣."
96) 『象山全集』 권12, 「與黃循中」, "人之不可以不學 猶魚之不可以無水."
97) 『象山全集』 권5, 「與舒元賓」, "此心之良 本非外鑠 但無斧斤之伐 牛羊
   之牧 則當日以暢茂."
98) 『象山全集』 권35, 「語錄下」, "自得自成自道 不倚師友載籍."

6. 격물과 정좌

북송 이래 이정을 위주로 하는 '리학'의 사조에서는 『대학』의 '격물치지'의 문제를 특별히 중시하였다. 정이는 격물을 '궁리'로 해석하였는데, 이러한 사상은 학술계에 비교적 커다란 영향을 끼쳤다. 격물에 대한 육구연의 논의도 어느 정도는 이러한 영향을 받았다. 예를 들어 그는 다음과 같이 말하였다.

> 격은 이른다(至)는 것으로, 궁窮 자나 구究 자와 같은 의미이다. 모두 연마하고 고찰·탐색하여 그 지극함에 이르려는 것일 따름이다.99)

그는 '격'의 의미가 지극함을 궁구하는 것이라고 생각하였다. 이러한 해석은 정주와 일치하는 것이다. 그는 격물이란 하나의 이치를 궁구하여 이르는 것이라고 보았다. 이에 선행해서 고찰해야 할 것으로 "모름지기 일마다 사물마다 놓치지 않고 그 리를 연마하고 고찰해야 한다. 그 리 또한 천하의 일이고 물이니, 다만 하나의 리가 있고 두 리는 있지 않다. 따라서 그 지극한 한곳에 이르러야만 한다."100)고 하였다. 제자(백민)가 그에게 "격물은 어떻게 하는 것입니까?"라고 물었을 때 그는 "사물의 이치를 연구하는 것이다."라고 대답하였다. 이것은 밖에 있는 사물의 이치를 탐구해야 함을 말하는 것이다. 그러자 제자가 "천지만물의 번성함은 이루 말할 수 없는데, 어떻게 모두 연구할 수 있는가?"라고 문제를 제기했을 때, 육구연은 "만물은 모두 나에게 구비되어 있다. 오직 리를 밝히기만 하면 된다. 그

---

99) 『象山全集』 권20, 「與格矯齋說」, "格 至也 與窮字究字同義 皆研磨考索以求其至耳."

100) 『象山全集』 권35, 「語錄下」, "須是事事物物 不放過磨攷 其理且天下事事物物 只有一理 無有二理 須要到其至一處."

러나 리를 자명하게 이해하지 못하면 반드시 스승과 친우를 극진하게 대해야 한다."[101]고 하였다.

인식주체의 유한한 능력과 인식객체의 무한하고 다양함의 모순에 대하여 육구연은 해결할 방법이 없기 때문에 다만 '마음'에서 그 해결책을 강구해야 한다고 보았다. 그는 사람들에게 객관사물의 규율을 연마하고 탐색하는 데로 이끌기보다는 오히려 사람들이 마음속에 있는 갖추고 있는 '리'를 밝히면 된다고 하였다. 이것은 연마하고 고찰하는 대상은 외물이 아니라 바로 '이 마음'이라는 말과 같다.

> 격물은 이것(마음)을 바로잡는(格) 것이다. 복희는 우러러 상을 보고 굽어 법을 살폈으니 먼저 이것에 힘을 다하였다. 그렇지 않다면 격물이라는 것은 말단일 뿐이다.[102]

'이것'은 곧 본심을 말하고, '이것을 격한다'는 말도 격심格心을 의미한다. 따라서 그가 말하는 격물이란 밖에 있는 외물을 연구하고 탐색하는 것은 결국 말단에 해당한다. 격물의 목적은 본래 '덕을 밝히는(明德)' 것에 있다. "천하에 덕을 밝히고자 하는 것이 대학에 입문하는 목표이다. 격물치지는 출발점이다. 『중용』에서 널리 배움(博學), 자세히 물음(審問), 신중하게 생각함(愼思), 밝게 변론함(明辯), 이 네 가지를 말하였는데, 이것이 격물의 방법이다."[103]라고 하여 박학·심문·신사·명변을 '격물의 방법'으로 삼았으며 '명명덕'의 공

---

101) 『象山全集』 권35, 「語錄下」, "先生云…… 致知在格物 格物是下手處 伯敏云 如何樣格物 先生云 研究物理 伯敏云 天下萬物不勝其繁 如何盡研究得 先生云 萬物皆備於我 只要明理 然理不解自明 須是隆師親友."

102) 『象山全集』 권35, 「語錄下」, "格物者 格此者也 伏羲仰象俯法 亦先於此盡力焉耳 不然 所謂格物 末而已矣."

103) 『象山全集』 권21, 「學說」, "欲明明德於天下是入大學標的 格物致知是下手處 中庸言博學審問謹思明辯是格物之方."

효를 이루는 방법으로 보았다.

　육구연이 말한 격물은 격심格心을 의미하여 공부의 시작으로 보았다. 그러나 육구연의 격물설은 결코 정주와 같은 것이 아니다. 그가 궁구하라고 주장한 리는 외재 사물의 규율이 아니기 때문이다.

　　어느 날 복재(復齋: 육구령) 형님께서 "동생은 요즘 무엇에 대해 공부하고 있는가?"라고 나에게 물었다. 그래서 나는 "인정과 사세事勢 그리고 물리에 대해 공부합니다."라고 대답하였다. 복재 형님께서는 '그러냐'고만 하셨다. 만일 사물의 가치가 높고 낮음을 알고, 사물의 좋은 점과 나쁜 점, 사실과 거짓을 분별해 낸다면, 나는 그것을 능력 있는 것으로 말하지 않을 수 없다. 그러나 내가 공부한다고 말하는 것은 이런 것을 두고 말하는 것은 아니다.104)

　육구연이 강조한 물리 공부는, 정주가 주장하는 사물의 '소이연'을 궁구하는 공부도 아니고, 독서하며 궁리하는 공부를 의미하는 것도 아니다. 그는 "내가 독서할 때 단지 고주古注만 보아도 성인의 말씀은 그 자체로 명백하다. 예컨대 '너희들은 들어가서는 효도하고 나와서는 공경하라'고 말할 때, 이는 분명히 그대가 들어가서는 효도하고 나와서는 공경하라는 가르침을 말한 것이다. 무슨 주석이 필요하겠는가? 학자들은 이러한 것에 정신을 피로하게 함으로써 부담만 가중시킨다. 나에게 오면 그에게서 부담을 덜어 줄 뿐이니, 바로 이것이 격물이다."105)라고 말한 적이 있다.

---

104) 『象山全集』 권34, 「語錄上」, "復齋家兄一日見問云 吾弟今在何處做工夫 某答日 在人情事勢物理上做些工夫 復齋應而已 若知物價之低昂與夫辨物之美惡眞僞 則吾不可不謂之能 然吾之所謂做工夫 非此之謂也.

105) 『象山全集』 권35, 「語錄下」, "聖人之言自明白 且如弟子入則孝 出則弟 是分明說與你入便孝 出便弟 何須得傳注 學者疲精神於此 是以擔子越重 到某這裏 只是與他減擔 只此便是格物."

이 말은 정신을 피폐하지 않게 하고 '효제'와 같은 인륜의 리를 밝히고 도덕을 실천하는 것이 곧 격물이라고 보았다. 격물은 지식을 조금씩 쌓고 쌓아서 그 축적된 지식이 어느 날 갑자기 관통함을 추구하는 것이며, 마음이 막힌 곳을 제거하여 선을 밝힘을 구하는 것이다. 그러므로 그것을 '부담을 줄임'이라고 한다. 즉 육구연의 학문은 경전에 대해 주석하기를 반대하였고, 실천에 호소하는 '간이' 공부를 제창하였다. 따라서 그의 격물설은 주자와는 다를 수밖에 없다.

또 육구연의 학문에서는 '정좌靜坐'를 통해 본심을 밝히는 것을 매우 중시하였다. 주자는 일찍이 육구연의 학문과 수양 방법에 대해 "독서도 하지 않고, 의리를 추구하지도 않으며, 오직 정좌하여 마음을 맑게 할 뿐이다."106)라고 지적한 적이 있다. 또 진순陳淳도 "상산의 교육방식은 하루 종일 정좌하여 본심을 보전케 할 뿐, 장황한 변설로 수고롭게 하거나 어지럽히지 않는다."107)고 말하였다. 섭적葉適도 다음과 같이 말하였다.

애초에 주원회와 여백공이 복건 지방과 절강 지방의 선비들에게 도학을 가르쳤다. 그런데 육자정이 나타나 자신의 학문을 간단하면서 빠른 요점이라고 주장하자, 많은 학생들이 육구연의 말만 듣고도 감동하고 깨달았다. 그래서 옛 월나라 땅 사람들 가운데서 그 학문을 추구하는 이가 특히 많았다. 비가 오면 삿갓을 쓰고, 밤에는 등을 밝히며, 숭예崇禮의 집에 모여서는 모두 맑게 앉아 마음을 살폈다.108)

---

106) 『朱子語類』 권52, 「孟子二」, "不讀書 不求義理 只靜坐澄心."

107) 『宋元學案』 권58, 「北溪學案」, "象算教人終日靜坐以存本心 無用許多辨說勞攘."

108) 『葉適集』 권17, 「胡崇禮墓志銘」, "初朱元晦呂伯恭以道學教閩浙士 有陸子靜出 號稱徑要簡捷 諸生或立語已感動悟入矣 以故越人爲其學尤衆 雨幷笠 夜續燈 聚崇禮之家 皆澄坐內觀."

이러한 주장들은 모두 육구연이 정좌하고 마음을 맑게 하는 일을 중요한 존심 공부로 삼았음을 설명해 준다. 그의 제자는 다음과 같이 기록하고 있다.

> 이전에 어느 날 선생님을 모시고 곁에 앉아 있었는데, 아무것도 물어보지 않았다. 그런데 선생께서 '공부하는 사람은 늘 눈을 감고 있는 것도 괜찮다'라고 말씀하셨다. 그래서 나는 일이 없으면 편안히 앉아 눈을 감고, 마음을 다잡고 보존하는 데 힘썼다. 밤낮으로 계속하기를 보름 동안이나 하였다. 그러던 어느 날 아래층으로 내려오는데, 갑자기 마음이 맑고 밝아지면서 중립中立하는 것을 느꼈다. 깜짝 놀라 선생님을 찾아뵈었다. 선생께서는 눈을 들어 나를 보시더니, '리가 이미 드러났구나'라고 말씀하셨다. 내가 선생님에게 '어떻게 그것을 아십니까?'라고 묻자, '눈동자에 자세히 드러날 뿐이다.'라고 말씀하신 뒤 '도는 과연 가까이 있는가?'라고 물으셨다. '그렇습니다'라고 대답하였다.[109]

이 기록은 육구연이 정좌하여 이러한 체험을 한 적이 있었다는 것, 그리고 도를 체득하고 리를 밝히는 중요한 방법으로서 정좌 체험을 학생들에게 가르쳤다는 것을 밝혀 주고 있다. 이처럼 육구연은 감각기관인 눈과 귀를 막고 고요히 앉아 자신을 체찰하여야 진리에 도달할 수 있다고 생각하였다. 그러나 사람이 삶의 욕구를 충족시키기 위해서는 현실세계 속에서 반드시 생산과 실천 활동을 떠날 수는 없다. 이러한 생활 속에서 편안히 앉아 눈을 감은 상태에서 갑자기 '마음이 맑은 옥 속에 있는' 것과 같은 경지에 이른다고 말한 것은 신비주의적인 사고로 자신도 속고 남도 속이는 정신 상태일 수 있

---

109) 『象山全集』 권35, 「語錄下」, "先生謂曰 學者能常閉目亦佳 某因此無事則安坐瞑目 用力操存 夜以繼日 如此者半月 一日下樓 忽覺此心已復澄瑩中立 竊異之 遂見先生 先生目逆而視之曰 此理已顯也 某問先生 何以知之 曰 占之眸子而已 因謂某曰 道果在邇乎 某曰 然."

다. 종교주의 색채를 지니고 있는 주관적 관념론자는 이와 같이 조금씩 신비주의를 선양하면서 백성을 속이고 정신을 마비시키는 경향도 있었다.

육구연이 고취한 관념론적 인식론은 도덕 수양론과 연결된다. 그는 이 도덕 수양론에서도 간단하고도 쉬우면서 명쾌한 수양방법을 제시한다. 그는 먼저 자기 마음속에 본래 갖추고 있는 인의예지의 본심을 긍정한 뒤에 자신의 의지에 따라 본심이 옳다고 하는 것에 따라서 행하면 만족스러운 곳에 이를 수가 있다고 생각하였다. 그는 항상 제자들에게 다음과 같이 말하였다.

> 너의 귀가 스스로 밝고 너의 눈 또한 스스로 밝다면, 부모를 모심에 있어서 저절로 효성스러울 수가 있으며 형을 모심에 있어서 저절로 공순할 수가 있다. 본심은 모자람이 없으니 다른 것에서 구할 필요가 없이 스스로 설 뿐이다.110)

> 정신을 수습하고 스스로 주재하면, 모두 나에게 갖추어져 있는데 무슨 모자람이 있겠는가? 측은해야 할 때 자연히 측은해하고, 부끄러워해야 할 때 자연히 부끄러워하며, 관대하고 부드러워져야 할 때 자연히 관대하고 부드러워지고, 강하고 굳세어야 할 때 자연히 강하고 굳세어진다.111)

이것은 자기가 선천적으로 부여받은 본심을 충분히 믿어야만 모든 행위가 자연히 도덕의 기준에 합치된다고 말한 것이다. 따라서 그는 "모름지기 믿어야만 이에 바야흐로 가능하다."112)고 말하였다. 그는

---

110)『象山全集』권34,「語錄上」, "汝耳自聰 目自明 事父自能孝 事兄自能弟 本無少缺 不必他求 在乎自立而已."

111)『象山全集』권35,『語錄下』, "收拾精神 自作主宰 萬物皆備於我 有何欠闕 當惻隱時 自然惻隱 當羞惡時 自然羞惡 當寬裕溫柔時 自然寬裕溫柔 當發強剛毅時 自然發強剛毅."

또한 "요 근래에 어떤 사람이 나를 비방하면서 먼저 그 큰 것을 세운다는 한 구절만 **빼고** 나면 돋보이는 것이 전혀 없다고 말하기에, 나는 그것을 듣고서 진실로 그렇다고 대답하였다."[113]고 하였다. 맹자가 '먼저 그 큰 것을 세운다'라고 말한 것은 먼저 그 본심을 확신하는 것이며, 또한 먼저 자기의 선험적인 도덕의식을 인정하는 것에서 출발한다. 육구연의 수양방법은 바로 이 한 구절이다. 따라서 그는 스스로 그의 학문을 '간단하고도 쉬우며 명쾌하다(簡易直截)'고 생각하였다.

육구연은 본심이 곧 리이며, 본심의 자기인식이란 리의 자기 드러냄이라고 생각하였다. 그러나 사람은 욕망을 가지고 있는데, 욕망은 마음을 방해하는 것이므로 본심을 간직하고자 하면 반드시 욕망을 깨끗이 없애야 한다는 숙제가 있다. 그래서 그는 다음과 같이 말했다.

388

> 내 마음의 양지와 양능은 내가 본래부터 가지고 있는 것이다. 내가 본래부터 가지고 있으면서도 스스로 간직할 수 없는 것은 그것을 해치는 것이 있기 때문이다.…… 무릇 내 마음을 해치는 것은 무엇인가? 욕망이다. 욕망이 많아지면 마음이 간직할 수 있는 것이 적어지며, 욕망이 적어지면 마음이 간직할 수 있는 것이 많아진다.…… 욕망이 사라지면 마음은 저절로 간직하게 된다.[114]

육구연은 가장 중요한 수양 공부는 욕망을 없애고, 타고난 착한 마음, 즉 '양심'을 간직하는 것이라고 보았다. 즉 "내 마음의 양심을

---

112) 『象山全集』 권35, 『語錄下』, "須是信 得及乃可."

113) 『象山全集』 권34, 「語錄上」, "近有議吾者云 除了先立乎其大者一句 全無伎倆 吾聞之曰 誠然."

114) 『象山全集』 권32, 「養心莫善於寡欲」, "吾心之良 吾所固有也 吾所固有 而不能 以自保者 以其有以害之也 ……夫所以害吾心者 何也 欲也 欲 之多 則心之存者 必寡欲之寡 則心之存者 必多…… 欲去 則心自存也."

간직하고자 하면 반드시 악한 마음의 위해를 없애야 한다."115)라고 하였다. 이렇게 '마음을 간직하고 욕망을 없애야 한다'는 관점은 봉건통치계급의 도덕관념을 사람마다 본래부터 가지고 있는 것이라고 말한 것이며, 이러한 도덕관념을 어긴 어떠한 욕망도 잘못된 것이라고 생각한다. 그의 이 사상은 당시의 시대상을 반영한 것으로서 압박에 반항하고 생활을 개선하기 위해 투쟁하는 백성들의 행동을 부정하였다.

육구연은 일찍이 주자가 천리와 인욕을 확연히 둘로 나눈 것에 대해 이의를 제기하였다. 그러나 그가 반대한 것은 주로 하늘과 사람을 대립시킨 것을 반대한 것이지(그가 보기에 하늘과 사람은 다만 하나의 마음일 따름이다), 리와 욕망의 구분을 반대한 것은 아니다. 따라서 육구연의 관념론적 도덕관과 주자의 도덕관은 본질적으로 유사한 점이 많이 있을 수밖에 없다. 그는 당시의 도덕관념을 모든 계급의 사람들이 가지고 있는 도덕의식이라고 생각하였다. 그는 당시의 도덕은 사람의 마음속에 본래 있는 자발적인 원칙이라고 주장하고, 이러한 전통적인 봉건적 도덕의 매개로 하여 백성의 마음을 사로잡아 당시의 사회질서를 공고히 하고 중앙집권적 봉건전제의 통치를 유지하고자 하였다.

389

7. 정신을 수습하고 스스로 주재해야 한다

육구연은 그의 학생과 어떻게 해야 도덕적으로 이상적인 사람이 될 수 있는지를 한 차례 토론한 적이 있다. 이때 학생은 "그릇되고

---

115) 『象山全集』 권32, 「養心莫善於寡欲」, "將以保吾心之良　必有以去吾心之害."

편벽된 일을 감히 하지 않는다."(非僻未嘗敢爲)고 말했다. 즉 어떤 부도덕한 행동도 하지 않는 것이 도덕적으로 이상적인 사람이 될 수 있다고 피력하였다. 그러자 육구연은 "그것은 이 자리에서 억지로 제어하는 것에 불과할 뿐이다. 그 사이에는 제어할 수 없는 것이 있다. 이와 같다면 앞으로도 더욱 애를 써야 할 것이다. 그러므로 하늘이 나에게 준 것을 알아야만 한다."116)고 말하였다. 다시 말해서 오직 자기의 욕망을 억제하고 극복함으로써 도덕을 위반하는 행위를 하지 않는다면, 이는 오직 자신을 강제일 따름이다. 도덕적 행위는 하늘이 나에게 품부해 준 것이기 때문에 억지와 강요가 아닌 자발적이고 능동적인 행위자체를 의미한다.

그러므로 맹자는 힘으로써 남을 복종시키는 것은 상대방이 마음으로 복종하는 것이 아니라 힘이 모자라기 때문에 할 수 없이 복종하는 것이라고 보았다. 그러나 인과 덕으로써 남을 복종시키는 것은 상대방이 마음에서 우러나 진심으로 복종하는 것으로 70인의 제자가 공자에게 복종하는 경우와 같다고 하였다.117) 왕도정치는 이처럼 인과 덕으로써 백성을 복종시키는 정치형태이며, 이는 인간의 선한 본성을 기반으로 한 것이다.

육구연도 억지와 강제적인 것에서 자발적인 것으로 변화하기 위해서는 하늘이 나에게 부여해 준 보편적으로 지니고 있는 본심을 먼저 이해해야 한다고 보았다. 마치 맹자의 왕도정치 형태가 인과 덕으로써 백성을 복종시키는 것이라면, 그것은 억지나 강제의 힘이 아니라 인과 덕이라는 인간의 선한 본성에 기초한 것처럼 말이다. 따라서 사람의 도덕적인 완성이란 오직 사람들이 천부적으로 가지고 있는 본

---

116) 『象山全集』 권35, 「語錄下」, "不過是硬制在這裏 其間有不可制者 如此 將來亦費力 所以要得知天之所予我者."

117) 같은 책, 「公孫丑上」 3章, 以力服人者 非心服也 力不贍也 以德服人 者 中心悅而誠服也 如七十子之服孔子也

성을 어떻게 발현하는가에 달려 있다. 육농기陸隴其(자는 가서稼書) 역시 상산학의 이런 특징을 이해했기 때문에 다음과 같이 말했다.

> 상산은 주제도朱濟道에게 "정신을 거두어들여 스스로 주재자를 세워서, 측은히 해야 할 때 자연스럽게 측은해하고 부끄럽고 미워할 때 자연스럽게 부끄럽고 미워해야 한다."라고 말했다. ……상산은 고요함을 위주로 했다.118)

육농기는 상산이 주제도에게 정신을 수렴하여 스스로 주재자를 세운 다음에 사람이 본래 지니고 있는 본심에 도덕규범을 자연스럽게 맡겨야 한다고 했다. 그러면 자연스럽게 사단을 시행할 수 있다는 것이다. 육구연도 "정신을 거두어들이지(收拾) 않으면 얻지 못할 것이고, 거두어들이면 또 집착한 것이다. 이런 요점을 스스로 이해해야 한다."119)라고 하였다. 그는 정신을 거두어들이되 고요함을 위주로 했다.

육구연은 '스스로 주재자를 세우는 것'에 대해서 "이러한 리를 밝힐 수 있다면 이것은 곧 주재하는 것이다. 진정으로 주재할 수 있다면 외부 사물이 옮길 수도 없고, 사악한 학설이 미혹시킬 수도 없을 것이다."120)라고 강조하였다. 그가 '이러한 리를 밝힐 수 있다면 이것은 곧 주재하는 것이다'라고 말하는 것은 '이러한 리'는 곧 본심을 말하고, 본심은 외부에 이끌리거나 동요되지 않기 때문에 주재할 수 있게 된다. 이런 주체성이 확립되면 주재 능력이 발현되어 외물에 응하는 곳에서 가치를 실현할 수 있다. 또 그는 다음과 같이 말했다.

391

---

118) 『三魚堂全集』 권4, 「讀象山對朱濟道語」, "象山對朱濟道言 收拾精神 自立主宰 當惻隱時自然惻隱 當羞惡時自然羞惡 ……但象山由主靜."

119) 『象山全集』 권35, 「語錄上」, "不收拾又不得 收拾又執 這般要處 要人 自理會得."

120) 『象山全集』 권1, 「與曾宅之」, "明得此理 卽是主宰 眞能爲主 則外物 不能移 邪說不能惑"

　　존형께서는 지금부터 자립하고, 바로 앉아 손을 모은 채 정신을
　수습하고 스스로 주재한다면, 만물이 모두 나에게 완비될 것인데,
　무슨 부족함이 있겠습니까? 측은히 여겨야 할 때 자연스럽게 측은
　히 여기고, 부끄러워하고 미워해야 할 때 자연스럽게 부끄러워하고
　미워할 것입니다.121)

　'정신을 수습한다'고 함은 정신을 안으로 수렴하라는 뜻이다. 이는
옛사람들이의 주석이나 외부 사물에 대한 호기심으로 부질없이 정신
을 소모하지 말라는 의미이다. 그리고 '스스로 주재한다'고 함은 성
현의 경전에 내함하고 있는 절대적이고 외재적인 권위에 의지하지
말고, 자신의 본심을 판단과 실천의 준칙으로 삼으라는 의미이다. 육
구연의 이러한 주장은 만물의 이치가 모두 나에게 갖추어져 있기 때
문에 자연스럽게 인간의 도리인 사단을 시행할 수 있기 때문이다.
　그러므로 자주·자립이란, 타의 힘에 의한 억지와 강제가 아닌 마
음속에서 스스로 우러난 것을 의미한다. 즉 본심과 양심으로 하여금
의식의 주재가 되게끔 하라는 말이다. "이미 자립할 줄 알았으니, 이
마음은 아무 일 없을 때에도 모름지기 함양해야 되며, 곧장 일을 이
해해서는 안 된다."122)라고 한 이유도 여기에 있다. '큰 뜻을 먼저
세우기' 위해서는 마음은 항상 함양하는 습관을 가지고, 그런 다음
에 정신을 수습해야 한다.
　육구연은 또 다음과 같이 말하였다.

　　사람의 정신이 밖에 있으면, 죽음에 이르러도 수고로울 것이니,
　모름지기 수습하여 주재로 삼아야 한다. 정신을 안에서 수습해서 얻

---

121) 『象山全集』 권35, 「語錄下」, "請尊兄卽今自立 正坐拱手 收拾精神 自
　　作主宰 萬物皆備於我 有何欠闕 當惻隱時自然惻隱 當羞惡時自然羞惡."
122) 『象山全集』 권34, 「語錄上」, "旣知自立 此心無事時須要涵養 不可便
　　去理會事."

었을 때 불쌍히 여겨야 할 때는 불쌍히 여기고, 부끄러워하고 미워
해야 할 때는 부끄러워하고 미워하게 된다.[123]

　　육구연은 마음이 외물을 추구하면 감관이 외물에 유혹되기 때문에
마음이 밖으로 달리지 않도록 항상 조심해야 하고, 그러면 비로소
도덕적 주체성의 자각으로 부끄럽고 미워해야 할 때 부끄러워하고
미워하게 된다. 육구연이 긍정하는 자각 또는 주체성의 발현은 그
말단이 외물에 이끌리지 않는 것이다. 마음이 밖으로 달리지 않고,
주체성의 자각으로 되돌이키는 것이 정신을 수습하는 것이다. 이런
경지에 도달하면 어떤 사악한 학설이나 외부의 유혹에도 자신을 동
요시킬 수 없게 된다. 그래서 그는 맹목적으로 경전의 권위를 좇지
말도록 강조하였다. '서적의 문자를 헤아리는 데' 정력을 낭비한다
면, '몸 전체에 주인이 없는 상태'로 이끌려 갈 뿐이다. 어떤 사람이
라도 조용히 앉아서 마음을 맑게 하고, 의식을 내심에 집중시키며,
경전 해석을 포함한 각종의 선입견을 배제한 채 '본심'을 체험하려
고만 한다면, 내심에 본래 있는 주재를 발견할 수 있다. 이러한 주
재는 가장 믿을 만한 정도로, 사람들을 진정한 사람이 되게끔 이끌
수 있다.

　　육구연이 주장한 주체성은 자아의 진면목이다. 그러나 경험하는
세계에서는 만물·만상과 상대하는 것이 자아이므로 반드시 주관과
객관의 관계 속에서 영향을 결정짓는다. 그러므로 다만 경험상에서
활동하는 자아는 그 스스로 주체성을 드러낼 수 없다. 따라서 정신
을 수렴하는 '되돌아옴(復)'이 필요하다. 이른바 그 마음을 회복한다
는 것은 경험적 자아로부터 본래의 초경험적 자아로 되돌아오는 것
을 말한다. 그는 마음을 회복한다는 것을 다음과 같이 말하였다.

---

123) 『象山全集』 권34, 「語錄上」, "人精神在外 至死也勞攘 須收拾作主宰
　　收得精神內內時 當惻隱卽惻隱 當羞惡卽羞惡."

되돌아옴이란, 양효가 되돌아오는 것이다. 다시 선해진다는 뜻이다. 인간의 성품은 본래 선한데, 그 불선한 것은 사물에(마음이) 옮겨갔기 때문이다. 사물이 해로움을 알고, 스스로 반성할 수 있다면 선이란 나의 성품이 본래 가지고 있는 것임을 알게 된다. 내가 본래 가지고 있는 것을 따라서 덕을 나아가게 하면 힘차게 다른 곳으로 가지 않을 것이다. 그러므로 되돌아옴(復)이 덕의 근본이라고 말하였다. 되돌아옴을 알면 안팎이 합해질 것이다.[124]

육구연은 주체성이 본래 가지고 있는 이치를 실현하는 것에 대하여 '덕'을 강조하였다. 그러므로 참된 관건은 단지 '주체자각'이 드러날 수 있느냐의 여부에 달렸다. 일단 드러나면, 스스로 곳곳에서 본래 가지고 있는 이치를 실현할 수 있다. 그러므로 '덕을 추진함(進德)' 및 '덕을 완성함(成德)'은 외적인 작용의 공부에 있는 것이 아니며, 이 마음을 다스리는 것을 주로 삼는 것도 아니다. 그것은 이 마음의 초경험적 주재능력을 드러내는 것을 위주로 삼는다. 이러한 뜻에 의하면 '되돌아옴'이 '덕의 근본'이라고 할 수 있다.

육구연 보기엔 학문도 '안으로 향해서 공부하는 것'에 달려 있기 때문에 외부 사물에 대한 영향은 염려할 정도가 아니다. 심지어 그는 독서도 할 필요도 없다고 생각했다. 한번은 그의 제자가 "선생께서는 어째서 책을 쓰지 않습니까?"라고 묻자, 그는 "육경이 나를 주석하는데, 어찌해서 내가 육경에 대한 주석을 달겠는가?"[125]라고 대답하였으며, 또 "공부를 함에 있어서 진실로 근본을 알면 육경은 모두 나의 주석이다."[126]라고 말한 적이 있다. 육경은 마음과 리에 대

---

124) 『象山全集』 권34, 「語錄上」, "復者 陽復 爲復善之義 人性本善 其不
善者遷於物也 知物之爲害而能自反 則知善者乃吾性之固有 循吾固有
而進德 則沛然無他適矣 故曰 復 德之本也 知復則內外合矣."

125) 『象山全集』 권34, 「語錄上」, "或問 先生何不著書 對曰 六經註我 我
註六經."

한 해석이므로 내가 반드시 육경을 해석할 필요가 없다는 것이다.

'육경은 나에 대한 주석을 단 것'이라는 관점은 바로 육구연의 '내 마음은 곧 우주이다'라는 것의 인식론적 표현이다. 육구연은 마음의 작용을 무한히 확대하고 주관의 정신을 확립하면 어떠한 외재적 조건에도 유혹받지 않는다는 사실을 자각한 것이다.

육구연은 본심을 드러내고 스스로 주재함을 중시하는 자신의 학문이, 맹자의 '유본지학有本之學'을 계승한 것으로 생각하였다. 그는 주자 등이 "종일토록 악착같은데, 그것은 마치 뿌리 없는 나무나 근원 없는 물과 같아서 캐고 꺾으며 끌어들이려고 노력하지만, 가득 참과 말라 버림, 무성함과 시듦이 무상하다."[127]고 생각하였다. 그가 지향하고 제창한 것은 "근원이 깊은 샘물은 졸졸졸 밤낮 없이 계속 흘러가 웅덩이를 채우고, 다시 나아가 사방의 바다로 흘러든다. 근본이 있는 것은 이와 같다."[128]는 맹자의 말을 계승하였음을 시사한 것이다. 그는 이렇게 말하였다.

시냇물이 모여 강하를 이룬다. 샘에서 물이 막 흘러나올 때는 졸졸거리는 미세함만이 있고, 강하까지는 아직 멀다. 하지만 강하를 이루는 리는 있다. 밤낮없이 졸졸졸 흐른다면 비록 지금은 웅덩이를 채우지 못할지라도 장래에는 자연스럽게 웅덩이를 채울 것이다. 그러나 학자가 스스로를 먼저 알지 못하고 말단의 무성함에만 이끌려 황망히 자신의 미세한 흐름을 내버린 채 그것을 좇는다면, 스스로를 망치는 일이다. 이는 나의 졸졸졸 거리는 미세함이 참된 것임을 모르고, 저들의 말단이 비록 무성할지라도 거짓된 것임을 알지 못하기

126) 『象山全集』 권34, 「語錄上」, "學苟知本 六經皆我注脚."

127) 『象山全集』 권1, 「與曾宅之」, "終日營營 如無根之木 無源之水 有采摘汲引之勞 而盈涸榮枯無常."

128) 『孟子』, 「離婁下」 18章, "原泉混混 不舍晝夜 盈科而後進 放乎四海 有本者如是."

때문이다. 말단의 무성함이란 마치 손으로 물을 담는 것과 같아, 그
말라 버림은 잠시 서서 기다릴 수 있을 정도다.[129]

육구연은 시원스럽게 소리 내어 흐르는 강하의 시원도 결국 옹달
샘에서 시작한다고 보았다. 먼저 옹달샘의 근원을 알지 못한 채 강
하에 힘차게 소리 내어 흐르는 물결만 추구하면 말단을 추구하는 것
으로 보았다. 옹달샘에서 발원한 '졸졸졸 흐르는' 물줄기는 본심의
발현을 가리키는 것이고, '강하'는 본심을 확충해 나아가 대용大用이
유행함을 의미한다. 그는 사람이 본심을 순수하게 유지할 수만 있다
면 근원이 있는 물이 변함없이 흘러 내려 마침내는 시내와 강하를
이루고 바다에 이를 수 있다는 확신을 가지고 있었다. 육구연은, 내
재하는 도덕 원천을 밝히지 않은 주자의 가르침이란 실제로 근원이
없는 물을 추구하는 것이라고 생각하였다. 근원이 없는 물은 계속해
서 흐를 수가 없다. 따라서 도덕 수양의 공부는 내재하는 본심의 도
덕원천을 훼손하지 않도록 보유·확충하여, 끊임없이 흐르도록 해야
한다. 그는 또 다음과 같이 말하였다.

지금 내 친구가 이미 본심을 얻고는 계속해서 그것을 배양하고
다치지 않게 한다면, 누가 그것을 막을 수 있겠는가? 예를 들어, 뿌
리가 있는 나무에 물을 주어 잘 기르고 상처를 입히거나 잘라내지
않는다면, 줄기와 잎이 날로 무성해질 것이다. 또 근원 있는 물의
흐름을 잘 소통시켜 막히지 않게 한다면, 그 흐름은 날로 왕성해지
며 쌓여갈 것이다. 그래서 '근원이 깊은 샘물은 졸졸졸 밤낮 없이

---

129) 『象山全集』 권34, 「語錄上」, "涓涓之流 積成江河 泉源方動 雖只有涓
涓之微 去江河尚遠 卻有成江河之理 若能混混 不舍晝夜 如今雖未盈
科 將來自盈科 …… 然學者不能自信 見夫標末之盛者便自慌忙 舍其
涓涓而趨之 卻自壞了 曾不知我之涓微卻是眞 彼之標末雖多卻是僞 恰
似擔水來相似 其涸可立而待也."

계속 흘러가 웅덩이를 채우고, 다시 나아가 사방의 바다로 흘러든다. 근본이 있는 것은 이와 같다'고 한 것이다.130)

육구연은 본심을 보유하기 위해서 배양하고 훼손하지 않도록 해야 한다고 보았다. 나무에는 뿌리가 생명의 본원이고 강하의 시원은 졸졸졸 흐르는 옹달샘이다. 이와 마찬가지로 사람이 가지고 있는 도덕 근원의 발단은 바로 본심에 있다. 그러므로 학문과 수양을 하기 위해서 먼저 본말을 구별해야 한다. "모든 사물에는 반드시 본말이 있으니, 그 근본을 항상 중시해야 하며, 말단에 얽매여서는 안 된다."131) 라고 하였다. 그는 자신의 전반적인 사상이 바로 '근원이 있는 샘물은 졸졸졸 끊임없이 흐른다'는 맹자의 유본有本 사상에 기초한 것으로 생각하였다. 그리고 그는 여기서 멈추지 않고 "연원이 넓은 샘이기에 수시로 흘러나온다."(溥溥淵泉 而時出之)는 『중용』의 가르침이라고 생각하였다.

'본심을 드러낸다'는 육구연의 '본원지학本源之學'이 지향하는 태도는, 취해도 다하지 않고 사용해도 마르지 않는 도덕 행위의 내재적인 원천을 찾아냄으로써, 최대한도로 도덕의 자각성과 자주성을 획득하려는 데 있다. 그리고 사람의 주체의식에 관해서 말한다면, 이러한 원천은 다른 곳에서 찾을 수 있는 게 아니다. 본심이 대표하는 선험적 도덕의식은 외재적인 환경이나 후천적인 경험에서 나오는 것이 아니기 때문이다. 따라서 실천 속에서 도덕을 완성하려는 과정이란 본질적으로 개인의 자아실현이다. 이런 그의 사상의 진면목은 사

397

---

130) 『象山全集』 권7, 「與邵中孚」, "今吾友旣得其本心矣 繼此則能養之而無害 則誰得而御之 如本有根 苟有培浸而無傷伐 則枝葉當日益暢茂 如水有源 苟有疏浚而無壅塞 則波流當日益充積 所謂滾滾 不舍晝夜 盈科而後進 方乎四海 有本者如是."

131) 『象山全集』 권34, 「語錄上」, "凡物必有本末 大槪便其本常重 不爲末所果."

상의 내원에 관해서만 살펴보더라도 그의 사상이 원류가 된 것은 '맹자의 학문'이었고, 그의 학문은 『중용』과 『대학』을 기초로 했던 '염락지학濂洛之學'과 다른 특징을 나타낸다. 이러한 점은 육구연의 학문을 낙학의 일파로 말할 수 없으며, 응당 육구연의 학문을 독립된 한 학파로 인정해야 함을 밝혀 준다.

8. 의리지변의 문제

육구연에게 부자연傅子淵과 진정기陳正己라는 두 제자가 있었다. 이 두 제자가 대화한 내용이 다음과 같이 한 단락 실려 있다. 진정기가 "육 선생은 사람을 가르칠 때 무엇을 우선하는가?"라고 묻자 부자연이 "뜻을 변별한다."고 대답했다. 진정기가 다시 "무엇으로 변별하는가?"라고 물으니, 부자연이 "의와 리로 변별한다(義利之辨)"고 대답했다. 육구연이 이 같은 대화를 듣고는 "자연의 대답은 적절하다고 할 만하다."[132]라고 하였다.

기氣는 본래 몸을 움직이게 하는 원동력이다. 그리고 뜻(志)은 의식을 동기를 가리키는 것으로, 주관적인 것이다. 그러므로 그 기를 작용하도록 지시하는 것이 지志라면 지와 기의 관계는 마치 장수와 병사의 관계와 같다. 장수가 장수다우면 병사들을 잘 통솔할 수 있고 병사들이 충실하면 장수는 위엄을 찾을 수 있는 것처럼 지와 기는 서로 영향을 주고받는다. 기가 말이라면 지는 말을 타고 부리는 사람과 같다. 사람의 의지대로 말을 몰아 목적지에 당도할 수 있다. 마찬가지로 지가 기를 조종하고 움직인다. 지가 우수할수록 기의 작

---

132) 『象山全集』 권34, 「語錄上」, "陸先生敎人何先 辨志 何辨 義利之辨 若子淵之對 可謂切要."

동이 순조롭다. 그러나 말이 갑자기 넘어지거나 놀라서 뛰면 말에 탄 사람도 놀라기도 하고 떨어지기도 한다.

이와 마찬가지로 기 때문에 지가 영향을 받기도 한다. 맹자는 지를 동요시킨다고 하지 않고 마음을 동요시킨다고 했다. 마음에는 정은 물론이고 생각하고 분별하고 지각하는 기능이 포함된다. 그래서 맹자는 호연지기를 지와 기가 함께 작용하는 것이라고 하였으며, 따라서 그는 기가 호연하지 않으면 도의道義는 무력해진다고 보았다. 그러므로 '뜻을 변별한다'고 함은 의식활동의 동기가 어떤 원칙에 의해 결정되었는지를 분별해야 한다는 것이다. 유가에서는 일관되게, 사람은 반드시 '의'로 뜻을 세워야 한다고 강조한다. 즉 '의로움'으로 행위의 동기를 지배할 것을 강조하는 것이다.

송 효종 순희 8년(1181년) 봄에, 육구연이 남강南康으로 가서 남강군 지사를 맡고 있던 주자를 예방한 적이 있었다. 주자는 당시 여산盧山의 백록동서원白鹿洞書院을 수리했었다. 그래서 육구연이 예방하자, 주자는 그를 백록동서원에 초청하여 학생들에게 『논어』 중에서 "군자는 의로움에 밝고, 소인은 이로움에 밝다."(君子喩於義 小人喩於利)는 장을 강의해 주도록 부탁하였다. 육구연은 그 강의에서 '의리지변'에 대한 그의 견해를 설명하였다. 강연은 대단히 성공적이었다. 청중들은 커다란 감동을 받았고, 강의를 듣던 이들 중에서는 눈물을 흘리는 사람들도 있었다. 이른 봄날이라서 날씨가 조금 추웠는데도, 주자마저도 감동하여 땀을 흘리며 부채를 부쳤다고 한다. 강연이 끝나자마자 곧바로 주자는 육구연에게 강연 내용을 『강의講義』라는 책으로 만들자고 요청하였다. 그런데 오늘날 우리가 접할 수 있는 문자화된 『강의』는 강연 당시의 통쾌했던 말을 완전히 반영하지 못한다.

유학에서 말하는 '의'는 때때로 어떤 상황 아래에서 어떤 일을 해

399

낼 수 있는 도덕적인 최상의 방법을 뜻하기도 한다. 『중용』에서는 "의는 의宜, 즉 마땅함이다."133)라고 했다. 도덕방면에서 말한다면, 어떤 일에 대한 최상의 처리 방법은 그 방법을 선택함으로써 그가 최대의 도덕적 성취를 얻을 수 있는 경우이다. 따라서 '의라는 것이 그 상황에서의 가장 옳고 마땅함이다'라고 할 때의 옳고 마땅함으로써의 의와 때를 보아 마땅하게 한다는 의미를 가지고 있다.

맹자가 양혜왕을 뵈었을 때, 왕이 이르기를 "선생님께서 천 리를 멀다 하지 않고 오셨으니 장차 우리나라에 무슨 이익이 있겠습니까?"134) 하고 물었을 때, 맹자는 대답하기를, "왕은 하필 리利를 말하십니까? 오직 인과 의가 있을 따름입니다."135)라고 하였다. 맹자는 양혜왕이 리利를 말하는 것이 옳다고 여기지 않았다. 그러나 그는 양혜왕에게 경제계획과 같은 것을 추천했는데, 그 내용은 사람들로 하여금 사람들로 하여금 "5묘畝의 집 가장자리에 뽕나무를 심으면 50세 된 자가 비단옷을 입을 수 있으며, 개와 돼지와 닭과 큰 돼지의 가축을 기름에 새끼 칠 때를 잃게 하지 않으면 70세 된 자가 고기를 먹을 수 있다"136)고 했으며, "산 이를 잘 봉양하고 죽은 이를 장송葬送함에 유감이 없게 하는 것이 왕도의 시작이다."137)라고 하였다.

그렇다면 맹자가 어찌 리를 말하지 않은 것인가? 이런 문제를 제기하게 되는 까닭은 '의리지변'에서의 리가 개인의 사리를 가리키는

---

133) 『中庸』義也 宜也.

134) 『孟子』「梁惠王上」1章, "孟子見梁惠王 王曰 不遠千里而來 亦將有以利吾國乎."

135) 『孟子』「梁惠王上」1章, "孟子對曰 王何必曰利 亦有仁義而已矣."

136) 『孟子』「梁惠王上」3章, "五畝之宅 樹之以桑 五十者可以衣帛矣 鷄豚狗之畜 無失其時 七十者可以食肉矣."

137) 『孟子』「梁惠王上」3章, "養生喪死無憾 王道之始也."

것임을 알지 못하는 데서 기인한다. 개인의 사사로운 이익을 추구하는 행위야말로 유가에서 말하는 리를 추구하는 행위이다. 만약 추구하는 바가 개인의 사리가 아니고 사회적 공리이고 이타적인 것이라면 그 행위는 리를 구하는 것이 아니라 의를 행하는 것이다. 사회적 이익과 이타적 행위는 사회 속의 모든 사람들이 조건 없이 의무적으로 추구해야 할 대상이다. 조건 없이 사회적 공리와 이타적인 추구하는 것은 의로운 행위의 목적이며, 의는 이런 행위의 도덕적 가치이다. 무릇 도덕적 가치가 있는 행위는 모두 의로운 행위이고, 도덕가치가 있는 행위는 모두 의를 포함한다. 이타利他는 도덕적 가치가 들어 있는 행위이기 때문에 모두가 반드시 무조건 이것을 목적으로 삼아야 한다. 마치 효자가 무조건 그 부모의 리를 구하고, 자애로운 부모가 아무 조건 없이 그 자식을 이롭게 하려는 것과 같다.

육구연 다음과 같이 말하였다.

이 장은 의리와 이익으로써 군자와 소인을 갈라놓았는데, 말의 뜻이 분명하였다. 그러나 그것을 읽은 사람이 진실로 자기를 절실하게 살펴보고 반성하지 않으면 역시 유익하게 될 수 없을까 두렵다. 나는 평일 이것을 느낀 바가 없지 않았다. 가만히 생각하건대 학자가 여기서 마땅히 그 뜻을 가려내야 함을 말한 것이다. 사람이 깨우친 바는 그가 익힌 바에서 말미암은 것이며, 그가 익힌 바는 그가 뜻한 바에서 말미암은 것이다. 의로움에 뜻을 두면 익힌 것이 반드시 의로움에 있게 되며, 익힌 것이 의로움에 있으면 이는 의로움에 밝게 된다. 이익에 뜻을 두면, 버릇들인 것이 반드시 이익에 있게 되며, 버릇들인 것이 이익에 있으니, 이것은 이익에 밝게 된다. 그러므로 학자의 뜻은 따지지 않을 수가 없다. 과거에도 선비를 취한 지 오래되었으며, 이름난 유학자와 위대한 공인들이 모두 여기에서 나왔다. 오늘날 선비 된 자들은 본래, 이것을 면할 수 없다. 그러나 과거 보는 곳의 득실은 그 재주와 유사의 좋아함과 미워함이 어떠한지를

돌아볼 뿐이며, 군자와 소인이 되는 까닭을 따지는 것이 아니다. 그
런데 지금 세상은 이것으로 서로 숭상하고 여기에다 골몰하게 하면
서 스스로 빠져나올 수가 없다면 종일 종사하는 것이 비록 성현의
책이지만 그 뜻이 향하려 하는 곳은 성현과 등지고 어긋남이 있는
것이다. 또 그것을 위로 미루어 생각하면, 벼슬이 높은가 낮은가, 봉
록이 후한가 박한가를 계산하는 데까지 미루어 생각하니, 어찌 국가
의 일과 백성의 안정에 온 마음과 힘을 다하여, 맡긴 일이 어긋나지
않도록 할 수 있겠는가? 그 사이에 종사하고 경력이 많고, 강습이
익숙하면 어찌 깨우친 바가 없을 수 있겠는가? 아마도 의로움에 있
지 않을까 두려울 뿐이다.[138]

그는 학자들이 성현의 말씀인 경서를 읽는 목적이 바로 의로움을
추구하는 것인데도 불구하고, 단지 과거에 응시하기 위한 것이 되어
과거에 합격하여 벼슬이 낮은 사람은 높은 벼슬을, 봉록이 적은 사
람은 봉록이 많은 것을 생각하기 때문에 국사와 백성의 안정에 도움
이 되지 못한다고 보았다. 바로 이러한 것을 이로움을 추구하는 행
위로 간주하였다. 그러면 '의로움'과 '이로움'의 구별은 어디에 있는
가? 육구연은 그 구체적인 내용을 다음과 같이 말하였다.

138)『象山全集』권24,「雜著」(白鹿書院論語講義), "此章以義利判君子小人
辭旨曉白 然讀之者苟不切已觀省 亦恐未能有益也 某平日讀此 不無所
感 竊謂學者於此 當辨其志 人之所喩由其所習 所習由其所志 志乎義
則所習者必在於義 所習在義 斯喩於義矣 志乎利 則所習者必在於利
所習在利 斯喩於利矣 故學者之志 不可不辨也 科擧取士久矣 名儒鉅
公 皆由此出 今爲士者固不能免此 然場屋之得失 顧其技與有司好惡如
何耳 非所以爲君子小人之辨也 而今世以此相尙 使汨沒於此而不能自
拔 則終日從事者雖曰聖賢之書 而要其志之所鄕 則有與聖賢背而馳者
矣 推而上之 則又推官資崇卑祿廩厚薄是計 豈能悉心力於國事民隱 以
無負於任使之者哉 從事其間 更歷之多 講習之熟 安得不有所喩 顧恐
不在於義耳."

대개 오늘날 사대부들의 논의는 먼저 그들이 중점을 어디에 두는
가를 보아야 한다. 백성을 중심으로 하여 논의하는 사람이 있고 자
기를 중심으로 하여 논의하는 사람이 있는데, 그릇됨과 바름, 군자
와 소인이 여기에서 결정될 수 있는 것이다.139)

당시 사대부들이 당면한 중요한 문제를 논의함에 있어서 어떤 사
람은 백성의 입장에 서서 대변하고 어떤 사람은 자신의 이익을 위하
여 논의를 주장하는데, 이것에 따라 그릇됨과 바름, 군자와 소인이
나뉠 수 있다는 것이다. 이것은 백성을 위하여 뜻을 세우는 것이 바
른 길이요 곧 군자라고 할 수 있다. 그러나 만일 자기를 위하여 뜻
을 세운다면 곧 그릇된 길로, 바로 소인을 말한다. 그러므로 뜻을
세우는 것이 어떤 일을 처리하는 데 가장 중요한 일이다. 육구연은
"배우는 사람은 모름지기 먼저 뜻을 세워야 한다. 뜻이 이미 세워졌
으면 밝은 선생을 만나야 한다."140)고 말하였다.

육구연은 뜻을 세우는 일이 가장 근본이 되는(立志爲本) 일이고,
학문하는 큰 벼리이며, 또한 몸을 세워 세상을 살아가는 가장 큰 일
이라고 주장하였다. 뜻은 나머지 모든 것을 결정하는 기초로 뜻을 세
우는 것이 정확하면, 곧 "하나가 바르면 백 가지가 바르게 되며",141)
"하나가 옳으면 모두가 옳고, 하나가 밝으면 모두가 밝아진다."142)라
고 주장하였다. 근본인 기초가 옳으면 끊임없이 발전하고 정진하여
바른 길로 나아갈 수 있다. 반대로 만일 이러한 벼리나 근본을 파악
하지 못하면 진로가 어긋나게 되어 한 가지 잘못이 백 가지 잘못을
저지르게 되는 원인을 제공한다. 이것은 비록 힘써 책을 읽더라도

403

139) 『象山全集』 권7, 「與陳倅」, "士大夫議論 先看他所主 有主民而議論者
　　有主身而議論者 邪正 君子小人於此 可以決矣.
140) 『象山全集』 권34, 「語錄上」, "學者須先立志 志旣立 却要遇明師."
141) 『象山全集』 권35, 「語錄下」, "一正 則百正."
142) 『象山全集』 권35, 「語錄下」, "一是 卽皆是 一明 卽皆明."

마치 도둑에게 무기와 양식을 마련하는 길을 알려 주는 것과 똑같아 나쁜 일을 조장하는 것이 되고 만다. "학문을 함에 그 벼리를 터득하지 못하면 임금 둘에 백성이 하나인 꼴이 된다."[143]라고 하였다. 두 임금에 백성이 한 사람이라면, 이 백성은 누구의 말을 들어야 하는가? 학문을 함에 만약 그 정도를 얻지 못하면 배우면 배울수록 더욱더 잘못되어 갈 수 있다.

그래서 육구연은 불교의 병폐가 바로 '크게 공적이지(大公)' 못한 데에 있다고 진단하였다.

> 나는 일찍이 '의와 리' 두 글자로 유교와 불교를 구분한 적이 있다. 또 '공과 사의 구분은 사실은 의와 리의 구분이다'고 말했다. 유자들에 따르면, 우주에서 인간의 생명은 만물의 영장으로서 귀하므로 천지와 더불어 삼극(천·지·인)이 되는데, 하늘에는 하늘의 도, 땅에는 땅의 도, 사람에게는 사람의 도가 있으니, 사람이 사람의 도를 다 밝히지 못하면 천지와 나란히 존립할 수 없다. 사람의 오관은 각각 그 직무가 있어서, 그로부터 시비와 득실이 생기고 나아가 교육과 학문이 생긴다. 유가의 가르침이 수립된 근거가 이러하므로 유가는 의롭고 공적인 것이다. 반면에 불교는 사람이 세상에 나서 생사와 윤회와 번뇌가 있음을 심대한 고통으로 여겨 그로부터 벗어날 방법을 모색한다. ……그래서 그들은 '생사의 문제가 중요하다'고 말한다. ……불교의 가르침이 수립된 근거가 이러하므로 불교는 이기적이고 사적인 것이다.
>
> (유교는) 의롭고 공적이므로 세상을 경영하나, (불교는) 이기적이고 사적이므로 세상을 도피한다. 그래서 유교는 소리도 냄새도 없으며 방향도 형체도 없는 (형이상의) 경지를 논하더라도 항상 세상의 경영을 주장하나, 불교는 미래에 모든 사람을 구제한다고 논의하고 있어도 결국은 세상으로부터 도피할 것을 주장한다.[144]

---

143) 『象山全集』 권35, 「語錄下」, "學問不得其綱 則是二君一民."

144) 『象山全集』 권2, 「與王順伯書」, "某嘗以義利二字判儒釋 又曰公私 其

  불교와 유교의 상이점은 불교는 이기적이고 사적이므로 세상을 도
피하고, 유교는 의롭고 공적이므로 세상을 경영한다. 또 불교는 미래
에 모든 사람을 구제한다는 내세의 희원을 담고 있지만, 유교는 내
세의 희원보다는 현실 속에서 사람의 도리를 다하는 것이다. 따라서
불교는 출세간이고 유교는 세간이다. 그러므로 사람다운 사람이 되
는 것과 학문의 방법은 똑같아서 먼저 도리를 명백하게 밝혀야 한
다. 사람다운 사람이 되는 것은 의롭고 공적이어야 하고, 사람은 이
러한 사람의 도가 있기 때문에 반드시 교육을 통해서 시비와 득실을
가려야 한다.

  만약 어떤 것이 선한 것인지 명백하게 밝히지 않으면, 힘써 책을
읽고 성실하게 일을 한다 해도 마치 산을 오르는데 자꾸만 계곡으로
빠져드는 것과 같아 달리면 달릴수록 더욱 깊이 빠져들며, 또 마치
수레 채는 남쪽으로 향하는데 바퀴는 북쪽을 향하는 것과 같아 목적
지로 갈수록 더욱 멀어진다.[145] 따라서 반드시 먼저 뜻을 바르게 세
워야 한다.

  그렇다면 어떠한 뜻을 세워야 하는가? 그는 "만약 뜻을 가지고 있
다면 모름지기 권세·이익과 도덕, 의리라는 두 갈래 길을 분별하여
야 한다."[146]고 말했다. 육구연에 따르면 뜻에는 구분이 있는데, 바

405

  實卽義利也 儒者以人生天地之間 靈於萬物 貴於萬物 與天地竝而爲三
  極 天有天道 地有地道 人有人道 人而不盡人道 不足與天地竝 人有五
  官 官有其事 於是有是非得失 於是有敎有學 其敎之所從立者如此 故
  曰義曰公 釋氏以人生天地間 有生死 有輪廻 有煩惱 以爲甚苦 而求所
  以免之…… 故其言曰 生死事大 ……其敎之所從立者如此 故曰利曰私
  惟義惟公故經世 惟利惟私故出世 儒者雖至於無聲無臭 無方無體 皆主
  於經世 釋氏雖盡未來際普度之 皆主於出世."

145) 『象山全集』 권1, 「與胡季隨」, "喻諸登山 而陷谷愈入 而愈深適越 而
    北轅愈驚 而愈遠."

146) 『象山全集』 권35, 「語錄下」, "若果有志 且須分別勢利道義兩途."

로 권세와 이익, 도덕과 의리로 '의리지변'이다.

따라서 어떤 사람이 도덕적인 사람(君子)인가, 아니면 부도덕한 사람(小人)인가를 결정하는 것은 주로 그 사람의 표면적인 행위에 달려 있는 것이 아니라 내심의 동기에 달려 있다고 육구연은 주장하였다. 그는 다음과 같이 예를 들어 설명하였다. 어떤 사람이 종일토록 머리를 싸맨 채 성현의 책을 공부한다면, 이러한 행위는 매우 훌륭하게 보일 것이다. 그러나 그가 공부하는 동기가 단지 과거에 급제하여 이름을 날리기 위한 것이라면, 그를 군자로 부를 수 없다. 육구연이 제시한 예는 그 자리에 있던 많은 학자들의 속마음을 정확히 꿰뚫었다. 그래서 듣는 사람들 모두가 가슴이 뜨끔했던 것이다. 요컨대 어떤 사람이 소인인지 군자인지는, 주로 '뜻을 변별하는' 것, 즉 행위를 결정하는 동기 원칙을 변별하고 살피는 데 달려 있는 것이다.

육구연은, 어떤 사람이 도덕적인 사람(君子)인지 혹은 부도덕한 사람(小人)인지를 평가하기 위해서는 어떤 사람의 행위가 준칙의 요구에 부합하는지의 여부에만 근거할 수 없고, 반드시 그 내재적인 동기를 고찰해야 한다고 생각하였다. 도덕 원칙에서 출발하여 도덕 원칙에 맞는 행위를 했을 때에만 비로소 도덕적인 성질을 갖는 것이다. 이러한 의미에서, 이른바 '의리지변'에서 '의로움'은 도덕적인 동기이고, '이로움'은 이기적인 동기이다. 육구연은 어떤 동기가 도덕적이라면, 그 동기는 반드시 이기주의와 대립한다고 생각하였다. 요컨대 도덕원칙은 자연적인 이기주의와 완전히 대립한다는 것이다. 그러므로 '의리지변'으로 해결하려는 문제는 도덕평가와 도덕 인격의 문제이지, 어떤 공적과 업적을 세우려는 행위를 배척하기 위한 것이 아니다. 예를 들어 유가에서 부국강병 자체가 반드시 배척해야 하는 것은 아니다. 반드시 배척해야 할 것은 이기주의적인 동기이다.

육구연의 학설은 당시에 상당히 큰 영향력이 있었음에도 불구하고, 그가 죽은 후 일정 기간 동안 그가 대표하는 '심학'은 '리학'에 비해서 상대적으로 침체되어 있었다. 그의 학설은 명대 중기에 이르러서야 왕수인의 창도 아래 새롭게 활력을 되찾았으며, 커다란 발전을 이루었다. 그의 학설과 주자의 학설 사이의 분기는, 주로 육구연은 '존덕성'을 강조하는 반면 주자는 '도문학'을 강조하고, 육구연은 '심즉리'를 말하는 반면 주자는 '성즉리'를 말하며, 육구연은 '명심明心'을 중시하는 반면 주자는 '격물'을 중시한다는 데 있다. 이러한 분기는 주자와 육구연 두 사람만의 분기에 그치는 것이 아니며, 송명리학 자체의 여러 가지 모순을 대표하고 있는 것이라고 말할 수 있다.

따라서 의리와 공리를 가려내어(義理之辨) 본심을 밝혀내야 한다. 그러면 자연히 공과 사를 가려내게(公私之辨) 되어 사심을 주로 한 이익을 추구하는 마음이 소멸되는 것이다. 공정한 마음이 밝아지면 현실적인 수많은 병통이 사라지게 된다. 육구연이 백록동서원의 강학에서 『논어』의 "군자는 의리에 밝고 소인은 이익에 밝다(君子喩於義 小人喩於利)."라고 한 강의 역시 이런 맥락에서 설한 것이다.

그러나 육구연의 심학은 "우주는 곧 내 마음의 일이고 내 마음은 곧 우주다."[147]라고 한 우주와 내가 하나가 된 '발명본심發明本心'하는 데 주력하여 외적 사물에 유인되지 아니한 본래적 자기 주체를 확립하는 데 역점을 두고 있다. 따라서 변지辨志와 의리지변義理之辨에 중점을 두어 의리실천 문제를 거론하고 있다.[148]

그러므로 서복관은 육구연의 학문형성 관계에서 불교의 영향관계에 큰 비중을 두고 있다. 그는 첫째 상산학의 기본명제인 '심즉리'설이 마치 선학의 '명심견성설明心見性說'과 같다고 보았다. 둘째는 상산의 변지辨志의 '선입호대先立乎其大'에서 언어문자를 주장하지 않는 바는 선가禪家의 '불립문자不立文字 직지인심直指人心'의 논

---

147) 『象山全集』, 권34. "宇宙便是吾心 吾心便是宇宙."
148) 蔡仁厚, 『宋明理學』, 南宋篇, 227面.

리와 유사하다는 것이다. 셋째는 육구연이 인격수양의 방법론으로 제시한 '박락剝落'은 바로 선가禪家의 '경권수불擎券竪拂'의 방법과 같은 '수세手勢'로 보아 전적으로 불가의 영향관계로 본 것이다.[149] 또 육구연은 안좌安坐하여 한목閑目하거나, 정좌正坐하는 등 공수拱手의 방법을 통해 정신을 모으는 것, 즉 정신을 수렴할 것을 강조한다. 이 방법을 계속 추구하여 정진하게 되면 홀연히 이 마음을 깨달아 맑고 밝은 경지에 도달하게 된다.[150] 이와 같이 육구연은 불교의 좌선坐禪을 통한 돈오적 방법을 주장하기도 했다. 또한 김길락 교수는 '심즉리'설을 계승한 양명 자신이 선학에 대한 지대한 관심을 표명하고 그 스스로가 선학과의 관련성 문제를 깊이 있게 천명하고 있다[151]고 한 것을 보면 육왕의 심학이야말로 선학의 영향관계를 배제할 수 없는 것이 사실이다.

제2절 심학을 완성한 왕수인

왕수인王守仁은 자가 백안伯安이고, 명나라 헌종憲宗 성화成化 8년 (1472)에 태어나 명나라 세종世宗 가정嘉靖 7년(1529)에 죽었다. 시호는 문성文成이고 본적은 절강성 여요餘姚였으나, 청년 시절에 부

---

149) 徐復觀, 「中國思想史論集」54. 57面.
150) 『象山全集』권35, 語錄. "右問詹阜民子南所錄 他日侍坐無間 先生謂曰 學者能常閑目亦住 某因此無事 則安坐目冥目 用力操存 夜以繼日 如此者 半月半日下樓 忽覺此心. 같은 책. 正坐拱手 收拾精神 自作主宰 萬物皆備於我 何欠闕 常惻隱時 自然惻隱."
151) 金吉洛, 「陽明哲學과 禪學의 關係」哲學硏究, 제28집, 1979. 12.) 115面.

친이 산음山陰으로 이사하였다. 나중에 그는 월성에서 멀지 않은 회계산會稽山 양명동陽明洞에 집을 짓고 살면서 스스로를 양명자라고 불렀다. 그래서 학자들은 모두 그를 양명 선생으로 불렀으며, 학계에서도 왕양명王陽明으로 부른다. 그는 명대 리학자들 중에서 가장 영향력 있는 사상가였으며 명대 '심학' 운동의 대표 인물이기도 하다.

왕수인은 청년 시절에 말 타고 활 쏘는 일에 열심이었기 때문에 병법에도 많은 관심을 가지고 있었다. 또 그가 사장의 학문에 두루 능통하였고 한때는 불교에 심취하기도 하였다. 그의 나이 34세 때는 당시 조정을 좌지우지하던 환관 유근劉瑾을 탄핵하다 뜻을 이루지 못하고 오히려 투옥되어 정장廷杖 40대를 맞고, 벽지인 귀주성 용장역龍場驛으로 귀양 보내졌다. 그는 유근이 죽은 뒤 여러 지방에서 벼슬을 하였으며, 주변의 농민 폭동을 평정하기도 하였다.

특히 정덕 14년(1520)에 강서의 영왕寧王 주신호朱宸濠가 여러 해 동안 모반을 준비하다가 마침내 반란을 일으켜 십만 대군을 이끌고서 강서성 동쪽에서 남경으로 쳐내려 왔다. 때마침 강서 지방에 있던 왕수인은 병사를 일으켜 그 반란을 토벌하였다. 그는 탁월한 식견과 병법으로 35일 만에 난을 평정시키고, 마침내 주신호를 생포하였으나, 왕의 총애를 받던 간신 장충張忠과 허태許泰 등이 그를 참소하여 반란자로 몰아 생명의 위협을 당하기도 하였다.

만년에는 주자와 마찬가지로 그의 학설도 학계에서 압제를 받아 '위학僞學'으로 간주되어 많은 어려움을 당하기도 하였다. 그렇지만 그의 사상은 정주학 위주였던 당시 사상계에 지대한 영향을 미쳤을 뿐만 아니라 명대 중·후기 사상의 발전 방향에 큰 지침이 되었다.

왕수인이 생존했던 때는 명나라 중기로 지배층의 토지 겸병의 추세가 날로 심해져 가고 있었던 시기였다. 그에 따라 농민들의 토지는 날로 줄어들었고 조세 부담률은 늘어만 갔다. 이에 반발하여 각지에서 수많은 농민 봉기가 발생하였다. 지배층의 타락과 농민 봉기로 인해 봉건체제가 와해되어 나가던 그 당시에 다른 한편에서는 항주를 중심으로 하여 해안 지방에서 상품 경제의 발전에 따라 자본주의 생산 방식의 맹아가 나타나기 시작하였다. 전통적 윤리 질서가 경쟁과 이익을 중심으로 하는 자본의 논리와 농민 봉기로 인해서 봉건적 질서가 서서히 붕괴되고 있었다. 이러한 전통 질서의 붕괴는 겉으로는 하늘의 도리인 천리를 주장하였지만 내부에서는 그렇지 못하였다. 즉 속마음과 외부 질서가 서로 상반되어 있다는 것을 의미한다. 또한 당시 지배 이념으로 자리잡고 있던 정주학이 제대로 그 기능을 다하지 못하고 있음을 여실히 드러내 주는 것이기도 하였다.

왕수인도 처음에는 그 당시 정통적인 유가 사상으로 받들어졌던 정주학을 충실히 따랐다. 그래서 그가 21살 때 주자가 말한 "풀 한 포기 나무 한 그루에도 리가 있으니 마땅히 모두 궁구해 나가야만 성인이 되는 데 점차적으로 다가갈 수 있다"는 말을 좇아서 일주일 동안 꼼짝도 하지 않고 대나무를 앞에 두고 대나무의 이치를 추구하였다. 그러나 그는 아무런 성과를 얻지 못하였다. 그 후 27살 때 또 박학을 통해 정밀함에 이르고자 주자학을 연구하였으나 얻은 바가 없어 주자학을 버리고, 마음과 리가 판연히 둘이 아님을 깨달았다. 한때는 도교의 양생설에 심취하고 또 입산하여 마음을 수양한 적이 있었다. 37세 때 주자의 '격물치지설'을 반대하고 '심즉리설'을 주장하였고, 이듬해엔 '지행합일설'을 내세웠다. 39세 때엔 수양방법으로 '정좌'를 주장하고, 43세 때에는 '사상마연事上磨鍊'을, 50세 때엔 '치양지설致良知說'을 제창하고, 56세 대에는 천천교상天泉橋上에서 왕기王畿와 전덕홍錢德洪 등에게 '사구종지四句宗旨'를 설하였다.

왕수인의 주요 저작으로는 『전습록傳習錄』이 있다. 후대에 사람들은 그의 사상 자료를 37권의 『양명전서陽明全書』로 편집하였다.

1. 심즉리설

왕수인의 학문적 과제는 공자와 맹자가 추구하였던 선진유학의 목적과 그 방법을 다시 체계화하는 것이었다. 그는 학문이란 단지 명예와 권력, 소유욕을 충족시키기 위해 과거시험에 합격하는 것이 아니라 내성외왕의 성인됨에 있었다. 따라서 도가나 선불교 그리고 주자학설이 지니는 문제점이란 리 없는 마음이나 마음을 떠나 있는 리를 구하고자 하는 데 있다고 보았다. 이러한 문제점에 대한 자각과 반성으로부터 그는 '마음'에 대한 새로운 학설을 제시하는 것으로 문제 해결의 기본으로 삼았다.

그는 성인의 학문을 '심학'이라고 규정하고,152) '사서'와 '오경'이란 심체를 밝히는 것에 지나지 않으며, 따라서 심체를 밝히는 공부를 학문의 핵심으로 파악하였다.153) 그는 "비로소 성인의 도를 알았다. 나의 성은 자체로서 족한 것인데, 예전에 사물에서 리를 구하려고 했던 것이 잘못이다."154)라 하고, 성을 마음의 본체라고 하여 마음에서 도리를 밝히고자 한 것이다. 즉 보편적인 도덕 행위의 법칙 또는 이치의 행위 주체인 각자의 마음에는 주관적 준칙으로서 또는 마음의 조리로서 리가 주어져 있다고 보았다. 따라서 마음이 무수한 사건 가운데에서 이에 합당한 무수한 사물의 이치와 행위의 옳음을 구현할 수 있다고 하는 것을 제시하고자 한 것이다.

왕수인이 반성적 사색을 통해 얻게 된 철학적 명제는 첫째는 '내 마음이 바로 리이다(心卽理)'이고, 둘째 '앎과 행은 하나이다(知行合一)'라고 주장한 점이다. 그리고 '셋째는 양지良知를 구현하라(致良

---

152) 『陽明全書』 권7, "聖人之學 心學."

153) 『傳習錄上』, "是道明 更無二 此是爲學頭腦處."

154) 『陽明全書』 권32, "始知聖人之道 吾性自足 向之求理於事物者 誤也."

知)' 등이다. '심즉리설'은 왕수인 학설의 전반의 기초를 이루고 있
는 것으로, 주로 마음에 관한 사실과 기술적 설명이라고 할 수 있으
며, '지행합일'은 참다운 앎이란 이미 그 속에 행함이 포함되어 있다
는 것이다. '치양론'은 왕수인의 목적이라고 할 수 있고, 마음의 실
천이며 당위의 규범이다.

왕수인은 육구연의 '심즉리' 사상을 이어받고 발전시켜 마음 밖에
리가 있음을 인정하지 않았다. 그는 주자의 잘못이 마음과 리를 둘
로 나눈 데 있다고 보아 "만사 만물의 리는 내 마음 밖에 있지 않
다. 그런데도 천하의 리를 궁구해야 한다고 말하는 것은 마음과 리
를 둘로 나눈 것과 같다."155)고 하였다. 왕수인도 학문 초기에는 주
자의 영향을 받아 '격물궁리'의 공부를 '풀 한 포기 나무 한 그루에
도 리가 있기 때문에'156) 마땅히 모두 궁구해 나가야만 성인이 되는
데 점차적으로 나아갈 수 있다는 주자의 말을 좇아서 대나무의 리를
궁구했으나 결국 실패로 끝나고 말았다. 따라서 주자의 객관적인 관
념론도 사람의 주관적인 의식에 의존하지 않고서는 인식될 수 없다
고 그는 생각하였다.

무릇 사물의 리는 내 마음 밖에 있지 않으며, 내 마음 밖에서 사
물의 리를 구한다면 사물의 리는 없다. 사물의 리를 버리고 내 마음
의 리를 구한다면, 내 마음은 또한 어떠한 사물이겠는가?157)

왕수인은 사물의 리는 인식주체와 떨어질 수 없으며, 인식주체와
떨어져서 사물의 리를 찾으면 사물의 리는 존재하지 않는다고 보았

155) 『傳習錄中』,「答顧東橋書」, "夫萬事萬物之理 不外於吾心 而必曰窮天
下之理 …… 是猶析心與理而爲二也."
156) 『傳習錄下』, "先儒解格物 …… 且謂一草一木亦皆有理."
157) 『傳習錄中』,「答顧東橋書」, "夫物理不外於吾心 外吾心而求物理 無物
理矣 遺物理而求吾心, 吾心又何物邪."

다. 마찬가지로 사물의 리를 떠나서 인식주체를 말하면, 인식주체를 형언할 방법이 없게 된다. 그러나 인식의 대상인 사물은 사람의 인식주체와는 상관없이 객관적으로 존재하기 마련이다. 따라서 인식주체인 마음은 객관적으로 존재하는 사물의 리를 보고 듣고 느낌으로써 인식할 수는 있으나, 결코 마음이 만사 만물의 리를 다 포함하고 있다고 말할 수는 없다.

왕수인이 '만사 만물의 리'를 말한 것은 그가 기본적으로 리를 선험적인 도덕 원리로 이해하고 그 구체적 개념이 '충효의 리'에 있다는 것을 의미한다. 그는 충효의 리가 사람의 마음속에 선천적으로 고유하게 간직되어 있으며, 충효를 실행하는 조리는 충효를 받는 임금과 어버이의 몸에 있지 않고, 주관적으로 그것을 실행하는 사람이 '충효의 리'를 다하느냐에 관건이 있다고 생각하였다.

> 충과 효의 리는 임금과 어버이의 몸에 있는가 아니면 자기의 마음에 있는가? 만약 자기의 마음에 있다면 다만 이 마음의 리를 궁구할 따름이다.[158]

그가 생각할 때 도덕법칙으로서 '리'를 말한다면, '격물궁리'의 인식이란 도덕법칙이 마음 밖의 사물에 존재한다는 것을 의미하게 된다. 그러나 실제로 선험적 도덕법칙은 결코 도덕행위에 상관없이 언제나 존재한다. 예를 들어 효의 리도 부모의 몸에 존재하지 않으며, 충의 리도 군주의 몸에 존재하지 않는다. 이러한 효와 충의 리는 사람의 의식 속에 존재하고 있기 때문에 다만 실천을 통하여 행위와 사물에 부여한 것이다. "어버이의 몸에서 효의 리를 구한다고 하는데, 효의 리는 도대체 나의 몸에 있는가 아니면 어버이의 몸에 있는

---

158) 『傳習錄上』 "忠與孝之理在君親身上 在自己心上 若在自己心上 亦只是窮此心之理矣."

가? 만약 어버이의 몸에 있다면 어버이가 돌아가신 뒤에 나의 마음
에는 효의 리가 없어지는가?"159)라고 반문한다.

왕수인은 '마음 밖에는 리가 없다'고 단언하였을 뿐만 아니라, '마
음 밖에는 사물도 없고' '마음 밖에는 일(事)도 없다'고 하여 객관적
인 세계의 존재를 전혀 인정하지 않았다.

> 마음(心)이 바로 리이다. 이 심에 사욕으로 인한 가려짐이 없으면
> 이것이 바로 천리이다. 밖에서 하나라도 더할 필요가 없다. 순수한
> 천리인 심이 발동하여 부모를 섬기면 이것이 바로 효이고, 발동하여
> 임금을 섬기면 이것이 바로 충이고, 발동하여 친구와 교제하고 백성
> 을 다스리면 이것이 바로 믿음(信)과 인이다.160)

마음(心)이 있으면 리가 있고, 심이 없으면 리도 없다. 마음은 선험
적으로 갖추어진 도덕 실체이지만, 잠재하여 드러나지 않기 때문에 구
체적인 본심의 방향은 보이지 않는다. 본심이 발현하여 의념이 드러내
면 구체적인 실행을 볼 수 있는데, 이것이 바로 충·효·인·신의 도
덕규범이다. 그러므로 본심의 선험적인 도덕 법칙은 이미 도덕 행위의
대상 속에 존재하는 것이다. 도덕행위 대상인 충·효·인·신이 마음
에 있으면 바로 일상생활 속에서 충·효·인·신을 실행할 수 있다.

> 리란 마음의 조리이다. 이 리가 부모에게 발현되면 효가 되고, 임
> 금에게 발현되면 충이 되며, 친구에게 발현되면 믿음(信)이 된다. 끊
> 임없이 변하더라도 다 궁구하지 못함에 이르러도 나의 한 마음에서
> 발현되지 않는 것이 없다.161)

---

159) 『傳習錄上』, "求孝之理於其親 則孝之理其果在於吾之心邪 抑果在於親
之身邪. 假而果在於親之身 則親沒之後 吾心遂無孝之理歟."
160) 『傳習錄上』, "心卽理也 此心無私欲之蔽 卽是天理 不須外面添一分 以
此純乎天理之心 發之事父 便是孝 發之事君 便是忠 發之交友治民 便
是信與仁."

왕수인의 '마음이 바로 리이다'는 주장은 "마음의 조리가 바로 리이다"는 말로 표현될 수 있다. 이러한 주장은 사람이 지각활동을 하는 데 자연스런 조리가 있다는 사실을 의미한다. 이러한 조리란 바로 인간 행위의 도덕준칙이기 때문에 사람이 지각의 자연스러운 조리가 발현되면 부모를 모실 때에는 자연히 효, 임금에게 발현되면 자연히 충, 친구를 사귈 때에는 자연히 믿음으로 표출이 된다. '마음의 조리가 바로 리이다'라고 하는 것은 세상이 생성과 변화하는 가운데도 정성스럽게 발현되어 효·충·신이 유지되는 것이다.

그러므로 인간 지각의 자연스런 조리는 실천을 통해서 사물에 자연스런 조리를 부여하고, 사물들로 하여금 그 도덕 질서를 드러내게끔 한다. 그래서 왕수인은 '사물의 리'는 근원적으로 마음 밖에 있지 않다고 하는 것이다. 선험적 도덕의식을 사람 마음의 자연스런 조리로 간주하는 것은, 그 자연스런 조리를 사물의 도덕 준칙의 근원으로 생각하는 것이다. 이러한 생각은 주관주의적 윤리 준칙이다.

이러한 사상에 근거하여 왕수인은 다음과 같이 주장하였다.

> 내가 말하기를 '마음 밖에 리가 있는 게 아니고 마음 밖에 물이 있는 게 아니다'라고 한 것이다. 『중용』에서 말하기를 '정성되지 않으면 물도 없다(不誠無物)'고 하였고, 『대학』에서 말한 '밝은 덕을 밝히는(明明德)' 공부가 바로 '뜻을 정성되게 하는(誠意)' 것이다. '뜻을 정성스럽게 하는' 공부가 바로 '격물'이 되는 것이다.162)

왕수인은 '마음 바깥에 리가 없다'고 주장한 것은 주로 마음 밖에

---

161) 『陽明全書』 권8, 「書諸陽伯卷」, "理也者 心之條理也 是理也 發之於親 則爲孝 發之於君則爲忠 發之於朋友則爲信 千變萬化 至不可窮竭 而 莫非發於吾之一心."

162) 『傳習錄上』, "所以某說, 無心外之理, 無心外之物. 中庸言, 不誠無物. 大學明明德之功, 只是箇誠意, 誠意之功, 只是箇格物."

는 '物物'이 없음을 강조한 것이다. 『중용』에서 '정성되지 않으면 물도 없다'고 하였으니, 천하의 사물은 모두 실질적인 리가 있기 때문에 반드시 이 리를 얻은 뒤에야 사물이 있게 된다. 그러므로 사물의 리를 정성스럽게 추구하지 않으면 결국 사물의 진면목을 찾을 수 없다. 그리고 『대학』에서 말한 '밝은 덕을 밝히는' 공부는 『대학』 최고의 강령이기 때문에 뜻을 정성스럽게 하지 못하면 결국 그 강령을 이룰 수 없게 된다. 그리고 '뜻을 정성스럽게 하는' 공부는 바로 『대학』의 팔조목의 시작인 '격물'로부터 출발하지 않으면 결국 치국과 평천하도 이룰 수가 없는 것이다. 따라서 '마음 밖에 리가 있는 게 아니고 마음 밖에 물이 있는 게 아니다'라고 한 것이다.

이와 같이 선한 동기 의념은 행위로 하여금 도덕적 의미를 갖게 하는 근원이다. 따라서 선한 동기 의념은 오직 주체로부터 나오는 것이지, 외부 사물에서 나오는 것이 아니다. 그러므로 격물과 치지도 반드시 지선至善의 근원을 발굴하고 드러내는 것을 목적으로 전개되어야 한다. 그의 제자가 "모든 사물에는 일정한 리가 있다."는 주자의 명제와 '마음이 바로 리이다'는 왕수인의 사상 사이의 차이를 묻자, "모든 사물에서 지선을 추구하는 것은 오히려 의義를 밖으로 하는 것이다. 지선이란 마음의 본체이다."[163]라고 하였다.

'마음이 바로 리이다(心卽理)'거나 '마음 밖에는 리가 없다(心外無理)'는 명제에서 '마음'이란 지선을 목적으로 하는 의념활동을 의미한다. 왕수인 다음과 같이 설명한다.

예가 아니면 보지도 듣지도 말하지도 행동하지도 말라고 할 때, 어찌 네 몸의 눈과 입, 코와 사지가 스스로 보지도 듣지도 말하지도 행동하지도 않을 수 있겠는가? 반드시 네 마음으로부터 말미암는다.

---

163) 『傳習錄上』, "朱子以爲事事物物皆有定理 似與先生之說相戾 先生曰 於事事物物上求至善 卻是義外也 至善是心之本體."

이른바 네 마음이란 바로 그 보고 듣고 말하고 행동할 수 있는 것이다.164)

　‘예’란 글자는 곧 ‘리’자와 같은 뜻이다. ‘리’가 발휘되어 볼 수 있게 된 것을 ‘글(文)’이라 말한 것이다. ‘글’에서는 숨기어져 있어서 볼 수가 없는 것을 ‘리’라 말한다. 그것들은 오직 한가지이다. ‘예로써 단속한다’는 것은 오직 이 마음을 순수하게 한 ‘천리’가 되도록 하는 것이다. 이 마음을 순수하게 ‘천리’가 되게 하자면 반드시 ‘리’가 발휘된 곳에서 공부하지 않으면 안 된다. 예를 들면 ‘리’가 어버이를 섬기는 데 발휘되어 있을 적에는 곧 어버이를 섬기는 일에 이 ‘천리’를 보존하게 되도록 배워야 한다. ‘리’가 임금을 섬기는 일에 발휘되어 있을 적에는 곧 임금을 섬기는 일에 이 ‘천리’를 보존하게 되도록 배워야 한다. …… 움직이건 가만히 있건 가만히 있건 입을 다물고 있건 간에 그렇지 않는 곳이란 없다. 언제나 ‘리’가 발휘되어 있는 곳을 따라 곧 거기에 ‘천리’를 보존하게 되도록 배우는 것이다. 이것이 바로 ‘글에서 널리 배우는(博文)’ 것이며, 바로 ‘예로써 단속하는(約禮)’ 공부인 것이다. ‘널리 배운다’는 것은 바로 ‘오직 정순하게 하는 것’이며, ‘예로써 단속한다’는 것은 바로 ‘오직 순일하게 한다’는 것이다.165)

　왕수인은 ‘마음이 바로 리이다’고 주장했을 때, ‘마음’은 결코 지각을 의미하지 않는다. “몸의 주재는 마음이고 마음이 발현한 것이 뜻이며, 뜻의 본체는 앎이고 뜻이 있는 곳이 바로 사물이다.”166)라고

---

164) 『傳習錄上』, “要非禮勿視聽言動時 豈是汝之耳目口鼻四肢 自能勿視聽言動 須由汝心 這視聽言動 皆是汝心…… 所謂汝心 是那能視聽言動的.”

165) 『傳習錄上』, “禮字卽是理字 理之發見可見者謂之文 文之隱微不可見者謂之理 只是一物 約禮 只是要此心純是一箇天理 要此心純是天理 須就理之發見處用功 如發見於事親時 就在事親上學存此天理 發見於事君時 取在事君上學存此天理……至於作止語默無處不然 隨他發見處 卽就那上面學箇存天理 這便是博學之於文 便是約禮的功夫 博文卽是 惟精 約禮卽是惟一.”

하여 마음과 뜻, 앎과 사물을 설명하고 있다. '뜻이 있는 곳이 바로 사물이다'는 설명은 먼저 '마음이 발현된 것이 뜻이다'라는 명제를 전제하지 않고서는 설명할 수가 없다. 또 이 설명은 '몸의 주재는 마음이다'라고 하는 데에서 시작한다. '예'는 '리'와 같은 의미이고 그 '리'가 발현되어 볼 수 있게 나타난 것이 '글'이다. 그리고 '마음' 은 '천리'이기 때문에 '리'는 결국 '글' 속에 숨겨져 있어 볼 수가 없게 된다. 따라서 '예로써 단속한다'는 것은 오직 이 마음을 순수하게 '천리'가 되도록 하는 것이고, '마음 밖에는 사물이 없다'는 명제는 결국 사물이 '지선'이 되는 것이며, 이 '지선'이 '글'로 나타난 것이다. 여기서 '마음'이라는 것은 맹자와 육구연의 '본심' 개념이기도 하다. '본심'은 현상적인 의식 층위에서 경험된 자아가 아니라 선험적인 순수 도덕 주체를 의미한다.

2. 마음 밖에는 사물이 없다

명대에 주자학이 관학으로 학계의 독보적인 위치를 차지하고 있었는데, 관학이라는 성격 때문에 점차 고식화되어 가고 있었다. 왕수인도 처음에는 주자학을 공부하였으나, '성즉리설'과 '격물치지설'에 한계를 느끼고 '심즉리설'을 주장하였다. 그는 특히 『대학』의 '정심'·'성의'·'치지'·'격물'의 배열에 근거하여, 마음(心)·뜻(意)·앎(知)·사물(物)에 대한 정의를 내렸다. 제자 서애가 바로 마음(心)·뜻(意)·앎(知)·사물(物)에 대한 정의를 내려 왕수인에게 묻자 그는 다음과 같이 답하였다.

---

166) 『傳習錄上』, "身之主宰便是心 心之所發便是意 意之本體便是知 意之 所在便是物."

몸의 주인은 마음이고, 마음의 영묘하고 밝은 작용이 앎이며, 앎
이 발동하는 것이 뜻이며, 뜻이 붙어 있는 상태가 사물이라고 생각
합니다. 올바른 생각입니까"라고 묻자 그는 "그렇다.[167]

왕수인에 의하면 마음의 허령명각虛靈明覺은 이른바 본연의 양지
이다. 그 허령명각한 양지가 감응하여 움직이는 것을 뜻이라고 한다.
앎의 발현이 있은 후에 뜻이 있는 것이며, 앎의 발동이 없으면 결국
뜻도 없게 된다. 그러므로 앎은 뜻의 체가 된다. 따라서 마음의 발
현이 뜻이 되며, 뜻의 소재가 물物이 된다. 물은 곧 사事이다. 말하
자면 어버이를 섬기는 일이 곧 하나의 물이 된다는 것이다.[168] 따라
서 '마음 밖에는 일이 없다(心外無事)'는 것이요. 또한 '마음 밖에는
사물이 없다(心外無物)'라고 하는 것은 인식주체와 관계를 맺고 있
는 대상, 즉 나의 의意가 지향하고 있는 물物이란 마음을 떠나서는
있을 수가 없으며, 인식주체의 마음과 의식이 지향하는 대상 사이에
성립하는 일 혹은 사건(事) 또한 마음을 떠나서는 성립될 수 없다.
이것은 마음이나 의식이 근본적이고 일차적이며, 만물은 마음이나
의식으로부터 파생된 이차적인 것이다.
　왕수인은 다음과 같이 말하였다.

　(마음이란) 텅 비었지만 영묘하고 밝으며 모든 리를 갖추고 있어
이에 만 가지 일이 여기에서 나오니, 마음 밖에 리가 있지 않으며,
마음 밖에 일이 있는 것이 아니다."[169]

---

167) 『傳習錄上』, "問　身之主爲心　心之靈明是知　知之發動是意　意之所着
　　爲物　是如此否　先生曰　亦是."
168) 『傳習錄中』, 「答顧東橋書」, "心之虛靈明覺　卽所謂本然之良知也　其虛
　　靈明覺之良知應感而動者謂之意　有知而後有意　無知則無意矣　知非意
　　之體乎　意之所用必有其物　物卽事也　如意用於事親　卽事親爲一物."
169) 『傳習錄上』, "虛靈不昧　衆理具而萬事出　心外無理　心外無事."

몸을 주재하는 것은 마음(정신 주체)이고 정신적인 활동은 의식을 낳으며, 의식의 본체는 앎(이에 대한 인식)이고 의식이 나타난 곳이 사물이다. 따라서 사물은 사람의 지각을 떠나서 독립적으로 존재할 수 없으며, 사물의 존재는 완전히 사람의 지각에 의지하게 된다. 즉 마음은 순수 자아의 범주에 속하고, 뜻은 경험의식의 범주에 속한다. 따라서 내 마음 밖에 리가 없고 사事가 없다고 할 수 있는 것은 내 마음에 온갖 리가 갖추어져 있음을 의미한다.

마음을 떠난 리가 없다고 하는 것은 텅 비었지만 영묘하고 밝은(虛靈不昧) 마음이 온갖 리를 갖추고 있기 때문이다. 이때의 마음은 사욕에 의해 가려지지 않은 마음을 지칭하는 것이며, '심즉리'란 개별적 형태로 정형화된 무수한 리가 내 마음에 있다는 의미가 아니라, 마음이 대상과의 관계에서 무수한 리를 구현할 수 있는 근거로서의 천리가 곧 내 마음의 본체가 된다는 것을 의미한다. 리가 내 안에 있기 때문에 리를 구체화하는 사事 또한 나로부터 나오게 된다.

> 서애가 "어제 선생님의 가르침을 듣고서 반드시 그렇게 공부해야 한다는 점을 어렴풋이나마 알았는데, 오늘 이러한 말씀까지 들으니 더 의심할 것이 없게 되었습니다. 저는 어제 '격물'에서 '물物'은 바로 '사事'이며, 모두 마음으로부터 말하는 것임을 깨달았습니다."라고 말했다. 그러자 선생은 "그렇다. 몸의 주제는 마음이고 마음이 발현하는 것이 뜻이며, 뜻의 본체는 앎이고 뜻이 있는 곳이 바로 '사'이다. 예를 들어 뜻이 부모를 섬기는 데 있다면 부모를 섬기는 일도 하나의 '사'이다. 뜻이 임금을 모시는 일에 있다면, 임금을 모시는 일도 하나의 '사'이다. 뜻이 백성을 인애롭게 대하고 사물을 아끼는 데 있다면, 백성을 인애롭게 대하고 '사'를 아끼는 일도 하나의 '사'이다. 뜻이 보고 듣고 말하고 행동하는 데 있다면, 보고 듣고 말하고 행동하는 일도 하나의 '사'이다. 그래서 나는 마음 밖에 리가 없고 마음 밖에는 사물이 없다고 말하는 것이다."라고 말하였다.[170]

　왕수인이 말한 '물物이 바로 사事이다'는 설명 중에서 '물'이란 산천초목 등에 존재하는 사물을 가리키는 것이 아니라 '일 혹은 사건'을 가리킨다. 이른바 '마음 밖에는 사물이 없다'는 명제를 제기할 때부터 이미 그는 '사건'를 염두에 두고 말한 것이다. 그러므로 뜻이 보고 듣고 말하고 행동하는 데 있다면, 보고 듣고 말하고 행동하는 일도 하나의 '일'이기 때문에 뜻이 부모를 섬기는 데 있다면 부모를 섬기는 일도 하나의 '일'이라고 한 것이다. 따라서 '마음 밖에 리가 없고 마음 밖에는 사물이 없다'고 할 수 있다.

　'뜻이 있는 곳이 사물이다'는 라고 했을 때 '뜻'이란 사람이 가지고 있는 '의식·의향·의념意念'을 가리킨다. 그리고 '뜻이 있는 곳'이란 의향이나 의념의 대상을 가리키며, '사물'이란 인간에 작위에 의해 일어난 사건을 의미한다. 즉 인류 사회에서 일어났거나 일어날 수 있는 실천을 구성하는 활동 자체를 말하는 것이다. 그러므로 사람의 의식에는 반드시 구체적인 인식대상이 있기 마련이고, 사물이란 결국 사람의 의식이나 의념과 관련된 체계 속에서 설명될 수 있다. 일상생활에서 볼 수 있듯이 인간의 모든 활동은 의식이나 의념이 참여한 활동이고, 특히 유학이 추구하는 '내성외왕'이 바로 이것을 의미한다. 따라서 이러한 설명은 '마음 밖에는 사물이 없다'는 것을 말한다.

　'뜻이 있는 곳이 바로 사물이다'는 말은 '마음 밖에는 사물이 없다'는 왕수인의 주장에 관한 주요 논점이자 논증에 해당한다. '마음 밖에는 사물이 없다'는 것은 대상 자체의 존재를 인정하지 않았다는

---

170)『傳習錄上』, "愛曰 昨聞先生之敎 亦影影見得功夫須是如此 今聞此說益無可疑 愛昨晚思, 格物的物字 卽是事字 皆從心上說 先生曰 然 身之主宰便是心 心之所發便是意 意之本體便是知 意之所在便是物 如意在於事親 卽事親便是一物 意在於事君 卽事君便是一物 意在於仁民愛物 卽仁民愛物 便是一物 意在於視聽言動 卽視聽言動便是一物 所以某說 無心外之理 無心外之物."

것을 의미한다. 그는 타고난 '양지'를 떠나서는 만물이 없다고 생각
했다. "양지는 마음의 본체이다. 마음이 자연히 지각할 것이다. ……
이것은 바로 양지의 작용이기 때문에 밖으로부터 추구할 필요가 없
다."171)고 하였다. 본심이 고요하면 아무것도 없는 듯하지만, 어떤 사
건에 직면하면 스스로 감응하여 무궁무진한 도덕 가치를 발현한다.

> 만약 풀·나무·기와·돌은 사람의 양지가 없다면 풀·나무·기
> 와·돌이라고 할 수 없다. 어찌 풀·나무·기와·돌만 그러하겠는
> 가? 하늘과 땅도 사람의 양지가 없다면 하늘과 땅이 될 수 없다.172)

이 말은 사람의 양지가 자연계의 만물이 존재하게 하는 근거라는
뜻이다. 인식하는 주체는 사람이고 인식대상은 사물이기 때문에 사
물이란 인간의 인식의 표현이다. 따라서 인식은 외부로부터 추구하
는 것이 아니라 본심 스스로 인식 활동을 전개하면 사물의 조리가
확연히 드러난다. 도덕규범에 대한 양지의 인식 활동에 관해 왕수인
은 다음과 같이 설명했다.

> 양지는 단지 천리의 자연스런 명각明覺이 발견되는 곳이며, 단지
> 하나의 진성측달眞誠惻怛일 뿐이므로 양지가 본체이다. 그러므로
> 양지의 진성측달을 확충하여 부모를 섬기면 이것이 바로 효이고, 양
> 지의 진성측달을 확충하여 임금을 섬기면 이것이 바로 충이다.173)

---

171) 『傳習錄上』, "知是心之本體 心自然會知 ……此便是良知 不假外求."
172) 『傳習錄下』, "若草木瓦石無人的良知 不可以爲草木瓦石矣 豈惟草木
瓦石爲然 天地無人的良知 亦不可爲天地矣."
173) 『傳習錄中』「答聶文蔚書」, "蓋良知只是一箇天理自然明覺發見處 只是
一箇眞誠惻, 便是他本體 故致此良知之眞誠惻以事親 便是孝……致此
良知之眞誠惻 以事君 便是忠."

양지는 바로 천리를 발현하는 자각 실체를 말한다. 천리는 양지의 인식 대상이 아닌 양지의 명각 작용이 스스로 드러낸 법칙이다. 천리는 양지의 명각이 드러낸 것이므로 '자각하면 천리는 드러난다'고 말할 수 있다. 천리의 발현은 오로지 양지의 명각 활동 중에서 발견할 수 있기 때문에 양지가 바로 천리 자신이라고 말할 수 있다. 양지는 구체적이고 실질적인 일에 직면하여 나타나는 도덕 표준일 뿐만 아니라 자신이 판단한 시비선악의 내용을 밖으로 드러내는 동력이다. 따라서 양지에 합치되면 옳거나 선이고, 양지에 부합되지 않으면 그르거나 악이다. 그러므로 "올바름과 그름, 진실 됨과 허위 등은 양지 앞에서 바로 밝혀지게 된다. 양지에 합치되면 올바른 것이고, 합치되지 않으면 그른 것이다. 이는 마치 불교에서 말하는 심인心印과 비슷한 것으로 참으로 하나의 시금석이며 나침반과 같다."174)고 하였다.

양지의 내용은 무궁무진하여 시공의 차이에 따라 천차만별의 형상을 표현한다. 리는 마음의 조리이지만 감응 대상의 다름으로 말미암아 표현된 형상이 서로 다르다. 인의예지와 충효신 등의 이름과 형상이 서로 다른 이유가 바로 여기에 있다. 그러므로 양지를 일정한 형태로 고정시켜 설명하기는 곤란하다.

『전습록』에 보면, 왕수인과 그의 친구들과 남진南鎭 지방에 이르러 산에 놀러 갔다가 한 제자가 산 속의 꽃나무를 가리키면서, "천하에 마음 밖의 사물이 없다면, 깊은 산 속에서 저절로 피어났다 저절로 지는 저 꽃나무는 내 마음과 무슨 상관이 있습니까?"라고 물은 적이 있다. 이 물음은 주관적 관념론에 대한 결정적인 비판이다. 왕수인 이 물음에 다음과 같이 대답하였다.

---

174) 『傳習錄下』, "是非誠僞 到前便明 合得的便是 合不得的便非 如佛家 說心印相似 眞是箇試金石 指南針."

"자네가 저 꽃은 보기 전에는 저 꽃은 자네의 마음과 함께 적막 속에 파묻혀 있었네. 허지만 자네가 이 꽃을 보자마자 이 꽃의 모양 이나 색깔 등이 일시에 분명하게 드러났네. 그러니 이 꽃이 자네의 마음 밖에 있지 않음을 알 수 있지 않은가?"라고 하였다.[175]

질문을 한 왕수인의 친구는 스스로 피고 스스로 지는 꽃은 사람의 의식에 의존해서 존재하지 않고 객관적이고 독립적으로 핀다고 생각하였다. 그러나 왕수인은 객관적인 존재를 부인하고, 다만 꽃은 사람의 마음에 의지해서 감지될 때, 비로소 꽃이 되어 존재할 뿐이라고 단언한 것이다. 우리가 알고 있듯이 사람이 사물을 감지할 수 있는 까닭은 객관사물이 사람의 감각에 작용한 결과이다. 객관적 존재인 꽃이 있지 않으면 꽃에 관한 감각을 낳을 수 없다. 왕수인은 인식의 법칙을 위배하였고, 인식대상인 객관사물의 독립적 존재를 부인하였으며, 인식의 주체인 '심'을 일방적으로 우주의 본원으로 확대시켰다.

왕수인은 우리의 의식이 있는 곳에 의지함이 없이 꽃은 저절로 피고 진다는 문제를 회피한 채, 단지 '자네가 이 꽃을 보자마자 이 꽃의 모습이 일시에 분명하게 드러났네'라는 말로 의향 작용과 의향 대상 사이에 불가분의 관계가 있다는 점만을 설명하였다. '마음 밖에는 사물이 없다'는 왕수인의 주장은 원래 외재하는 객관존재로서 물체를 말한 것이 아니라 의향이 실천하려고 할 때 '사건'의 구성에 미치는 작용에 착안했던 생각이다. 그러므로 '마음 밖에는 사물이 없다'는 주장은 개체적인 의식 이외에는 아무것도 존재하지 않는다는 사상과 아무런 관련이 없다.

사람이 구성하는 의식은 꽃에 대한 주관적인 확실한 인식이 없다

---

175) 『傳習錄下』, "先生遊南鎭 一友指岩中花樹問曰 天下無心外之物 如此 花樹 在深山中 自開自落 於我心亦何相關 先生曰 你未看此花時 此花 與汝心同歸於寂 你來看此花時 則此花顔色一時明白起來 便知此花不 在 你的心外."

고 해서 꽃이 피지 않는 것이 아니라, 사람이 꽃을 보든 보지 않던 간에 사람의 인식과 상관없이 객관적인 실체로 인식에 독립해서 피어 있는 것이다. 그러므로 '마음 밖에는 사물이 없다'는 명제를 통해서 왕수인이 설명하고자 했던 의도는 이미 그 취지를 상실하고 말았다. 그러나 왕수인으로는 다른 설명을 선택할 수 없었다. 만일 그가 사람의 의식에서 독립한 객관 실재로서 대상을 인정하였다면 그것은 아마도 그가 원래 직면했던 문제가 아닐 수도 있었기 때문이다.

주자철학에서 '물리'란 필연과 당연의 두 측면을 포함한다. 필연은 자연 법칙을 의미하고 당연은 도덕법칙을 의미한다. 하지만 왕수인의 '마음이 바로 리이다'거나 '마음 밖에는 리가 없다'는 주장은 당연에 대한 해석만을 제기하였다. 따라서 사물에 필연적인 리가 있는지, 이러한 물리는 마음의 조리로 귀결될 수 있는지 그리고 이 마음을 궁구하기만 하면 이러한 종류의 물리를 전부 궁구할 수 있는지 등에 대해서 왕수인은 아무런 대답도 하지 않았다. 그 결과 송명리학을 이해할 때 일반적으로 받아들여지는 '마음'이 통상적으로 포함하는 지각의 의미와 '리'가 통상적으로 포함하는 규율의 의미는 사람들로 하여금 '마음 밖에는 리가 없다'는 주장을 받아들이기 매우 어렵게 만들었다.

3. 격물과 심의 관계

'마음 밖에는 리가 없고, 마음 밖에는 사물이 없다'는 왕수인의 주장은 의식과 사물과 관계를 설명한 것이다, 그러나 그가 이러한 주장을 하게 된 동인은 이러한 설명으로부터 새로운 격물궁리론을 도출하기 위한 시도였다.

'격물과 치지'는 『대학』에서 유래한 말이다. 『대학』은 본래 『소대예기小戴禮記』의 제42편이었다. 『대학』의 내용은 크게, 훌륭한 덕을 밝힌다는 '명명덕'과 백성을 친하게 여긴다는 '친민', 지극한 선에 머문다는 '지어지선'이 『대학』의 기본원칙인 삼강령이고, '격물·치지·성의·정심·수신·제가·치국·평천하'는 『대학』 기본원칙에 대한 방법을 설명한 팔조목이다.

주자는 『대학』의 전체 문장 중에서 '격물치지'를 해석한 부분이 없는 까닭은 '죽간의 배열상의 빠진 글'이 있기 때문이라고 보아 『대학장구』에다 '보격물치지전補格物致知傳'을 지어 빠진 글 때문에 빚어진 연관성이 결여된 부분을 보충하는 한편, 전문에서는 '성의'에 대한 해석 부분을 '정심' 앞에다 옮겨 놓았다.

왕수인은 이러한 주장에 일일이 잘못된 점을 지적하여 『대학』에는 궐문도 없고 착간도 없으므로 본래의 판본을 그대로 따라야 한다고 주장하였다. 그는 "『대학』의 옛 판본은 공자의 문하에서 서로 전수했던 본래의 판본이다. 주자는 그것에 빠지고 잘못된 것이 있다고 의심하면서 그것을 고치고 보충하여 다시 편집하였다. 그러나 내가 생각할 때 그 판본에는 빠지거나 잘못된 부분은 없다. 따라서 전부 그 본래의 판본을 따라야 한다."[176]고 말했다. 이처럼 왕수인은 주자의 보전補傳과 격물에 대한 해석을 배격했으며 또한 격물을 심학의 체계로 끌어들여 해석하였다.

왕수인은 청년 시절에 대나무를 격물한 이래 계속해서 그를 괴롭혔던 '격물'의 문제를 '뜻이 있는 곳이 바로 사물이다'라는 근본적인 명제로 사물을 의념意念에 귀속시킨다. 오직 '격물'에서 '물'을 의념으로 귀결시켜야만 '격물'을 '격심格心'으로 해석할 수 있다. '마음 밖에는 사물이 없다'는 말의 의미는 사람들로 하여금 격물 공부를

---

176) 『陽明全書』 권2, 「答羅整庵小宰書」, "大學古本乃孔門相傳舊本耳 朱子疑其有所脫誤 以改正補緝之 在某則謂其本無脫誤 悉從其舊而已."

하라는 것이다.

왕수인은 젊은 날 정주학설을 믿고서 주자의 객관적 관념론 학설에 따라 직접 실행에 옮겨보고자 하였다. 그는 어느 날 자기 집에서 친구와 함께 '성현이 되려면 천하의 사물을 궁구하여야 한다'면서, 어떻게 사물의 이치를 궁구할 것인가를 의논하였다. 그러나 결론이 쉽게 나지 않자 왕수인은 집 앞 정자 앞에 서 있는 대나무의 리를 궁구하기로 하였다. 왕수인과 친구는 아침부터 밤까지 대나무 앞에 앉아 대나무의 리를 깨달으려고 노력하였다. 그러나 그의 친구는 정력을 지나치게 많이 소모했기 때문에 사흘째 되는 날 병이 나 쓰러지고 말았다. 왕수인 그래도 포기하지 않고 대나무 앞에 고요히 앉아 '대나무의 리'를 깨우치려 하였지만 아무리 해도 도대체 알아낼 수가 없었다. 이레째 되는 날 왕수인도 마침내 병이 나 쓰러지고 말았다. 이후 두 사람은 "성현이 되래야 될 수 없는 것은 다름 아니라 격물 공부가 너무 힘들기 때문이다."고 말하였다. 뒷날 그는 용장에서 어떻게 하면 효과적으로 현실사회에서 도덕의 수양 공부를 수행할 수 있을까를 되풀이해서 생각한 끝에 스스로 깨달음에 이르렀다고 여겨, '천하의 사물은 본래 궁구할 만한 것이 없다. 그 사물을 궁구하는 노력은 다만 몸과 마음에서 해야 한다'라는 단언을 내리게 되었다.[177]

본래 정주가 말한 '격물'이 비록 객관적 실재인 사물에 대한 관찰에서 시작하는 것이지만, 주된 내용은 격물을 거쳐 천리를 인식하려는 것이며 또한 이를 통해 도덕원칙을 체득하려는 데 있다. 물론 사

---

177) 『傳習錄下』, "先生曰 衆人只說格物要依晦翁 何曾把他的說去用 我著 實曾用來. 初年與錢友同 論做聖賢要格天下之物 如今安得這等大的力 量 因指亭前竹子 令去格看 錢子早夜去窮格竹子的道理 竭其心思至於 三日 便致勞神成疾 當初說他這是精力不足 某因自去窮格 早夜不得其 理 到七日 亦以勞思致疾 遂相與嘆聖賢是做不得的 無他大力量去格物 了 及在夷中三年 頗見得此意思 乃知天下之物本無可格者 其格物之功 只在身心上做."

물에 대한 이치를 하나하나 탐구하여 구체적인 과학적 지식을 얻으려고 했던 것도 사실이다. 그런데 왕수인은 이러한 방법에 따르면서도 대나무의 생장 변화하는 과정을 관찰하지도 않았고, 대나무의 생리나 효용가치에 대해서는 문제 삼지 않았다. 그는 다만 대나무에 대한 주관적인 명상만을 진행하였으므로 어떠한 대나무의 리도 얻을 수 없었던 것이 당연하다. 그는 이것으로부터 외부 사물의 리를 탐구하는 것은 가능하지도 않고 필요하지도 않다고 단정하였다. 그는 마음을 떠나 독립적으로 존재하는 객관적 사물의 법칙과 세계를 완전히 부인하여 마침내 주관적 관념론의 잘못된 결론을 이끌어 냈다.

용장에서의 깨달음은 사물에서 리를 구하는 일을 부정하는 것일 뿐만 아니라 외부 사물은 본래 궁구할 수 없다는 생각이기도 하였다. 그 깨달음의 결론은 격물궁리의 대상을 외부 사물에서 주체 자신으로부터 시작하지 않으면 안 된다고 보았다. 이 때문에 그는 '마음 밖에는 리도 없고, 마음 밖에는 사물도 없다'는 주장을 발전시켜 격물궁리를 마음에서 행하는 공부로 해석하였다.

왕수인은 그가 만년에 지은 「대학문大學問」 중에서 '격물'의 '격格'을 '정正'으로 해석하고, '물物'을 '사事'로 해석하였다. 격물이란 외부에서 리를 구하는 것이 아니라 마음이 바로 리이며, 의념이 있는 곳이 바로 궁구해야 할 곳이기 때문에 격물은 '격심格心' 혹은 '구심求心'으로 바뀌게 된다.

격물이란 '대인은 임금의 마음을 바로잡는다'는 맹자의 말에서의 '바로잡는다'는 말뜻과 같으며, 그 마음의 바르지 못함을 없애 본체의 바름을 온전하게 하는 것이다. 다만 의념이 있는 곳이라면 곧 그 바르지 못함을 없애 그 바름을 온전하게 해야 한다. 즉 언제 어디서나 천리를 보존하라는 말이다. 천리를 보존하는 일이 바로 궁리이며, 천리는 밝은 덕이다. 따라서 궁리란 밝은 덕을 밝히는 것이다.[178]

또 그의 제자가 격물에 대해 묻자, "격이란 바로잡는다는 말이다. 그 바르지 못함을 바로잡아 바름으로 돌아가는 것이다."179)라고 하였다. 격물은 '궁리'와 '밝은 덕을 밝힘(明明德)'과 모두 같은 뜻임을 밝히고 있다. 격물의 격은 '바로잡는다(正)'는 뜻이며 물은 '사(事)'의 뜻으로써 사람이 '뜻과 마음을 두고 있는 대상'이어서, 격물이란 언제 어디서나 천리를 간직하고 있다.

주자는 '격'을 '이른다'고 설명했지만, 왕수인은 '격'을 '바로잡는다'는 뜻으로 해석하였다. 즉 바르지 못한 것을 바로잡는다는 말이다. 또한 주자는 '물이란 일(事)과 같다'고 한 반면에 왕수인은 '물'을 '뜻이 있는 곳'으로 정의하였다. 따라서 '격물'이란 '뜻이 있는 곳을 바로잡는다'는 말이다. 문제는 '뜻이 있는 곳'이란 구체적인 사물일 수도 있고, 다만 의식이나 의념 속의 대상일 수도 있다. 만약 그렇게 되면 격물이란 실제 사물을 바로잡는다는 것인지, 아니면 의식이나 의념 행위 자체를 바로잡는 것인지 알 수가 없다. 즉 격물은 그 사건이 바르지 못하다는 것을 바로잡을 것인가 아니면 그 마음의 바르지 못하다는 것을 바로잡는다는 것인지 불분명하다. 왕수인이 주장한 격물의 직접적인 의미는 아마도 '그 마음의 바르지 못함을 없애는' 것이다. 왜냐하면 마음은 허령명각하기 때문에 바르지 않은 상태가 없다. 그러나 보통 사람들의 마음은 이미 마음이 허령명각하지 못하기 때문에 바르지 못하다.

격물이란 이러한 마음의 바르지 못함을 바로잡아서 본체의 바름을 회복하는 일이다.

---

178) 『傳習錄上』, "格物如孟子大人格君心之格 是去其心之不正 以全其本體之正 但意念所在 卽要去其不正以全其正 卽無時無處 不是存天理 卽是窮理 天理卽是明德 窮理卽是明明德."
179) 『傳習錄上』, "問 格物 先生曰 格者正也 正其不正 以歸於正也."

"격은 바르게 한다는 것이니, 그 옳지 못한 것을 바르게 하여서 바른 데로 돌아감을 말한다. 그 옳지 못한 것을 바르게 함은 악을 제거함을 말한다. 바른 데로 돌아감은 선을 행함을 말한다. 대체로 이것을 격이라고 부른다."[180]

이 때문에 왕수인의 견해 중 '격물'은 '악을 제거한다'라는 것으로 귀착한다. 왕수인은 도덕 수양의 기본 내용은 인욕을 제거하여 천리를 보존하면 선함을 행할 수 있다고 보았다. 즉 인욕을 제거하여 천리를 보존한다는 것은 주로 인간이 행동을 일으키는 동인인 의식이나 의념 등을 일컫는 것이다. 그는 "마음은 하나가 있을 뿐이다. 마음에 인욕이 섞여 있지 않은 것을 '도심'이라 말하고, 인위적인 것이 섞여 있는 것을 '인심'이라 하는 것이다. ……천리와 인욕은 아울러 존재하지 않는다. 어찌 천리가 주인이 되고 인욕이 또 따라서 그 명령을 듣게 되겠는가?"[181]라고 하여 인욕을 제거하여 천리를 보존하는 것은 단지 현상 의식(意)의 차원에서 적용될 수 있을 뿐 본체(心)의 차원에서는 적용될 수 없다고 보았다. 즉 마음 그 자체는 양지이며 본심이기 때문이다.

그러나 의식이나 의념이 발동할 때는 선과 악이 있게 되며, 이때 선을 보존하고 악을 없애 주는 역할을 하는 것이 곧 '성의誠意'이다. 따라서 왕수인은 『대학』 공부가 '성의'에 이르러서야 비로소 구체적인 내용을 가진다고 했다. 왜냐하면 마음은 본체이고 의意에 이르러서야 비로소 현실화되기 때문이다.

그러므로 의식이나 의념에서 반드시 선을 보존하고 악을 버려야 한다. 왕수인은 시비선악에 대한 '앎'을 외부에서 가져올 필요가 없

---

180) 『陽明全書』 권26, 「大學問」, "格者 正也 正其不正 以歸于正之謂也 正其不正者 去惡之謂也 歸于正者 爲善之謂也 夫是之謂格."
181) 『傳習錄上』, "然 心一也 未雜於人 謂之道心 雜以人僞 謂之人心…… 天理人欲 不竝立 安有天理爲主 人欲又從而聽命者."

다고 강조했다. 사람마다 모두 가진 천부의 '양지'는 마음의 시비 준칙으로, 인간의 의식이나 의념 활동 중에서 선와 악을 가릴 수 있는 능력을 갖추고 있기 때문이다. 이에 따라 그는 '성의'로부터 '치지'로 전환한다. 그런데 양지는 개개인의 의식이나 의념에서 표출될 때는 늘 불완전해서 크고 작은 사욕에 가려져 있다. 따라서 진정으로 내심에 하나의 완전한 시비준칙을 갖추려면 '치지'를 해야 한다. 즉 잠재적인 양지를 최대로 확충시켜 완전하게 해야 한다.

> 나는 사람들에게 '양지에 이르려면' 격물에 대하여 공부를 해야 한다고 가르쳤다. 이것은 근본이 있는 학문방법이어서 하루하루 발전해 나가서 오래될수록 더욱 정밀하고 자세하여 밝게 됨을 느끼게 될 것이다. 세상의 일반선비들은 사물 하나하나에 대하여 이치를 추구하라고 가르치고 있다. 이것은 근본이 없는 학문방법이다. 그가 장년일 적에는 비록 한동안 외면적인 수식을 함으로써 잘못이 없을 수가 있지만, 늙으면 정력이 쇠약해져서 마침내 넘어져 버리게 될 것이다. 예를 들면 뿌리가 없는 나무를 물가에 옮겨 심어 놓은 것이나 같은 것이어서 비록 한동안은 싱싱할 수 있지만 오래가면 마침내는 시들어 버리는 것과 같은 것이다.182)

왕수인은 정주의 격물치지 방법에 대해 근본이 없는 학문이라고 비판한다. 양지에 이르려면 반드시 격물 공부를 해야 한다. 근본이 없는 나무는 처음에는 그 상태를 모르지만 시간이 가면 마침내 시들어 버리는 경우를 비유한 것이다. 따라서 세상에 문을 닫고 수양만 하는 것으로는 양지의 확충에 결코 도달할 수 없으므로 그것은 반드

---

182) 『傳習錄下』, "先生曰 吾敎人致良知 在格物上用功 是有根本的學問 日長進一日 愈久愈覺精明 世儒敎人事事物物上去尋討 是無根本的學問 方其壯時 雖暫能外面修飾 不見有過 老則精神衰邁 終須放倒 譬如無根之樹 移栽水邊 雖暫時鮮好 終久要憔悴."

시 격물을 거쳐야 한다고 보았다.

「대학문」의 해석을 살펴보면, 격물이란 '실제로 그 일을 대상으로 삼아'(實有其事) '대상인 물에 나아가 실제로 행하는'(即其所在之物 而實有以爲之) 것을 가리킨다. 이 부분에서는 격물을 '사물에 나아 가다'(即物)로 해석한 주자의 영향을 발견할 수 있는데, 여기서의 격 물은 '사물에 나아가 그 잘못된 것을 바로잡는' 것을 가리키며, 더 나아가 물에 나아가 마음을 바로잡는 것만을 가리키는 것만 아니라 사물의 잘못됨을 바로잡는 것, 즉 우리의 활동 행위를 지선至善의 바름에 합치되게 하는 것도 가리킨다.

이러한 해석에 근거하면 격물은 바로 '격심'이다. 그렇기 때문에 왕수인은 뜻이 있는 곳이 사물이며, '의념이 있는 곳이라면 그 바르 지 못함을 없애 바름을 되돌려야 한다'고 강조했다. 이것이 바로 격 물이다. 여기에서 '의념이 있는 곳'이란 문맥 속에서 볼 때 어떤 내 용을 갖는 의념이다. 그래서 그의 친구이자 저명한 리학자였던 담약 수湛若水는 "사물을 마음(心意)이 드러난 것으로 생각하는 형의 뜻 은, 사람들이 마음을 버리고 외부에서 리를 구할까 걱정스러워 그렇 게 주장한 듯하다."[183]고 지적했다. 그는 또 '주어진 일에 따라서 천 리를 체인하는 것'이 결코 지리멸렬하지 않다고 보았다. 그는 오히 려 안과 밖을 분리하는 태도가 지리멸렬한 것이라고 하여, "밖을 좇 아 안을 잃는 태도만 지리한 것이 아니라 안만 옳다고 하고 밖을 그르다고 보는 태도 또한 지리멸렬하다."[184]고 지적하였다.

담약수는 진구천陳九川(자는 惟濬)에게 보낸 답장에서 다음과 같 이 말했다.

---

183) 『甘泉文集』 권7, 「與陽明鴻臚」, "以物爲心意之所著 兄意只恐人舍心求 之於外 故有是說."
184) 『甘泉文集』 권7, "是內而非外 亦謂之支離."

　　양명의 격물설을 아직 상세하게 듣지는 못했습니다. 대개 마음과
천하는 안과 밖으로 나눌 수가 없음에도 불구하고 '본심에서 찾는
다' 하고, 또 '안으로부터 말미암는다' 하니, 여전히 '사물을 밖의
것으로 여기는' 폐단이 있습니다."[185]라고 하였다. 그리고 그는 "양
명의 격물설에서 '생각을 바로잡는다'는 말은 아래 문장의 '정심'이
라는 말과 중복된다. 게다가 예로부터 성현의 가르침을 배웠던 일이
나, 학문을 닦고 열심히 생각하며 독실하게 실행하라는 가르침, 널
리 배우고 예로 집약하라는 가르침, 덕을 닦고 강학하라는 가르침
그리고 덕성을 높이고 학문을 논하라는 말씀 등은 무슨 이유에서
한 말이었을까?"[186]

　　담약수는 왕수인의 격물설에서 격물을 '생각을 바로잡는다'는 말
로 이해하고 있음을 강조하면서, 이러한 왕수인의 설명에는 두 가지
난점이 있음을 지적하였다. 첫째, 격물을 '생각을 바로잡는다'는 뜻
으로 여긴다면, 이는 바로 『대학』에 원래 있던 '정심'의 조목과 중복
된다는 점이다. 둘째, 학문이 전적으로 마음에만 집중된다면, 유학의
전통에서 '배움'(學)과 '물음'(問)의 두 측면이 완전히 말살된다는 점
이다. 따라서 그는 격물의 설을 주자의 이론에 따라 '격'은 '이르다'
(至) 이 뜻이고, "문조文祖에 이르다(格於文祖).", "묘족苗族이 이르
렀다(有苗來格)."의 격으로 보았고, '물'은 천리이니 "말 속에 리가
있다(卽言有物)." "순임금이 여러 물리에 밝다(舜明于庶物)"의 '물'
로서 곧 도라고 생각하였다. 그러므로 '격'은 '나아가 이르다'의 의
미이고, '격물'은 '도로 나아가다'라는 뜻으로 이해한 것이다. 그러므
로 앎과 실천이 함께 나아가는 것이므로 『중용』의 '박학·심문·신

185) 『甘泉文集』 권7, "陽明格物說未得其詳 大抵心與天下不可分內外 稍云
　　　求之本心 又云由內 便有外物之弊."
186) 『甘泉文集』 권7, 「與楊少默」, "陽明格物之說謂正念頭 旣與下文正心之
　　　言爲重複 又自古聖賢學於古訓 學問思辨篤行之敎 博文約禮之敎 修德
　　　講學 尊德性道問學之語 又何故耶."

사·명변·독행'이 모두 도로 나아가는 과정으로 본 것이다. 또한 책을 읽고 스승과 벗을 가까이하고 일상사에 응하는 일에서부터 언제 어느 곳에서나 일에 따라 천리를 체인하고 함양하는 것까지 도로 나아가는 공부가 아닌 것이 없다고 보았다.[187] 그래서 그는 왕수인의 격물설에 대한 네 가지 비판을 상세하게 열거하였다.

두 차례 편지를 받고 보니 형의 격물에 대한 논의에 몹시 끌립니다. 그러나 끝내 제게는 의문점이 있습니다. 형의 격물의 설 가운데서 제가 감히 믿지 못하는 것은 다음과 같은 네 가지입니다. 예로부터 성현의 학문은 모두 천리를 핵심으로 삼고 앎과 실행을 공부로 삼습니다. 형은 '격'을 '바로잡음'(正)으로, '물'을 '생각의 일어남'으로 해석하고 있는데, 아래 글의 '성의'의 '의'가 곧 '생각의 일어남'이고 '정심'의 '정'이 곧 '바로잡음'이니 글의 의미에 있어 중복이 되지 않겠습니까? 이것이 첫 번째 불가한 점입니다. 또 위 글에서 '지지知止'·'능득能得'[188]은 이어지는 맥락이 없고, 고본의 아래 절에는 '수신'으로 '격물치지'를 설명한 것은 근거가 없습니다. 이것이 두 번째 불가한 점입니다.

형은 '격물'을 '생각을 바로잡음'으로 해석하고 있는데, 그 생각이 바른지 어떤지 알 수 있는 근거가 없습니다. 불가와 도가의 허虛와 무無의 이론도 '머무는 바 없이 그 마음을 내야 한다'느니 '제상諸相도 없고 근根·진塵도 없다'느니 하면서 스스로 바르다고 여깁니다. 양주楊朱와 묵적墨翟도 당시에는 그들 자신을 성인이라고 생각했습니다. 어찌 스스로 바르지 않다고 생각하면서 그냥 안주한 것이

---

187) 『甘泉文集』, 권7, 「答陽明」, "鄙見以爲 格者 至也 格於文祖 有苗來格
之格 物者 天理也 卽言有物 舜明於庶物之物 卽道也 格卽造詣之義
格物者卽造道也 知行竝造 博學審問愼思明辨篤行 皆所以造道也 讀書
親師友酬應 隨時隨處 皆隨體認天理而涵養之 無非造道之功."

188) 역자 주: 『대학』經의 "知止而后有定 定而后能靜 靜而后能安 安而后
能慮 慮而后能得." 가운데 첫 부분과 마지막을 일컫는다.

겠습니까? 학문 공부가 없다 보니 자신이 '바르다'(正)고 여기는 것이 사실은 '그릇된 것'(邪)임에도 자기가 깨닫지 못할 뿐이라는 것을 모릅니다. 스스로는 성聖이라고 여기는 바로 그것이 마침내 금수의 상태로 흘러 들어가게 만드는 원인이 되는 것입니다. 맹자도 백이伯夷·유하혜柳下惠·이윤伊尹 같은 이들은 성인이라고 여겼습니다. 그런 그들이 편협하고 불손한 방향으로 흘러서 공자와 다르게 된 까닭은 바로 강학의 공부가 없어서 잘 시작하고 잡는다'라고만 해석하니 이것이 세 번째 불가한 점입니다.

'배움'을 가장 먼저 논한 것을 들자면, 『서경』의 「열명說命」에서는 "옛 가르침에서 배워야 얻는 것이 있다."고 하였고, 「주서周書」에서는 "옛것을 배워서 관직에 나아간다."고 하였으며, 순은 우에게 명을 내리면서 "오직 정심하게 연구하고 오직 전일하게 견지하라."고 하였습니다. 안자顔子는 공자의 가르침을 조술하면서 "널리 글을 배우고 예로써 조절한다."고 하였고, 공자는 애공哀公에게 학문에 대해 말하면서 "배우고 묻고 생각하고 분석하고 독실히 행하라."고 하였습니다. 이것들은 한결같이 '지행병진'으로 귀결되고 있습니다. 만일 형의 견해처럼 단지 생각을 바로잡기만 하는 것이라면 공자는 "덕이 닦여지지 않음"만을 말해도 될 텐데, 다시 "학문을 강습하지 않음"을 말했으니 이것은 무슨 까닭입니까? "묵묵히 기억한다."라고만 해도 될 텐데, 다시 "배우는 것을 싫증내지 않는다."고 말했으니 이것은 무슨 까닭이며 또 "옛것을 믿고 좋아하여 민첩하게 구한다."고 말한 것은 무슨 까닭입니까? 자사는 "덕성을 높인다"(尊德性)라고만 말해도 될 텐데 다시 "학문을 말미암는다"(道問學)고 했으니, 이것은 무슨 까닭입니까? 강습하는 것, 배우는 것, 좋아하는 것, 구하는 것은 대체 무엇이라고 생각하십니까? 이것이 네 번째 불가한 점입니다.[189]

---

189) 『甘泉文集』 권7, 「答陽明王都憲論格物」, "兩承手教 格物之論足仍至愛 然僕終有疑者 盖兄之格物之說 有不敢信者四 自古聖賢之學 皆以天理 爲頭腦 以知行爲工夫 兄之訓格爲正 訓物爲念頭之發 則下文誠意之意 卽念頭之發也 正心之正 卽格也 於文義不亦重複矣乎 其不可一也 又於

담약수는 왕수인의 경전의 연구와 사물에 대한 고찰을 부정하고 일종의 내향적인 입장을 비판하여 격물설에 대한 종래의 입장을 고수한 것이다.

4. 지행합일

1) 지행합일의 형성과정

앎과 실행은 유가의 도덕 실천 이론에 불가분의 관계로 중요한 범주이다. 왕수인의 '심즉리설'과 '치양지설' 그리고 '지행합일설'이 그의 철학의 3대 학설로 꼽히는 이유도 여기에 있다. 유가 철학에서 지행의 문제를 다루고 있는 것은 바로 도덕 지식과 도덕 실천의 관계이다. 일반적으로 말해서 앎은 주관성을 가리키는 범주이고, 실행은 주관이 객관으로 드러난, 인간의 외재적 행위를 가리키는 범주이다. 왕수인은 정덕正德 3년(戊辰: 1508) 그의 나이 37세에 용장이라는 곳으로 귀양을 갔었는데, 열악한 환경 속에서도 심성을 도야하여

上文知止能得爲無承 於古本下節 以修身說 格致爲無取 其不可二也 兄之格物之正念頭也 則念頭之正否 亦未可据 如釋老之虛無 則曰應無所住而生其心 無諸相無根塵 亦自以爲正矣 楊墨之時 皆以爲聖矣 豈自以爲不正而安之 以其無學問之功 而不知其所謂正者 乃邪而不自知也 其所自謂聖 乃流於禽獸也 夷惠伊尹 孟子亦以爲聖矣 而流於隘與不恭 而異於孔子者 以其無講學之功 無始終條理之實 無智巧之妙也 則吾兄之訓徒正念頭 其不可者三也 論學之最始者 則說明曰 學於古訓 乃有獲 周書則曰 學古入官 舜命禹則曰 惟精惟一 顔子述孔子之敎則曰 博文約禮 孔子告哀公則曰 學問思辨篤行 其歸於知行竝進 同條共貫者也 若如兄之說徒正念頭 則孔子止曰 德之不修可矣 而又曰學之不講何耶 止曰默而識之可矣 而又曰學而不厭何耶 又曰信而好古敏求者何耶 子思止曰尊德性可矣 而又曰道問學者何耶 所講所學所好所求者何耶 其不可者四也."

어느 날 밤 갑자기 홀연히 크게 깨닫게 되었다. 바로 송대 유학자의 격물설이 잘못된 것임을 확신하였으며, 이로부터 일생의 학문의 기조를 확정짓게 되었다. 다음해인 정덕 4년에 환관 유근이 죄사罪死하자 유배에서 풀려 귀양貴陽이라는 곳에 이르렀다. 귀양의 제학提學(學政을 맡은 관명) 석원산席元山의 초빙에 응하여 귀양서원에서 강의하면서부터 지행합일설이 크게 드러나기 시작했다. 「연보」에는 다음과 같이 기록되어 있다.

> 이해 선생은 처음으로 지행합일을 논하셨다. 학교 행정을 맡고 있던 석원산이 처음에는 선생에게 주자와 육구연의 학문적 차이에 대해 가르쳐 달라고 요청하였다가 선생이 주자와 육구연의 학문에 대해서는 말씀하지 않으시고 당신이 깨치신 것만을 대신 말씀하시자 회의를 품고 돌아갔다. 다음날 석원산이 다시 찾아오자 선생은 지행의 본체에 대해서 언급하면서 '오경'과 '사서'로 방증하시니, 그가 점차 깨우치는 바가 있어 며칠 동안 오고 가다가 활연히 크게 깨달았다.[190]

왕수인인 처음으로 귀양의 지방에서 지행합일을 석원산에게 설명하였으나 왕수인처럼 함양 성찰의 수양공부를 수행한 적이 없기 때문에 그의 학설이 회의에 부딪혔다. 왕수인 자신도 "예전에 귀양에 있을 때 지행합일을 가르치자 서로 이견만 분분할 뿐 어떻게 접근해야 할지 모르는 모습들이었다."[191]라고 실토한 적이 있다. 그러나 지행의 본체를 '오경'과 '사서'의 내용으로 증거를 삼아 설명하자 점차로 활연히 크게 깨닫게 되었다. 3~4년 후에 문인인 서애가 왕수인

---

190) 『陽明全書』권32, 「年譜」, "是年先生始論知行合一 始席元山書提督學政 問朱陸異同之辨이 先生不語朱陸之學 而告之以其所悟 書懷疑而去 明日復來 擧知行本體 征之五經諸子 漸有省 往復數日 豁然大悟."

191) 『陽明全書』권32, 「年譜·庚午條」, "昔在貴陽 擧知行合一之敎 紛紛異同 罔知所入."

이 제기한 지행합일설의 본뜻을 이해하지 못하여 여러 동문과 논변을 벌이면서 정확한 뜻을 추구하였으나 결국 깨닫지 못하자 그에게 가르침을 청한 기록이 『전습록』 상권에 처음으로 보인다.

내가 선생의 지행합일의 가르침을 이해하지 못하여 종현宗賢·유현惟賢과 변론을 주고받았으나 결론을 내지 못하여 선생께 물어보았다. 이에 선생께서 "자네들 의견을 말해 보라." 하시기에 서애가 "지금 사람들은 단지 부모에게 마땅히 효도를 해야 함을 알고 형에게는 공경해야 한다는 것을 알면서도 효도하지 않고 공경하지 않는 것을 보면 앎과 실행은 분명히 두 가지 다른 일입니다."라고 답하였다. 이에 선생께서는 다음과 같이 대답하였다. "그것은 이미 사욕에 의해 단절되었기 때문에 지행의 본체가 아니다. 알면서 행하지 못하면 이것은 바로 알지 못한 것과 같은 것이다. 성현이 사람들에게 앎과 실행을 가르치신 것은 그 본체를 회복하게 하기 위해서지 그들로 하여금 하는 바를 마음대로 할 수 있도록 하기 위해서가 아니었다. 그러므로 『대학』에서는 참된 앎과 실행을 사람들에게 보여주려고 '아름다운 색을 좋아하듯 하고 악취를 싫어하듯 하라'고 한 것이다. 이 경우 아름다운 색을 보는 것은 앎에 속하고, 아름다운 색을 좋아하는 것은 실행에 속한다. 바로 그 아름다운 색을 보았을 때 이미 저절로 좋아하게 되는 것이지, 아름다운 색을 보고 난 뒤에 또다시 다른 마음으로 그 색을 좋아하는 것은 아니다. 악취를 맡는 것은 앎에 속하고, 악취를 싫어하는 것은 행에 속한다. 그 악취를 맡았을 때 이미 저절로 그 냄새를 싫어한 것이지, 그 악취를 맡고 난 뒤에 또다시 다른 마음으로 그 악취를 싫어한 것이다.…… 어떻게 앎과 행을 분류할 수 있겠는가. 이것이 바로 지행의 본체이다. 즉 사욕에 의한 단절이 없는 지행의 본체이다. 성인은 '사람들에게 반드시 이와 같아야만 비로소 진정한 앎이고, 만약 그렇지 않다면 알았던 것이라고 말할 수 없는 것이다'고 가르쳤다. 이것이야말로 얼마나 중요하고 실질적인 공부가 되겠는가?"[192]

192) 『傳習錄上』, "愛因未會先生知行合一之訓 與宗賢惟賢往復辯論 未能快

앎과 실행의 문제는 인간의 생활에서 인식과 실천이라는 중요한 의미를 갖는다. 따라서 도덕 지식과 도덕 실천이라는 범주는 선진 유가부터 추구해온 중요한 문제의식이다. 앎은 인식 주관을 가리키는 개념이고 행은 인식 주관이 외재적 행위로 드러난 객관성으로 주로 인간 생활의 시비를 가리는 척도이다. 따라서 참된 지식이란 확실한 앎으로서 행을 목적으로 한다. 따라서 참되게 알았다면 반드시 자신이 얻은 도덕 지식을 실제 행위로 실천할 수 있어야만 앎과 실행이 어긋나게 되는 문제가 발생하지 않는다.

지행의 본체는 양지, 즉 본심을 말하고, 그것이 합일되지 않는 까닭은 바로 사욕에 의해서 단절되었기 때문이라고 왕수인은 진단한다. 그러므로 반드시 치양지의 공부를 통해서 그 본래 합일된 본체를 회복해야 한다. 사람들이 부모에게 마땅히 효를 실천해야 함을 알고 있지만 실제로 효를 실천하지 못한다. 그 이유는 앎을 단지 앎으로만 여기고 행을 단지 행으로만 여겨 지행 본체가 본래 둘로 분류되어 있다고 생각하거나 지행의 본체가 사욕에 의해 단절되어 버렸기 때문이다. 사욕의 방해가 있으면 부모를 섬기는 양지를 확충할 수 없다. 『대학』의 "이른바 '그 뜻을 성실히 하라'는 것은 스스로 속이지 말라는 것이니, (악을 미워하기를) 악취를 싫어하는 것과 같이 하며, (선을 좋아하기를) 아름다운 색을 좋아하는 것과 같이 하여야

以問於先生 先生曰 試擧看 愛曰 如今人盡有知得父當孝 兄當弟者 却不能孝 不能弟 便是知與行 分明是兩件 先生曰 此已被私欲隔斷 不是知行的本體了 未有知而不行者 知而不行 只是未知 聖賢教人知行 正是要復那本體 不是着爾只恁地便罷 故大學指箇眞知行 與人看 說如好好色 如惡惡臭 見好色屬知 好好色屬行 只見那好色時 已自好了 不是見了後 又立箇心去好 聞惡臭屬知 惡惡臭屬行 只聞那惡臭時 已自惡了 不是聞了後 別立箇心去惡 ……知行如何分得開 此便是知行的本體不曾有私意隔斷的 聖人教人 必要是如此 方可謂之知 不然 只是不曾知 此却是何等緊切着實的工夫."

한다. 이것을 자겸自謙이라 한다."193)는 비유에서 아름다운 색을 보는 것은 앎에 속하고, 아름다운 색을 좋아하는 것은 행에 속한다. 그래서 왕수인은 "앎은 행의 시작이고, 행은 앎의 완성이다. 성인의 학문은 단지 하나의 공부일 뿐이므로 앎과 행을 두 가지 다른 일로 분류할 수 없다."194)라고 하였다. 양지인 본심은 본래 스스로 선악을 판별할 수 있으며, 또 자연스럽게 선을 좋아하고 악을 싫어한다. 선악을 판별하는 것은 앎이고 선을 좋아하고 악을 싫어하는 것은 행이다. 나의 마음이 선악을 판별했을 때, 내 마음은 이미 선을 좋아하고 악을 싫어한다. 그러므로 앎은 행의 시작인 것이다.

2) 지행분리의 원인

앎과 행의 문제는 선진 유학에서부터 제기된 중요한 문제이다. 이 중요한 문제를 본격적으로 제기해서 이론적 체계를 세운 것은 송대부터이다. 송대의 이정과 주자는 참된 앎의 문제에 대해서 모두 "알면서 실행하지 못하는 이는 없고",195) "참되게 안다면 행하지 못할 것이 없다."196)고 하였다. 송유들의 이런 사상이 왕수인의 '지행'관의 출발점이다. 그는 "알면서 행하지 못하는 경우는 없으니, 알기만 하고 행할 수 없다면 그것은 알지 못하는 것이다. 성현이 사람을 가르치는 요점은 바로 지행의 본체를 회복하는 것이다."197)라고 하였

---

193) 『大學』 6장, "所謂誠其意者 毋自欺也 如惡惡臭 如好好色 此之謂自謙."
194) 『傳習錄上』, "知者行之始 行者知之成 聖學只一箇工夫 知行不可分作 兩事."
195) 『二程遺書』 권15, "無有知而不能行者."
196) 『朱子文集』 권72, "眞知未有不能行者."
197) 『傳習錄上』, "未有知而不行者 知而不行 只是未知 聖賢敎人 知行正 是要復那本體."

다. 왕수인은 참된 앎이란 반드시 실행을 요구한다고 생각했다.

그런데 지행분리의 문제점이 나타나는 원인은 무엇인가? 왕수인은 그 문제점을 다음과 같이 지적하였다. 첫째, 알기만 하고 실행하지 못한 것은 아직 참되고 확실한 지식에 이르지 못했다는 사실을 나타낸다고 보았다. 두 번째, 사람들이 시비선악을 알 수 있는 양지와 본심을 고유하게 지니고 있으면서 실행에 옮기지 못하는 이유는 사욕에 의해 단절된 것을 알지 못하기 때문이라고 진단하였고, 세 번째, 사람의 본심과 양지는 본래 순수하여 마음 밖에서 리를 구할 필요가 없기 때문에 지행합일인데, 마음 밖에서 리를 구하기 때문에 앎과 실행이 둘로 나뉘게 되었다고 보았다. 네 번째는 앎과 행을 분리시키고 '먼저 알고 후에 행한다(先知後行)'는 것을 주장하는 것에 따르다 보면, 앎과 행 어느 것도 이루지 못한다고 왕수인은 보았다.

첫 번째로 알기만 하고 실행하지 못한 것은 아직 참되고 확실한 지식에 이르지 못했다는 사실을 살펴보기로 하자.

> 내가 말하는 지행합일의 입론의 주지를 잘 알아야 한다. 오늘날 사람들이 학문하는 것은 단지 앎과 행을 두 가지로 분별하기 때문에 어떤 한 가지 생각이 발동하여 비록 그것이 나쁜 생각이라 하더라도 실행하지 않았다는 것만으로써 그것을 금하려 들지 않는다. 내가 이제 앎과 행을 말하려 하는 것은 바로 사람들로 하여금 한 생각이 드러나는 그곳에 실행의 발단이 있음을 알게 함이며, 생각이 드러나는 곳에 선하지 못함이 있으면 곧 이러한 생각을 극복하여 없애야 한다는 것을 깨우치기 위함이다. 반드시 뿌리까지 철저하게 뽑아 그 선하지 않은 생각이 마음속에 남아 있지 않게 해야 한다. 이것이 바로 내가 주장한 종지이다.[198]

198) 『傳習錄下』, "先生曰 此須識我立言宗旨 今人學問 只因知行分作兩件 故 有一念發動, 雖是不善 然 未曾行 便不去禁止 我今說箇知行合一 正要人曉得一念發動處 便即是行了 發動處有不善 就將這不善的念克倒了 須要徹根徹底 不使那一念不善潛伏在胸中 此是我立言宗旨."

　왕수인에 의하면 앎과 행이 합일하지 못하는 이유는 만약 악한
생각이 실행으로 옮기지 않는다고 하더라도 그것을 금하려고 하지
않는 데 있다. 앎과 행을 두 가지의 서로 다른 일로 분류하면, 마음
속에 나쁜 생각이 있다고 할지라도 다만 이 나쁜 생각을 행동으로
옮기지 않으면 스스로 용서하고, 또한 나쁜 생각을 가졌음에 대하여
전혀 부끄러움과 경각심을 갖지 않게 된다. 행동이 비록 선하다고
할지라도 마음이 발현한 의식이나 의념에는 선도 있고 악도 있을 수
있다. 그는 어떤 행위의 결과도 중요하지만 그 행위의 원인도 반드
시 선해야 한다고 보았다. 즉 선한 행동은 반드시 선한 생각과 의지
에서 비롯된다고 생각한 것이다. 왕수인은 서애의 "몸의 주재는 마
음이고 마음이 발현하는 것이 뜻이며, 뜻의 본체는 앎이고 뜻이 있
는 곳이 바로 사물이다."199)라고 한 데서 연유한다. 생각의 발동인
뜻이 앎이고 그 앎의 실현이 바로 사물이다. 그러므로 행위의 선악
은 뜻의 선악에서 비롯되고, 행위가 선하면 반드시 몸의 주인인 마
음과 의지가 선해야 한다.

　또 어떤 사람이 왕수인에게 "사람은 모두 같은 마음을 갖고 있습
니다. 마음이 곧 리라면 어째서 선을 행하는 사람이 있고 선하지 않
는 행위를 하지 않은 행위를 하는 사람이 있습니까?"라고 하자, 그
는 "악한 사람의 마음은 그 본체를 잃었기 때문이다."200)라고 하였
다. 본래 사람은 모두 양지와 본심을 가지고 있어 선한 행위를 할
수 있는데, 양지와 본심을 잃은 사람은 본래의 의지를 잃어버려 악
한 행위를 한다. 제자인 징澄이 "여색을 좋아하고 이익을 좋아하고
명성을 좋아하는 것은 어째서 또 사사로운 욕망이라고 말하는 것입

199) 『傳習錄 上』, "身之主宰便是心 心之所發便是意 意之本體便是知 意之
　　所在便是物."
200) 『傳習錄 上』, "或曰 人皆有是心 心卽理 何以有爲善 有爲不善 先生曰
　　惡人之心 失其本體."

니까?"라고 묻자, 왕수인은 다음과 같이 말하였다.

> "결국은 여색을 좋아하고 이익을 좋아하고 명성을 좋아하는 근원
> 에서 그것들이 생겨나기 때문이다. 자신이 그 근원을 찾아보면 그러
> 함을 곧 발견하게 될 것이다. 예를 들면 너의 마음속으로 자기는 도
> 적질을 할 생각이 없음을 분명히 알고 있는 것은 어째서인가? 너는
> 원래부터 그러한 마음이 없었기 때문인 것이다. 네가 만약 재물・여
> 색・명예・이익 등이 마음에 있어도 모두 도적질을 하지 않는 마음
> 과 같이 전부를 깨끗이 없애 버릴 수만 있다면 오직 마음의 본체만
> 이 있게 될 것인데 거기에 무슨 한가한 생각들이 일어나겠는가? 이
> 것이 바로 『역경』에서 말한 '고요히 움직이지 않는 것(寂然不動)'이
> 며, 바로 『중용』에서 말한 '감정이 드러나기 전의 중(未發之中)'이며,
> 정자程子가 말한 '탁 트이어 크게 공명한 것(廓然大公)'이다. 그러므로
> 자연히 '느끼면 마침내 온 세상일에 통하게(感而遂通)' 되고, 자연히
> '드러나면 절도에 들어맞게(發而中節)' 되고, 자연히 '사물을 대하게
> 되면 순조롭게 호응하게(物來順應)' 되는 것이다."라고 하였다.[201]

사람들이 하는 일 없이 한가한 생각이나 잡념 망상 등은 적극적
으로 천리를 흐리게 하는 악한 생각은 아니지만, 자칫 여색이나 이
익 또는 명예를 좋아하는 것 같은 악한 생각으로 치우칠 소지가 있
기 때문에 그런 근본을 아예 없애버려야 한다. 그래야만 마음이 완
전한 본체로 돌아가 원만한 의식이나 의념이 발동될 수 있다. 즉 마
음의 본체가 '고요히 움직이지 않는(寂然不動)' 상태와 '감정이 드러
나기 전의 중(未發之中)'의 상태, '탁 트이어 크게 공명한(廓然大公)'

---

201) 『傳習錄上』, "澄曰 好色 好利 好名等心 固是私欲 如閒思雜慮 如何亦
謂之私欲 先生曰畢竟從好色 好利 好名等根上起 自尋其根便見 如汝
心中 決知是無有做劫盜的思慮何也 以汝元無是心也 汝若於貨色名利
等心 一切皆如不做劫盜之心一般 都消滅了光光 只是心之本體 看有甚
閒思慮 此便是寂然不動 便是未發之中 便是廓然大公 自然感而遂通
自然發而中節 自然物來順應."

상태를 말한다. 그러면 그 작용이 자연스럽게 '느끼면 마침내 온 세상일에 통(感而遂通)'하게 되고, 자연스럽게 '드러나면 절도에 들어맞게(發而中節)' 되고, 자연스럽게 '사물을 대하게 되면 순조롭게 호응(物來順應)'하게 되는 것이다.

그런데 지행을 둘로 나누어 설명하는 이유는 무엇이고, 또 그가 무엇 때문에 지행합일을 주장했는지를 살펴보아야 한다.

> 지금 억지로 앎과 행을 둘로 나누어야 한다고 말하려 드는 것은 무슨 뜻에서인가? 그리고 나는 그것을(지와 행이) 하나라고 주장하는데 그것은 무슨 뜻에서인가? 만약 입론의 주지主旨를 알지 못하고서 오직 '하나다', '둘이다' 말만 한다면 또한 무슨 소용이 있겠는가?202)

왕수인은 지행합일과 지행분리를 주장하는 사람들이 무슨 뜻에서 그런 주장을 하게 되었는지를 먼저 알아야 문제의 해결점을 찾을 수 있다고 보았다. 만약 이러한 문제 해결이 없이 지행합일과 지행분리를 설명한다면 아무 소용이 없다고 생각하였다. 그래서 서애가 "옛사람들이 지행을 둘이다 말한 것은 사람들로 하여금 보고서 잘 알게 하려는 것이었습니다. 한편으로는 앎에 대한 공부를 하고 한편으로는 실행에 대한 공부를 하려는 것입니다. 그래야만 비로소 공부의 결과가 나타날 것입니다."라고 한 것에 대해 지행분리를 행할 수밖에 없는 두 부류를 다음과 같이 설명하였다.

> 옛사람들이 한 가지 앎만을 얘기한 한편 또 한 가지 행동만을 얘기한 것은 까닭이 있는 것이다. 오직 세상에는 특수한 사람들이 있어서 멍청이 멋대로 행동하면서 전혀 생각하고 살피고 할 줄 모르기 때문인 것이다. 이것은 또한 맹목적인 행동이라고 말할 수가 있

---

202) 『傳習錄上』, "如今苦苦定要說知行做兩箇 是甚麼意 某要說做一箇 是甚麼意 若不知立言宗旨 只管說一箇兩箇 亦有甚用."

는 것이다. 그래서 반드시 앎에 대해서 이야기해야만 비로소 행동이
제대로 될 수 있는 것이다. 또 한 가지 특수한 사람들은 막연히 터
무니없는 사색만을 하고 전혀 착실히 실행하려 들지 않는다. 이것은
오직 추측이나 망상에 불과한 것이기 때문에 반드시 행동에 대하여
설명해 주어야 비로소 앎이 참되게 되는 것이다. 그래서 옛사람들은
부득이 편벽됨을 보충하고 폐단을 없애기 위한 설명을 하였던 것이
다. 만약 뜻을 알기만 한다면 앎이나 행동에 대해 한 가지만을 설명
해도 충분할 것이다.[203]

두 번째는 지행의 분리의 원인은 사사로운 욕심에 의해 진정한
앎의 본체를 잃어버렸다고 보았다.

> 서애가 물었다. "앎에 이른(知至) 다음에야 뜻을 정성되게 하는
> 것(誠意)을 얘기할 수 있습니다. 지금 천리와 사욕을 다 알지 못하
> 였는데 어떻게 자기를 이겨내는 공부를 해나갈 수 있겠습니까?" 선
> 생께서 말씀하셨다. "사람이 만약에 진실하게 자기에게 절실한 공부
> 를 쉬지 않고 해나간다면 곧 자기의 마음속의 정미함이 나날이 더
> 잘 보이게 될 것이며, 사사로운 욕망의 자세한 내용도 역시 나날이
> 더 잘 보이게 될 것이다. 만약 자기를 이겨내는 공부를 하지 않는다
> 면 하루 종일 오직 말만 할 뿐 천리도 끝내 보이지 않고 사사로운
> 욕망도 끝내 보이지 않을 것이다. 그것은 사람이 길을 가는 거와 마
> 찬가지다. 어느 정도 길을 가면 비로소 갈 곳만큼 알게 되며 갈림길
> 에 이르게 되면 의문이 생겨 묻게 된다. 물어보고는 또 걸어 비로소
> 점차 가고자 하던 곳에 다다르게 되는 것이다. 지금 사람들이 이미

445

---

203) 『傳習錄上』, "愛曰 古人說知行做兩箇 亦是要人見箇分曉 一行做知的
功夫 一行做行的功夫, 卽功夫始有下落…… 古人所以旣說一箇知 又
說一箇行者 只爲世間有一種人 懵懵憧憧的 任意去做 全不解思惟省察
也只是箇冥行妄作 所以必說箇知 方纔行得是 又有一種人 茫茫蕩蕩
懸空去思索 全不肯着實躬行 也只是箇揣摸影響 所以必說一箇行 方纔
知得眞 此是古人不得已補偏救弊的說話 若見得這箇意時 卽一言而足."

알고 있는 천리도 보존시키려 들지 않고 이미 알고 있는 사람의 욕
망도 버리려 들지 않고 있다. 그러면서도 모든 것을 다 알지 못하는
것만을 걱정하고 쓸데없이 떠들기만 하고 있으니 무슨 이익이 있겠
는가? 그러니 자기 자신을 이겨내게 된 다음 다시 더 이겨낼 사사
로움이 없게 되어서야 비로소 모든 것을 다 알지 못함을 걱정한다
하더라도 늦을 게 없을 것이다."204)

왕수인은 앎 자체가 실행의 단초로서 의식이나 의념을 함축하고
있다고 보았다. 그러므로 실행은 이미 그 자체에 앎을 근거로 하고
있다. 그런데 지행합일의 방법으로 사람들은 일반적으로 다 알아야
만 실행할 수 있다고 생각하고 그 논리에만 매달린다고 보았다. 즉
지행의 분리의 원인은 자기에게 주어진 공부를 진실하고 절실하게
하지 않기 때문에 천리가 없어져 마음이 정미하지 못하여 사사로운
욕망이 생기고, 하루 종일 부질없는 말만하게 되어 사사로운 욕망도
버리려 하지 않는다는 것이다. 따라서 자신을 이겨 낼 공부를 하면
자신을 이겨낼 사사로움이 없게 되어 모든 것을 다 알지 못하는 걱
정을 해도 늦지 않을 것이라고 주장한다.
　그러므로 왕수인은 사사로운 욕망과 공부 방법을 다음과 말하였다.

요즈음에 여러분의 질문이 적어졌는데 어찌된 일인가? 사람이 공
부를 하지 않으면 언제나 스스로 학문하는 방법을 이미 알았으니
오직 그대로 해나가기만 하면 된다고 생각하게 되는 것이다. 특히

---

204) 『傳習錄 上』, "問 知至然後可以言誠意 今天理人欲知之未盡 如何用得
克己工夫 先生曰, 人若眞實切己用功不已 則於此心天理之精微 日見一
日 私欲之細微 亦日見一日 若不用克己工夫 終日只是說話而已 天理
終不自見 私欲亦終不自見 如人走路一般 走得一段 方認得一段 走到
岐路處 有疑便問 問了又走 方漸能到得致到之處 今人於已知之天理不
肯存 已知之人欲不肯去 且只管愁不能盡知 只管閒講 何益之有 且待
克得自己 無私可克 方愁不能盡知 亦未遲在."

알지 못하고 있으면 사사로운 욕망이 나날이 생겨난다. 마치 땅 위
의 먼지와 같은 것이어서 자주 쓸어내지 않으면 곧 그만큼 층층이
쌓이게 된다. 착실히 공부를 하다 보면 곧 도에는 끝이 없고 탐구하
면 할수록 더욱 깊어짐을 알게 될 것이다. 반드시 조금이라도 철저
하지 않는 것이 없도록 깨끗이 구명하여야만 되는 것이다.205)

알지 못하고 있는 것은 사사로운 욕망이 나날이 생겨나는 것으로
마치 땅 위의 먼지와 같은 것이어서 자주 쓸어내지 않으면 곧 그만
큼 앎의 본체에 층층이 쌓이게 된다. 그렇기 때문에 열심히 공부를
해서 사사로움이 없게 깨끗이 구명하는 것이 앎의 본체인 도에 접근
하는 방법이라고 했다.

또 "마음의 본체에는 약간의 생각도 남겨 두어서는 안 된다. 그것
은 사람의 눈에 약간의 먼지나 모래가 들어가 남아 있어도 안 되는
것과 같다. 약간의 먼지가 무슨 문제가 되겠냐고 하지만 사람의 눈
이 곧 모든 천지를 분간할 수 없게 만드는 것이다."206)라고 하였다.
마음에 어떤 생각이라도 남게 되면 작은 불씨처럼 나중에는 큰 화를
입게 된다. 따라서 마음에 나쁜 생각이 조금이라도 마음속에 남아
있다면 본심과 양심의 순수한 활동에 장애가 되기 때문이다.

셋째는 사람의 본심과 양지는 본래 순수하여 마음 밖에서 리를
구할 필요가 없기 때문에 지행합일인데, 마음 밖에서 리를 구하기
때문에 앎과 실행이 둘로 나뉘게 되었다고 보았다.

무릇 사물의 리는 내 마음 밖에 있지 않다. 내 마음 밖에서 물의

---

205) 『傳習錄上』, "先生曰 諸公近見時少疑問何也 人不用功 莫不自以爲已
知爲學 只循而行之是矣. 殊不知 私欲日生 如地上塵 一日不掃 便又有
一層 着實用功便見 道無終窮 愈探愈深 必使精白無一毫不徹 方可."

206) 『傳習錄下』, "先生嘗語學者曰 心體上著不得一念留滯 就如眼著不得些
子塵沙 些子能得幾多. 滿眼便昏天黑地了."

리를 구한다면 사물의 리는 없다. 물리를 버리고 내 마음을 구한다면 내 마음 또한 어떤 것인가? ……어찌 마음 밖에서 리를 구할 수 있겠는가? 마음 밖에서 리를 구함은 앎과 행을 둘로 나누는 것이다. 리를 내 마음에서 구함이 성문聖門의 지행합일에 대한 가르침이다.207)

『주역』에서 말하기를 '군자는 다식多識, 전언前言, 왕행往行만이 아니라 축기덕畜其德도 있어야 한다'라고 하였는데, 무릇 축기덕이 마음이 되어 다식 전언왕행이라는 것은 어떤 것이 축덕의 일이 아니겠는가? 이것이 바로 지행합일의 공효이다. 또 옛것을 좋아하여 민첩하게 구한다는 것은 옛사람들의 학문을 좋아하는 것으로 이러한 마음의 리를 민첩하게 구한다는 것뿐이다. 그래서 심즉리인 것이다. 학자는 이러한 마음을 알아야 하고, 구한다는 것은 이러한 마음을 구한다는 말이다."208)

왕수인은 앎과 행이 둘이 된 이유를 주자의 '격물치지'설에서 찾고 있다. 즉 '심즉리'를 외면하고 마음과 일(事), 앎과 리를 내외로 구별하고 분리한 데서 앎과 행이 나누어지게 되었다고 본 것이다. 그래서 주자의 '즉물궁리설卽物窮理說'은 결국 앎과 행을 분리시키는 결과를 초래했다고 보았다. 그는 그 이유로 "요즈음 편벽되게 격물을 가지고 마침내 궁리라고 한다. 이는 오로지 궁리를 앎에 귀속시키는 것으로 격물은 행이 없게 된다. 이는 격물의 뜻을 이해하지 못하는 것이며 아울러 궁리의 뜻도 잃은 것이다."209)라고 하여 마음

---

207) 『傳習錄中』, 「答顧東橋書」, "夫物理不外於吾心 外吾心而求物理 無物理矣 遺物理而求吾心 吾心又何物邪 心之體性也……獨可外心以求理乎 外心以求理 此知行之所以二也 求理於吾心 此聖門知行合一之敎."

208) 『傳習錄中』, 「答顧東橋書」, "易曰 君子多識前言往行 以畜其德 夫以畜其德爲心 則凡多識前言往行者 孰非畜德之事 此正知行合一之功矣 好古敏求者 好古人之學 而敏求此心之理耳 心卽理也 學者學此心也 求者求此心也."

209) 『傳習錄中』, 「答顧東橋書」, "今偏擧格物 而遂謂之窮理 此所以專以窮

을 떠나 리가 밖에 있다고 한다면 앎이란 궁리를 통해 외적 사물의 리를 빌려온 것에 지나지 않으므로 그 앎이란 주체적 자각을 결여한 것으로 주체에 완전히 귀속한 것이라고 볼 수 없다고 본 것이다. 따라서 외물에 의존하는 그 앎은 주체의 실행과 간격이 있게 된다. 즉 그 앎은 행동을 수반하지 않은 공허한 앎에 그치게 된다. 그러므로 지행의 분리는 참다운 주체적 앎에 대한 성찰과 자각이 없이 배우들이 여러 가지 연기를 통해 외면적으로 보여주는 연출에 불과하다고 말한다.[210]

그리고 주자의 격물에 대한 잘못된 점을 또 다음과 같이 설명하였다.

> "주자의 격물에 대한 가르침은 억지로 끌어다 붙인 것에 불과하며 그러한 말들의 본뜻은 아니다. 정일하게 한다는 것은 순일하게 하는 공부이며, 널리 공부한다는 것은 예로 단속하는 공부가 되는 것이다. 이미 인이 지행합일의 설을 밝힌 것으로 이 한마디로서 깨달을 수가 있을 것이다. 『맹자』의 '진심盡心' '지성知性' '지천知天'과 『중용』의 '나면서 알고 편안히 행한다(生知安行事)'는 것과 같은 뜻이다. '존심存心' '양성養性' '사천事天'은 '배워서 알고 이로움에서 행한다(學知利行事)' 것과 같은 뜻이다. '일찍 죽고 오래 사는 것 때문에 마음이 바뀌지 않고(夭壽不貳)'와 '몸을 닦고서 죽음을 기다린다(修身以俟)'는 것은 '곤궁함으로써 알게 되고 애써서 행한다(困知勉行事)'는 것과 같은 뜻이다. 주자는 격물에 대하여 그릇된 해석을 하여 이 뜻을 거꾸로 이해했기 때문에 '진심盡心 지성知性'을 '물격지지物格知至'로 보고 처음 공부하는 사람들에게 '나면서부터 알고 편안히 행한다'는 성인의 일을 하도록 요구하고 있으니 어찌할 수 있는 일인가?"[211]

理屬知 而謂格物未嘗有行 非惟不得格物之旨 幷窮理之義而失之矣."

210) 『傳習錄上』, "若只是那些儀節 求得是當, 便謂至善 卽如今扮戲子 扮得許多溫淸奉養的儀節是當 亦可謂之至善矣."

211) 『傳習錄上』, "朱子格物之訓 未免牽合附會 非其本旨 精是一之功 博是

라고 하였다. 즉 "마음을 다하고 본성을 안다(盡心知性)"는 것과 "나면서 알고 편안히 행한다(生知安行事)"는 것이 어떻게 해서 성인 의 일이 되느냐는 제자의 질문에 "본성이란 마음의 본체이며, 하늘 이란 본성의 근원이 된다. '마음을 다한다는 것(盡心)'은 바로 '본성 을 다하는 것(盡性)'이 된다. 오직 천하의 '지극히 정성스런 사람'만 이 그의 본성을 다할 수 있게 되는 것이며, 하늘과 땅의 변화와 생 성을 알게 되는 것이다."[212)라고 하였다.

네 번째는 앎과 행을 분리시키고 '먼저 알고 후에 행한다(先知後 行)'는 것을 주장하는 것에 따르다 보면, 앎과 행 어느 것도 이루지 못한다고 왕수인은 보았다.

> 요즈음 사람들은 앎과 행을 나누기 때문에 반드시 먼저 알고서야 행하는 것으로 생각한다. 지금 내가 강습하고 토론하는 것을 앎의 공부로 알아 참되게 알고 나서야 실천 공부를 할 수 있다고 생각한 다. 그래서 평생 행하지도 못하고 평생 알지도 못한다. 이것은 결코 작은 병폐가 아니다. 그리고 그 유래도 하루 이틀에 된 것이 아니 다. 내가 지금 말하는 지행합일을 말하는 것은 바로 이 병에 대한 투약이지 결코 내가 터무니없이 함부로 지어낸 것도 아니다. 그리고 지행의 본체가 본래 이러한 것이다. 지금 종지를 알면 둘이라고 해 도 무방하다. 어찌되었던 하나일 뿐이기 때문이다. 만일 종지를 알

約之功 曰仁旣明知行合一之說 此可一言而喩 盡心 知性 知天 是生知 安行事 存心 養性 事天 是學知利行事 殀壽不貳 修身以俟 是困知勉 行事 朱子錯訓格物 只爲倒看了此意 以盡心知性 爲物格知至 要初學 便去做生知安行事 如何做得 朱子格物之訓 未免牽合附會 非其本旨 精是一之功 博是約之功 曰仁旣明知行合一之說 此可一言而喩 盡心 知性 知天 是生知安行事 存心 養性 事天 是學知利行事 殀壽不貳 修 身以俟 是困知勉行事 朱子錯訓格物 只爲倒看了此意 以盡心知性 爲 物格知至 要初學便去做生知安行事 如何做得."

212) 『傳習錄上』, "愛問 盡心知性 何以爲生知安行 先生曰 性是心之體 天 是性之原 盡心卽是盡性. 惟天下至誠 爲能盡其性 知天地之化育."

지 못한다면 하나라고 말한다고 해서 무슨 의미가 있겠는가!213)

'먼저 알고 후에 행한다(先知後行)'는 입장에서 서게 되면, 우선 실행을 제쳐놓고 앎을 추구하게 되므로 실행이 없게 되고, 또한 박학을 앎의 방법으로 보는 한 어느 정도의 앎이 앎의 완성인지 알 수가 없게 된다. 송대에 성리학이 성행한 뒤로 앎과 행을 분리시켜 말한 것은 이론에 치우쳐서 유가 본래의 실천이 등한시하게 된 원인이라고 보았다.

왕수인은 하늘에서 품부한 본심과 양지에 의한 도덕준칙을 이해한다면 사람들은 사욕 때문에 사사로운 행동하지 않는다고 보았다. 또 도덕준칙이 얼마나 사회에 효용가치에 있는지를 알고 있으면서도 실행하지 못하는 이유를 또 송유들의 지행관이 잘못되었다고 주장하였다. 특히 주자철학에서는 '지'의 중요성을 부각시켜 도덕 준칙에 대한 확고한 이성적 이해가 바로 도덕 실천의 전제가 된다는 점을 강조하였다. 그러나 왕수인은 '양지'관념을 통해 도덕 행위 자체는 이미 본심 속에 완비되었기 때문에 자연스럽게 실행이 따를 수밖에 없다는 입장이다. 만약 도덕 준칙을 실행하지 못했으면 앎 자체도 결국 부질없는 것이 되고 만다.

3) 지행합일의 내용

왕수인은 지행합일의 구체적인 내용을 "참된 지식은 실행의 근거

---

213) 『傳習錄上』, "今人卻就將知行分作兩件去做 以爲 必先知了然後能行 我如今且去講習討論做知的工夫 待知得眞了 方去做行的工夫 故遂終身不行 亦遂終身不知 此不是小病痛 其來已非一日矣 某今說箇知行合一 正是對病的藥 又不是某鑿空杜撰 知行本體 原是如此 今若知得宗旨時 卽說兩箇亦不妨 亦只是一箇 若不會宗旨 便說一箇亦濟得甚事."

이고 실행하지 않으면 앎이라고 말할 수 없다."[214]라고 하였다. 지행의 본체는 양지, 즉 본심을 가리키는 것으로 본래 합일되어 있는 것이다. 그러므로 사욕에 의해 단절된 지행의 본체인 양지나 본심을 어떻게 회복해야 하느냐가 관건이다. 지행이 합일되지 못한 관건은 두 가지인데, 첫 번째는 바로 사욕에 의해서 양지인 본심이 단절되었기 때문이다. 두 번째는 '부모에게 효도하고 형에게 공경해야 한다는 것을 알면서도 효도하고 공경하지 않는' 사람은 알면서도 행하지 않는 것이 아니라 본래부터 효도해야 하고 공경해야 할 것을 완전히 알지 못했기 때문이다. 『대학』의 '아름다운 색을 좋아하고 악취를 싫어한다'는 비유는 참된 지식은 반드시 실행을 표현하는 가장 확실하고 타당한 설명이라고 볼 수 있다. 황직黃直은 그 설명을 다음과 같이 기록하였다.

선생께서 일찍이 다음과 같이 말씀하셨다. "사람이 선을 좋아하는 것이 좋은 색깔을 좋아하는 것과 같이하고, 악을 싫어하는 것을 악취를 싫어하는 것과 같이한다면 이는 곧 성인이다. 나는 처음에 이 말을 들었을 때에는 매우 쉬운 일이라고 생각했었다. 후에 체험을 하고 난 뒤에야 비로소 이 공부가 실로 어려운 것임을 알았다. 비록 일순간에 선을 좋아하고 악을 싫어하였으나 또 자기도 모르는 사이에 잡념이 끼어 이 마음이 없어져 버렸다. 잡념이 있으면 선을 좋아하는 것이 아름다운 색깔을 좋아하고 악취를 싫어하는 것과 같이 되지 않는다. 선을 진실로 좋아할 수 있다면 선하지 않는 생각이 없고, 악을 진실로 싫어한다면 생각이 악에 미치지 않는다. 이러하다면 어찌 성인이 아니라고 할 수 있는가? 그러므로 성인의 학문은 단지 하나의 성誠일 뿐이다.[215]

---

214) 『傳習錄中』, 「答顧東橋書」, "眞知卽所以爲行 不行不足謂之知."

215) 『傳習錄下』, "先生嘗謂 人但得好善如好好色 惡惡如惡惡臭 便是聖人 直初時聞之覺甚易 後體驗得來 此箇功夫著實是難 如一念雖知好善惡惡 然不知不覺又夾雜去了 才有夾雜 便不是好善如好好色 惡惡如惡惡

내 마음의 양지인 본심은 본래 자연스럽게 아름다운 색깔을 좋아하고 악취를 싫어하는 것같이 선은 좋아하고 악은 싫어한다. 선악을 분별하는 것은 앎이고 선을 좋아하고 악을 싫어하는 것은 행으로 양지인 본심이 발현한 것인데, 단지 사욕이나 잡념에 의해 단절된 것이다. 사욕이나 잡념에 의한 단절이 없다면 참된 지식은 반드시 실행에 옮겨져 하나로 통일될 뿐 결코 분리되어 나타나지 않는다. 그러므로 "참된 지식은 실행으로 드러나니, 실행하지 못하는 것은 참된 앎이라고 할 수 없다."216)라고 한 것이다. 참된 지식은 곧 실행을 의미하고, 실행하는 것은 참된 지식이 있기 때문에 가능하다. 마치 이 세상에는 원인이 없는 결과가 없듯이 지행은 동전의 양면이나 두 다리와 같은 모습을 지니고 있다.

> 사람은 반드시 음식을 먹고자 하는 마음이 있은 후에 먹을 줄 안다. 먹고자 하는 마음이 곧 의意이니 이것이 행의 시작이다. 음식의 맛이 좋은지 나쁜지는 반드시 입에 넣어 본 다음에야 알 수 있다. 어찌 입에 넣어 보지도 않은 채 음식의 맛이 좋은지 나쁜지를 미리 알 수 있겠는가?217)

> 아픔을 알려면 스스로 아파 봐야지만 아픔을 알 수 있다. 추위를 안다면 틀림없이 스스로 추위를 경험해 본 적이 있는 것이고, 배고픔을 안다면 틀림없이 스스로 배고픔을 경험해 본 적이 있다는 말이다. 앎과 행이 어떻게 떨어질 수 있겠는가?218)

臭的心 善能實實的好 是無念不善矣 惡能實實的惡 是無念及惡矣 如何不是聖人 故聖人之學 只是一誠而已."

216) 『傳習錄中』, 「答顧東橋書」, "眞知卽所以爲行 不行不足謂之知."

217) 『傳習錄中』, 「答顧東橋書」, "夫人必有欲食之心 然後知食 欲食之心卽是意 卽是行之始矣. 食味之美惡 必待入口而後知 豈有不待入口 而已先知食味之美惡者邪."

218) 『傳習錄上』, "又如知痛 必已自痛了方知痛 知寒 必已自寒了 知饑 必

의식이나 의념이 곧 행의 시작임을 말하며, 행은 또한 앎의 완성
이다. 따라서 음식의 맛이 좋은지 나쁜지는 반드시 지금 먹어 보든
지의 실행의 문제이거나 아니면 먹어 보았던지의 과거 경험의 문제
로 실행과 관련이 있다. 오직 아픔을 느껴 본 사람만이 아픔의 고통
이 무엇인지를 알고, 추운 것을 경험해 봐야지만 추위의 강도를 알
게 된다. 그러므로 실행하지 않는 것은 참된 앎이라고 말할 수 없다.

> 앎은 행의 주된 의지이고, 행은 앎의 공부이다. 앎은 행의 시작이
> 고, 행은 앎의 완성이다. 만약 이 사실을 깨달았다면 앎에 대해서만
> 말하더라도 이미 행은 저절로 그 안에 있게 되고, 행에 대해서만 말
> 하더라도 이미 앎은 저절로 그 안에 있게 된다.[219]

여기서 앎은 시작의 의지요, 행은 그 과정이라 할 수 있다. 시작
과 완성이라는 면에서 앎이 시작이요, 행은 완성이다. 의지 없는 과
정이나 시작 없는 완성은 생각할 수 없다. 참된 지식은 구조적으로
이미 그 자체에 실천의 의도가 잠재해 있으며, 실질적인 작용의 측
면에서 본다면 앎은 현실적으로 행동의 기반 또는 조건이 된다. 또
행은 이미 알고 있는 앎의 확증 또는 구현이라 할 수 있다.

참된 앎이란 반드시 실행을 시도하고 실행은 앎을 그대로 체현하
는 것이다. 앎은 실행의 시작이고 실행은 또한 앎의 완성이며, 앎
가운데 실행을 포함하고 있고 실행 가운데 이미 앎을 포함하고 있
다. 그러므로 의식은 앎에 속하고 의식 활동이 행위의 과정이라면
의식은 전체적인 행위 과정의 첫 번째 단계에 해당한다. 이러한 의
미에서 의식은 행위 과정의 일부분이다. 따라서 의식을 실행이라고

已自饑了 知行如何分得開."

219) 『傳習錄上』, "知是行的主意 行是知的功夫 知是行之始 行是知之成 若
會得時 只說一箇知, 已自有行在 只說一箇行 已自有知在."

말할 수 있다.

그래서 그는 "앎은 행의 시작이고 행은 앎의 완성이다. 성인의 학문은 하나의 공부일 뿐이니 앎과 행을 두 가지로 나눌 수 없다."[220]고 하였다. 성인의 학문이라는 것이 지행합일을 목표로 했기 때문에 행은 곧 실질적으로 어떤 일을 행하는 것, 즉 실행을 의미한다. 그러므로 행위가 의식이나 의념의 실현이고 행이 관념의 완성이라는 입장에서 보면, 행은 앎의 마지막 단계로 볼 수 있다. 이러한 설명은 참된 지식은 반드시 실행을 요구하여 두 가지가 서로 떨어질 수 없는 관계임을 강조한 것이다.

4) 지행합일

왕수인은 만년에 지행합일을 다음과 같이 설명하였다. "앎의 절실하고 독실한 면이 바로 행이며, 행을 밝게 깨닫고 정미하게 살핀 면이 앎이다. 지행공부는 본래 떨어질 수 없다. ……마음이라고 하는 것은 하나뿐이다. 그 전체의 측달(惻怛)이란 면에서 말하면 仁이라고 하고, 올바름(得宜)이라는 면에서 말하면 의라고 하고, 조리라는 면에서 말하자면 리라고 한다. 마음 밖에서 인을 구할 수 없고 마음 밖에서 의라는 것도 구할 수 없는데, 어떻게 마음 밖에서 리를 구할 수 있겠는가? 마음 밖에서 리를 구한다면, 그것은 지행을 둘로 갈라 놓는 것이다. 내 마음 속에서 리를 찾는 것이 성인이 말하는 지행합일의 가르침이다."[221]라고 하였다. 앎과 행이란 서로 분리되어 있는

---

220) 『傳習錄上』, "知是行之始 行是知之成 聖學只一個工夫 知行不可分作兩事."

221) 『傳習錄中』, 「答顧文蔚書」, "知之眞切篤實處 卽是行 行之明覺精察處卽是知 知行工夫, 本不可離……心一而已 以其全體惻怛而言 謂之仁以其得宜而言 謂之義 以其條理而言 謂之理 不可外心以求仁 不可外

것이 아니라 서로 분리될 수 없음을 설명하였다. "지행 공부는 본래 분리될 수 없는 것인데 후세의 학자들이 나누어 공부했기 때문에 지행의 본체를 잃어버리게 되어서 합일·병진의 이론을 제기하게 된 연유라"222)고 자주 설명하였다.

왕수인은 지행을 설명할 때 '앎의 절실하고 독실한 면이 바로 행이며, 행을 밝게 깨닫고 정미하게 살핀 면이 앎이다(知之眞切篤實處 卽是行 行之明覺精察處 卽是知)'를 매우 중요하게 인식하였다. 또 다른 서신에서 이러한 면을 엿볼 수 있다.

앎의 진지하고 독실한 면이 바로 행이고, 행을 밝게 알아차리고 정미하게 살피는 면이 바로 앎이다. 만약 행하면서 명확히 알지도 못하고 정미하게 살피지도 못한다면 이는 맹목적 행위여서, '배우기만 하고 생각하지 않으면 모호하게 된다'는 경우에 해당한다. 그래서 반드시 앎을 함께 말하는 것이다. 아는데 그것이 진지하지 않고 독실하지 못하면 망상이어서 '생각하기만 하고 배우지 않으면 위태롭다'는 경우에 해당한다. 그래서 반드시 행을 함께 말하는 것이다. 원래는 단지 하나의 공부이다. 옛날 사람들도 지행을 말하되 모두 하나의 공부라는 입장 위에서 치우친 것을 보충하고 폐단을 구할 것을 주장하였다. 요즘 사람들처럼 두 가지 일로 나누어 말하지 않았다. 요즘 내가 말하는 지행합일설은 오늘의 입장에서 말하는 치우친 것을 보충하고 폐단을 구하는 설이지만 지행의 본체가 본래 그렇다.223)

心以求義 獨可外心以求理乎 外心以求理 此知行之所以二也求理於吾心 此聖門知行合一之敎."

222) 『傳習錄中』, 「答顧東橋書」, "知行工夫 本不可離 只爲後世學者 分作兩截用功 失却 知行本體 故有合一幷進之說."

223) 『陽明全書』 권6, 「答友人問」 "行之明覺精察處 卽是知 知之眞切篤實處 卽是行 若行而不能明覺精察 便是冥行 便是學而不思則罔 所以必須說個知 知而不能眞切篤實 便是妄想 便是思而不學則殆 所以必須說個行 元來只是一個工夫 凡古人說知行 皆是就一個工夫上 補偏救弊說 不似今人截然分作兩件事做 某今說知行合一 雖亦是就 今補偏救弊說

왕수인은 『중용』의 "널리 배우고 신중하게 질문하며 신중하게 생각하고 명확하게 분변하며 독실하게 실천한다."[224]는 다섯 조목 중에서 '배우고 묻고 생각하고 분변함은 선을 택하는 것으로 앎이 되니 배워서 아는 것이요, 독실하게 행함은 굳게 잡는 것으로서 인이 되니 이롭게 여겨 행하는 것이다'[225]라고 주석한 주자의 견해에 반대한 것이다. 즉 어떤 일을 시행하기 전에 반드시 그 일에 대해 어떻게 할 것인가에 대한 순서와 방법을 배우고 묻는 사유를 통해서 일을 진행시키기 때문에 학문사변도 행의 일련의 과정이라고 보았다. "무릇 행함이라고 하는 것은 오로지 그 일만을 착실히 이루어가는 것을 말한다. 만약 착실히 배우고 묻고 생각하고 분별하는 공부를 한다면 그 배우고 묻고 생각하고 분별하는 것이 행이다. 배움은 그 일을 배우는 것이고, 묻는 것은 그 일을 묻는 것이며, 생각하고 분별하는 것은 그 일을 생각하고 분별하는 것이니, 행할 때 또 어떻게 배우고 묻고 생각하고 분별하는 일을 이루겠는가?"[226] 하였다. 이것은 행을 도덕적으로 내재화하여 착실히 배우고 묻고 생각하고 분별하는 공부 자체가 바로 행이다. 즉 행위의 과정을 객관화하지 않고 내면의 순수 의념과 직접 연계시킨 것이다. 따라서 그의 도덕 규범이라는 것은 곧 도덕 실천을 의미한다.

또 그는 '앎의 절실하고 독실한 면이 바로 행이며, 행을 밝게 깨닫고 정미하게 살핀 면이 앎'이라고 하는 것을 다음과 같이 설명하였다.

然知行體段 亦本來如是."

224) 『中庸』 20장, "博學之 審問之 愼思之 明辨之 篤行之."

225) 『中庸』 20장 주, "學問思辨 所以擇善而爲知 學而知也 篤行 所以固執 而爲仁 利而行也"

226) 『陽明全書』 권6, 「答友人問」 "凡謂之行者 只是着實去做這件事 若着 實做學問思辨的工夫 則學問思辨是行矣 學是學這件事 問是問這件事 思辨是思辨這件事 則行是又如何去得做學問思辨的事."

　　무릇 문問·사思·변辨·행行은 모두 배우는 일이다. 배우면서 행하지 않는 경우는 없다. 예를 들어 효를 배웠다고 말하면 반드시 몸소 봉사하고 봉양하며 효도를 행한 뒤에 비로소 배웠다고 말하는 것이다. 어찌 한갓 실없는 헛된 말로써 효를 배웠다고 말할 수 있겠는가? 활쏘기를 배웠다고 하면 반드시 활에 화살을 걸고 현을 잡아 당겨 과녁을 맞히어야만 하는 것이고, 글씨를 배우는 것도 반드시 종이를 펴고 붓 자루를 잡아 먹물로 써 보아야 한다. 천하의 어떤 배움도 행하지 않고 배웠다고 말할 수 있는 것은 없다. 그러므로 배움의 시작은 당연히 행이다. 독篤이란 절실하고도 간곡하다는 의미이다. 이미 행했다고 말하면 절실하고 간곡하게 끊임없이 공부했다는 뜻이다. 배움에는 의문이 없을 수 없어서 묻게 되고, 물으면 그것이 곧 배움이며, 곧 행이다. 물음에도 의문이 없을 수 없어서 사색하게 되고, 사색하면 그것이 곧 배움이며, 곧 행이다. 사색에도 의문이 없을 수 없어서 분별하게 되고, 분별하면 그것이 곧 배움이며, 곧 행이다. 분별이 명석하고, 사색이 신중하고, 물음이 자세하고, 배움이 능숙할지라도 끊임없이 그 공부를 해야 하니, 이것을 독행篤行이라 한다. 따라서 학·문·사·변 이후에 비로소 행이 된다는 말이 아니다. 그러므로 어떤 일에 능숙하기를 바라는 데서 말하면 학이라 하고, 의혹을 풀기를 바라는 데서 말하면 문이라고 하고, 사물의 도리를 깨우치기를 바라는 데서 말하면 사라고 하며, 자세히 관찰하기를 바라는 데서 말하면 변이라 하고, 절실하게 행하기를 힘쓰는 데서 말하면 행이라 한다. 일반적으로 그들의 작용을 나누어 말하자면 다섯 가지가 있으나, 그들이 하는 일을 종합해서 말하자면 한 가지일 뿐이다. 나의 이와 같은 심리 합일을 본체로 하고 지행병진을 공부로 삼는 주장이 주자의 학설과 다른 점은 바로 여기에 있다. 지금 선생께서 특별히 학·문·사·변을 들어 천하의 도리를 궁구하는 것이라 하면서도 독행을 언급하지 않은 것은 학·문·사·변만을 지知라 하고 궁리에는 행이 없다는 말이다. 천하에 어찌 행하지 않고도 배울 수 있는 것이 있겠는가? 어찌 행하지 않고 궁리한다고 말할 수 있겠는가? ……그러므로 행하지 않으면 배운다고 말할 수

없음을 알겠으며, 행하지 않으면 궁리한다고 말할 수 없음을 알겠
다. 행하지 않으면 궁리한다고 말할 수 없음을 알게 되면 지행은 합
일 병진하는 것이며, 결코 두 가지 일로 나누면 안 된다는 것을 알
게 된다.227)

왕수인이 본 관점은 학습하는 과정이 학·문·사·변이라면 이미
그 속에 행이 내재되어 있으므로 앎 자체가 독립적인 과정일 수 없
다. 왜냐하면 내 마음의 양지는 이미 행을 착실하게 처리하도록 요
구하는데 그것이 학·문·사·변이고, 그 학·문·사·변의 실질스
러움이 곧 행이다. 그러므로 활쏘기나 글쓰기의 배움의 과정은 곧
행을 위한 동인이고, 행의 결과로 나타난 과녁에 적중하는 일이나
붓 자루를 쥐고 먹물을 묻혀 직접 글씨를 쓰는 일은 결국 앎의 과
정이 없이는 실행될 수 없다. 그러므로 지행은 결코 두 가지로 나누
면 안 된다는 것이 왕수인의 논리이다. 따라서 왕수인은 앎 자체에
더 많은 이론을 제시할 수밖에 없었다.

459

227) 『傳習錄中』, 「答顧東橋書」, "夫學問思辨行 皆所以爲學 未有學而不行
者也 如言學孝 則必服勞奉養 躬行孝道 然後謂之學 豈徒懸空口耳講
說 而遂可以謂之學孝乎 學射 則必張弓挾矢 引滿中的 學書 則必伸紙
執筆 操觚染翰 盡天下之學 無有不行而可以言學者 則學之始固已卽是
行矣 篤者敦實篤厚之意 已行矣 而敦篤其行 不息其功之謂爾 蓋學之
不能以無疑 則有問 問卽學也 卽行也 又不能無疑 則有思 思卽學也
卽行也 又不能無疑 則有辨 辨卽學也 卽行也 辨旣明矣 思旣愼矣 問
旣審矣 學旣能矣 又從而不息其功焉 斯之謂篤行 非謂學問思辨之後
而始措之於行也 是故以求能其事而言 謂之學 以求解其惑而言 謂之問
以求通其說而言 謂之思 以求精其察而言 謂之辨 以求履其實而言 謂
之行 蓋析其功而言 則有五 合其事而言 則一而已 此區區心理合一之
體 知行幷進之功 所以異於後世之說者 正在於是 今吾子特擧學問思辨
以窮天下之理 而不及篤行 是專以學問思辨爲知 而謂窮理爲無行也已
天下豈有不行而學者邪 豈有不行而遂可謂之窮者邪…… 是故知不行
之不可以爲學 則知不行之不可以爲窮理矣 知不行之不可以爲窮理 則
知知行之合一幷進 而不可以分爲兩節事矣."

　　만약 어떤 것을 알려고 할 때 그 마음이 '진지하고 독실하지' 않
으면 그 앎은 '밝게 알아차리고 정미하게 살피는' 것일 수 없다. 그
러므로 앎의 과정에는 밝게 알아차리고 정미하게 살피는 것만 필요
하고 진지하고 독실한 태도는 필요 없는 것이 아니라는 사실을 알
수 있다. 그리고 어떤 것을 실천한다고 할 때 그 마음이 밝게 알아
차리고 정미하게 살피지 못하면 그 실천은 진지하고 독실하지도 못
할 것이다. 그러므로 실천의 과정에는 진지하고 독실한 태도만이 필
요하고 밝게 알아차리고 정미하게 살피는 면은 필요하지 않는 것이
아니라는 사실을 알 수 있다.[228]

　'학문사변'과 같은 사유의식은 주관적이고 독실은 이 주관적인 사
유의식이 객관적으로 표출된 활동을 의미한다. 따라서 '앎의 절실하
고 독실한 면(知之眞切篤實處)과 행을 밝게 깨닫고 정미하게 살핀
면(行之明覺精察處)이 지와 행의 또 다른 특징이다. 이미 사유의식
속에는 실행의 한 측면이 잠재해 있기 때문에 실행 역시 또한 사유
의식이 발현된 것이다. 그러므로 실천하지 않는 배움도 없고 실천하
지 않는 궁리도 없다. 실천하지 않으면 참된 배움이라고 말할 수 없
고 궁리라고 할 수 없다. 『논어』의 "배우기만 하고 생각하지 않으면
모호하게 된다."고 하는 경우가 이에 해당한다. 그래서 반드시 참된
앎이 전제되어야 한다. 아는데 그것이 진지하지 않고 독실하지 못하
면 망상이어서 '생각하기만 하고 배우지 않으면 위태롭다."[229]고 한
것이다.

---

228) 『陽明全書』권6, 「答友人問」"若知時其心不能眞切篤實 則其知便不能
　　 明覺精察 不是知之時只要明覺精察 更不要眞切篤實也 行之時其心不
　　 能明覺精察 則其行便不能眞切篤實 不是行之時只要眞切篤實 更不要
　　 明覺精察也."

229) 『論語』「爲政」15장, "子曰 學而不思則罔 思而不學則殆."

5) 치양지와 지행합일

왕수인 강서江西에서 주신호朱宸濠의 반란을 평정한 후 "오직 치양지라는 화두만을 거론하면서"(單提致良知話頭) 그의 모든 사상, 예컨대 '마음 밖에 리가 없다(心外無理)'·'앎과 행은 합일되어 있다(知行合一)', 또 그를 다년간 곤혹스럽게 만들었던 유가와 불가의 문제 등을 모두 '치양지' 속으로 귀결시켜 승화와 융회를 일궈냈다. 치양지 사상과 그 형성에 대한 상세한 검토는 다른 장에서 언급할 것이므로 여기서는 치양지와 지행합일의 얽힌 관계에 대해서 분석해 보기로 한다.

최근 들어 적지 않은 사상가들이 '치양지' 사상에서의 '양지'는 앎이므로 '치'는 행이고, 치양지가 곧 지행합일이라고 지적하고 있다. 이러한 지적은 확실히 상당한 근거가 있다. 황종희는 "선생은 일용사물 속에 그(양지)를 '치'하였는데 이 '치' 개념은 곧 '행' 개념이었다. 이는 구체적 내용도 없이 궁리하는 작태를 구제하려고 한 것이었다."[230]라고 말한 적이 있다. 이 말은 유종주劉宗周(호는 집산蕺山)에게서 전승된 것이다. 『명유학안』에는 유종주의 말이 또 이렇게 기록되어 있다. "양지가 앎이므로 앎이 듣고 보는 것에 갇혀 있지 않다는 것을 알 수 있으며, 치양지가 행이므로 행이 어느 한곳에 얽매이지 않다는 것을 알 수 있다. 앎이 곧 행이며 마음이 곧 물이며 동이 곧 정이며 체가 곧 용이며 공부가 곧 본체이며 형이상학이 곧 형이하이다."[231]라고 하였다. 이는 명대 양명학의 전통 속에서 이미 치양지 학설과 지행 학설의 연계성에 주목하고 있었다는 것을 말해 준다.

461

---

230) 『明儒學案』, 권10, "先生致之於事物 致字卽是行字 以救空空窮理."

231) 『明儒學案』, 「師說」, "良知爲知 見知不囿於聞見 致良知爲行 見行不滯於方隅 卽知卽行 卽心卽物 卽動卽靜 卽體卽用 卽工夫卽本體 卽上卽下."

어떤 사람이 지행은 합일되어 있지 않다고 생각하여 "아는 것이 어려운 것이 아니라 행하는 것이 어렵다."라는 두 구절을 거론했더니, 선생께서는 "양지는 저절로 아는 것이므로 원래 쉽고, 다만 양지를 '치致'하지 못하는 것이 문제이다. 이것이 바로 '아는 것이 어려운 것이 아니라 행하는 것이 어렵다'는 말의 의미이다."라고 말씀하셨다.[232]

왕수인은 『상서尚書』에 있는 "아는 것이 어려운 것이 아니라 행하는 것이 어렵다."[233]라는 구절 속의 '아는 것'은 '양지'를 가리키고, '행'은 그 양지를 실천하는 것이라고 보았다. 그리하여 양지는 옳고 그름을 아는 것으로서 본래 명백하므로 어려운 것이 아니라고 한 것이고, 그 양지를 구체화시켜 행하는 것은 쉬운 일이 아니므로 어렵다고 한 것이라고 풀이하였다. 그러므로 실행하지 않는 것은 참된 앎이라고 말할 수 없다고 하는 '먼저 행한 후에 안다(先行後知)'는 설이 되고 말았다. 현실의 잘못된 도덕판단을 바로잡기 위한 의욕이 지나쳐 '심즉리'의 도덕 세계를 벗어나 단순한 객관적 경험 세계 또는 과학세계까지도 도덕적 지행합일설을 적용하려 했던 결과이다. 즉 주관적 도덕지와 객관적 경험지의 한계를 혼동한 것이다. 또 왕수인은 다음과 말하였다.

"성인이 나면서부터 알고 편안히 행하는 것은 자연스러운 일입니다. 무슨 공부가 필요하겠습니까?"라고 물으니, 선생께서는 "지행 두 글자가 곧 공부이다. 다만 깊이와 어려움의 차이가 있을 뿐이다. 양지는 원래 정정명명精精明明하다. 예컨대 효도를 하려는 경우 나면서 알고 편안히 행하는 이들은 다만 이 양지에 따라 충실하게 효

---

232) 『傳習錄下』, "或疑知行不合一 以知之匪艱二句爲問 先生曰 良知自知 原是容易的 只是不能致那良知 便是知之匪艱 行之惟艱."

233) 『상서』

도를 다할 따름이고, 배워서 알고 좋다고 생각해서 행하는 이들은 다만 때때로 성찰하여 자각하고 이 양지를 따라서 효를 다하고자 노력하는 것일 따름이다."라고 하셨다.[234]

양지는 본래 정정명명精精明明하여 효도를 하려고 하면 곧 양지에 따라 아는 것을 구체적으로 실천하는 것이 곧 '치양지'이다. 따라서 양지는 수양과 학습에 의해서 형성된 것이 아니라 이미 하늘로부터 품부된 것으로 맹자의 말대로 '생각하지 않고도 아는 것이' 양지이고, 그것을 구체적으로 드러나는 행이 바로 치양지라는 의미를 가지고 있다. 모든 사람이 양지를 선천적으로 타고 났는데도 불구하고 성인과 범인의 차이는 양지가 어느 정도 장애를 받고 가려져 있느냐에 달려 있다고 왕수인은 생각했다.

사람의 마음은 본래 하늘과 같고 심연과 같은 것이다. 마음의 본체란 감싸지 않는 것이 없는 것이어서 원래부터 하나의 하늘과 같은 것이다. 오직 사사로운 욕망에 가려져 있기 때문에 하늘과 같은 본체를 잃게 되는 것이다. 마음의 이치란 다함이 없는 것이어서 원래부터 한 개의 심연과 같은 것이다. 오직 사사로운 욕망에 막혀 버리기 때문에 심연과 같은 본체를 잃게 되는 것이다. 지금 언제나 양지에 이르게 하여 이러한 가려지고 막힌 것을 모두 제거해 버린다면 곧 본체로 회복되어 하늘처럼 광대하고 심연처럼 깊고 고요하게 될 것이다.[235]

---

234) 『傳習錄下』, "問 聖人生知安行是自然的 如何有甚功夫 先生曰 知行二字卽是功夫 但有淺深難易之殊耳 良知原是精精明明的 如欲孝親 生知安行的 只是依此良知 實落盡孝而已 學知利行者 只是時時省覺 務要依此良知盡孝而已."

235) 『傳習錄下』, 「黃直錄」, "先生曰 人心是天淵 心之本體 無所不該 原是一箇天 只爲私欲障 則天之本體失了 心之理無窮盡 原是一箇淵 只爲私欲窒塞 則淵之本體失了 如今念念致良知 將此障 窒塞 一齊去盡 則本體已復 便是天淵了."

하늘의 진면목은 본래 맑고 푸른 모습을 지니고 있지만 구름이나 안개 등으로 장애를 입게 되면 그 맑고 푸른 본래의 모습을 잃게 된다. 사람도 마찬가지로 어떤 장애물로 심연을 가리게 되면 심연과 같은 본체를 잃게 된다. 그러나 양지에 이르게(致良知) 하여 그 장애물을 완전히 제거하면 본래 하늘의 광대하고 심연처럼 깊고 고요한 본체를 회복할 수 있다.

왕수인이 말하는 '생각하지 않고도 아는 것이' 양지라는 말은 인간의 잠재적 도덕의식을 말하는 것이다. 그는 이 선천적인 도덕의식이 인간의 사사로운 욕망에 가려지기 때문에 하늘과 같은 본체를 잃게 한다고 보았다. 치양지는 사사로운 욕망에 가려진 하늘과 심연과 같은 사람의 마음을 회복시켜 주는 실천적인 기능이다. 그는 만년에 『역대전易大傳』의 "지극한 곳을 알고 거기에 이른다(知至至之)"라는 구절에 대해 다음과 같은 설명을 하였다. "'지극한 곳을 아는 것'은 앎이고 '거기에 이르는 것'은 치지이다. 이것이 지와 행이 하나인 이유이다."236)라고 하였다. 이것은 양지가 앎이고 치양지가 행이라 하여 참되게 알고 있다면 이를 수 있어 앎과 행이 분리되어 있는 것이 아니라 하나임을 강조한 것이다.

왕수인 설명한 치양지와 지행합일은 앞서 설명한 지행합일 사상과는 다른 점이 있다.237) 예를 들어 아는 것이 없음을 걱정하지 말고 행하지 못함을 걱정하라는 말은 "알면서 행하지 못하는 경우는 없다."라는 말과 일치하지 않는다. 또 지행합일의 입장에 따르면 아는 것이 곧 행이어서 양지가 곧 치양지가 되겠지만 왕수인은 당연히 여기에 찬성하지 않을 것이다. 그는 만년의 양지설은 바로 양지와 치양지를 명확히 구분하려는 것이었다. 그는 사람들 모두가 본래 양지

---

236) 『陽明全書』 권5, 「與陸原靜二」, "知至者知也 至之者致知也 此知行之所以一也."

237) 진래, 전병욱 옮김, 『양명철학』(예문서원, 2004), 191∼192면 참조.

를 가지고 있는데 다만 그 양지를 사물 하나하나에 전부 실천하지 못할 뿐이라고 보았다. 이는 분명히 지와 행을 구별하는 사유방식으로, 지행합일의 사유방식과는 같지 않다. 지행합일은 지와 행 사이의 동일성을 강조한 것이다. 그런데 '알면서 행하지 않는 것은 다만 알지 못하는 것이다'라는 말을 양지와 치양지에 적용시키면 '양지를 실천으로 이뤄내지 못하면 알지 못하는 것이다.'라는 말이 되어 '양지'를 '알지 못하는 것'과 같은 것으로 보게 되는데, 이것은 확실히 왕수인이 받아들일 수 없는 이론이다.

그럼에도 치양지를 통해 지행합일을 이룩하고자 했던 그의 의도는 "지식이 많아질수록 못된 짓을 행하고, 견문이 넓어질수록 방자히 말하며, 문장이 풍부해질수록 거짓을 꾸며대는 현실"[238]을 바로잡는 데 있었다. 그는 현실적으로 지식과 이론보다는 실천 행위를 중시했으며, 지식 이론의 가치 지향적 선지후행보다는 실천행위의 가치 지향적 지행합일을 중시하였다.

6) 치양지론

왕수인의 '치양지론致良知論'은 『대학』의 '치지'와 『맹자』의 '양지'의 개념에서 연원하고 있다. 그는 젊은 시절에 『대학』의 '격물'을 중시했다가, 정덕 3년 귀주 용장에서 도를 깨우친 뒤로는 격물에 대해 주자의 해석과 다른 관점을 세웠는데, 『대학』의 중심적인 개념으로 '성의誠意'를 내세웠다. 그리하여 그는 "『대학』공부는 단지 성의일 뿐이고, 성의 공부는 단지 격물뿐이다. 수신·제가·치국·평천하도 단지 성의를 다한 것뿐이다"[239]라고 하면서 『대학』공부의 결정을

---

238) 『陽明全書』, 권34, 「年譜」, "知識之多適以行其惡也 聞見之博適以肆其辯也 辭章之富適以飾其僞也."

239) 『傳習錄上』, "大學工夫 只是誠意 誠意工夫 只是格物 修齊治平 只誠

'성의'를 통해 '격물'의 방향을 규정하였다.

'치지'는 왕수인의 나이 40세 이후 몇 년 동안 그의 사상에서 확실한 지위를 확보하지 못하였다. 그러다가 50세 때에 "치양지 세 글자가 성문聖門의 정법안장正法眼藏을 근래에 믿게 되었다."[240]고 하였다. 또 전덕홍錢德洪이 등이 펴낸 「연보」에 "정덕 16년 신미년, 선생의 나이 50세 때 강서에 계셨는데, 이해에 선생은 처음으로 치양지로 학생들을 가르치셨다."[241]라고 한 것을 보면 만년에 치양지 공부에 심혈을 기울인 것을 확인할 수 있다.

또한 황관黃綰은 "(왕수인이) 갑술년 남경홍려시경에 올라 처음으로 양지의 종지로 학자를 가르쳤다."[242]라고 했다. '양지'의 종지가 정덕 9년 왕수인의 나이 43세 때에 처음 나왔다는 말이다. 그리고 "양지는 고금을 막론하고 모든 사람들의 진면목이다."[243]라고 한 것을 보면 양지를 근간으로 하여 치양지의 입론한 것을 알 수 있다. 이것은 곧 치양지가 성학聖學의 근본임을 인식하였던 것이다.

맹자는 "사람이 배우지 않고도 할 수 있는 능력은 양능이며, 사려하지 않고도 알 수 있는 능력은 양지이다. 어린아이는 자기 부모를 사랑할 줄 알고, 그 아이가 성장해서는 자기 형을 공경할 줄 안다."[244]고 하였다. 양지는 사회 환경과 자연 조건에 따라 영향을 받지 않는 것으로 사람이 태어날 때부터 고유하게 지니고 있는 선험적 도덕의

意盡矣."

240) 『陽明全書』, 권33, 「年譜」, "近來信得致良知三字 眞聖門正法眼藏."

241) 『陽明全書』, 권33, 「年譜」, "正德十六年辛巳先生五十歲 在江西 是年 先生始揭致良知之敎."

242) 『陽明全書』, 권37, 「陽明先生行狀」, "甲戌昇南京鴻臚寺卿 始專以良知 之旨訓學者."

243) 『陽明全書』, 권33, 「年譜」, "良知二字 此古今人人眞面目."

244) 『孟子』, 「盡心上」, 15장, "人之所不學而能者, 其良能也 所不慮而知者 其良知也 孩提之童, 無不知愛其親者 及其長也 無不知敬其兄也."

식을 가리킨다. 왕수인은 맹자의 이러한 사상을 계승하였다.

　　앎(知)은 마음의 본체이다. 마음은 무엇이든 자연히 알 수 있어서,
부모를 보면 자연히 효도할 줄 알고 형을 보면 자연히 공경할 줄
알고 어린애가 우물에 빠지는 것을 보면 자연히 측은해할 줄 안다.
이것이 바로 '양지'여서 밖에서 구할 필요가 없다. 양지가 생길 때
사사로운 뜻에 의해 아무런 장애를 받지 않는 것이 이른바 '측은지
심을 확충하여 인을 이루 다 쓸 수 없게 되는' 단계이다. 그러나 일
반인들은 사사로운 뜻에 의해 생긴 장애를 받지 않을 수 없으므로
반드시 치지격물 공부를 해야 한다. 사사로운 뜻을 이겨내고 천리를
회복하게 되면 마음의 양지는 더 이상 장애가 없기에 우주에 가득
차서 유행할 수 있다. 이것이 '그 앎(양지)을 온전히 이루는 것'이
다. 앎이 온전히 이루어지면 뜻(意)이 참되게 된다.245)

　　왕수인은 "앎(知)은 마음의 본체이다."라고 하여 양지를 마음의 본
체로 여겼다. 그 이유로 부모에게 자연히 효도하고 형에게 자연히
공경하고 어린애가 우물에 빠지는 것을 보면 자연히 측은해한다는
것이다. '자연'이란 말은, 양지가 외부의 학습이나 수양에서 얻어지
는 것이 아니라 주체가 고유하게 지닌 선험적 특징이다. 따라서 사
사로운 뜻에 의해 장애를 받지 않는다면 '측은지심을 확충하여 인을
이루 다 쓸 수 없게 되는' 단계까지 이른다.

　　그러나 일반인들은 '사사로운 뜻'에 의해 장애를 받지 않을 수가
없기 때문에 반드시 '치지격물' 공부를 해야 한다. 결국 '치지격물'
공부는 '측은지심을 확충하여 인을 이루 다 쓸 수 없게 되는' 단계

---

245) 『傳習錄上』, "知是心之本體 心自然會知 見父自然知孝 見兄自然知弟
　　見孺子入井 自然知惻隱此便是良知 不假外求 若良知之發 更無私意障
　　碍 卽所謂充其惻隱之心 而仁不可勝用矣 然在常人不能無私意障碍 所
　　以須用致知格物之功 勝私復理 卽心之良知 更無障碍 得以充塞流行
　　便是致其知 知致則意誠."

이고, 이것이 바로 '치양지'의 공부이다. 왕수인은 바로 선험적 도덕
의식인 양지를 확충하여 장애물인 사사로운 뜻(私意)을 전부 제거함
으로써 천리를 회복하여 양지가 더 이상 장애물이 없이 우주에 가득
차서 유행할 수 있다고 생각하였다. 또 "성인이로부터 범인에 이르
기까지, 한 사람의 마음으로부터 사해라는 먼 곳에 이르기까지, 천고
이전부터 만대 이후에 이르기까지 같지 아니한 것이 없다. 이 양지
라는 것은 이른바 천하의 대본이다."246)라고 하여 양지는 범인으로
부터 성인에 이르기까지, 옛날부터 현재 미래까지 변치 않는 천하의
대본이기 때문에 선험적 가치 판단의 기준이 될 수 있다고 보았다.

　왕수인은 또 양지가 사람들 각자의 선험적 시비 준칙이라고 보았
다. 그는 "맹자가 말한 시비지심은 지(知)이다. 시비지심은 사람이
모두 가지고 있으니 이른바 양지이다."247)라고 했고, "저 양지란 이
른바 시비지심으로, 사람이 모두 가지고 있으며 배우지 않고도 가지
고 헤아리지 않고도 얻는 것이다."248)라고 하였다. 양지는 선천적인
시비 준칙으로 모든 사람이 동일하게 가지고 있는 보편성이다. 그는
「대학문」에서 "양지란 맹자가 '시비지심은 사람이 모두 가지고 있
다'고 했을 때의 그 시비지심이다. 시비지심은 헤아리지 않고도 알
고 배우지 않고도 터득하는 것이기 때문에 양지라고 한다. 이는 하
늘이 부여한 성이고 내 마음의 본체로서 자연히 대상을 신령스럽고
환하게 깨달을 수 있는 능력이다."249)라고 하였다. 양지는 곧 시비지

---

246) 『陽明全書』권8, 「與朱守諧卷」, "自聖人以至凡人　自一人之心以達四海
　　之遠　自千古之前以至於萬代之後　無有不同　是良知也者　是所謂天下之
　　大本也."
247) 『陽明全書』 권5, 「與陸原靜」, "孟子之是非之心　知也　是非之心　人皆
　　有之　卽所謂良知也."
248) 『陽明全書』 권8, 「與朱守諧卷」, "夫良知者　卽所謂是非之心　人皆有之
　　不待學而有　不待慮而得者也."
249) 『陽明全書』 권26, 「大學問」, "良知者　孟子所謂是非之心　人皆有之者也

심으로 하늘이 부여한 고유한 성이기 때문에 스스로 발현하기만 하면 누구나 다 시비 준칙으로서의 도덕의식을 가질 수 있다.

> 시비지심은 앎이며 사람이 모두 가지고 있다. 그대는 앎이 없음을 걱정하지 말고 오직 알려고 하지 않음을 걱정하라.…… 지금 길가는 사람을 잡고 인의에 해당하는 일들을 말하면 저들은 모두 그것이 선하다고 여길 것이고, 불인, 불의에 해당하는 일들을 말하면 저들은 그것을 선하지 않다고 여길 것이다.[250]

사회에서 통용되고 있는 시비와 선악의 준칙은 이미 사람들에게 선천적으로 동일하고 보편적으로 주어져 있기 때문에 외부에서 찾을 필요가 없다. 왜냐하면 이 준칙은 바로 개개인이 선천적으로 가지고 있으므로 그 내용이 완전히 동일하고 보편적이기 때문이다. 왕수인은 그 이유를 "양지는 곧 천리를 말하며 그것이 대상을 신령스럽고 환하게 깨달을 수 있기 때문에 양지가 곧 천리인 것이다. 모든 생각이 양지에서 나와야 되고 양지가 발용한 것이 생각이 되면, 모든 생각이 천리가 아닌 것이 없게 된다."[251]라고 하였다. 또 그는 "네 양지가 네 스스로의 준칙이다. 네 생각이 머무는 곳이 옳으면 바로 옳음을 알고 그르면 바로 그름을 아니, 양지를 조금도 속일 수 없다."[252]라고 하여 양지가 내재적인 도덕 판단과 도덕 가치의 체계를 의미한다.

是非之心不待慮而知 不待學而得 是故謂之良知 是乃天命之性 吾心之本體自然靈昭明覺者也." 不待慮而知.

250) 『陽明全書』 권8, 「與朱守諧卷」, "是非之心 知也 人皆有之 子無患其無知 惟患不肯知耳…… 今執途之人 而告之以凡爲仁義之事 彼皆能知其爲善也 告之以凡爲不仁不義之事 彼皆能知其爲不善也."

251) 『傳習錄中』 「答歐陽崇一」, "良知是天理之昭明靈覺處 故良知卽是天理 思是良知之發用 若是良知發用之思 則所思莫非天理矣."

252) 『傳習錄下』, "爾那一點良知 是爾自家底準則 爾意念着處 他是便知是非便知非 更瞞他一些不得."

  양지가 선험적인 도덕 판단과 가치를 의미한다면 반드시 실용성이 주어져야 한다. 왕수인은 "천리란 바로 양지이다. 천 가지 생각 만 가지 생각을 하더라도 오직 이 '양지에 이르게(致良知)' 해야 한다. '양지'란 그것을 생각할수록 더욱 정밀하고 분명해지는 것이다. 만약 정밀하게 생각하지 않고 아무렇게나 일에 따라 호응해 나간다면 '양지'는 곧 거칠어질 것이다."253)라고 양지가 실질적인 효용성을 갖추기 위해서는 치양지가 필요함을 역설하였다.

  왕수인은 만년에 "내 마음의 양지를 확충하는 것이 치지이다."254)라고 하였다. 즉 '치지'를 '치양지'로 보았다. 그러면 '치양지'란 무엇인가?

  치致란 이른다(至)는 뜻으로, 예컨대 "상을 당해서는 슬픔에 이른다."의 '치'의 의미와 같다. 『주역』에서는 "지극함을 알아 그곳에 이른다."라고 했는데, 여기서 '지극함을 아는 것'은 앎이며 '그곳에 이른다'는 치이다. 그러므로 치지라는 말은 후대의 학자들이 말하는 "자신의 지식을 확충한다."는 의미와 같지 않다. 내 마음의 양지를 지극히 하는 것일 뿐이다.255)

  치란 이른다(至)는 것으로 바로 양지를 확충하여 지극함에 이른다는 뜻으로 '치'를 해석하고 있다. 즉 맹자는 "사람이 다른 사람을 해치지 않고자 하는 마음을 확충할 수 있다면 인을 이루 다 쓸 수 없게 될 것이다."256)라고 하였다. 또 "무릇 나에게 사단이 있다는 것을

---

253) 『傳習錄下』, "天理卽是良知 千思萬慮 只是要致良知 良知愈思愈精明 若不精思 漫然隨事應去 良知便粗了."

254) 『傳習錄中』, 「答顧東橋書」, "致吾心之良知者 致知也."

255) 『陽明全書』 권26, 「大學問」, "致者 至也 如云喪致乎哀之致 易言知至 至之 知至者知也 至之者致也 致知之者 非若後儒所謂擴充其知識之謂 也 致吾心之良知焉耳."

알아 모두 넓혀서 채우면 마치 불이 비로소 타오르고 샘물이 비로소 이르는 것과 같을 것이다. 만약 채울 수 있다면 사해를 보존하기에 충분하고 만약 채울 수 없다면 부모를 섬기는 데도 부족하다."257)라고 하였다. 맹자는 선험적 도덕의식인 사단을 확충하면 마치 불이 타오르고 샘물이 비로소 사해에 이르는 것과 같고 확충하지 못하면 사람의 도리인 부모조차 섬기는 데 부족하다고 본 것과 같다. 왕수인은 맹자의 사상을 이어받아 다음과 같이 설명하고 있다.

> 송대 학자들은 말하기를 "『시경』의 '솔개가 하늘에 날고 고기가 연못에 뛰논다.'는 말과 『맹자』의 '반드시 하는 일이 있다.'는 것은 다 같이 활발한 생명체를 뜻하는 것이라 하였는데 어떻습니까?"라고 묻자 선생님이 말하기를 "물론 하늘과 땅 사이의 활발한 생명력을 갖는 것이라면 그런 이치를 지니지 않은 게 없다. 그것은 곧 우리 '양지'가 쉬지 않고 활동하는 것을 묘사한 것도 된다. '양지를 이르게 하는 것(致良知)'은 바로 '반드시 하는 일이 있다'는 공부인 것이다. 이러한 원리는 서로 떨어져서는 안 될 뿐만 아니라 실로 떨어질 수 없는 것이다.258)

양지가 선험적인 도덕의식이라면 치양지는 발용하여 실제 생활에 유익하게 해 주는 촉매 구실을 한다. 따라서 양지는 그 무엇인가 할 수 있는 도덕적 잠재의식이라면 치양지는 바로 도덕적 잠재의식을 실질적인 쓰임이 되게 해 주기 때문에 이 둘은 불가분의 관계에 있음을 알 수 있다. 그래서 왕수인은 양지와 치양지를 다음과 같이 말한다.

256) 『孟子』, 「盡心下」, 31장, "人能充無欲害人之心 而仁不可勝用也."
257) 『孟子』, 「公孫丑上」, 6장, "凡有四端於我者 知皆擴而充之矣 若火之始然 泉之始達 苟能充之, 足以保四海 苟不充之 不足以事父母."
258) 『傳習錄下』, "問 先儒謂鳶飛魚躍與必有事焉 同一活潑潑地 先生曰 亦是天地間活潑潑地無非此理 便是吾良知的流行不息 致知便是必有事的功夫 此理非惟不可離 實亦不得而離也."

양지라고 하는 것은 견문을 통해서는 얻을 수 없는 것이다. 그러
나 견문이 양지의 쓰임이 아닌 것은 아니다. 그러므로 양지란 견문
에 빠지면 안 되지만, 또한 견문을 떠날 수는 없는 것이다. 공자가
말하기를 "내가 아는 것이 있는가? 나는 아는 것이 없도다."라 했는
데, 양지의 밖의 무지와는 다른 것이다. 그러므로 '치양지'라고 하는
것이 학문의 대두뇌이다. 그리고 성인이 사람을 가르치는 제일의 뜻
이다. 요즘 사람들은 오로지 견문의 말단만 구하려고 애쓰는데 그것
은 핵심을 잃어버려 이미 말단에 떨어지고 만 것이다. 근래에 우리
동지 가운데에는 '치양지'의 설을 알지 모르는 사람이 없는데, 그러
나 그 사람들의 공부 방법을 보면 오히려 애매한 경우가 많다. 바로
중요한 것이 하나 빠진 것 같다. 대저 학문 공부라고 하는 것은 단
지 핵심적인 것에 주의하는 것이 마땅하다. 만약 오로지 핵심적인
것에 주의한다면 바로 '치양지'의 일로 삼는 것이다. 무릇 많이 듣
고 많이 보는 것도 치양지의 공부가 아닌 것이 없다. 그리고 일상생
활에서의 모든 많이 듣고 응대하는 수천 가지의 일들이 양지가 발
하여 쓰임의 유행이 아닌 것이 없다. 많이 듣고 응대하는 일을 제해
버리고는 양지에 이를 수는 없다. 그것은 단지 하나일 뿐이다.[259]

양지는 천리로 견문을 통해서 얻어질 수 있는 것이 아니다. 그러
나 일상생활에서 많이 듣고 많이 보아 견문을 넓혀가는 것은 바로
치양지의 공부이다. 또 일상생활에서 많이 듣고 응대하는 수천 가지
의 일들이 양지가 발하여 쓰임이 유행된 것이다. 그러면 일상생활에

259) 『傳習錄中』 「歐陽崇一」, "良知不由見聞而有 而見聞莫非良知之用 故
良知不滯於見聞 而亦不離於見聞 孔子云 吾有知乎哉 無知也 良知之
外 別無知矣 故致良知是學問大頭腦 是聖人敎人第一義 今云專求之見
聞之末 則是失卻頭腦 而已落在第二而矣 近時同志中 蓋已莫不知有致
良知之說 然其功夫尙多鶻突者 正是欠此一問 大抵學問功夫 只要主意
頭腦是當 若主意頭腦專以致良知爲事 則凡多聞多見 莫非致良知之功
蓋日用之間 見聞酬酢 雖千頭萬緒 莫非良知之發用流行 除卻見聞酬酢
亦無良知可致矣 故只是一事."

서 많이 듣고 응대하는 수천 가지의 일들의 가치 기준으로 삼아야 할 잣대는 무엇인가? 왕수인은 맹자의 '집의集義'가 곧 치양지이고, 가치 기준의 잣대로 보았다.

맹자가 말하기를 "사람은 언제나 할 일을 가져야 한다."라 했으며, 군자의 할 일이란 일생 동안 '집의' 이것 하나를 해 나가는 것이라고 했다. 여기서 말하는 의라고 하는 것은 '의宜'의 뜻과 같은 것으로, 이 말은 마음이라는 것을 언제나 꼭 알맞게 붙잡는 것이며 그것이 바로 '의'라는 말이다. 그러면 또 양지를 붙잡았다는 말은 무슨 말인가 하면 마음이 그 '마땅함'을 붙잡았다는 말이다. 그러므로 '집의'라는 말 역시 곧 치양지라는 말이 된다. 군자에게는 해야 할 수많은 일이 있지만, 마땅히 해야 할 일이 있으면 해야 하는 것이고, 마땅히 그쳐야 할 일이 있으면 그쳐야 할 것이며, 마땅히 살아야 할 일에 살아야 할 것이고, 마땅히 죽어야 할 일에 죽어야 할 것이며 짐작을 한다든가 조정을 한다든가 하는 모든 일들이 다 치양지 아닌 것이 없다. 그래서 자겸自謙이 되어야 한다. 그렇기 때문에 '군자는 자기의 위치, 신분, 자리에 알맞게 행하는 것이다.' 또 '자기의 생각도 다 자기의 자리라는 것이 있어서 그 자리를 벗어나지 않아야 한다.' 그래서 자기의 힘이 미치지 못하게 되거나 자기의 앎으로서는 어떻게 할 수 없게 된다면 그것은 치양지라고는 할 수 없게 된다. 그러나 무릇 '자기의 근골을 고생시키고, 자기의 몸을 굶주리고 자기 자신을 아무것도 없게 만들고, 나아가서는 그 하는 바를 어그러지고 어지럽게 만들고, 그럼으로써 마음을 움직이고, 성질을 참고 그래서 도저히 할 수 없는 것까지도 행할 수 있게 되는 것' 이것이 치양지라고 할 수 있다.[260]

---

260) 『傳習錄中』 「歐陽崇一」, "孟子言必有事焉 則君子之學 終身只是集義一事 義者宜也 心得其宜之謂義 能致良知 則心得其宜矣 故集義亦只是致良知 君子之酬酢萬變 當行則行 當止則止 當生則生 當死則死 斟酌調停 無非是致其良知以求自慊而已 故君子素其位而行 思不出其位 凡謀其力之所不及 而强其知之所不能者 皆不得爲致良知 而凡勞其筋

치양지에는 염염念念하는 물망勿忘도 있어야지만, 무리한 조장助 長이 있어서는 안 된다고 하여[261] 의식이나 의념에는 맹자의 잊지도 말아야 하고 억지로 자라는 것을 도와주어서는 안 된다는 뜻을 밝힌 것이다. 이러한 치양지가 곧 집의라는 점에서 두 가지 중요한 개념 을 설명하고 있다.

첫째는 맹자의 집의설이 고자의 '의를 밖으로 한다는(義外)' 설에 대한 반박이다. 이것은 의인 리가 오심吾心의 밖으로부터 획득되는 것이 아니라고 하여 '심즉리'라는 것을 밝히는 데 있다. 두 번째는 의를 맹자가 말한 대로 '마땅함(宜)'이라고 함으로써 '심즉리'의 리 는 도덕적 당위성을 갖는 리임을 강력히 시사하고 있다는 점이다. 그러므로 '집의'가 '치양지'라고 할 때 양지는 단순히 시비의 판단하 는 척도를 말하는 것이 아니라 죽어야 할 때 죽고, 살아야 할 때 살 줄 아는 도덕적 당위성을 갖는 본연성으로 나타난다. 따라서 양지는 실행을 강력하게 요구하는 입법자인 동시에 천리이다. 곧 양지는 도 덕규범을 실천하게 하는 본심이다.

왕수인은 "집의는 그 마음의 본체(양지)를 회복하는 일이다"[262]라

骨 餓其體膚 空乏其身 行拂亂其所爲 動心忍性 以憎益其所不能者 皆 所以致其良知也."

261) 『傳習錄中』「答聶文蔚書」, 그러나 왕수인은 '勿忘, 勿助' 이것을 금과 옥조로 믿은 것은 아니다. 그것은 너무 '集義'라는 말을 수행하는 사 람들이 너무 염두에 둔 나머지 오히려 忘에 着意하게 되면 助가 되어 버리고, 助에 착의하게 되면 忘이 되어 버린다는 병통이 있을 것을 염 려하여 必有事焉만 강학하기로 했다는 점을 다음과 같이 밝히고 있는 것을 볼 수 있다. "來書所詢 草草奉復一二 近歲來 山中講學者 往往 多說勿忘勿助工夫甚難 問之則云 才著意便是助 才不著意便是忘 所以 甚難 區區因問之云 忘是忘箇甚麼 助是助箇甚麼 其人默然無對 始請 問 區區因與說 我此間講學 卻只說箇必有事焉 不說勿忘勿助 必有事 焉者 只是時時去集義."

262) 『傳習錄上』「陸原靜錄」, "集義是復其心之本體."

고 하였다. 그는 이처럼 맹자의 집의로서 마음의 본체인 양지의 회복과 확충을 강조하는 것은 그 양지가 도덕을 판단하는 본심이고 아울러 도덕규범을 실천하게 하는 마음을 강조하려는 데 있다. 그러므로 그는 성인이 되기 위한 방법론을 중시하고, 그 방법론을 실현하기 위해선 마음의 실천 행을 절대적 조건으로 삼게 된다. 따라서 지행합일이나 사상마연事上磨鍊은 다 이와 같은 목적에서 설명되는 치양지설이라 할 수 있다.

　　마음에 기필하지 않는 것은 다만 집의다. 집의는 곧 치양지이다. 그러나 집의라고 말을 해도 바로 두뇌에 떠오르지 않는 것에 비하여 치양지라고 하면 곧 실지의 공부로 알아듣는다. 그러므로 나는 구구히 전적으로 치양지를 설하는 것이다. 수시로 사상事上에서 양지를 이루면 이것이 곧 격물이다. 이렇게 착실히 양지를 이루어가면 그것이 성의인 것이다. 또 착실히 양지를 이루어서 한 터럭의 사의私意·기필期必·집체執滯·사기私己가 없으면 그것이 곧 정심인 것이다. 착실히 양지를 이루면 저절로 망각의 병은 없어지는 것이다. 한 터럭의 사의·기필·집체·사기가 없으면 저절로 조장하는 병도 없어지는 것이다. 그러므로 격물·치지·성의·정심을 말하면 그 위에 더 망조忘助를 말할 필요가 없는 것이다. 맹자가 망과 조를 말한 것도 고자의 병통에 대해 처방한 것뿐이며, 고자가 억지로 그 마음을 강제한다고 한 것도 조장이라는 병통이므로 맹자는 그에 대한 해로움을 말한 것이다. 고자의 조장도 역시 그가 자기의 마음에서 의를 집적하고 마음에 기필하지 않는 것 위에 공부한다는 것을 모르고 의를 자기 밖에 있는 것으로 생각했기 때문이다. 만약 시시각각으로 자기의 마음에서 집의했다면 양지의 본체는 환히 명백해져 절로 시시비비가 드러나 실 터럭만큼의 숨겨짐도 없을 것이다.[263]

---

263) 『傳習錄中』「答聶文蔚書」, “夫必有事焉　只是集義　集義只是致良知　說集義　則一時未見頭腦　說致良知　卽當下便有實地步可用工　故區區專說致良知　隨時就事上致其良知　便是格物　著實去致良知　便是誠意　著

결국 왕수인의 치양지는 맹자의 '집의'와 공자의 '절사絶四'인 '무의毋意, 무필毋必, 무고毋固, 무아毋我'로서 집약되는 것이며, 이는 치양지의 최고단계가 아我에 대한 집착을 벗어나는 경지를 말하는 것으로서 정심으로서의 격물론이기도 하다. 그가 일찍이 격물의 '격자格字'를 '정자正字'로 해석하였던 까닭을 치양지를 통해서 명백하게 규명할 수 있다.

맹자가 '일을 하는 데 기필하지 말아서 마음에 잊지도 말며 자라나는 것을 돕지도 말라'고 한 것처럼 군자의 수양하는 학문은 종신토록 다만 집의하는 것 하나일 뿐이다. 의는 마땅히 그렇게 해야 함을 의미하기 때문이다. 또 그것은 마음이 마땅히 그렇게 해야만 했을 때 비로소 의를 얻을 수 있다는 전제를 가리킨다. 그러므로 집의 역시 단지 치양지에 불과하다. 군자가 일상에서 주고받는 대응이나 갖가지 일의 수많은 변화도 마땅히 행해야 할 때는 행하고, 행하지 말아야 할 때는 행하지 않고, 살아야 할 때는 살고, 죽어야 할 때는 죽는 그러한 경우를 짐작해서 가장 정당하게 처리하는 것도 사실은 양지를 이루어 『대학』의 자겸自謙을 구하는 것 아님이 없다.[264]

實致其良知 而無一毫意必固我 便是正心 著實致良知 則自無忘之病 無一毫意必固我 則自無助之病 故說格致誠正 則不必更說箇忘助 孟子 說忘助 亦就告子得病處立方 告子强制其心 是助的病痛 故孟子專說助 長之害 告子助長 亦是他以義爲外 不知就是心上集義 在必有事焉上用 功 是以如此 若時時刻刻 就自心上集義 則良知之體 洞然明白 自然是 是非非 纖毫莫遁."

264) 『傳習錄中』「答歐陽崇一」, "孟子言必有事焉 則君子之學 終身只是集 義一事 義者宜也 心得其宜之謂義 能致良知 則心得其宜矣 故集義亦 只是致良知 君子之酬酢萬變 當行則行 當止則止 當生則生 當死則死 斟酌調停 無非是致其良知以求自慊而已."

7) 사상마연과 치양지

왕수인의 치양지에 있어서 또 하나의 중요한 공부는 '사상마연事 上磨鍊'이다. 많은 학자들이 왕수인의 치양지를 가리켜 선종의 돈오 법과 유사하다는 평을 듣고 있지만,[265] 이것은 아마도 그가 선을 생각하지 않는다든지(不思善), 악을 생각하지 않는다(不思惡)든지, 상성성常惺惺, 상제부방常提不放과 같은 선법禪法을 유가의 계구신戒懼愼과 같은 내성법과 다르지 않다고 하면서 분별의 착심着心부터 단절하라고 말한 데서 오는 잘못된 견해인지도 모른다.[266] 선종은 고요함을 위주로 하여 마음을 밝게 하여 본성을 보는(明心見性) 것을 큰 요지로 삼고 있는 데 비해, 왕수인은 동적動的 공부라고 할 수 있는 사상에서의 마연과 실천을 위주로 하는 지행합일을 치지의 근본으로 삼고 있기 때문이다. 뿐만 아니라 이러한 '사상마연', '지행합일'은 또한 '거경궁리'로서 격물치지의 대본을 삼는 정주의 실천론과도 방법상의 큰 차이를 보이고 있다.

왕수인이 치양지가 허정虛靜이나 돈오가 아닌 실천의 공부임을 강조하고 있는 다음의 설명을 보면 이러한 점은 더욱 명백하여질 것이다.

> 내가 구구히 말하는 격치성정格致誠正의 설은 학자의 본심을 일 상생활에서 몸으로 궁구하는 것으로서, 그 실천하고 이행하는 실지의 공에 다소의 차제가 있고 다소의 누적이 있을지언정 이것은 전혀 텅 빈 돈오의 설과는 상반되는 것이다.[267]

---

265) 羅光, 『中國哲學思想史』 「元明篇」(臺灣, 學生書局, 民國 70), 413쪽.

266) 『傳習錄中』 「答陸原靜書」, "不思善不思惡時 認本來面目 此佛氏爲未 識本來面目者 設此方便 本來面目 卽吾聖門所謂良知 今旣認得良知明 白 卽已不消如此說矣 隨物而格 是致知之功 卽佛氏之常惺惺 亦是常 存他本來面目耳 體段工夫 大略相似."

'격물·치지·성의·정심'의 공부는 수신을 하기 위한 전 단계로 바로 본심을 일상사에서 몸으로 궁구한다는 것과 관련이 있다. 그런데 그 공부가 불교의 수양법인 돈오의 설과는 상반되는 것으로 일상사(事上)에서 마연이다. 그에게 있어 일상사에서의 몸으로 궁구, 즉 마연이란 무엇을 뜻하는 것일까?

　　근래에는 오직 '치양지' 하는 것만을 얘기하였다. '양지'만 분명해진다면 네 멋대로 고요한 곳으로 가서 체득하고 깨달아도 좋고 네가 하는 일을 통해서 연마(事上磨鍊)해도 좋게 되는 것이다. '양지'의 본체는 원래 움직임도 없고 고요함도 없는 것이다. 이것이 바로 학문의 요점인 것이다. 나는 이 이론에 대해서는 저주(滁州)로부터 지금에 이르기까지 몇 번 설을 수정하여 왔었다. 그러나 오직 '양지에 이르게'(致良知) 한다는 세 글자만은 병폐가 없었다. 의사가 몇 번이고 팔을 부러뜨리는 경험을 쌓아야 비로소 남의 병의 이치를 살필 수 있게 되는 거나 같은 일이다.[268]

몸으로 궁구한다는 것은 사상마연을 의미하는 것이고, 양지의 본체는 본래 움직임도 고요함도 없는 것이기 때문에 바로 사상마연의 방법을 통해 '치양지'에 도착할 수 있어야 한다. 양지가 나무를 이룰 수 있는 뿌리라고 한다면 치양지는 그 나무의 줄기이며 동시에 잎이고 꽃이 된다. 세상에는 뿌리 없는 줄기나 잎 그리고 꽃도 없고, 줄기나 잎 그리고 꽃이 없는 뿌리도 없다. 그러므로 양지와 치양지는 서로 상부상조의 관계에 있음을 알 수 있다. 또 이런 관계가 정립되기 위해서는 반드시 몸으로 궁구하는 사상마연이 필요하다.

267) 『傳習錄中』「答顧東橋書」, "區區格致誠正之說 是就學者本心日用事爲間體究踐履 實地用功 是多少次第 多少積累在 正與空虛頓悟之說相反."
268) 『傳習錄下』, "邇來只說致良知 良知明白 隨你去靜處體悟也好 隨你去事上磨鍊也好 良知本體原是無動無靜 此便是學問頭腦 我這箇話頭 自滁州到今 亦較過幾番 只是致良知三字無病 醫經折肱 方能察人病理."

어느 날 오랫동안 왕수인의 강학을 듣던 한 관속官屬이 학문은 지극히 훌륭하지마는 장부帳簿를 다룬다든가, 소송사무를 처리하는 데에는 어려운 일이 많아서 전념할 수 없다고 말하였다. 이에 왕수인은 "언제 내가 자네에게 장부나 송옥訟獄을 떠나 정처 없는 학문을 연구하라고 하였던가? 자네에겐 이미 공무가 있으므로 그 공사상公事上에서 학문을 닦아야 하는 것이고, 그렇게 하여야만 비로소 참된 격물이 되는 것이다. 예를 들면 하나의 송사를 취급하는 경우에 피고의 태도가 무례하다고 해서 화를 내는 일이 있어서도 안 되며, 진술이 빈틈없이 원만하다고 해서 호감을 가져서도 안 되는 것이다. 또 피고가 상관에게 사전 부탁을 한 흔적이 있다고 해서 그것을 미워하고 고집대로 그것을 처리해서도 안 되며, 반대로 피고가 자네에게 부탁을 하여 왔다 해서 뜻을 굽히고, 하자는 대로 따라서 해도 안 되는 것이다. 또 자신의 사무가 번거롭다 해서 마음대로 소홀한 처단을 해서도 안 되며, 측근자가 피고에게 무고하여 불리한 증언을 했다고 해서 자네는 그 사람의 의향에 좌우되어 처단하는 일이 있어서도 안 되는 것이다. 이런 것들은 무엇이나 사사로운 견해에서 나오는 것이며, 또한 자네만이 알고 있는 것이기 때문에 정밀하고 자세하게 살피고 자기를 다스려야 한다. 오직 이 마음에 한 오라기의 편벽이나 치우침이 있어 시비를 굽혀 놓고 말지 않을까, 이것을 염려하여라. 이것이 두말할 나위 없는 '격물치지'인 것이다. 요컨대 장부나 송옥訟獄 등도 모두 실학實學이 아닌 것은 없는 것이며, 혹시라도 사물을 떠나 학문을 닦으려면 오히려 공허한 일이 되어 버리고 마는 것이다."269)라고 대답하고 있다.

269) 『傳習錄下』「陳九川錄」, "有一屬官 因久聽講先生之學曰 此學甚好 只是簿書訟獄繁難 不得爲學 先生聞之曰 我何嘗敎爾離了簿書訟獄 懸空去講學 爾旣有官司之事 便從官司的事上爲學 纔是眞格物 如問一詞訟 不可因其應對無狀 起箇怒心 不可因他言語圓轉 生箇喜心 不可惡其囑

왕수인에 있어서의 몸으로 궁구하는 것은 이와 같은 것을 말하는 것으로 이것이 곧 '치지격물'이다. 장부와 송옥, 그것 자체가 벌써 '실학'이니 이것을 떠나서 '치지격물' 한다는 것은 허공에 매달림에 지나지 않는다.

인간이 어떤 일에 접하게 될 때, 마음속의 사사로운 견해를 깨끗이 곽청廓淸시키고 오직 공평무사하게 일을 처리하면 그것 자체가 격물이요 치지로서 양지를 확충시키는 일이 된다. 왕수인에 의하면 실사實事를 떠나서 치지격물을 배우지 않고 정靜만을 쫓다가 어떤 일에 접하게 되는 경우, 그때는 심중이 어려워져서 인격상의 하등의 진보도 없다는 것이다. 그래서 정靜한 때의 공부가 언뜻 보기엔 수렴이 잘된 것 같으나 사실은 방탕하고 탐닉에 빠져버리고 만다는 것이다.270)

480

진구천이 "고요히 앉아 있는(靜坐) 공부는 제 마음을 수렴하는 데 대단히 효과가 있다고 생각됩니다. 그러나 일을 당하면 또 중단되어 바로 다른 생각이 일어나 그 일에 대하여 생각하고 살피게 됩니다. 일이 다 끝나면 또 그전의 공부로 되돌아갑니다. 그러나 마음에는 안팎이 있어서 하나로 되지 않는 것으로 생각됩니다."라고 하자 선생님이 말씀하셨다.

"그것은 격물의 설을 철저히 이해하지 못했기 때문이다. 마음에 어찌 안팎이 있겠느냐? 바로 자네가 지금 여기에서 토론하고 있을 때를 예를 들더라도, 또 어찌 다른 한 마음이 안에서 이치를 생각하

托 加意治之 不可因其請求 屈意從之 不可因自己事務煩冗 隨意苟且斷之 不可因旁人讚毁羅織 隨人意思處之 這許多意思皆私 只爾自知 須精細省察克治 惟恐此心有一毫偏倚 枉人是非 這便是格物致知 簿書訟獄之間 無非實學 若離了事物爲學 却是着空."

270) 『傳習錄下』「陳九川錄」, "若只好靜 遇事便亂 終無長進 那靜時功夫亦差 似收斂而實放溺也."

고 일을 처리하고 있겠는가? 지금 내 강의를 듣고 있을 때 마음을 집중시킨다면 바로 그것이 정좌하고 있을 적의 마음인 것이다. 공부란 일관된 것인데 어찌 반드시 다른 생각이 일어나겠는가? 사람은 반드시 일에 대해서 연마(事上磨鍊)를 하고 공부를 해야만 이익이 있게 되는 것이다. 만약 오직 정좌하는 것만을 좋아한다면 일을 당하면 곧 마음이 어지러워져서 끝내 아무런 진보도 없을 것이며, 정좌 공부도 그릇되게 될 것이다. 그것은 마음을 거둬들이는 듯이 보이지만 실은 제멋대로 놓아두어 타락시키는 것이다."271)

마음의 수양은 직접 사물을 통해서 해야 한다는 것이다. 고요히 앉아 마음을 가라앉히는(靜坐) 수양은 얼핏 보기에는 마음을 깨끗이 하는 가장 좋은 방법인 것 같지만 사실은 별 소용이 없는 것이다. 실제로 일을 올바로 할 수 있는 마음의 수양은 일에 대하여 연마(事上磨鍊)의 공부를 통해서만 이익이 있게 된다.

그러므로 그는 "사람은 반드시 사상에서 연마를 통해서 공부하여야 한다."272) 또는 "사람은 반드시 사상에서 갈마들여야 한다."273)라고 하여 이것을 치양지의 한 방법으로 쓰고 있다. 그가 정적靜的인 수렴이나 안심安心보다는 동적動的인 사상에서 마연을 이처럼 중시한 것은 『대학』의 '치지격물'을 마음 밖에서 리를 궁구하는 것으로 보지 않고 양지 천리를 회복하고 이를 넓혀 채워서 인간의 진면목인 성인됨의 공부는 주정主靜에 있는 것이 아니라 활동하는 양지 속에

---

271) 『傳習錄下』「陳九川」, "又問, 靜坐用功, 頗覺此心收斂, 遇事又斷了, 旋起箇念頭, 去事上省察. 事過又尋舊功. 還覺有內外, 打不作一片. 先生曰, 此格物之説未透 心何嘗有內外 卽如惟濬今在此講論 又豈有一心在內照管 這聽講說時專敬 卽是那靜坐時心 功夫一貫 何須更起念頭 人須在事上磨鍊 做功夫 乃有益 若只好靜 遇事便亂 終無長進 那靜時功夫亦差 似收斂而實放溺也."

272) 『傳習錄下』「陳九川錄」, "人須在事上磨鍊 做功夫."

273) 『傳習錄上』「陸元靜錄」, "人須在事上磨."

있음을 그는 확인하였고, 그러기 때문에 그것을 실제 행위상에서 실천적으로 닦아가지 않는 한, 실학이 아니라 허공에 매달린 학이라고 생각했던 것이다. 정주의 치지격물이 반드시 주정적主靜的인 공부라고만은 할 수 없을 것이다. 주자의 '물에 나아가 리를 궁구(卽物而窮其理)'274)하는 문자상으로 정적인 것보다는 동적인 인상이 더 짙다. 그러나 궁리는 반드시 거경과 두 가지 단서나 하나의 근본이란 점에서275) 또한 동적인 수양론이라고는 말하기 어렵다.

주자는 학자의 공부는 오직 거경궁리 두 가지 일에 있다고 한다. 그리고 이 거경과 궁리가 서로 발하여 능히 궁리하면 반드시 거경공부는 날로 진보되고, 능히 거경을 하면 궁리공부는 날로 치밀해져 간다고 한다.276)

경은 주자에 있어서 '한곳에만 집중시키면서 다른 곳으로 가지 못하게 하는 것(主一無適)'277)으로 정靜을 위주로 하는데 이때의 정은 독서 등의 공부를 하지 않을 때에 체찰體察을 통하여 자숙自熟하는 일이고278) 또한 수렴으로서 심신을 정제하여 순일하게 하고 방종이 없게 하는 공부이다.279)

또 정이에게 있어서 경은 "경하면 스스로 허정虛靜280)해진다든가, "한곳에만 집중시키는 것을 경이라 하고 다른 곳으로 가지 못하게 하는 것을 일一"281) 등으로 표현된다. 이렇게 볼 때 치지격물의

---

274) 『大學』 「補傳」 보전?
275) 『朱子語類』 권9 「知行」, "居敬窮理雖二端其實一本."
276) 『朱子語類』 권9 「論知行」, "學者工夫 唯在居敬窮理二事 此二事互相發 能窮理則居敬工夫日益進 能居敬則窮理工夫日益密."
277) 『朱子語類』 권17 「或問」, "敬曰主一無適."
278) 『朱子語類』 권9 「論知行」, "持敬以靜爲主 此意須要於不做工夫時 頻頻體察久而自熟."
279) 『朱子語類』 권12 「持守」, "謂只收斂身心整齊 純一不恁地放縱便是敬."
280) 『近思錄集註』 권4 「存養」. "敬則自虛靜."

공부인 거경궁리는 두 가지 단서나 하나의 근본이기 때문에 경으로 몸과 마음을 수렴하면서 분수分殊로서의 사물의 리를 '리일理一의 리'로 체인하는 공부라 할 것이다. 따라서 거경궁리는 정적인 면이 강하다.

그러나 왕수인의 치지격물은 그것이 '사상마연'이란 점에서 견문언동見聞言動을 떠나 마음의 정녕靜寧을 구하고, 방일放逸을 수렴하는 것이 아니다. 오로지 양지를 이루는 것을 가지고 그 일을 삼으면 견문수작, 시청언동이 천변만화라 할지라도 그것은 후천적이고 경험적인 지식이기 때문에 본래 실학의 의미를 상실한 것이다. 그러므로 본심을 주체로 하여 그것이 바로 양지의 발용유행이 아님이 없는 것이다.

이상으로 볼 때 왕수인은 '사상마연'의 치지, 즉 치양지는 선가禪家의 정적 수양공부인 돈오, 즉 '명심견성明心見性'과도 다르며, '한 곳에만 집중시키면서 다른 곳으로 가지 못하게 하는 것'의 거경궁리와도 그 축을 달리하는 것이다.

그러나 왕수인은 격물론에서도 말했듯이 정호의 '정기이격물正己以格物'과 상통하는 바가 있었는데, 이 '사상마연'에서도 정호의 "모름지기 사상事上에서 나아갈 일이지 하필 독서만이 위학爲學이겠는가?"282)란 치지법과 상접하고 있음을 볼 때, 그가 이정 중 정호의 영향을 많이 받고 있음이 또한 입증된다. 그리고 이상에서 살펴본 집의集義, 반신反身, 절사絶四, 사상마연事上磨鍊과 같은 치지, 즉 치양지의 실천론들은 정리定理의 추구가 아닌 실처實處에서의 체증을 근본으로 삼는 데에 특징이 있다.

---

281) 『二程全書』遺書15, 「伊川先生語一」. "主一之謂敬 無適之謂一."

282) 『近思錄集註』권10 「君子處事之法」, "須是就事上 ……何必讀書 然後爲學."

5. 네 구절의 가르침(四句敎)

왕수인은 만년에 유명한 제자 2명을 두었는데, 한 사람은 전덕홍(錢德洪 호는 서산緒山)이고 다른 한 사람은 왕기(王畿 자는 여중汝中 호는 용계龍溪)이었다. 그가 죽기 한 해 전이었던 가정嘉靖 6년(1528년) 가을, 그는 광서성 소수민족의 폭동을 평정하라는 명령을 받았다. 출발하기 전날 밤에 그는 이 두 제자의 요청에 응하여 월성越城의 천천교天泉橋에서 이 네 구절의 사상 종지에 대해 상세히 설명하였다. 역사적으로는 이를 '천천교에서 도를 논증하다(天泉證道)'라고 말한다.

전덕홍과 왕기는 '네 구절의 가르침'을 두고 서로 논변을 벌였다. 왕기는 "선도 없고 악도 없는 것은 마음의 본체이고, 선도 있고 악도 있는 것은 의념의 움직이고, 선을 알고 악을 아는 것은 양지이고, 선을 행하고 악을 없애는 것은 격물이다."라고 했다. 또 "만일 심체가 선도 없고 악도 없는 것이라면, 의념(意)·앎(知)·사물(物)도 선도 없고 악도 없는 것이어야 한다. 만일 의념에 선악이 있다면 결국 심체에도 선악이 있게 된다."고 하였다. 이러한 견해를 '사무四無'라고 한다. 이에 전덕홍은 "심체는 하늘이 명한 성이므로 원래 선도 없고 악도 없다. 다만 사람은 습심習心이 있어서 선악이 나타난 것이다. 격格·치致·성誠·정正·수修는 바로 이 성체性體를 회복하기 위한 공부이다. 만일 원래 선악이 없다면 공부도 거론할 필요가 없을 것이다."라고 하였다. 이러한 진덕홍의 주장을 '사유四有'라고 한다. 이런 연유로 두 사람은 왕수인에게 올바른 가르침을 주도록 요청하였다.[283]

---

283) 『傳習錄下』 "丁亥年九月 先生起復征思田 將命行時 德洪與汝中論學 汝中擧先生敎言曰 無善無惡是心之體 有善有惡是意之動 知善知惡是良知 爲善去惡是格物 德洪曰 此意如何 汝中曰 此恐未是究竟話頭 若

　왕수인이 광서성 소수민족의 폭동을 평정하러 가기 전날 밤 손님들이 돌아가기 시작하자 그가 안으로 들어가려 했다. 이때 전덕홍과 왕기가 정원에서 기다린다는 말을 듣고, 그가 다시 밖으로 나와 자리를 천천교로 옮겼다. 전덕홍이 왕기와 벌였던 논변을 왕수인에게 들려주고 나서 가르침을 청하였다.

　　선생께서는 "이후로 친구들에게 강학할 때는 나의 종지인 '선도 없고 악도 없는 것은 마음의 본체이고, 선도 있고 악도 있는 것은 의의 움직임이고, 선을 알고 악을 아는 것은 양지이고, 선을 행하고 악을 없애는 것은 격물이다'라는 가르침을 잊어서는 안 된다. 나의 이 화두에 근거하여 사람에 따라 가르쳐 주기만 하면 자연히 병통이 없을 것이다. 이것은 원래 위아래를 꿰뚫는 공부이다. 근기根器가 뛰어난 사람은 세상에서 좀처럼 만나기 어렵다. 본체 공부를 한 번 깨닫고서는 모든 것을 완전히 꿰뚫는 것은 안연이나 명도 같은 사람이라도 감히 감당할 수 없었다. 어찌 가볍고 쉽게 사람들에게 바랄 수 있겠는가? 사람들에게는 습심이 있으므로, 그들에게 양지의 토대 위에서 선을 행하고 악을 없애는 공부를 실제로 충실하게 해 나가도록 가르치지 않고 다만 허공을 딛고 본체만을 생각하게 하면, 모든 일들이 실제로 충실해지지 못하게 되어 결국 허무적멸을 키우는 것에 불과하다. 이 병통을 작은 것이 아니므로 미리 말할 수 없는 것이다."라고 하셨다. 이날 나(전덕홍)와 여중은 모두 어떤 깨달음을 얻었다.284)

　　說心體是無善無惡　意亦是無善無惡的意　知亦是無善無惡的知　物是無善無惡的物矣　若說意有善惡　畢竟心體還有善惡在　德洪曰　心體是天命之性　原是無善無惡的　但人有習心　意念上見有善惡在　格致誠正修　此正是復那性體功夫　若原無善惡　功夫亦不消說矣."

284)『傳習錄下』 "已後與朋友講學　切不可失了我的宗旨　無善無惡是心之體　有善有惡是意之動　知善知惡是良知　爲善去惡是格物　只依我這話頭　隨人指點　自沒病痛　此原是徹上徹下功夫　利根之人世亦難遇　本體功夫一悟盡透　此顏子明道所不敢承當　豈可輕易望人　人有習心　不敎他在良知

이날 밤 천천교 위에서 전덕홍과 왕기, 그리고 왕수인과 오고 간 대화는 그 후 전덕홍과 왕기의 학문에 많은 영향을 주었으며, 또 많은 오해와 논쟁을 불러일으키기도 하였다.

왕수인은 전덕홍과 왕기의 주장에 대해 학문의 화해를 강조하였다. 왕수인은 왕기의 견해에 대해서는 위아래를 꿰뚫는 공부로 본체 공부를 한번 깨닫고서는 모든 것을 완전히 꿰뚫는 것은 안연이나 명도 같은 사람도 힘들 것이라고 했고, 전덕홍의 견해에 대해서는 근기가 부족한 사람은 의념이 일어날 때 선을 행하고 악을 없애는 방법을 통해 점진적으로 나아가야 한다고 보았다. 결국 위아래를 꿰뚫는 본체 공부는 돈오의 방법이고, 근기가 부족한 사람의 공부는 점수의 방법이다. 따라서 돈오의 방법은 '무에서 토대를 세우는' 공부이고, 점수의 방법은 '유에서 토대를 세우는' 공부이다. 이것은 성향과 자질이 각기 다른 스님들에게 적용되는 불가에서 통용되는 수양방법이다. 왕수인은 이런 불가의 원융의 방법을 통해 두 사람의 공부를 인정하였다.

왕수인이 제시한 '네 구절의 가르침(四句敎)'인 이 구체적으로 무엇을 의미하는지를 살펴보면 아래와 같다.

> 선도 없고 악도 없는 것은 마음의 본체이다. 선도 있고 악도 있는 것은 의념의 일어남이다. 선을 알고 악을 아는 것은 양지이다. 선을 행하고 악을 없애는 것은 격물이다.[285]

첫 번째 구절에서 '선도 없고 악도 없는 것은 마음의 본체이다'라고 했을 때, 마음의 본체는 보편적인 법칙인 '리'를 의미하는 것으로

上實用爲善去惡功夫 只去懸空想箇本體 一切事爲 俱不着實 不過養成
一箇虛寂 此箇病痛不是小小 不可不早說破 是日德洪汝中俱有省."

285) 『傳習錄下』, "無善無惡是心之體 有善有惡是意之動 知善知惡是良知
爲善去惡是格物."

486

특수하고 구체적인 '사事'를 의미하는 것은 아니다. '사'는 특수하고 구체적인 형상이 있지만 '리'는 형상이 없다. '리'는 구체적인 형상으로 표현할 수 없기 때문에 선도 악도 있을 수가 없다. 왕수인이 "선도 없고 악도 없는 것은 리의 고요함이고, 선도 있고 악도 있는 것은 기의 발동이다. 기에 의하여 발동되지 않으면 선도 없고 악도 없는데, 이것이 지선至善이다."286)라고 한 이유도 여기에 있다. 선도 있고 악도 있는 것은 리가 아니라 바로 기氣의 발동이다. 그러므로 순수하고 지선한 마음의 본체는 아직 현상화되지 않은 본원 그 자체를 말하는 것이다. 그래서 그는 "마음의 본체에는 어떠한 생각도 머물러 막혀 있게 해서는 안 된다. 마치 눈에 조금의 먼지나 모래도 들어 있게 해서는 안 되는 것과 같다. 조그만 것이 얼마나 될까마는 온 눈을 가려 곧장 천지가 캄캄해진다."287)고 지적하였다.

둘째 구절의 '선도 있고 악도 있는 것은 의념의 일어남이다'라고 했을 때, 의념은 마음이 발현한 것을 말한다. 본래 마음의 본체에는 선악의 구체적인 형상이 없지만 의념의 발현에는 선악의 구별이 있게 된다. 설간薛侃이 "'호색을 좋아하듯 악취를 싫어하듯'이라는 것이 어찌 의념이 아니란 말입니까?"라고 왕수인에게 묻자 그는 "그건 성의誠意이지 사의私意가 아니다. '성의'는 단지 천리를 따르는 것일 뿐이다. 그런데 비록 천리를 따른다 해도 또한 의념을 조금이라도 두게 되면 문제가 생긴다. 그렇기 때문에 분노하거나 좋아하는 바가 있으면 그 올바른 상태를 얻지 못하게 되는 것이다. 더없이 크고 공정해야만(廓然大公) 마음의 본체라 할 수 있다. 이것을 알면

---

286) 『傳習錄上』, "無善無惡者理之靜 有善有惡者氣之動 不動於氣 卽無善無惡 是謂至善 曰 佛氏亦無善無惡 何以異 曰 佛氏着在無善無惡上 便一切都不管 不可以治天下 聖人無善無惡 只是無有作好 無有作惡 不動於氣 然遵王之道 會其有極 便自一循天理 便有箇裁成輔相."
287) 『傳習錄下』, "心體上著不得一念留滯 就如眼著不得些子塵沙 些子能得幾多 滿眼便昏天黑地了."

'미발의 중'을 알게 된다."288)라고 대답하였다. 마음이 발현한 의념은 기질이 개입될 수 있기 때문에 사사로운 욕심이 생겨 결국 선악의 분별이 생긴다. 사람들이 시비선악을 알 수 있는 양지와 본심을 고유하게 지니고 있으면서 실행에 옮기지 못하는 이유는 사욕에 의해 단절된 것을 알지 못하기 때문이라고 왕수인은 진단한다. 마음의 본체인 양지와 본심은 선도 악도 알 수 있지만 의념이 발현되면 사욕에 의해서 단절되어 선험적인 도덕 행위를 할 수 없다고 본 것이다.

셋째 구절은 '선을 알고 악을 아는 것은 양지이다'라고 하였다. 왕수인은 "지선자至善者는 마음의 본체이다. 발현하여 선하지 아니한 바가 있으나 본체의 양지는 이를 모르는 바가 없다."289)고 하여, 지선 그 자체는 마음의 본체인데 의념이 발현하면 사욕에 의해서 단절되어 선하지 아니한 바가 생기지만 마음의 본체인 양지는 이것을 알수 있다는 것이다. 그렇다면 양지는 의념이 발현할 때 나타나는 선악을 어떻게 알 수 있는 것인가? 양지는 경험지를 초월해 있으면서 동시에 경험적인 선한 의념과 악한 의념을 총괄할 수 있는 천리이기 때문이다. 양지는 곧 천리를 의미하기 때문에 모든 대상을 신령스럽고 환하게 깨달을 수 있다. 이런 마음의 본체가 곧 양지이고 천리이다. 그러나 의념에는 선과 악의 분기점이 있지만 마음의 본체인 양지와 천리는 절대적으로 순일하고 무잡한 상태이다. 따라서 의념으로 하여금 단지 선한 의념만을 추구하고 악한 의념은 양지의 확충을 통해서 제어해야 한다.

넷째는 '선을 행하고 악을 없애는 것은 격물이다'라고 하였다. 왕

---

288) 『傳習錄上』「薛侃錄」, "曰 如好好色 如惡惡臭 安得非意 曰 却是誠意 不是私意 誠意只是循天理 雖是循天理 亦着不得一分意 故有所忿 好樂 則不得其正 須是廓然大公 方是心之本體 知此卽知未發之中."

289) 『大學古本序』, "至善也者 心之本體也 動而後有不善 而本體之知 未嘗不知也."

수인은 '의념의 소재는 바로 사물이다(意之所在便是物)'라고 하여 사물이라는 것은 바로 의념이 가리키는 구체적인 내용이다. 의념의 구체적인 내용이라는 것은 하나하나의 행위 혹은 구체적인 일들이다. 격이란 바로잡는다는 것으로 곧 바르지 못함을 바로잡아 바름으로 돌아가는 뜻이다. 그러므로 격물이란 바로 의념의 소재인 사물을 바르게 하여 의념의 내용인 사사물물을 양지 천리의 윤택의 과정을 통하여 지선에 이르고자 한 것이다.

6. 사무와 사유의 융합

전덕홍의 '사유'와 왕기의 '사무'는 설명한 바와 같이 위아래를 꿰뚫어 깨닫는 본체 공부는 돈오의 방법이고, 근기가 부족한 사람이 차근차근 넓혀가는 공부는 점수의 방법이다. 총명하고 지혜로운 사람이라면 마음의 본체가 선도 없고 악도 없는 것임을 철저하게 이해할 수 있기 때문에 한꺼번에 모든 것을 깨달을 수 있다. 그러나 근기가 부족한 사람이라면 반드시 의념에서부터 선을 행하고 악을 없애야 하는 공부 방법에 따라 점차적으로 나아가야 한다. 왕기가 말하기를 "본체를 파악한 후에 이 사구교의 종지는 어떻게 됩니까?"라고 묻자 왕수인은 다음과 같이 설명하였다.

"사구교는 아래위로 두루 통하는 가르침이다. 처음 학문에 들어서는 사람에서부터 성인에 이르기까지 오직 이 공부일 뿐이다. 처음 배울 때 이것을 이용하면 차례차례 순차적으로 본체를 이해할 수 있으며, 비록 성인의 경지에 이르더라도 궁구하는 바가 끝이 없게 된다. 요순의 정일精一한 공부도 단지 이와 같을 뿐이다." 선생께서 또다시 부탁하여 말씀하시길, "너희 두 사람은 이후에 다시는 이 사구교의 종지를 고쳐서는 안 된다. 이 사구교는 중인中人 이상인 사람과 그 이하의 사람에 모두 적절하지 않음이 없다. 내가 최근에 가르침을 세워 몇 번을 개정하여 지금에야 비로소 이 사구교를 세우게 된 것이다. 사람의 마음에 지식이 있게 된 이래로 이미 습속에 의하여 물들어졌다. 지금 양지에 의거하여 선을 실천하고 악을 제거하는 공부를 가르치지 않고 단지 내용이 없는 허공에 의지하여 본체라는 것을 생각하게 한다면 모든 일은 실제의 구체적인 일에 낙찰되지 않을 것이다. 이러한 병통은 결코 작은 것이 아니므로 일찍 깨뜨리지 않으면 안 된다."라고 하였다.290)

왕기가 질문한 "본체를 파악한 후에 이 사구교의 종지는 어떻게 됩니까?"라는 질문에 왕수인은 사구교의 공부를 통하여 성인의 경지에 이를 수 있으므로 사구교의 종지를 고쳐서는 안 된다고 거듭 두 제자에게 당부하였다. 즉 사구교의 공부를 통해서 본체를 체득할 수 있는 방법을 제시한 것이다. 왕기의 견해는 간단하게 '사무'라고 칭한다. 그는 심사가 매우 영특하고 활발하여 '사구교'의 종지를 왕수인에게 물었던 것이다. 그 자신도 양수인의 가르침에 따라 득의하여 『왕용계어록王龍溪語錄』 제1권의 첫 번째 편을 「천천증도기天泉證道紀」라고 명명하였다.

전덕홍이 주장한 '사유'는 경험적이고 현실적인 방법을 추구하고 왕기가 주장한 '사무'는 초경험적이고 초현실적인 방법을 추구한다. 따라서 '사유'는 후천적으로 착수하여 서로 대립하고 갈등하는 문제

290) 『陽明全書』 권32, 「年譜」, "畿曰 本體透後 於此四句宗旨何如 先生曰 此是徹上徹下語 自初學以至聖人 只此功夫 初學用此 循循有入 雖至聖人 窮究無盡 堯舜精一功夫 亦只如此 先生又中囑付曰 二君以後再不可更此四句宗旨 此四句 中人上下無不接着 我年來立教 亦更幾番 今始立此四句 人心自有知識以來 已爲習俗所染 今不教他在良知上實用爲善去惡功夫 只去縣空想個本體 一切事爲 俱不着實 此病痛不是小小 不可不早說破."

를 해결하려는 의지가 있으므로 점교漸敎라 할 수 있다. 그래서 왕
수인은 "유有는 사람이 스스로 '유'라고 하는 것일 뿐, 양지 본체에
는 본래 어떤 '유'도 없다. 본체는 단지 '태허太虛'이다. 태허 가운데
달·별·구름·이슬·서리·먹구름·음산한 기운 등 어떤 것이 없
겠는가마는, 어떤 것이 태허의 장애가 될 수 있는가? 마음의 본체도
이와 같다. 태허는 형체가 없어서 한 번 지나가면 흔적이 변화한다
거나 어디 조그마한 기력이라도 낭비하던가!"[291]라 하였다.

　왕수인에 따르면 양지 본체는 '한곳에 막히지 않는 성질(무체성無
滯性)'인 태허와 같다고 보았다. 태허는 이 세상에 있다(有)고 하는
모든 것에 아무런 장애도 받지 않는다. 마음의 본체인 양지도 순수
한 '무체성'을 지니고 있다. 이 '무체성'은 태허와 같아서 희로애락
이 사람의 마음에 충만하지만 마음의 본체는 희로애락도 없고 번뇌
도 없다. 그러므로 사람의 마음은 칠정을 지니고 있지만 그것들이
한번 지나가고 나면 흔적이 사라져서 어떤 것도 마음에 막혀 있지
않다. 그래서 마음의 본체는 맑고 밝아서 얽매임이 없다고 말하는
것이고, 이것이 바로 마음의 본체는 원래 밝고 맑아서 막힘이 없으
며, 원래 미발의 중이다.[292]

　그러나 왕기가 주장한 '사무'는 선천적으로 착수하여 서로 대립하
고 모순된 문제점들이 없기 때문에 돈오라 할 수 있다. 그러므로
'사유'의 방식으로부터 확충하는 치양지 공부가 절대적으로 필요로
하고, 그 공부가 자연히 확대되면 또한 사욕이 모두 깨끗하게 없어
지게 되어 자연스럽게 '사무'의 경지로 들어갈 수 있다. 왕수인의 제
자 하정인何庭仁은 "스승이 무선무악이라고 한 것은 마음이 사물의

---

291) 『陽明全書』 권34, 「年譜」, "有只是你自有 良知本體原來無有 本體只是
　　太虛 太虛之中 日月星辰雨露風霜陰霾暗氣 何物不有 而又何一物得爲
　　太虛之障 人心本體亦復如是 太虛無形 一過而化 亦何費纖毫氣力."
292) 『明儒學案』 권10, "人心本體原是明瑩無滯的 原是個未發之中."

자극에 반응하는 것이 흔적이 없어 지나갈 뿐 머물지 않는 자연적으로 지선한 체體를 말한다. 마음이 사물의 자극에 반응하는 것을 의념이라고 하는데 이것은 선도 있고 악도 있으며 어떤 구체적인 형상을 띠고 있지만 변화되지 못하여 유에 집착하므로 '의념의 발현'이라 하는 것이다."293)라고 설명하였다. 그래서 왕수인은 막히지도 않고 머무르지도 않는 것이 사실상 마음의 본체, 즉 마음의 본연의 상태이다. 따라서 '무선무악이 마음의 본체이다'라는 말은 모든 정감이나 생각 등이 출입하지만 의념 구조에 있어서는 어떤 집착도 없다. 말하자면 '무'이다.

'사무'의 방식에 의해 공부를 하면 직접 본체를 깨닫고, 또 한 번 깨달으면 전부를 깨닫게 되어 양지 본체가 일시에 나타나게 되며, 또한 양지가 감응한 사事도 일시에 전부 나타나게 된다. 이러한 융합이 바로 '본체가 곧 공부이다'라는 의미이다. 그리고 본체도 본체의 형상이 없고 공부도 공부의 형상이 없는 단지 양지 자신의 중단 없는 본체의 자아실현을 말한다. 따라서 왕기의 '사무교'는 선천의 학문이면서 돈오의 학문이고, 전덕홍의 '사유교'는 비록 후천적인 착수는 하지만 단순한 후천의 학문만이 아니다. 비록 대치한 바가 있기 때문에 점교라고는 하지만 이는 단순한 점교가 아니다. 다시 말하면 이 '사구교'를 일종의 방편으로 보아서는 안 된다.

전덕홍의 '사유'와 방법과 왕기의 '사무'의 두 방법은 각기 상이한 범위 속에서 합리성과 융합을 지니는 동시에 각기 나름의 한계도 지닌다. 따라서 이 두 방법은 상부상조하는 관계에 있다. 총명하고 지혜로운 사람에게 '사무설'은 완전하지 못하며, 일반적인 자질을 가진 사람에게 '사유설'은 완전하지 못하다. '사유설'과 '사무설'은 각기 일반적인 자질을 가진 사람과 총명하고 지혜로운 사람을 인도하여

293) 『明儒學案』권19, "師稱無善無惡者 指心之應感無迹 過而不留 天然至善之體也 心之應感謂之意 有善有惡 物而不化 著於有矣 故曰意之動."

도에 들어가게 할 수는 있지만, 성인이 되게 이끌 수는 없다. 총명하고 지혜로운 사람은 본체를 돈오한 뒤에 점진적인 공부를 해나가야만 성인이 될 수 있다. 일반적인 사람은 의념에서부터 점차적으로 수양해 나가면서 최종적으로 마음의 본체가 선도 없고 악도 없는 것이라는 사실을 이해하는 데 주의해야만 한다.

'사무설'은 점진적인 수양 공부만을 강조하면서 본체를 깨닫지 못하기 때문이다. 총명하고 지혜로운 사람이나 일반적인 자질을 가진 사람이나 다 같이 해야 할 올바른 공부 방법은 마땅히 본체와 공부를 함께 아울러서 일치시키는 방법이다. '네 구절의 가르침'에서 첫 번째 구절은 본체를 의미하고, 다음의 세 구절은 공부를 말한다. 네 구절 모두는 '위로부터 아래까지 환하게 통하는' 공부이다. 그것은 돈오이면서 점수이고 유이면서 무이며 형이상이면서 형이하이고 본체이면서 작용인 공부이기 때문이다. 그래서 왕수인은 '나중에 학자들과 이야기할 때 나의 네 구절의 종지에 따르도록 힘써야 한다'고 거듭 강조했던 것이다. 이렇게 볼 때, 왕수인 자신은 본체와 공부의 합일을 주장했다.

왕수인은 다른 사람에게서 쉽게 '사무'를 기대하지 말라고 강조하였다. 그렇지만 그는 천천교의 대화에서 '사무'와 '사유'를 모두 긍정함으로써, 훗날 양명학의 분화를 초래하였다. 결국 '사무'는 '본체'를 중시하는 방향으로 흘러가서 마음의 본체를 깨닫는 일에만 몰두하도록 이끌어 공부의 실제적인 면을 경시하게끔 만들었다. 반면에 '사유'는 '공부'를 중시하는 방향으로 흘러갔다. 그리하여 비교적 안정적이고 실제적이었지만, 본체를 공허한 것으로 여기도록 이끌어 본체를 깨닫는 일에 한층 나아가지 못하게 만들었다. 후대 양명학의 발전은 본체와 공부를 각기 주된 방향으로 삼아 전개된 것이라고 말할 수 있다.

493

참고문헌

■ **經集類**

近思錄	陽明全書
舊唐書	栗谷全集
南軒集	李翺全集
唐會要	二十二史箚記
道德經	入唐求法巡禮行記
明儒學案	二程全書
復性書	莊子
四書集注	朱子文集
四書或問	朱子語類
象山全書	朱子年譜
荀子	周子全書
性理大全	張子全書
宋明學案	傳習錄
宋元學案	龍川集
小學	退溪全書
宋史	韓愈全集
十三經注疏	清儒學案
河南程氏遺書	通書解
皇極經世書 .	

■ 中國著述

高令印・陳其芳, 『福建朱子學』, 福建省, 福建人民出版社. 1986.

羅 光, 『中國哲學思想史(5권)』, 學生書局, 民70.

勞思光, 『中國哲學史(4권)』, 三民書局, 1981.

唐君毅, 『中國哲學原論(7권)』, 學生書局, 民 63－65.

牟宗三, 『心體與性體』, 正中書局, 1970.

牟宗三, 『中國哲學的特質』, 學生書局, 民 67.

牟宗三, 『才性與玄理』, 學生書局, 民 67.

牟宗三, 『中國哲學19講』, 學生書局, 1983.

牟宗三, 『從陸象山到劉蕺山』, 學生書局, 民國 68.

方克立, 『中國哲學史上的知行觀』, 人民出版社, 1982.

范壽康, 『朱子及其哲學』, 開明書店, 1975.

梁天石, 『朱熹及其哲學』, 中華書局出版, 1982.

劉述先, 『朱子哲學思想的發展與完成』, 學生書局, 民 71.

李澤厚, 『中國哲學思想史論』, 人民出版社, 1986.

韋政通, 『中國哲學辭典』, 大林出版社, 民國 67.

張岱年, 『中國哲學大綱』, 中國社會科學出版社, 1980.

張立文, 『宋明理學研究』, 中國人民大學出版社, 1985.

張立文, 『朱晦思想研究』, 北京, 社會科學出版社, 1981.

錢穆, 『朱子新學案(5권)』, 三民書局, 1970.

錢穆, 『朱子學提綱』, 臺北, 三民書局, 1971.

陳來, 『朱晦哲學研究』, 中國社會科學出版社, 1987.

陳榮捷, 『朱學論集』, 學生書局, 民 71.

陳榮捷, 『朱子門人』, 學生書局, 民71.

陳榮捷, 『朱子新探索』, 學生書局, 民 77.

蔡元培, 『中國倫理學史』, 臺灣, 中華書局, 民國 68.

蔡仁厚, 『宋明理學(2卷)』, 學生書局, 民 66－69.

馮友蘭, 『中國哲學史(2卷)』, 香港文蘭圖書公司, 民 56.

馮友蘭, 『新原道(人人文庫373)』, 民 56.

黃公偉, 『宋明淸理學體系論史』, 幼獅文化事業公司, 民 60.

■ 國內著書

곽신환, 『주역의 이해』, 서광사, 1990.

金吉洛, 『象山學과 陽明學』, 예문서원, 1995.

金忠烈, 『中國哲學散稿』, 汎學圖書, 1977.

金忠烈, 『高麗儒學史』, 高大出版部, 1984.

金忠烈, 외9인, 『논쟁으로 보는 중국철학』, 예문서원, 1994.

柳承國, 『東洋哲學硏究』, 槿域書霽, 1983.

柳承國, 『韓國思想과 現代』, 東方學術硏究院, 1988.

柳仁熙, 『朱子學과 中國哲學』, 汎學社, 1980.

柳正東, 『東洋哲學의 基礎的硏究』, 成大出版部, 1986.

柳正東, 외4인, 『儒學原論』, 成均館大學校出版部, 1986.

柳正東, 『退溪의 生涯와 思想』, 博英社, 1978.

裵宗鎬, 『韓國儒學史』 延大出版部, 1974.

裵宗鎬, 『韓國儒學의 哲學的 展開』, 延大出版部, 1985.

변원종, 『주자학의 형성과 논변의 사유구조』, (주)지식정보, 2007.

宋恒龍, 『東洋哲學의 問題들』, 여강출판사, 1987.

서울대동양사학연구실, 『講座中國史Ⅲ』, 지식산업사, 1989.

安炳周, 『儒敎의 民本思想』, 成大. 大東文化硏究院, 1987.

劉明鍾, 『宋明哲學』, 螢雪出版社, 1976.

尹絲淳, 『退溪哲學의 硏究』, 高大出版部, 1980.

李相殷, 『退溪의 生涯와 學問』, 瑞文堂, 1973.

李相殷, 『儒學과 東洋文化』, 汎學圖書, 1976.

蔡茂松, 『退溪・栗谷哲學의 比較硏究』, 成大出版部, 1985.

崔根德外 4人, 『元代 性理學 圃隱思想硏究』, 1993.

한국동양철학회편, 『동양철학의 본체론과 인성론』, 연세대학 출판사. 1984.

黃義東, 『栗谷哲學硏究』, 경문사, 1987.

■ 번역서

강호석 譯, 『朱子行狀』, 乙酉文化社, 1985.

시마다겐지, 김석근(외) 역, 『주자학과 양명학』, 까치, 1986.

동경대학 중국철학교실편, 전남대학교 동양철학교실 역, 『중국철학사상
　　　사』, 전남대학교출판부, 1986.

武內義雄, 이동희 역, 『中國思想史』, 여강출판사, 1987.

方東美, 정인재 역, 『中國人의 生哲學』, 探求堂, 1983.

宇野精一편, 김진욱 역, 『중국의 사상』, 열음사, 1986.

야마다케이지, 김석근 역, 『朱子의 自然學』, 통나무, 1992.

守本順一郎, 김수길 옮김, 『동양정치사상사연구』, 동녘, 1985.

張岱年, 최형식 역, 『중국유물사상사』, 이론과 실천, 1985.

장군매, 김용석 역, 『한유에서 주희까지』, 형설출판사, 1991.

牟宗三, 鄭仁在(외) 역, 『中國哲學特講』, 형설출판사, 1985.

牟宗三, 宋恒龍 역, 『中國哲學의 特質』, 同和出版公事, 1983.

勞思光, 鄭仁在 역, 『中國哲學史(4권)』, 探求堂, 1988.

范壽康, 洪瑀欽 역, 『朱子와 그 哲學』, 嶺南大學校出版部, 1988.

錢穆, 이완재(외) 역, 『주자학의 세계』, 이문출판사, 1994.

陳來, 안재호 옮김, 『송명성리학』, 예문서원, 1997.

陳來, 이종란 외, 『주희의 철학』, 예문서원, 2002.

陳來, 전병욱 옮김, 『양명철학』, 예문서원, 2004.

풍우란, 박성규 옮김, 『중국철학사 상하』, 까치, 1999.

候外廬, 박완식 옮김, 『송명이학사』, 이론과 실천, 1995.

오호마 아키라, 이형성 옮김, 『범주로 보는 주자학』, 예문서원, 1997.

徐遠和, 손홍철 옮김, 『정주 철학의 뿌리를 찾아서』, 동과 서, 2000.

쓰치다 겐지로, 성현창 옮김, 『북송도학사』, 예문서원, 2006.

구스모토 마사쓰구, 김병화·이혜경 옮김, 『송명유학사상사』, 예문서원, 2005.

■ 論文類

金敎彬, 「本體論과 心性論을 통해 본 朱子의 格物致知 理解」, (東洋哲學硏究6) 1985.

孔泳立, 「朱子學에 있어서 心統性情의 問題」, (慶北大, 東洋文化硏究5) 1978.

金吉洛, 「朱子哲學의 本體論」, (東亞大, 석당논총16) 1990.

柳七魯, 「儒學에 있어서 앎의 문제」, (韓國東西哲學硏究會, 文耕出版社) 1988.

卞源宗, 「韓愈의 聖道論에 관한 考察」, (동서철학연구 제23호), 2002.

卞源宗, 「朱子의 格物致知에 관한 硏究」, (동서철학연구 제37호), 2005.

卞源宗, 「本末終始論과 修己를 통한 格致論」, (동서철학연구 제39호), 2006.

梁承武, 「朱子의 仁說에 대한 再照明」, (栗谷思想硏究 제1集 儒敎學會), 1986.

梁承武, 「朱子의 中和論에 관한 硏究(二)」, (成均館大 中國文學硏究3집), 1985.

梁承武, 「朱子의 中和論에 관한 硏究」, (東洋哲學硏究5集) 1984.

呂凱, 「朱晦와 性理學」, (檀國大 退溪기념중앙도서관, 退溪學의 現代的 照明) 1987.

李光律, 「朱子 中和新說의 形成過程硏究」, (경산대, 논문집11) 1993.

李光浩, 「中和論辯을 통하여서 본 朱子後期哲學의 端初」, (서울대, 철학논구12) 1984.

李東熙, 「朱子의 已發未發說에 대하여」, 『道原柳承國博士回甲기념논문집』(동 논문집 간행회), 1984.

李東熙, 「明朝 朱子學과 朝鮮前期의 朱子學」, (동서문화 제20집, 계대. 동서문화연구소), 1988.

張潤洙, 「太極圖說에 관한 朱·陸論辯」, (慶北大, 退溪硏究所, 韓國의 哲學19) 1991.

張在釪, 「太極의 槪念과 論辯의 再檢討」, (民族文化推進會, 民族文化7
　　　集) 1981.

■ 學位論文

金吉洛, 『孟子 王道政治의 硏究』, (忠南大 박사학위논문 1976.)
孔泳立, 『朱子倫理思想의 本質에 관한 硏究』, (成均館大, 박사학위논문
　　　1985.)
柳仁熙, 『朱子哲學 硏究』, (延世大, 박사학위논문, 1980.)
卞源宗, 『朱子의 格物致知에 관한 연구』, (한남대석사학위 논문 1990.)
朴魯洪, 『朱晦庵의 修養論에 관한 硏究』, (東國大, 박사학위 논문, 1993.)
白道根, 『朱子哲學의 和楷性에 관한 硏究』, (嶺南大, 박사학위논문, 1992.)
孫英植, 『宋代 新儒學에서 哲學的 爭點의 硏究』, (서울대, 박사학위논
　　　문, 1993.)
尹用男, 『朱子의 體用理論에 관한 硏究』, (成均館大, 박사학위논문, 1992.)
李基東, 「朱子學の 地域的 展開」, (日本, 筑波大學 박사학위논문) 1987.
李東熙, 『朱子學의 哲學的 特性과 그 展開樣相에 관한 硏究』, (成均館
　　　大, 박사학위논문, 1990.)
崔英攢, 『朱子哲學에 있어서 孔·孟天人觀의 承受와 展開』, (忠南大,
　　　박사학위논문, 1991.)
崔一凡, 『儒敎의 中庸思想과 佛敎의 中道思想에 관한 硏究』, (成均館
　　　大, 박사학위논문, 1991.)
洪元植, 『程朱學의 居敬窮理說 硏究』, (高麗大, 박사학위논문, 1991.)

찾아보기

ㅊ

· 저자 ·

변원종 ·약 력·
(卞源宗) 한남대학교 철학과 졸업
한남대학교 대학원 동양철학과 철학박사

한남대학교 시간강사
청주대학교 시간강사
한국방송대학교 인천지역학습관 상담원
한남대학교 인문과학연구소 전임연구원
한남대학교 철학과 강의 전담교수(현재)

·주요논저·
「예악사상과 중화사상의 상관성에 대한 고찰」(2006)
「주자의 격물치지에 관한 연구」(2006)
「본말종시론과 수기를 통한 격치론」(2006)
「대전지역 유현의 예악사상에 대한 고찰」(2005)
「한유의 성도론에 관한 고찰」(2005)
『주자의 철학』(공저, 2002)
『중국과 한국의 철학적 사유전통』(공저, 2004)
『가례원류』(번역, 2007)
외 다수

朱子學과
陸王學

· 초판 인쇄 | 2008년 7월 10일
· 초판 발행 | 2008년 7월 10일

· 지 은 이 | 변원종
· 펴 낸 이 | 채종준
· 펴 낸 곳 | 한국학술정보㈜
경기도 파주시 교하읍 문발리 513-5
파주출판문화정보산업단지
전화 031) 908-3181(대표) · 팩스 031) 908-3189
홈페이지 http://www.kstudy.com
e-mail(출판사업부) publish@kstudy.com
· 등 록 |
· 가 격 | 43,000원

ISBN   978-89-534-9675-0 93150 (Paper Book)
        978-89-534-9676-7 98150 (e-Book)